DAS GROSSE ABC DER FORMEL 1

B. F. Hoffmann

DAS GROSSE ABC DER
FORMEL 1

Die Fahrer, Rennställe und Strecken der Formel 1
von den Anfängen bis heute.

Von Graf Berghe von Trips und Juan-Manuel Fangio
über Emerson Fittipaldi und Ayrton Senna
bis Alain Prost und Michael Schumacher.

MODERNE GLADIATOREN ZWISCHEN TRIUMPH UND TRAGIK

VORWORT DES AUTORS

Es war exakt der 11. Februar 1973, als ich auf dem Sofa des elterlichen Wohnzimmers mein erstes Formel 1-Rennen im Fernsehen sah. Alles was mir bei diesem Grand Prix – es handelte es sich um das zweite Saisonrennen im brasilianischen Interlagos – auf dem Bildschirm gezeigt wurde, waren zwei Autos, die wie unwirkliche Raketengeschosse aussahen und im zeitlichen Abstand vom rechten Bildschirmrand in den linken entschwanden.

Unten eingeblendet die Namen der Insassen dieser Donnermaschinen – zunächst Emerson Fittipaldi, dann ein paar Sekunden später Jackie Stewart.

Obwohl sich an dieser Reihenfolge bis zum Schluss nichts änderte und von großer Spannung keine Rede sein konnte, war ich von diesem Zeitpunkt an von der Formel 1 fasziniert und habe sie seitdem regelmäßig und mit Interesse verfolgt.

In besagter Saison gab es den Zweikampf um den Titel zwischen dem blauen Tyrrell, in dem Stewart saß, sowie dem schwarz-goldenen Lotus mit Fittipaldi – bezeichnenderweise existieren diese beiden damaligen Top-Rennställe in der Formel 1 schon seit einigen Jahren nicht mehr.

Es gab Piloten wie den rasanten Ronnie Peterson und den sympathischen François Cevert, es gab die tollen Goodyear-Kappen, welche die Piloten immer auf dem Siegerpodest trugen und die ich nirgendwo bekommen konnte.

Aber es gab auch die furchtbaren Fernsehbilder vom tödlichen Feuerunfall des jungen Nachwuchsfahrers Roger Williamson im holländischen Zandvoort.

Spätestens jetzt wurde mir vor Augen geführt, dass es sich bei dieser Sportart durchaus um einen im wahrsten Sinne des Wortes »mörderischen Spaß« handelt. Weitere »berühmte Tote« wie Jochen Rindt, Jim Clark oder Joseph Siffert waren zu diesem Zeitpunkt bereits Legende und verstärkten den Mythos von der Gratwanderung dieser modernen Gladiatoren zwischen Triumph und Tragik. Aus den Zeiten, als man aus einem Chassis, vier Reifen und einem Motor noch einen Rennwagen zusammenschrauben konnte, hat sich die Formel 1 zu einer Unterhaltungsmaschinerie entwickelt, bei der es um Milliardensummen geht.

Aber es sind und waren immer die Fahrer, Konstrukteure oder Teamchefs, welche diese Sportart prägten, seien es die glanzvollen Siegertypen, die tragischen Kämpfer oder die ewigen Verlierer. Seit den Anfängen des Automobilsports schenkten sie ihrer Leidenschaft Geschehnisse und Geschichten.

In diesem Buch sind alle wichtigen Mitwirkenden einer ganzen Epoche vertreten und ich habe die Piloten nach folgenden Kriterien ausgewählt:

- alle Fahrer, die zumindest einen Formel 1-Weltmeisterschaftslauf gewonnen haben
- Fahrer, die in der Formel 1 ihre geschichtliche Fußnote hinterlassen haben
- die wichtigsten deutschen Fahrer
- die wichtigsten Piloten aus der Zeit vor den Weltmeisterschaftsläufen
- alle Fahrer aus der letzten Formel 1-Saison 2000
- alle Pilotinnen

Es tauchen auch einige Fahrer auf, die nicht einmal ein einziges Rennen gefahren sind, weil sie an der Qualifikation oder an anderen Hürden scheiterten. Aber auch diese unverdrossenen Kämpfer sind und waren Bestandteil der

Formel 1 und zeigen auf, dass dort, wo sich die Sieger präsentieren, auch die Glück- und Erfolglosen versammelt sind.

In der Formel 1 setzen sich die wenigsten der Guten durch und neben Talent sind Durchsetzungsvermögen, Nervenstärke und vor allem die richtige Arbeitsplatzwahl entscheidend, denn nicht selten wurden hochbegabte Fahrkünstler von schwachen Rennställen verheizt oder scheiterten an dem hohen Erwartungsdruck.

Der Leser mag den einen oder anderen Piloten vermissen und monieren, dass z.B. Fahrer wie Masten Gregory, Johnny Servoz-Gavin oder Henri Pescarolo fehlen. Aber bei der Vielzahl der seit 1950 teilgenommenen Piloten musste einfach eine Auswahl getroffen werden und bei den obigen Namen handelt es sich sicherlich um gute Piloten, in der Formel 1 haben sie aber meiner Ansicht nach keine bedeutende Rolle gespielt.

Die Formel 1 ist ein Wettstreit der Technik und darum beinhaltet das Lexikon natürlich auch sämtliche Rennwagenfirmen und Motorenhersteller von den Erzeugnissen unverzagter Einzelkämpfer bis hin zu den hochtechnisierten Boliden millionenschwerer Rennställe der Gegenwart.

Technische Fachbegriffe, geschichtliche Entwicklungen, sämtliche Reifenhersteller und Rennstrecken seit den Anfängen der Fahrerweltmeisterschaft sowie Essays über Begleiterscheinungen wie Comics, Musik und Filme ergänzen diese Enzyklopädie, welche dem interessierten Leser die schillernde, faszinierende, aber sicherlich auch ein wenig dekadente Welt der Formel 1 hoffentlich ein wenig näherbringt.

Zur Erläuterung der Statistikdaten:
Dieses Formel 1-Lexikon orientiert sich an den Ergebnissen der Fahrerweltmeisterschaft seit 1950. Alle Rennen, Punkte, Platzierungen etc. betreffen die Weltmeisterschaftsläufe in der Formel 1. Wenn eine Marke sowohl Rennwagen- als auch Motorenhersteller ist, sind hier die Punkte als Rennwagenhersteller aufgeführt, weil alleine diese in der Konstrukteursweltmeisterschaft gezählt werden.

Für die aufgeführten Internetadressen übernehme ich keine Gewähr, weil dieses Medium bekanntermaßen ein sehr schnelllebiges ist.

Zuletzt eine Danksagung an die Personen, die mir bei der Umsetzung dieses Buches geholfen haben:

Zunächst Alexander Frank und Udo Klinkel für ihre Fotos und großartige Unterstützung. Des Weiteren gilt mein Dank: Andrea Heinen, Tina Knauf, Inge und Martin Rölen, Hans-Jürgen Flosbach, Martin Zimmermann und Gerald Grote, dem Rennsportmuseum »Villa Trips« sowie der Seven Island Edition.

Der letzte Eintrag in diesem Lexikon datiert vom 26.4.2001, als die Medien meldeten, daß tags zuvor der frühere Formel-1-Rennfahrer Michele Alboreto bei Testfahrten auf dem Lausitzring im Alter von 44 Jahren tödlich verunglückt ist, als sein Audi-Rennsportwagen R8 auf dem erst vor acht Monaten eröffneten Kurs mit weit über 300 km/h ausgebrochen war und sich mehrfach überschlagen hatte.

Motorsport – ob Formel 1 oder andere Klassen – ist gefährlich, und dennoch für Millionen Fans faszinierend. Dieses Buch sei deshalb allen verunglückten Rennfahren gewidmet.

Im April 2001   *B. F. Hoffmann*

AAA (Automobile Assocation of America)
Ihr kam das Verdienst zu, in den USA 1923 das Beisitzen eines → Mechanikers in einem Rennwagen unterbunden zu haben, um nicht das Leben von zwei Menschen zu riskieren. Da die → Motoren immer zuverlässiger und die Rennen immer kürzer wurden, war dies auch nicht mehr zwingend notwendig. So entstand in den USA dann der einsitzige Rennwagen. In Europa musste 1924 erst ein Mechaniker beim spanischen → Grand Prix sterben, bis auch hier anschließend der Beisitzer verboten wurde.

Abrieb
Bezeichnung für die verschiedenen Faktoren, welche zur Abnutzung der Reifenoberfläche führen. Dazu zählen die Gummimischung, der Luftdruck, die → Aerodynamik der Fahrzeuge sowie der Fahrstil des Piloten.

ABS
Anti-Blockier-System, das 1993 vom → Williams-Rennstall in Formel 1-Rennen eingesetzt wurde. Doch schon ein Jahr später wurde es als unerlaubte Fahrhilfe wieder verboten.

Abschlusstraining
Bis 1995 wurde der Startplatz in einer Trainingssitzung am Freitag und Samstag ermittelt. 1996 wandelte die → FIA die freitägliche Sitzung in ein sogenanntes → Freies Training um. Seitdem geht es freitags nur noch um die »goldene Ananas« und samstags wird innerhalb einer Stunde die Trainingszeit ermittelt, wofür jedem Piloten 12 Runden zur Verfügung stehen. Gegenwärtig bestehen Überlegungen, wieder das geteilte Qualifikationstraining einzuführen, weil sich die Fernsehsender einen zusätzlichen Wettkampftermin wünschen. Auch von seiten der Teams sowie von Bernie → Ecclestone kam mehrheitlich der Wunsch, wieder am Freitag und Samstag um die beste Startposition zu kämpfen.

Abstimmung
Dazu gehört die Optimierung des → Chassis für die Rennstrecke oder die jeweils gegebenen Wetterbedingungen. Zu den Faktoren der Abstimmung gehören Fahrwerk, → Aerodynamik und Motor.

Abtrieb
Bezeichnung für → aerodynamische Hilfsmittel wie → Flügel und Spoiler, die verhindern sollen, dass der Wagen auf den Geraden abhebt und gleichzeitig schnelle Kurvendurchfahrten ermöglichen. Der Gegensatz dazu ist der Auftrieb, welcher von den Luftfahrtingenieuren benutzt wird, um Flugzeuge in die Luft steigen zu lassen.

Adelaide (Grand-Prix-Kurs)
GP-Bezeichnung: Großer Preis von Australien
Streckenlänge: 3, 780 km
Renndıstanz: 81 Runden – 306,180 km
Erstes Formel 1-Rennen: 1985
Letztes Formel 1-Rennen: 1995
Gesamtzahl GP: 11
Erster Sieger: Keke Rosberg (1985)
Häufigster Sieger: 2 x Gerhard Berger (1987, 1992), 2 x Alain Prost (1986, 1988), 2 x Ayrton Senna (1991, 1993)
Internet: www.users.on.net/long/index.html
Wenn der GP-Tross zum Saisonfinale in Adelaide antrat, herrschte immer eine ausgelassene Stimmung und auch die 800 000 Einwohner zelebrierten diesen Termin als Volksfest. Nur 1986 und 1994 war die Stimmung etwas angespannter, denn in diesen Jahren war die WM-Entscheidung zu diesem Zeitpunkt noch nicht gefallen. 1986 sah Nigel → Mansell schon wie der sichere Weltmeister aus, bis

ein Reifenplatzer in der → Brabham-Straight alles zunichte machte. 1994 kam es im Kampf um die WM-Krone zu dem denkwürdigen Duell zwischen Damon → Hill und Michael → Schumacher. Rundenlang wurde der in der Weltmeisterschaft führende Schumacher von seinem Verfolger Hill gehetzt, bis eine Kollision zwischen den beiden Schumacher zum Weltmeister machte. Die Renndauer in Adelaide war verhältnismäßig lange und erforderte von den Piloten ein hohes Maß an Kondition. Ansonsten wird der Stadtkurs von rechtwinkligen Kurven und der schnellen Geraden → Brabham Straight geprägt. Durch die relativ hohe Ausfallrate kam es immer zu überraschenden Platzierungen, vorher oftmals leer ausgegangene Piloten holten hier ihre ersten Saisonpunkte.

Aerodynamik
Die Lehre von der Luftbewegung. Dient in der Formel 1 in erster Linie dazu, den Luftwiderstand zu mindern und damit das Fahrverhalten und die Geschwindigkeit der Rennwagen zu verbessern.

Aerodynamische Hilfsmittel
Dazu zählen im Formel 1-Sport Hilfsmittel wie Spoiler, → Flügel und andere Fahrzeugkomponenten, die eine Optimierung der → Aerodynamik und des → Abtriebs erzeugen. Der Aerodynamik wird heutzutage in der Formel 1 ein höherer Stellenwert als der Motorleistung zugeschrieben.

A1-Ring in Spielberg (Rennstrecke)
GP-Bezeichnung: Großer Preis von Österreich
Streckenlänge: 4, 319 km
Renndistanz: 71 Runden = 306, 649 km
Erstes Formel 1-Rennen: 1997
Gesamtzahl GP: 4
Erster Sieger: Jacques Villeneuve (1997)
Häufigster Sieger: 2 x Mika Häkkinen (1998, 2000)
Internet: www.A1-Ring.at
Bis 1987 wurde der Große Preis von Österreich am → Österreichring ausgetragen, dann aber aus Sicherheitsgründen aus dem → Grand-Prix-Kalender gestrichen. Für 330 Millionen Schilling verkürzte man den alten → Circuit, aber trotz der Umbauten ist er immer noch eine Hochgeschwindigkeitsstrecke. Der Kurs wurde nach einer österreichischen Mobilfunkgesellschaft benannt und konnte 1997 seine Rückkehr in die Formel 1 feiern. Die beste Überholmöglichkeit bietet sich in der Remus-Kurve nach der langen Geraden. Dass die Castrol-Kurve am Ende der Start-Ziel-Geraden zu den gefährlichsten Bereichen gehört, zeigte sich auch wieder in der Saison 2000, wo nach dem Start Ricardo → Zonta dem → Ferrari-Piloten Michael → Schumacher ins Heck fuhr und das Rennen für beide beendete.

AFM (Rennwagenfirma)
GP-Rennen in der Fahrer-WM: 7 (1952–1953)
Pole Positions: 0
Siege: 0
WM-Punkte: 0
Beste WM-Platzierung im Gesamtklassement: 0
Bekannteste Fahrer: Hans Stuck
Erfolgreichste Fahrer: –
Das kurzlebige Team wurde von dem deutschen Konstrukteur Alex von Falkenhausen gegründet, der einen → BMW S328er umbaute, um ihn als Einsitzer mit überarbeiteten BMW-Motoren von 1949 bis 1950 bei Formel 2-Rennen einzusetzen. 1952 wagte der Vorkriegsstar Hans → Stuck mit AFM den Einsatz in der Formel 1. Nur einmal, 1953 beim Großen Preis von Italien, kam Stuck als Vierzehnter ins Ziel, aber der Wagen erwies sich insgesamt als zu unzuverlässig, um damit noch weitere Versuche im → Grand-Prix-Wettbewerb zu starten.

AGS (Rennwagenfirma)
GP-Rennen in der Fahrer-WM: 48 (1986–1991)
Pole Positions: 0
Siege: 0
WM-Punkte: 2
Beste WM-Platzierung im Gesamtklassement: Elfter 1987
Bekannteste Fahrer: –
Ivan Capelli, Stefan Johannsson

Erfolgreichste Fahrer:
Gabriele Tarquini, Roberto Moreno
In der Formel 2 leidlich erfolgreich, riskierte der Rennstall 1986 seinen Formel 1-Einstieg, um nach fünf – zumeist trostlosen – Jahren als Hungerleider-Team zugrunde zu gehen.

Gegründet wurde AGS (Automobile Gonfaronnaise Sportives) 1970 von Henri Julien. Nach Anfängen in der Formel 3 erschien man 1978 ebenfalls in der Formel 2, wo man zwei Jahre später auch ein paar Punkte einfahren konnte. Der Traum blieb aber weiterhin die Teilnahme an der Königsklasse und 1986 bastelte man aus Restbeständen von → Renault den ersten → Grand-Prix-Wagen zusammen.

Mit nur einem Fahrzeug sowie → Motoren von → Motori Moderni debütierte man mit dem Formel-3000-Europameister Ivan → Capelli am Steuer beim Großen Preis von Italien. Im Training holte er Startplatz 25, um im Rennen mit Reifenschäden auszuscheiden. Dasselbe Resultat gab es auch beim zweiten Auftritt in Portugal zu verzeichnen.

Mit veralteten → Chassis und schwachbrüstigen → Cosworth-Motoren zweiter Wahl nahm der Rennstall 1987 einen weiteren Anlauf, doch Pilot Pascal Fabre konnte sich bei 14 Läufen nur elfmal qualifizieren und wurde danach gegen Roberto Moreno ausgetauscht, dem es beim Großen Preis von Australien erstmals gelang, für AGS einen Punkt zu ergattern.

1988 gab es Ärger mit → Sponsoren sowie Übernahmegerüchte, die im Frühjahr 1989 durch den Aufkauf durch Multimillionär Cyril de Rouvre bestätigt wurden. Mit dem Neuzugang Phillipe Streiff gab es in dieser Saison achtbare Resultate, wenn auch keine WM-Punkte.

Zum Saisonstart 1989 in Brasilien erlitt Streiff einen schweren Unfall, der ihn an den Rollstuhl fesselte. Sein Nachfolger wurde Gabriel Tarquini, der beim Großen Preis von Mexiko den zweiten WM-Punkt für den Rennstall eroberte. AGS leistete sich mittlerweile sogar eine eigene Teststrecke und de Rouvre wurden beste Kontakte zur französischen Wirtschaft nachgesagt.

Doch für 1990 kam der neue Wagen viel zu spät und erwies sich als eklatante Fehlkonstruktion, mit dem sich die Piloten Yannick Dalmas und Gabriele Tarquini in der Vorqualifikation zumeist vergeblich abmühten.

Teambesitzer de Rouvre pumpte seine Gelder scheinbar in die falschen Kanäle, denn 1991 befand sich das Team finanziell bereits am Abgrund. Mit dem Formel 1-Absteiger Stefan → Johansson war neben Tarquini ein Fahrer gekommen, der sich bei zwei Versuchen nicht qualifizieren konnte und anschließend klagte: »Der Wagen ist ja überhaupt nicht gefedert.«

Die Crew war inzwischen auf Ingenieur Peter Wyss und acht Mechaniker zusammengeschrumpft, die sich ausschließlich von Hamburgern ernähren mussten, welche man auch noch aus der eigenen Tasche zahlte. Nach drei Großen Preisen wurde das kurz vor dem Konkurs stehende Team von den Italienern Patrizio Cantu und Gabriele Raffanelli übernommen und Johansson wurde durch den Motorsport-Vagabunden Fabrizio Barbazza sowie später Tarquini durch Oliver Grouillard ersetzt. Doch alles war vergebens, der Rennstall schloss noch vor dem letzten Rennen in Australien für immer die Pforten. Der ehemalige Besitzer de Rouvre tauchte später noch mal als Teamchef von → Ligier auf und alte AGS-Fahrzeuge werden heute für teures Geld an Hobby-Piloten vermietet.

Ahrens, Kurt (Pilot)
Geboren: 19.04.1940 in
Braunschweig/Deutschland
GP-Rennen in der Fahrer-WM: 1 (1968)
Pole Positions: 0
Siege: 0
WM-Punkte: 0
Beste WM-Platzierung im Gesamtklassement: 0
Teams: Brabham

Dem Braunschweiger Kurt Ahrens wurde in den sechziger Jahren großes Talent bestätigt, doch er zog die Tätigkeit im elterlichen Geschäft dem Profi-Rennsport vor. Der Sohn eines rennsportbegeisterten Schrotthändlers fuhr einen Tag nach Erwerb des Führerscheins sein erstes → Monoposto-Rennen. Mit dem relativ günstig erhältlichen → Cooper-Rennwagen schaffte er in der Formel Junior von 1960 bis 1963 vierzig Siege sowie zwei Meistertitel. Es folgten 1965 die Deutsche Rennwagenmeisterschaft sowie Siege mit einem Formel 3-Rennwagen von → Brabham in Hockenheim und auf der → Avus. Ahrens galt jetzt in der heimatlichen Presse als großes Talent, dem man auch die Fähigkeit zur Formel 1 attestierte. Doch der massige Braunschweiger lehnte eine professionelle Rennfahrerkarriere ab, weil sie ihm zermürbend erschien und er sich in der Woche lieber um sein Geschäft kümmerte.

Trotzdem nahm er 1968 das Angebot von Jack → Brabham an, beim Formel 1-Lauf am → Nürburgring einen seiner Rennwagen zu pilotieren.

Bei einem von sintflutartigem Regen und dichtem Nebel geprägten Rennwochenende konnte sich Ahrens, einen Rang hinter Bruce → McLaren, für den 17. Startplatz qualifizieren. Das Rennen beendete er als Zwölfter und stieg danach nie wieder in einen Formel 1-Wagen. Bis 1970 war er noch im Motorsport aktiv, ehe er sich ausschließlich auf die Arbeit im elterlichen Verwertungshandel konzentrierte.

Ain Diab in Casablanca (Rennstrecke)

GP-Bezeichnung: Großer Preis von Marokko
Streckenlänge: 7, 618 km
Renndistanz: 53 Runden = 403, 754 km
Erstes Formel 1-Rennen: 1958
Letztes Formel 1-Rennen: 1958
Gesamtzahl GP: 1
Sieger: Stirling Moss (1958)
GP-Unfälle mit tödlichem Ausgang:
Stuart Lewis-Evans (1958/Rennen)

Nur einmal war der Wüstenkurs von Marokko Ausrichter eines Großen Preises, doch dieses Rennen war ein hochdramatischer Wettkampf um den WM-Titel zwischen Mike → Hawthorn und Stirling → Moss.

Schon vor dem Zweiten Weltkrieg entstand diese Strecke unter französischer Kolonialherrschaft mit finanzieller Unterstützung des marokkanischen Königs sowie dem hiesigen Automobilklub. Der Straßenkurs, nahe der Atlantikküste gelegen, war ausschließlich durch Strohballen abgegrenzt und nach dem Start wartete auf die Piloten eine Rechtskurve, um anschließend ins Landesinnere zu führen, wo eine weitere Rechtskurve in die Gegengerade führte. Eine, laut Hawthorn, »heimtückische« Rechtskurve sowie eine schnelle Links-Rechts-Kurve ergänzten dieses Kursgebilde. Darüber hinaus wurden die Teilnehmer noch gegen → Rennende von der sinkenden Sonne geblendet. Das alles führte zu Bedingungen, unter denen heutzutage kein Formel 1-Lauf mehr stattfinden würde.

Vor dem Rennen im Jahre 1958 fand eine prunkvolle Zeremonie statt, während der sich der König von Marokko und sein Hofstaat den Zuschauern per Autocorso präsentierten. Nachdem sich im Rennen Hawthorn durch einen zweiten Platz knapp den Titel gegenüber Moss gesichert hatte, war Marokko nie mehr Schauplatz eines → Grand-Prix-Rennens.

**Kurt Ahrens –
lieber im elterlichen Betrieb als auf Rennstrecken**

Aintree (Rennstrecke)
GP-Bezeichnung: Großer Preis von Großbritannien
Streckenlänge: 4, 828 km
Renndistanz: 75 Runden = 362, 102 km (1962)
Erstes Formel 1-Rennen: 1955
Letztes Formel 1-Rennen: 1962
Gesamtzahl GP: 5
Erster Sieger: Stirling Moss (1955)
Häufigster Sieger: 2 x Stirling Moss
(1955, 1957 – zusammen mit Tony Brooks)

Als die britischen Rennveranstalter beschlossen, den Großen Preis von Großbritannien abwechselnd an zwei Orten stattfinden zu lassen, war Aintree 1955 erstmals Ausrichter eines Formel 1-Rennens

In Liverpool gelegen und um die Grand-National-Pferderennbahn gebaut, hatte Aintree zwar einige schnelle Kurven, war aber insgesamt langsamer als → Silverstone. 1961 gewann hier Wolfgang Graf Berghe → von Trips bei Dauerregen seinen zweiten und letzten Großen Preis. Nach 1962 entschied man sich, den Großen Preis von Großbritannien vorläufig wieder in Silverstone stattfinden zu lassen.

Airbox
Die Airbox dient dazu, dem Motor möglichst viel Luft zuzuführen und ist über dem → Fahrerhelm an der Vorderseite der Motorabdeckung angebracht. Durch das so gekühlte Aggregat wird die Leistung erhöht.

Aktive Radaufhängung
Dieses Computersystem wurde von → Williams 1992 in die Formel 1 eingeführt und dadurch konnte per Knopfdruck das Fahrverhalten des Autos an jede Strecke angepasst werden. 1993 wurde diese Fahrhilfe aber bereits wieder verboten.

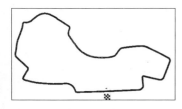

Albert Park in Melbourne

Albert Park in Melbourne (Rennstrecke)
GP-Bezeichnung: Großer Preis von Australien
Streckenlänge: 5, 302 km
Renndistanz: 58 Runden = 307, 516 km
Erstes Formel 1-Rennen: 1996
Gesamtzahl GP: 4
Erster Sieger: Damon Hill (1996)

Obwohl sich der → Grand-Prix-Zirkus in → Adelaide immer sehr wohl gefühlt hat, fand der Große Preis von Australien ab 1996 in Melbourne statt – wohl nicht zuletzt, weil man Formel 1-Boss Bernie → Ecclestone für den Umzug eine horrende Summe angeboten hatte. Die in einer der typischen, australischen Parklandschaften gelegene Strecke windet sich am Albert Park See entlang. Mit ihren zahlreichen Kurven von unterschiedlichem Radius ermöglicht sie einen flüssigen Fahrstil, erfordert aber bei den Piloten eine hohe Kondition. Motor und → Bremsen werden durch die hohen Temperaturen und den häufigen Wechsel von Geraden und Kurven stark beansprucht.

War der Große Preis von Australien in Adelaide früher das Saisonfinale, so bildet er seit dem Wechsel nach Melbourne den Auftakt.

Alboreto, Michele (Pilot)
Geboren: 23.12.1956 in Mailand/Italien
Gestorben: 25.4.2001
(bei einer Testfahrt auf dem Lausitzring)
GP-Rennen in der Fahrer-WM: 194 (1989–1996)
Pole Positions: 2
Siege: 5
WM-Punkte: 186, 5
Beste WM-Platzierung im Gesamtklassement:
Vizeweltmeister 1985
Rennwagen: Tyrrell, Ferrari, Lola,
Footwork, Dallara, Minardi

Obwohl die Italiener gemeinhin als Rennsportnation gelten, gelang es bis heute mit Guiseppe → Farina und Alberto → Ascari erst zwei einheimischen Formel 1-Piloten, die WM-Krone zu erringen. Danach war Michele Alboreto bis zum heutigen Tage der einzige Italiener, welcher kurz davor stand, die höchste Rennfahrer-Auszeichnung zu erringen. Alboreto machte 1980 als Formel-3-Europameister auf sich aufmerksam. So gab ihm Ken → Tyrrell ein Jahr später eine Chance in seinem Rennstall. In diesem Jahr konnte Alboreto noch nicht glänzen, aber schon 1982 sammelte der Ronnie → Peterson-Fan, dessen Helm in den gleichen Farben wie die seines Idols bemalt war, fleißig Punkte.

Im Saison-Finale beim Großen Preis in → Las Vegas glückte ihm der letzte Triumph in einem Rennwagen mit Saugmotor vor dem Beginn der Ära der → Turbolader. Schon da äußerte sich Enzo → Ferrari lobend über den Newcomer: »Michele ist der Fahrer aus Italien, der mir am meisten imponiert.« Nach einem weiteren Jahr bei Tyrrell ging für Alboreto dann der große Traum in Erfüllung: Er unterschrieb einen Vertrag bei Ferrari und fühlte sich, nach eigener Aussage, »als ob ich an der Mailänder Scala singen würde«. Schon in seinem dritten Renneinsatz konnte er beim Großen Preis von Belgien gewinnen und belegte am Ende einen respektablen 4. Platz in der Gesamtwertung. Besser noch entwickelten sich die Dinge für Alboreto in der Saison 1985: Bei Ablauf der ersten Saisonhälfte hatte er mehrere Podestplätze, zwei Siege und die WM-Führung vor Alain → Prost zu verzeichnen. Völlig unerwartet verlor Ferrari aber danach den technischen Anschluss und Alboreto musste ohnmächtig mit ansehen, wie ihm der greifbare WM-Titel förmlich durch die Finger rann. Nach einem 3. Platz in Österreich und einem 4. in → Zandvoort schaffte er in den fünf restlichen Rennen keinen einzigen Punkt mehr.

Von diesem Tiefschlag erholte sich der »rundum gute Mann« nicht mehr. In der nächsten Saison fuhr er »unter ferner liefen«. Da Ferrari sich mal wieder im technischen Tief-

Michele Alboreto: noch jung und hungrig nach Erfolg

schlaf befand, gestaltete sich auch das darauffolgende Jahr kaum erfreulicher. 1986 bekam er mit dem aufstrebenden Gerhard → Berger einen ernsthaften Konkurrenten an die Seite gestellt und der sensible Italiener verkraftete diese Zurücksetzung nicht. Berger lief ihm den Rang ab und frustriert kehrte Alboreto zwei Jahre später zu Tyrrell zurück. Sein Kampfgeist schien zunächst wiedererwacht, denn immerhin holte er für das technisch unterlegene Team einen 3. und 5. Platz, wurde aber zur Saisonhälfte wegen Sponsorenstreitigkeiten gegen das Supertalent Jean → Alesi ausgetauscht. Alboreto fuhr den Rest der Saison für → Lola, um danach bei → Arrows einzusteigen. In der Saison 1990 blieb er für diesen Rennstall punktelos und auch 1991 wurde die Hoffnung auf bessere Platzierungen bitter enttäuscht. Erst im darauffolgenden Jahr konnte Alboreto wieder Punkte verbuchen, ohne dabei jemals in Sichtweite von Siegen oder Podestplätzen zu sein. Der Abstieg vollzog sich unaufhaltsam: Die zwei letzten Jahre fristete er erfolglos bei den Hinterbänkler-Teams → Dallara und → Mi-

1993 war der Italiener schon recht desillusioniert – bei Footwork waren keine Siege mehr möglich

nardi. Aus dem ehemaligen Superstar war inzwischen ein alter Kämpfer geworden, der immer wieder vergebens versuchte, Anschluss an frühere Erfolge zu gewinnen und dabei erkennen musste, dass seine Zeit abgelaufen war. Am Ende der Saison 1994 beendete Alboreto seine Formel 1-Laufbahn und wechselte in die deutsche Tourenwagen-Meisterschaft. 1997 gehörte er wieder zu den Siegern, als er in einem → Porsche mit Stefan → Johansson und Tom Kristensen die 24 Stunden von → Le Mans gewinnen konnte. Alboreto starb am 25.4. 2001 bei einer Testfahrt mit einem Audi-Rennsportwagen R8 auf dem erst kürzlich eröffnetem Lausitzring. Sein Wagen war bei weit über 300 km/h ausgebrochen und hatte sich mehrfach überschlagen.

Alesi, Jean (Pilot)
Geboren: 23.06.1964 in Avignon/Frankreich
GP-Rennen in der Fahrer-WM: 185 (seit 1989)
Pole Positions: 1
Siege: 1
WM-Punkte: 236
Beste WM-Platzierung im Gesamtklassement:
Vierter 1996, 1997
Rennwagen:
Tyrrell, Ferrari, Benetton, Sauber, Prost
Internet: www.jean-alesi.org
Der »italienischste Franzose, den es je gab« gehört in der Geschichte zu den wenigen Formel 1-Fahrern, die bei ihrem Debüt-Rennen sofort punkten konnten. Schon bald wurde er als potentieller Kandidat auf den WM-Titel gehandelt, ohne jedoch diese Prognose im Laufe der Jahre auch nur ansatzweise erfüllen zu können. Ken → Tyrrell holte den temperamentvollen Heißsporn mitten in der Saison 1989 für den Alt-Star Michele → Alboreto in sein Team und Alesi dankte für das Vertrauen, indem er in seinem ersten Rennen beim → Grand-Prix von Frankreich direkt auf Platz 4 vorfuhr.

Alesi holte noch bei zwei weiteren Rennen WM-Punkte. Die Fachwelt war sich einig, dass hier ein »Rohdiamant« fuhr, der nur noch den richtigen Schliff und das nötige Maß an Erfahrung benötigte. Alesi sicherte sich in diesem Jahr nebenbei auch die Formel-3000-Europameisterschaft.

Noch verheißungsvoller wurde es für den gelernten Karosseriespengler in der nächsten Saison.

Weiterhin am Steuer des Tyrrell sitzend, qualifizierte sich Alesi beim Großen Preis in → Detroit für die zweite Startreihe und erreichte nach einer großartigen Leistung, bei der er Ayrton → Senna einen harten Fight lieferte, schließlich den zweiten Platz und war danach endgültig für die nächste Saison ein heißer Kandidat für ein Spitzen-→Cockpit. Zwei Jahre später wechselte er folgerichtig zu → Ferrari, um neben Alain → Prost nach Prognosen der Experten ein Wörtchen bei der Titelvergabe mitzusprechen. Sein Pech war, zu einem Zeitpunkt zu wechseln, als bei Ferrari das Chaos ausbrach und die Autos defektanfällig waren sowie mangelnde Leistung erbrachten, so dass der Franzose nur enttäuschende 18 WM-Zähler einheimsen konnte.

Auch im nächsten Jahr wurde Alesi ein Opfer des Ferrari-Tiefs: Inzwischen wegen seines mitreißenden Fahrstils heißgeliebt bei den Fans, gelangen ihm sogar nur 13 WM-Punkte.

Trotzdem galt Alesi weiterhin unbestritten als Topfahrer, dessen erster → Grand-Prix-Sieg nur eine Frage der Zeit sein konnte. Tatsächlich musste der Halbsizilianer bis 1995 warten, ehe er nach dem Ausscheiden des führenden Michael → Schumacher beim Großen Preis von Kanada endlich ganz oben auf dem Treppchen stand. Alesi weinte vor Freude und der Durchbruch schien endlich geschafft. Doch konnte er diesen Triumph nicht bestätigen und erfuhr sich in den gesamten Jahren bei Ferrari trotz vieler → Podiumsplätze nur wenige reale Sieg-Chancen. 1996 wechselte er zu → Benetton, in der Hoffnung einen Neuanfang starten zu können.

Doch bei dem einstigen Weltmeister-Team verlor Alesi viel von seiner einstigen Reputation. Ungestüme, oftmals in Unfällen endende Überholmanöver, unnötige Dreher, mangelnde Fitness sowie sein aufbrausender, zum Teil völlig ungerechtfertigter Jähzorn ließen Alesis Aktien allmählich fallen. Zwar lag er beim Monaco-Grand-Prix 1996 phasenweise in Führung, bis ihn ein Defekt stoppte und er konnte noch mehrere gute Platzierungen erreichen, doch insgesamt fiel Alesi jetzt in die Kategorie »ewiges Talent«. Bei den Fans gehörte er trotzdem nach wie vor zu den beliebtesten Fahrern.

Nach den zwei enttäuschenden Jahren bei Benetton folgten ab 1998 zwei frustrierende bei → Sauber, wo er trotz großem Einsatz in den Rennen letztendlich stets an der mangelnden Zuverlässigkeit der Schweizer Boliden scheiterte. Noch schlimmer wurde es für den Franzosen in der Saison 2000 beim → Prost-Team, wo er nur durch Dreher, Aus- und Unfälle von sich reden machte und mit dem schwachen Auto erstmals in seiner Formel 1-Karriere keinen einzigen WM-Punkt holen konnte.

Alfa Romeo (Rennwagenfirma, Motorenhersteller)
GP-Rennen in der Fahrer-WM: 110 (1950–1985)
Pole Positions: 12
Siege: 10
WM-Punkte: 214
Beste Platzierung in der Konstrukteurs-WM: Sechster (1983)
Bekannteste Fahrer: Guiseppe Farina, Juan-Manuel Fangio, Mario Andretti, Patrick Depailler, Andrea de Cesaris, Ricardo Patrese
Erfolgreichste Fahrer: Guiseppe Farina, Juan-Manuel Fangio
Einer der großen Namen der Rennsportgeschichte, dominierte in den ersten beiden Jahren die Formel 1-Weltmeisterschaft und machte Guiseppe → Farina und Juan-Manuel → Fangio zu Weltmeistern. Das Comeback in den achtziger Jahren verlief weitaus weniger erfreulich. Zwar bestand das Werk, gegründet von Nicola Romeo, schon seit 1910, doch erst 1923 mit der Verpflichtung des ehemaligen Ferrari-Konstrukteures Vittorio Jarno begannen die Erfolge im Rennsport.

Zahlreiche Siege u.a. von 1927–1947 bei der Milli Miglia sowie die Weltmeisterschaft im Jahre 1925 legten den Grundstein für die Alfa-Romeo-Legende, bei der zeitweilig auch Enzo → Ferrari als Fahrer mitfuhr, bevor er wegen eines Nervenzusammenbruchs ausstieg. Er kümmerte sich anschließend mit seiner neugegründeten Scuderia Ferrari ab 1930 um die Motorsportabteilung von Alfa. Mit Meisterfahrern wie Antonio Ascari, Guiseppe Campari, Tavo → Nuvolari, Achille → Varzi und Rudolf → Carraciola war das Werk in Italien schon zu einer Rennsport-Ikone avanciert.

Ab Mitte der dreißiger Jahre musste sich Alfa Romeo allerdings der Dominanz von → Mercedes und → Auto-Union beugen, schaffte aber 1935 mit Nuvolari am Steuer noch einen sensationellen Triumph beim Großen Preis von Deutschland.

Ab 1940 übernahm Alfa Romeo wieder eigenhändig die Regie über die Motorsportabteilung und Enzo Ferrari wurde zum Rennleiter degradiert. Der Ausbruch des 2. Weltkrieges brachte 1943 dann sämtliche Rennsportaktivitäten zum Erliegen und als Italien von den Deutschen erobert wurde, mauerte Alfa Romeo seine Fahrzeuge aus Angst vor Liquidierung in einer nahegelegenen Käsefabrik ein und wartete das Ende des Krieges ab.

Als es endlich soweit war, befreite man die Wagen aus ihrem Versteck und engagierte, in der Hoffnung wieder an alte Erfolge anknüpfen zu können, mit Guiseppe Farina, Jean-Pierre → Wimille sowie Achille Varzi wieder einige Spitzenfahrer.

1947 und 1948 waren Siege in den → Grand-Prix-Rennen erneut an der Tagesordnung, doch wegen finanzieller Schwierigkeiten und dem Verlust von Varzi und Wimille durch tödliche Unfälle zog man sich 1949 vorübergehend vom Rennsport zurück.

Doch rechtzeitig zur ersten Formel 1-Weltmeisterschaft 1950 kam für Alfa Romeo das Comeback.

Mit den Fahrern Farina, Luigi → Fagioli, Fangio sowie einem auf 350 PS aufgerüsteten Rennwagen hatte man ein schlagkräftiges Paket geschnürt. Diese Kombination erwies sich im ersten Weltmeisterschaftsjahr als unschlagbar. Alfa Romeo gewann alle sechs Rennen dieser Saison und stellte am Ende mit Farina und Fangio den Weltmeister bzw. Vizeweltmeister.

Ein Jahr später war es mit der übermächtigen Dominanz vorbei. Zwar wurde man wieder – diesmal durch Fangio – Weltmeister, doch mit Alberto → Ascari auf → Ferrari war ein ernsthafter Konkurrent herangewachsen, der sich nur knapp geschlagen geben musste. Weil die finanziellen Mittel für Neukonstruktionen fehlten, beendete die Rennabteilung dann kurz vor Beginn der Rennsaison 1952 ihr Engagement in der Königsklasse. Erst in den siebziger Jahren kehrte man mit der Tochterfirma Autodelta in die Formel 1-Szene zurück, indem man → Motoren für → McLaren, → March und → Brabham lieferte. Während die Kooperation mit McLaren und March fruchtlos blieb, kam die Kombination von Brabham und dem Alfa-Zwölfzylinder 1978 mit Niki → Lauda zu zwei Saisonsiegen. 1979 gab es dann wieder ein Comeback als Rennstall, das vom Grand-Prix-Zirkus erwartungsfreudig begrüßt wurde. Der Motorsportbereich wurde aufgeteilt zwischen Autodelta, die weiter die Motoren entwickelten und dem EuroRacing-Team, das sich um die Fahrzeuge kümmerte. Doch die Voraussetzungen waren denkbar ungünstig, denn die Muttergesellschaft kämpfte am Rande des Ruins und mit den massigen Boliden, die von Zwölfzylinder-Motoren betrieben wurden, konnten die Fahrer Bruno Giacomelli und Vittorio → Brambilla in sieben Versuchen zumeist nur Ausfälle beklagen.

Mit einem modifizierten Fahrzeug, das sich durch eine gute → Aerodynamik auszeichnete, und den Fahrern Giacomelli sowie Patrick → Depailler erreichte das Team in der Saison 1980 vier WM-Punkte, die Giacomelli mit zwei 5. Plätzen in Argentinien und Deutschland herausfuhr. Allerdings erlebte das Team mit dem tödlichen Trainingsunfall von Depailler in Hockenheim einen herben Rückschlag. Eine → Pole Position von Giacomelli

Der Alfa Romeo: schon ganz in Benetton

beim Saisonfinale in → Long Beach konnte nicht in ein positives Rennresultat umgesetzt werden.

Zu Beginn der Saison 1981 schien es, als könne sich Alfa Romeo mit Ex-Weltmeister Mario → Andretti und Giacomelli am Steuer im vorderen Mittelfeld etablieren. Andretti wurde Vierter beim Auftaktrennen in Long Beach und beide Autos konnten sich in den ersten beiden Rennen beim Training in den Top-Ten platzieren. Doch personelle Differenzen innerhalb des Teams ließen den Aufschwung rasch wieder erlahmen. Am Ende hatte Alfa Romeo wieder nur zehn WM-Punkte für die → Konstrukteursweltmeisterschaft gesammelt.

Für den Formel 1-müden Andretti kam 1982 der italienische Heißsporn Andrea → de Cesaris ins Team. Mit einem in England hergestellten Kohlefaser-Monocoque war der Wagen wesentlich leichter, konnte aber nicht die mangelnde Motorleistung des Alfa V12 kompensieren. De Cesaris schaffte zwar einmal den Sprung aufs Podest, doch am Ende waren wieder nur sieben WM-Punkte zusammengekommen. Die einzige Pole Position der Saison eliminierte de Cesaris im Rennen durch seine Unbeherrschtheit bei der Überrundung eines Konkurrenten, was in einem Dreher endete.

Ende des Jahres verkündete Alfa-Präsident Ettore Massacesi, dass man das gesamte Rennmaterial und einen Teil des Teams an Euroracing übergeben würde. Damit war der Abgang auf Raten vollzogen. Aber überraschenderweise folgte 1983 die beste Saison mit zwei Podestplätzen von de Cesaris und insgesamt 18 WM-Punkten.

Mit dem Logo des Sponsors → Benetton sowie den Fahrern Eddie → Cheever und Ricardo → Patrese ging das Team in die Saison 1984, ohne eine Steigerung der Vorjahresergebnisse erzielen zu können.

Ricardo Patrese kam mit dem Alfa Romeo einmal auf das Podest

Zwar kam Patrese einmal als Dritter ins Ziel, doch zahlreiche Motorplatzer der Turbo-Motoren sowie Elektrikdefekte ließen die Italiener verzweifeln. 1985 startete der neue Konstrukteur John Gentry einen Umbau der Fahrzeuge, jedoch verließ der Brite das Team, bevor die Entwicklung abgeschlossen werden konnte. Cheever und Patrese beendeten kaum ein Rennen, holten nur einen WM-Punkt und Alfa Romeos einstmals guter Ruf war endgültig ruiniert.

Daraufhin stellte man den Formel 1-Rennbetrieb ein und überließ die Motoren bis 1988 dem kleinen → Osella-Team, das damit ebenfalls glück- und punktelos blieb.

Anschließend konzentrierte man sich auf die IndyCar-Szene und konnte in den neunziger Jahren das ramponierte Image durch zahlreiche Erfolge in der Deutschen Tourenwagenmeisterschaft aufpolieren.

Allradantrieb
Es gab in der Formel 1 mehrere Versuche, einen allradgetriebenen Rennwagen zu etablieren, um dadurch die Bodenhaftung zu verbessern, doch weder die Versuche von → Ferguson, → Lotus noch → McLaren brachten Erfolge und konnten sich längerfristig durchsetzen.

Alta (Rennwagenfirma, Motorenhersteller)
GP-Rennen in der Fahrer-WM: 5 (1950–1952)
Pole Positions: 0
Siege: 0
WM-Punkte: 0
Beste Platzierung in der Konstrukteurs-WM: 0
Bekannteste Fahrer: –
Erfolgreichste Fahrer: –
Von Geoffrey Taylor gegründet, begann Alta bereits in den dreißiger Jahren einsitzige Rennwagen zu bauen und ab 1945 kündigte man einen → Grand-Prix-Wagen an, dessen Renneinsatz aber erst im Jahre 1948, aufgrund geringer Finanzen, erfolgte. 1949 gab es die ersten nennenswerten Ergebnisse, als man mit dem Fahrer Geoffrey Cossley überraschend 7. beim Großen Preis von Belgien wurde.

Aber das schwere Fahrwerk sowie Aufhängungsprobleme ließen insgesamt keine weiteren guten Resultate zu und auch Ausflüge in die Formel 2 verliefen zumeist unbefriedigend. Doch mit seinen Motorenkonstruktionen konnte Alta bei Teams wie → Connaught, → HWM und → Cooper in der Formel 1 bis 1959 einige kleinere Erfolge verzeichnen.

Der eigene Rennstall blieb in seinen eigenen Versuchen von 1950–1952 punkt- und chancenlos.

Amati, Giovanna (Pilotin)
Geboren: 11.06.1962 in Rom/Italien
GP-Rennen in der Fahrer-WM: 0
Pole Positions: 0
Siege: 0
WM-Punkte: 0
Beste WM-Platzierung im Gesamtklassement: 0
Rennwagen: Brabham
Die langmähnige Italienerin war die bisher letzte Frau, die versuchte, als Amazone in der Formel 1 Fuß zu fassen. Trotz eher mittelmäßiger Leistungen in der Formel 3000 bekam sie 1992 ein → Cockpit im dahinsiechenden → Brabham-Rennstall. Da sie beim ersten Training für den Großen Preis von Südafrika eher durch zahlreiche Dreher als durch ansprechende Rundenzeiten auffiel und sich nicht für das Rennen qualifizieren konnte, wurde ihr Engagement sehr schnell als PR-Gag deklariert. In der Tat erhoffte sich der marode Brabham-Stall ursprünglich, durch die Verpflichtung Amatis potente → Sponsoren anlocken zu können. Doch alle Titelgeschichten waren bereits geschrieben, bevor Brabham auch nur eine Mark daran verdienen konnte.

Als Amati abgeschlagen mit teilweise mehr als acht Sekunden Rückstand zum Rest des Feldes auch die Qualifikationen für die Großen Preise in Mexiko und Brasilien verpasste, wurde sie gegen Damon → Hill ausgetauscht, der sich danach seine ersten Formel 1-Meriten verdienen konnte. Amati bekam keine zweite Chance mehr und wurde später nur noch als zeitweilige Begleiterin von Niki → Lauda auf den Rennstrecken gesichtet.

Amon (Rennwagenfirma)
GP-Rennen in der Fahrer-WM: 1 (1974)
Pole Positions: 0
Siege: 0
WM-Punkte: 0
Beste Platzierung in der Konstrukteurs-WM: 0
Bekannteste Fahrer: Chris Amon
Erfolgreichste Fahrer: –

Das Team des → Grand-Prix-Pechvogels Chris → Amon ruinierte mit einer kurzen und erfolglosen Saisonteilnahme 1974 endgültig die Karriere des Neuseeländers.

Zusammen mit Konstrukteur Gordon Coppuck und dem Finanzier John Dalton erhoffte sich Chris Amon mit einem eigenen Rennstall wieder an vergangene Erfolge anknüpfen zu können. Das fertig entwickelte Fahrzeug mit → Cosworth-Motor überstieg bereits das schmale Budget des Teams und entpuppte sich als Fehlkonstruktion mit katastrophaler → Aerodynamik. 1974 konnte man erst beim vierten Rennen in Spanien an den Start gehen und Amon schied mit Bremsdefekt aus. Beim nächsten Rennen gab es Radlagerprobleme, so dass man auf den Start verzichtete. Nach drei weiteren Nichtqualifikationen schimpfte der Neuseeländer auf seinen Wagen: »Ich möchte ihn am liebsten in Brand stecken.«

Das tat er zwar nicht, aber nach der verpassten Qualifikation beim Großen Preis von Italien war für das Amon-Team endgültig Schluss.

Amon, Chris (Pilot, Rennstallbesitzer)
Geboren: 20.07.1943 in Bulls/Neuseeland
GP-Rennen in der Fahrer-WM: 96
Pole Positions: 5
Siege: 0
WM-Punkte: 83
Beste WM-Platzierung im Gesamtklassement: Vierter 1967
Rennwagen: Lola, Lotus, Brabham, Cooper, Ferrari, March, Matra, Tecno, Tyrrell, Amon, BRM, Ensign, Williams

Der Neuseeländer ging in die Formel 1-Geschichte ein als »der Mann, der nie ein WM-Rennen gewinnen konnte«, obwohl er 19mal aus der ersten Reihe startete, oftmals aussichtsreich in Führung lag und den Sieg dabei greifbar vor Augen hatte.

Amon feierte bereits mit 19 Jahren sein Formel 1-Debüt als er 1963 beim Großen Preis von Belgien für → Lola startete, nachdem er sich zuvor in Monaco nicht qualifizieren konnte. Nach weiteren Jahren bei Lola und → Lotus wechselte er 1967 zu → Ferrari und konnte bereits bei seinem ersten Rennen für die Scuderia in Monaco einen dritten Platz ergattern. Durch den grausamen Feuertod von Lokalmatador und Teamkollege Lorenzo → Bandini, der im gleichen Rennen furchtbar verunglückte und drei Tage später im Krankenhaus seinen Verletzungen erlag, avancierte Amon zum Hoffnungsträger für sein Team.

1968 qualifizierte er sich bei elf Rennen achtmal für die erste Startreihe und hatte zumindest Chancen auf drei Siege, aber immer wieder scheiterte er an Materialdefekten. Frustriert von den andauernden technischen Problemen der Ferraris wechselte Amon 1970 zu → March und ein Jahr später, an der Seite von Jackie → Stewart, zu → Matra. Auch in diesen Jahren lag er mehrere Male unangefochten in Führung, aber Pannen an den Autos machten die Sieghoffnungen wiederum zunichte.

1973 beging er den Riesenfehler, zum desolaten → Tecno-Rennstall zu wechseln, wo er aus dem Blickpunkt verschwand und nur noch einen mageren WM-Punkt sammeln konnte. Danach entschloss er sich, ein eigenes Team auf die Beine zu stellen und lehnte für diesen wagemutigen Plan sogar Angebote von → McLaren und Ferrari ab. Der Neuseeländer kam vom Regen in die Traufe, denn der unterfinanzierte Rennwagen war in der Saison 1974 zu keiner Zeit konkurrenzfähig und Amon konnte bei vier Versuchen nur bei einem Rennen an den Start gehen. Damit war seine Formel 1-Karriere so gut wie beendet. Nach einigen fruchtlosen Versuchen in der Formel 5000 fuhr Amon 1976 dann noch einige Formel 1-Rennen für das → Ensign-Team, wo er immerhin noch einmal einen 3. Startplatz sowie zwei WM-Punkte verbuchen konnte. Jackie Stewart urteilte im nachhinein über

Chris Amon: Einer der größten Pechvögel in der Formel 1

Amon: »Für mich gehörte sein Talent in die oberste Klasse ... das Traurige war nur, dass er viel seines Talents verschwendete.« Nicht zuletzt Amons chaotischer Lebensstil begünstigten dessen tragische Karriere in der Formel 1-Geschichte. Was bleibt, sind verschiedene Siege bei Sportwagenrennen – u.a. die 24 Stunden von → Le Mans – sowie 1970 der Gewinn der »International Trophy«, ein Formel 1-Rennen, das nicht zum → Championat gezählt wurde.

Nach dem Ende der Saison 1976 kehrte Amon mit seiner Familie nach Neuseeland zurück, wo er heute als Farmer tätig ist.

Anderson, Gary
(Konstrukteur, Technischer Direktor)

Mit einem gelungenen Entwurf des → Jordan-Wagen wurde der Ire 1991 in der Formel 1 schnell bekannt. Doch nicht alle Konstruktionen in der Folgezeit konnten an diese Meisterleistung anknüpfen, so dass Anderson in der Saison 2000 sogar von seinem Arbeitgeber → Jaguar gefeuert wurde.

Anderson begeisterte sich von frühester Jugend an für den Motorsport und bastelte in seiner Freizeit am liebsten an Autos herum. Nach seinem Ingenieursstudium fand er 1972 in der Formel 1 einen Job als → Mechaniker bei → Brabham.

1979 wechselte er zu → McLaren und stieg dort zum Chefmechaniker auf. Der damalige McLaren-Konstrukteur Gordon Coppuck erkannte das Designtalent in Anderson und beauftragte ihn mit der Modifizierung eines → Groundeffect-Wagens. Andersons Überarbeitung verbesserte entschieden die Straßenlage des McLaren und 1980 folgte mit der »Anderson Racing« die Gründung einer eigenen Firma, welche in beratender Funktion für einige Formel 1-Teams tätig war und sich auch um Sportwagenprojekte kümmerte.

Ab 1980 war er auch bei amerikanischen IndyCar-Teams erfolgreich und arbeitete anschließend von 1989 bis 1990 bei Reynard, die Ende der neunziger Jahre den → BAR-Rennwagen entwickelten.

Eddie Jordan, der bereits seit Jahren ein Kunde bei Anderson war, engagierte seinen irischen Landsmann für die Konstruktion des ersten Jordan-Formel 1-Rennwagens.

Nach seiner Fertigstellung erwies sich der von Anderson entworfene Jordan 191 schon bei ersten Testfahrten als vielversprechendes Fahrzeug, was sich in der anschließenden Saison mehr als bestätigen sollte.

Doch so hoch wie Anderson in der Formel 1 auch aufgestiegen war, so jäh folgte 1992 der Absturz. Sein Jordan 192 verpasste die Zielvorgabe, den neuen → Yamaha-Motor, der schwerer und länger als das Vorjahresaggregat von → Ford ausfiel, erfolgreich in das → Chassis zu integrieren.

Weitere Flops wie ein Siebenganggetriebe kratzten arg an Andersons frisch erworbenem Nimbus. Doch der Ire konnte sich in den folgenden Jahren wieder rehabilitieren und führte die Jordan-Boliden 1998 endgültig zur Siegreife.

Danach wechselte Anderson zum → Stewart-Rennstall, der kurz darauf von → Jaguar übernommen wurde. Anderson wurde mit dem Bau des Formel 1-Rennwagens beauftragt, der sich im Laufe der Saison 2000 als eklatanter Reinfall entpuppte und besonders in aerodynamischer Hinsicht enttäuschte.

Anfang Dezember war der Stardesigner als Schuldiger ausgemacht und musste draufhin seinen Hut nehmen. Es bleibt abzuwarten, wie Anderson die Demütigung verkraftet, dass man seinen Nachfolger Steve Nichols über den grünen Klee lobte und bei welchem Rennstall er wieder auftaucht.

Anderstorp (Rennstrecke)

GP-Bezeichnung: Großer Preis von Schweden
Streckenlänge: 4031
Renndistanz: 70 Runden = 282, 170 km (1978)
Erstes Formel 1-Rennen: 1973
Letztes Rennen: 1978
Gesamtzahl GP: 6
Erster Sieger: Denis Hulme (1973)
Häufigster Sieger: 2 x Niki Lauda (1975, 1978)
Sieger: Tony Brooks (1959)

Die schwedische Rennstrecke entstand Anfang der siebziger Jahre in einer Sumpflandschaft und war äußerst schwer zugänglich, zumal der kleine Ort Anderstorp auf der Landkarte kaum zu finden ist. Durch die Erfolge des schwedischen Formel 1-Piloten Ronnie → Peterson war auch die Popularität dieser Sportart in Skandinavien gestiegen und so fand 1973 erstmals ein Großer Preis von Schweden statt. In Anderstorp haben alle Kurven den gleichen Radius und die Start- und Zielgerade ist die Landebahn eines Flugplatzes, der einige Zeit vor der Rennstrecke entstand. Die Boxen sind ein großes Stück von der Startlinie entfernt, so dass der Start, wie in → Spa-Francorchamps, praktisch unter Ausschluss der Zuschauer stattfand. Nach dem Tod von Peterson, der bis heute in Schweden keinen gleichwertigen Nachfolger gefunden hat, fand 1978 der letzte Große Preis von Schweden statt.

Andrea Moda (Rennwagenfirma)
GP-Rennen in der Fahrer-WM: 1 (1992)
Pole Positions: 0
Siege: 0
WM-Punkte: 0
Beste Platzierung in der Konstrukteurswertung: 0
Bekannteste Fahrer: Roberto Moreno
Erfolgreichste Fahrer: –
Gegründet von dem Schuhfabrikanten Andrea Sassetti wurde die einzige → Grand-Prix-Saison von Andrea Moda zu einer beispiellosen Farce, die noch vor Saisonende 92 mit dem Ausschluss wegen »Unwürdigkeit« endete.

Mit der Restmasse des chronisch erfolglosen → Coloni-Teams sowie veralteten → Judd-Motoren glaubte der Selfmademan Andrea Sassetti, sich zumindest im Mittelfeld etablieren zu können.

Man engagierte zunächst die Fahrer Enrico Bertaggia und Alex Caffi, um diese nach zwei Großen Preisen gleich wieder zu feuern.

Doch schon der erste Auftritt beim Saisonauftakt in → Kyalami gestaltete sich dilettantisch. Während des Trainings schraubte man noch den Wagen zusammen und die Piloten Bertaggia und Caffi fuhren keine einzige Runde. In den Schlussminuten rollte dann Caffi mit dem Boliden raus und blieb nach einer halben Runde wegen defekter Batterie liegen.

Weil man versuchte, die alten Coloni-Wagen mit der Heckpartie eines → Dallara zu kombinieren, wurde das Team wegen Regelverstoßes disqualifiziert. Sassetti zeigte sich verwundert: »Das hätte man mir vorher sagen müssen.«

Die → FISA forderte Andrea Moda auf, ein eigenes → Chassis zu bauen, um überhaupt teilnahmeberechtigt zu sein. Sassetti ließ bei der Firma → Simtek neue Monocoques bauen, nur um beim Großen Preis von Mexiko wieder Zuschauer zu sein.

Dann endlich, beim dritten Lauf in Brasilien, war es geschafft: Die Rennwagen waren fertig. Mit dem Unglücksraben Perry → McCarthy sowie dem Formel 1-Loser Roberto Moreno gab es zwei neue Piloten und die → FOCA erlaubte – trotz der Interventionen der anderen Rennställe – Andrea Moda die Teilnahme am Wettbewerb.

Doch mit gebrochenen Schalthebeln musste ein erster Qualifikationsversuch sofort wieder abgebrochen werden. Und diese Debakel setzten sich weiter fort, denn nur beim Großen Preis von Monaco gelang es dem aufopferungsvoll kämpfenden Moreno, auf dem letzten Startplatz zu landen, während der zweite Fahrer McCarthy vom Team praktisch ignoriert wurde.

Im Rennen musste der Brasilianer den Boliden in der zwölften Runde wegen Motorschadens abstellen.

In den folgenden Läufen konnte man diese Leistung nicht mehr wiederholen und nachdem die letzten → Sponsoren absprangen und das Team sich weiterhin unprofessionell verhielt, wurde es vor dem dreizehnten Lauf in → Monza wegen »Formel 1-unwürdigen Verhaltens« vom → Championat ausgeschlossen. Auch die einstweilige Verfügung von Besitzer Sassetti, der zudem wegen des Verdachts auf Urkundenfälschung und Scheckbetruges einige Zeit in Haft saß, konnte die Auflösung nicht verhindern.

Andretti, Mario (Pilot)
Geboren: 28.02.1940 in Montona/Italien
GP-Rennen in der Fahrer-WM: 128 (1968–1982)
Pole Positions: 18
Siege: 12
WM-Punkte insgesamt: 180
Beste WM-Platzierung im Gesamtklassement:
Weltmeister 1978
Rennwagen: Lotus, March, Ferrari,
Parnelli, Alfa Romeo, Williams
Internet: www.andretti.com

Nach einem steten Auf und Ab in seiner Formel 1-Karriere gelang dem rauhbeinigen Italo-Amerikaner (O-Ton James → Hunt: »Mario kam in die Formel 1 wie ein Cowboy, der die Salontür nur mit einem Fuß aufkriegt«) 1978 doch noch das, was er als den »Gewinn eines Krieges« bezeichnet hatte: die Formel 1-Weltmeisterschaft.

Andretti, der in Florenz aufwuchs, hatte schon als kleiner Junge nichts als Autos im Kopf und sein Spielplatz war zumeist eine Autowerkstatt, in der man Rennwagen baute.

Noch im jugendlichen Alter nahm er zusammen mit seinem Bruder heimlich an Formel-Junior-Rennen teil.

Der aufgrund seiner Kindheitserfahrungen im jugoslawisch besetzen Teil Italiens überzeugte Anti-Kommunist (»Alle sollen gleich sein, richtig? Well, das stimmte. Alle waren gleich – alle hatten nichts.«) wanderte im Alter von 15 Jahren mit seiner Familie in die Vereinigten Staaten aus (»Der stolzeste Tag meines Lebens war, als ich amerikanischer Staatsbürger wurde.«), um sich im Staat Pennsylvania niederzulassen.

Trotzdem waren die Andrettis vorerst bitterarm und Mario gründete im Alter von 15 Jahren zusammen mit seinem Bruder unter Zuhilfenahme von 350 Dollar ein eigenes Team, um sich an Stock-Car und Sprintrennen zu beteiligen.

Mit Hilfe eines Transportunternehmers startete er 1966 erstmals bei den 500 Meilen von → Indianapolis, wo er drei Jahre später gewinnen konnte. Nach diesem Triumph siedelte er nach Europa über, weil er sich auch in der Formel 1 durchsetzen wollte. Sein Einstand war fulminant: Gleich im ersten Rennen beim Großen Preis der USA stellte er seinen → Lotus auf die → Pole Position, schied aber im Rennen wegen einer defekten Kupplung aus.

Da er weiterhin auch Rennen in den USA fuhr, nahm er 1969 nur an drei Großen Preisen teil, in denen er punktelos blieb. Das änderte sich, als er 1970 mit einem → March beim → Grand Prix von Spanien auf den dritten Platz fuhr. Ein Jahr später platzte dann der Knoten: In einem → Ferrari holte sich »das Paradebeispiel eines Superrennfahrers« den Sieg beim Großen Preis von Südafrika. Doch danach blieb die Punkteausbeute mager und Andretti nahm sich nach der Saison 1972 eine Auszeit, weil kein Platz mehr bei Ferrari für ihn war. Er kehrte in die USA zurück, um sich an der Formel 5000 und bei Sandplatzrennen zu beteiligen.

Nach einem durchwachsenen GP-Comeback 1975 bei → Parnelli gelang ihm ein Jahr später mit dem Wechsel zu Lotus sein zweiter Sieg beim Abschlussrennen in Japan. Seinen wüsten Fahrstil hatte er abgelegt und auch ein Fauxpas wie das versehentliche Drücken des Feuerlöscherknopfes passierte ihm nun nicht mehr.

1977 kämpfte er mit Jody → Scheckter und Niki → Lauda lange um den WM-Titel und es gelangen ihm in dieser Saison vier Siege und sieben Trainingsbestzeiten.

1978 schlug endlich seine große Stunde: Mit acht Siegen sicherte er sich in überlegener Manier den WM-Titel, obwohl ihm sein Teamkollege Ronnie → Peterson ziemlich zusetzte. Mit dem Erreichen dieses Zieles war bei Andretti die Luft raus. In der nächsten Saison kam er auf nur 14 WM-Punkte und im darauffolgenden Jahr war ein sechster Platz die beste Ausbeute. Andretti merkte, dass er langsamer geworden war und beendete 1981 nach einem glücklosen Engagement bei → Alfa-Romeo seine Formel 1-Laufbahn, um ein Jahr später ein kurzes Comeback für Ferrari zu geben, weil der etatmäßige Pilot Didier → Pironi beim Training in Hockenheim schwer verunglückt

Mario Andretti: Der Cowboy unter den Formel 1-Weltmeistern

war. Es reichte noch einmal für einen dritten Platz beim Großen Preis von Italien. Danach fuhr der Liebhaber italienischer Opern noch bis ins hohe Alter IndyCar-Rennen und gehörte hier zumeist zu den Schnellsten. Bis heute hat er immer noch das Ziel, die 24 Stunden von → Le Mans zu gewinnen, wo er im Jahr 2000 wieder an den Start ging. Der durch seine Rennfahrer-Gagen sowie Teilhaberschaften an Maklerbüros, Bürogebäuden, Shopping-Centern und Videospielen reich gewordene Parade-Amerikaner (»Wenn sie jemanden konservativ nennen, der Leute mit ungekämmten Haaren, ungeputzten Zähnen und dummen politischen Sprüchen nicht mag, dann bin ich konservativ.«) gehört in den USA nach wie vor zu den Superstars der Motorsportszene, bewegt sich in Präsidentenkreisen und hat mit Michael und Jeff zwei Söhne, die ebenfalls erfolgreich in der IndyCar-Szene mitfahren. Michael → Andretti kann mittlerweile auch schon auf – allerdings recht leidvolle – Formel 1-Erfahrung zurückblicken.

Andretti, Michael (Pilot)
Geboren: 05.10.1962 in Bethlehem /USA
GP-Rennen in der Fahrer-WM: 13 (1993)
Pole Positions: 0
Siege: 0
WM-Punkte insgesamt: 7
Beste WM-Platzierung im Gesamtklassement: Elfter 1993
Rennwagen: McLaren
Internet: www.andretti.com

Als Sohn von Formel 1-Weltmeister Mario → Andretti war mit Michael Andretti in der Saison 1993 nach längerer Zeit wieder ein ehemaliger IndyCar-Fahrer in der Königsklasse vertreten. Doch die Hoffnung, durch Andrettis Engagement bei → McLaren die Akzeptanz der Formel 1 in den USA zu erhöhen, geriet für alle Beteiligten zu einer großen Enttäuschung. Mit zwölf Jahren begann Andretti Kartrennen zu fahren und gab im Jahre 1984 sein Debüt im IndyCar- → Championat. Im Laufe der Jahre holte er sich eine Meisterschaft sowie vier Vizetitel, allerdings stellte sich der von ihm ersehnte Gewinn der 500 Meilen von → Indianapolis nicht ein.

Weil ihm die Zeit davonzulaufen drohte, suchte er nach einem Formel 1-Engagement und fand bei → McLaren offene Türen vor.

Der studierte Wirtschaftswissenschaftler wurde bei seiner Vertragsunterzeichnung von McLaren-Boss Ron → Dennis hochgelobt, weil er » zu den wenigen Fahrern gehöre, die noch überholen können«.

Doch Andretti hatte vor Beginn der Rennsaison nur wenig Zeit, die für ihn ungewohnten Formel 1-Boliden zu testen und so geriet er von Anfang an gegen seinen Teamkollegen Ayrton → Senna ins Hintertreffen.

Bei seinem Debüt-Rennen in Südafrika verursachte er schon in der fünften Runde einen Unfall und schied aus. Noch schlimmer kam es für ihn beim zweiten Lauf in Brasilien, wo er eine haarsträubende Startkollision mit Gerhard → Berger einleitete, in der beide mit viel Glück glimpflich davonkamen. Wütend mutmaßte Berger anschließend, dass Andretti wohl nicht mit den stehenden Formel 1-Starts zurechtkäme. Und nicht genug des Unglücks, rammte Andretti beim nächsten → Grand Prix in → Donington wiederum in der ersten Runde diesmal den Österreicher Karl → Wendlinger, der Andrettis Aktion wütend als »Schmarrn« bezeichnete. Erst im fünften Anlauf konnte Andretti einen Grand Prix beenden und holte sich gleich auf Anhieb zwei WM-Punkte. Jetzt schien es endlich aufwärts zu gehen, doch im Verlauf der weiteren Saison blieben ihm Pech und Unvermögen treue Begleiter. Missglückte Starts, zahlreiche Dreher und die durchweg verlorenen Trainingsduelle gegen den übermächtigen Senna zehrten an Andrettis Nerven. Nur in wenigen Rennen konnte er sein Können aufblitzen lassen, aber ausgerechnet nach seinem ersten → Podiumsplatz als Dritter beim Großen Preis von Italien wurde Andretti von Ron Dennis gegen den Ersatzfahrer Mika → Häkkinen ausgetauscht. Andretti kehrte in die IndyCar-Szene zurück und gehört dort heute wieder zu den Erfolgreichsten.

Anzahl der Rennen
Laut → FIA-Regeln besteht eine Formel 1-Weltmeisterschaftssaison aus mindestens acht, maximal siebzehn Rennen.

Arnoux, René (Pilot)
Geboren: 04.07.1948 in Grenoble/ Frankreich
GP-Rennen in der Fahrer-WM: 149 (1978–1989)
Pole Positions: 18
Siege: 7
WM-Punkte insgesamt: 181
Beste WM-Platzierung im Gesamtklassement:
Dritter 1983
Rennwagen: Martini, Renault, Ferrari, Ligier

Klein, drahtig und mit bissigem Blick ausgestattet, entsprach der Franzose dem Idealbild eines Rennfahrers, der seine erfolgreichste Zeit bei → Ferrari erlebte.

Als Sohn eines Buchhalters schraubte Arnoux im Alter von zehn Jahren zusammen mit seinem Vater an Go-Karts herum. Er ergriff den Beruf des Mechanikers und arbeitete nach der Militärzeit bei einem Turiner Opel-Tuner. Nach zahllosen Siegen in der Go-Kart-Klasse erhielt Arnoux ein Stipendium für die Formel→ Renault, wo er 1973 französischer Meister wurde.

Trotzdem musste er sich im darauffolgenden Jahr, mangels → Sponsoren, mit sporadischen Einsätzen in der Formel 5000 über Wasser halten. Eine französische Raffinerie nahm sich danach des ehrgeizigen Franzosen an und verschaffte ihm ein → Cockpit für die französische Formel-Renault-Europameisterschaft, die er prompt gewann.

Jetzt ging es die Erfolgsleiter steil nach oben, denn mit Hilfe zweier Staatskonzerne konnte Arnoux anschließend in der Formel 2 für Furore sorgen. 1977 wurde er Europameister und Renault huldigte seinen Werksfahrer in verschiedenen Presseanzeigen als vielversprechendsten Fahrer der Zukunft.

Michael Andretti erlebte 1993 bei McLaren ein glückloses Jahr in der Formel 1

Sein Debüt in der Formel 1 im Jahre 1978 beim → Martini-Rennstall war mehr von Ausfällen als von Erfolgen geprägt und nach dem Großen Preis von Holland musste Martini aus finanziellen Gründen die Pforten schließen. Arnoux sprang für den Rest der Saison als Ersatzfahrer für den verunglückten Vittorio → Brambilla im Rennstall von John → Surtees ein, aber auch dieses Engagement war bereits nach zwei Rennen beendet.

1979 wurde er zweiter Fahrer bei Renault, der als erster Rennstall einen Turbo-Motor einsetzte und nach einigen Anlaufschwierigkeiten zeigte die Leistungskurve von Arnoux deutlich nach oben. Beim Großen Preis von Frankreich wurde er Zweiter im Training und Dritter im Rennen. Zugleich trug sich Arnoux mit diesem Lauf in die Geschichtsbücher der Formel 1 ein, als er sich bis zum Schluss mit Gilles → Villeneuve einen erbitterten Kampf um Platz 2 lieferte. Beide fuhren in der Schlussrunde Seite an Seite, touchierten sich mehrmals, gerieten von der Piste und zeigten »das schönste Duell, das je in einem Formel 1-Rennen stattgefunden hat«. Arnoux beendete die Saison als Gesamtachter mit der Ausbeute von zwei → Pole-Positions und 17 WM-Punkten.

1980 gewann er zu Saisonbeginn zwei von drei Rennen und war damit in der Gesamtwertung führend, doch trotz dreier Pole-Positions hintereinander fiel Arnoux am Ende im Schlussklassement bis auf den sechsten Platz zurück.

In der nächsten Saison wurde Alain → Prost sein Teamkollege und die beiden waren sich von Beginn an spinnefeind. Prost war in diesem Jahr mit drei Siegen der erfolgreichere, während Arnoux insgesamt nur elf enttäuschende WM-Punkte erringen konnte.

1982 glänzte Arnoux wieder mit fünf Pole-Positions und zwei Siegen, aber der Zweikampf mit Teamgefährte Prost hatte ihn zermürbt und er nahm für das nächste Jahr ein Angebot von → Ferrari an.

Wieder war mit Patrick → Tambay ein Landsmann sein Teamkollege, doch diesmal behielt Arnoux die Oberhand und war lange Zeit ein Mitstreiter um den WM-Titel, bis er durch einen Dreher im vorletzten Rennen in → Brands Hatch seine Hoffnungen begraben musste. Am Ende war er mit 49 Punkten Weltmeisterschaftsdritter.

Für die Saison 1984 bekam er den italienischen Hoffnungsträger Michele → Alboreto zum Stallgefährten und wieder spielte Arnoux nur die zweite Geige.

In diesem Jahr konnte er keinen Sieg landen und auch einige gute Platzierungen verhinderten nicht, dass der Franzose bei Ferrari allmählich in Ungnade fiel.

Folgerichtig wurde Arnoux 1985 nach dem ersten Rennen in Brasilien durch Stefan → Johansson ersetzt und musste für den Rest der Saison zuschauen. »Der stille nette Kerl« unterschrieb für 1986 bei → Ligier und nahm damit Abschied von den großen Erfolgen. In seiner letzten Formel 1-Saison 1989 fand er sich oftmals auf den hintersten Startplätzen wieder und wurde von vielen Kollegen als »rollende Schikane« beschimpft. Doch bei seiner Abschiedsfeier versöhnte er alle mit einer rührenden Geste, als er seinen Mitfahrern jeweils einen persönlichen Brief überreichte, in dem er sich unter anderem für manche Konfrontation entschuldigte.

Arnoux beteiligte sich 1991 noch einmal an den 24 Stunden von → Le Mans, wo er in der GT-Klasse als Dritter abschnitt. Seither widmet er sich auf seinem Bauernhof dem Restaurieren von Sportwagen und war zwischenzeitlich Berater für das Formel 1-Engagement des brasilianischen → Forti-Teams.

Arrows (Rennwagenfirma, Motorenhersteller)
GP-Rennen in der Fahrer-WM: 311 (seit 1978)
Pole Positions: 1
Siege: 0
WM-Punkte: 154
Beste Platzierung in der Konstrukteurswertung: Fünfter 1987
Bekannteste Fahrer: Ricardo Patrese, Rolf Stommelen, Jochen Mass, Patrick Tambay, Alan Jones, Gerhard Berger, Thierry Boutsen, Christian Danner,

Damon Hill, Mika Salo, Jos Verstappen
Erfolgreichste Fahrer: Ricardo Patrese, Damon Hill
Internet: www.arrows.com

Seit nunmehr über 20 Jahren ist der Arrows-Rennstall jetzt im Formel 1-Zirkus dabei, ohne ein einziges Mal den oftmals anvisierten → Grand-Prix-Sieg geschafft zu haben.

Aus ehemaligen Mitarbeitern des → Shadow-Teams bildete sich 1977 Arrows, dessen Name sich aus den Anfangsbuchstaben der Gründer ableitete: Franco Ambrosio (AR), Alan Rees (R), Jackie Oliver (O), Dave Wass (W) und Tony Southgate (S).

Das Hauptquartier errichtete man in Milton Keynes und nach 60 Tagen war der erste Formel 1-Wagen namens A1 fertiggestellt. Als Fahrer waren in der ersten Saison Ricardo → Patrese und – dank dem deutschen Sponsor Warsteiner – auch Rolf → Stommelen verpflichtet worden.

Doch kurz darauf musste der Rennstall den Wagen wieder zurückziehen, weil Shadow-Chef Don Nichols seine ehemaligen Mitarbeiter verklagt hatte, mit den mitgenommenen Konstruktionsplänen das Copyright verletzt zu haben. Das Gericht gab Nichols recht und Arrows musste flugs ein neues Fahrzeug bauen, was man innerhalb von 52 Tagen schaffte. Vorher hatte Patrese mit der Shadow-Kopie bereits beim Grand Prix in Südafrika zeitweilig in Führung gelegen, ohne das Rennen in den Punkten zu beenden.

Zudem sorgte der Italiener für weitere Probleme, weil man ihm die Schuld am Start-Crash in → Monza gab, an dessen Folgen kurz darauf Ronnie → Peterson verstarb. Doch trotz allen Ärgers hatte Arrows am Ende in seiner Debüt-Saison immerhin elf Zähler eingeheimst, die alle auf das Konto von Patrese gingen, während der blasse Stommelen vollkommen leer ausging.

Für den Deutschen kam 1979 sein Landsmann Jochen → Mass, der zuvor bei → ATS eine erschütternde Saison erlebt hatte und sich bereits auf dem absteigenden Ast befand.

Die Wagen wurden mangels Budget nur überarbeitet und Mass kam dreimal auf Platz 6, während Teamkollege Patrese einmal Platz 5 erreichte.

Während der kommenden Jahre bot sich bei Arrows immer das gleiche Bild: Man staubte während jeder Saison stets ein paar Pünktchen zusammen und das Budget war chronisch begrenzt, weil, Gerüchten zufolge, Team-Chef Jackie Oliver lieber in die eigene Tasche wirtschaftete.

Daran konnten auch anerkannt gute Piloten wie Thierry → Boutsen, Patrick → Tambay oder Gerhard → Berger sowie der zeitweilige Motorenlieferant → BMW wenig ändern.

1987 setzte endlich ein leichter Aufwärtstrend ein, weil die US-Firma USF & G zum Hauptsponsor wurde und die Dollars damit wieder etwas reichlicher flossen. Mit Ross → Brawn hatte man wieder einen fähigen Konstrukteur engagiert und mit Derek → Warwick und Eddie → Cheever zwei Piloten, die durchaus um Punkte mitkämpfen konnten.

Brawn entwickelte mit dem A10 ein gutes Auto, das jedoch öfters an der Standfestigkeit des von BMW konstruierten → Megatron-Motors scheiterte. Trotzdem kamen Cheever und Warwick immerhin auf elf Zähler, was den sechsten Platz in der Konstrukteurswertung bedeutete.

1988 etablierte man sich mit 23 WM-Punkten im vorderen Mittelfeld, was den Konstruktionskünsten von Brawn, der von Heini Mader überarbeiteten Maschine und den Leistungen der Piloten Warwick und Cheever zu verdanken war.

Im nächsten Jahr ging es, trotz eines neuen ultramodernen Fabrik- und Verwaltungsgebäudes in Milton Keynes, punktemäßig wieder bergab, obwohl Cheever in → Phoenix immerhin auf Platz 3 kam.

Für Warwick, der zu → Lotus abwanderte, und den Formel 1-müden Eddie Cheever kamen 1989 Altstar Michele → Alboreto sowie der Nachwuchsfahrer Alex Caffi.

Mit dem A11 gab es allerdings nur ein Übergangsfahrzeug zu steuern, weil man auf die heißersehnten → Porsche -→ Motoren wartete. Caffis fünfter Platz in Monaco war dann die einzige Punkteausbeute des gesamten Jahres. Danach wurde Arrows von der japanischen → Footwork-Gruppe übernommen und von 1991 bis einschließlich 1993 firmierte man unter Footwork G. P. International Ltd.

Nachdem Oliver 1994 die Firmenanteile zurückgekauft hatte, bekam man mit → Ford einen neuen Motorenpartner. Mit dem FA15 entwickelte Konstrukteur Alan Jenkins ein Fahrzeug, das sich längere Zeit mit Getriebeproblemen herumplagen musste, so dass die Piloten Christian → Fittipaldi und Gianni Morbidelli auf nicht mehr als neun Zähler kamen, was aber eine enorme Steigerung zu den Vorjahren bedeutete. Die nächsten Jahre wurstelte das Team in altbekannter Manier weiter, dann trat ab 1997 die große Zäsur ein. Oliver verkaufte sein Team an den früheren → Be-

Thierry Boutsen in einem Arrows, Mitte der Achtziger

netton-Teamchef und zeitweiligen → Ligier-Besitzer Tom Walkinshaw.

Jetzt wurde nicht mehr gekleckert, sondern geklotzt. Walkinshaw, der über ein riesiges High-Tech-Entwicklungszentrum verfügt, schnappte dem → Sauber-Rennstall die → Yamaha-Motoren weg, angelte sich die japanischen → Bridgestone-Reifen und engagierte für 6 Millionen Dollar Gage den frischgebackenen Weltmeister Damon → Hill. Ein völlig neues Kapitel sollte in der Rennsportgeschichte von Arrows geschrieben werden, aber letztendlich blieb alles beim Alten. Zwar wäre es Damon Hill 1997 in Ungarn fast gelungen, den ersten Sieg in der Arrows-Geschichte zu erringen, doch in erster Linie war die Saison von Ärger mit den Motoren und der Fahrzeug-Konstruktion von Frank Dernie geprägt. Dieser wurde nach dem Großen Preis von Monaco entlassen und durch den ehemaligen Star-Designer John → Barnard ersetzt, der aber auch nicht mehr viel retten konnte.

Hill flüchtete anschließend zu → Jordan und in den nächsten Jahren bot sich wieder das sattsam bekannte Bild, dass Piloten wie Mika → Salo, Pedro → Diniz, Pedro → de la Rosa oder Jos → Verstappen ab und zu in den Punkterängen auftauchten.

Ascari, Alberto (Pilot)
Geboren: 13.07.1918 in Mailand/Italien
Gestorben: 26.05.1955 in Monza/Italien
GP-Rennen in der Fahrer-WM: 32
Pole Positions: 14
Siege: 13
WM-Punkte insgesamt: 140,14
Beste Saison-Platzierung: Weltmeister 1952, 1953
Rennwagen: Ferrari, Lancia

Nicht zuletzt weil es nach ihm keinem Italiener mehr gelang, die Weltmeisterschaft zu erringen, ist Ascari in Italien heute eine Motorsportlegende.

Sieben Jahre war Alberto alt, als er seinen Vater, den berühmten Piloten Antonio Ascari, bei einem Autorennen verlor. Er selbst interessierte sich zunächst mehr für das Fahrradfahren und als Jugendlicher nahm er an einigen Rennen teil. Mit 18 Jahren entschied er sich für den Umstieg auf das motorisierte Zweirad und wurde Werksfahrer bei → Lancia. In Deutschland holte er 1939 bei der Sechstagefahrt sogar eine Goldmedaille.

Im Jahre 1940 gab er sein Motorsportdebüt auf vier Rädern bei der Milla Miglia, wo er mit seinem → Ferrari-Spyder zeitweise sogar in Führung lag.

Dann brach der Zweite Weltkrieg aus und Ascari gehörte zu den Landsleuten, die sich gegen eine Unterstützung Hitlers aussprachen. In der Kriegszeit investierte er zusammen mit Rennfahrerfreund Luigi Villerosi seine Anstrengungen in den Aufbau eines Transportunternehmens. Da Ascari inzwischen verheiratet und Vater zweier Kinder geworden war, dachte er nach Kriegsende nicht daran, sich wieder hinter das Steuer eines Rennwagens zu setzen. Erst Villerosi konnte ihn dazu überreden und im Jahre 1947 saß er wieder in einem → Maserati und konnte in den folgenden Jahren Sportwagenrennen und den Großen Preis von San Remo gewinnen.

Er folgte anschließend dem Ruf von Enzo → Ferrari und startete für den Rennstall im ersten Weltmeisterschaftsjahr 1950. In dieser Saison wurde er dreimal Zweiter und die Duelle gegen Juan-Manuel → Fangio im → Alfa Romeo begeisterten die Massen in ganz Europa.

»Ciccio«, wie der bullige Italiener gerufen wurde, schaffte in der nächsten Saison seine erste → Pole Position und seinen ersten Sieg beim Großen Preis von Deutschland und wurde hinter Fangio Vizeweltmeister. Die darauffolgenden zwei Jahre wurden für Ascari zu einem einzigen Triumphzug: Zweifacher Weltmeister und der bis heute gültige Rekord von neun Siegen in Folge waren die großartige Bilanz der fahrerischen Überlegenheit von Ascari am Steuer des Ferrari.

Der privat eher ruhige Weinliebhaber verbrachte seine Zeit am liebsten vor dem Fernseher und war seinen Kindern ein strenger Vater, da er Angst hatte, dass sie bei einem möglichen Rennfahrertod den Verlust nicht verkraften könnten. 1954 folgte aus finanziellen

Gründen sein Wechsel zu Lancia, was ganz Italien schockierte. Aber auch in sportlicher Hinsicht brachen für Ascari schwere Zeiten an. Es war der Beginn der erfolgreichen Silberpfeil-Ära mit Fangio, Karl → Kling und Stirling → Moss am Steuer, die ihre Gegner in Grund und Boden fuhren. Ascari selber holte in dieser Saison keinen einzigen WM-Punkt, weil der D50 von Lancia einfach nicht fertig wurde.

In → Monza führte er das Rennen als Gastfahrer auf einem Ferrari an, bis er mit Motorschaden aufgeben musste. Erst im letzten Rennen war der Lancia einsatzfähig und Ascari eroberte sogleich die Pole Position und führte das Rennen überlegen an, bis ihm in der neunten Runde der Motor platzte.

Somit war Ascari für die Saison 1955 zuversichtlich, wieder bei der Titelvergabe ein Wort mitzureden. Beim Großen Preis von Argentinien war er Trainingszweiter und musste das Rennen nach einem Unfall aufgeben. Auch in Monaco war er wieder Zweitschnellster im → Qualifying, aber sein Rennen wurde durch versagende → Bremsen beendet und der Italiener landete samt Fahrzeug im Hafenwasser. Glücklicherweise erlitt Ascari nur einen Nasenbeinbruch sowie einige Prellungen und ganz Italien war froh, dass ihr Held schon bald in die Heimat zurückkehren konnte.

Ascari wollte sich zunächst ein paar Tage ausruhen, doch bald darauf erhielt er die Einladung, bei Testfahrten in → Monza als Zuschauer dabeizusein. In Anzug und Krawatte gekleidet, entschloss sich Ascari bei einem Mittagessen im Fahrerlagerrestaurant einige langsame Runden im Ferrari zu drehen, um seine Renntauglichkeit zu testen.

Nachdem er mit dem Fahrzeug zwei Runden absolviert hatte, kehrte er aus der dritten nicht mehr zurück. Seine Freunde fanden ihn in der Vialone-Kurve schwerverletzt neben seinem zerstörten Rennwagen.

Ascari starb kurze Zeit später auf dem Weg ins Hospital. Bis heute rätselt die Fachwelt, wie dem ausgezeichneten Fahrer dieses Unglück passieren konnte. »Ich habe meinen großen Gegner verloren«, trauerte Fangio und Zehntausende nahmen bei seiner Beerdigung in Mailand Abschied von diesem »Fahrer unvergleichlichen Talents«.

Bemerkenswert ist, dass Ascari im gleichen Alter wie sein Vater und beinahe exakt 30 Jahre später sein Liebe zum Motorsport mit dem Leben bezahlte. Heute erinnert eine Schikane auf der Rennstrecke in Monza an seinen legendären Namen.

Aston (Rennwagenfirma)
GP-Rennen in der Fahrer-WM: 2 (1952)
Pole Positions: 0
Siege: 0
WM-Punkte: 0
Beste Platzierung in der Konstrukteurs-WM: 0
Bekannteste Fahrer: –
Erfolgreichste Fahrer:
Aston war einer der vielen kleinen, tapferen Rennställe, die sich mit zu geringen Mitteln abmühten und so keine Chance hatten, einen dauerhaften Platz in der Formel 1 zu erhalten.

Bill Aston war ein früherer Motorradrennfahrer, als er 1952 mit dem Bau von Formel 2-Wagen begann und für die → Motoren auf ein luftgekühltes Vierzylinder-Aggregat von Archie Butterworth zurückgriff.

Einige hoffnungsvolle Anfänge in der Formel 2 konnten aufgrund fehlender finanzieller Mittel nicht weiterentwickelt werden. Trotzdem wurde 1952 mit Montgomery Charrington am Steuer beim Großen Preis von Belgien erstmals ein Aston-Butterworth eingesetzt. In der Startaufstellung war man Fünfzehnter, doch mit Motorschaden musste man aufgeben. Noch dreimal versuchte Bill Aston, der jetzt selbst am Steuer saß, sein Glück, doch der Motor verbrauchte zuviel Treibstoff und ging manchmal sogar in Flammen auf. Aston sah die Sinnlosigkeit seines Projektes ein und wandte sich wieder den Sportwagen zu.

Aston Martin
(Rennwagenfirma, Motorenhersteller)
GP-Rennen: 5 (1959–1960)
Pole Positions: 0
Siege: 0

WM-Punkte: 0
Beste Platzierung in der Konstrukteurswertung: 0
Bekannteste Fahrer: Roy Salvadori, Carroll Shelby, Maurice Trintigant
Erfolgreichste Fahrer: –

Aston-Martin-Sportwagen besitzen seit Jahrzehnten unter Kennern einen guten Ruf, doch weil das Formel 1-Programm nur halbherzig angegangen wurde, blieben die Erfolge aus.

Schon vor dem Ersten Weltkrieg experimentierten die Automobilvertreter Lionel Martin und Robert Bramford mit dem Rennwagenbau und einer dieser Eigenkonstruktionen zeigte beim »Bergrennen von Aston Clinton« hervorragende Fahreigenschaften, so dass Martin 1921 den ersten eigenen Wagen herausbrachte, den er zum Teil nach der Rennstrecke benannte, wo er seinen ersten Erfolg feiern konnte.

Nach dem 2. Weltkrieg und dem Gewinn der 24 Stunden von → Le Mans begann man auch mit der Planung von Monoposti. Doch weil das Sportwagenprogramm immer Vorrang besaß, dauerte es bis zur Saison 1959, ehe man mit dem etwas voluminösen DBR4/250 und den Fahrern Carroll Shelby und Roy Salvadori beim Großen Preis der Niederlande an den Start ging.

Beide Wagen fielen im Rennen mit Motorschaden aus, doch in → Aintree bugsierte Salvadori den Aston Martin in die erste Startreihe und Shelby lag nur vier Positionen dahinter. Im Rennen verpasste Salvadori mit Platz 6 bei der damaligen Rennwertung nur knapp einen WM-Punkt, während Shelby mit Zündungsproblemen wiederum das Nachsehen hatte.

In Portugal schaffte Salvadori noch einmal den sechsten Platz, doch die übergewichtigen Wagen kämpften die gesamte Saison mit Motorenproblemen und die notwendigen Änderungen im Ölkreislauf erfolgten viel zu spät.

1960 waren die neuen Wagen zwar leichter, doch nach zwei erfolglosen Einsätzen zog sich Aston Martin nach dem Großen Preis von Großbritannien aus dem laufenden Wettbewerb zurück und wurde nicht mehr gesehen.

A.T.S. (Rennwagenfirma, Motorenhersteller)
GP-Rennen in der Fahrer-WM: 7 (1963–1964)
Pole Positions: 0
Siege: 0
Beste Platzierung in der Konstrukteurswertung: 0
Bekannteste Fahrer: Phil Hill, Giancarlo Baghetti
Erfolgreichste Fahrer: –

Das von einer Gruppe ehemaliger → Ferrari-Leute gegründete »Rebellen-Team« startete 1963 mit Weltmeister Phil → Hill am Steuer in eine Saison voller Hoffnungen, musste aber nach wenigen → Grand Prix erkennen, dass man sich hoffnungslos überschätzt hatte. Im Zorn verließen 1961 acht Leute die Scuderia Ferrari, weil man sich von Besitzer Enzo → Ferrari zu sehr gegängelt fühlte. Bei der Planung des eigenen Teams wollte man sich zunächst »Scuderia → Serenissima« nennen, doch um Ferrari nicht unnötig zu ärgern, entschloss man sich 1962 für die Bezeichnung A.T.S. (Automobili Turismo e Sport).

Der von Carlo Chiti konstruierte Tipo 100 hatte eine ansprechende Form, erwies sich aber im Renneinsatz als zu zerbrechlich und war mit vielerlei »haarsträubenden Details« versehen.

Man engagierte für die Saison 1963 den von Ferrari entlassenen Ex-Weltmeister Phil Hill sowie Lokalmatador Giancarlo → Baghetti. Beim Großen Preis von Belgien feierte man das Grand-Prix-Debüt, doch nach fünf Rennen war ein elfter Platz durch Hill beim Großen Preis von Italien das beste Resultat. Der Rennstall zog daraus die Konsequenzen und löste sich am Ende der Saison auf.

ATS (Rennwagenfirma)
GP-Rennen in der Fahrer-WM: 89 (1977–1984)
Pole Positions: 0
Siege: 0
WM-Punkte: 7
Beste Platzierung in der Konstrukteurswertung: Elfter 1979
Bekannteste Fahrer:
Keke Rosberg, Hans-Joachim Stuck, Jochen Mass, Gerhard Berger, Manfred Winkelhock
Erfolgreichste Fahrer: Hans-Joachim Stuck, Manfred Winkelhock, Eliseo Salazar

Trotz BMW-Power blieb auch Manfred Winkelhock im ATS ohne Fortune

Bevor der erste ATS auf die Rennstrecke gerollt war, wurde das Team mit reichlich Vorschusslorbeeren bedacht, denen man im Verlauf von sechs Formel 1-Jahren in keiner Weise gerecht werden konnte.

Der Leichtmetallfelgen-Produzent Günter Schmid, ein Selfmademan-Millionär par excellence und früherer Formel-Vau-Rennfahrer, erwarb 1977 einen → Penske C4-Formel 1-Wagen sowie die Formel 1-Anteile von → March und benutzte diese Komponenten als Einstieg für seinen eigenen Rennstall.

Im selben Jahr erschien der Penske in den ATS-Farben Schwarz und Gelb beim Großen Preis in → Long Beach, wo Jean-Pierre → Jarier auf Anhieb Sechster wurde. Mehr gab es dann aber in den restlichen 16 Läufen nicht mehr zu holen, gleichgültig ob die Fahrer Jarier, Hans → Heyer, Hans Binder oder Danny Ongais im → Cockpit saßen.

Für die Saison 1978 wurde der Penske von Robin Herd modifiziert und hieß jetzt ATS HS1. Neben Jarier steuerte Jochen → Mass das zweite Fahrzeug und obwohl sich der Deutsche zu Saisonbeginn begeistert über den Wagen äußerte, wurde die Saison für das Team zu einem einzigen Fiasko.

Keine Punkte, hinterste Startplätze, vier Nichtqualifikationen und ein schwindelerregendes Fahrerwechselkarussell zwischen Jarier, Keke → Rosberg, Harald → Ertl und Michael Bleekemolen ließen die Erwartungen der deutschen Formel 1-Fans schnell auf den Nullpunkt sinken.

Die Phase der Fehlkonstruktionen und des Misserfolges fand auch 1979 seine Fortsetzung, wobei der egozentrische Schmid die Schuld zumeist bei den Fahrern suchte. Eine Politik, die er später bei seinem zweiten Formel 1-Projekt → Rial ungerührt weiter exerzierte, obwohl er dabei bald eines Besseren belehrt wurde.

1979 war mit Hans-Joachim → Stuck ein weiterer, einstmals hoffnungsvoller Pilot das Opfer der ATS-Boliden, die von → Goodyear nicht immer die besten Reifen zugeteilt bekamen.

Erst eine Neuentwicklung beim letzten Rennen in → Watkins Glen führte Stuck zu zwei Punkten. Schmids lakonische Frage auf Stucks fünften Platz: »Warum bist du nicht Dritter geworden?«

1980 übernahmen Jan Lammers und Marc Surer das Steuer eines von Gustav → Brunner und Tim Wadrop modifizierten Fahrzeugs. Höhepunkt der Saison war ein vierter Startplatz von Lammers beim Großen Preis in Long Beach, der Schmid zwar ein anerkennendes Schulterklopfen von Bernie → Ecclestone einbrachte, aber wiederum zu keinem WM-Punkt führte. Den gab es erst 1981 wieder, als Slim → Borgudd nach vier Rennen Jan Lammers ablöste und mit einem neuen Fahrzeugmodell → in Silverstone auf den 6. Platz fuhr.

1982 gab es mit den fünften Plätzen von Manfred → Winkelhock und Eliseo Salazar wieder Lichtstreifen am Horizont, doch von einem Spitzenteam war ATS weiterhin, trotz eines fünften Startplatzes von Winkelhock in → Detroit, so weit entfernt wie heutzutage → Minardi von dem Gewinn der → Konstrukteursweltmeisterschaft.

Für das darauffolgende Jahr erhielt ATS die Turbo-Aggregate von → BMW und Brunner durfte, mit allen Freiheiten ausgestattet, ein neues Fahrzeug konstruieren. So entstand ein hypermoderner → Bolide mit kohlefaserverstärktem Monocoque und aufwendigen Seitenverkleidungen. Aber trotz einiger guter Startplatzierungen in den Top-Ten konnte das Team die große Chance nicht nutzen und stand am Ende der Saison wieder mit leeren Händen da.

In seinem letzten Formel 1-Jahr 1984 trat ATS mit nur einem Fahrzeug an, das in den ersten elf Rennen – mit der Bilanz von zwei achten Plätzen, einer Nichtqualifikation und acht Ausfällen – von Manfred Winkelhock gesteuert wurde.

Ab dem Großen Preis von Österreich gesellte sich dann Newcomer Gerhard → Berger hinzu, der beim nachfolgenden Rennen in Italien Sechster wurde. Weil Winkelhock gekündigt hatte, fuhr Berger auch die beiden letzten Rennen am → Nürburgring und in Portugal, wo es wieder die sattsam bekannten Ergebnisse gab. Am Ende stellte BMW die Motorenlieferung an und Schmid löste seinen Rennstall, der mit der Formel 1 vollständig überfordert war, in seine Bestandteile auf. Drei Jahre später kehrte er mit dem Rial-Team zurück, um den Grand-Prix-Sport wieder durch Erfolglosigkeit zu beehren.

Aufhängung
In einem Formel 1-Wagen ist die Vorderradaufhängung am → Chassis und die Hinterradaufhängung am Getriebegehäuse angebracht.

Die Aufhängung muss weich genug sein, um die vielen Unebenheiten einer Piste abzufedern, aber auch hart genug, damit der → Unterboden nicht auf den Asphalt aufschlägt. Die Einstellung der Aufhängung ist zumeist sehr hart, weil dadurch das Fahrzeug für den Piloten besser handhabbar ist.

Auslaufzone
Um die Sicherheit bei den Formel 1-Rennen zu erhöhen, werden auf den Rennstrecken Auslaufzonen errichtet, die bei einem Ausritt von der Piste dem Rennwagen helfen sollen, die Geschwindigkeit zu verlangsamen. Sie sind entweder mit Gras, Kies oder Sand bedeckt.

Autodrom
Von der → FIA offizielle Bezeichnung für permanente Rennstrecken wie beispielsweise → Estoril, → Monza oder → Hockenheimring.

Autoklav
Bezeichnung für einen Ofen, in dem die Kohlefaserstoffe für ein → Chassis zusammengebacken werden.

Auto-Union
(Rennwagenfirma, Motorenhersteller)
GP-Rennen in der Fahrer-WM: 0
Pole Positions: 0
Siege: 0
WM-Punkte: 0
Beste WM-Platzierung in der Konstrukteurswertung: 0
Bekannteste Fahrer: –
Erfolgreichste Fahrer: –

Die Rennwagen mit den vier Ringen gehörten in der Vorkriegszeit neben den Silberpfeilen zu den herausragenden Boliden ihrer Zeit. Die Geschehnisse des Zweiten Weltkrieges ließen bei dem in den dreißiger Jahren zweitgrößten Fahrzeughersteller nur noch den glanzvollen Namen zurück.

Die Geschichte von Auto-Union begann mit dem Ingenieur August Horch, der nach seinem Examen Abteilungsleiter bei Benz & Cie. in Mannheim wurde. Im Alter von 31 Jahren gründete er seine eigene Firma, die ab 1904 ihren Sitz in Zwickau hatte.

Die von Horch gebauten Autos und Motoren erfreuten sich bald großer Beliebtheit, doch nach einer Auseinandersetzung mit dem Vorstand musste er 1909 seine eigene Firma verlassen. Sofort gründete er ein neues Unternehmen und weil er nicht mehr die Namensrechte seiner Firma besaß, übersetzte er seinen Namen einfach ins Lateinische und die Automobilmarke Audi war geboren.

Auch hier dauerte es nicht lange, bis Audi ein Begriff in der Automobilwelt war und die Rennwagen dieser Marke gewannen vor dem Ersten Weltkrieg mit der Österreichischen Alpenfahrt dreimal hintereinander das schwierigste Langstreckenrennen der Welt.

Horch war zudem der erste, der bei seinen Autos das Lenkrad an die linke Seite setzte und sie mit Luftfiltern und hydraulischen Vierradbremsen ausstattete.

Doch während der Wirtschaftskrise geriet Audi finanziell ins Trudeln und August Horch musste seine Firma an den sächsischen Autofabrikanten DKW verkaufen. Da auch die Firma Horch und eine weitere Autofirma aus Sachsen namens Wanderer mit wirtschaftlichen Problemen zu kämpfen hatten, wurden die drei Firmen von DKW übernommen und firmierten ab 1932 unter der Bezeichnung Auto-Union. Weil Adolf Hitler ein begeisterter Anhänger des Motorsports war, bekam die

Firma nach der Machtergreifung der Nationalsozialisten reichliche Geldmittel. Damit sollten hochmoderne Rennwagen gebaut werden, um die deutsche Vormachtstellung auch im Rennsport unter Beweis zu stellen.

Als Konstrukteur verpflichtete Auto-Union den Ingenieur Dr. Ferdinand → Porsche und 1933 wurde mit dem Typ A ein Rennwagen entwickelt, der durch sein stromlinienförmiges → Design und das intelligente Motorenkonzept sofort eine herausragende Stellung einnahm.

Mit Spitzenpiloten wie Hans → Stuck, Bernd → Rosemeyer und Achille → Varzi sammelte man bei Großen Preisen, Rundstreckenrennen und Bergwettbewerben Siege wie am Fließband. Zudem stellte der 1938 tödlich verunglückte Bernd Rosemeyer ein Jahr zuvor den Weltrekord mit einem Stundenmittel von 400 km/h auf offener Straße auf.

Umsatz- und Produktionszahlen stiegen bei Auto-Union gewaltig, doch spätestens 1938 war man auch zum Rüstungskonzern geworden, der zwangsverpflichtete Fremdarbeiter aus dem Osten beschäftigte. Nach dem 2. Weltkrieg wurde das Werk von den Amerikanern besetzt, während sich das Management im westlichen Teil des Landes aufhielt und einige Zeit später in Ingolstadt eine Neugründung von Auto-Union durchführte. Nachdem man sich in den sechziger Jahren wieder in Audi umbenannt hatte, wurde man später von VW übernommen und noch heute tragen Audi-Fahrzeuge die berühmten vier Ringe des Auto-Union-Emblems.

Avon (Reifenhersteller)

GP-Rennen in der Fahrer-WM:
23 (1957, 1981–1982)
Pole-Positions: 0
Siege: 0
WM-Punkte: 8
Rennwagen: Cooper, Tyrrell, March, Ensign, ATS, Theodore, Fittipaldi
Internet: www.avon-reifen.de

Diese laut eigener Aussage »typisch englische Reifenschmiede« aus dem südwestlichen Teil Englands rüstete in der Saison 1957 für den Großen Preis von Monaco ein einziges Mal den → Cooper-Rennwagen von Jack → Brabham aus, mit dem der Australier in diesem Rennen auf Platz 6 kam.

1981 gab es eine zweijährige Rückkehr in die Formel, weil sich → Goodyear kurzfristig zurückgezogen hatte und viele Rennställe plötzlich keinen Reifenlieferant mehr besaßen. Doch mit Hinterbänkler-Teams wie → ATS und → Ensign war kein sportlicher Lorbeer zu ernten und das beste Rennergebnis für einen Avon-bereiften Boliden war in → Hockenheim der fünfte Platz von → Tyrrell mit dem Amerikaner Eddie → Cheever am Steuer. Ein weiteres Jahr als Lieferanten für den → March-Rennstall brachten insgesamt vier WM-Punkte. Nachdem Goodyear zurückgekehrt war, hatte Avon seine Schuldigkeit getan und beendete sein → Grand-Prix-Engagement.

Avus in Berlin (Rennstrecke)

Ausgetragener Grand Prix:
Großer Preis von Deutschland
Streckenlänge: 8,300 km
Renndistanz: 2 x 30 Runden = 498 km
Erstes Formel 1-Rennen: 1959
Letztes Rennen: 1959
Gesamtzahl GP: 1
Sieger: Tony Brooks (1959)

Die Avus entstand auf den Wunsch von Kaiser Wilhelm II., der auf der Strecke Potsdam-Berlin eine Automobil-Verkehrs- und Übungsstraße errichten wollte. 1926 fand hier erstmals der Große Preis von Deutschland statt, doch schon ein Jahr später erhielt der Kurs starke Konkurrenz durch den neu erstellten → Nürburgring. Trotzdem war die Avus auch in den dreißiger Jahren Veranstalter von → Grand-Prix-Rennen und anderen großen Motorsportereignissen, wobei die Strecke als äußerst material- und reifenverschleißend galt. 1936 wurde, durch die Anregung von Adolf Hitler, eine Steilkurve hinzugefügt, um den Kurs noch schneller zu machen. Nach Ende des Zweiten Weltkrieges geriet die Avus in den Schatten des Nürburgrings, der die ersten

Großen Preise zu Beginn der Fahrerweltmeisterschaft veranstaltete.

Doch neun Jahre nach Beginn der Fahrerweltmeisterschaft war, nicht zuletzt aufgrund des Fehlens konkurrenzfähiger Fahrer aus Deutschland, ein Zuschauerrückgang auf dem Eifelkurs zu verzeichnen. Somit entschloss sich 1959 der Automobilverband von Deutschland, den Großen Preis an der Berliner Avus auszutragen, was von vielen Rennfahrern heftig kritisiert wurde. Stirling → Moss beispielsweise bezeichnete den Avus-Kurs als eine der schlechtesten Rennstrecken der Welt. Zudem wurde zum ersten und einzigen Male ein Rennen in zwei Hälften ausgetragen und für die Endwertung beide Laufzeiten addiert. Der kurz zuvor bei → Ferrari in Ungnade gefallene Formel 1-Pilot Jean → Behra verunglückte beim Training zu einer Rahmenveranstaltung auf der nassen Steilkurve tödlich und nur fünfzehn Fahrer gingen bei dieser Formel 1-Farce an den Start. Weil die Zuschauermassen nicht so strömten wie erhofft, kehrte man 1960 wieder zum Eifelkurs zurück.

Nachdem in den neunziger Jahren noch Tourenwagenrennen im Rahmen der DTM stattfanden, wurde der Kurs am 1. Mai 1999 endgültig eingestellt.

B

Baghetti, Giancarlo (Pilot)
Geboren: 25.12.1934 in Mailand/Italien
Gestorben: 29.11.1995 in Mailand/Italien
GP-Rennen in der Fahrer-WM: 21 (1961–1967)
Pole Positions: 0
Siege: 1
WM-Punkte: 14
Beste WM-Platzierung im Gesamtklassement: Neunter 1961
Rennwagen: Ferrari, A.T.S., BRM, Brabham, Lotus

Der Italiener ist bis heute der einzige Fahrer, der in seinem ersten Formel 1-Rennen direkt siegen konnte, doch aus der großen Verheißung entwickelte sich eine gescheiterte → Grand-Prix-Karriere.

Aus einem wohlhabenden Elternhaus stammend, war Giancarlo Baghettis Lieblingsspielzeug ein kleiner → Bugatti, mit dem er durch den elterlichen Garten kurvte.

Mit dreizehn Jahren begeisterte er sich für Motorräder und mit einer erschwindelten Lizenz durch gefälschte Geburtsdaten konnte er an ersten Zweiradrennen teilnehmen, von denen er einige gewann.

Trotz elterlichen Widerstands nahm er mit 23 Jahren heimlich an Tourenwagenrennen teil und bekam für seine beeindruckende Fahrleistungen 1959 einen Werksvertrag beim Abarth-Team. Im nächsten Jahr stellte er in der berühmten Piero → Taruffi-Fahrschule die besten Rundenzeiten auf und gewann sechs Läufe bei der Formel-Junior. Im Rahmen der Nachwuchsförderung erhielt der »unitalienische Typ, blond, zurückhaltend und wohlerzogen« einen Prototyp der Werksferrari für die Formel 1-Saison 1961. Zunächst gewann er die nicht zur WM zählenden Formel 1-Läufe in Syrakus und Neapel und bei seinem Grand-Prix-Debüt in → Reims schlug dann Baghettis große Stunde. Vom zwölften Platz gestartet, profitierte er zunächst von den Ausfällen seiner Teamkollegen Wolfgang Graf Berghe → von Trips und Phil → Hill und in der letzten Runde trickste er mit eiskalter Ruhe den vor ihm liegenden Dan → Gurney aus und sorgte mit seinem Sieg als Debütant bis heute für einen Ewigkeitsrekord.

Die Kritiker waren begeistert und verglichen ihn bereits mit den italienischen Rennfahrerlegenden Tazio → Nuvolari und Alberto → Ascari. Aber in seinen zwei weiteren Einsätzen dieser Saison schied Baghetti dann durch Unfall sowie Materialschaden aus.

In der darauffolgenden Saison war → Ferrari mit seinen Sechszylinder-Motoren gegenüber den britischen Achtzylinder-Fahrzeugen nahezu chancenlos und Baghetti holte nur fünf WM-Punkte. Der neue Ferrari-Rennleiter Eugenio Dragoni gab dem Nummer-1-Fahrer und Weltmeister Phil Hill die Schuld und da Baghetti sich gut mit dem Amerikaner verstand, wurde der Italiener gleich mitgefeuert.

Beide gingen gemeinsam für die nächste Saison zu → A.T.S., wo sie mit der katastrophalen Fehlkonstruktion des Newcomer-Teams ihre Karrieren gleich im Doppelpack ruinierten.

Von diesem Rückschlag konnte sich Baghetti bis zum Ende seiner Formel 1-Laufbahn im Jahre 1967 nicht mehr erholen. Bei seinen sporadischen Starts auf → BRM, → Lotus und → Brabham gab es für den einstmals »klugen Renntaktiker« keinen WM-Punkt mehr.

Nach seinem Rückzug war Baghetti zehn Jahre Fotograf für die italienische Ausgabe des Playboy. Anschließend betätigte er sich auch als Motorsportjournalist, um – wie es Enzo → Ferrari nannte – seine »verfehlte GP-Laufbahn mit Glorielen zu verbrämen«. Baghetti sah es nüchterner: »Es ist damals wie heute dasselbe, wenn du zwei, drei Jahre lang keine Spitzenresultate bringst, bist du schnell weg vom Fenster, so ist das nun einmal.«

Balaclava
Sie dient zum Feuerschutz für den Fahrer und ist eine Kopfbedeckung aus feuerfestem Material, die unter dem Helm getragen wird.

Ballast
Die Formel 1-Wagen müssen ein Mindestgewicht (inklusive Fahrer) einhalten, das gegenwärtig 600 kg beträgt. Wenn ein Rennwagen keine → TV-Kamera mit sich führt, muss ein entsprechendes Zusatzgewicht installiert werden.

Bandini, Lorenzo (Pilot)
Geboren: 21.12.1935 in San Casiano/Italien
Gestorben: 10.05.1967 in Monte-Carlo/Monaco
GP-Rennen in der Fahrer-WM: 42 (1960–1967)
Pole Positions: 2
Siege: 1
WM-Punkte insgesamt: 58
Beste WM-Platzierung im Gesamtklassement:
Vierter 1964
Rennwagen: Cooper, BRM, Ferrari

Zu den vielen Hoffnungträgern der italienischen Motorsportfans, einmal an die Erfolge von Alberto → Ascari anknüpfen zu können, zählte auch Lorenzo Bandini, doch ein grauenhafter Unfall in Monaco hinterließ nur Trauer.

Der kräftig gebaute Sohn eines Mechanikers kämpfte sich zäh und verbissen nach oben. 1958 gewann er in seiner Klasse auf → Lancia die Mille Miglia, bei der Formel-Junior-Meisterschaft konnte er zwei Rennen für sich entscheiden und ein Jahr später feierte er beim Großen Preis von Belgien in einem → Cooper sein Formel 1-Debüt.

1962 holte er für → Ferrari beim Großen Preis von Monaco einen 3. Platz. Nach einem kurzen Intermezzo bei → BRM war Bandini fester Vertragsfahrer für die Scuderia, wenn auch nur als Nummer-2-Fahrer hinter John → Surtees. Bandini erwies sich als loyaler Teamkollege, denn 1964 verhalf er Surtees zur Weltmeisterschaft, indem er beim entscheidenden Rennen in Mexico City den schärfsten Konkurrenten Graham → Hill einfach von der Piste rammte. Aber Bandini hatte auch Erfolge vorzuweisen: 1963 gewann er die 24 Stunden von → Le Mans und 1964 schaffte er seinen ersten – und wie sich zeigen sollte – einzigen Formel 1-Sieg beim Großen Preis von Österreich.

Nach dem Fortgang von Surtees mitten in der Saison 1966 war Bandini bei Ferrari endlich die Nummer eins. Er schien diesen Status auch rechtfertigen zu können, weil er in den beiden Rennen zuvor jeweils Zweiter und Dritter wurde und kurzfristig die WM-Führung innehatte. Auch im dritten Rennen in → Reims lag »Renzo«, so sein Spitzname, unangefochten in Führung, bis ihm in der 32. Runde der Gaszug riss. Den nächsten Start verhinderte ein Metallarbeiterstreik und danach lief es für Bandini nicht mehr. In den folgenden Rennen gelangen ihm nur noch zwei kümmerliche Punkte und die Hoffnungen auf einen erneuten italienischen Formel 1-Weltmeister waren erneut vergebens.

Entschlossen nahm Bandini 1967 erneut den Gewinn der Weltmeisterschaft, welche die Tifosis so sehnsüchtig von ihm erwarteten, in Angriff. Der neue Ferrari Tipo 312 war überarbeitet worden und brachte jetzt eine Leistung von 400 PS. Beim Saisonauftakt in → Kyalami fehlte Ferrari noch, aber beim zweiten Rennen in → Monaco eroberte Bandini einen Platz in der ersten Startreihe und übernahm beim Start sofort die Führung. Doch bald darauf überholten ihn Jackie → Stewart und Denis → Hulme. Nach dem Ausfall von Stewart fuhr Bandini volles Risiko, um den führenden Hulme noch einzuholen.

In der 82. Runde verlor Bandini in einer der Schikanen die Kontrolle über sein Fahrzeug, geriet ins Schleudern und fuhr geradewegs in die dort befestigten Strohballen. Der Wagen ging sofort in Flammen auf und erst nach vier Minuten wurde Bandini aus dem Inferno befreit, weil die mangelhaft ausgerüsteten Sicherheitskräfte sich nicht trauten, den umgekippten Boliden wieder aufzurichten. Bandinis Körper war zu 70 % verbrannt und nach dreitägigem Todeskampf erlosch das Leben ei-

Ayrton Senna macht es richtig: erst die Balaclava, dann der Helm

nes italienischen Motorsportlieblings, um den eine ganze Nation trauerte.

BAR (Rennwagenfirma)
GP-Rennen in der Fahrer-WM: 33 (seit 1999)
Pole Positions: 0
Siege: 0
WM-Punkte: 20
Beste Platzierung in der Konstrukteurswertung:
Vierter 2000
Bekannteste Fahrer: –
Jacques Villeneuve, Ricardo Zonta
Erfolgreichster Fahrer: Jacques Villeneuve
Internet: www.britishamericanracing.com

BAR (=British-American-Racing) kam 1999 mit großem publizistischen Getöse in die Formel 1, musste aber – wie so viele Newcomer-Teams – feststellen, dass der Weg an die Spitze der Königsklasse in der Regel sehr viel Geduld erfordert.

Als Manager von Jacques → Villeneuve, den er 1996 in die Formel 1 brachte, war Craig Pollock bereits ein erfahrerer Motorsportkenner, als er die Planung eines eigenen Rennstalls in Angriff nahm. Zunächst stieg Pollock 1998 bei → Tyrrell ein, um anschließend dem Besitzer Ken Tyrrell gleich den ganzen Rennstall abzuknöpfen.

Zugleich begann er mit dem erfahrenen Konstrukteur Adrian Reynard, der mit seinen Fahrzeugen äußerst erfolgreich in allen Formel-Serien sowie bei den Indy Cars gewesen war, sowie dem Sponsor British American Tobacco im südostenglischen Brackley ein hochmodernes Entwicklungszentrum aufzubauen.

Mitarbeiter von anderen Formel 1-Topteams wurden abgeworben und nachdem bekannt wurde, dass auch Pollocks Schützling Jacques Villeneuve mit von der Partie sein würde, war die Erwartungshaltung enorm gestiegen.

Großspurig wurden für das erste Jahr bereits Siege versprochen, doch man zog sich gleich die Verärgerung des Establishments zu, als man ankündigte, die Teamfahrzeuge – entgegen dem gültigen Reglement – in verschiedenen Farben fahren zu lassen.

Diese Extrawurst wurde BAR dann nicht gewährt und statt Siegen hagelte es 1999 nichts als zahlreiche Ausfälle und der Rennstall blieb punktelos. Schon gab es die ersten Querelen im Team und der Sponsor setzte Pollock und Reynard einen Aufpasser vor die Nase.

Nach dem Motorenwechsel von → Supertec zu → Honda ging es in der Saison 2000 aber aufwärts und dank des Könnens von Villeneuve gab es zahlreiche gute Platzierungen und insgesamt 20 WM-Punkte, zu denen der zweite Fahrer Ricardo → Zonta nur drei beitragen konnte. Mit der Verpflichtung des erfahrenen Olivier → Panis als Zontas Nachfolger hofft man für 2001 fahrerisch besser besetzt zu sein.

Barnard, John (Konstrukteur, Technischer Direktor)
Geboren: 1948 in Wembley (London)

Das John Barnard entwarf mit dem → McLaren MP4 ein revolutionäres Fahrzeug, das erstmals über ein Kohlefaser- → Chassis verfügte, doch an diesen Geniestreich konnte Barnard nie mehr so recht anknüpfen.

Nach dem Abschluss seines Technik-Studiums begann er zunächst in einer Lampenfabrik zu arbeiten und startete seinen Einstieg in den Motorsport 1968 als Angestellter bei → Lola.

Nach Engagements bei → Parnelli und Chapparal wurde er 1981 von Ron → Dennis in seinen McLaren-Rennstall geholt und avancierte innerhalb kürzester Zeit zum → Technischen Direktor. Nachdem sein von ihm konstruierter MP4 von 1981 bis 1986 28 WM-Rennen gewonnen hatte und Niki → Lauda sowie Alain → Prost zu Weltmeisterehren führte, wurde Barnard bereits als »Konstrukteursgenie« gefeiert.

1987 verließ Barnard McLaren und entwickelte für → Ferrari den ersten Rennwagen mit Halb-Automatik, der 1989 bei Saisonende zu drei Siegen kam. Doch Barnard hatte Ferrari bereits verlassen um bei → Benetton anzuheuern, wo er mit hohen Wagennasen wieder eine Innovation auf die Beine stellte und dabei behauptete, fehlende Motorleistung sei durch Spezialreifen kompensierbar. Doch obwohl → Pirelli seinem Wunsch nachkam, verließ Barnard noch während der laufenden Saison das Team, weil man ihm das versprochene hochmoderne Entwicklungs- und Forschungszentrum doch nicht gewährte.

Nachdem er einige Zeit ergebnislos das Formel 1-Projekt von Toyota betreut hatte, wurde er 1993 von Ferrari als »Retter« engagiert, weil der Rennstall zu diesem Zeitpunkt leistungsmäßig auf dem Tiefpunkt angelangt war. Dort konnte Barnard ein hohes Budget verplanen, aber der große Erfolg stellte sich nicht ein und die Kritik an Barnard nahm stetig zu, zumal der mittlerweile zur »Konstrukteurs-Diva« mutierte Brite nicht bereit war, seinen weit von Ferrari entfernten Entwicklungsstandort in England zu verlassen.

Nach der Saison 1996 trennte sich Ferrari von Barnard und seitdem hat dieser viel von seinem einstigen Ruf eingebüßt, denn auch in seiner Funktion als Chefdesigner bei → Arrows blieb ihm der durchschlagende Erfolg versagt. Daraufhin war er als Berater für den → Prost-Rennstall tätig und am Ende der Saison 2000 hoffte der leidgeprüfte Jean → Alesi, dass ihm Barnard für das nächste Jahr einen erfolgversprechenden Wagen bauen könne.

Barrichello, Rubens (Pilot)
Geboren: 23.05.1972 in São Paulo/Brasilien
GP-Rennen in der Fahrer-WM: 131 (seit 1993)
Pole Positions: 3
Siege: 1
WM-Punkte insgesamt: 139
Beste WM-Platzierung: Vierter 2000
Rennwagen: Jordan, Stewart, Ferrari
Internet: www.barrichello.com.br
Mit viel Vorschusslorbeeren bedacht, startete »Rubinho« im Alter von 21 Jahren seine Formel 1-Karriere beim → Jordan Team, konnte aber die hohen Erwartungen bis heute nur ansatzweise erfüllen. Von 1981–88 gewann Barrichello fünfmal die brasilianische Kartmeisterschaft und nach seiner Übersiedlung 1990 nach Europa wurde er auf Anhieb Meister in der Opel-→ Lotus-Euroserie.

Es folgte im nächsten Jahr das → Championat in der britischen Formel 3 und 1993 wurde er achtbarer Dritter in der Formel 3000-Europameisterschaft. Seinen rasanten Aufstieg konnte Barrichello in der Formel 1 nicht sogleich fortsetzen. Der → Jordan-Rennstall hatte im dritten Jahr seines Bestehens eine Durststrecke zu überwinden und erst im vorletzten Rennen in → Suzuka konnte der Brasilianer seine ersten zwei WM-Punkte erobern.

1994 verbesserte sich die Situation schlagartig und Barrichello zählte zu den Aufsteigern einer Saison, die ihm 19 WM-Punkte sowie die erste → Pole Position beim Großen Preis von Belgien einbrachte. Einen schweren Trainingsunfall beim Horror-Rennwochenende in → Imola, wo Ayrton → Senna und Roland → Ratzenberger ihr Leben lassen mussten, überstand er mit einem gebrochenen Nasenbein. Schon begannen sich Spitzenteams wie → McLaren und → Williams für ihn zu interessieren, doch er vertraute weiterhin auf Jordan, das konsequent → Grand-Prix-Siege anvisieren wollte.

Doch schon in der nächsten Saison erlitt Barrichello, von dem sich die brasilianischen Landsleute einen neuen Senna erhofften, eine unerwartete Formkrise. Zwar wurde er Zweiter beim Großen Preis von Kanada, doch in den Trainingsduellen gegen seinen Teamkollegen Eddie → Irvine musste er sich zumeist geschlagen geben. Zudem blamierte Barrichello sich in der Öffentlichkeit, als er seine Bereitschaft erklärte, ohne Gage für → Ferrari zu fahren, diese es jedoch vorzogen, für viel Geld den Konkurrenten Irvine abzuwerben.

Barrichello blieb bei Jordan, einem Team das immer noch dem ersten Sieg hinterherfuhr. 1996 sammelte er an der Seite des Routiniers Martin → Brundle zwar hin und wieder WM-Punkte, doch Barrichello wurde allmählich das Etikett des »ewigen Talents«, das schon so vielen Rennfahrern, die sich letztendlich nicht durchsetzen konnten, zuteil.

1997 nahm er die Offerte des neugegründeten → Stewart-Rennstalls an und galt vor Saisonbeginn bei Experten als Absteiger, der »Abschied von der ganz großen Karriere« nehmen musste. Doch überraschenderweise konnte sich Barrichello leistungsmäßig erholen und errang mit dem insgesamt recht unzuverlässigen Boliden einen vielbeachteten zweiten Platz beim Großen Preis von Monaco. Auch 1998 war er regelmäßig in den Punkterängen zu finden, und in der nächsten Saison landete er im → Qualifying regelmäßig in den Top-Ten, was durch beachtliche Rennleistungen komplettiert wurde. Der abergläubische (»Ich steige immer mit meinem rechten Fuß zuerst ins Auto.«) Kontaktlinsenträger geriet wieder zum Hoffnungsträger seines Landes, umso mehr, als er für die Saison 2000 endlich das langersehnte Angebot von Ferrari erhielt. Dort avancierte er zum couragierten Wasserträger für Michael → Schumacher, konnte aber andererseits auch einen umjubelten Sieg beim Großen Preis von Deutschland feiern, den er – bei teilweise strömendem Regen – vom 18. Startplatz eroberte. Ansonsten stand er klar im Schatten seines dominierenden Teamkollegen, erreichte aber mit dem 4. Saisonplatz das bisher beste Ergebnis seiner Karriere.

Bartels, Michael (Pilot)
Geboren: 08.03.1968 (Plettenberg/ Deutschland)
GP-Rennen in der Fahrer-WM: 0
Pole Positions: 0
Siege: 0
WM-Punkte insgesamt: 0
Beste WM-Platzierung im Gesamtklassement: 0
Rennwagen: Lotus
Internet: www.michael-bartels.de

Bevor Michael → Schumacher seine fulminante Formel 1-Karriere begann, hatten es deutsche Fahrer zumeist schwer, sich in diesem knallharten Business zu behaupten. Vor Schumacher wurden mit Wolfgang Graf Berge → von Trips und Jochen → Mass nur zwei Deutsche jemals als Sieger abgewunken. Von Trips' möglichen Weltmeisterschaftsgewinn verhinderte der Rennfahrertod und alle anderen kamen über Achtungserfolge nicht hinaus oder blieben gar nur Statisten. Aber Michael Bartels' Versuch, sich in der Formel 1 zu etablieren, geriet sogar zu einem einzigen blamablen Fiasko. Der Kartmeister von 1985 und Meister der deutschen Formel Ford 1600 von 1986 sicherte sich 1991 mit der Unterstützung von mehr als einer Million Mark Sponsorengeldern für vier Rennen ein → Cockpit beim ehemals ruhmreichen, jetzt finanziell ziemlich ausgebluteten → Lotus-Rennstall. Umso erstaunlicher, da der langjährige Freund der berühmten Tennisspielerin Steffi Graf in der Formel 3000 zwar einige gute, jedoch keine herausragenden Ergebnisse zu verzeichnen hatte.

Da die Formel 1 in dieser Saison ohne deutsche Beteiligung gestartet war, avancierte Bartels zu einem Hoffnungsträger für die deutschen Fans. Wie bestellt hatte Bartels ausgerechnet vor dem Heimat-→ Grand-Prix in Hockenheim, die erste Chance, sich für ein Rennen zu qualifizieren. Doch am Ende der Trainingssitzung verpasste er um dreihundertstel Sekunden sein Formel 1-Debüt. Der Lotus war zwar ein technisch unterlegenes Fahrzeug, aber Bartels ging das Qualifying nach Expertenmeinung letztendlich viel zu zaghaft an.

Aber noch hatte er drei Chancen, doch zu seinem Nachteil beteiligte sich Lotus nicht an den → FOCA-Tests, so dass er vor den Rennwochenenden kaum Fahrpraxis sammeln konnte. Bei solchen Voraussetzungen war es keine große Überraschung, dass er auch die Qualifikation für den Großen Preis von Ungarn verpasste. Und als sollte der Frust kein Ende nehmen, konnte Bartels auch die zwei verbleibenden Trainingseinsätze in Portugal und Italien nicht zu seinem Vorteil nutzen. Nach Michael Schumachers aufsehenerregendem Debüt in → Spa-Francorchamps schenkte man den glücklosen Bemühungen des zurückhaltenden Sauerländers kaum noch Beachtung und so verschwand Bartels wieder in der Versenkung.

In der Formel 3000 zog er weiter seine Warteschleife und hoffte auf eine zweite Chance. 1993 hatte er bereits einen Vertrag beim geplanten Formel 1-Debüt des → Pacific-Rennstalls in der Tasche, doch kurz vor Saisonbeginn zog das Team seine Teilnahme zurück.

Seitdem startete Bartels bei der Deutschen Tourenwagenmeisterschaft und beim STW-Cup, wo er sich des öfteren im vorderen Feld behaupten konnte.

Barth, Edgar (Pilot)
Geboren:
26.11.1917 in Herold, Erzgebirge/ Deutschland
Gestorben:
20.5.1965 in Ludwigsburg/Deutschland
GP-Rennen in der Fahrer-WM: 5 (1953–1964)
Pole Positions: 0
Siege: 0
WM-Punkte insgesamt: 0
Beste WM-Platzierung im Gesamtklassement: 0
Rennwagen: EMW, Porsche, Cooper

Der Sachse war einer der schnellsten Fahrer in der DDR und kam nach seiner »Republikflucht« zu einigen Formel 1-Einsätzen, bis eine schwere Krankheit seine dreißig Jahre andauernde Rennfahrerkarriere beendete.

Barth war Mitglied vom »Rennkollektiv« der Automobilwerke Eisenach (EMW), welches Ende 1956 aufgelöst wurde, weil – so die offizielle Stellungnahme der DDR-Regierung – sich keine technische Verbesserung der Serienfahrzeuge durch den Einsatz im Motorsport ergab. Barth hatte bis zu diesem Zeitpunkt mit → EMW 1953 beim Großen Preis von Deutschland an einem Formel 1-Lauf teilgenommen und war ausgefallen.

Um den Automobilsport weiterhin betreiben zu können, nahm Barth das Angebot von → Porsche an, für das Werk an Langstreckenrennen teilzunehmen.

Nach seinem Klassensieg beim 1000-km-Rennen auf dem → Nürburgring wurde Barth vom ostdeutschen Automobilverband die Lizenz entzogen mit der Begründung, Barth habe sich dem Kapitalismus angebiedert.

Daraufhin beschloss Barth, nicht mehr in die DDR zurückzukehren und fuhr weiter für Porsche Sportwagen- und Formel 2-Rennen. Der »alte Rennfuchs« bestritt für die Zuffenhausener 1957 und 1958 auch den Großen Preis von Deutschland, wo er jeweils Zwölfter und Sechster wurde.

Der Mann, »der seine sächsische Herkunft nie verleugnen konnte«, war mittlerweile vollständig bei Porsche integriert und neben seiner Eigenschaft als Werksfahrer auch im Bereich der Rennleiterassistenz tätig. Noch zweimal – 1960 und 1964 – wurde ihm von Porsche und → Cooper ein Formel 1-Wagen zur Verfügung gestellt. In Italien landete er auf dem 7. Platz, doch beim Großen Preis von Deutschland sorgte ein Kupplungsdefekt für das vorzeitige Ende. Barth war zu dieser Zeit schon an Magenkrebs erkrankt und das »deutsche Schicksal« schloss am 20. Mai 1965 für immer die Augen.

Behra, Jean (Pilot)
Geboren: 16.02.1921 in Nizza/Frankreich
Gestorben: 01.08.1959 in Berlin/ Deutschland
GP-Rennen in der Fahrer-WM: 52 (1952–1959)
Pole Positions: 0
Siege: 0
WM-Punkte insgesamt: 53.14
Beste WM-Platzierung im Gesamtklassement:
Vierter
Rennwagen:
Gordini, Maserati, BRM, Ferrari, Porsche

Der Mann mit dem Plastikohr und karierten Helm war eine Art französischer Nationalheld, obwohl er nie einen Formel 1-Weltmeisterschaftssieg erringen konnte.

Der »fanatische Patriot« war in seiner Jugend ein begeisterter Radrennfahrer und stieg nach Ende des Zweiten Weltkrieges auf Motorräder um, mit denen er von 1946 bis 1949 viermaliger französischer Meister wurde.

Ab 1950 versuchte er sich auch als Privatfahrer bei Autorennen und traf dort auf den Rennstallbesitzer Andre → Gordini, der ihm ein → Cockpit für → Grand-Prix-Rennen als auch bei Sportwagenwettbewerben anbot. Bei seinem Weltmeisterschaftseinstand wurde er Dritter beim Großen Preis der Schweiz und anschließend Fünfter beim Rennen am → Nürburgring. Zum Liebling der Franzosen wurde Behra, als er 1952 ein nicht zur Weltmeisterschaft zählendes Formel 1-Rennen in → Reims gegen die → Ferrari-Übermacht gewann.

1953 und 1954 blieb er bei Gordini, beendete aber selten ein Rennen, weil die veralteten Boliden nicht mehr konkurrenzfähig waren.

Behra wechselte den Rennstall und erhielt 1955 von → Maserati einen Werksvertrag. Er konnte sich jetzt kontinuierlich im vorderen Starterfeld platzieren und schaffte insgesamt sechs WM-Punkte. Bei der Tourist Trophy in Dundrod erlitt Behra einen schweren Unfall, bei der ihm das linke Ohr verbrannte. Es wurde durch eine Prothese ersetzt, die der Franzose aber vor jedem Rennen abnahm und in einem Taschentuch aufbewahrte.

Nach einigen Wochen im Spital kehrte Behra zurück, um 1956 seine beste Formel 1-Saison zu erleben. In diesem Jahr gelangen ihm fünf Podiumsplätze sowie ein vierter Rang im Gesamtklassement. 1957, in seinem dritten Jahr bei Maserati, fuhr er beim Großen Preis von Argentinien auf Platz 2 und siegte zusammen mit Juan-Manuel → Fangio beim 12-Stunden Rennen von → Sebring.

Am Ende der Saison ging Maserati das Geld aus und »der hervorragende Rennfahrer und sehr charmante Mann« wechselte notgedrungen zu → BRM, wo er 1958 neun WM-Punkte erringen konnte, aber zumeist bei den Rennen ausfiel.

Aus diesem Grund war er froh, für die Saison 1959 ein Angebot von → Ferrari zu erhalten, wo Behras tragisches Ende seinen Anfang nahm.

Nach einem Ausfall im ersten sowie einem 5. Platz im zweiten Rennen, hatte Behra beim Großen Preis von Frankreich einen Fehlstart, so dass er dem Feld hinterherfahren musste. Behra holte das letzte aus einem Wagen raus, was dazu führte, dass er mit Motorschaden aufgeben musste. An der → Box geriet er mit → Teammanager Romulo Tavoni aneinander. Behra schlug seinen Chef nieder und wurde anschließend sofort entlassen. Behra bereute diesen Ausbruch und versuchte bei Enzo Ferrari vorzusprechen, wurde von diesem aber abgewiesen. Ohne Fahrervertrag begab sich Behra im August des Jahres 1959 mit einigen → Porsche-Fahrzeugen zur → Avus, um im Vorprogramm zum Großen Preis von Deutschland an einem Sportwagenrennen teilzunehmen. Auf der nassen Rennstrecke geriet Behra mit seinem Wagen auf der Steilkurve ins Schleudern und prallte gegen einen Zementpfosten. Er konnte nur noch tot geborgen werden.

Bellasi (Rennwagenfirma)
GP-Rennen in der Fahrer-WM: 2 (1970–1971)
Pole Positions: 0
Siege: 0
WM-Punkte: 0
Beste Platzierung in der Konstrukteurswertung: 0
Bekanntester Fahrer: Silvio Moser
Erfolgreichste Fahrer: –

Ein schwaches Fahrzeug für einen mittelmäßigen Fahrer: Diese Paarung konnte in der Formel 1 erwartungsgemäß nichts Positives bewirken.

Vittorio Bellasi war Ende der sechziger Jahre ein erfolgreicher Konstrukteur, der seine Fahrzeuge ab 1966 in verschiedenen italienischen Formel 3-Rennen einsetzte.

Trotz raffinierter Ausstattung, wie einer komplex außenanliegenden → Aufhängung für alle vier → Räder sowie eines am hinteren Fahrzeugteil befestigten Wasserkühlers, kamen 1969 in der Formel 3 keine herausragenden Resultate zustande.

Dennoch ließ es sich der vorher mit → Brabham mäßig erfolgreiche Schweizer Pilot Silvio Moser im Jahr darauf nicht nehmen, Bellasi mit dem Bau eines Formel 1-Wagens zu beauftragen,

Noch in der laufenden Saison 1970 ging er erstmals beim Großen Preis der Niederlande in die Qualifikation, die er mit dem schlicht gebauten Fahrzeug und einem → Cosworth-Aggregat verpasste.

Auch die Großen Preise von Deutschland und Frankreich sah Moser nur als Zuschauer.

In Österreich dann endlich glückte dem »nervösen Tessiner« die Qualifikation, doch im Rennen kurvte Moser chancenlos als Letzter herum, bis er mit defektem Wasserkühler aufgeben musste. Im darauffolgenden Rennen in → Monza folgte dann wieder eine Nichtqualifikation.

Ein Jahr später wagte Moser mit dem Bellasi beim Großen Preis von Italien noch einmal einen Anlauf, der mit Startplatz 22 und Ausfall im Rennen endete.

Das war sowohl für Bellasi als auch für Moser der Zapfenstreich in der Formel 1. Der Schweizer verunglückte drei Jahre später bei einem Sportwagenrennen tödlich.

Bellof, Stefan (Pilot)
Geboren: 20.11.1957 in Gießen/ Deutschland
Gestorben: 01.09.1985 in
Spa-Francorchamps/ Belgien
GP-Rennen in der Fahrer-WM: 20 (1984–1985)
Pole Positions: 0
Siege: 0
WM-Punkte insgesamt: 4
Beste WM-Platzierung im Gesamtklassement:
Fünfzehnter 1985
Rennwagen: Tyrrell
Internet: www.stefanbellof.de (Tribut-Page)

Obwohl der gebürtige Gießener nicht viel mehr als eine Handvoll → Grand-Prix-Rennen vorzuweisen hat, bevor er bei einem Sportwagenwettbewerb in → Spa Francorchamps tödlich verunglückte, gilt Bellof in Deutschland fast als Motorsportlegende, weil sein außerordentliches Talent und einige hervorragende Rennen ihn als potentiellen Star der Zukunft auswiesen.

Auch Bellof begann seine Rennsportkarriere im Alter von 15 Jahren mit Kart-Rennen, wo er 1980 Deutscher Meister wurde. Im selben Jahr gewann er in der Formel → Ford 1600 neun von vierzehn Rennen.

1982 bekam er von Rennstallbesitzer Willy Mauer die Chance sich in der Formel 2 zu bewähren und er gewann auf Anhieb die ersten beiden Wettbewerbe. Ein Jahr später wurde er parallel Werksfahrer für → Porsche in der Gruppe C, wo er sich eine Saison später die Langstrecken-Weltmeisterschaft sicherte.

Willy Maurer, der jetzt sein Manager geworden war, brachte ihn 1984 bei → Tyrrell unter, einem Rennstall, der einst Jackie → Ste-

Stefan Bellof zeigte im Tyrrell einige hervorragende Rennen

Stefan Bellof: Sein Tod in Spa-Francorchamps verhinderte eine vielversprechende Formel 1-Karriere

wart zweimal zum Weltmeistertitel verhalf. Doch zu diesem Zeitpunkt war Tyrrell nur noch ein Hinterbänkler-Team, das sich mit mangelnden Finanzen und schwachen → Motoren herumplagte. Aber Bellof sorgte in seiner ersten Grand-Prix-Saison für ein absolutes Glanzlicht, dass bereits die »Jahrhundertbegabung« erahnen ließ. Im verregneten Grand Prix von Monaco fuhr »Stibbich«, so sein Spitzname, in bestechender Manier vom letzten Startplatz bis auf den dritten empor und ließ routinierte Hasen als auch PS-stärkere Boliden hinter sich. Mit Alain → Prost und Ayrton → Senna stand er auf dem Siegertreppchen und sein Teamchef Ken Tyrrell schwärmte: »Er ist das Beste, was Deutschland an Fahrern nach dem Krieg hervorgebracht hat.« Doch weil Tyrrell durch Bleikügelchen im → Tank das Gewicht seiner Autos unerlaubt manipuliert hatte, wurden am Saisonende alle Resultate gestrichen, so dass Bellofs Triumphfahrt in keiner Statistik auftaucht.

In der nächsten Saison fuhr er weiter für Tyrrell und wurde Sechster in Portugal und Vierter beim Grand Prix in → Detroit. Nebenbei fuhr er weiterhin Gruppe-C-Einsätze im privaten → Eurobrun-Rennstall. Beim 1000-Kilometer-Rennen in Spa wollte Bellof ausgerechnet in der Eau de Rouge-Kurve den vor ihm liegenden Jacky → Ickx überholen und raste frontal in die Leitplanken, wo er in den Trümmern seines Rennwagens starb. Deutschland hatte wieder eine Rennsporthoffnung verloren.

Belmondo, Paul (Pilot)
Geboren: 23.04.1964 in Paris/Frankreich
GP-Rennen in der Fahrer-WM: 7 (1992 und 1994)
Pole Positions: 0
Siege: 0
WM-Punkte insgesamt: 0
Beste WM-Platzierung im Gesamtklassement: 0
Rennwagen: March, Pacific

Der Sohn des berühmten Filmschauspielers Jean-Paul Belmondo erlebte in seinen beiden Formel 1-Jahren viel Frust und die meisten Rennen aufgrund der Nichtqualifikationen als Zuschauer. Allerdings besaß Paul Belmondo auch nie das entsprechende Material, um sich in Szene setzen zu können. Der ehemalige Begleiter der monegassischen Prinzessin Stephanie galt in Branchenkreisen lange Zeit als Playboy, dem man ein ernsthaftes Engagement für den professionellen Rennsport absprach. Mit 16 Jahren startete Belmondo bei Kart-Rennen und wechselte 1983 nach einem Abstecher bei der Formel → Renault zur französischen Formel 3-Meisterschaft, wo er immerhin einmal Gesamtvierter wurde.

Nach einem weiteren Jahr in diesem Wettbewerb fuhr er anschließend fünf Jahre in der Formel 3000-Europameisterschaft, ohne sonderlich zu glänzen. Mit finanzieller Hilfe von Vater Jean-Paul erkaufte sich der Filius 1992 ein → Cockpit beim wirtschaftlich gebeutelten → March-Rennstall. Während sein Teamkollege Karl → Wendlinger mit dem unterlegenen Wagen beim Training oftmals in den Top Ten landete, scheiterte Belmondo bei sechs von elf Qualifikationsversuchen. In den verbleibenden Rennen war ein neunter Platz in Ungarn das beste Resultat. Danach ging Belmondo das Sponsorengeld aus und er wurde gegen Emmanuel Naspetti ausgetauscht.

Nach einem Überbrückungsjahr als Co-Kommentator bei einem Fernsehsender und diversen Beteiligungen bei Tourenwagen sowie den in Frankreich sehr populären Eiswagenrennen schaffte der Hobby-Cineast 1994 beim Newcomer-Rennstall → Pacific das überraschende Formel 1-Comeback.

Da seine Ausbeute mit vierzehn Nichtqualifikationen ebenfalls mager blieb, war danach seine Formel 1-Laufbahn endgültig beendet.

Beltoise, Jean-Pierre (Pilot)
Geboren: 26.04.1937 in Paris/Frankreich
GP-Rennen in der Fahrer-WM: 85 (1967 0 1974)
Pole Positions: 0
Siege: 1
WM-Punkte insgesamt: 77
Beste WM-Platzierung im Gesamtklassement: Fünfter 1969
Rennwagen: Matra, BRM

Jean-Pierre Beltoise: Metzgerssohn und zumeist Mittelmaß in der Formel 1

Zwar kann der Metzgerssohn aus Paris in seiner Formel 1-Laufbahn einige gute Platzierungen aufweisen, ist aber letztendlich nur durch einen einzigen, denkwürdigen Sieg in Erinnerung geblieben.

Mit 13 Jahren wurde Beltoises Interesse am Motorsport durch französische Erfolge bei den 24 Stunden von → Le Mans geweckt und nach einer Mechanikerlehre sowie der Absolvierung des Militärdienstes fuhr er von 1961 an Motorradrennen und schaffte dabei elf Meisterschaftserfolge.

Nach einigen Jahren in der Formel 3 und Formel V stellte ihm das → Matra-Team für 1967 eines seiner Fahrzeuge für einige Formel 1-Einsätze zur Verfügung. 1968 dankte Beltoise für das Vertrauen mit zwei fünften Plätzen und einem zweiten Rang beim Großen Preis der Niederlande. Im selben Jahr gewann er für das Werk auch die Europameisterschaft der Formel 2.

Die nachfolgende Saison wurde zu Beltoises bester, das belegen drei Podestplätze und der fünfte Rang in der Gesamtwertung. Allerdings wurde sein Teamkollege Jackie → Stewart mit dem gleichen Wagen Weltmeister und im Vergleich zu dem Schotten stand der Franzose klar in seinem Schatten.

1970 gab es mit einigen Plätzen auf dem Siegertreppchen, aber wenig reelle Chancen auf die oberste Stufe keine Steigerung zum Vorjahr.

Im nächsten Jahr fiel Beltoises Leistungskurve weiter ab und zudem wurde er beschuldigt, beim 1000-km-Sportwagenrennen von → Buenos Aires den Tod des → Ferrari-Fahrers Ignazio Giunti verursacht zu haben, was für Beltoise den zeitweiligen Entzug der Rennfahrerlizenz zur Folge hatte.

Für 1972 nahm er das Angebot von → BRM an und wurde mit dem Sieg im verregneten Monaco-→ Grand Prix zum französischen Nationalhelden. Es war der erste Formel 1-Sieg eines französischen Fahrers seit 13 Jahren und zudem die einzige Punkteplatzierung für Beltoise während der gesamten Saison. Die nächsten Jahre reagierte nur noch das Mittelmaß und der Franzose fuhr unauffällig ab und zu in die Punkte. Nur noch ein einziges Mal landete Beltoise im Jahr 1974 mit dem zweiten Platz in Südafrika auf dem Podest. Er zog die Konsequenzen und trat nach einem Unfall beim Grand Prix in → Watkins-Glen von der Formel 1 zurück.

Noch einige Jahre fuhr er bei den französischen Tourenwagenmeisterschaften und bei Rallye-Crossläufen mit und war anschließend bei Verkehrssicherheitsprogrammen in Frankreich involviert.

Benetton (Rennwagenfirma)

GP-Rennen in der Fahrer-WM: 243 (1986–2000)
Pole Positions: 15
Siege: 27
WM-Punkte: 851, 5
Beste Platzierung in der Konstrukteurswertung:
Konstrukteursweltmeister 1995
Bekannteste Fahrer: Gerhard Berger, Thierry Boutsen, Alessandro Nannini, Johnny Herbert, Nelson Piquet, Martin Brundle, Ricardo Patrese, Jean Alesi, Alexander Wurz, Giancarlo Fisicella
Erfolgreichste Fahrer: Gerhard Berger, Nelson Piquet, Michael Schumacher, Johnny Herbert
Internet: www.benettonf1.com

Dank Michael → Schumacher und einem professionellem Management entwickelte sich der italienische Rennstall in den neunziger Jahren von einer »Rock and Roll-Truppe« zu einem Spitzenteam, aber seit dem Weggang des deutschen Superstars fährt man den vergangenen Erfolgen hinterher.

Zusammen mit seiner Schwester Guluiana gründete Luciano Benetton die Modefirma gleichen Namens. Beide hatten zuvor einige Jahre schon in der Textilbranche gearbeitet und am Abend an der Nähmaschine eigene Kleidungsstücke angefertigt.

Das Unternehmen wuchs schnell und bald darauf dachte man an mögliche Sponsortätigkeiten, um die eigene Gruppe noch besser vermarkten zu können.

1983 unterstützte Benetton den → Tyrrell-Rennstall als Hauptsponsor und einige Zeit später auch Teams wie → Alfa Romeo und →

Toleman. Doch die Erfolge der unterstützten Rennställe blieben insgesamt mager und so entschloss sich die Benetton-Group mit eigenen Fahrzeugen in der Formel 1 anzutreten. Im Frühjahr 1986 wurde das Toleman-Team übernommen und die dortige Mitarbeiterstruktur neu organisiert.

Der neue Teamleiter Peter Collins ersetzte zunächst die → Hart-Motoren durch Triebwerke von → BMW und dank der Fürsprache des bayrischen Werkes bekam Gerhard → Berger neben Theo Fabi als Pilot eine Chance. Neben zahlreichen Materialschäden, die beide Fahrer betrafen, gab es während der Saison 1996 in Mexiko auch den Sieg von Berger zu feiern. Fabi hingegen konnte neben einigen Punkten zwei Pole-Positions in Österreich und Italien erobern, die aber zu keinen zählbaren Ergebnissen führten.

1987 wurde → Ford neuer Motorenpartner des Teams und für den zu → Ferrari abgewanderten Berger kam Thierry → Boutsen, der in dieser Saison mit dem dritten Platz in Australien für die einzige Podestplatzierung von Benetton sorgte.

Größere Erfolge verhinderte die Tatsache, dass Ford während der Saison seine Turbo-Triebwerke nicht mehr weiterentwickelte, da man sich lieber auf die Neukonstruktion eines 3,5-Liter-Saugmotors konzentrieren wollte, um für das Ende der Turbo-Ära gerüstet zu sein. Trotzdem reichten die gewonnenen Punkte für den fünften Platz in der Konstrukteurswertung. Benetton galt zudem als sehr beliebtes, weil lässiges Team, bei dem aus den Boxen ständig Rock-Musik dröhnte.

1988 wurde wieder kein Sieg erreicht, weil der Wagen übergewichtig war und der Motor nicht die gewünschte Leistung erbrachte. Zudem war die → McLaren-Dominanz mit 15 Siegen in 16 Rennen so übermächtig, dass für die anderen Teams eh nur Trostpreise übrigblieben. Mehrere Podestplatzierungen von Boutsen und Neuzugang Alessandro → Nannini brachten mit insgesamt 39 WM-Punkten und Platz 3 die bisher beste Platzierung in der Konstrukteurswertung.

1989 gab es von Ford wieder einen neuen Motor, auf den sich die Konstrukteure beim Fahrzeugbau einstellen mussten, und so dauerte es bis zur Mitte der Saison, ehe der neue Fahrzeugtyp B189 eingesetzt werden konnte.

Schon vorher hatten sich bei Benetton Konflikte angebahnt, da Teamleiter Peter Collins seinen Freund Johnny → Herbert als Fahrer engagierte, obwohl dieser seine schweren Beinverletzungen vom Formel 3000-Unfall in → Brands-Hatch noch nicht vollständig auskuriert hatte. Nachdem sich herausstellte, dass der mit Platz 4 in Brasilien fulminant in der Formel 1 gestartete Engländer gerade auf bremsintensiven Kursen Probleme bekam, wurde er nach sechs Rennen durch den scheinbar vielversprechenden Emmanuelle Pirro ersetzt.

Collins musste kurz darauf auch seinen Hut nehmen, weil ihm die Verantwortlichen das Herbert-Intermezzo nicht verziehen. Als sein Nachfolger kam Flavio → Briatore, der vorher bei Benetton für die Vermarktung der Marke in Amerika zuständig war. Briatore trieb den Formel 1-Rockern den Schlendrian aus und engagierte den »König der Konstrukteure« John → Barnard als technischen Direktor.

In der Saison 1989 gab es noch einen Sieg durch Alessandro Nannini in Japan zu feiern, während der vorher vielgepriesene Pirro insgesamt enttäuschte.

1990 kam Ex-Weltmeister Nelson → Piquet mit einem leistungsbezogenen Vertrag zum Rennstall und da es Barnard gelang, das Fahrverhalten des neuen B190 zu verbessern, gelangte Piquet nacheinander zu zwei Siegen in Japan und Australien.

Allerdings musste das Team auch den unerwarteten Ausfall von Nannini verkraften, der kurz vor dem ganz großen Durchbruch stand, als er bei einem Hubschrauberunfall schwer verunglückte.

Dank der Fürsprache von Piquet kam dessen Landsmann Roberto Moreno ins Team, der in Japan hinter Piquet als Zweiter ins Ziel fuhr. Es sollte der größte Erfolg des kleinen, kahlköpfigen Brasilianers in der Formel 1 bleiben,

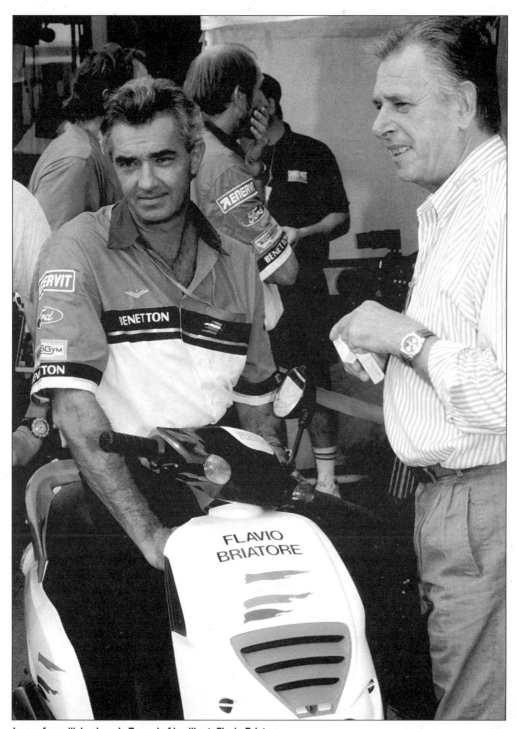
Immer freundlich, aber als Teamchef knallhart: Flavio Briatore

Mit Michael Schumacher im Cockpit ging es ab 1992 bei Benetton steil bergauf

der wegen dieser Leistung auch 1991 im Team fahren durfte.

Die Saison 1991 wurde nach anfänglicher Stagnation zum großen Wendepunkt für das Team. Benetton stieg von → Goodyear auf → Pirelli-Reifen um und war weiterhin bevorzugter Kunde von den Ford-→ Motoren.

Doch zunächst erwies sich der neue B191 bei seinem ersten Einsatz als unausgereift, obwohl Piquet mit sehr viel Glück in Kanada gewinnen konnte. Sein Teamkollege Moreno schien sich auf den Lorbeeren der Vorjahresplatzierung auszuruhen und hatte nach elf Rennen nur acht Punkte auf dem Konto.

Aus diesem Grunde feuerte man den Brasilianer nach dem Großen Preis von Belgien, um ihn durch den im gleichen Rennen grandios bei → Jordan debütierenden Michael → Schumacher zu ersetzen.

Schumacher war in seinen ersten vier Einsätzen für Benetton schneller als der erfahrene Piquet und holte in nur fünf Rennen vier WM-Punkte. Damit hatte sich Benetton ein Supertalent geangelt, mit dem das Team in den nächsten Jahren einen großen Schritt an die Spitze machen sollte.

Dabei schien es Nebensache zu sein, dass im Juli John Barnard den Rennstall verlassen hatte, weil man ihm das zugesicherte Forschungs- und Entwicklungszentrum doch nicht bauen ließ.

Zudem hatte der Rennleiter von → Jaguar, Tom Walkinshaw, 35 % der Benetton-Anteile aufgekauft, um ab der Saison 1992 als zweiter Teamchef neben Briatore zu agieren.

Ebenfalls von Walkinshaw kam mit Ross → Brawn der neue Konstrukteur, welcher mit dem B192 einen konventionellen, aber zuverlässigen Boliden auf die Beine stellte.

Schumacher erfüllte die Erwartungen, die man an ihn gestellt hatte, auf Anhieb und holte zahlreiche Punkte, Podestplatzierungen sowie den Sieg beim Großen Preis von Belgien. Neuzugang Martin → Brundle, dank Walkinshaws Fürsprache ins Team gekommen, konnte sich nach anfänglichen Problemen steigern und fuhr neunmal hintereinander in die Punkte, wurde aber trotzdem nach Beendigung der Saison gegen Ricardo → Patrese ausgetauscht. Benetton stand nun leistungsmäßig dicht hinter den Top-Teams → Williams und → McLaren und mit der satten Ausbeute von 91 WM-Punkten war man Dritter in der Konstrukteurswertung geworden. Für 1993 rüstete der Rennstall erneut gewaltig auf und bezog im englischen Enstone ein hochmodernes, über

Michael Schumacher im Benetton B 193A während der Saison 1993

7000 m² großes Entwicklungszentrum. Obwohl die Zuverlässigkeit des Vorjahres nicht ganz erreicht werden konnte, war Schumacher wieder für viele Punkte gut und gewann in Portugal sein zweites Rennen. In seinem Schatten verblasste hingegen der erfahrene Patrese, der nur 20 WM-Punkte schaffte und nach dieser Saison seine Karriere beendete.

Die Saison 1994 begann mit zwei Schumacher-Erfolgen unerwartet erfolgreich, weil der haushohe Favorit Ayrton → Senna mit seinem Williams von der → Pole Position aus in beiden Rennen ausgefallen war. Im anschließenden Großen Preis von San Marino kam Senna bei einem Unfall ums Leben und da Schumacher dieses und auch das folgende Rennen in Monaco gewann, schien der Weg frei für den WM-Titel. Bis zum Großen Preis von Frankreich beherrschte Benetton dank Schumacher die Weltmeisterschaft, doch dann begann in → Silverstone mit der → Disqualifikation des WM-Führenden die Skandalserie von Benetton. Schumacher wurde wegen des Ignorierens der schwarzen Flagge für zwei Rennen gesperrt und in Spa-Francorchamps wegen einer fehlerhaften Bodenplatte nach → Rennende wiederum disqualifiziert. Ständig kursierten Gerüchte um den Einsatz verbotener Fahrhilfen über das Team und ein verheerender Tankstopp von Jos → Verstappen am → Hockenheimring, bei dem sein Auto in Flammen aufging, gab den Mutmaßungen von illegalen Tankventilen zusätzlichen Nährboden.

Zudem kristallisierte sich durch die Sperre von Schumacher heraus, dass Benetton von technischer Seite keineswegs so überlegen war, wie es sich der Rennstall erhofft hatte.

Der zweite Fahrer, Verstappen sowie der unglückselige JJ → Lehto, der schon kurz nach Saisonbeginn von Benetton demontiert wurde, kurvten zumeist im Mittelfeld herum. Da Williams nach dem Senna-Schock mit Damon → Hill wiedererstarkt war, musste das Team und Schumacher bis zum letzten Rennen in → Adelaide um den WM-Titel bangen.

Für die Saison 1995 sicherte man sich die begehrten → Renault-Motoren und der neue B195 erwies sich als außerordentlich zuverlässig. Schumacher und Benetton triumphierten am Ende der Saison mit dem Gewinn der Fahrer- und → Konstrukteursweltmeisterschaft. Neben Schumachers neun Siegen konnte sich mit Rückkehrer Johnny Herbert auch der zweite Benetton-Pilot in Silverstone und → Monza in die Siegerlisten eintragen lassen.

1996 begann ein Umbruch im Team, denn Schumacher ging zu → Ferrari, und da auch Herbert nicht weiterbeschäftigt wurde, gab es mit den erfahrenen Gerhard Berger und Jean → Alesi eine neue Fahrerpaarung.

Um die Wagen auf das Fahrverhalten von Alesi und Berger einzustellen, bastelte man an den Autos lange Zeit vergeblich herum und auch der Renault V10-Motor entwickelte im neuen → Chassis des Benetton deutlich weniger Leistung als vorher.

Da Alesi und Berger zudem in keiner Phase an die Vorjahresleistungen von Schumacher anknüpfen konnten, folgte für das Benetton-Team der sieglose Sturz ins Bodenlose.

Zwar gewann Berger ein Jahr später in Hockenheim, aber auch diese Saison stagnierte im oberen Mittelmaß und da zudem Renault sich als Motorenlieferant zurückzog, begann es im Team weiter zu kriseln. Ross Brawn war mit Michael Schumacher zu Ferrari abgewandert und jetzt stand auch Briatore vor der Ablösung. Für 1998 wurde David Richards neuer Teamchef und man verwendete unter der Bezeichnung → Playlife weiter die alten Renault-Motoren. Mit den Jungtalenten Giancarlo → Fisichella und Alexander → Wurz, die sich redlich mühten, aber nur ingesamt 33 Punkte erreichten, ging es mit Platz 5 in der Konstrukteurswertung weiter abwärts.

Auch die Ablösung von David Richards durch Rocco Benetton konnte 1999 die Talfahrt nicht stoppen, denn jetzt wurden sogar nur noch 16 Punkte und der sechste Platz erreicht.

Ganz offensichtlich konnte sich Benetton von den häufigen Personalwechseln nicht erholen, denn auch 1999 sowie in der Saison 2000 fehlten erneut die großen Erfolge.

Schon recht früh wurde in der zurückliegenden Saison eine fundamentale Änderung für das Benetton-Team bekanntgegeben: Der 1997 von der Formel 1 zurückgetretene Renault-Konzern kehrt 2001 in die Königsklasse des Motorsports zurück. Und zwar nicht nur als Motorenlieferant, sondern mit einem eigenen Rennstall. Man entschloss sich, das Benetton-Team zu kaufen und läutete so mit dem letzten Rennen der Formel 1-Saison 2000 das Ende des einstmals sehr erfolgreichen Rennstalls ein.

Berger, Gerhard (Pilot)
Geboren: 27.08.1959 in Wörgl/Österreich
GP-Rennen in der Fahrer-WM: 210 (1994 und 1997)
Pole Positions: 12
Siege: 10
WM-Punkte insgesamt: 385
Beste WM-Platzierung im Gesamtklassement:
Dritter 1988, 1990 und 1994
Rennwagen:
ATS, Arrows, Benetton, Ferrari, McLaren
Internet: www.gerhard-berger.at

In seiner aktiven Zeit einer der lebenslustigsten Piloten, zählte der Tiroler mehr als eine Dekade zu den bestbezahlten Top-Piloten in der Formel 1-Szene, obwohl er trotz Engagements in Spitzenteams zu keiner Zeit ernsthaft um den Weltmeistertitel mitkämpfen konnte, und zum Schluss seiner Karriere war er, nach Meinung einiger Experten, sogar der Fahrer »mit dem schlechtesten Preis-Leistungsverhältnis«.

Als Sohn eines Speditionsunternehmers kam Berger schon früh mit Fahrzeugen aller Art in Berührung. Er absolvierte eine Kaufmannslehre und bestritt mit 19 Jahren auf einem → Ford Escort sein erstes Rennen. 1981 fuhr er ein Jahr lang im internationalen Alfasud Europacup mit und wechselte anschließend in die deutsche Formel 3, wo er am Ende Gesamtdritter war.

Der lustige Tiroler Gerhard Berger hatte in der Formel 1 gut lachen: Immer hoch bezahlt, auch wenn stets die anderen Weltmeister wurden

Drei Jahre lang tummelte er sich dann in der internationalen Formel 3-Meisterschaft herum und wurde 1984 beim Renommier-Rennen in Monaco hinter Ivan → Capelli Zweiter. Nebenbei gab ihm → BMW die Chance, sich ab Mitte der Saison in der Tourenwagenmeisterschaft zu bewähren, wo er 1985 Sieger im 24-Stunden-Rennen von → Spa-Francorchamps wurde. Schon vorher, im August 1984, kam er, dank der Mithilfe von BMW, beim Österreich-Grand Prix zu seinem ersten Formel 1-Einsatz. Nachdem er dort im deutschen → ATS-Team Zwölfter wurde, schaffte er im zweiten Versuch gleich den sechsten Platz und damit seinen ersten WM-Punkt.

Ab 1985 absolvierte er dann im → Arrows seine erste komplette → Grand-Prix-Saison, die er mit drei WM-Punkten als Siebzehnter in der Gesamtwertung abschloss.

Den Durchbruch schaffte der enge Freund von Ex-Beatle George Harrison in der Saison 1986, wo er mit dem → Benetton zum ersten Mal ein konkurrenzfähiges Fahrzeug besaß. Nach einigen guten Resultaten in den Punkterängen galt Berger bereits als »Aufsteiger der Saison« und nach seinem Sieg beim Großen Preis von Portugal bekam er ein Angebot von → Ferrari, das er freudigst annahm.

Berger kämpfte drei Jahre lang mit der Unzuverlässigkeit des Ferrari und es gelangen ihm in dieser Zeit drei Siege, aber insgesamt gestaltete sich diese Ära zu einer Episode der enttäuschten Hoffnungen.

1989 erlitt er bei einem schweren Unfall in → Imola Brandverletzungen sowie ein gebrochenes Schlüsselbein und musste fünf Rennen pausieren. In dieser Saison war sein neuer Teamkollege Nigel → Mansell aber sowieso der Erfolgreichere. Nach seiner Genesung und einem Sieg in → Estoril nahm Berger Abschied von den Italienern und wechselte zu → McLaren. Aus der Hoffnung, mit diesem überlegenen Fahrzeug Weltmeister zu werden, wurde 1990 ein Jahr, in dem Berger am Ende nach eigener Aussage »der Trottel der Saison« war. Ständiges Jammern über das schwer beherrschbare Auto, mit dem sein Teamkollege Ayrton → Senna Weltmeister wurde, ließen den einstigen Aufsteiger eine unsanfte Bruchlandung erleben. Und die nächsten Jahre wurden nicht besser. Immer stand Berger im Schatten von Senna und musste sich 1991 von dem Brasilianer beim Rennen in → Suzuka sogar den Sieg schenken lassen. Nach der Saison 92 kehrte Berger zu Ferrari zurück und kam vom Regen in die Traufe. Er erlitt eine Reihe haarsträubender Unfälle mit einem Fahrzeug, das weder ein überzeugendes → Chassis noch einen leistungsfähigen Motor vorzuweisen hatte. Berger konnte nach dem Ende einer frustrierenden Saison kümmerliche 12 WM-Punkte vorweisen. 1994 gelang ihm zwar nach einer Massenkarambolage beim Start in → Hockenheim nach drei Jahren wieder ein Sieg, aber es zeichnete sich ab, dass der Österreicher nie mehr in die Reichweite eines WM-Titels gelangen würde. 1996 drohte Michael → Schumacher Teamkollege zu werden und der mit 1,85 m für die Formel 1 eigentlich zu große Berger nahm dankbar die Millionenofferte von Benetton an, die zuvor mit Schumacher den Fahrer und Konstrukteurstitel geholt hatten.

Doch wieder kam Berger mit dem neuen Wagen schlecht zurecht und beklagte, dass das vorher auf Schumacher abgestimmte Fahrzeug »unfahrbar« sei. Ein zweiter Platz beim Großen Preis von Großbritannien war das beste Resultat in dieser Saison.

Im nächsten Jahr durchlitt Berger mehrere persönliche Krisen: Er musste sich einer Kieferhöhlenoperation unterziehen und einige Rennen aussetzen. Zudem war sein Vater durch einen Flugzeugabsturz ums Leben gekommen. Umso triumphaler die Rückkehr: Im ersten Rennen nach seiner Genesung sicherte sich Berger in überlegener Manier den Sieg beim Großen Preis von Deutschland. Am Ende der Saison trat er zurück und ist seit 1998 Motorsportdirektor bei BMW, wo er mithilft, die bayerische Motorenkoryphäe wieder in der Formel 1 zu etablieren.

Black Box
Dieses kleine schwarze Kästchen liegt im → Chassis des Fahrzeugs und zeichnet mit Hilfe von Software alle Daten des Wagens auf, während es sich auf der Strecke befindet. Das Aufzeichnen geschieht mit Hilfe sogenannter Sensoren, die auf allen Teilen des Fahrzeugs verteilt sind. Zudem benutzen es die Teams zur Steuerung verschiedener Fahrzeugkomponenten wie der Leistungskontrolle des Motors oder des Getriebes.

BMW (Rennwagenfirma, Motorenhersteller)
GP-Rennen in der Fahrer-WM: 2 (1952–1953)
Pole Positions: 0
Siege: 0
WM-Punkte: 0
Beste Platzierung in der Konstrukteurswertung: 0
Bekannteste Fahrer: –
Erfolgreichste Fahrer: –
Internet: www.bmw.williamsf1.com

Das Engagement von BMW als Rennstallwagenhersteller war in der Formel 1 kaum erwähnenswert, aber als Motorenlieferant führte man den → Brabham-Rennstall noch einmal zu letzten Weltmeisterschaftsehren.

Schon mehrmals wurden von BMW Formel 1-Projekte als eigene Marke anvisiert, aber nie in die Tat umgesetzt. So blieb es in den 50er Jahren zumeist Privatfahrern vorbehalten, mit Formel 2-Wagen von BMW bei einigen → Grand-Prix-Rennen zu starten. Bestes Ergebnis war hierbei 1952 ein zwölfter Platz von Ernst Klodwig beim Großen Preis von Deutschland. Ansonsten war man zumeist in der Formel 2 und bei Tourenwagenrennen tätig und kooperierte dabei mit Firmen wie → Lola und → March.

In den 70er Jahren reiften abermals Pläne für einen Formel 1-Einstieg, die in der Zusammenarbeit mit → McLaren kurz vor der Verwirklichung standen. Doch das Ansinnen der Herren Rosche, Neerpasch und Stappert wurde vom Vorstand der Firma letztendlich abgelehnt. Der Vorsitzende der Entwicklungsabteilung, Dr. Radermacher, hatte damals die Devise, dass »BMW niemals in die Formel 1« gehe. Trotzdem gab der damalige Rennleiter Dieter Stappert den Traum nicht auf, als erster deutscher Hersteller nach langer Zeit in der Formel 1 wieder für Furore zu sorgen. Nach langwierigen Verhandlungen zwischen BMW-Vorstandsmitgliedern und Brabham-Chef Bernie → Ecclestone war der von Paul Rosche entwickelte BMW-Turbo-Motor ab 1982 bei Brabham im Einsatz.

Nachdem man anfangs noch viel Lehrgeld bezahlen musste, wurde das Aggregat 1983 zu einem 1300 PS starken Kraftpaket entwickelt, mit dem Nelson → Piquet die Fahrerweltmeisterschaft holte. Später versorgte man auch Rennställe wie → ATS, → Benetton und → Arrows mit den Triebwerken, ohne zu ähnlich erfolgreichen Ergebnissen zu gelangen.

Nachdem Ecclestone den Brabham-Stall verkauft hatte, war auch für BMW das Kapitel Formel 1 so gut wie beendet. Gerhard → Berger siegte 1986 in Portugal auf Benetton zum letzten Mal mit einem BMW-Motor im Heck. Ingesamt hatte die Kombination aus Brabham und BMW von 1982 bis 1986 acht Siege und 15 Pole-Positions erobert, doch die Erfolge ließen sich wegen der damals mangelnden Akzeptanz der Formel 1 in Deutschland nie entsprechend vermarkten.

Danach entschlummerte 1987 das BMW-Engagement bei Brabham, weil man bei den Bayern nicht mehr bereit war, Geld in Weiterentwicklungen zu investieren.

Zehn Jahre später wurden Kontakte zu → Williams geknüpft und bald sickerte durch, dass BMW ab der Saison 2000 wieder in die Formel 1 einsteigen würde.

Der Konstrukteur Paul Rosche hatte seit dem Formel 1-Ausstieg von BMW immer wieder Motoren auf Sparflamme entwickelt, um für einen eventuellen Wiedereinstieg gerüstet zu sein. Die Erwartungen von BMW-Sportdirektor Gerhard Berger an den Zehnzylinder-Motor wurden weit übertroffen, denn das Aggregat erwies sich als sehr standfest und bescherte den Fahrern Ralf → Schumacher und Jenson → Button zahlreiche Punkte.

Für die Saison 2001 ist bereits ein neuer Motor in Arbeit und die Kombination Williams/BMW könnte bei der Titelvergabe durchaus ein gewichtiges Wort mitsprechen.

Bolide
Dieser Begriff stammt aus dem Griechischen und bedeutet übersetzt Meteor. Im Automobilsport ist es die Bezeichnung für einen PS-starken Rennwagen.

Bonnier, Joakim (Pilot)
Geboren: 31.01.1930 in Stockholm/ Schweden
Gestorben: 11.06.1972 in Le Mans/ Frankreich
GP-Rennen in der Fahrer-WM: 104 (1956–1971)
Pole Positions: 1
Siege: 1
WM-Punkte insgesamt: 39
Beste WM-Platzierung im Gesamtklassement: Achter (1958)
Rennwagen: Maserati, BRM, Porsche, Cooper, Brabham, McLaren, Honda, Lotus

Der »schöne Schwede« mit guten Manieren und hoher Bildung war der erste Vertreter seines Landes, der einen Formel 1-Lauf gewann und damit auch den ersten Triumph für den leidgeprüften → BRM-Rennstall. Damit hatte er aber schon früh den Höhepunkt seiner später eher fruchtlosen Formel 1-Karriere erreicht.

Bonnier stammte aus einem reichen Elternhaus und beteiligte sich mit 24 Jahren zum ersten Mal an schwedischen Tourenwagenrennen. Er gewann 1956 in seiner Klasse die 1000-km-Rennen am → Nürburgring und auf der → Avus. Im Jahre 1956 versuchte er sich in einem → Maserati erstmals in der Formel 1. Zwei Jahre mühte sich Bonnier mit diesem Fabrikat in der Formel 1 ab, ohne dass ihm zählbare Erfolge gelangen.

Erst 1959, nach seinem Wechsel zu → BRM, ging es aufwärts und der mit Vollbart und dunklen Haaren für skandinavische Verhältnisse untypische Schwede schaffte für BRM beim Großen Preis von Holland mit einem Start-Ziel-Sieg den ersten Formel 1-Triumph.

An diesen Erfolg konnte der »beredte Botschafter seines Sports« nie mehr heranreichen: Obwohl sich Bonnier oftmals im vorderen Starterfeld platzieren konnte und einige Male um den Sieg mitfuhr, schaffte er in seinen BRM-Jahren bis 1960 keinen einzigen Podestplatz mehr und nur kümmerliche sieben WM-Pünktchen. Bonnier, der sich in Sicherheitsfragen stark engagierte, erhoffte sich Besserung als Nummer-1-Fahrer bei → Porsche, aber auch in den Jahren 1961–1962 waren zwei fünfte Plätze die beste Ausbeute. Nach dem Rückzug der Zuffenhausener gelangen ihm in den sechziger Jahren weder bei → Cooper, → Brabham, → Lotus noch → McLaren ansprechende Ergebnisse und so mussten einige Erfolge bei Sportwagenrennen als Kompensation dienen. Aber der Präsident der Fahrergewerkschaft → GPDA griff trotzdem weiter unermüdlich ins Rennsportlenkrad. Im Alter von 41 Jahren versuchte sich Bonnier weiterhin mit einem alten McLaren-Modell in der Formel 1, um damit nur Nichtqualifikationen, Ausfälle und mittelmäßige Platzierungen zu erzielen. 1972 hatte der Besitzer von Kunstgalerien und Automobilvertretungen endlich ein Einsehen und konzentrierte sich als Besitzer eines eigenen Teams ausschließlich auf Sportwagenrennen. Doch bei den 24 Stunden von → Le Mans verschätzte sich Bonnier beim Überholen eines langsameren Fahrzeugs und zerschellte mit seinem → Lola in einem Pinienwald. Die Streckenposten konnten nur noch seinen Tod feststellen.

Borgudd, Tommy »Slim« (Pilot)
Geboren: 25.11.1946 in Borgholm/ Schweden
GP-Rennen in der Fahrer-WM: 10 (1981–1982)
Pole Positions: 0
Siege: 0
WM-Punkte insgesamt: 1
Beste WM-Platzierung im Gesamtklassement: Achtzehnter 1981
Rennwagen: ATS, Tyrrell

Nach seinem Sieg auf BRM krebste Joakim Bonnier in der Formel 1 nur noch im Mittelfeld herum

Slim Borgudd ist in der Formel 1 weniger durch seine Erfolge in Erinnerung geblieben als durch den Abba-Schriftzug auf seinem Rennwagen, denn der Schwede war zeitweise für die Popgruppe als Drummer aktiv.

In den frühen sechziger Jahren spielte Borgudd Schlagzeug in einer Blues-Rock-Gruppe und widmete sich im Laufe der späteren Entwicklung dem progressiven Rock, in dessen Umfeld er zu einem begehrten Studioschlagzeuger avancierte.

Seinen Spitznamen »Slim« erhielt er während eines Konzerts in einem Jazzclub in New Orleans, wo ein Drummer namens Memphis Slim wegen einer Krankheit nicht auftreten konnte. Der im Zuschauerraum anwesende Borgudd wurde von seinen Freunden auf die Bühne gebrüllt und hatte anschließend seinen neuen Vornamen weg.

Schon 1959 war er mit dem Motorsport in Berührung gekommen, als er → Stirling Moss bei einem Formel 2-Rennen in Karlskoga beobachten konnte.

Während einer Tournee mit der schwedischen Gruppe »Made« traf er den bekannten Dixieland-Musiker Chris Barber, der mit Begeisterung Sportwagen fuhr. Borgudd kaufte von Barber einen Ford → Lotus 22 und begann sich an schwedischen Vereinsrennen zu beteiligen.

Um seine Fähigkeiten zu verbessern, absolvierte er einen Rennfahrerkurs bei einer Schule in Snetterton. Bei den nachfolgenden Vereinsrennen konnte er zweimal siegen.

Ab 1970 fuhr er zwei Jahre einen – vormals von Ronnie → Peterson gesteuerten – Fokus-Sportwagen, mit dem er sehr erfolgreich unterwegs war. Nach fünf Siegen in fünf Rennen saß er ab 1972 in einem Formel-→ Ford-1600 Boliden, mit dem er die schwedische Meisterschaft für sich entscheiden konnte.

In den nächsten Jahren wechselte er zwischen Tourenwagen und → Monoposto, bis er ab 1977 kontinuierlich an europäischen Formel 3-Wettbewerben teilnahm und 1978 bei einem nordeuropäischen Meisterschaftsrennen sogar vor dem späteren Formel 1-Star Thierry → Boutsen ins Ziel kam.

Trotz geringer Finanzmittel schaffte Borgudd 1979 bei der europäischen Formel 3-

Auch bei Porsche blieb Joakim Bonnier der große Erfolg versagt

Meisterschaft einen dritten Platz und ein Jahr später, jetzt mit finanzieller Unterstützung eines Gönners, den Gewinn des schwedischen Championats.

Weitere Erfolge und beherzte Renneinsätze, bei denen er einmal nur mit einer Hand fuhr, um mit der anderen die Karosserie festzuhalten, ließen auch den → ATS-Chef Günter Schmid aufhorchen.

Als Borgudd 1981 in → Imola erstmals im ATS bei einem Großen Preis aufkreuzte, prangte unübersehbar das bekannte Logo der bekannten Pop-Gruppe Abba auf dem Fahrzeug. Die schwedischen Superstars unterstützten ihren ehemaligen Schlagzeuger, der allerdings nur ein paar Studio-Sessions mit dem Quartett absolviert hatte, und wollten ihm mit dieser Werbung weitere → Sponsoren verschaffen.

Abba-Mitglied Björn Ulvaeus war zudem mit Borgudd gut befreundet und verfolgte als interessierter Anhänger seine jetzt beginnende GP-Laufbahn.

Platz 24 im Training sowie der 13. Rang im Rennen waren, mit dem allerdings auch nicht sehr rasanten Wagen, keine Offenbarung und nachdem er sich in weiteren vier Versuchen nicht qualifizieren konnte, wurde er von Schmid sogar als »Anfänger« tituliert.

Doch in → Silverstone war Borgudd wieder qualifiziert und schaffte in einem unauffälligen Rennen mit einem sechsten Platz den einzigen WM-Punkt seiner Karriere.

In den restlichen sechs Rennen gab es außer Platz 10 in → Zandvoort nur Ausfälle sowie eine Nichtqualifikation in → Las Vegas.

Trotzdem war er Ken → Tyrrell aufgefallen, der ihn für die nächste Saison in seinen Rennstall holte. Obwohl Borgudd in Brasilien immerhin auf Platz 7 kam, wurde er nach dem nächsten Rennen vor die Tür gesetzt, weil das darbende Team auf finanzkräftigere Fahrer angewiesen war. Mit 35 Jahren und ohne entsprechendes Sponsoring hatte der Schwede keine Chance mehr, in einem Formel 1-Rennstall unterzukommen und so musste er anschließend seine Rennsportleidenschaft in unterklassigen Kategorien ausleben.

Borg-Warner-Trophäe
Die Borg-Warner-Trophäe ist die mächtige Sieger-Trophäe für den Gewinner der 500 Meilen von → Indianapolis, auf der alle Gewinner in Silber verewigt sind.

Borgward (Motorenhersteller)
GP-Rennen in der Fahrer-WM: 2 (1959, 1963)
Pole Positions: 0
Siege: 0
WM-Punkte: 0
Rennwagen: Cooper, Lotus

Durch das Motorisierungsprogramm der nationalsozialistischen Regierung erlebte das kleine Borgward-Werk ab 1933 seinen großen Augschwung.

Die von Carl W. Borgward gegründete Firma produzierte mit dem Hansa 1100 einen der erfolgreichsten Straßenwagen der dreißiger und vierziger Jahre.

Auch nach dem Krieg entwickelte sich Borgward nach einer Wiederaufbauphase zu einem der größten Automobilhersteller Deutschlands, der mit der legendären »Isabella« einen riesigen Erfolg landen konnte. Auch im Rennsport mischte man jetzt mit und konnte mit dem Hansa 1500 RS einige Erfolge feiern.

Ein von der Borgward-Rennabteilung konstruiertes Aggregat kam 1959 beim Großen Preis von Großbritannien in zwei → Cooper-Rennwagen zum Einsatz. Chris Bristow und Ivor Rueb steuerten den Cooper-Borgward auf Platz 10 und 13. Vier Jahre später konnte sich der deutsche Kurt Kuhnke mit einem von Borgward angetriebenen → Lotus für den Großen Preis von Deutschland nicht qualifizieren. Schon zwei Jahre zuvor war das Werk in Zahlungsschwierigkeiten geraten und ging letztendlich im Jahre 1963 bankrott. Während der Demontage seiner Werke erlitt Gründer Carl W. Borgward im selben Jahr einen tödlichen Herzinfarkt.

Boutsen, Thierry (Pilot)
Geboren: 13.07.1957 in Brüssel/Belgien
GP-Rennen in der Fahrer-WM: 163 (1983–1993)
Pole Positions: 1

Siege: 3
WM-Punkte insgesamt: 132
Beste WM-Platzierung im Gesamtklassement:
Vierter (1988)
Rennwagen:
Arrows, Benetton, Williams, Ligier, Jordan
Internet: www.boutsen.com

Der zurückhaltende Belgier war in seiner zehnjährigen Formel 1-Karriere eine umstrittene Fahrerfigur, weil die Kritiker ihm trotz seiner drei Siege »mangelnden Biss« und »fehlende Ellbogenmentalität« ankreideten.

Boutsen stammte aus einer Familie, die keinerlei Kontakt zum Rennsport hatte; trotzdem war der kleine Thierry schon von früher Kindheit an ein enthusiastischer Motorsportfan und begeisterte sich insbesondere für seinen Landsmann Jacky → Ickx, der ihn später entscheidend bei seiner Karriere unterstützen sollte. Nach seiner Ausbildung zum Kfz-Mechaniker meldete sich Boutsen bei der Pilette-Rennsport-Schule an und war innerhalb kürzester Zeit der Beste von allen Teilnehmern. Nach einem Lehrjahr in der belgischen Formel-→ Ford-Meisterschaft wurde er im darauffolgenden Jahr Benelux-Formel-Ford-Meister und erhielt durch Vermittlung seines einstigen Idols Ickx für die Saison 1979 ein Formel 3-Engagement.

Durch einen Sieg beim Rennen in → Jarama vor Europameister Alain → Prost empfahl er sich für die Formel 2, wo er 1981 Vize-Europameister und im darauffolgenden Jahr Dritter in der Gesamtwertung wurde.

Durch diese Leistungen wurde auch die Formel 1 auf ihn aufmerksam und → Arrows ermöglichte dem Belgier 1983 beim Großen Preis von Belgien die erste Bewährungsprobe.

Mit dem mittelmäßigen Fahrzeug von Arrows konnte Boutsen in seiner ersten → Grand-Prix-Saison zwar einige Zieleinkünfte verbuchen, aber keine davon in den Punkterängen.

1984 wurde er zwar direkt im ersten Rennen Sechster, doch die Jahre bei Arrows brach-

Warum so skeptisch, Thierry? – Zu drei Formel 1-Siegen hat es doch gereicht

Boutsen zu Arrows-Zeiten – da war der Frust berechtigt

ten außer einem zweiten Platz 1985 beim Großen Preis von San Marino und vereinzelten Punkteplätzen wenig Erfreuliches.

Für 1987 bekam Boutsen ein Angebot von → Benetton und mit diesem Team gehörte der stille Belgier innerhalb kürzester Zeit zu den Fahrern, die regelmäßig im vorderen Feld auftauchten und ganz allmählich als potentielle Sieger gehandelt wurden.

1988 kam Boutsen fünfmal auf den dritten Platz und hätte er die überlegenen → McLaren mit Alain Prost und Ayrton → Senna »wegzaubern« können, wäre auch der WM-Titel nicht so abwegig gewesen. Mit der Referenz des Gesamtvierten in dieser Saison wurde Boutsen vom Spitzenteam → Williams für die nächste Saison als Nummer 1-Fahrer engagiert.

Doch obwohl er in der Saison 1989 zwei Große Preise in den verregneten Läufen von Kanada und Australien gewinnen konnte und im darauffolgenden Jahr nach einer → Pole Position in einem Start-Ziel-Sieg vor Ayrton → Senna auch den Großen Preis von Ungarn für sich entscheiden konnte, war Boutsen bei Williams in Ungnade gefallen.

Das streng leistungsorientierte Team hatte sich vom Belgier mehr versprochen, denn reelle WM-Chancen besaß Boutsen in den beiden Jahren zu keinem Zeitpunkt.

Für 1991 verpflichtete ihn der solvente, aber seit längerer Zeit erfolglose → Ligier-Rennstall, um mit ihm als »einer der Schlüsselfiguren für den Neuaufbau« an vergangene Erfolge anzuknüpfen.

Statt des erhofften Neuanfangs musste sich Boutsen unwiderruflich von Spitzenplätzen verabschieden und holte in den Jahren 1991 und 1992 neben zahlreichen Ausfällen ganze zwei WM-Punkte.

Mit dem vernichtenden Fazit »Das einzige, was bei Ligier funktioniert, ist die Trinkflasche« verabschiedete sich Boutsen nach der Saison 1992 von den glücklosen Franzosen.

Boutsen war damit zu Anfang der Saison 1993 erstmals seit dem Beginn seiner Grand-Prix-Karriere arbeitslos, denn an einem Absteiger war die Formel 1-Welt nicht mehr interessiert. Doch schon nach zwei Rennen wurde »der freundliche, intelligente Fahrer mit dem schwach ausgeprägten Egoismus« von → Jordan für den geschassten Ivan → Capelli engagiert. Aber selbst in diesem Mittelklasse-Rennstall war Boutsen nur eine bessere Staffage, da Jordan alle Anstrengungen ausschließlich auf die brasilianische Nachwuchshoffnung Rubens → Barrichello konzentrierte.

Als Boutsen beim Großen Preis von Belgien in der ersten Runde mit Getriebeschaden ausfiel, hatte er genug vom Formel 1-Frust und erklärte, nahezu unbemerkt, seinen Rücktritt aus der Königsklasse. Bis 1997 fuhr er noch in Tourenwagen- und Sportwagenrennen mit und ist heute Inhaber einer Chartergesellschaft.

Boro (Rennwagenfirma)
GP-Rennen in der Fahrer-WM: 6 (1976–1977)
Pole Positions: 0
Siege: 0
WM-Punkte: 0
Beste Platzierung in der Konstrukteurswertung: 0
Bekannteste Fahrer: –
Erfolgreichste Fahrer: –

Bei diesem Rennwagen handelte es sich um einen umgebauten → Ensign Modell N175, der vom Australier Larry Perkins 1976 mit minimalstem Budget bei sechs Rennen eingesetzt wurde. Platz 8 in Belgien war das beste Ergebnis, dem ein Rennen später in Monaco die Nichtqualifikation folgte.

1977 übernahm Brian Henton das Gefährt und wurde beim Großen Preis von Holland disqualifiziert, weil er sich beim Start anschieben ließ. Weitere Formel 1-Einsätze gab es anschließend für den Boro nicht mehr.

Box
Hier werden an der Rennstrecke die Rennwagen von den Teams untergebracht und gewartet.

Boxenausgang
Am Boxenausgang ist eine Ampel angebracht, die mit ihrem Grünlicht reguliert, wann ein

Fahrzeug beim Training auf die Strecke fahren darf. Im Rennen ist diese Regelung aufgehoben.

Boxengasse
Sie liegt direkt vor der → Box und dient dazu, während des Trainings und beim Rennen an den Fahrzeugen zu arbeiten. Seit dem Horror-Wochenende 1994 in → Imola wurde die Geschwindigkeit der ein-ausfahrenden Formel 1-Wagen auf Geschwindigkeiten zwischen 80 und 120 km/h beschränkt. Bei Missachtung werden Zeit- und Geldstrafen verhängt.

Boxenstopp
Er dient dazu, während eines Rennens bei den Rennwagen → Reifen zu wechseln, Benzin nachzufüllen und kleinere Reparaturen durchzuführen. Diese Aktionen werden von dem Chefmechaniker mit dem »Lollipop-Schild« überwacht, der bei Beendigung dem Piloten auch wieder das Zeichen zum Losfahren gibt. Da bei heutigen Formel 1-Rennen immer weniger Überholmanöver stattfinden, ist ein schneller Boxenstop oftmals ein entscheidender Faktor für die Platzierung.

Boxentafel
Trotz aller Computertechnik ist die Boxentafel immer noch ein wichtiges Kommunikationsmittel zwischen Rennstall und Fahrer.

Sie wird für den Fahrer gut sichtbar an der Boxenmauer hingehalten und enthält währen des Rennens die wichtigsten Informationen für den Piloten wie Position, Anzahl der gefahrenen Runden sowie Zeitvorsprung oder Rückstand.

Brabham (Rennwagenfirma)
GP-Rennen in der Fahrer-WM: 394 (1986–1991)
Pole Positions: 39
Siege: 35
WM-Punkte: 983
Beste Platzierung in der Konstrukteurswertung:
Konstrukteursweltmeister 1966, 1967
Bekannteste Fahrer: Jack Brabham, Denis Hulme, Giancarlo Baghetti, Joakim Bonnier, Dan Gurney, Chris Amon, Joseph Siffert, Jochen Rindt, Jacky

Immer sauber und aufgeräumt: Die McLaren-Box in der Saison 1993

Ickx, Graham Hill, Carlos Reutemann, Rolf Stommelen, John Watson, Carlos Pace, Hans-Joachim Stuck, Niki Lauda, Nelson Piquet, Ricardo Patrese, Manfred Winkelhock, Elio de Angelis, Derek Warwick, Andrea de Cesaris, Martin Brundle, Damon Hill

Erfolgreichste Fahrer: Jack Brabham, Denis Hulme, Nelson Piquet, Jacky Ickx, Niki Lauda

Von dem dreifachen Weltmeister Jack → Brabham Anfang der sechziger Jahre als technische Herausforderung gegründet, gehörte der Rennstall nach gewissen Anlaufschwierigkeiten über zwanzig Jahre zu den unangefochtenen Spitzenteams. Dann begann ein allmählicher Abstieg, der 1992 in einem erbarmungswürdigen Finale mündete.

Jack → Brabham, zu diesem Zeitpunkt zweifacher Formel 1-Weltmeister, und Ron Tauranac gründeten 1961 die Motor Racing Developments als Ableger der Jack Brabham Ltd, wobei alle hieraus resultierenden Rennwagen die Bezeichnung Brabham erhielten. Als Hersteller fungierte die Brabham Racing Developments, wobei zunächst Sportwagen und Monoposti fabriziert wurden, um Erfahrung für den später geplanten Formel 1-Einsatz zu gewinnen. 1962 wurde der erste Formel-Junior-Wagen entwickelt, welcher bei ver-

So sah eine Boxengasse in den sechziger Jahren aus ...

... und so ab den neunziger Jahren

schiedenen Rennen in Europa und Amerika Erfolge feiern konnte.

Noch im selben Jahr bauten Brabham und Tauranac den ersten Formel 1-Wagen mit Gitterrohrrahmen, Einzelradaufhängung sowie einem → Coventry Climax V8-Motor.

Beim Großen Preis von Deutschland feierte Brabham mit seinem eigenen Fahrzeug eine wenig erfreuliche Premiere. Platz 24 im Training und ein defektes Gaspedal im Rennen ließen die Skepsis unter den Beobachtern überwiegen. Aber schon zwei Rennen später in → Watkins Glen sammelte der Australier als erster Fahrer im eigenen Wagen mit Platz 4 drei WM-Punkte, was anschließend mit dem vierten Platz in Südafrika eindrucksvoll bestätigt werden konnte. 1964 fuhr zudem Dan → Gurney den neuen Brabham, der für das Team schon in der zweiten Saison für viele Punkte und den dritten Platz in der → Konstrukteursweltmeisterschaft gut war.

Gurney war es dann auch, der ein Jahr später beim Großen Preis von Frankreich den ersten → Grand-Prix-Sieg für den Rennstall herausfuhr. Mittlerweile waren Brabham-Fahrzeuge begehrt und neben dem Werksteam wurden auch Kundenfahrzeuge für andere Rennställe und Privatfahrer beliefert.

So tummelten sich beispielsweise beim Großen Preis von Großbritannien in der Saison 1964 neben den etatmäßigen Werkswagen mit Jack Brabham, Dan Gurney und Bob Anderson auch die Kundenboliden für Joseph → Siffert, Joakim → Bonnier und Ian Raby, die statt dem Climax-Motor zumeist ein → BRM-Aggregat im Heck hatten. Mit dem Fahrzeugmodell BT19 – das unter Fachleuten als »eine der bemerkenswertesten Schöpfungen der Renngeschichte« galt – gelangte 1966 → Teamchef Jack Brabham mit vier Saisonsiegen zum unerwarteten dritten WM-Titel, was ein Jahr später Teamkollege Denis → Hulme wiederholen konnte. Dank der zusätzlichen Punkte von Team-Eigner Brabham gelang dem Rennstall zum zweiten Mal hintereinander der Gewinn der Konstrukteursweltmeisterschaft.

Die Zahl der Brabhams im Starterfeld war allmählich unüberschaubar geworden, denn der gute Ruf der schnellen und zuverlässigen Boliden war mittlerweile unter Rennfahrern und Teams allseits bekannt. Jack Brabham war es auch, der als erster Sicherheitsgurte für seine Fahrzeuge einsetzte.

1970 wäre dem Teamchef fast selbst noch einmal der Gewinn der Weltmeisterschaft geglückt, was aber durch einige Fahrfehler und technische Missgeschicke verhindert wurde.

Am Ende dieser Saison trat Brabham als Fahrer zurück, verkaufte seine Firmenanteile und kehrte nach Australien zurück. Sein Partner Tauranac folgte ihm ein Jahr später.

Den Rennstall übernahm anschließend der umtriebige Bernie → Ecclestone, der in der Saison 1972 mit seinen Fahrern Graham → Hill, Wilson → Fittipaldi und William Ferguson nur bescheidene Erfolge erringen konnte.

Inzwischen war aber bei Brabham mit Gordon Murray ein neues Konstruktionstalent herangereift, dessen Entwürfe mitentscheidend waren, um das Team 1974 wieder in die Siegerlisten einzutragen. Für diese drei Saisonsiege war alleine der argentinische Fahrer Carlos → Reutemann verantwortlich gewesen. Mit Reutemann kämpfte der Rennstall 1975 auch wieder mit um die Fahrerweltmeisterschaft, wobei »El Lole« am Ende Dritter wurde und Brabham bei der Konstrukteursweltmeisterschaft auf Platz 2 kam.

1976 entschloss sich Ecclestone parallel mit der Entwicklung des neuen BT 45 erstmals → Alfa-Romeo- statt der bewährten → Cosworth-Motoren einzusetzen. Die Ergebnisse waren durchwachsen, aber Ecclestone sicherte sich damit wichtige Sponsorengelder, die den Motor damit praktisch für ihn kostenfrei machten. In der Hand des brasilianischen Piloten Carlos → Pace reifte die anfangs schwächliche Kombination Brabham-Alfa allmählich zu einem Top-Fahrzeug heran, doch durch den tödlichen Flugzeugabsturz von Pace im März des Jahres 1977 schienen alle Bemühungen vergeblich gewesen zu sein.

Weil Ecclestone mit seinem Rennstall endlich Weltmeister werden wollte und Niki → Lauda als erster Fahrer nach Jack Brabham seinen Titel verteidigen wollte, schlossen sich Bernie und der Österreicher zusammen. Weder Ecclestones noch Laudas Rechnungen gingen auf: Zwar konnte Lauda in Italien und Schweden gewinnen, doch insgesamt waren er und Teamkollege John → Watson gegen die überlegenen → Lotus-Fahrzeuge mit → Groundeffect chancenlos. Immerhin sorgte man mit einer spektakulären Fahrzeugkonstruktion für Aufsehen, als Murray versuchte den Bodenhaftungseffekt von Lotus zu kopieren, indem er einen voluminösen Ventilator am Heck des Brabham installierte, der die Luft aus dem Motor durch einen horizontalen Kühler ansaugte. Durch diesen speziellen Effekt sicherte sich der → Bolide eine gewisse Überlegenheit, was Lauda mit dem Sieg in → Anderstorp auf Anhieb bestätigen konnte.

Weltmeister 1967 mit Brabham:
Der bärige Neuseeländer Denis Hulme

Weil die Konkurrenz stürmisch dagegen protestierte, wurde der Murraysche Geniestreich aber anschließend sofort wieder verboten. Die Saison 1979 wurde mit dem als unfahrbar geltenden BT48 eine rabenschwarze, in der das Team insgesamt nur 7 WM-Punkte erreichte, die Alfa-Motoren verlor und ein ausgebrannter Lauda seinen Rücktritt erklärte. Doch mit Nelson → Piquet war bereits ein hoffnungsvolles Jungtalent im Team vorhanden, welches den Brabham-Rennstall zur letzten Blüte führen sollte. Bereits 1980 konnte Piquet mit einer modifizierten Version des BT48 sowie dem neuen BT49, der jetzt wieder Cosworth-Motoren im Heck hatte, drei Siege und die Vizeweltmeisterschaft erringen. Für 1981 hatte sich Murray mit einem hydro-pneumatischen System, das den Wagen konstant am Boden hielt, wieder etwas Neues einfallen lassen und trotz erneuter Proteste endete es damit, dass andere Teams den Trick zu kopieren versuchten und Piquet Weltmeister wurde.

Von 1982 an wurde der Rennstall mit → BMW-Turbo-Motoren ausgerüstet. Obwohl es anfänglich einige Pannen als auch Aversionen zwischen den deutschen Motorenbastlern und den englischen Teammitarbeitern gab, schwang sich Brabham im darauffolgenden Jahr dank der guten Zusammenarbeit zwischen Murray, Rennleiter Herbie Blash und →

Der Brabham BT42

Die Brabham-Rennwagen mit Alfa Romeo-Motor schafften einige Siege, aber keinen WM-Titel

Oben: Jack Brabham beim Großen Preis am Nürburgring in der Saison 1965 • Unten: Jack Brabham auf Brabham: Bis heute der einzige Formel 1-Pilot, der mit seinem eigenen Rennwagen Weltmeister wurde

Mechaniker Charles Whiting mit dem BT52 zur Höchstform auf, was Nelson Piquet am Steuer nur noch vollenden musste.

Damit war Brabham-BMW der erste Turboweltmeister und alle in dem Team, laut Piquet, eine »große Familie«.

Nach dieser Friede-Freude-Eierkuchen-Episode ging es dann mit dem Team langsam aber stetig bergab: Nachfolgende Konstruktionen wie der ultraflache BT 55 gelten rückblickend »als einer der größten Flops der Formel 1-Geschichte« und Elio → de Angelis verlor im Training am Steuer des BT 55 durch einen abgerissenen → Heckflügel sein Leben. Ecclestone war immer mehr durch seine → FOCA-Geschäfte ausgelastet und 1987 verließ zudem Gordon Murray das Team. Ein Jahr zuvor war schon Piquet zu → Williams geflüchtet und auch BMW verabschiedete sich nach der Saison 1987 von Brabham und der Formel 1.

Auch Ecclestone konnte mit seinem Rennstall nichts Rechtes mehr anfangen und suchte schon seit geraumer Zeit einen Käufer. Da er keinen fand, ließ er 1988 den Rennstall einfach pausieren.

In dieser Zeit erwarb → Alfa Romeo die Traditionsmarke, um sie kurz darauf an Walter Brun weiterzureichen, der sich wiederum nur als »Strohmann« für ein »internationales Konsortium« entpuppte. Leiter dieser Gruppe war der Schweizer Finanzjongleur Joachim Lüthi, welcher kurz nach dem Brabham-Comeback 1990 in Untersuchungshaft landete. Ex-Brabham Manager Herbie Blash übernahm jetzt die Teamgeschicke, ohne den freien Fall stoppen zu können. Die großen → Sponsoren hatten mittlerweile das Interesse an dem notorisch erfolglosen Team verloren und als man 1991 mit den bisher wenig erfolgreichen → Yamaha-Motoren nur drei magere WM-Punkte durch Martin → Brundle und Mark Blundell einfuhr, kreiste schon der Pleitegeier über den Rennstall. Mit nur 14 Mitarbeitern unter der Leitung des neuen Teamchefs Ray Boulter sowie veralteten Fahrzeugen, die von leistungsschwachen → Judd-V10-Motoren angetrieben wurden, gehörte das Team 1992 zu den »Ärmsten der Armen«. Mit der Pilotin Giovanni → Amati, die nur durch zahlreiche Dreher auffiel, sowie dem Formel 1-Pechvogel Eric → van de Poele gab es in dieser Saison fast ausnahmslos erfolglose Qualifikationsversuche.

Mit dem Rückzug der letzten Sponsoren gab das Team mitten in der Saison auf. Die traditionsreiche Brabham-Marke hatte ein beschämendes Ende gefunden. Dazu passte der Kommentar von Firmengründer Jack Brabham: »Ich bin froh, dass dieser Schandfleck weg ist und nicht mehr meinen Namen und meinen Ruf schädigen kann.«

Brabham, Jack
(Pilot, Konstrukteur, Rennstallbesitzer)
Geboren: 01.04.1926 in Hurtsville/Australien
GP-Rennen in der Fahrer-WM: 126 (1984–1996)
Pole Positions: 13
Siege: 14
WM-Punkte insgesamt: 261
Beste WM-Platzierung im Gesamtklassement:
Weltmeister 1959, 1960, 1966
Rennwagen: Cooper, Maserati, Lotus
Internet: www.jackbrabham.com

Als ausgezeichneter Fahrer und begabter Konstrukteur gelang es Brabham als einzigem Piloten in der Formel 1-Geschichte mit seinem eigenen Rennwagen Weltmeister zu werden. Eine Leistung, die bei Betrachtung der modernen Formel 1- Szene heutzutage nicht mehr wiederholbar sein dürfte.

Der Sohn eines Gemüsehändlers lernte schon im Teenageralter die Bedienung von Lkws kennen. Nach einer Automechanikerlehre studierte er an der Abendschule Automobiltechnik und eröffnete in seiner Heimatstadt eine Werkstatt. Durch einen Freund kam er mit Sandplatzrennen in Berührung und war hier zunächst als Konstrukteur und → Mechaniker tätig. Kurze Zeit später begann er selbst Rennen zu fahren und holte sich bei den »staubigen Spektakeln« zweimal die australische Meisterschaft. Anschließend stieg er mit selbstgebauten Wagen auf Straßenrennen um und war binnen kürzester Zeit einer der erfolgreichste Rennfahrer Australiens.

Brabhams Ehrgeiz war jetzt erst recht geweckt und er sah sich in Europa nach weiteren Einsatzmöglichkeiten um. Schließlich fand er eine Anstellung beim → Cooper-Rennstall.

Auch hier war der »Techniker aus Leidenschaft« nicht nur Fahrer, sondern auch zusammen mit Besitzer John Cooper für die Konstruktion der Rennwagen verantwortlich.

Beim Großen Preis von Großbritannien gab er 1955 sein Formel 1-Debüt, ohne jedoch besonders aufzufallen. Auch im nächsten Jahr hatte er nur einen Einsatz auf → Maserati und fiel mit Motorschaden aus.

1956 fuhr der, wegen seiner schwarzen Bartstoppeln, »Black Jack« genannte Brabham seine erste komplette Formel 1-Saison und konnte als bestes Resultat einen sechsten Platz verbuchen, für den es zu dieser Zeit noch keinen WM-Punkt gab. Auch in den beiden kommenden Jahren tummelte er sich vorwiegend im Mittelfeld herum. Doch 1959 hatte in der Fahrzeugtechnik durch Reglementänderungen der Mittelmotorwagen den Frontmotorboliden abgelöst und der Cooper-Rennstall war, nicht zuletzt durch Brabhams Mitwirken, bestens darauf vorbereitet.

Mit diesem technischen Vorsprung der Cooper-Wagen qualifizierte sich der Australier immer für die vordersten Startplätze und sicherte sich beim letzten Rennen in → Sebring seinen ersten Weltmeistertitel.

Die Fachwelt war überrascht und qualifizierte diesen Erfolg als Zufall ab. Brabham war bei Journalisten sowieso nicht besonders beliebt, weil er auf deren Anfragen zumeist mit Schweigen reagierte.

Im nächsten Jahr wiederholte der später wegen seiner Verdienste um den britischen Motorsport zum »Sir« geadelte Brabham diesen Triumph mit vier Siegen hintereinander und elf Punkten Vorsprung in der Endabrechnung.

Brabham war nun in der Formel 1 etabliert, doch er suchte bereits nach neuen Herausforderungen. 1961 gründete er mit seinem Freund Ron Tauranac die Brabham Racing Developments, um zunächst Junior-Rennwagen zu entwickeln.

Der »große Schweiger« konzentrierte sich in erster Linie als Konstrukteur und Rennleiter auf die Weiterentwicklung seiner Wagen, so dass er in den Jahren 1963 –1965 als Fahrer weniger in Erscheinung trat. Es war seinem Teamkollegen Dan → Gurney vorbehalten, den ersten Brabham-Sieg beim Großen Preis von Frankreich zu erringen.

Aber im Jahr 1966 schaffte der »bescheidene, sympathische Sportsmann« mit 40 Jahren ein unerwartetes Comeback und sicherte sich mit vier Siegen hintereinander seinen dritten Weltmeistertitel.

1967 wurde er hinter seinem Teamkollegen Denis → Hulme Vizeweltmeister und noch 1970, mit 44 Jahren, war Brabham in seiner letzten Saison lange Zeit ein ernsthafter Konkurrent um die Weltmeisterschaft.

Nach seinem Rücktritt verkaufte Brabham die Firmenanteile und kehrte nach Australien zurück. Seine Söhne David und Gary unternahmen ebenfalls Versuche, sich in der höchsten Motorsportklasse zu etablieren, konnten aber in keiner Weise an die Erfolge ihres Vaters anknüpfen.

Brambilla, Vittorio (Pilot)
Geboren: 11.11.1937 in Monza/Italien
GP-Rennen in der Fahrer-WM: 74 (1974–1980)
Pole Positions: 0
Siege: 1
WM-Punkte insgesamt: 15, 5
Beste WM-Platzierung im Gesamtklassement: Elfter 1975
Rennwagen: March, Surtees, Alfa Romeo

Der »Monza Gorilla«, wie er wegen seines bulligen Aussehens genannt wurde, war in erster Linie ausgestattet »mit schmutzigen Fingernägeln und der Fähigkeit zu schier unbändiger Freude«.

Aufgewachsen nahe der → Monza-Rennstrecke wurde Brambilla das Rennblut praktisch in die Wiege gedröhnt und da sein Vater Besitzer einer Autowerkstatt war, ging er bei ihm in die Mechanikerlehre.

Sein Bruder Ernesto betätigte sich erfolgreich als Motorrad- und Autorennfahrer und

Vittorio Brambilla

so eiferte ihm der jüngere Vittorio nach und wurde 1959 Kart-Weltmeister.

Brambilla stieg 1962 ebenfalls auf Zweiräder um und schaffte fünf Jahre später die italienische Straßenmeisterschaft. Nebenbei war er als → Mechaniker für die Rennboliden seines Bruders zuständig und übernahm dessen betagten Formel 3-Renner, um sich damit prompt die italienische Vizeweltmeisterschaft zu sichern.

Vittorio fuhr zusammen mit seinem Bruder anschließend für das »Ala d'oro«-Team, welches italienische Geschäftsleute gegründet hatten, um an der Formel 2-Europameisterschaft teilzunehmen. Vittorio verdingte sich dabei neben seinen Pilotenaktivitäten auch wieder als Mechaniker für das Team. Nach durchwachsenen Erfolgen und einigen Unfällen zog sich sein Bruder als Fahrer vom Rennsport zurück, doch Vittorio schaffte 1972 die Meisterschaft in der Formel 3.

Nach weiteren guten Platzierungen im darauffolgenden Jahr bot sich für Brambilla mit 36 Jahren verspätet der Einstieg in die Formel 1. Der → March-Rennstall war gegen eine entsprechende Mitgift bereit, dem grobschlächtigen Italiener einen Wagen für die → Grand-Prix-Saison 1974 zur Verfügung zu stellen. Ausfälle, verpasste Qualifikationen und lediglich ein sechster Platz beim Großen Preis von Österreich wiesen nicht gerade ermutigende Perspektiven auf.

»Der durchaus biedere Mann, solange er nicht im → Cockpit sitzt« erlebte aber 1975 sein erfolgreichstes Jahr mit einer → Pole Position und dem Sieg beim Großen Preis von Österreich. Allerdings war dieses Rennen wegen zahlreicher Unfälle und starkem Regen vorzeitig abgebrochen worden, so dass Brambilla nur die halbe Punktzahl einheimsen durfte. Zudem wurde er nach dem Zieleinlauf zur Lachnummer, weil er vor Freude über seinen Sieg die Arme hochriss und deswegen in die → Leitplanken knallte.

1976 hagelte es wieder Un- sowie Ausfälle und Brambilla handelte sich das Etikett eines Bruchpiloten ein. Nachdem er 1977 zu → Surtees gewechselt war, verschrottete er durch seinen aggressiven, unbändigen Fahrstil so viele → Chassis, dass sein Teamchef John → Surtees vor lauter Verzweiflung grauhaarig wurde. 22 Unfälle in einer Saison konnte auch ein vierten Platz beim Großen Preis von Belgien nicht wieder gutmachen.

Im darauffolgenden Jahr war Brambilla an der Startkatastrophe in Monza beteiligt, wo Ronnie → Peterson sein Leben verlor, während der Italiener lebensgefährliche Verletzungen davontrug. Er erholte sich zwar wieder und kehrte 1979 für das → Alfa-Romeo-Team in die Formel 1 zurück, aber nach unbefriedigenden Resultaten erklärte er am Ende der Saison seinen Rücktritt.

Brands Hatch (Rennstrecke)
GP-Bezeichnung: Großer Preis von Großbritannien (1964–1982, 1984, 1986),
Großer Preis von Europa (1983, 1985)
Streckenlänge: 4,265 km (1964–1974),
4,206 km (1976–1986)
Renndistanz: 75 Runden = 315, 458 km
Erstes Formel 1-Rennen: 1964
Letztes Rennen: 1986
Gesamtzahl GP: 14
Erster Sieger: Jim Clark (1964)
Häufigster Sieger:
3 x Niki Lauda (1976, 1982, 1984)
Internet: www.brands-hatch.co.uk/

Diese Rennstrecke war ursprünglich eine Motorrad-Grasbahn und erst ab 1950 wurden hier erste Formel 3-Rennen veranstaltet. Für Formel 1-Läufe wurde die Strecke dann 1960 auf 4, 2 km erweitert. Von 1962 bis 1984 war Brands Hatch abwechselnd mit → Silverstone Ausrichter des Großen Preises von Großbritannien.

Die Strecke ist durch einige schnelle und schwierig zu nehmende Kurven geprägt, wobei hier vor allen die nach dem Start abfallende → Paddock-Bend herausragt.

Für 1983 und 1985 gelang es John Webb, dem Chef dieser Rennstrecke, sich zusätzlich den Großen Preis von Europa zu sichern. Doch schon 1986 befand man, dass der Kurs nicht mehr den modernen Sicherheitsanforderungen entsprach, was insbesondere durch den schweren Rennunfall von Jacques → Laffite bei einer Massenkollision im selben Jahr deutlich wurde. Somit war ab 1987 bis heute wieder Silverstone regelmäßiger Ausrichter der Formel 1-Läufe. Ab der Saison 2002 hat sich Brands Hatch wieder die Rechte für den britischen → Grand Prix erworben, verzichtete aber letztendlich zugunsten von Silverstone, da die Modernisierungsarbeiten an der Strecke zu kostenintensiv ausgefallen wären.

**Brawn, Ross
(Konstrukteur, Technischer Direktor)**
Geboren: 23. 11.1954 in Manchester/ Großbritannien. Nach einigen Lehrjahren hat sich der dickliche Brite mit dem Aussehen, als wäre er direkt den Gary-Larson-Cartoons entsprungen, bei → Ferrari zu einem der führenden technischen Direktoren entwickelt, der erheblichen Anteil an Michael → Schumachers Titelgewinn in der Saison 2000 besitzt.

Ross Brawn begann seine Motorsportlaufbahn 1976 in der Entwicklungsabteilung von → Williams und war schon nach kurzer Zeit verantwortlicher Leiter für den Bau des Windkanals in Didcot.

In den acht Jahren bei Williams hatte er sich ein hervorragendes Wissen im Bereich der Rennwagen-Konstruktionen angeeignet.

Nach einem dreijährigen Zwischenspiel als Aerodynamiker beim Force-Rennstall war er ab 1987 erfolgreich für → Arrows tätig, wo seine Konstruktionen ein Jahr später den vierten Platz in der Konstrukteurswertung herausfuhren. Anschließend baute er zusammen mit → Jaguar-Rennleiter Tom Walkinshaw das TWR-Design Center auf und gewann 1991 mit dem Team zusammen die Sportwagenweltmeisterschaft. Im selben Jahr übernahm er bei → Benetton die Funktion als → Technischer Direktor und von diesem Zeitpunkt an ging es mit dem Rennstall spürbar aufwärts, was schließlich 1994 und 1995 zu zwei Fahrertiteln für Michael Schumacher sowie einem Konstrukteurstitel für das Team führte.

1997 wurde der passionierte Rosenzüchter von Ferrari engagiert, um die Traditionsmarke zusammen mit Michael Schumacher endlich wieder zu Titelehren zu führen. Nach zäher Aufbauarbeit, in der Brawn die Entwicklung betreute, schaffte man in der Saison 2000 nicht zuletzt durch Brawns raffiniert ausgeklügelte Tankstopp-Strategien in beiden Klassements das langersehnte → Championat.

Bremgarten in Bern (Rennstrecke)
GP-Bezeichnung: Großer Preis der Schweiz
Streckenlänge: 7, 280 km
Renndistanz: 66 Runden = 480.480 km (1954)
Erstes Formel 1-Rennen: 1950
Letztes Rennen: 1954
Gesamtzahl GP: 5
Erster Sieger: Guiseppe Farina (1950)
Häufigster Sieger:
2 x Juan-Manuel Fangio (1951, 1954)

Die Bezeichnung Bremgarten mag sich idyllisch anhören, aber in Wirklichkeit war der Straßenkurs nahe bei Bern eine äußerst gefährliche Strecke, deren Kopfsteinpflaster, hölzerne Leitplanken und nahe an der Rennstrecke stehende Zuschauer und Bäume den Großen Preis der Schweiz zu einem hohen Sicherheitsrisiko machten.

Der Bremgarten-Kurs war zu der Zeit, als hier Rennen ausgetragen wurden, eine Rennstrecke, die nur wenig modifiziert wurde und komplett von Wald umgeben war. Der Kurs bestand hauptsächlich aus Kurven, die von einer kurzen an den Boxen vorbeiführenden Geraden unterbrochen wurden.

1934 wurde hier erstmals ein Großer Preis ausgetragen und im Lauf der Jahre trugen sich Fahrer wie Rudolf → Carraciola, Hans → Stuck und Bernd → Rosemeyer in die Siegerlisten ein.

Nach dem Krieg siegten hier Fahrer wie Guiseppe → Farina und Juan-Manuel → Fangio, aber 1948 verunglückte der italienische Meisterfahrer Achille → Varzi nach einem Überschlag in der Jordanrampe S-Kurve tödlich.

Nachdem die Rennstrecke von 1950 bis 1954 viermal Ausrichter des Großen Preises der Schweiz war, verboten die Eidgenossen nach der größten Motorsportkatastrophe der Geschichte 1955 in → Le Mans per Gesetz bis zum heutigen Tag alle Autorennen.

Bremsen
Die gegenwärtigen Bremsscheiben bestehen aus Kohlefaser und bieten im Gegensatz zu den früheren Stahlscheiben eine bessere Bremsleistung. Die heutigen Bremsen in der Formel 1 schaffen es, den Wagen innerhalb von hundert Metern auf das Vierfache seiner Geschwindigkeit zu reduzieren. Zudem ermöglicht das heute geringere Gewicht eine bessere Straßenlage.

Bremsplatten
Durch zu heftiges Anbremsen, bei dem ein Rad blockiert wird, entsteht zumeist eine flache Stelle auf dem Reifen, die man Bremsplatten nennt und das Fahrverhalten beeinträchtigt.

Briatore, Flavio (Teamchef)
Der Italiener führte als Teamchef den → Benetton-Rennstall zusammen mit Michael → Schumacher zu Weltmeisterehren und nach einem zwischenzeitlichen Rückzug kümmert er sich jetzt wieder etwas weniger erfolgreich um den Modemarken-Rennstall.

Im italienischen Verzuolo geboren, arbeitete Briatore zunächst als Broker an der Mailänder Börse und knüpfte ab 1980 Kontakte zur → Benetton-Familie. Für diese Firma ging er anschließend nach Amerika, um dort eine Ladenhauskette aufzubauen. Das machte er so erfolgreich, dass ihn Benetton als Chef für das firmeneigene Formel 1-Team engagierte.

Benetton, vorher ein Mittelklasse-Rennstall, wurde unter Briatores knallhartem Kommando schnell ein Top-Team, das mit dem Ex-Weltmeister Nelson → Piquet 1990 und 1991 die ersten größeren Erfolge feiern konnte. Mit der Verpflichtung von Michael → Schumacher als Nachfolger des farblosen Roberto Moreno gelang dem Cosmopoliten Briatore ein absoluter Glücksgriff und innerhalb von drei Jahren war Benetton das Team eines Fahrerweltmeisters.

Als Mannschaft mit Schumacher, Tom Walkinshaw, Ross → Brawn und Rory Byrne gelangte Benetton dann 1995 zum Doppeltriumph in der Fahrer- und Konstrukteurswertung.

Doch nachdem Schumacher 1996 zu → Ferrari gewechselt war, hatte auch Briatore sein glückliches Händchen verloren. Mit falscher Personalpolitik wie der Verpflichtung der Altstars Jean → Alesi und Gerhard → Berger als neues Pilotenpaar sowie dem Verlust der → Renault-→ Motoren war der Abstieg schnell eingeleitet. Briatore wurde entlassen und der Liebhaber von Pasta und Vivaldi hatte jetzt erst mal Zeit, seine Liaison mit dem Topmodel Naomi Campbell zu pflegen. Nach einigen Monaten bat ihn Renault darum, sich um die Betreuung der → Supertec-Motoren zu kümmern, die 1999 und 2000 ihre Aggregate an → Williams, → Benetton und → Arrows lieferten. In der Saison 2000 wurde der Italiener mit dem »mürrisch-mafiosen« Auftreten von Benetton zurückgeholt und soll jetzt dafür sorgen, dass die Renault-Übernahme von Benetton erfolgreich verläuft.

Bridgestone (Reifenhersteller)
GP-Rennen in der Fahrer-WM: 68 (seit 1976)
Pole-Positions: 46
Siege: 42
Punkte: 1095
Rennwagen: Tyrrell, Kojima, Prost, Arrows, Minardi, McLaren, Ferrari, Jordan, Stewart, Lola, Sauber, Benetton, Williams, BAR, Jaguar
Internet: www.bridgestone.co.jp
Nachdem er bereits ein Jahr zuvor erste → Reifen produziert hatte, gründete der Japaner Shojiro Ishibashi 1931 die Bridgestone Tyre Co. Ltd. Die Rennreifen der Firma, die ab 1935 auch anfing, Golfbälle zu produzieren, waren 1976 beim Saisonfinale zum Großen Preis von Japan erstmals an einem → Tyrrell zu finden, in dem Lokalmatador Kazuyoshino Hoshino saß. Die Premiere ging schief, denn Hoshino musste das Rennen ausgerechnet mit Reifenschaden beenden. Auch ein zweiter Versuch ein Jahr später am gleichen Ort brachte am → Ko-

Flavio Briatore: Eine der schillerndsten Figuren in der modernen Formel 1

jima-Rennwagen keine fruchtbaren Resultate, so dass Bridgestone die nächsten Jahrzehnte keine Anstrengungen mehr für die Formel 1 unternahm.

Nach der Rückkehr im Jahr 1997 gestaltete sich das Formel 1-Engagement schon ein wenig erfreulicher, denn im Gegensatz zum Konkurrenten → Goodyear gab man die Reifen noch teilweise kostenlos ab. Somit konnte man sich für diese Saison unter anderem die hoffnungsfreudigen Rennställe → Arrows und → Stewart als Kunden sichern.

Denn Bridgestone-Reifen erwiesen sich vor allem bei nassem Wetter als vorteilhaft und der vorherige Monopolist Goodyear war in Zugzwang geraten. Weil Bridgestone im Gegensatz zu den Amerikanern bereit war, die hohen hohen Kosten der Reifenentwicklung zu tragen, war das Werk ab 1998 alleiniger Reifenlieferant für die Formel 1, wird sich aber ab der Saison 2001 mit Rückkehrer → Michelin auseinandersetzen müssen.

Briefing

Englischer Begriff für Besprechungen, welche jedes Team in der Formel vor und nach dem Training bzw. Rennen abhält. Es dient dem Ziel, Fehler zu analysieren und zu beheben. Zudem findet ein Briefing der → FIA nach dem Warm-up statt, an dem alle teilnehmenden Piloten und Teamchefs anwesend sein müssen. Hier wird insbesondere auf das Verhalten nach dem Start und im Rennen hingewiesen. Wer diesem Briefing fernbleibt, darf am Rennen nicht teilnehmen.

BRM (Rennwagenfirma, Motorenhersteller)

GP-Rennen in der Fahrer-WM: 197 (1950–1977)
Pole Positions: 11
Siege: 17
WM-Punkte: 537, 5
Beste Platzierung in der Konstrukteurswertung: Konstrukteursweltmeister 1962
Bekannteste Fahrer: Peter Collins, Juan-Manuel Fangio, José Froilan Gonzalez, Jean Behra, Joakim Bonnier, Mike Hawthorn, Stirling Moss, Maurice Trintignant, Dan Gurney, Graham Hill, Tony Brooks, Lorenzo Bandini, Jackie Stewart, Clay Reggazoni, Niki Lauda, John Surtees, Pedro Rodriguez, Joseph Siffert
Erfolgreichste Fahrer: Graham Hill, Jackie Stewart, Joakim Bonnier, Ritchie Ginther, Joesph Siffert, Peter Gethin, Jean-Pierre Beltoise

Der britische Rennstall resultierte aus dem ehrgeizigen Anliegen, die Überlegenheit der italienischen Rennwagen zu brechen. Nach langwierigen Anlaufschwierigkeiten zählte man jahrelang zu den Spitzenteams, doch das Ende war jämmerlich. Raymond Mays und Peter Berthon mobilisierten 1947 mit der Gründung von British Racing Motors über hundert Industrieunternehmen, um einen britischen »Nationalrennwagen« auf die Räder zu stellen.

Doch der Erstling P15 wurde erst zwei Jahre später fertig und erwies sich als eklatante Fehlkonstruktion, die der voreiligen Ankündigung von britischen Renntriumphen in keiner Weise gerecht werden konnte. Zwar kam Reg Parnell beim Debüt 1951 in Großbritannien auf den fünften Platz, doch weil es ständig Probleme mit den Fahrzeugen gab, zog man sich für fünf Jahre aus dem → Grand Prix-Geschehen zurück.

Die treibende Kraft hinter BRM nach der Rückkehr war jetzt Sir Alfred Owen und nach vielen Pannen, Pleiten und Peinlichkeiten gelang dem Rennstall 1959, nachdem Harry Schell ein Jahr zuvor in → Zandvoort Zweiter geworden war, mit Joakim → Bonnier am gleichen Ort endlich der langersehnte Sieg. Doch nachdem man in den folgenden Jahren wieder an der Konkurrenzfähigkeit vorbei entwickelte, wurde von Rennstallbesitzer Owen 1962 das Ultimatum gestellt, entweder in diesem Jahr zwei Rennen zu gewinnen oder aufzuhören. Hastig wurde mit reduziertem Budget der P57 entwickelt und endlich trugen die Anstrengungen Früchte.

Graham → Hill wurde mit vier Saisonsiegen Weltmeister und da auch Stallgefährte Ritchie → Ginther fleißig gepunktet hatte, errang der Rennstall in diesem Jahr zudem zum ersten und einzigen Mal die → Konstrukteursweltmeisterschaft.

Obwohl die weiteren BRM-Fahrzeuge in den nächsten Jahren nie ganz frei von Problemen waren, gehörten die Briten jetzt zu den Top-Teams und mit Hill eroberte man drei Jahre hintereinander die Vizemeisterschaft in der Fahrer- und Konstrukteurswertung. Dazu fuhr mit Jackie → Stewart ein vielversprechendes Talent in den eigenen Reihen, das 1965 in → Monza mit einem BRM seinen ersten Formel 1-Sieg feiern konnte. Der Rennstall hatte jetzt auch genügend Reputation, um seine Fahrzeuge und → Motoren auch anderen Rennställen oder solventen Privatfahrern zu verkaufen.

Doch 1966 gab es mit dem neuen P83 einen Rückfall in alte Zeiten, was in erster Linie an dem firmeneigenen Triebwerk lag, mit dem Hill und Stewart in dieser Saison öfters Ausfälle beklagen mussten. Da nur Stewart in dieser Saison einmal in → Monaco siegen konnte, fiel BRM auf den vierten Platz der Konstrukteurswertung zurück. Nach dieser Saison verließ Ex-Weltmeister Hill den Rennstall, um bei → Lotus eine neue Herausforderung zu suchen.

Die Verbesserungen an Motor und Fahrzeug blieben 1967 ohne nachhaltige Wirkungen, was die Fahrer Stewart, Mike Spence und Piers → Courage häufig zu Statisten degradierte.

Nachdem man 1968 und 1969 ebenfalls nicht an frühere Erfolge anknüpfen konnte und sich mit dem unzuverlässigen P139 in der Saison 1969 ein wahres Saisondesaster abzeichnete, wurde Rennleiter Tony Rudd von Owen gefeuert und stattdessen der → Designer Tony Southgate dazugeholt. Doch zu retten gab es in dieser Saison nichts mehr, weil man insgesamt nicht mehr als sieben Punkte hamsterte und Ex-Weltmeister John → Surtees wegen einer katastrophalen Trainingsvorstellung am → Nürburgring erst gar nicht an den Start ging.

Graham Hill mit dem BRM P 261 1965 beim Großen Preis von Deutschland

In der Zwischenzeit hatte Alfred Owen die Leitung an seine Schwester Jean abgegeben, deren Ehemann Louis Stanley sich jetzt mehr und mehr in die Geschicke des Rennstalls einmischte.

1970 ging es bei BRM wieder aufwärts, denn mit dem P153 stand ein guter und handlicher Wagen zur Verfügung. Dieser war auch erstmals nicht im typisch dunkelgrünen Outfit von BRM lackiert, sondern trug die Farben des Sponsors Yardley. Mit dem Fahrzeug gewann Pedro → Rodriquez den Großen Preis von Belgien und dank weiterer guter Resultate des Mexikaners fand sich BRM mit insgesamt 25 Punkten auf dem dritten Platz der Konstrukteurswertung wieder.

Das Jahr 1971 wurde für den Rennstall zugleich zur einer Konsolidierung seiner Spitzenposition wie auch zur Vorstufe des schleichenden Abstiegs. Zunächst gewann Joseph → Siffert in Österreich und Peter → Gethin triumphierte in → Monza beim schnellsten Formel 1-Rennen aller Zeiten.

Im Juli des selben Jahres starb jedoch Rodriquez bei einem Sportwagenrennen und drei Monate später verunglückte Siffert beim World Champion Victory Race, was den ersten und einzigen tödlichen Unfall eines BRM-Piloten bedeutete.

Der Rennstall hatte innerhalb kürzester Zeit seine zwei Spitzenfahrer verloren und somit lastete ein schwerer Schatten auf dem letztmalig errungenen Vizetitel in der Konstrukteursweltmeisterschaft.

Trotzdem rüstete Stanley für 1972 zu neuen Taten, weil der Tabakkonzern Phillip Morris seine Zigarettenmarke Marlboro etablieren wollte und eine hohe Millionensumme in den Rennstall pumpte.

Doch das Geld wurde schlecht umgesetzt, denn mit bis zu vier Fahrzeugen pro Rennen und der Organisation einer zu großen Belegschaft war Stanley vollkommen überfordert. Zwar gewann Neuzugang Jean-Pierre → Beltoise bei strömendem Regen in → Monaco, aber ansonsten gab es für den Franzosen wie auch für Gehtin, Reine Wisell oder Helmut Marko kaum Zielankünfte, geschweige denn WM-Punkte zu verzeichnen.

Da man mittlerweile die vorhandenen Fahrzeuge nur noch aufmöbelte, anstatt neue Konstruktionen ins Rennen zu schicken, wurde BRM trotz guter Fahrer wie Clay → Reggazoni und Niki → Lauda 1973 und 1974 immer mehr zum leistungsmäßigen Schmalhans in der Formel 1. Die 22 Punkte, die man nach dem Motto »mühsam ernährt sich das Eichhörnchen« zusammensammelte, waren die letzten bis zur Liquidierung von BRM am Ende des Jahres 1974.

Danach gingen die Fahrzeuge unter der Bezeichnung Stanley-BRM an den Start, doch der weißhaarige »Big Louis« wirkte immer mehr wie ein Fossil aus längst vergangenen Rennfahrerzeiten, der am liebsten mit Ehefrau Jean im Stil des snobistischen, englischen Landadels durch die → Boxengassen stolzierte. Geld war

**Der BRM P160 mit Niki Lauda
im Cockpit in der Saison 1973**

kaum noch vorhanden und die meisten Mitarbeiter waren gegangen. Für das Jahr 1975 setzte der Rennstall den P201 von Mike Pilbeam ein, mit dem die Fahrer Mike Wilds und Bob Evans zu keinem Zeitpunkt konkurrenzfähig waren.

Die letzte Neuentwicklung war der von Len Terry entwickelte P207, der vor allem durch seine klobige Form auffiel und dem Team 1977 mit acht Nichtqualifikationen bei zehn Anläufen eine beschämende Bilanz bescherte. Zu diesem Zeitpunkt war das einstige Renommee schon lange aufgebraucht und BRM nur noch ein Treppenwitz in einer sich rasant entwickelnden Formel 1. Am Ende der Saison war der Name BRM für immer verschwunden und auch der spätere Versuch einer Wiederbelebung brachte keinen Erfolg.

Brooks, Tony (Pilot)
Geboren: 25.02.1932 in
Dunkinfield/ Großbritannien
GP-Rennen in der Fahrer-WM: 38 (1956 – 1961)
Pole Positions: 6
Siege: 3
WM-Punkte insgesamt: 75
Beste WM-Platzierung im Gesamtklassement:
Vizeweltmeister 1959
Rennwagen: BRM, Vanwall, Ferrari, Cooper
Der »rasende Zahnarzt« war nach Meinung von Stirling → Moss »der beste unbekannte Fahrer, den es je gegeben hat und besser als einige, welche die Weltmeisterschaft gewonnen haben«.

Brooks hatte die Absicht, wie sein Vater Dentist zu werden und neben seinem Studium an der Universität Manchester nahm er zum Zeitvertreib an Clubrennen teil. Als er bei einem Rennen für → Connaught die Weltelite hinter sich ließ, beschloss er, sich nach bestandenem Examen als professioneller Rennfahrer zu versuchen.

1956 fuhr er zwei Formel 1-Rennen für → BRM, doch der Wagen war, laut Brooks, »tödlich« und so akzeptierte er 1957 das Angebot von → Vanwall neben Moss an einer kompletten → Grand Prix-Saison teilzunehmen. Beim Großen Preis von Monaco wurde er Zweiter und in → Silverstone schaffte er mit einem von ihm und Moss abwechselnd pilotierten Wagen seinen ersten Sieg. Der fromme Katholik hatte in dieser Phase gerade einen schweren Unfall bei den 24 Stunden von → Le Mans überwunden und entschloss sich von diesem Zeitpunkt an, keine unnötigen Risiken mehr einzugehen: »Meiner Meinung nach ist es moralisch unzulässig, das Leben durch unnötige Risiken aufs Spiel zu setzen, weil das Leben ein Geschenk Gottes ist.« Doch das hinderte ihn nicht daran, 1958 mit drei Saisonsiegen und einem dritten Platz in der Gesamtwertung seine bisher beste Formel 1-Saison zu verbuchen.

Als Vanwall-Besitzer Tony Vanderwall nach dem Tod seines Fahrers Stuart → Lewis-Evans den Rennstall auflöste, wechselte Brooks für die Saison 1959 zu → Ferrari.

Inzwischen war die Epoche der Mittelmotorwagen angebrochen und Brooks musste sich bei Ferrari mit dem veralteten Frontmotorsystem abmühen. Trotzdem schaffte er zwei Saisonsiege und verpasste hinter Jack → Brabham nur knapp den Weltmeistertitel.

Da er in seinem Heimatland eine Autowerkstatt aufbauen wollte, verließ er Ferrari und wechselte zum Yeoman-Credit-Team, das alte → Cooper-Rennwagen einsetzte.

In einigen Rennen schaffte er noch → Podiumsplätze, doch nach seiner Rückkehr zu BRM und einer insgesamt enttäuschenden Saison 1961 erklärte Brooks im Alter von 29 Jahren seinen Rücktritt.

BRP (Rennwagenfirma)
GP-Rennen in der Fahrer-WM: 13 (1963–1963)
Pole Positions: 0
Siege: 0
WM-Punkte: 11
Beste Platzierung in der Konstrukteurswertung:
Fünfter (1964)
Bekanntester Fahrer: Innes Ireland
Erfolgreichster Fahrer: Innes Ireland
BRP war ein kurzzeitiges Formel 1-Projekt, das nach zwei durchwachsenen Jahren bereits beendet war.

Tony Brooks: Der rasende Zahnarzt in klassischer Rennfahrermontur der 50er Jahre

BRP (British Racing Partnership) wurde in den fünfziger Jahren als Team gebildet, um Rennwagen für Stirling → Moss einzusetzen. Nach einigen Jahren in der Formel 2 trat der Rennstall mit einem Eigenbau, → BRM-Aggregaten sowie Innes → Ireland am Steuer 1963 zu fünf Formel 1-Rennen an. Ireland gelang zweimal ein vierter Platz in → Zandvoort und → Monza. 1964 schafften Ireland und Trevor Taylor in vierzehn Rennen ingesamt fünf WM-Punkte.

Danach zog man sich aus der Formel 1 zurück, um sich erfolglos auf die 500 Meilen von → Indianapolis zu konzentrieren. Ein zweiter Anlauf in der Formel 1 im Jahre 1966 scheiterte schon vor Saisonbeginn.

Brundle, Martin (Pilot)
Geboren: 01.06.1959 in
Kings Lynn/ Großbritannien
GP-Rennen in der Fahrer-WM: 158 (1984–1996)
Pole Positions: 0
Siege: 0
WM-Punkte insgesamt: 98
Beste WM-Platzierung im Gesamtklassement:
Sechster 1992
Rennwagen: Tyrrell, Zakspeed, Brabham, Benetton, Ligier, Mclaren, Jordan
Internet: http://members.tripod.com/ ~vidcad/martin_b.htm

Bei den deutschen Formel 1-Fans ist Martin Brundle in erster Linie 1992 als Teamkollege von Michael → Schumacher bei → Benetton bekannt geworden. Der studierte Wirtschaftswissenschaftler hatte bis dahin eine Formel 1-Laufbahn hinter sich, die ihm mehr die Schattenseiten dieses Business erleben ließen.

Von 1977 bis 1980 fuhr Brundle bei britischen Tourenwagenrennen sowie in der britischen Formel → Ford 2000. Anschließend lieferte er sich in der Formel 3 von 1982–1983 spannende Duelle mit Ayrton → Senna, und

Martin Brundle noch jung und hoffnungsfroh zu Tyrrell-Zeiten

wurde dabei von dem späteren dreifachen Weltmeister nur knapp distanziert.

Brundle wurde danach von Ken → Tyrrell für sein Formel 1-Team engagiert und galt neben Teamkollege Stefan → Bellof als »Einsteiger mit großer Zukunft«. Sein zweiter Platz beim Grand Prix in → Detroit war für die Rennkommissare ein Grund, die Tyrrell-Fahrzeuge näher zu inspizieren und tatsächlich stellte man Manipulationen am Gewicht des Fahrzeugs fest. Brundle bekam den zweiten Platz wieder aberkannt und beim Training zum nächsten Rennen in → Dallas zog er sich schwere Beinverletzungen zu, die ihn nach eigener Aussage jahrelang behinderten.

Brundle blieb bis einschließlich 1986 bei Tyrrell und gelangte in dieser Zeit zu insgesamt acht WM-Punkten. Danach ging er zum deutschen → Zakspeed-Rennstall, für den er beim Großen Preis von San Marino mit einem fünften Platz die einzigen WM-Punkte holte.

Aber nach dem dennoch desolaten Jahr mit zwei Nichtqualifikationen bekam Brundle zunächst kein weiteres Engagement mehr. 1987 fuhr er einmal für das → Williams-Team und 1988 verbuchte er einen einzigen Einsatz für → Brabham. Brundle konzentrierte sich in dieser Zeit auf Sportwagenrennen und wurde 1988 Weltmeister auf → Jaguar.

1989 kehrte er in die Formel 1 zurück, aber mit dem abgewirtschafteten → Brabham-Rennstall reichte es am Ende nur zu vier WM-Punkten. Von einem Mann mit Zukunft sprach keiner mehr und auch nach dieser dürftigen Saison gab ihm kein Formel 1-Team mehr eine weitere Chance. Brundle musste wieder in die Sportwagen-Weltmeisterschaft einsteigen und konnte sich mit einem Sieg bei den 24 Stunden von → Le Mans trösten, den er erneut mit einem Jaguar errang. 1991 gab ihm Brabham eine erneute Möglichkeit, sich in der Formel 1 zu beweisen und in dieser Saison war ein fünfter Platz in → Suzuka die magere Ausbeute. Der ehemalige Jaguar-Rennsportchef Tom → Walkinshaw war dennoch weiterhin von Brundles Fähigkeiten überzeugt und hievte ihn für 1992 in das aufstrebende → Benetton-Team, wo zu diesem Zeitpunkt auch Michael → Schumacher unter Vertrag stand.

Die Saison begann bitter für Brundle: In den ersten vier Rennen fiel er aus, während sein junger Konkurrent fleißig Punkte sammelte. Zudem hatte Brundle bis dato alle Trainingsduelle gegen den Deutschen verloren. Erst beim → Grand Prix in → Imola platzte der Knoten und Brundle erreichte einen 4. Platz. Gerade rechtzeitig, denn der Engländer sollte schon gegen Nelson → Piquet ausgetauscht werden.

Ab dem Großen Preis von Frankreich punktete Brundle neunmal in Folge, darunter mehrere Male auf dem Podest. Trotzdem war im nächsten Jahr kein Platz mehr für ihn bei Benetton und mit Mühe und Not bekam er für die Saison 1993 ein → Cockpit bei → Ligier. Ein dritter Platz beim Großen Preis in Imola war dabei das beste Ergebnis. Die ganz große Chance, sich in den Vordergrund zu fahren stand für die nächste Saison bereit: Brundle bekam ein Engagement bei → McLaren, das sich allerdings mit den neuen → Peugeot-Motoren in einer Übergangsphase befand. Brundle, sowieso nur Ersatz für die eigentlich geplante Verpflichtung von Alain → Prost, hatte gegen Teamkollegen Mika → Häkkinen einen schweren Stand und war im Training stets langsamer.

Immerhin wurde er einmal Zweiter beim Großen Preis von Monaco, sowie Dritter beim Abschlussrennen in → Adelaide. Für Teamchef Ron → Dennis war diese Ausbeute aber zu gering und Brundle konnte wieder nur, dank Tom Walkinshaw, der inzwischen Teamchef bei Ligier war, 1995 noch einmal beim französischen Traditionsrennstall unterkommen. Brundle wechselte sich mit dem Japaner Aguri → Suzuki in den Renneinsätzen ab und konnte ein letztes Mal beim Großen Preis von Belgien mit einem dritten Platz das Podest erobern. Der Fan von Popstars wie Diana Ross und Whitney Houston ließ anschließend bei → Jordan seine Formel 1-Karriere ausklingen und ist heute unter anderem als Berater für den Formel 1-Star David → Coulthard tätig.

**Brunner, Gustav
(Konstrukteur, Technischer Direktor)**
Geboren: 12.09.1950 in Graz/Österreich. Der Österreicher war bis 1998 einer der Wandervögel unter den Konstrukteuren, welcher von Hungerleider- bis zu Top-Teams alle Rennstallhierarchien miterlebt hat.

1978 kam Brunner bei dem deutschen → ATS-Rennstall erstmals mit der Formel 1 in Berührung.

Zusammen mit dem Engländer John Gentry entwickelte er für das Team den ersten → Groundeffect-Wagen, der allerdings nur im Training eingesetzt wurde. Sein 1979, zusammen mit Nigel Stround, entwickelter ATS D4 konnte keine Punkte erzielen und so wechselte Brunner 1980 zu → Arrows, wo er bald wieder gehen musste, weil ein neuer Sponsor keinen Wert mehr auf Brunners Weiterbeschäftigung legte.

Somit kehrte der gelernte Ingenieur zu ATS zurück und realisierte mit hypermoderner Technologie wie einem Kohlefasermonocoque im Alleingang für die Saison 1983 das Modell D6. Die großen Erwartungen wurden jedoch enttäuscht, weil bei ATS bereits das Chaos ausgebrochen war. Ein erfolgloses Jahr später löste Team-Eigner Schmid den Rennstall auf.

Brunner wurde daraufhin für die Saison 1984 von → Alfa Romeo als Renningenieur für Ricardo → Patrese verpflichtet, wo beide in → Monza gemeinsam einen dritten Platz feiern konnten.

Nach einem Zwischenspiel bei → RAM arbeitete der Österreicher ab Herbst 85 für das IndyCar-Projekt von → Ferrari. Doch weil Ferrari-Konstrukteur John → Barnard die totale Konzentration auf die Formel 1 forderte, verlief das Vorhaben letztendlich im Sande. Brunner kümmerte sich anschließend bei den Italienern um das Formel 1-Modell F1-87, mit dem Gerhard → Berger in den beiden letzten Rennen der 87er-Saison siegen konnte.

Doch wieder kam dem Steirer die »Konstrukteurs-Diva« Barnard ins Gehege, der ihn von der Weiterentwicklung des F1-87 ausschloss. Brunner verließ den Rennstall bereits wieder im Sommer und heuerte erneut bei Günter Schmid an, der 1988 mit seinem neuen → Rial-Team einen erneuten Anlaufversuch in der Formel 1 startete.

Brunners Konstruktion mit der Bezeichnung ARC 1 hatte starke Ähnlichkeit mit dem vorjährigen Ferrari-Modell, was von dem Österreicher aber vehement abgestritten wurde. Der Wagen hatte außer den im → Chassis eingebauten Feder-Einheiten keine Besonderheiten aufzuweisen und war in dieser Saison für drei WM-Punkte gut. Doch wieder hielt es Brunner nicht lange bei Schmid aus und nach einem unergiebigen Intermezzo 1989 bei → Zakspeed fand man den Wandervogel ein Jahr später bei → Leyton-House.

Hatte Brunner in dieser Saison noch an der Seite von Adrian → Newey und Chris Murphy gearbeitet, war er ab 1991 allein für die Weiterentwicklung des von Newey erdachten CG911 verantwortlich.

Brunner hatte sich mittlerweile zu einem Allroundman entwickelt, der sich zudem mit der Konstruktion von Getrieben ein Spezialgebiet erarbeitet hatte. Außer einem Punkt von Ivan → Capelli in Ungarn gab es für Leyton-House in dieser Saison aber nichts zu holen und nachdem der Rennstall 1992, mittlerweile wieder zur alten Bezeichnung → March zurückgekehrt, kurz vor dem Bankrott stand, flüchtete Brunner im August diesen Jahres mit → Minardi zu einem weiteren Hungerleider-Team.

Wieder hielt es ihn nur ein Jahr bei einem Rennstall aus, denn 1994 wurde er von Ferrari zurückgeholt, um den von John Barnard konstruierten 412 T1B zu modifizieren, was ihm auf das vorzüglichste gelang.

Bis einschließlich der Saison 1997 blieb Brunner in Maranello, dann erhielt der Österreicher von Minardi ein verlockendes finanzielles Angebot, was zu einem erneuten Wechsel führte. Seitdem leitet er als → Technischer Direktor mit einem Schmalspurbudget die Entwicklung der italienischen Boliden und scheint mit einem hohen Maß an Frustrationstoleranz ausgestattet zu sein.

Bryan, Jimmy (Pilot)
Geboren: 28.01.1927 in Phoenix/USA
Gestorben: 19.06.1960
bei einem Midegetcarrennen
GP-Rennen in der Fahrer-WM: 9 (1950–1960)
Pole Positions: 0
Siege: 1
WM-Punkte insgesamt: 18
Beste WM-Platzierung: Achter 1954
Rennwagen:
Kurtis-Kraft, Schroeder, Kuzma, Epperly

Der Mann, in dessen Mundwinkel ständig eine Zigarre steckte, gewann 1958 die 500 Meilen von → Indianapolis, als diese noch zur Formel 1-Weltmeisterschaft zählten.

Mit dem Aussehen eines Großindustriellen bestritt Byran ab 1947 in Amerika mit Stockcars, Midgetcars oder Sprintcars alle möglichen Arten von Autorennen. Bei den Speedwayrennen, zu denen auch die Indy 500 gehörte, gewann er 1954, 1956 und 1957 die Landesmeisterschaft. Ein Jahr später folgte dann Byrans größter Triumph: Nachdem er 1954 Zweiter und 1957 Dritter geworden war, schaffte er 1958 vom siebten Startplatz aus mit einem → Epperly den Sieg bei den 500 Meilen von Indianapolis. Die nächsten zwei Jahre brachten für Byran bei den Indy 500 dann allerdings nur Material- und Motorschäden. Obwohl der Amerikaner als ruhiger und nicht sehr temperamentvoller Pilot galt und jedes unnötige Risiko vermied, bewahrte ihn das nicht davor, 1960 bei einem Midgetcar-Rennen tödlich zu verglücken.

Buenos Aires (Rennstrecke)
GP-Bezeichnung: Großer Preis von Argentinien
Streckenlänge: 3, 912 km (1953–1960), 3, 345 km (1972–1973), 5, 968 km (1974–1981), 4, 259 km (1995–1998)
Renndistanz: 72 Runden = 306,487 km (1998)
Erstes Formel 1-Rennen: 1953
Letztes Rennen: 1998
Gesamtzahl GP: 20
Erster Sieger: Alberto Ascari (1953)
Häufigster Sieger: 4 x Juan-Manuel Fangio (1954, 1955, 1956, 1957)

Als Juan-Manuel → Fangio in der Formel 1 immer größere Erfolge verzeichnen konnte, wurde die Rennstrecke mit Hilfe von Präsident Juan Perón gebaut, um den argentinischen Starfahrer publizistisch ausschlachten zu können. Neben den Erfolgen des argentinischen Lokalmatadors, gab es 1953 bei der Premiere einen furchtbaren Unfall durch Guiseppe → Farina, bei dem neun Zuschauer ums Leben kamen. Von 1961 bis 1970 wurden hier keine Rennen ausgetragen und erst durch die Erfolge des argentinischen Piloten Carlos → Reutemann wurde Buenos Aires als Austragungsort wieder attraktiv.

Bis 1982 war die Strecke ein regelmäßiger Termin im → Grand-Prix-Kalender, dann verschwand sie – nicht zuletzt durch den Falklandinsel-Krieg zwischen Argentinien und Großbritannien – wieder für dreizehn Jahre in der Versenkung.

Dank der Interventionen des mittlerweile zum Gouverneur avancierten Reutemann kehrte man 1995 nach Argentinien zurück, obwohl der Kurs bei den Piloten nie sonderlich beliebt und als »Micky-Mouse-Kurs« verschrien war.

Zu diesem Zeitpunkt lag gerade das Nationalidol Fangio im Sterben und so hielt sich die Freude bei den Argentiniern in Grenzen. Die einstige Hochgeschwindigkeitsstrecke war nun durch Umbauten langsam und eng geworden und nach den Worten von Michael → Schumacher »eher für Formel 3-Rennen geeignet«.

Die Mischung aus mittelschnellen Kurvenkombinationen und kurzen Geraden macht das Überholen nahezu unmöglich. Als kritischste Stelle gilt die Bodenwelle vor der »Ascari-Kurve« und der Linksknick vor den Bo-

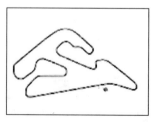

Buenos Aires

xen. Weil zudem das Wetter oft unberechenbar ist, waren die Piloten über die Streichung dieses Kurses nach einem kurzen Comeback in den Neunzigern nicht allzu traurig.

**Bugatti
(Rennwagenfirma, Motorenhersteller)**
GP-Rennen in der Fahrer-WM: 1 (1956)
Pole Positions: 0
Siege: 0
*Beste WM-Platzierung in
der Konstrukteurswertung: 0*
Bekanntester Fahrer: Maurice Trintigant
Erfolgreichste Fahrer: –
Bugatti hat eine große Vergangenheit und vor dem Zweiten Weltkrieg viele Erfolge in Automobilrennen, doch den Mythos konnte man in der Formel 1 nicht wieder beleben.

Gegründet von dem 1881 geborenen Ettore Bugatti, waren die Werkswagen zumeist riesige Limousinen und es gab einige zukunftsweisende Konstruktionen wie Aluminiumfelgen und allradgetriebene Rennwagen. Bugatti, der die erste Eigenkonstruktion bereits mit 21 Jahren auf die Beine stellte, galt jedoch als stur, konservativ und äußerst schrullig.

Sein Kommentar zu der Kritik an seinen ineffizienten → Bremsen: »Meine Autos werden gebaut, um zu fahren, nicht um anzuhalten.«

Auch zu der Tatsache, dass Bugatti-Motoren in kaltem Zustand nur sehr mühselig ansprangen, hatte er einen snobistischen Spruch parat: »Ein Gentleman sollte über eine beheizte Garage verfügen.«

Der Bugatti-Rennwagen BT 35, von vielen als »Traum eines jeden Rennfahrers« bezeichnet, distanzierte in den zwanziger Jahren unter den Händen von Spitzenpiloten der damaligen Zeit wie Louis → Chiron und William Grover Williams die gesamte Konkurrenz und bis 1926 hatte die Marke insgesamt 351 Siege geholt. 1953 wollte man dem ruhmreichen Namen Bugatti wieder neuen Glanz verleihen und dank einer üppigen Auftragslage von seiten des französischen Militärs konnte die Entwicklung eines → Grand-Prix-Wagens finanziert werden.

Der von Gioacchino Coolomba erdachte »höchst originelle« Bugatti 251 erwie sich aber als untermotorisiert. Beim Großen Preis von Frankreich ging Maurice → Trintigant als Achtzehnter an den Start und fiel im Rennen durch ein defektes Gaspedal aus. Weil der französische Indochina-Krieg beendet war und die Militär-Aufträge damit aufhörten, zog man wegen mangelnder Finanzen das Projekt zurück.

Burti, Luciano (Pilot)
Geboren: 05.03.1975 in São Paulo/Brasilien
GP-Rennen in der Fahrer-WM: 1 (2000)
Pole Positions: 0
Siege: 0
WM-Punkte insgesamt: 0
Beste WM-Platzierung im Gesamtklassement: 0
Rennwagen: Jaguar
Internet: www.lucianoburti.com
Durch die Erkrankung des → Jaguar-Piloten Eddie → Irvine kam → Testfahrer Luciano Burti in der Saison 2000 zu einem unverhofften Einsatz, bei dem er sich wacker schlug.

Burti begann seine Karriere im Kart-Sport, wo er sich 1994 die südamerikanische Meisterschaft sichern konnte. Ein Jahr später zog er nach England, wo er anschließend in der Formel-Vauxhall mit dem Team des ehemaligen GP-Piloten Martin Donnelly vier Siege und den dritten Platz in der Meisterschaft erreichte. Dabei fiel er Paul → Stewart auf, der ihn in sein Nachwuchsförderungsprogramm aufnahm. In diesem Team zeigte er in der britischen Formel 3 starke Leistungen, die ihn auch für einen Formel 1-Wagen prädestinierten und für die Saison 2000 wurde er offizieller Testfahrer bei Jaguar.

Beim freien Training zum Großen Preis von Österreich plagten den Stammpiloten Eddie Irvine heftige Magenschmerzen und nach einem Gespräch mit → Rennarzt Syd Watkins entschloss sich der Ire, auf das Rennen zu verzichten.

Ohne große Vorbereitung musste jetzt der Brasilianer ins Jaguar-→ Cockpit steigen und nach einigen Anlaufschwierigkeiten konnte er sich für den 21. Startplatz qualifizieren. Vor dem Start wurde allerdings ein Defekt am Auto entdeckt und Burti musste mit dem → Ersatzwagen von Teamkollege Johnny → Herbert aus der → Boxengasse starten. Trotzdem schaffte er im Rennen einen akzeptablen elften Platz, musste sich aber danach vorerst wieder mit seiner Testfahrerrolle begnügen.

Button, Jenson (Pilot)
Geboren: 19.01.1980 in Frome, Somerset/Großbritannien
GP-Rennen in der Fahrer-WM: 17 (seit 2000)
Pole Positions: 0
Siege: 0
WM-Punkte insgesamt: 12
Beste WM-Platzierung im Gesamtklassement: Achter 2000
Rennwagen: Williams
Internet: www.jensonracing.co.uk

Buttons rasante Karriere führte ihn schon im Alter von 20 Jahren in ein Formel 1-→ Cockpit, wo er sich nach anfänglichen Anpassungsproblemen kontinuierlich steigern konnte.

Im Alter von 9 Jahren begann Button mit dem Kartfahren und in den folgenden Jahren räumte er in dieser Klasse alles ab, was es an Titeln zu gewinnen gab.

1997 wurde er jüngster Europameister in der Super-A-Kart-Europameisterschaft und gewann ein Jahr später auf Anhieb das → Championat in der britischen Formel→ Ford.

Nach einem dritten Platz bei der britischen Formel 3-Meisterschaft wurde er vom Fleck weg von → Williams als möglicher Teamkollege von Ralf → Schumacher engagiert.

Doch um letztendlich im Cockpit sitzen zu dürfen, musste der leidenschaftliche Internetsurfer mehrtägige Ausscheidungsrennen gegen den zweiten Kandidaten Bruno Junqueira bestreiten, die er aber alle für sich entscheiden konnte.

Startplatz 21 bei seinem Debüt in Australien war natürlich für den jüngsten britischen GP-Piloten aller Zeiten noch nicht herausragend, doch schon im nächsten Rennen in Brasilien konnte der Newcomer seinen ersten WM-Punkt erobern. Nachdem er in den ersten zwölf Rennen beim → Qualifying gegen Schumacher stets den kürzeren gezogen hatte, war er beim Großen Preis von Belgien im Training erstmals schneller als der erfahrenere Deutsche. Nach einer nahezu fehlerfreien Saison, die ihm 12 Punkte einbrachte, wird er ab der Saison 2001 für zwei Jahre zu → Benetton ausgeliehen.

CAD
Abkürzung für Computer Aided Design, einer englischen Bezeichnung für die technische Entwicklung am Computer. Sie ist heute bei den Formel 1-Konstrukteuren eine gängige Praxis, um speziell Karosserie und → aerodynamische Hilfsmittel per Software zu entwerfen. Ein früherer Star-→ Designer wie Gerard Decourage, der in den neunziger Jahren immer noch wie in früheren Jahren die Rennwagen am Zeichenbrett entwarf, galt bald als rückständig und fand in der Formel 1 nach seinem Engagement bei → Ligier 1995 keinen Arbeitsplatz mehr.

CAM
Abkürzung für Computer Aided Manufacturing, eine englische Bezeichnung für die computergesteuerte Fertigung von u.a. Formel 1-Einzelteilen.

Capelli, Ivan (Pilot)
Geboren: 24.05.1963 in Mailand/Italien
GP-Rennen in der Fahrer-WM: 98 (1985–1993)
Pole Positions: 0
Siege: 0
WM-Punkte insgesamt: 32
Beste WM-Platzierung im Gesamtklassement: Siebter 1988
Rennwagen: AGS, March, Leyton-House, Ferrari, Jordan

Die Formel 1-Laufbahn von »Ivan, dem Lächelnden« steht stellvertretend für viele junge Talente, die mit unterlegenen Fahrzeugen für Furore sorgen und dann dem Druck eines großen Teams nicht gewachsen sind. Der Italiener fuhr 1984 in der Formel 3 seinen Konkurrenten – darunter spätere Stars wie Gerhard → Berger – auf und davon und holte sich 1986 den Titel des Formel 3000-Europameisters. Ein Jahr zuvor hatte er bereits beim Großen Preis von Europa in einem → Tyrrell seine Formel 1-Feuertaufe bestanden. Ein weiteres Rennen in diesem Jahr durfte er beim Saisonfinale in → Adelaide bestreiten, wo er Vierter wurde. 1986 fuhr er zwei Rennen für das Newcomer-Team → AGS und obwohl er mit diesem unterlegenen Fahrzeug keine Erfolgschancen besaß, gehörte er doch bald zu den »anerkannten Talenten«. In der darauffolgenden Saison gab man ihm bei → March die Chance für eine komplette Rennsaison.

Dieses Lehrjahr bescherte ihm einen weiteren WM-Punkt und schon eine Saison später gehörte der Italiener zu den Überraschungsfahrern der Saison. Mit dem March wurde er in → Spa-Francorschamps Dritter sowie Zweiter in → Estoril. Ein ausgezeichneter siebter Platz mit 17 Punkten in der Gesamtwertung war die Belohnung für Capellis couragierte und forsche Fahrweise.

Eine wahre Gala-Vorstellung gab der passionierte Uhrensammler dann zwei Jahre später beim Großen Preis von Frankreich. Weiterhin für March fahrend, lag Capelli rundenlang in Führung vor Weltmeister Alain → Prost und konnte von diesem nur mit Mühe und Not und dank des besseren Fahrzeuges niedergerungen werden. Ansonsten wurde Capelli zumeist Opfer der notorischen Unzuverlässigkeit des March-Boliden.

1991 reichte es wieder nur zu einem WM-Punkt, aber am Ende der Saison hatte Ivan einen Vertrag von → Ferrari in der Tasche.

Das, was für den ersten Italiener bei der Scuderia seit 1988 die Erfüllung eines Traumes war und den Durchbruch zum Spitzenfahrer ermöglichen sollte, wurde zu einer Saison voller Alpträume.

Ferrari hatte den Tiefpunkt seiner technischen und organisatorischen Talsohle erreicht und die Fahrzeuge entpuppten sich schon früh als Fehlkonstruktion. Doch während es seinem Teamkollegen Jean → Alesi zumindest teilweise gelang, die technischen Mängel durch Kampf- und Einsatzfreude wettzumachen, kämpfte Capelli vergeblich mit den Tücken des Fahrzeugs. Als er nach zehn Rennen nur zwei WM-Punkte auf dem Konto hatte, war er von der heimatlichen Presse schon längst unbarmherzig demontiert worden und Ferrari-Berater Niki → Lauda spottete: »So schnell wie der bin ich auch noch.«

Der sensible Italiener schluckte alle diese Vorwürfe klaglos hinunter, aber das rettete ihn nicht davor, zunächst von weiteren Testfahrten ausgeschlossen und in den beiden letzten Rennen gegen Ersatzfahrer Nicola Larini ausgetauscht zu werden.

Nach diesem demütigenden Saisonverlauf gab man Capelli 1993 keine Chance mehr für ein Formel 1-Engagement. Aber überraschenderweise gelang es ihm, dank seines Sponsors, noch ein → Cockpit bei → Jordan zu bekommen. Im ersten Rennen der neuen Saison hatte er einen haarsträubenden Startunfall und nachdem er sich für den zweiten Lauf erst gar nicht qualifizieren konnte und die versprochenen Sponsorengelder ausblieben, wurde Capelli kurzerhand gefeuert.

Der Italiener hatte seine letzte Chance verspielt und verdingte sich danach als Nissan-Werksfahrer bei der STW-Tourenwagenmeisterschaft, um auch hier zumeist nur noch hinterherzufahren.

Carraciola, Rudolf (Pilot)
Geboren: 30.01.1901 in Remagen/Deutschland
Gestorben: 28.09.1959 in Kassel/Deutschland
GP-Rennen in der Fahrer-WM: 0
Pole Positions: 0
Siege: 0
WM-Punkte insgesamt: 0
Beste WM-Platzierung im Gesamtklassement: 0
Rennwagen: Mercedes, Alfa Romeo

In der großen Zeit der Silberpfeile war der Deutsche mit dem italienischen Nachnamen deren Meisterfahrer. Ein Comeback nach dem 2. Weltkrieg scheiterte aufgrund von Unfällen und einer schweren Krankheit. Als Sohn eines Hotelbesitzers geboren, hätte es die Familie, die trotz ihres italienischen Namens schon seit Generationen in Deutschland lebte, gerne gesehen, wenn ihr Filius einmal den elterlichen Besitz übernommen hätte. Doch Klein-Carraciola wollte lieber »etwas mit Autos machen« und ging 1923 als Autoverkäufer nach Dresden und gewann während dieser Zeit in Berlin mit einem 4PS-Wagen der Firma Ego ein Bahnrennen. Schon ein Jahr zuvor hatte er mit einem Kleinwagen an einem Rennen auf der → Avus teilgenommen und es als Vierter beendet. Noch im Jahr 1923 bewarb er sich bei Daimler-Benz in Untertürkheim und wurde Verkäufer in der Dresdner Filiale. Nach einigen Wochen stellte man ihm einen kleinen → Mercedes-Sportwagen zur Verfügung, mit dem er zahlreiche Touren- und Bergrennen gewann. Dadurch bekam er von Daimler besseres Material zur Verfügung gestellt. Mit einem Kompressorwagen gewann er ab 1924 viele internationale Bergrennen und 1926 auf der Avus den Großen Preis von Deutschland. Es folgten 1929 der Sieg bei der damals in Irland veranstalteten »Tourist Trophy« sowie zwei Jahre später der 1. Platz bei der Mille Miglia.

1932 siegte er auf einem Alfa Romeo bei neun Großen Preisen, doch ein Jahr später wollten die Italiener nicht mehr mit einem eigenen Team an Rennen teilnehmen und so gründete »Caratsch« zusammen mit dem französischen Meisterpiloten Louis → Chiron und zwei → Alfa-Romeo-Rennwagen eine eigene Mannschaft. Doch ein schwerer Unfall in → Monte Carlo, wo sich Carraciola den Bruch des rechten Oberschenkels zuzog, was dazu führte, das er nach monatelanger Behandlung ein verkürztes Bein zurückbehielt, beendete diese Zusammenarbeit. In diesem Jahr hatte er mit dem Tod seiner Frau, die bei einem Lawinenunglück in Arosa ums Leben kam, einen weiteren Schicksalsschlag zu verkraften.

1934 wurde er von Mercedes zurückgeholt und war bis 1939 ihr erfolgreichster Fahrer. 1935, 1937 und 1938 holte er die Europameisterschaft und gewann in dieser Zeit viele

Große Preise, darunter viermal auf dem → Nürburgring und zweimal in Italien. Zudem schaffte er Anfang der vierziger Jahre mit einem Mercedes-Kompressor-Stromlinien-Wagen auf der Autobahn Frankfurt mit 432,7 km/h die höchste Geschwindigkeit, die jemals auf der Straße gefahren wurde.

Nach Ende des 2. Weltkrieges versuchte Carraciola 1946 ein Comeback in → Indianapolis, wo er aber wieder verunglückte und elf Tage ohne Bewusstsein war. 1952 versuchte er im Alter von 51 Jahren eine erneute Rückkehr als Fahrer und wurde Vierter bei der Mille Miglia. Aber kurz darauf war mit einem Rennunfall in Bern, wo er mit seinem Wagen an einen riesigen Baum krachte, seine Laufbahn endgültig beendet. Sieben Jahre später verstarb Carraciola an den Folgen einer Leberkrebs-Erkrankung.

Catalunya in Barcelona (Rennstrecke)
GP-Bezeichnung: Großer Preis von Spanien
Streckenlänge: 4,728 km
Renndistanz: 65 Runden = 307,320 km
Erstes Formel 1-Rennen: 1991
Gesamtzahl Grand Prix: 10
Häufigste Sieger: 3 x Jackie Stewart (1969, 1970, 1971), 3 x Nigel Mansell (1987, 1989, 1992), 3 x Alain Prost (1988, 1990, 1993, 3 x Mika Häkkinen (1988, 1989, 2000)
Internet: www.circuitcat.com

Der Große Preis von Spanien findet in Catalunya mittlerweile seine fünfte Heimat und ist kein Klassiker in der Grand-Prix-Historie.

Ende der achtziger Jahre, in der Vorphase der Olympischen Spiele, wurde dieser Kurs innerhalb weniger Monate aus dem Boden gestampft und gilt heute als eine der modernsten Rennstrecken in der Formel 1. Überholmöglichkeiten gibt es kaum, aber neben → Estoril zählt dieser in der Nähe der katalanischen Hauptstadt gelegene Kurs mittlerweile zu den beliebtesten Winterteststrecken. Bei den Piloten ist eine besonders gute Streckenkenntnis gefordert, da viele Kurven vorher kaum einsehbar sind.

Cevert, François (Pilot)
Geboren: 25.02.1944 in Paris/Frankreich)
Gestorben: 06.10.1973 in Watkins Glen/ USA
GP-Rennen in der Fahrer-WM: 46 (1970–1973)
Pole Positions: 0
Siege: 1
WM-Punkte insgesamt: 89
Beste WM-Platzierung im Gesamtklassement: Dritter (1971)
Rennwagen: March, Tyrrell

Der gutaussehende Franzose, dem man zeitweise eine Affäre mit dem Filmstar Brigitte Bardot nachsagte, galt spätestens nach der Rücktrittserklärung von Weltmeister und Teamkollegen Jackie → Stewart als potentieller Weltmeisterschaftsanwärter, bis ein grauenhafter Trainingsunfall 1973 in → Watkins Glen alle Hoffnung für immer zerstörte.

Cevert galt als intelligenter Pilot aus bestem Hause, der als Sohn eines Juweliers eine erstklassige Erziehung genoss und nach Schulabschluss und Wehrdienst ein Studium in Wirtschaft, Jura und Englisch begann.

Aber der chronische Kettenraucher begeisterte sich schon von früher Jugend an für alles, was → Motoren und → Räder hatte. Mit 23 Jahren absolvierte er in der französischen Formel 3 erste Rennen und konnte ein Jahr später auf vier Siege sowie den Titelgewinn in dieser Klasse zurückblicken. 1968 wurde er dann Gesamtdritter in der Formel 2-Europameisterschaft.

Durch Fürsprache einer französischen Mineralölfirma bekam Cevert 1970 in der Formel 1 einen Platz in einem → March-Fahrzeug, das zu dieser Zeit von Ken → Tyrrell eingesetzt wurde. Beim Großen Preis in → Zandvoort feierte Cevert dann sein → Grand-Prix-Debüt.

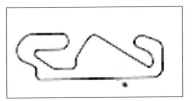

Catalunya in Barcelona

Schnell entwickelte er ein enges Verhältnis zu seinem Teamgefährten Jackie Stewart, von

Damals konnten sich Piloten wie François Cevert noch unbedrängt unter das Publikum mischen

dem er sich viele Tricks abschauen konnte. In seiner ersten vollen Grand-Prix-Saison 1971 konnte der vor dem Rennen hypernervöse Cevert (»Bis zum Weggehen kommt es mir dauernd hoch – die letzte Stunde muss ich alle fünf Minuten.«) beim Grand Prix in Watkins Glen seinen ersten Sieg erringen. 26 WM-Punkte und der dritte Platz in der Endabrechnung waren die ausgezeichnete Ausbeute des jungen Hoffnungsträgers.

1972 wurde zu einer schwierigen Saison für den Tyrrell-Rennstall, denn gegen die starken → Lotus-Boliden mit Emerson → Fittipaldi am Steuer geriet das Team ins Hintertreffen und Cevert konnte sich, abgesehen von wenigen Ausnahmen, bei den Rennen nicht sonderlich in Szene setzen.

Aber schon 1973 war die Paarung Stewart/Cevert eine Klasse für sich und der französische Lebemann entpuppte sich als ein loyaler Nummer-2-Fahrer, der Stewart bei seinen Siegfahrten den Rücken freihielt, obwohl er ihn, wie der Schotte später zugab, manchmal durchaus hätte überholen können.

Vor Cevert lag eine vielversprechende Rennsportzukunft, denn Stewart hatte vor dem Grand Prix in Watkins Glen seinen Rücktritt bekanntgegeben. Sein junger Teamkollege sollte die neue Nummer 1 werden und Ken Tyrrell hatte Stewart bereits dazu überreden können, bei seinem letzten Grand Prix, wenn möglich, Cevert den Sieg zu überlassen.

Bei der zweiten Trainingssitzung zum Grand Prix in Watkins Glen verlor Cevert in einer Rechts-Links-Kombination bei Tempo 260 km/h die Kontrolle über sein Fahrzeug und prallte mit voller Wucht in die → Leitplanken, welche seinen Körper förmlich halbierten.

CFD

Das CFD (Computational Fluid Dynamics) macht es möglich, vorher mit → CAD entwickelte Designs virtuell zu testen. Hierbei können vorhandene Probleme aussortiert wer-

François Cevert im Renneinsatz: Der Tyrrell wurde sein Schicksal den, indem man am Computer die per Software entwickelten Teile in Einzelbestandteile segmentiert und per Simulation verschiedenen Belastungen aussetzt. So können Verbesserungen am → Design geschaffen werden, ohne dass die Komponenten erst produziert werden müssen.

Championat
Internationale Bezeichnung für Meisterschaft.

Chassis
Die Bezeichnung stammt aus dem Französischen und ist heute ein gängiger Begriff für das Fahrgestell eines Formel 1-Wagens.

Alle Komponenten eines Rennwagens werden an einem Chassis befestigt, das früher aus Aluminium war und dank einer genialen Idee des damaligen McLaren-Konstrukteurs John → Barnard seit Mitte der achtziger Jahre aus Kohlefaser besteht. Dadurch sind die Fahrzeuge wesentlich leichter, widerstandsfähiger und sicherer geworden, was bei Unfällen in erster Linie den Piloten zugute kommt. Viele Todesopfer aus den früheren Jahren der Formel 1 hätten durch ein Kohlefaserchassis verhindert werden können.

Ein modernes Formel 1-Chassis kostet gegenwärtig 750000 Mark. Durchschnittlich verbrauchen die Teams ca. vier bis fünf Exemplare davon, je nachdem wie unfallträchtig ihre Piloten sind. Die Chassis in der Formel 1 werden auch mit dem französischen Begriff Monocoque bezeichnet, was soviel wie »einschalig« bedeutet.

Cheever, Eddie (Pilot)
Geboren: 10.01.1958 in Phoenix/USA
GP-Rennen in der Fahrer-WM: 132 (1979–1989)
Pole Positions: 0
Siege: 0
WM-Punkte insgesamt: 70
Beste WM-Platzierung im Gesamtklassement: Siebter 1983

Ein Chassis von McLaren

Rennwagen: Theodore, Hesketh, Osella, Tyrrell, Ligier, Renault, Alfa Romeo, Lola, Arrows
Internet: www.teamcheever.com

Der von Kindesbeinen an in Rom lebende Urenkel einer Navajo-Indianerin ist bis heute der Amerikaner mit den meisten Formel 1-Einsätzen, die aber insgesamt recht fruchtlos verliefen. Im Alter von 10 Jahren bestritt Cheever erste Go-Kart-Rennen und wurde 1973 in dieser Klasse Europameister sowie Sieger im italienischen Championat. Erstmals Furore machte Cheever als → BMW-Junior im Tourenwagenteam mit Marc Surer und Manfred → Winkelhock, wo sich alle drei wilde Duelle lieferten. Nachdem er im selben Jahr für das Project-Four-Team von Ron → Dennis zudem die Vizemeisterschaft in der Formel 2 gewonnen hatte, fing Cheever an, große Töne zu spucken: »Ich bin überzeugt, dass niemand auf der Welt schneller Auto fahren kann.«

Sein Formel 1-Debüt mit drei Rennen bei → Theodore und → Hesketh endete 1979 jedoch in zwei Nichtqualifikationen und einem Ausfall wegen eines Öllecks. Cheever hatte erst mal in der Formel 1 ausgespielt und verbrachte das nächste Jahr bei → Osella, mit dessen Wagen er in der Formel 2 drei Siege feiern konnte. Daraufhin schenkte ihm der italienische Rennstall 1980 auch das Vertrauen für die Formel 1-Feuertaufe des Teams. Doch in vierzehn Rennen bilanzierte der Amerikaner mit vier Nichtqualifikationen sowie sieben Rennausfällen.

Trotz dieser mageren Bilanz gab ihm Ken → Tyrrell für das nächste Jahr eine Chance in seinem Team, für das Cheever gleich im ersten Rennen punkten konnte. Insgesamt 10 WM-Punkte und der elfte Platz im Gesamtklassement ließen Eddie gleich wieder tönen: »Ich kann Formel 1-Weltmeister werden.«

Und nach seinem Wechsel zu → Ligier besserten sich 1982 die Ergebnisse zusehends: Platz 3 in Belgien und → Las Vegas sowie Platz 2 in → Detroit ließen ihn mehrmals Podiumsluft schnuppern. Daraufhin erhielt Cheever für 1983 von → Renault einen Vertrag als Nummer 2 hinter Alain → Prost. Doch während sein französischer Stallkollege bis zum letzten Rennen um die Weltmeisterschaft kämpfte, stagnierte Cheever mit der Ausbeute von 22 WM-Punkten im fahrerischen Mittelfeld.

Nach dem Rückzug von Renault kam der Amerikaner bei → Alfa Romeo unter, doch der 4. Platz 1983 beim ersten Rennen in Brasilien blieb für die nächsten zwei Jahre die einzige Punkteplatzierung.

Bis 1985 war Cheever von zahlreichen Motorschäden, Unfällen und Materialdefekten so zermürbt, dass er wieder ins Abseits geriet. Von WM-Titeln war längst nicht mehr die Rede, vielmehr war Cheever bei Experten mittlerweile als ewiges Talent abqualifiziert, dem die bedingungslose Einsatzbereitschaft fehlte. 1986 fuhr er neben Sportwagenrennen für → Jaguar lediglich einen Formel 1-Einsatz für → Lola, wo er mit gebrochener Antriebswelle ausfiel.

Trotzdem erhielt er im Jahr darauf bei → Arrows neben Derek → Warwick eine erneute Chance, die er zwei Jahre lang mit insgesamt neun Punkteplatzierungen leidlich nutzen konnte. Mit einem Dreher beim Saisonfinale in Australien verabschiedete sich der mittlerweile passionierte Börsen- und Finanzexperte 1990 aus der Formel 1. Seither ist er bei IndyCar-Rennen aktiv, wo ihm 1998 mit dem eigenen Rennstall der Sieg bei den 500 Meilen von → Indianapolis gelang.

Chiron, Alexandre Louis (Pilot)

Geboren: 01.08.1899 in Monte Carlo/Monaco
Gestorben: 22.06.1979 in Monte Carlo/Monaco
GP-Rennen in der Fahrer-WM: 19 (1950–1958)
Pole Positions: 0
Siege: 0
WM-Punkte insgesamt: 4
Beste WM-Platzierung im Gesamtklassement: Neunter 1950
Rennwagen: Maserati, Talbot, Osca, Lancia

Vor dem GP-Zeitalter war der Monegasse einer der Besten einer neuen, professionellen Rennfahrergarde und ist bis heute der älteste Teilnehmer, der jemals an einem Formel 1-Weltmeisterschaftslauf teilnahm.

Chiron wurde nach dem Tod seiner Mutter und wegen der Einberufung seines Vaters zum 1. Weltkrieg von einer russischen Prinzessin erzogen. Mit 17 Jahren diente Chiron ihr als Chauffeur und sprach schon zu diesem Zeitpunkt fließend mehrere Sprachen.

Ein Jahr später, nach dem Einzug zum Militärdienst, avancierte er dort zum Fahrer des Hauptquartiers sowie zum Chauffeur für die französische Generalität. Nach dem Ende seiner Armeezeit kaufte er aus Heeresbeständen zu günstigen Konditionen Kraftfahrzeuge auf und begann mit dem Aufbau eines erfolgreichen Autohandels. 1924 beteiligte er sich mit einem gekauften → Bugatti an Bergrennen und konnte bald darauf seinen ersten Sieg feiern. Vier Jahre später erhielt er von Bugatti das Angebot, Werksfahrer zu werden und mit dieser Automarke eilte er in den kommenden Jahren bei Großen Preisen von Sieg zu Sieg. Auch Einsätze für → Alfa Romeo, → Mercedes und → Talbot verliefen äußerst erfolgreich. Ein Jahr vor Beginn der offiziellen Fahrerweltmeisterschaft gewann er noch den Großen Preis von Frankreich und Chiron war zu diesem Zeitpunkt schon längst eine internationale Fahrerberühmtheit. Die beiden ersten Jahre der Fahrerweltmeisterschaft bestritt er 1950 und 1951 mit → Maserati- und Talbot-Rennwagen, wobei ein dritter Platz auf seiner Lieblingsstrecke in → Monaco die einzige Punktausbeute blieb. Auch in den folgenden Jahren gab es immer wieder sporadische GP-Gastspiele des Veteranen und als er im Jahre 1956 in Monaco seinen letzten Formel 1-Auftritt hatte, war er bereits 56 Jahre alt. Nach seinem Abschied vom aktiven Motorsport organisierte er die Rallye Monte Carlo und war bis in die späten sechziger Jahre Rennleiter des Großen Preises von Monaco.

Circuit
Internationale Bezeichnung für Rennstrecke.

Circuit Gilles Villeneuve in Montreal (Rennstrecke)
GP-Bezeichnung: Großer Preis von Kanada
Streckenlänge: 4,421 km
Renndistanz: 69 Runden = 305,049 km
Erstes Formel 1-Rennen: 1978
Gesamtzahl GP: 22
Erster Sieger: Gilles Villeneuve
Häufigste Sieger: 4 x Michael Schumacher (1994, 1997, 1998, 2000)
GP-Unfälle mit tödlichem Ausgang: Ricardo Paletti (1982/Rennen)
Internet: www.grandprix.ca

Dieser auf der Insel Ile de Notre Dame in St. Lorenz gelegene Kurs wurde auf dem ehemaligen EXPO-Gelände angelegt und ist vollständig von Wasser umgeben. Als eine Mischung aus Straßen- und Landstraßenkurs bietet Montreal sowohl langsame Kurven als auch schnelle Abschnitte, die um das olympische Ruderbecken führen. → Chassis, → Aerodynamik, → Bremsen und → Getriebe werden gleichermaßen gefordert und durch den häufig herrschenden Wind wird oftmals Sand auf die Strecke geweht.

Die gefährlichste Stelle ist der Ausgang der Schikane bei Start und Ziel, mit der auch schon erfahrene Piloten unsanfte Berührungen hatten. Auch der oftmals einsetzende Regen macht den Piloten schwer zu schaffen, was in der Saison 2000 auch Michael → Schumacher feststellen musste, der sich mit knappen Vorsprung als Erster vor Teamkollegen Rubens → Barrichello ins Ziel retten konnte.

Cisitalia (Rennwagenfirma)
GP-Rennen in der Fahrer-WM: 0 (1952)
Pole Positions: 0
Siege: 0
Beste Platzierung in der Konstrukteurswertung: 0
Bekannteste Fahrer: –
Erfolgreichste Fahrer: –

Die kleine italienische Rennwagenfirma trat 1952 mit einem sieben Jahre alten Fahrzeug zu

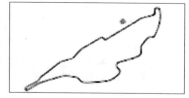

Circuit Gilles Villeneuve in Montreal

einem Grand Prix an, blieb aber gleich in der Qualifikation stecken.

Gegründet wurde die Firma von den italienischen Rennfahrern Piero Dusio und Piero → Taruffi mit der Absicht, kleine Einsitzer und Sportwagen herzustellen.

Mit dem D46 stellte man den ersten Rennwagen nach dem Krieg auf die Beine, mit dem 1946 einige renommierte Konkurrenten besiegt werden konnte. Zudem war der handliche Cisitalia als Trainingswagen sehr beliebt, denn er bildete eine gute Grundlage, um sich auf die Rückkehr der großen Maschinen vorzubereiten. Auch die Rennfahrerlegende Tazio → Nuvolari saß beim ersten Nachkriegs-→ Grand-Prix von Monaco am Steuer eines D46, wo er auf dem achten Platz liegend aufgeben musste. Mit dem gleichen Fahrzeugtyp trat Piero Dusio 1953 auch zum Großen Preis von Italien an. Mit dem technisch längst überholten Rennwagen konnte er sich aber nicht qualifizieren und der Cisitalia hatte damit seine Schuldigkeit getan.

Clark, Jim (Pilot)

Geboren: 04.03.1936 in Kilmaddyy/Schottland
Gestorben: 07.04.1968 in Hockenheim/Deutschland
GP-Rennen in der Fahrer-WM: 72 (1960–1968)
Pole Positions: 25
Siege: 33
WM-Punkte insgesamt: 274
Beste WM-Platzierung im Gesamtklassement:
Weltmeister 1963, 1965
Rennwagen: Lotus
Internet: www2.eis.net.au/~bramwell/welcome.htm (Tribute-Page)

Als Maßstab seiner Zeit war der schottische Farmersohn von 1963–1968 die unumstrittene Führungsfigur der Formel 1. Seine überragende Siegesbilanz konnte erst 1985 von Niki → Lauda gebrochen werden, der allerdings hierfür beinahe die doppelte Anzahl von Rennen benötigte. Sein unerwarteter Renntod bei einem belanglosen Formel 2-Rennen am → Hockenheimring versetzte der Motorsportwelt einen Schock und seine Rennfahrerkolle-

Der grandiose Jim Clark fuhr während seiner gesamten Formel 1-Karriere nur für Lotus

gen bekamen vor Augen geführt, dass selbst der Talentierteste unter ihnen nicht vor dem Tod auf der Rennstrecke gefeit ist.

Jim Clark war der einzige Junge von fünf Kindern und aufgewachsen auf einem alten Bauerngut lernte er die Landwirtschaft von frühester Kindheit an. »Das Naturtalent« beteiligte sich mit 18 Jahren an kleineren Rennen, wurde bald mit schnelleren Wagen vertraut und errang Ende der fünfziger Jahre in überlegener Manier die Schottische Rundstreckenmeisterschaft.

Im letzten Rennen dieser Saison zeigte er in einem Elite-Fahrzeug der Firma → Lotus eine Vorstellung, die den Lotus-Besitzer Colin Chapman stark beeindruckte. Zunächst bekam Clark von Chapman ein → Cockpit für Lotus-Formel 2-Fahrzeuge, wo er wiederum aufsehenerregende Rennen fuhr. So zum Beispiel beim Formel 2-Rennen in Stuttgart, als er berühmte Stars wie Graham → Hill, Phil → Hill und Jack → Brabham mit seinem unterlegenen Lotus-Renner düpierte.

Clark plante seinen Formel 1-Einstieg mit dem → Aston-Martin-Team, das aber 1960 kurz vor Saisonstart seine Teilnahme zurückzog. Der freigewordene Clark wurde sofort von Chapman engagiert und konnte beim Großen Preis von Holland sein → Grand-Prix-Debüt feiern. Schon beim zweiten Rennen in → Spa-Francorchamps wurde er Fünfter, in Portugal sogar Dritter und bald war der Schotte der neue Senkrechtstarter in der Formel 1.

Clark und sein Teamchef Chapman waren zu diesem Zeitpunkt schon zu einer verschworenen Allianz zusammengewachsen. Doch zunächst musste auch der hochbegabte Clark einige Rückschläge hinnehmen. 1961 wurde er zwar nach dem Unfall des Stallkollegen Innes → Ireland die neue Nummer 1 im Team, aber sportlich war es eine durchwachsene Saison mit insgesamt 11 WM-Punkten. Beim Rennen in → Monza kollidierte er mit Wolfgang Graf Berghe → von Trips, was eine furchtbare Katastrophe auslöste, in der von Trips und 14 Zuschauer den Tod fanden. Clark war geschockt und wurde erst nach 2 Jahren von Seiten der italienischen Justiz von jeglicher Mitschuld freigesprochen.

1962 war er mit drei Saisonsiegen knapp davor, seinen ersten Weltmeistertitel zu erringen. Ein Jahr später holte er das Versäumte nach und durch sechs Pole-Positions, sieben Saisonsiegen und 29 Punkten Vorsprung in der Gesamtwertung sorgte er für eine neue Bestmarke. Clark erwies sich am stärksten, wenn er vom Start weg in Führung lag und seine zahlreichen Trainingsbestzeiten unterstützten diese Fähigkeiten auf das vortrefflichste. Auch 1964 fuhr er um den WM-Titel mit, bis ihn, nach einer furiosen Aufholjagd, ein leerer Tank beim Großen Preis von Italien um die letzte Chance brachte.

Das Rennjahr 1965 wurde zum größten Triumph in der Karriere von Clark. Er wurde mit sechs Saisonsiegen erneuter Formel 1-Champion und siegte auch als erster Europäer seit 50 Jahren im zweiten Anlauf bei den 500 Meilen von → Indianapolis. Selbst amerikanische Konkurrenten wie der mehrfache Indy-500-Sieger A. J. Foyt schwärmten noch Jahre später: »Er war ein fantastischer Rennfahrer. Ich habe nie einen besseren gesehen.«

Auch in den kommenden Jahren zählte Clark kontinuierlich zur Spitzengruppe, ein dritter Weltmeistertitel sollte ihm aber bis zu seinem Tod nicht mehr gelingen.

1968 siegte er zum Saisonstart in → Kyalami. Keiner ahnte, dass dies sein letzter Triumph sein sollte. Drei Monate später, am 7. April, fuhr er zum Hockenheimring, um einen unbedeutenden Formel 2-Lauf zu bestreiten, für den er schon seit längerer Zeit gemeldet war. Clark hatte die mehrmonatige Pause zwischen zwei Formel 1-Rennen genutzt, um sich an der Tasman-Serie zu beteiligen und sein Kollege Chris → Amon berichtete später: »Er war wie ich sehr müde und wollte eigentlich gar nicht in Hockenheim sein.« Auf der nassen und nebligen Strecke lag Clark im Rennen an achter Stelle, als sein Wagen ausbrach und gegen einen Baum prallte, wonach der Schotte sofort am Unfallort verstarb. Die Unfallursache wurde nie restlos aufgeklärt. Noch zehn Jahre später sagte sein damaliger Teamchef Colin Chapman über ihn: »Für mich wird Jimmy immer der beste Rennfahrer sein, der je gelebt hat. Vielleicht wird eines Tages ein neuer Mann kommen und alle werden ihn als den Größten aller Zeiten rühmen. Ich aber nicht. Es wird nie einen geben mit seinen Qualitäten.«

Clark zu Ehren wurde noch bis Mitte der siebziger Jahre auf dem Hockenheimring ein zur Formel 2 zählendes Jim-Clark-Gedächtnisrennen veranstaltet und ab 1987 gab es in der Turbo-Ära die Jim Clark-Trophy für den punktbesten Rennfahrer in einem Saugmotorwagen.

Schlagzeilen in den Motorsportgazetten machte Jim Clark in den neunziger Jahren noch einmal, als man empört feststellte, dass sich seine Grabstätte am Hockenheimring in total verwahrlostem Zustand befand.

Clermont-Ferrand (Rennstrecke)
GP-Bezeichnung: Großer Preis von Frankreich
Streckenlänge: 8,055 km
Renndistanz: 38 Runden = 306,090 km (1972)
Erstes Formel 1-Rennen: 1965
Letztes Rennen: 1972
Gesamtzahl GP: 4
Erster Sieger: Jim Clark (1965)
Häufigster Sieger: 2 x Jackie Stewart (1969, 1972)
Der schöne und schwierige Kurs wurde im Juli 1958 eröffnet und war 1965 erstmals Schauplatz eines Großen Preises von Frankreich.

In den Bergen von Auvergne gelegen, besitzt dieser Kurs viele Windungen und Kurven und stellt höchste Konzentrationsanforderungen an die Piloten. Lose Steine, die sich des öfteren auf der Strecke befanden, wurden 1972 dem österreichischen Formel 1-Piloten Helmut Marko zum Verhängnis.

Durch einen von Ronnie → Petersons Rennwagen aufgewirbelten Stein verlor Marko trotz Helmvisier das linke Auge und musste seine gerade begonnene Formel 1-Karriere beenden. Der Forme1-Pechvogel Chris → Amon hatte hier im selben Jahr seine allerletzte Siegchance, als er rundenlang souverän in Führung lag, ehe er eine Reifenpanne erlitt. Dies war zugleich das letzte Formel 1-Rennen, welches in Clermont-Ferrand stattfand und anschließend von der Paul- → Ricard-Rennstrecke abgelöst wurde.

Cockpit
Englische Bezeichnung für den Arbeitsplatz des Piloten. Die Öffnung des Cockpits muss es dem Fahrer ermöglichen, innerhalb von sieben Sekunden aus dem Fahrzeug steigen zu können. Im Cockpit befinden sich das → Lenkrad, der Sitz, die Gangschaltung, das Armaturenbrett und die Pedale. Die Mindestmaße eines Cockpits werden von der → FIA festgelegt.

Collins, Peter (Pilot)
Geboren: 08.11.1931 in Kidderminster/England
Gestorben: 03.08.1958 Bonn/Deutschland
GP-Rennen in der Fahrer-WM: 32 (1952–1958)
Pole Positions: 0
Siege: 3
WM-Punkte insgesamt: 47
Beste WM-Platzierung im Gesamtklassement: Dritter 1956
Rennwagen: HWM, Vanwall, Maserati, Ferrari
Collins gehörte neben Mike → Hawthorn und Wolfgang Graf Berghe → von Trips zu den »jungen Wilden« bei → Ferrari, die allesamt ihre Leidenschaft für schnelle Autos mit dem Leben bezahlen mussten.

Der Sohn eines Automobilhändlers begann als Achtzehnjähriger seine Motorsportlaufbahn in der damaligen neugegründeten Formel 3 und nach vier Siegen glückte ihm 1951 der Aufstieg in die Formel 2. Parallel gewann er nebenbei seine ersten Sportwagenrennen.

Bei dem britischen → HWM-Rennstall konnte er 1952 sein Formel 1-Debüt beim Großen Preis der Schweiz geben, wo er sich immerhin einen sechsten Startplatz eroberte und an der Beendigung des Rennens nur durch einen Materialschaden gehindert wurde. Doch weitere Lorbeeren konnte Collins in diesem und im nächsten Jahr nicht ernten.

Nach dem Rückzug von HWM am Ende der Saison 1953 fuhr der laut Phil → Hill »wundervolle Kamerad« in den nächsten zwei Jahren vereinzelte Formel 1-Einsätze für → Vanwall und → Maserati, ohne sich WM-Punkte erobern zu können. Erst als ihn 1956 das Angebot von Ferrari ereilte, reifte Collins zum Siegfahrer und konnte in diesem Jahr die Großen Preise von Belgien und Frankreich gewinnen. Er besaß sogar reelle Titelchancen, doch großzügig überließ er dem ausgefallenen Juan-Manuel → Fangio seinen Wagen, weil er glaubte, »immer noch genügend Zeit zu haben, um Weltmeister zu werden«. Diese generöse Geste machte ihn in Italien zum Publikumsliebling und der bei seinen Rennfahrerkollegen sehr beliebte Collins startete als einer der Favoriten in die nächste Saison. Aber es reichte dann nur zu insgesamt acht WM-Punkten, weil er oft Ausfälle beklagen musste. In der Saison 1958 siegte der »geborene Rennfahrer« dann beim Großen Preis von Großbritannien.

Doch beim nächsten Rennen am → Nürburgring verlor Collins bei der Verfolgungsjagd auf Tony → Brooks die Kontrolle über seinen Ferrari und wurde aus dem ausbrechenden Fahrzeug geschleudert. Bald darauf erlag er in einem Bonner Krankenhaus seinen schweren Kopfverletzungen.

Coloni (Rennwagenfirma)

GP-Rennen in der Fahrer-WM: 13 (1987–1991)
Pole Positions: 0
Siege: 0
WM-Punkte: 0
Beste Platzierung in der Konstrukteurswertung: 0
Bekannteste Fahrer: Nicola Larini,
Roberto Moreno, Bertrand Gachot
Erfolgreichste Fahrer: –

Als die Hubraum-Differenz zwischen den Wagen der Formel 3000 und den Saugmotoren der Formel 1 geringer wurden wagten einige kleinere Teams in den späten Achtzigern den Sprung in die Königsklasse. Colonis mageres Budget ließ aber nach vier kümmerlichen Jahren alle Träume versanden. Gründer Enzo Coloni, ein früherer Formel 3-Meister, hatte mit seinem Team einige Erfolge in zweitklassigen Meisterschaften zu verzeichnen. Mit nur einem, von → Cosworth-Motoren betriebenen, Fahrzeug, in dem der Italiener Nicola Larin saß, wagte sich das Team 1987 an zwei Große Preise in → Monza und → Estoril. Vor dem ersten Einsatz in Italien erlitt Coloni, der wegen seiner Namensvettern → Ferrari und → Osella auch Enzo III. genannt wurde, vor lauter Stress einen Kreislaufkollaps, war jedoch beim Training in Monza wieder anwesend. Aber Motorenprobleme ließen Larini die Qualifikation um vier Sekunden verpassen. In Spanien schaffte der Italiener den letzten Startplatz und schied mit Aufhängungsproblemen als erster aus. Mit Gabriele Tarquini am Steuer unternahm der als Machiavellist verschriene Enzo Coloni 1988 einen zweiten Versuch, diesmal für alle 16 → Grand-Prix-Läufe. Mit acht geschafften Qualifikationen war ein Aufwärtstrend zu verzeichnen und beim Großen Preis von Kanada schaffte Tarquini sogar einen achten Platz. Ermutigt ging Coloni in der Saison 1989 erstmals mit zwei Fahrzeugen an den Start und einmal hievte Pierre Henri Raphanel die »alte Coloni-Kiste« in Monaco sogar auf den 18. Startplatz, was als Sensation gewertet wurde. Ansonsten überwand nur der Brasilianer Roberto Moreno fünfmal die Qualifikationshürde, ohne Zielankünfte zu verzeichnen. Solche Ergebnisse lockten natürlich keine potenten → Sponsoren hervor und bei Coloni wurde das Geld wieder spürbar knapper. Für 1990 folgte der Motorenwechsel zu → Subaru und mit dem vom → Onyx-Rennstall gefeuerten Bertrand → Gachot saß ein neuer Pilot im Team, das jetzt mangels Finanzmasse wieder nur mit einem Fahrzeug bei den Großen Preisen anwesend war. Keine Qualifikationshürde wurde geschaffen und nach einer kurzzeitigen Teamübernahme durch Motorenlieferant Subaru, der aber bald das Interesse verlor, war bald wieder Enzo Coloni Alleinherrscher in einem bettelarmen Reich. Mit einer kleinen, unprofessionellen Mechanikertruppe, einem Budget, das bis knapp über das Existenzminimum abgesunken war, stand Coloni in der Saison 1991 am Ende der Formel 1-Rangordnung. Kein Pilot mit Grand-Prix-Erfahrung wollte sich noch an das trostlose

Steuer setzen und so musste Coloni mit dem Portugiesen Pedro Chaves einen Formel 3000-Fahrer unter Vertrag nehmen. Die logische Konsequenz war, dass sich Coloni wiederum für kein Rennen qualifizieren konnte. Chaves wurde in den letzten Rennen durch den Japaner Naoki Hattari ersetzt, was aber nur eine Randnotiz blieb, da sich kaum noch einer für das Schicksal des italienischen Rennstalls interessierte. Trotz dieser Negativ-Rekord-Serie schaffte es Enzo Coloni, das marode Team am Ende der Saison an Andrea Sassetti zu veräußern, der mit seinem → Andrea-Moda-Rennstall in der nächsten Formel 1-Saison ebenso kläglich scheitern sollte. Coloni selbst kehrte wieder in die Formel 3 zurück

Concorde-Abkommen
Anfang der achtziger Jahre gerieten die → FISA unter Leitung des damaligen Jean Marie Balestre sowie die → FOCA, deren Vorsitzender Bernie → Ecclestone ist, in einen heftigen Streit über die damaligen → Groundeffect-Wagen, der die Formel 1 beinahe in zwei Fraktionen gespalten hätte. Die FISA wollte aus Sicherheitsgründen die Schürzen an den Wagen verbieten, derweil die FOCA-Konstrukteure darauf nicht verzichten wollten, da eine Abrüstung mit hohem finanziellen Aufwand verbunden gewesen wäre. Beide Organisationen konnten sich zunächst nicht einigen und planten bereits eigene Meisterschaften, als man am 4. März 1981, elf Tage vor dem ersten Saisonlauf in → Detroit, doch noch eine Übereinkunft fand. In dem sogenannten Concorde-Abkommen wurde vertraglich festgelegt, dass beide Organisationen etwaigen geplanten Reglement-Änderungen zustimmen müssen. Die FOCA sicherte sich zusätzlich die Rechte für alle Fernsehübertragungen und in dem Vertrag wurde zudem die Preisgeldverteilung an die Teams festgelegt, welche strengster Geheimhaltung unterliegt.

Connaught (Rennwagenfirma)
GP-Rennen in der Fahrer-WM: 17 (1952–1959)
Pole Positions: 0
Siege: 0
WM-Punkte: 17
Beste Platzierung in der Konstrukteurswertung: 0
Bekannteste Fahrer: Tony Brooks, Stirling Moss, Bernie Ecclestone
Erfolgreichste Fahrer: Ronald Flockhart, Dennis Poore, Stuart Lewis-Evans

Connaught war ein kleiner, finanziell chancenloser Rennstall, der aber in einigen → Grand-Prix-Rennen für Furore sorgen konnte. Von Designer Rodney Clarke und Ingenieur Mike Oliver gegründet, baute Connaught zunächst Sportwagen und ab 1950 den ersten Formel 2-Boliden. In der Formel 1 war man aufgrund der bescheidenen Finanzierungsgrundlage von vornherein gezwungen, nur kontinentale Rennen zu bestreiten.

1952 nahm man an nur drei von sieben Formel 1-Rennen teil, doch mit den Fahrern Dennis Poore und Eric Thompson gab es immerhin fünf WM-Punkte. Wiederum sporadisch, dafür aber bei den Großen Preisen in → Zandvoort, → Silverstone, → Nürburgring und → Monza gleich mit bis zu fünf Fahrzeugen und insgesamt acht Fahrern gab es auch 1953 fast nur Ausfälle zu beklagen. Ein Jahr später wurden die Renneinsätze gar auf die heimatlichen Rennen in Großbritannien reduziert.

Von den eingesetzten fünf Fahrzeugen kamen drei ins Ziel, wobei ein elfter Platz als bestes Resultat herausragte.

Mit einem Motorenwechsel zu → Alta sowie einem neuem Design schaffte 1955 Gastfahrer Tony → Brooks beim nicht zur Weltmeisterschaft zählenden Grand Prix in Syracuse einen unerwarteten Sieg, der gleichzeitig der erste Triumph für einen britischen Rennwagen seit mehr als dreißig Jahren bedeutete.

Doch auch in diesem Jahr nahm man ansonsten nur am Großen Preis von Großbritannien teil, der für alle drei Fahrzeuge mit Totalausfällen endete. Bei den Teilnahmen an vier Großen Preisen in der Saison 1956 schaffte Jack Fairman in Silverstone einen vierten sowie Ron Flockhart einen dritten und wiederum Fairman einen fünften Platz in Monza. 1957 war Stuart → Lewis-Evans in → Monaco bei der einzigen Grand-Prix-Teilnahme von Connaught noch einmal ein vierter Platz vergönnt. Doch es fehlte das Geld für Weiterentwicklungen und in den nächsten Jahren waren die Fahrzeuge bereits veraltet. Auch die spätere Formel 1-Eminenz Bernie → Ecclestone konnte sich 1958 in Silverstone bei seinem einzigen Versuch mit einem Connaught nicht qualifizieren. Als Bob Said das Fahrzeug 1959 bei seinem letzten Rennen in → Sebring nach einem Unfall abstellen musste, hatte die Firma Connaught bereits aufgegeben.

Connew (Rennwagenfirma)
GP-Rennen in der Fahrer-WM: 1 (1972)
Pole Positions: 0
Siege: 0
WM-Punkte: 0
Beste Platzierung in der Konstrukteurswertung: 0
Bekannteste Fahrer: –
Erfolgreichste Fahrer: –

Nur ein → Grand-Prix-Einsatz war dem Team vergönnt, dann wurde der »mutige Versuch« wieder abgebrochen. Peter Connew, ein früherer Konstrukteur von John → Surtees, entwickelte zusammen mit zwei Freunden sowie einer Handvoll Mitarbeitern in einer Londoner Werkstatt einen Formel 1-Wagen, der zunächst nur eine Motor-Attrappe besaß und 1972 auf einer Rennwagen-Ausstellung gezeigt wurde. Durch den französischen Formel 2- und Sportwagenfahrer François Migault, der sich an einem Einsatz interessiert zeigte, kam plötzlich Geld in die Teamkasse und man konnte einen → Cosworth-Motor sowie ein besseres Getriebe einbauen. Der Rennstall meldete sich für den Großen Preis von Großbritannien an und David Purley schaffte es, sich für den letzten Startplatz zu qualifizieren, doch in der Aufwärmrunde musste er den Wagen wegen eines Aufhängungsschadens abstellen. Beim Großen Preis von Österreich konn-

Ein Connaught-Rennwagen mit Stuart Lewis-Evans am Steuer

te dann Migault sogar am Rennen teilnehmen, doch auch er wurde wiederum wegen eines Defektes in der → Aufhängung zur Aufgabe gezwungen. 1973 zog sich Connew in die Formel 5000 zurück, um kurz darauf auch in dieser Serie Schiffbruch zu erleiden.

Continental (Reifenhersteller)
GP-Rennen in der Fahrer-WM: 13 (1954–1958)
Siege: 10
Pole-Positions: 8
WM-Punkte: 147,14
Rennwagen: Mercedes, Cooper
Internet: www.continental.de

1871 wurde die Continental-Caoutchouc & Gutta-Percha Compagnie als Aktiengesellschaft in Hannover gegründet, um Bereifungen für Kutschen und Fahrräder zu fabrizieren. Schon 1914 konnten die mit Continental bereiften Daimler-Rennwagen beim Großen Preis von Frankreich als Erste die Ziellinie überqueren. Auch in der großen Zeit von → Mercedes und → Auto-Union in den dreißiger Jahren war Continental exklusiver Lieferant für diese erfolgreichen Rennwagen.

Als Mercedes 1954 in der Formel 1 sein → Grand-Prix-Comeback startete, war Continental wieder mit von der Partie und konnte in zwei Jahren Siege und WM-Titel miterleben. Nach dem Rückzug von Mercedes nach der Saison 1955 ging drei Jahre später nur noch → Cooper mit Continental-Reifen an den Start und siegte in Argentinien. Für die Hannoveraner waren die Entwicklungskosten in der Formel 1 zu hoch geworden und nach 1958 war die Marke endgültig aus der Königsklasse verschwunden.

Cooper (Rennwagenfirma)
GP-Rennen in der Fahrer-WM: 128 (1950–1969)
Pole Positions: 11
Siege: 16

Joakim Bonnier in einem Cooper beim Großen Preis von Deutschland 1965

Beste WM-Platzierung in der Konstrukteurswertung: Konstrukteursweltmeister (1959, 1960)
Bekannteste Fahrer: Mike Hawthorn, Maurice Trintigant, Stirling Moss, Tony Brooks, Dan Gurney, Phil Hill, Bruce McLaren, Jochen Rindt, Pedro Rodriquez, Jacky Ickx, Ritchie Ginther, Joseph Siffert, Ludovico Scarfiotti
Erfolgreichste Fahrer: Stirling Moss, Maurice Trintigant, Jack Brabham, Bruce McLaren, Pedro Rodriquez, John Surtees

Von der englischen Bastlerbude zum zweifachen Konstrukteursweltmeister: Das war der glorreiche Aufstieg des Cooper-Rennstalls, der bis Mitte der sechziger Jahre in etwa sein Niveau halten konnte, bis es dann allmählich bergab ging.

Charles und John Cooper kamen nach dem Zweiten Weltkrieg zum Rennsport und begannen 1948 mit dem Bau von 500-ccm-Wagen, die sich bald als recht erfolgreich erwiesen. Da die Cooper-Fahrzeuge wegen ihrer Unkompliziertheit bei den Kunden sehr beliebt waren, trat man bald an die Brüder mit der Bitte heran, doch auch Formel 1-Fahrzeuge zu entwickeln.

Der → Grand-Prix-Einstand verlief für Cooper allerdings ziemlich verheerend, denn bei der einzigen Teilnahme 1950 in Monaco startete Harry Schell aus der letzten Reihe, wo er kurz darauf in eine Massenkarambolage verwickelt wurde.

Zwei Jahre später gab es mit dem Modell T20 schon bessere Ergebnisse zu verzeichnen. Zwar bescheinigte die Expertenwelt dem hektisch zusammengebastelten Wagen ein »zerrissenes Äußeres«, doch der Brite Mike → Hawthorn avancierte in dieser Phase mit dem Cooper zum besten Nicht-Ferrari-Fahrer.

1953 hatte man aus den Erfahrungen gelernt und entwickelte ein leichteres Fahrzeug mit besserer → Aerodynamik, das allerdings keinerlei WM-Punkte einfuhr. Das änderte sich erst

Auch Bruce McLaren war 1965 mit einem Cooper unterwegs

fünf Jahre später, als der Australier Jack → Brabham in die Dienste des Rennstalls eintrat. Zusammen mit Stirling → Moss, Maurice → Trintigant und Roy Salvadori war er für 31 WM-Punkte und den dritten Platz in der Konstrukteurswertung verantwortlich. Moss und Trintigant schafften es in Argentinien und Monaco sogar zu Siegen und mit einem Male war das vorher etwas belächelte Cooper-Team zu einem ernsthaften Konkurrenten geworden.

1959 traten verschiedene Cooper mit → Maserati-, → Borgward- und → Osca- Motoren bei Formel 1-Rennen auf, doch nur der von einem → Coventry-Climax-Aggregat betriebene T51 war von überragender Leistung.

Mit ihm sowie dem Nachfolgemodell T53 sicherte sich Jack Brabham 1959 und 1960 die Fahrerweltmeisterschaft und Cooper gewann in diesen beiden Jahren auch die Konstrukteurswertung. Moss und der junge Newcomer Bruce → McLaren gelangten in diesen Jahren mit Cooper-Fahrzeugen ebenfalls zu Grand-Prix-Siegen.

Obwohl der Anstieg des Etats bei Cooper mit 50 000 Pfund im Vergleich noch recht niedrig ausfiel, war Charles Cooper über diese Höhe doch schockiert und verhielt sich von nun an recht knauserig bei den Ausgaben. Das führte zu einem allmählichen Absinken des Potentials und von 1962 bis 1967 kam das Team nur noch zu drei Siegen durch McLaren, John → Surtees und Pedro → Rodriquez, obwohl die Cooper-Cars noch immer in großer Anzahl bei den Formel 1-Rennen eingesetzt wurden.

1964 starb Charles Cooper und sein Sohn John wurde bei einem Verkehrsunfall schwer verletzt. Die Chipstead Motor Group übernahm dann 1965 unter der Leitung von Jonathan Stieff und Roy Salvadori den Bau der Cooper-Fahrzeuge.

John Cooper wurde nach seiner Genesung mit technischen Aufgaben betraut, aber eine

Erste Formel 1-Gehversuche in einem Cooper T86: Der spätere Weltmeister Jochen Rindt

Trendwende konnte nicht mehr vollzogen werden. Zwar entwickelte man immer noch emsig Fahrzeuge für alle Formel-Klassen, doch dem großen Erfolg fuhr man nur noch hinterher, obwohl die Fahrzeuge mit Klassepiloten wie Jochen → Rindt oder Joseph → Siffert immer noch für WM-Punkte gut waren.

1969 stieg die Chipshead-Gruppe aus und John Cooper fand keine neuen Geldgeber mehr. Am 11. Juni des selben Jahres wurden die Bestände des Rennstalls öffentlich versteigert. Ein einziges und letztes Rennen fuhr ein Cooper, eingesetzt von dem Autosammler Colin Crabbe, in Monaco mit Vic Elford am Steuer. Elford startete von Startplatz 16 und beendete das Rennen als Siebter und damit Letzter. Damit war ein Stück britische Rennsportgeschichte unwiderruflich zu Ende gegangen.

Copersucar (Rennwagenfirma)
GP-Rennen in der Fahrer-WM: 0
Pole Positions: 0
Siege: 0
WM-Punkte: 0
Beste WM-Platzierung in der Konstrukteurswertung seit 1958: 0
Bekannteste Fahrer: –
Erfolgreichste Fahrer: –

Das ehrgeizige Formel 1-Projekt lief zunächst unter der Bezeichnung des Sponsors Copersucar, einer behördlich genehmigten Vereinigung von brasilianischen Zucker-Produzenten. Als die Kooperation allmählich auslief, liefen die Formel 1-Fahrzeuge unter der Bezeichnung → Fittipaldi.

Cosworth (Motorenhersteller)
Die Cosworth Engineering entwickelte ab 1967 für die Formel 1 den erfolgreichsten Motor aller Zeiten. Die detaillierte Geschichte und Entwicklung ist unter dem Stichwort → Ford zu erfahren.

Coulthard, David (Pilot)
Geboren: 27.03.1971 in Twynholm/ Schottland
GP-Rennen in der Fahrer-WM: 107 (seit 1994)
Pole Positions: 10
Siege: 9
WM-Punkte insgesamt: 294
Beste WM-Platzierung im Gesamtklassement: Dritter 1995, 1997, 1998, 2000
Rennwagen: Williams, McLaren
Internet: www.nevis.co.uk/coulthard

Nach dem Tod von Ayrton → Senna wurde der junge Testfahrer David Coulthard sein Nachfolger bei → Williams. Trotz einiger Siege spielte der Schotte bisher in seinen Teams zumeist die zweite Geige.

Coulthard, als Sohn eines Spediteurs geboren, begann im Alter von 11 Jahren mit dem Kart-Fahren und wurde in der Zeit zwischen 1983 und 1988 sechsmal schottischer Kartmeister.

Ein Jahr später folgte das → Championat in der britischen Formel→ Ford-1600. Nach Jahren in der britischen Opel-→ Lotus-Serie, der englischen Formel 3, der Formel 3000 sowie dem anschließenden Sieg in der GT-Klasse bei den 24 Stunden von → Le Mans war das Paradebeispiel eines Rennfahrers 1993 als Testfahrer bei Williams angelangt.

Sein ursprüngliches Vorhaben, in diesem Umfeld langsam mit der Formel 1 vertraut zu werden, wurde 1994 durch Sennas Tod in → Imola jäh durchkreuzt. Nun musste Coulthard in die Bresche springen und schlug sich mit 14 Punkten achtbar, auch wenn er natürlich mit seiner Unerfahrenheit keinen vollständigen Ersatz für den dreifachen Weltmeister darstellen konnte und deshalb zeitweise von Gastfahrer Nigel → Mansell abgelöst wurde.

Erst nach einigen Vertragsstreitigkeiten zwischen Williams und → McLaren, die beide für 1995 die Dienste des Schotten für sich beanspruchten, ging der »Schwarm aller Schwiegermütter« dann in seine erste Vollzeitsaison.

Pech für Coulthard, dass er sich in der ersten Hälfte der Saison mit einer chronischen Mandelentzündung herumplagte und darum im Schatten seines Teamkameraden Damon → Hill stand. Zwar gelangen ihm beim Großen Preis von Portugal der erste Sieg sowie vier Poles in Folge, aber wegen einer Reihe von Anfängerfehlern verzichtete Frank Williams auf eine weitere Beschäftigung. Coulthard wechselte für 1996 als Teamgefährte von Mika → Häkkinen zu McLaren und leistete harte Aufbauarbeit mit den noch unausgereiften → Mercedes-→ Motoren.

1997 beendete Coulthards Sieg in Australien eine lange Durststrecke für das McLaren-Team. Trotzdem wurde der Schotte von Kollegen und Experten eher zwiespältig beurteilt und immer wenn alle glaubten, dass nach einem Sieg der Durchbruch erfolgen würde, fiel der Schotte wieder hinter Häkkinen zurück.

Obwohl Coulthard noch einen zweiten Sieg in dieser Saison in Italien feiern konnte, hatte er im WM-Duell zwischen Michael → Schumacher und Jacques → Villeneuve nie eine reelle Chance.

Die Früchte der McLaren/Mercedes-Liaison erntete dann 1998 und 1999 Teamkollege Häkkinen, der in diesen Jahren Weltmeister wurde, während Coulthards herausragendes Merkmal weiterhin die Unbeständigkeit blieb.

Er war jetzt zu einem »Schattenmann« geworden, der trotz gegenteiliger Behauptungen den jahrelangen Zweikampf gegen den Finnen eindeutig verloren hatte. Daran änderte sich auch in der Saison 2000 nichts, obwohl Coulthard nach seinem haarsträubenden Flugzeugabsturz einen Tag vor dem Großen Preis von Spanien, bald darauf die Großen Preise von Monaco und Frankreich gewinnen konnte.

Doch als alle wieder damit rechneten, dass der »fliegende Schotte« nun zum schärfsten Konkurrenten Schumachers um den WM-Titel heranreifen würde, fand der kurzzeitig schwächelnde Häkkinen zu alter Form zurück und Coulthard hatte mal wieder das Nachsehen.

Courage, Piers (Pilot)

Geboren: 27.05.1942 in Colchester/Großbritannien
Gestorben: 21.06.1970 in Zandvoort/Niederlande
GP-Rennen in der Fahrer-WM: 27 (1967–1970)
Pole Positions: 0
Siege: 0
WM-Punkte insgesamt: 20
Beste WM-Platzierung im Gesamtklassement: Achter (1969)
Rennwagen: Lotus, BRM, Brabham, De Tomaso

Der Sohn einer englischen Braudynastie war bis zu seinem Tod der beste Freund von Frank → Williams und unterstützte ihn beim Aufbau seines Teams. Doch als ihm fahrerisch der Durchbruch zu gelingen schien, starb er beim Großen Preis von Holland in den Flammen seines Fahrzeugs.

Courages Vater war Aufsichtsratsvorsitzender einer der größten Brauereien in England und sein Sohn begann an der exklusiven Hochschule in Eton zu studieren. 1962 begann er mit einem kleinen → Lotus-7-Sportwagen, Rennen zu fahren. Sein Vater war entschieden gegen diese Motorsportbegeisterung, aber der Junior erwiderte die Einwände mit dem Argument: »Du hattest den 2. Weltkrieg – lass mir den Rennsport.«

Doch weil der Vater die finanzielle Unterstützung verweigerte, dachte sein Filius 1963 daran, mit dem Rennfahren aufzuhören.

In seiner Not gründeten Courage und sein Rennfahrerfreund Jonathan Williams im schweizerischen Lausanne mit zwei Lotus-Formel-3-Rennwagen das Anglo Swiss Rennteam.

Zahlreiche Rennen wurden bestritten, aber Courages mangelnde Erfahrung und das unterlegene Material führten zu keinerlei Erfolgen. Erst als Charles Lucas zum Team stieß und zugleich neue → Brabham-Formel-3-Wagen mitbrachte, ging es aufwärts.

Courage fing an, Rennen zu gewinnen, doch häufig ging er unkonzentriert zu Werke und führte über seine zahlreichen Dreher sogar Statistiken.

Nachdem er in der neuseeländischen Tasman-Serie erfolgreich abschnitt, ging er 1967 mit einem Lotus erstmals bei der Formel 1 an den Start. Das Debüt im südafrikanischen → Kyalami endete mit einem Ausfall.

Aber ein Jahr später vertraute ihm Reg Parnell einen → BRM an, mit dem er in Frankreich und Deutschland punkten konnte. Parallel dazu fuhr er für seinen engen Freund

Piers Courages Formel 1-Karriere wurde in Zandvoort beendet, bevor sie richtig begonnen hatte

Frank Williams einen Brabham in der Formel 2. Ebenfalls mit Rennwagen von Brabham gingen Courage und Williams 1969 auch in ihre erste gemeinsame Formel 1-Saison. Courage gelangen in Monaco und → Watkins Glen jeweils zweite Plätze und mit 18 WM-Punkten der achte Platz in der Fahrerweltmeisterschaft.

Mit einem Rennwagen von → de Tomaso sollte 1970 der Aufwärtstrend fortgesetzt werden, doch in den ersten vier Rennen dieser Saison blieb man punktelos. In → Zandvoort kam Courage beim Kampf um Platz 4 von der Piste ab und verbrannte in seinem Wagen. Von Courage blieb nur Asche übrig und Frank Williams hatte den besten Freund seines Lebens verloren. Noch heute erinnert eine Gedenktafel im Empfangsraum des Williams-Werkes an den früheren Weggefährten.

Coventry-Climax (Motorenhersteller)
GP-Rennen in der Fahrer-WM: 96 (1957–1969)
Pole Positions: 44
Siege: 40
WM-Punkte: 866, 5
Rennwagen: Cooper, Lotus, Ferguson, Brabham, Eagle, Gilby, JBW

1903 von H. Pulham Lee, einem ehemaligen Mitarbeiter von Daimler, gegründet, entschloss sich sein Sohn Leonard 1957 die Motoren von Coventry-Climax auch im Rennsport einzusetzen, um mehr Kunden anzulocken.

Die Formel 1-Teams → Cooper und → Lotus überzeugten Lee davon, einen 2,5-Liter-Motor zu bauen, der erstmals in Mittelmotorwagen eingesetzt werden konnte und in der Formel 1 eine neue Epoche einläutete.

Durch die gute Straßenlage der Cooper-Fahrzeuge und das leichte Gewicht des Climax-Aggregats konnte man 1959 und 1960 gemeinsam den Weltmeistertitel bei den Konstrukteuren und mit Jack → Brabham bei den Fahrern feiern.

Auch 1961, mit dem Beginn der 1,5- Liter-Formel, gehörten die Motoren von Climax zu den erfolgreichsten und Jim → Clark feierte mit dem Triebwerk im Lotus-Heck 1963 und 1965 zwei WM-Titel. 1963 wurde Coventry von → Jaguar übernommen und nach der Einführung der 3-Liter Formel im Jahre 1966 stellte man den Bau von Formel 1-Motoren ein. Modifizierte Versionen der alten Aggregate wurden noch bis 1969 eingesetzt, konnten aber nicht mehr an die großen Erfolge anknüpfen.

Crash-Test
Bei dieser Sicherheitsprüfung in der Formel 1 müssen die einsitzigen Fahrgastzellen einen frontalen Aufprall mit mindestens 50 km/h unbeschadet überstehen.

CSI
Die CSI (Commission Sportive Internationale) war bis 1981 als Kommission von der → FIA beauftragt, das sportliche Reglement zu kontrollieren. Nach 1981 wurde die CSI von der → FISA abgelöst.

D

Dallara (Rennwagenfirma)
GP-Rennen in der Fahrer-WM: 92 (1988–1993)
Pole Positions: 0
Siege: 0
WM-Punkte: 15
Beste WM-Platzierung in der Konstrukteurswertung seit 1958: Achter (1989, 1991)
Bekannteste Fahrer:
Andrea de Cesaris, JJ Lehto, Michele Alboreto
Erfolgreichste Fahrer:
Alex Caffi, Andrea de Cesaris, JJ Lehto

Vier Jahre lang gehörte Dallara zu den soliden Mittelklasse-Teams und ausgerechnet, als man sich durch die Zusammenarbeit mit → Lola für höhere Ziele rüstete, sorgte diese Kombination für das endgültige Aus.

Der italienische Designer und Konstrukteur Giamolo Dallara, der u.a. auch bei → Maserati und → Ferrari tätig war, setzte erstmals 1978 einen Formel 3-Wagen unter seinem Namen ein.

Zusammen mit dem Millionär »Beppe« Lucchini, der den Rennstall sponsorte, sowie Konstrukteur Sergio Rinland debütierte man 1998 mit dem italienischen Nachwuchsfahrer Alex Caffi in der Formel 1.

Mit einem konventionellen Wagen, der von → Ford -→ Motoren betrieben wurde, gab es mit dem Ein-Fahrer-Team respektable Ergebnisse, wenn auch keine WM-Punkte. Für die nächste Saison erhöhten die → Sponsoren ihr Engagement und neben Caffi wurde mit dem routinierten Andrea → de Cesaris ein zweiter Pilot eingesetzt. Dem neuen Wagen wurde von den Fahrern großes Potential attestiert und tatsächlich konnten mit dem dritten Platz von de Cesaris in Kanada sowie dem vierten von Caffi in Monaco einige Glanzlichter gesetzt werden. Zudem stand Caffi in Ungarn hinter Ricardo → Patrese und Ayrton → Senna auf dem dritten Startplatz und verpasste weitere Punkte nur knapp.

Dieser Erfolg konnte 1990 nicht wiederholt werden. Zwar stand de Cesaris beim Auftaktrennen in den USA auf Startplatz 3, doch die mittlerweile veralteten Cosworth-Motoren als auch die Unbeständigkeit von de Cesaris ließen das Team zu keinerlei WM-Punkten kommen. Finanziell war man weiterhin durch Sponsor Phillips Morris abgesichert und ging mit → Judd-V10-Motoren und den Piloten JJ → Lehto und Emanuelle Pirro zuversichtlich in die Saison 1991.

Mit dem dritten Platz beim Großen Preis in → Imola konnte Lehto für das Team wieder einen Podestplatz erreichen und mit dem sechsten Platz von Pirro in → Monaco war man am Ende in der Konstrukteurswertung Achter.

Beim Start der Saison 1992 zählte man Dallara zu den »potentiellen Aufsteigern der Saison«, weil → Ferrari seinen Zwölfzylindermotor zur Verfügung stellte und neben Lehto mit Pierluigi Martini ein weiterer vielversprechender Fahrer angeheuert wurde.

Doch die hochgesteckten Erwartungen erlebten eine unsanfte Bruchlandung. Mit dem schwierig zu hantierenden Boliden gab es nur zwei kümmerliche WM-Punkte durch Martini und in Ungarn verpasste Lehto die Qualifikation.

Hinter den Kulissen wurde bereits an einer Kooperation mit der Rennmarke → Lola verhandelt, was auch erfolgreich zum Abschluss gebracht werden konnte.

Das Team ging jetzt unter der Bezeichnung BMS Lola-Ferrari in die Saison 1993, für Giampolo Dallara war Lola-Eigner Eric Broadley als Konstrukteur gekommen sowie mit dem alten Hasen Michele → Alboreto und Formel 3000-Europameister Luca Badoer eine neue Fahrerpaarung. Die optimistischen Erwartungen endeten in sieben Nichtqualifikationen oder hintersten Startplätzen mit einem Fahrzeug, das nach Expertenmeinungen »nicht den Mindestansprüchen an ein modernes → Chassis gerecht wurde«. Eine Neukonstruktion wurde zu spät in Angriff genommen und noch vor Ende der Saison zog sich Dallara für immer zurück.

Dallas (Rennstrecke)
GP-Bezeichnung: Großer Preis der USA
Streckenlänge: 3,901 km
Renndistanz: 67 Runden = 261,367 km
Erstes Formel 1-Rennen: 1984
Letztes Rennen: 1984
Gesamtzahl GP: 1
Sieger: Keke Rosberg

Dallas war neben der Rennstrecke in → Las Vegas ein weiterer Formel 1-Witz in Sachen amerikanischer → Grand-Prix-Rennen. Bei permanent 40 Grad ohne Schatten schmolz der Asphalt dahin und reihenweise rutschten die Fahrer in der Saison 1984 in die Betonmauern. Larry Hagman, damals im deutschen Fernsehen äußerst populär in seiner Rolle als J. R. Ewing in der Soap opera »Dallas«, durfte das Rennen mit der grünen Flagge abwinken und Schauspielerkollegin Linda Gray alias Sue Ellen gab dem Sieger Keke → Rosberg am Ende ein Küsschen. Rosberg schlich mit der Durchschnittsgewindigkeit von 129,203 km/h um den Kurs, was dieses Rennen zum langsamsten in der Formel 1-Geschichte machte.

Danner, Christian (Pilot)
Geboren: 04.04.1958 in München/ Deutschland
GP-Rennen in der Fahrer-WM: 35 (1985–1989)
Pole Positions: 0
Siege: 0
WM-Punkte insgesamt: 4
Beste WM-Platzierung im Gesamtklassement: Achtzehnter 1989
Rennwagen: Zakspeed, Osella, Arrows, Rial

Der Sohn des berühmten Unfallforschers Max Danner muss insgesamt auf eine wenig erfreuliche Formel 1-Laufbahn zurückblicken, die geprägt war von schwachen Teams, zahlreichen Nichtqualifikationen und spärlichen WM-Punkten. Danner war 1985 der erste Europameister der neugegründeten Formel 3000. Zur Belohnung durfte er in diesem Jahr zwei Formel 1-Rennen für den deutschen → Zakspeed-Rennstall bestreiten, die beide mit Ausfällen endeten. 1986 fuhr er sechs → Grand-Prix-Einsätze in einem → Osella. Einmal qualifizierte er sich nicht und die restlichen Rennen konnte er nicht beenden.

Erst ein Jahr später gelang dem »Sunnyboy aus München« mit → Arrows der erste WM-Punkt beim Großen Preis von Österreich.

1987 kehrte er zu Zakspeed zurück, aber die mageren Saisonergebnisse führten dazu, dass er im nächsten Jahr ohne Formel 1-Vertrag dastand. Im → Rial-Team des ehemaligen → ATS-Eigentümers Günter Schmid erhielt Danner ein Jahr später nochmals eine Chance. Hier schaffte er in der Saison 1989 mit dem vierten Platz beim Großen Preis in → Phönix die beste Platzierung seiner Laufbahn, obwohl er vom letzten Startplatz aus ins Rennen gestartet war. Anstatt eines Aufwärtstrends folgten nach einem achten Platz in Kanada sieben Nichtqualifikationen und die anschließende Entlassung. Danach bekam Danner keine Chance mehr, sich noch einmal in der Formel 1 zu beweisen. Renneinsätze gab es danach für ihn in der Deutschen Tourenwagenmeisterschaft sowie vereinzelt bei IndyCar-Rennen. Heute ist Danner ein kompetenter Co-Kommentator bei der deutschen Fernsehübertragung von Formel 1-Rennen.

de Angelis, Elio (Pilot)
Geboren: 26.03.1958 in Rom/Italien
Gestorben: 15.05.1986 in Marseille/ Frankreich
GP-Rennen in der Fahrer-WM: 108 (1979–1986)
Pole Positions: 3
Grand-Prix-Siege: 2
WM-Punkte: 122
Beste Saison-Platzierung: Dritter 1984
Rennwagen: Shadow, Lotus, Brabham

Als letztes Fahrer-Opfer der Formel 1 vor dem → Imola-Desaster im Jahr 1994 ist de Angelis vermutlich bekannter geworden als durch seine beachtliche Rennkarriere.

Dem ausgezeichneten Klavierspieler wurde durch die Lire seines millionenschweren Vaters die Rennsportkarriere wesentlich erleichtert. Zuerst finanzierte ihm der Bauunternehmer ein Go-Kart, in dem er italienischer Meister, Vizeweltmeister und Europameister wurde. Mit 19 Jahren stieg de Angelis in die Formel 3 ein, wo er 1978 in Monaco gewinnen konnte. Ein Jahr darauf gab der große Jim-→ Clark-Fan sein Formel 1-Debüt im → Shadow-Rennstall. Beim ersten Rennen in Argentinien wurde er Siebter und beim letzten Lauf der Saison in → Watkins Glen konnte de Angelis mit dem vierten Platz seine ersten WM-Punkte verzeichnen. → Lotus-Besitzer Colin Chapman wurde auf ihn aufmerksam und bot ihm ein → Cockpit für die Saison 1980 an. Für de Angelis ging ein Traum in Erfüllung, denn er durfte für den selben Rennstall fahren, in dem sein Idol Jim Clark Ruhm und Ehre erreicht, aber auch den Tod gefunden hatte. Lotus befand sich zwei Jahre nach dem Titelgewinn von Mario → Andretti in einer technologischen Krise. Zwar konnte de Angelis beim Rennen in Brasilien einen 2. Platz feiern, aber ansonsten gab es für ihn in diesem Jahr nur vereinzelt Punkte.

Trotz allem war er in dieser, wie auch in der nächsten Saison jeweils bester Lotus-Pilot und konnte seinen Teamkollegen Andretti sowie Nigel → Mansell in Schach halten. 1982 lief es besser für den »unspektakulären Perfektionisten«, denn in Österreich eroberte er sich seinen ersten Formel 1-Sieg, welcher zugleich eine vierjährige Dürreperiode von Lotus beendete.

Nach dem Tode Chapmans geriet Lotus in ein noch tieferes Loch und de Angelis sah in der Saison 1983 nur in zwei von 15 Rennen die Zielflagge, darunter war ein fünfter Platz beim Großen Preis von Italien.

1984 punktete der »schwarze Prinz« wieder regelmäßig und konnte mit dem dritten Platz in der Gesamtwertung seinen größten Erfolg

Christian Danner noch zu Formel 2-Zeiten 1982 in einem March

feiern. Die Party war aber schon in der nächsten Saison zu Ende, denn Lotus engagierte für Mansell den ehrgeizigen Ayrton → Senna, der schon bald das gesamte Lotus-Team an sich reißen konnte und mit zwei Saisonsiegen die klare Nummer 1 wurde.

Zwar konnte auch de Angelis dank der → Disqualifikation von Alain → Prost beim Großen Preis von San Marino noch einmal siegen, aber der Brasilianer lag am Ende im internen Stallduell klar vorne.

De Angelis wechselte 1986 zum → Brabham-Rennstall, weil er sich von deren extrem flacher Neukonstruktion noch einmal eine Chance auf den Weltmeistertitel erhoffte. Doch die ersten vier Rennen waren entmutigend und de Angelis fand sich auf den hintersten Startplätzen wieder und musste drei Ausfälle beklagen. Der Italiener war zu dieser Zeit mit dem Ex-Bravo-Girl Ute Kittelberger zusammen, die vorher mit dem deutschen Schlagersänger Bernd Clüver liiert war. Bei Testfahrten in → Le Castellet verlor der Brabham BT55 seinen → Heckflügel und der Wagen ging nach mehreren Überschlägen in Flammen auf. De Angelis erlag zwei Tage später in einem Marseiller Krankenhaus seinen schweren Verletzungen.

de Cesaris, Andrea (Pilot)
Geboren: 31.05.1959 in Rom/Italien
GP-Rennen in der Fahrer-WM: 208 (1980–1994)
Pole Positions: 1
Siege: 0
WM-Punkte insgesamt: 67
Beste WM-Platzierung im Endklassement:
Achter (1983)
Rennwagen: Alfa Romeo, McLaren, Ligier, Minardi, Brabham, Rial, Dallara, Jordan, Tyrrell, Sauber

Nachdem de Cesaris in der Saison 1981 bei → McLaren zwölf Chassis verschrottete, hatte er für den Rest seiner Laufbahn den Spitznamen »de Crasheris« weg und sein Teamchef Teddy Mayer äußerte damals über ihn: »Wenn ich sein

Elio de Angelis mit Sponsorenkappe und Freundin Ute Kittelberger

Vater wäre, würde ich ihm das Rennfahren verbieten.« Der ehemalige Student der Wirtschaftswissenschaften war mit 14 Jahren bereits Kartweltmeister und → Alfa Romeo gab ihm 1980 als zweitem Ersatzfahrer nach Bruno Giacomelli für den bei Testfahrten tödlich verunglückten Patrick → Depailler die erste Formel 1-Chance.

Eine Saison später saß er bereits in einem → McLaren und bestritt seine erste komplette Rennsaison. Außer zahlreichen Karambolagen stand am Ende nur ein einziger WM-Punkt zu Buche und de Cesaris kehrte 1982 notgedrungen und dank seines Sponsors zu Alfa Romeo zurück. In dieser Saison schaffte der Mann mit dem »unkontrollierten Augenrollen« seine erste und einzige → Pole Position beim → Grand Prix in → Long Beach. Im Rennen behielt er zunächst die Führung, drohte aber beim Überrunden einem Konkurrenten mit der Faust, vergaß dabei das Schalten und fiel aus. Ein Jahr später verzeichnete de Cesaris mit zwei → Podiumsplätzen und 15 WM-Punkten seine erfolgreichste Saison, doch in der Fachwelt galt er weiterhin als ungestümer Fahrer, der wegen häufiger Unfälle seinem Rennstall teuer zu stehen kam.

Als er nach insgesamt fruchtlosen Jahren bei Hinterbänkler-Teams wie → Ligier, → Minardi, → Brabham, → Rial und → Dallara 1991 beim Newcomer-Team → Jordan anheuerte, hatte er bei 150 Starts gerade 47 WM-Punkte zu verzeichnen.

Dass man bei seinem ehemaligen Arbeitgeber Dallara die Verpflichtung eines Nachwuchsmannes anstatt seiner Person als »eindeutige Verbesserung auf dem Fahrersektor« beurteilte, muss auf den sympathischen Günstling einer Zigarettenmarke geradezu demütigend gewirkt haben.

Doch bei Jordan belehrte de Cesaris plötzlich alle eines Besseren und eroberte nicht nur stolze acht WM-Punkte mit dem neuen Fahrzeug, sondern war beim Team auch als akribischer Mitarbeiter geschätzt, der sich per Notizheft alle wichtigen technischen Details einpaukte. Beim Großen Preis von Belgien lag er lange Zeit hinter dem führenden Ayrton → Senna auf dem zweiten Platz, bis er mit überhitztem Motor aufgeben musste. Trotzdem wurde er beim Training düpiert, weil sein neuer Teamkollege Michael → Schumacher auf Anhieb bessere Zeiten fuhr.

Somit musste sich de Cesaris nach einem neuen Arbeitsplatz umsehen und fand ein → Cockpit bei → Tyrrell. Die Fachwelt zollte dem einstigen Bruchpiloten mittlerweile ihre Anerkennung und bewunderte seine »ungebrochene Motivation« und seinen Einsatzwillen.

Doch nach den zwei Tyrrell-Jahren war de Cesaris 1994 plötzlich ohne Vertrag. Beim dritten Lauf in San Marino wurde er bei Jordan noch einmal Ersatzfahrer für den gesperrten Eddie → Irvine und konnte beim anschließenden Rennen in Monaco einen vierten Platz erobern. Nach diesem gelungenen Comeback engagierte man ihn bei → Sauber für den schwer verunglückten Karl → Wendlinger. In den Trainingssitzungen verlor er sämtliche Trainings-Duelle gegen Heinz-Harald → Frentzen, schaffte nur noch einen WM-Punkt und trat nach dem Großen Preis von Europa unwiderruflich zurück.

De Fillips, Maria Teresa (Pilotin)
Geboren: 11.11.1926 in Neapel/Italien
GP-Rennen in der Fahrer-WM: 3 (1958–1959)
Pole Positions: 0
Siege: 0
WM-Punkte insgesamt: 0
Beste WM-Platzierung im Gesamtklassement: 0
Rennwagen: Maserati, Porsche

1958 rieb sich die Männerwelt der Formel 1 verwundert die Augen, als sich beim Großen Preis von Belgien unter den Teilnehmern eine 31jährige Frau namens Maria Teresa de Fillips befand. In einem → Maserati 250F hatte sie sich für den 19. und damit letzten Startplatz qualifiziert. Das Rennen beendete sie ebenfalls mit zwei Runden Rückstand als Schlusslicht, was in diesem Rennen Platz 10 bedeutete. Zuvor hatte sie sich mit dem Maserati in Monaco nicht qualifizieren können, doch anschließend nahm sie in Portugal und Italien noch an zwei

Läufen teil, wo sie beide Male mit Motorschaden ausfiel. Ein letzter Versuch 1959 mit einem → Porsche endete in Monaco ebenfalls mit einer verpassten Teilnahme.

Deflector
Der Deflector, ein seitliches Luftleitblech, befindet sich zwischen der Vorderradaufhängung und den Seitenkühlern der Formel 1-Wagen. Dadurch soll aufgewirbelte Luft, welche durch die Vorderräder entsteht, wieder eliminiert werden, was der Strömung des Kühlers zugute kommt. Der Deflector wurde von → McLaren erfunden und 1991 erstmals eingesetzt.

de la Rosa, Pedro (Pilot)
Geboren: 24.02.1971 in Barcelona/Spanien
GP-Rennen in der Fahrer-WM: 32 (seit 1999)
Pole Positions: 0
Siege: 0
WM-Punkte insgesamt: 3
Beste WM-Platzierung im Gesamtklassement: Sechzehnter 2000
Rennwagen: Arrows
Internet: www.pedrodelarosa.com
Der spanische Hoffnungsträger konnte 1999 in seinem Debüt-Rennen direkt punkten und zeigte auch in der Saison 2000 zahlreiche gute Rennleistungen, so dass de la Rosa sich eventuell zum ersten Spitzenpiloten Spaniens entwickeln könnte.

Erste Aufmerksamkeit errang de la Rosa, als er 1989 die spanische Formel Fiat Uno gewinnen konnte, worauf ein Jahr später das → Championat in der spanischen Formel-→ Ford-1600 folgte. 1992 gewann der Katalane, der als eines seiner Hobbys Stierkämpfe angibt, auch die britische Formel-→ Renault-Serie und 1994 die britische Formel 3. Nachdem er sich 1995 auch vorzeitig den Meistertitel der japanischen Formel 3 sichern konnte, setzte de la Rosa seiner Erfolgsserie 1997 die Krönung auf, indem er in der Formel Nippon alle zehn Rennen gewinnen konnte und zudem mit Michael Krumm die GT-Serie für sich entschied. Formel 1-→ Teamchef Eddie → Jordan wurde auf ihn aufmerksam und verpflichtete den Shooting-Star als Testpilot. Dank seiner Sponsorengelder gelang es de la Rosa dann, für 1999 ein → Cockpit bei → Arrows zu ergattern. Obwohl er in seinem ersten Rennen gleich Sechster werden konnte, wurde es eine bittere Saison für den »Stolz Kataloniens«, denn der unterklassige Arrows-Rennstall war nach den vollmundigen Versprechungen von Teamchef Tom Walkinshaw mit eigenem Motor kaum noch konkurrenzfähig, so dass es für de la Rosa nur zu fünf Zielankünften reichte.

Doch in der Saison 2000 war beim Team ein Aufwärtstrend zu verzeichnen und de la Rosa fuhr des öfteren im vorderen Feld mit, konnte aber materialbedingt nur die wenigsten Rennen beenden. Immerhin schaffte er dennoch zwei WM-Punkte und auch eine schwere Kollision beim Massenunfall in → Monza überstand der Spanier unbeschadet.

Dennis, Ron (Teamchef)
Der Perfektionist hievte als Chef von → McLaren den Rennstall zu zahlreichen Championatsgewinnen und nach einer kurzen Talsohle gelang Dennis dank der → Mercedes-→ Motoren eine Rückkehr in die Erfolgsspur.

Nach seinem Schulabschluss fand Dennis eine Anstellung als Formel 1-Mechaniker beim → Cooper-Rennstall. Zusammen mit Jochen → Rindt wechselte er 1968 als Chefmechaniker zu → Brabham und begann sich zunehmend auch für die geschäftliche Seite des Motorsports zu interessieren.

Zusammen mit seinem Freund Keith Rundel gründete er 1971 das Rondel-Team, um erfolgreich Rennwagen in der Formel 2 einzusetzen. Doch ein Jahr später verunglückte Dennis schwer, weil er am Lenkrad eingeschlafen war und nur durch eine plastische Operation konnte man sein Gesicht retten. Nach seiner Genesung expandierte die Firma und erwarb sich den Ruf, perfekte und schnelle Autos für den Rennbetrieb zu präparieren. In den späten siebziger Jahren engagierte Dennis den Konstrukteur John → Barnard und plante mit seinem Project Four den Formel 1-Einstieg, wofür ein lukrativer Auftrag von → BMW für den Bau eines Procar-Wagens die finanziellen Voraussetzungen schuf. Doch Marlboro, der langjährige Sponsor von Dennis, hatte als Geldgeber mittlerweile die Geduld mit den immer dürftiger werdenden → Grand-Prix-Leistungen von → McLaren verloren und forcierte die Fusion zwischen Project Four und dem Formel 1-Traditionsteam. Dennis erwarb 50 % der McLaren-Anteile und krempelte mit straffem Management den Rennstall komplett um. Elf Jahre später hatte Dennis als Teamchef Fahrer wie Ayrton → Senna, Niki → Lauda und Alain → Prost zu Weltmeisterehren geführt und mit dem Rennstall sechs Konstrukteurstitel gesammelt. Als Zugabe erfolgte für Dennis 1992 dann noch in England die Wahl zum »Manager des Jahres«. Doch von nun an musste sich der Mann, der nichts mehr hasst als das Verlieren, an zunehmenden Misserfolg gewöhnen. 1993 erwies sich die Liason mit den Motoren von → Peugeot als siegloser Rohrkrepierer. Dennis fackelte nicht lange, schickte die Franzosen in die Wüste und bandelte mit → Mercedes an. Doch ab 1994 dauerte es noch weitere drei Jahre, bis Dennis sein Team wieder zu Siegern machte und 1998 und 1999 den WM-Titel mit Mika → Häkkinen feiern konnte. Seitdem kann der Multimillionär wieder frohgemut seine vielen Gesichter von charmant bis verschlagen zeigen. In seinem Team duldet er außer bei den Fahrern keinen Star neben sich und seine Ordnungsliebe, die sich in blitzsauberen Boxen und makellosen Mechanikermonturen niederschlägt, hat in der Formel 1 bereits einen legendären Ruf.

Da kann sich der gegenüber der Presse sehr misstrauische »Mister Perfect« schon mal einen verbalen Ausrutscher leisten, indem er in der Saison 2000 das Boxenchaos in Monaco als »Zustände wie in der Dritten Welt« bezeichnete.

Depailler, Patrick (Pilot)
Geboren: 09.08.1944 in Clermont-Ferrand/Frankreich
Gestorben: 01.08.1980 am Hockenheimring/Deutschland
GP-Rennen in der Fahrer-WM: 95 (1970–1980)
Pole Positions: 1
Siege: 2
WM-Punkte insgesamt: 141
Beste WM-Platzierung im Gesamtklassement: Vierter (1976)
Rennwagen: Tyrrell, Ligier, Alfa Romeo

Als Kettenraucher und Pink-Floyd-Fan entsprach der Franzose so gar nicht dem Bild des nüchtern-asketischen Motorsportlers und sein Hang zu gefährlichen Extremsportarten verhinderte eine noch erfolgreichere Formel 1-Karriere.

Im Alter von 18 Jahren begann Depailler mit Motorradrennen und wurde 1963 französischer Meister in der 50-ccm-Klasse.

Ein Jahr später beteiligte er sich mit einem → Lotus-Sportwagen an Provinzrennen in Frankreich und gab 1967 seinen Einstand in der französischen Formel 3-Meisterschaft. Nach viermaligem Anlauf gelang es ihm 1971 auch hier, den nationalen Meistertitel zu erringen. Mit Unterstützung eines französischen Mineralölkonzerns konnte Depailler 1972 zwei Formel 1-Einsätze für → Tyrrell fahren und wurde im zweiten Lauf in den USA Siebter. Auch in der folgenden Saison wollte Ken Tyrrell dem Franzosen für einige Rennen einen Wagen zur Verfügung stellen, doch bei einem Motorradunfall brach sich der Franzose ein Bein und musste längere Zeit pausieren.

Aber Tyrrell zeigte sich geduldig und gab ihm 1974 eine weitere Chance, wobei sich Depailler allerdings vertraglich verpflichten musste, keine gefährlichen Sportarten mehr auszuüben. In seiner ersten Vollzeitsaison sammelte der »in vieler Hinsicht kleine Junge« einige gute Platzierungen und wurde beim Großen Preis von Schweden als Zweiter abgewunken. Auch 1975 fuhr Depailler solide, ohne spektakulär hervorzutreten, aber für die Saison 1976 war Depailler entscheidend mitbeteiligt, dass eines der kuriosesten Rennwagenmodelle seinen Einstand beim Großen Preis von Spanien feiern konnte. Denn es war der draufgängerische Franzose, der den Tyrrell-Konstrukteur Derek Gardner dazu motivierte, den

Auch Patrick Depailler verstarb als Formel 1-Fahrer viel zu früh

sechsrädrigen P34 zur Rennreife zu entwickeln. Depailler fühlte sich sofort pudelwohl mit dem anfangs belächelten Gefährt und platzierte sich beim Debüt des Sechsräders in → Jarama gleich für die zweite Startreihe.

Im Verlauf der weiteren Saison holte er in weiteren Rennen mehrere → Podiumsplätze und wurde am Ende Vierter der Gesamtwertung. Aber trotz hartem kämpferischen Einsatz bis zur Schmerzgrenze musste Depailler noch zwei Jahre warten, bis ihm 1978 beim Großen Preis von Monaco endlich der erste Formel 1-Sieg gelang. Depailler verließ Tyrrell am Ende dieser Saison, um sich zusammen mit Landsmann Jacques → Laffite dem französischen Nationalrennstall → Ligier anzuschließen.

Die Saison 1979 begann verheißungsvoll, denn das französische Duo dominierte die beiden ersten Rennen eindeutig und Depailler wurde jeweils Vierter und Zweiter, während Laffite beide Läufe gewann. Der große Verehrer von Frankreichs Formel 1-Idol Jean → Behra konnte dann das Rennen in Spanien für sich entscheiden und seine beste → Grand-Prix-Saison schien sich anzubahnen.

Aber nach Platz 5 in Monaco verunglückte Depailler beim Drachenfliegen und zeitweise drohte ihm die Querschnittslähmung. Nach monatelangem Spitalaufenthalt kehrte der »erfrischend frivole Lebenskünstler« 1980 mit einem Vertrag bei → Alfa Romeo in die Formel 1-Szenerie zurück, fiel aber in den ersten acht Rennen immer wegen Motor- und Materialdefekten aus. Eine Woche vor dem Großen Preis von Deutschland unternahm Depailler für Alfa Romeo einige Testfahrten am → Hockenheimring. In der schnellen Ostkurve brach die → Aufhängung des Alfa und der Wagen zerschellte in den → Leitplanken, Depailler verstarb noch am Unfallort.

Derrington-Francis (Rennwagenfirma)
GP-Rennen in der Fahrer-WM: 1 (1964)
Pole Positions: 0
Siege: 0
Beste WM-Platzierung in
der Konstrukteurswertung: 0
Bekannteste Fahrer: –
Erfolgreichste Fahrer: –
1963 modifizierten Vic Derrington und Rennmechaniker Alf Francis einen → A.T.S.-Rennwagen, indem sie einen neuen Gitterrohrrahmen sowie eine neue Verkleidung spendierten.

Mario Carbral, der zwischen 1959 und 1963 drei Formel 1-Rennen mit einem → Cooper-Rennwagen bestritten hatte, stellte den Derrington-Francis 1964 beim Großen Preis von Italien auf den letzten Platz und schied nach 18 Runden mit Zündungsproblemen aus. Für Fahrer und Rennwagen war es der letzte → Grand-Prix-Einsatz.

Design
Englische Bezeichnung für Formgebung, welche für die optische Konstruktion eines Formel 1-Wagens verantwortlich ist.

Designer
Diese Bezeichnung ist gleichbedeutend mit dem Konstrukteur eines Rennwagens.

De Tomaso
(Rennwagenfirma, Motorenhersteller)
GP-Rennen in der Fahrer-WM: 10 (1962–1970)
Pole Positions: 0
Siege: 0
WM-Punkte: 0
Beste WM-Platzierung in
der Konstrukteurswertung: 0
Bekannteste Fahrer: Piers Courage, Brian Redman
Erfolgreichste Fahrer: –
Für Frank → Williams waren die De Tomaso-Fahrzeuge erste Gehversuche für die Eroberung der Formel 1, doch der schreckliche Tod seines engen Freundes Piers → Courage hinterließ nichts als Verzweiflung und »silbrige Asche«.

Der frühere Rennfahrer Alejandro de Tomaso gründete 1959 in Modena die Firma De Tomaso Automobili und entwickelte hier oft an der »Grenze zum Dilettantismus« verschiedene Rennwagen von der Junior-Klasse bis zur Formel 1.

Die von 1961 bis 1963 bei einigen Großen Preisen eingesetzten Fahrzeuge waren nicht annähernd konkurrenzfähig, so dass sich der Italiener 1969 mit Frank Williams und Konstrukteur Giampolo → Dallara zusammenschloss, um seine Wettbewerbschancen für die Saison 1970 zu verbessern.

Der von Dallara entwickelte Wagen mit der merkwürdigen Bezeichnung 505/1, 2, 3 entpuppte sich in der Formel 1-Saison als übergewichtig und von massigem → Design. Schon beim zweiten Lauf in Spanien wurde ein Fahrzeug von Piers → Courage verschrottet, doch bei der International Trophy kam der Brite auf den 3. Platz.

Kurz darauf kam es beim Großen Preis in → Zandvoort zur Katastrophe, als Courage von der Piste abkam und in seinem Wagen verbrannte. Zwar fuhr de Tomaso die Saison mit den Fahren Brian Redman und Tim Schenken ohne Erfolg zu Ende, doch dann wurde das Projekt ad acta gelegt, denn Frank Williams hatte durch den Verlust seines besten Freundes einen Schock erlitten, von dem er sich erst allmählich erholen konnte.

Detroit (Grand-Prix-Kurs)
GP-Bezeichnung: Großer Preis der USA
Streckenlänge: 4,012 km (1982),
4,023 km (1983–1988)
Renndistanz: 63 Runden = 253,472 km
Erstes Formel 1-Rennen: 1982
Letztes Rennen: 1988
Gesamtzahl GP: 7
Erster Sieger: John Watson (1982)
Häufigster Sieger: 3 x Ayrton Senna
(1986, 1987, 1988)

Als die Millionenstadt Detroit Anfang der achtziger Jahre stark von der Wirtschaftskrise betroffen war und sich dadurch verschuldete, kam man auf die Idee, durch den Bau einer Rennstrecke wieder Touristen anzulocken.

Mit einem Budget von 1, 5 Millionen Dollar wurde 1981 mit dem Bau der Strecke begonnen. Als Zentrum der amerikanischen Automobilindustrie schien der Straßenkurs theoretisch ein geeigneter Ort für die Austragung eines Formel 1-Weltmeisterschaftslaufes zu sein. Doch die eckige Piste der »amerikanischen Monte-Carlo-Imitation« stand in der Gunst der Piloten am untersten Ende der Sympathieskala.

Durch die starke Hitze brach teilweise der Asphalt auf und verhinderte ansprechende Rundenzeiten. Die vielen eckigen Kurven und insgesamt 135 Gullideckel, die aus der Strecke herausragten, machten einen flüssigen Fahrstil unmöglich. So waren alle Beteiligten heilfroh, als hier 1988 der letzte Große Preis der USA stattfand und ab 1989 für drei Jahre nach → Phoenix wechselte.

Differential-Getriebe
Durch diese spezielle Getriebetechnik ist es möglich, dass sich die einzelnen → Räder in unterschiedlicher Geschwindigkeit drehen können. Dies ermöglicht, dass ein Rad seine Geschwindigkeit beibehält, auch wenn das andere, beispielsweise durch Schmutz auf der Piste, durchdreht.

Differentialsperre
Differentialsperren werden eingesetzt, damit während der Fahrt die Antriebsräder des Rennwagens gleichmäßig drehen und damit ein Durchdrehen einzelner Räder verhindert werden kann.

Diffusor
Dieses → aerodynamische Hilfsmittel ist unter dem Fahrzeug angebracht und besteht aus verschiedenen Kanälen, welche die Zufuhr der Luft regeln, was für einen höheren Anpressdruck sorgt.

Dijon-Prenois (Rennstrecke)
GP-Bezeichnung: Großer Preis von Frankreich
(1974, 1977, 1979, 1981, 1984),
Großer Preis der Schweiz (1982)
Streckenlänge: 3,289 km (1974),
3,801 km (1977–1984)
Renndistanz: 79 Runden = 300,200 km
Erstes Formel 1-Rennen: 1974
Letztes Formel 1-Rennen: 1984

Gesamtzahl GP: 6
Erster Sieger: Ronnie Peterson (1974)
Ab 1974 wurde diese kurze, schnelle und wellige Strecke als Alternative zum → Paul-Ricard-Kurs in den Formel 1-Veranstaltungskalender eingeführt. Weil seit 1955 Rennen in der Schweiz verboten waren, ergab es sich, dass Dijon-Prenois 1982 auch Ausrichter des Großes Preises der Schweiz wurde. Die fahrerisch anspruchsvollsten Bereiche waren zwei Rechtskurven, denen eine lange Gerade folgte. Hier gelangte Keke → Rosberg zu seinem einzigen Saisonsieg, der für ihn ausreichte, um in dieser Saison Weltmeister zu werden. Weil die → FISA Mitte der achtziger Jahre forderte, die Großen Preise der Länder immer auf der gleichen Rennstrecke stattfinden zu lassen, kehrte man 1985 endgültig für ein paar Jahre zum Paul-Ricard-Kurs zurück.

Diniz, Pedro (Pilot)
Geboren: 22.05.1970 in São Paulo
GP-Rennen in der Fahrer-WM: 99 (1995–2000)
Pole Positions: 0
Siege: 0
WM-Punkte insgesamt: 10
Beste WM-Platzierung im Gesamtklassement:
Dreizehnter (1998, 1999)
Rennwagen: Forti, Ligier, Arrows, Sauber
Internet: www.pedrodiniz.com

Immer willkommen dank seiner Sponsorenmillionen, schwankte der brasilianische Millionärssohn in seinen sechs Formel 1-Jahren zwischen fahrerischer Klasse und dilettantischem Auftreten. Als Sohn eines Besitzers einer brasilianischen Supermarktkette konnte Diniz sich von Anfang an ausschließlich seinen Hobbys widmen. Erst mit 17 Jahren begann er mit dem Kartfahren, wo er 1988 einen Sieg bei den »Zwei Stunden von São Paulo« erlangen konnte. Nach weiteren Jahren in südamerikanischen und britischen Formel-Serien schaffte er 1993 mit dem zweiten Platz beim Formel 3000-Rennen in → Magny-Cours seine bis dato beste Platzierung.

Diniz fuhr zu dieser Zeit für das → Forti-Corse-Team, welches dank der Sponsor-Millionen von Diniz für 1995 den Einstieg in die Formel 1 anberaumte.

Am Ende der ersten → Grand-Prix-Saison war die Mitgift von Diniz in angeblicher Höhe von 17 Millionen bei dem zu keiner Zeit konkurrenzfähigen Team verpulvert und die beste Platzierung des Brasilianers war ein siebter Platz in → Adelaide.

Nach dem Wechsel zu → Ligier konnte er 1996 in Spanien und Italien seine ersten WM-Punkte einfahren. Aber obwohl es lobende Äußerungen von Bernie → Ecclestone und Michael → Schumacher (»Diniz ist der einzige Fahrer, von dem ich mir etwas abschaue.«) gab, blieb Diniz bei seinen darauffolgenden Engagements bei → Arrows und → Sauber immer der Ruf des »Mitgift-Fahrers« haften, den die → Teamchefs in erster Linie wegen seines solventen Backgrounds engagierten. Gute Platzierungen wechselten sich mit zahlreichen Ausfällen, gefährlichen Unfällen und anfängerhaften Fehlern ab, so dass Diniz immer noch auf seinen eigentlichen Durchbruch wartete. In der Saison 2000 wollte er in seinem zweiten Jahr bei Sauber endlich mehr als drei WM-Punkte erreichen, aber es wurde erstmals seit 1995 kein einziger.

Im Dezember 2000 gab Diniz überraschend den Rücktritt von seiner aktiven Laufbahn bekannt, um als Teilhaber von → Prost in das Management dieses Rennstalls einzusteigen.

Dirty Air
Englische Bezeichnung für schmutzige Luft, die entsteht, wenn zwei Fahrzeuge hintereinander fahren und das hintere dabei die Luftverwirbelungen des anderen abbekommt und im Fahrverhalten beeinträchtigt wird. Viele Piloten vermeiden es deshalb in den Rennen, allzulange sehr dicht hinter einem anderen Fahrzeug zu fahren.

Disqualifikation
Im internationalen Regelwerk der → FIA ist definiert, nach welchen Punkten ein Fahrer oder ein Rennstall disqualifiziert werden kann. Zunächst kann nach dem Rennen die Sport-

gerichtsbarkeit angerufen werden, die beurteilt, ob ausreichend Grund für einen nachträglichen Ausschluss aus der Wertung vorhanden ist.

Gründe für eine Disqualifikation können beispielsweise Verstöße im technischen Bereich oder sonstige regelwidrige Verstöße am Zustand der Rennwagen sein. Gegen die erfolgte Disqualifikation kann seitens der Betroffenen Einspruch eingelegt werden, was dann eine Verhandlung vor dem Berufungsgericht der FIA in Paris nach sich zieht.

Nicht selten wird den Entscheidungen dieses Gerichtes eine marktstrategische Tendenz unterstellt, weil ein Urteil scheinbar in manchen Fällen davon abhängt, ob das betreffende Team oder der betreffende Fahrer in der aktuellen Titelvergabe ein Rolle spielt. So wurde beispielsweise 1999 → Ferrari zunächst der Doppelsieg durch Eddie → Irvine und Michael → Schumacher in Malaysia wegen eines nicht regelkonformen → Diffusors aberkannt.

Doch das hätte zur Konsequenz gehabt, dass die Weltmeisterschaft bereits vor dem letzten Rennen zugunsten von → McLaren und Mika → Häkkinen entschieden gewesen wäre. Die Disqualifikation wurde nachträglich vor dem Berufungsgericht aufgehoben.

Donington (Rennstrecke)

Ausgetragener Grand Prix:
Großer Preis von Europa
Streckenlänge: 4,023 km
Renndistanz: 76 Runden = 305,736 km
Erstes Formel 1-Rennen: 1993
Letztes Rennen: 1993
Gesamtzahl GP: 1
Sieger: Ayrton Senna

1931 wurden hier erstmals Motorradrennen ausgetragen und die Strecke wurde 1937 auf 4, 1 Kilometer erweitert.

Donington war zwar nur einmal Ausrichter eines Großen Preises, aber der Kurs hat eine große Tradition, denn schon 1937 siegte hier beim Großen Preis von Großbritannien Bernd → Rosemeyer auf → Auto Union. Aber trotzdem galt der Kurs, der heute dem ehemaligen Rennstall- und heutigen Motorsportmuseums-Besitzer Tom Wheacroft gehört, als nicht gerade Formel 1-würdig. Alain → Prost behauptete sogar, dass man ebenso gut einen WM-Lauf im eigenen Vorgarten veranstalten könne. Nach der Start-Ziel-Geraden folgt eine Rechtskurve, die von mehreren Rechts-Links-Kombinationen abgelöst wird. Nach einer langen Geraden, der Strakeys Straight, bildet eine → Haarnadelkurve den Abschluss eines nicht sehr abwechslungsreichen Kurses.

Umrahmt von der malerischen Kulisse des Donington Castle gewann 1993 den bisher einzigen → Grand-Prix-Lauf der Neuzeit Ayrton → Senna in einem Rennen, das von sintflutartigen Regenmassen und über sechzig Boxenstopps geprägt war.

Doping

Seit 1990 werden in der Formel 1 Dopingkontrollen durchgeführt. Bisher wurde noch kein Dopingfall bekannt und es herrscht die allgemeine Ansicht, dass solche Manipulationen das Rennen für die Piloten zum unkalkulierbaren Risiko machen würden.

Downforce

Englische Bezeichnung für → Abrieb.

Driften

Damit ist das seitliche Wegrutschen bei Kurvenfahrten gemeint, was in den früheren Jahren ein oftmals eingesetztes Mittel der Piloten war, um schneller durch die Kurven zu gelangen. Die modernen Formel 1-Rennwagen lassen ein Driften heutzutage kaum noch zu.

Drive-by-wire

Gaspedal und Motor sind bei Formel 1-Rennwagen durch einen Draht (engl.: wire) miteinander verbunden.

Das Drive-by-wire ist eine Art drahtloses Pedal, dessen Sensor durch Computerprogrammierung eine bessere Regulierung der Drosselklappe ermöglicht und der Fahrer dadurch das Gaspedal im unteren Drehbereich feiner dosieren kann.

Dummy-Grid
Englische Bezeichnung für die Vorstart-Aufstellung, bei der die Piloten ihre Trainingsplätze einnehmen müssen. Nach dem Vorstart folgt die → Formationsrunde und nach einem erneuten Halt der Start für das Rennen.

Dunlop (Reifenhersteller)
GP-Rennen in der Fahrer-WM: 120 (1958–1977)
Pole-Positions: 77
Siege: 83
WM-Punkte: 1784
Rennwagen: u.a. Cooper, Vanwall, BRM, Ferrari, Lotus, Brabham, Matra, March, Kojima
Internet: www.dunlop.de
1889 gründete John Boyd Dunlop in Dublin das erste Reifenwerk und vier Jahre später wurde in Hanau die erste Auslandsniederlassung errichtet. In den nächsten Jahrzehnten war Dunlop mit seinen Produktionsstätten in der ganzen Welt vertreten. Bereits 1902 wurde beim Gordon Bennett Cup der erste Motorsporterfolg gefeiert und 1958 erfolgte der Einstieg in die Formel 1. Mit Rennställen wie → Cooper, → BRM, → Ferrari oder → Lotus feierte man bis 1967 zahlreiche → Grand-Prix-Siege sowie sieben WM-Titel. Ab 1966 wurde die amerikanische Konkurrenz → Goodyear und später → Firestone immer stärker und Dunlop feierte 1969 mit den → Matra-Wagen einen letzten Triumph.

Das Wettrüsten der Reifenfirmen war inzwischen immer kostspieliger geworden und Dunlop zog mit dem Ausstieg am Ende der Saison 1970 daraus die Konsequenzen. 1976 und 1977 gingen die → Tyrrell- und → Kojima-Rennställe beim Großen Preis von Japan mit Dunlop-Pneus an den Start, ohne für sonderliches Aufsehen zu sorgen.

Seitdem hat sich die Firma bei Motorradrennen, Rallyes oder Sportwagenrennen engagiert und war im Jahr 2000 exklusiver Reifenlieferant für die Deutsche Tourenwagenmeisterschaft.

E

Eagle (Rennwagenfirma)
GP-Rennen in der Fahrer-WM: 25 (1966–1969)
Pole Positions: 0
Siege: 1
WM-Punkte: 17
Beste Platzierung in der Konstrukteurswertung: Siebter (1966)
Bekannteste Fahrer: Dan Gurney, Ritchie Ginther, Bruce McLaren, Ludovicio Scarfiotti
Erfolgreichster Fahrer: Dan Gurney

Mit Wagen, die auf technisch hohem Niveau konstruiert wurden, gelang dem amerikanischen Formel 1-Piloten Dan → Gurney als zweiter Fahrer nach Jack → Brabham ein Sieg im eigenen Fahrzeug, doch anschließend fiel die Organisation des Rennstalls zunehmend auseinander.

Mit der Unterstützung des Reifenkonzern → Goodyear gründeten die Formel 1-Piloten Dan Gurney und Carroll Shelby 1965 die »All American Racers«, mit dem Ziel die Monopolstellung der Konkurrenzfirma → Firestone bei den Rennen in → Indianapolis zu brechen.

Shelby zog sich bald zurück und Gurney wollte sich weiterhin auf die Formel 1 konzentrieren, so dass in Sussex ein Parallelunternehmen gegründet wurde, dessen Rennwagen dann Eagle genannt wurden.

In seinem ersten Entwurf lehnte sich Designer Len Terry stark an die → Lotus-Fahrzeuge an. Der → Bolide wurde mit → Weslake-V12- als auch → Coventry-Climax-→ Motoren bestückt und mit dieser Ausstattung 1966 in seine erste → Grand-Prix-Saison geschickt. Gurney gelang in Frankreich und Mexiko jeweils ein fünfter Platz, doch der Weslake-Motor litt insgesamt an starken Leistungsdifferenzen. 1967 war der Weslake für die meisten Rennen einsatzbereit und Gurney schaffte beim Großen Preis von Belgien den Sieg und wurde in Kanada nochmal als Dritter abgewunken. Doch das Fahrzeug – »schnell und schön, aber unzuverlässig« – sah in den anderen Läufen kein einziges Mal die Zielflagge.

Für die nächste Saison wurde das Fahrzeug in einigen Bereichen verbessert, aber insgesamt schraubte der Rennstall die Bemühungen zurück. Der Wagen war 1968 nur in fünf Rennen am Start, was in vier Fällen mit Ausfällen endete, wonach Gurney endgültig die Lust an dem Eagle verlor. Ein kümmerlicher Einsatz in der Saison 1969 mit Al Pease am Steuer endete mit einer → Disqualifikation und war gleichbedeutend mit dem Ende für das einstmals so ehrgeizige Projekt.

East London (Rennstrecke)
GP-Bezeichnung: Großer Preis von Südafrika
Streckenlänge: 3,919 km
Renndistanz: 85 Runden = 333,175 km (1965)
Erstes Formel 1-Rennen: 1962
Letztes Rennen: 1965
Gesamtzahl GP: 3
Erster Sieger: Graham Hill (1962)
Häufigster Sieger: 2 x Jim Clark (1963, 1965)

Der unweit der südafrikanischen Küste am Indischen Ozean gelegene Kurs war äußerst hügelig und einige Kurven dieser Strecke galten unter den Piloten als besonders gefährlich. Der vom Meer kommende Wind beeinflusste das Verhalten der Fahrzeuge – insbesondere in den schnellen Kurven kurz nach der Boxengerade. Als hier 1962 im letzten Saisonrennen ein Titelkampf zwischen Graham → Hill und Jim → Clark tobte, war das Rennen komplett ausverkauft und um den Besucherstrom in den Griff zu bekommen, wurden extra Sonderflüge gechartet. Aber auch die Apartheidpolitik des südafrikanischen Regimes zeigte sich hier wieder in ihrer vollsten Ausprägung, denn weit ab von der Start-Ziel-Tribüne wurden die schwarzen Besucher in einen abgesperrten Bereich gezwängt. Nach drei Formel 1-Rennen in East London wurde der Große Preis von Südafrika ab 1967 in → Kyalama ausgetragen

Ecclestone, Charles Bernard »Bernie« (Pilot, Rennstallbesitzer, FOCA-Präsident, FIA-Vizepräsident)

Geboren: 28.10.1930 in
Großbritannien (St. Peters, Suffolk)

Ecclestone ist die große Eminenz im Formel 1-Sport und dabei mit einer grenzenlosen Machtfülle ausgestattet. Als früherer Besitzer des → Brabham-Rennstalls erarbeitete er sich seine heutige unangreifbare Position.

Schon in jungen Jahren zog es Ecclestone zum Auto- und Motorradrennsport und im Süden von London führte er zeitweilig ein Motorradgeschäft, das ihm Jahre später selber gehörte. Seine Versuche, eine Karriere als Rennfahrer zu starten, endeten kläglich. Bei seinen beiden einzigen Fahrversuchen in der Formel 1 scheiterte auf einem → Connaught wegen Nichtqualifikation und Startverzicht.

Nachdem 1958 sein Freund Stuart → Lewis-Evans beim Großen Preis von Marokko ums Leben gekommen war, zog sich Ecclestone kurzzeitig aus der Formel 1 zurück.

Anfang der sechziger Jahre verdiente der nur 1, 59 m große Ecclestone mit Immobilien ein Vermögen und über Kontakte zum damaligen → Cooper-Rennleiter Roy Salvadori kehrte er als Manager von Jochen → Rindt zum Rennsport zurück.

Anfang der Siebziger erwarb Ecclestone den → Brabham-Rennstall und gründete zugleich mit dem Konstrukteursverband → FOCA eine Vereinigung, die im weiteren Verlauf einen starken Einfluss auf die Formel 1 nehmen sollte. Nachdem er mit Brabham den brasilianischen Piloten Nelson → Piquet 1981 und 1983 zu zwei Weltmeistertiteln geführt hatte, verlor Ecclestone zunehmend die Lust an der Rolle eines → Teamchefs. Als er den Rennstall verkauft hatte, konnte Ecclestone in der Eigenschaft als FOCA-Präsident seine Machtfülle immer weiter ausbauen. Er wurde zum wichtigsten Drahtzieher der Formel 1, der bis heute die komplette Organisation in seinen Händen hält und dabei über das Wohl und Wehe aller Beteiligten entscheidet.

Ende der siebziger Jahre sicherte sich der »Formel 1-Pate« vom Automobilverband → FIA die damals scheinbar nutzlosen Fernsehrechte, wofür er heute jährlich eine siebenstellige Millionensumme kassiert und die Hälfte davon an die Teams abgibt. Mit dem Boom der Formel 1 kassiert der »Napoleon der Formel 1« immer weiter und immer mehr und schon 1994 wurde sein Vermögen von der Sunday Times auf ca. 75 Millionen Dollar geschätzt.

Der mittlerweile über Siebzigjährige überstand 1996 eine Bypass-Operation glänzend und die FIA verlängerte den Vertrag mit Ecclestone um weitere hundert Jahre. Die Forme 1 wird weiter mit dem »Zampano« leben (müssen), denn in einem Interview verkündete er: »Ich plane keinen Rücktritt. Ich werde meinen Posten für immer behalten und sie werden mich in der Kiste heraustragen müssen.«

Eiffelland (Rennwagenfirma)

GP-Rennen in der Fahrer-WM: 8 (1972)
Pole Positions: 0
Siege: 0
WM-Punkte: 0
Beste Saison-Platzierung
in der Konstrukteurswertung: 0
Bekannteste Fahrer: Rolf Stommelen
Erfolgreichste Fahrer: –

Großspurig angekündigt wurde dieses deutsche Formel 1-Projekt zu einem Desaster, dem ein Ehrenplatz im Formel 1-Panoptikum gebührt.

1972 bestellte sich der Caravan-Produzent Günther Henrici ein neues → March-Monocoque, zwei → Cosworth-Motoren und ließ von dem italienischen Industrie-Designer Luigi → Colani eine Karosse entwerfen, deren geschwungene Cockpit-Umrahmungen zwar außergewöhnlich aussahen, aber für mangelnde Kühler-Luft sorgten und noch von einem periskopartigen nach oben ragenden Rückspiegel gekrönt wurden. Dieser von Henrici als »neuer deutscher Formel-Rennwagen« angepriesene → Bolide entpuppte sich als komplette Fehlkonstruktion.

Rolf → Stommelen mühte sich 1972 bei acht Großen Preisen vergebens und schnitt bei sechs Zieldurchläufen nicht besser als mit Platz 10 ab. Anschließend verkaufte Henrici seine Wohnwagenfirma, ohne dabei einen Abnehmer für seinen »Formel 1-Tante-Emma-Laden« zu finden. Colani und Henrici wurden nie mehr in der Formel 1 gesichtet. Stommelens Formel 1-Laufbahn hatte einen entscheidenden Rückschlag erlitten und der Eiffelland-March sich einen zweifelhaften Ehrenplatz in den Formel 1-Geschichtsbüchern gesichert.

Einführungsrunde
Andere Bezeichnung für → Formationsrunde.

Emeryson (Rennwagenfirma)
GP-Rennen in der Fahrer-WM: 4 (1956–1962)
Pole Positions: 0
Siege: 0
WM-Punkte: 0
Beste Platzierung in der Konstrukteurswertung: 0
Bekannteste Fahrer: Lucien Binachi, Oliver Gendebien, Mike Spence
Erfolgreichste Fahrer: –

Paul Emery war einer der vielen Einzelkämpfer in der Formel 1, die zwar viel Enthusiasmus mitbrachten, aber letztendlich an ihrem fehlenden Geschäftssinn scheiterten.

Emery war nicht nur Konstrukteur seiner Fahrzeuge, sondern saß auch selbst am Steuer. So beispielsweise 1956, als er beim Großen Preis von Großbritannien mit seiner Eigenkonstruktion, der man eine ansprechende Karosserie bescheinigte, nach vier Runden mit Zündungsproblemen aufgeben musste. Danach trat man fünf Jahre zu keinem → Grand Prix mehr an, sondern konzentrierte sich auf Formel-Junior- und Formel 2-Rennen, wo man einige Erfolge zu verzeichnen hatte. 1961 kaufte sich zwar der reiche Amerikaner Hugh Powell in die Firma ein, aber weder Lucien Bi-

Ahnte Rolf Stommelen bereits, was ihn mit dem Eiffelland-Rennwagen erwartete?

anchi und Oliver Gendebien in Monaco noch Andre Piletti in Monza schafften es, sich mit einem Emeryson für ein Rennen zu qualifizieren. Mittlerweile war Emery fast alleine in der Firma verblieben, doch nach den letzten drei Einsätzen in der Saison 1962, in der Tony Settember einmal in → Aintree als Elfter ins Ziel kam, gab auch er auf.

EMW (Rennwagenfirma)

GP-Rennen in der Fahrer-WM: 1 (1953)
Pole Positions: 0
Siege: 0
WM-Punkte: 0
Beste WM-Platzierung
in der Konstrukteurswertung: 0
Bekanntester Fahrer: Edgar Barth
Erfolgreichste Fahrer: –

Das Werk aus der damaligen »Ostzone« beteiligte sich 1953 in der Zeit der Zweiliter-Fahrzeuge an einem Formel 1-Lauf, der aber ohne Folgen blieb. 1951 erfolgte durch einen Forschungsauftrag des ostdeutschen Zentralamtes für Forschung und Technik bei EMW (Eisenacher Automobil-Werke) der Bau einiger Formel 2-Fahrzeuge, die mit → BMW-Sechszylinder-Motoren bestückt waren. In erster Linie wurden diese Fahrzeuge fabriziert, um daraus Erfahrungen für den Bau von Straßenwagen zu gewinnen. Bei internationalen Veranstaltungen wurden mit den Rennwagen, denen man eine gute → Aerodynamik bescheinigte, einige Erfolge erzielt. 1953 nahm der sächsische Rennfahrer Edgar → Barth mit einem EMW-Wagen am Großen Preis von Deutschland teil und qualifizierte sich für den 24. Startplatz. Im Rennen musste er nach 12 Runden mit defekter Auspuffanlage aufgeben. Die mangelnde Zuverlässigkeit war sowieso das Grundproblem der ansonsten ansprechenden Rennwagen und weil die DDR keinen Sinn mehr im Motorsport sah, wurde der Rennstall 1957 kurzerhand aufgelöst.

ENB (Rennwagenfirma)

GP-Rennen in der Fahrer-WM: 1 (1962)
Pole Positions: 0
Siege: 0
WM-Punkte: 0
Beste WM-Platzierung in der
Konstrukteurswertung: 0
Bekannteste Fahrer: –
Erfolgreichste Fahrer: –

Was von den → Emeryson-Rennwagen so liegenblieb, wurde von der Ecurie Nationale Belge aufgehoben und – ergänzt durch eine neue Verkleidung sowie einen → Maserati-Motor – zu einem Rennwagen namens ENB zusammengezimmert. Beim Großen Preis von Deutschland konnte sich Lucien Bianchi für den letzten Startplatz qualifizieren und kam mit einer Runde Rückstand als Letzter ins Ziel.

Englebert (Reifenhersteller)

GP-Rennen in der Fahrer-WM: 31 (1954–1958)
Pole-Positions: 11
Siege: 7
WM-Punkte: 247, 63
Rennwagen: Gordini, Ferrari

Seit der ehemalige Artillerie-Offizier Oscar Englebert 1877 in Belgien seine Firma gründete, produzierte das Werk vom Babyschnuller bis zu Kohlengruben-Förderbändern alles, sofern es nur aus Gummi bestand. 1895 begann man auch mit der Reifenproduktion, zunächst für Fahrräder, später auch, in den Zeiten wachsender Motorisierung, für Automobile. 1899 nahm man erstmals an Autorennen teil, wo den Englebert-Reifen hohes Lob zuteil kam.

In der Formel 1 wurde man ab 1955, nachdem ein Jahr zuvor an dem → Gordini von Jean → Behra bereits Englebert- Pneus montiert waren, Reifenlieferant von → Ferrari.

Das gestaltete sich nicht ganz unproblematisch, denn bereits im ersten Jahr gab es in → Monza einen schweren Trainingsunfall von Guiseppe → Farina, weil die Englebert-Reifen der neuen Steilwand an diesem Kurs nicht gewachsen waren. Und ein Jahr später hielten die Reifen an gleicher Stelle den Belastungen ebenfalls nicht stand und verhinderten den Sieg von Ferrari bei seinem Heimat-→ Grand Prix. 1957 dann das Total-Desaster, als ein Ferrari bei der Mille Miglia in die Zuschauermenge raste und dabei zehn Menschen, darunter fünf Kinder, tötete. Gegen Ferrari und Englebert wurde seitens der Staatsanwaltschaft wegen Totschlags ermittelt.

Vier Jahre später stellte man die Untersuchungen ein, doch das Verhältnis von Ferrari und Englebert war mittlerweile zu sehr belastet. Obwohl die Ferrari-Rennwagen im nächsten Jahr mit Mike → Hawthorn den Weltmeistertitel holten, trennten sich die Italiener von Englebert und wechselten für 1959 zu → Dunlop. Englebert zog sich aus der Formel 1 zurück, kooperierte ab 1958 mit dem Uniroyal-Konzern und wurde 1979 in die → Continental-Gruppe integriert.

Ensign (Rennwagenfirma)
GP-Rennen in der Fahrer-WM: 99 (1973–1982)
Pole Positions: 0
Siege: 0
WM-Punkte: 19
Beste Platzierung in der Konstrukteurswertung: Zehnter (1977)
Bekannteste Fahrer: Chris Amon, Jacky Ickx, Nelson Piquet, Clay Regazzoni, Patrick Tambay
Erfolgreichste Fahrer: Clay Reggazzoni, Patrick Tambay

Mehr schlecht als recht schlug sich Ensign zehn Jahre lang mit viel Enthusiasmus und wenig Geld durch die Formel 1, bis das Team ab 1983 nach einer Fusion unter anderem Namen weitergeführt wurde.

1970 von Morris Nunn, der in den späten sechziger Jahren in der Formel 3 umherfuhr, gegründet, spezialisierte man sich mit finanzieller Hilfe von Bernard Lewis Anfang der siebziger Jahre auf den Bau von Fahrzeugen für die Formel 3 und Formel 2.

Der damalige Ensign-Pilot Rikky von Opel wünschte sich für die Saison 1973 einen Formel 1-Wagen. Nunn kam diesem Wunsch nach und stellte nach Expertenmeinung ein durchaus wettbewerbsfähiges Fahrzeug auf die Beine, mit welchem der Unerfahrene von Opel aber keine brauchbaren Resultate zustande brachte.

Beim Debüt 1973 in Frankreich landete er auf Platz 15 und außer einer weiteren Zielankunft auf Rang 13 bilanzierte man nur Ausfälle. Auch 1974 gab es mit den Fahrern Vern Schuppan und Mike Wilds fünf Nichtqualifikationen und mit Platz 15 in Belgien nur eine Zielankunft zu registrieren. Nunn kämpfte sich mit ständigen Sponsorenproblemen und dem Ein-Fahrer-Team auch mehr schlecht als recht durch die Saison 1975.

Mit dem sechsten Platz von Gijs van Lennep beim Großen Preis von Deutschland gab es aber immerhin den ersten WM-Punkt zu verbuchen.

Für 1976 fuhren neben Hans Binder und Patrick Neve mit Chris → Amon und Jacky → Ickx abwechselnd zwei Ex-Stars für das Team, wobei Amon mit dem fünften Platz in Spanien sowie einem dritten Trainingsplatz in Schweden für einiges Aufsehen sorgte.

1977 ging es finanziell deutlich aufwärts, denn der millionenschwere Macao-Chinese Teddy Yip beteiligte sich mit einem Fahrzeug an dem Team und ab dem Großen Preis von Großbritannien ging man erstmals mit zwei Fahrzeugen, in denen Clay → Regazzoni und Patrick → Tambay Platz nahmen, an den Start.

Zehn WM-Punkte, die für Ensign den Höhepunkt seiner bisherigen Geschichte darstellten, wurden erreicht.

Ein Jahr darauf waren die gesteigerten Hoffnungen mit der Ausbeute von nur einem WM-Punkt durch Derek Daly wieder am Boden zerschellt. Das Team pendelte die nächsten vier Jahre weiter zwischen emsigem Bemühen und elendiger Frustration. 1980 hatte man dabei mit dem schweren Unfall von Rückkehrer Regazzoni beim Großen Preis in → Long Beach einen weiteren Schock zu verkraften, der beinahe das Ende von Ensign bedeutet hätte.

Regazzoni war nach dem Unfall, der durch versagende → Bremsen des Ensign hervorgerufen wurde, für immer an den Rollstuhl gefesselt und das Team wurde nach zwei Jahren des unergiebigen Weiterwurstelns endgültig von Teddy Yip übernommen. Die Fahrzeuge wurden dann 1983 in seinen Rennstall →

Theodore überführt. Mo Nunn ging nach Amerika und wurde 1989 Chefkonstrukteur bei → Emerson Fittipaldis erfolgreichem Indy-Car-Programm.

Epperly (Rennwagenfirma)
GP-Rennen in der Fahrer-WM: 5 (1955–1960)
Pole Positions: 0
Siege: –
WM-Punkte insgesamt: 28
Beste Platzierung in der Konstrukteurswertung:
Bekannteste Fahrer: Jim Rathman,
Sam Hanks, Tony Bettenhausen
Erfolgreichste Fahrer: Samuel Hanks,
Jimmy Byran.

Die Epperly-Rennwagen schafften bei den zwischen 1950 und 1960 zur Formel 1-Weltmeisterschaft zählenden 500 Meilen von → Indianapolis zwei Siege. Beim ersten Start 1955 kam → Jim Rathman nur auf Platz 14, doch zwei Jahre später gab es durch Sam → Hanks und Rathman einen Doppelsieg.

Ein Jahr später war es Jimmy → Bryan, der mit dem Epperly-→ Offenhauser als Erster die Ziellinie überquerte, wobei die restlichen drei Wagen dieser Marke auf den Plätzen 2, 4 und 5 folgten. 1959 und 1960 gab es noch einige gute Platzierungen, aber keinen Sieg mehr.

ERA (Rennwagenfirma, Motorenhersteller)
GP-Rennen in der Fahrer-WM: 7 (1950–1952)
Pole Positions: 0
Siege: 0
WM-Punkte insgesamt: 0
Beste Platzierung in der Konstrukteurswertung: 0
Bekannteste Fahrer: Stirling Moss
Erfolgreichste Fahrer: –

Schon in den dreißiger Jahren gab es die britischen ERA-Wagen und nach dem Krieg wurden einige 1946 wieder ausgegraben. Von dem Amateur-Rennfahrer Leslie Johson geringfügig modifiziert, schaffte Bob Gerard 1950 mit den Fahrzeugen Platz 6 in → Silverstone und Monaco. 1952 bemühte sich Stirling → Moss bei drei Rennen mit einem ERA und schied sowohl in Holland, Belgien und Großbritannien mit Motorschaden aus. Weiterentwicklungen der → Motoren und Rennwagen wurden durch einen Herzanfall Johnsons gestoppt und danach gab es keinen → Grand-Prix-Einsatz mehr.

Ersatzwagen
Auf diesen, im englischen auch → T-Car genannten, Wagen kann jedes Team zurückgreifen, wenn einer der beiden Rennwagen vor dem Start ausfällt. Während des Rennen darf von dem Ersatzwagen nur Gebrauch gemacht werden, wenn der Start abgebrochen wurde und daraus ein → Neustart erfolgt.

Ertl, Harald (Pilot)
Geboren: 31.08.1948 in Zell am See/ Österreich
Gestorben: 07.04.1982 bei einem Flugzeugabsturz
GP-Rennen in der Fahrer-WM: 18 (1976–1980)
Pole Positions: 0
Siege: 0
WM-Punkte insgesamt: 0
Beste WM-Platzierung im Gesamtklassement: 0
Rennwagen: Hesketh, Ensign, ATS

Mit dem Kauf eines eigenen Rennwagens stieg der tapfere Österreicher mit deutscher Lizenz in die Formel 1 ein, die ihm bis zu seinem Flugzeugabsturz 1980 zumeist nur das Hinterherfahren bescherte.

Der Sohn eines österreichischen Bauingenieures siedelte mit seinen Eltern im Alter von 16 Jahren nach Mannheim über und begann nach dem Abitur Betriebswirtschaft zu studieren. 1969 nahm er mit geliehenem Geld an österreichischen Formel-V-Rennen teil und erlebte in diesem Jahr sechs Siege sowie einen spektakulären Überschlag auf dem → Nürburgring. Es folgten in den nächsten Jahren Einsätze in der Formel 3 und bei Tourenwagen – sowie Rundstreckenrennen, wo Ertl mehr durch einen wüsten Fahrstil als durch Erfolge auffiel.

Doch der »Deutsche aus Überzeugung« ließ sich nicht beirren und steckte weiterhin jede Mark in seine Passion. Bis 1974 ackerte sich Ertl durch verschiedene Rennserien und in dieser Zeit gelang es ihm, nicht zuletzt durch seine journalistische Mitarbeit bei dem deutschen

Fachmagazin »Rallye Racing«, verschiedene → Sponsoren an sich zu binden.

Für 1975 war in Ertls Plänen der erste Einsatz in der Formel 1 beim Großen Preis am → Nürburgring geplant, doch der ursprünglich vorgesehene Kauf eines → Hesketh-Wagens war nach dem Sieg von James → Hunt in → Zandvoort für Ertl unerschwinglich geworden. Dank der Verbindungen zu Bernie → Ecclestone, der ihm mit einem älteren Modell dieser Marke aushalf, und der Unterstützung seiner Sponsoren konnte sich Ertl seinen Traum doch noch erfüllen. Der gewitzte Selbstvermarkter musste mit dem Wagen allerdings vorsichtig umgehen, weil ihm kein → Ersatzwagen zur Verfügung stand, aber dank zahlreicher Ausfälle am Nürburgring konnte er sich vom 23. Startplatz bis auf den Rang 8 vorarbeiten. Nach einem Ausfall in Österreich wurde er in seinem letzten Rennen dieser Saison in → Monza achtbarer Neunter.

Anschließend war Ertl kurzzeitig beim → RAM-Team im Gespräch, doch er entschied sich dafür, einen Teil der Konkursmasse des Hesketh-Teams zu übernehmen, mit dem für ihn die Saison 1976 zu einer trostlosen Angelegenheit wurde.

Außer einem 7. Platz in → Silverstone gab es in den Rennen zumeist Dreher, Unfälle oder Defekte zu verzeichnen, wenn sich Ertl überhaupt qualifizieren konnte.

Weltweit wurde er in dieser Saison bekannt, als er zusammen mit Arturo → Merzario, Brett Lunger und Guy Edwards am Nürburgring Niki → Lauda aus seinem brennenden → Ferrari befreien konnte.

Mit weiteren Finanzmitteln seiner Geldgeber kaufte sich der Wahldeutsche 1977 für fünf Rennen in den Hesketh-Rennstall ein, doch mit schwachem Material und mangelnder Betreuung konnte man schon in den siebziger Jahren bei der Formel 1 keine Meriten mehr erwerben.

Da außer einigen Platzierungen im Mittelfeld beim Großen Preis von Belgien nichts Zählbares heraussprang, wechselte der Mann, dessen Gesicht von einem Vollbart sowie einem imposanten Zwirbelschnauzer bewachsen war, 1978 in die Deutsche Rennsportmeisterschaft, wo er sich überraschend den Gesamtsieg sichern konnte.

Dank der immer noch guten Verbindungen zu seinen Sponsoren konnte Ertl am → Hockenheimring in einen → Ensign steigen und fuhr lange an sechster Stelle, bis ein Motorschaden ihn zur Aufgabe zwang.

In Monza war er dann Ersatzmann bei → ATS für den bei einem Testunfall schwer verunglückten Jochen → Mass, doch missglückte ihm mit dem schwachen Wagen die Qualifikation. Zwei Jahre später brachte ein letzter Ver-

So lang wie sein Bart war die Erfolgsliste von Harald Ertl in der Formel 1 leider nicht

such, ebenfalls auf ATS, am Hockenheimring das gleiche Resultat.

Anschließend verdingte sich Ertl wieder in der Deutschen Rennsportmeisterschaft, bis ein tödlicher Flugzeugabsturz seine Laufbahn 1982 für immer beendete.

Estoril (Rennstrecke)

GP-Bezeichnung: Großer Preis von Portugal
Streckenlänge: 4,350 km (1984–1993), 4,360 km (1994–1996)
Renndistanz: 70 Runden = 305,200 km
Erstes Formel 1-Rennen: 1984
Letztes Rennen: 1996
Gesamtzahl GP: 13
Erster Sieger: Alain Prost (1984)
Häufigster Sieger: 3 x Alain Prost (1984, 1987, 1988), 3 x Nigel Mansell (1986, 1990, 1992)

Seit ihrem Bau im Jahre 1972 fanden hier zunächst Formel 2-Rennen statt. 1984 wurde der in der Nähe des Kurortes Estoril auf der westlichen Seite der iberischen Halbinsel gelegene Kurs erstmals Ausrichter eines Großen Preises.

Viele Aufwärts- und Abwärtskurven stellten die Piloten vor hohe Anforderungen, die lange Start-Ziel-Gerade bot gute Überholmöglichkeiten und die Zuschauer konnten hier immer interessante Rennen verfolgen. Obwohl Alain → Prost 1984 als erster Sieger die Ziellinie überquerte, konnte er sich über den Sieg kaum freuen, da ihm Niki → Lauda im letzten Moment den schon sicher geglaubten WM-Titel wegschnappte. Neun Jahre später sicherte sich der Franzose auf dem gleichen Kurs durch einen zweiten Platz hinter Michael → Schumacher vorzeitig seinen vierten WM-Titel.

Auf der beliebten Winterteststrecke fand bis 1996 traditionell das letzte europäische Rennen der Saison statt, doch als aus Sicherheitsgründen geplante Umbauten nicht ausgeführt wurden, strich man Estoril nach dieser Saison aus dem Veranstaltungskalender.

EuroBrun-Racing (Rennwagenfirma)

GP-Rennen in der Fahrer-WM: 14 (1988–1990)
Pole Positions: 0
Siege: 0
WM-Punkte: 0
Beste Platzierung in der Konstrukteurswertung: 0
Bekannteste Fahrer:
Roberto Moreno, Stefano Modena
Erfolgreichste Fahrer: –

Drei Jahre gab sich der Schweizer Flipperkönig und Sportwagenfahrer Walter Brun Zeit, um den Durchbruch in der Formel 1 zu schaffen. Er hielt Wort und war nach drei unerquicklichen Saisonteilnahmen wieder entschwunden.

Als Besitzer und Pilot eines Sportwagenteams hatte Brun einige Erfolge zu verzeichnen und zusammen mit dem Ex-→ Alfa Romeo-Rennleiter Paolo Pavanello wagte sich der Mann mit den »unkonventionellen Weltanschauungen« an die »Geldvernichtungsmaschine« Formel 1. Zwar mangelte es an einem Hauptsponsor, doch mit Formel 3000-Europameister Stefano Modena wurde neben dem Brasilianer Oscar Larrauri eines der »vielversprechendsten Nachwuchstalente« verpflichtet. Mit einem schwerfälligen Wagen und → Ford-→ Motoren gab es in der Debüt-Saison hauptsächlich Ausfälle und Nichtqualifikationen. Bestes Resultat war ein 12. Platz von Modena beim Großen Preis von Kanada.

Schnell gab es ersten Ärger zwischen Brun und Pavanello, die sich gegenseitig die Schuld für das enttäuschende Abschneiden zuwiesen. EuroBrun wurde schon totgesagt, doch der Schweizer Geschäftsmann gab noch nicht auf, nur um 1989 mit dem Schweizer Gregor Foitek am Steuer wieder eine Nullrunde mit 16 Nichtqualifikationen zu erleben.

Weil die Neukonstruktion erst gegen Mitte der Saison eingesetzt werden konnte und sich ebenfalls als misslungen erwies, ordnete Geldgeber Karl Foitek nach elf Läufen für sich und seinen Sohn Gregor den Rückzug an. Rück-

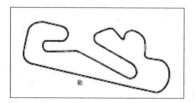

Estoril

kehrer Oscar Larrauri ersetzte Foitek in dem Team, um die Serie der Nichtteilnahmen zu komplettieren.

Für den letzten Anlauf in der Saison 1990 setzte Brun wieder auf ein Zwei-Piloten-Team, diesmal mit Roberto Moreno und dem Nobody Claudio Langes. Dank der Kompetenz des neuen Trackengineers Kees van der Grint gelang Moreno zweimal die Qualifikation für ein Rennen und beim Großen Preis der USA wurde der Brasilianer Dreizehnter. Langes war jedoch aufgrund mangelnder Testmöglichkeiten völlig überfordert, konnte sich für kein Rennen qualifizieren und wurde oftmals vom Team gebeten, vorzeitig auszusteigen, um den Wagen als Ersatzfahrzeug für Moreno zu schonen.

Besitzer Brun war zu diesem Zeitpunkt schon so desillusioniert, dass er ständig mit einem vorzeitigen Ausstieg liebäugelte. Nach dem Großen Preis von Spanien hatte er sich endgültig dazu durchgerungen aufzuhören und zu den letzten beiden Rennen trat Euro-Brun nicht mehr an.

Fagioli, Luigi (Pilot)
Geboren: 08.06.1989 in Ancona/Italien
Gestorben: 20.07.1952 in Monte Carlo/Monaco
GP-Rennen seit 1950: 7 (1950–1951)
Pole Positions: 5
Siege: 1
WM-Punkte: 32
Beste WM-Platzierung im Gesamtklassement:
Dritter 1950
Rennwagen: Alfa Romeo

Der korpulente Nudelfabrikant ist bis heute mit 53 Jahren der älteste → Grand-Prix-Sieger aller Zeiten. Fagioli war ein Rennfahrer aus Leidenschaft und steuerte vor dem 2. Weltkriege sämtliche Rennwagen von Rang und Namen wie → Mercedes und → Auto-Union, ohne die Erfolge von Bernd → Rosemeyer oder Rudolf → Carraciola zu erreichen.

Weil er zudem noch als eigensinnig galt, wurde er von Mercedes vor die Tür gesetzt und konzentrierte sich anschließend auf seine Pasta-Fabrik. Nach dem Krieg fuhr er wieder Rennen für → Alfa Romeo und steuerte auch bei der ersten Formel 1-Weltmeisterschafts-Saison beim Großen Preis in → Silverstone dieses Fahrzeug, wo er Zweiter wurde. Selbige Platzierung erreichte er in dieser Saison noch bei drei Rennen und am Ende der Saison war er mit 24 Punkten Dritter der Gesamtwertung. Weil Fagioli beim Großen Preis von Frankreich im Rennen seinen Wagen an den später siegreichen Juan-Manuel → Fangio weitergab, wurde auch der Italiener zusammen mit dem Argentinier als Sieger dieses Laufes gewertet.

Ein Jahr später verunglückte er bei einem Sportwagenrennen in Monaco und verstarb drei Wochen darauf in einem Hospital.

Fahrerausrüstung

Die Sicherheit des Fahrers beginnt bereits am Kopf, denn der → Fahrerhelm muss den Sicherheitsbestimmungen der → FIA entsprechen und das ganze Gesicht schützen. Das Visier kann, wenn es verschmutzt ist, durch Abreißstreifen während des Rennens mehrfach gesäubert werden. Unter dem Helm schützen sich die Piloten zusätzlich durch die → Balaclava. Der Schutzanzug wie auch die Unterwäsche bestehen aus dem feuerfesten Kunststoff → Nomex.

Fahrerhelm

Bis 1968 fuhren die Piloten ausschließlich mit offenen Sturzhelmen, Mundtüchern und Schutzbrillen. Dan → Gurney war der erste Pi-

Fahrerhelm von
Martin Brundle aus dem Jahr 1984

lot, der im Juli gleichen Jahres erstmals zum Vollvisierhelm griff. Wurde zu dieser Zeit noch munter mit Form und Fassade experimentiert, so sind Material und Beschaffenheit heute festgelegt. Zudem darf ein Vollvisierhelm nicht mehr als 1,8 kg wiegen. Fuhren die Fahrer noch zu Beginn der Formel 1-Weltmeisterschaft zumeist mit Lederkappen, was sich erst 1952 mit der Einführung der Helmpflicht änderte, so sind die heutigen Helme eine dankbare Fläche für Fahrermotive und Sponsorenaufkleber.

Fahrerlizenz
Jeder Fahrer, der an einem Rennwettbewerb teilnimmt, benötigt eine Lizenz, die nur in Verbindung mit dem Führerschein gültig ist. In der Formel 1 gibt es die sogenannte Superlizenz, die verhindern soll, dass sich Piloten ohne größere Erfahrung und Erfolge in einen Formel 1-→ Boliden setzen können. Da einige Piloten mittlerweile mehr durch ihre Sponsorengelder als durch vorherige Siege in ein → Cockpit gelangen, ist die Superlizenz ad absurdum geführt.

Fahrerwechsel
Bis 1959 war es noch erlaubt, dass sich Fahrer während eines Rennens im Fahrzeug abwechseln konnten, wobei die erreichte Punktzahl geteilt wurde. Dies erklärt die bei manchen Piloten krumme Zahl der in der Fahrerweltmeisterschaft erreichten Punkte (z.B. Mike → Hawthorn mit 24 9/14 Punkten in der Saison 1954).

Das führte zu Ungerechtigkeiten, denn so konnte ein im Rennen ausgefallener Pilot sich in einen anderen Wagen des Teams setzen und so noch die halbe Punktzahl einstreichen.

Während heute Fahrerwechsel während eines Rennens nicht mehr erlaubt sind, darf während der laufenden Saison ein Fahrer eines Rennstalls ausgetauscht werden.

Fahrzeugwechsel
Gingen Rennställe in den fünfziger Jahren noch mit bis zu sechs Wagen ins Rennen, so ist heute der Einsatz auf zwei Fahrzeuge pro Rennen festgelegt.

Fangio, Juan-Manuel (Pilot)
Geboren: 24.06.1911 in Balcarce/Argentinien
Gestorben: 17.07.1995 in Balcarce/Argentinien
GP-Rennen in der Fahrer-WM: 51 (1950–1958)
Pole Positions: 29
Siege: 24
WM-Punkte insgesamt: 277,64
Beste Platzierung im Gesamtklassement:
Weltmeister 1951, 1954, 1955, 1956, 1957
Rennwagen:
Alfa Romeo, Maserati, Mercedes, Ferrari
Sein Name ist Mythos und Inbegriff für den Prototyp des Rennfahrers. Bis heute hat es kein Rennfahrer geschafft, Fangios Anzahl von fünf gewonnenen Weltmeistertiteln zu überbieten. Der Sohn italienischer Einwanderer bekam mit zwölf Jahren eine Anstellung als Automechaniker, in der er sich rasch zum Vorarbeiter

Stefan Bellof mit kompletter Fahrerausrüstung – nur die Handschuhe fehlen noch

hochdienen konnte. Fangio war bereits 18 Jahre alt, als er sein erstes Rennen mit einem umgebauten Taxi bestritt. Der in seiner Jugend begeisterte Fußballspieler eroberte sich bald bei zahlreichen Langstreckenrennen in Südamerika die Herzen der argentinischen Motorsportfans und kam 1949 im Alter von 38 Jahren mit Unterstützung des argentinischen Automobilklubs nach Europa.

Sein Ruf war ihm bereits vorausgeeilt und → Alfa Romeo machte ihm ein Angebot als Werksfahrer. 1950 startete er zusammen mit Teamkollegen und Rivalen Guiseppe → Farina in die neugegründete Formel 1-Weltmeisterschaft und wurde auf Anhieb bei der Titelvergabe nur von Farina geschlagen.

1951 sicherte sich »El Chueco« dann aber trotz der nachlassenden Überlegenheit von Alfa Romeo den ersten Weltmeistertitel.

Im nächsten Jahr erlitt er einen schweren Unfall in → Monza, entronn dabei nur knapp dem Tode und musste mehrere Monate pausieren.

Aber 1953 war »das ans Unwirkliche grenzende Talent« wieder obenauf und fuhr nun mit → Maserati wieder um die Formel 1-Weltmeisterschaft, wo er in dieser Saison Gesamtzweiter wurde. Nachdem er 1954 auf → Maserati die ersten beiden Rennen gewann, wechselte er zu → Mercedes und war von da an beinahe unschlagbar. In diesem und im nächsten Jahr belegte Fangio im Training nie einen schlechteren als den dritten Platz, gewann zehn Große Preise und beide Male überlegen die Weltmeisterschaft.

Als sich Mercedes von der Formel 1 zurückgezogen hatte, wurde Fangio 1956 von → Ferrari engagiert. Dort musste er sich mit den jungen Haudegen Peter → Collins und Mike → Hawthorn auseinandersetzen, die ihn aber verehrten und letztendlich sogar bei seinem Titelgewinn in diesem Jahr unterstützten.

Trotzdem fühlte sich Fangio bei Ferrari unwohl und kehrte 1957 zu Maserati zurück. Diese Saison wird von vielen Experten als seine beste beurteilt. Beim Rennen auf dem → Nürburgring musste Fangio siegen, um Weltmeister zu werden. Doch nach einem viel zu langen Reifenwechsel hatte er bereits mehr als eine Minute Rückstand auf seine Konkurrenten Hawthorn und Collins. Fangio fuhr wie entfesselt, brach einen Rundenrekord nach dem anderen und schaffte das Unmögliche, die beiden Führenden noch einzuholen und zu siegen. Es war sein letzter Sieg und sein zugleich letzter Weltmeisterschaftsgewinn.

Ende 1957 entschloss sich Maserati aus finanziellen Gründen vom Rennsport zurückzutreten und Fangio bestritt beim Grand Prix in → Reims seinen letzten Formel 1-Einsatz, wo er Vierter wurde. Er war zu diesem Zeitpunkt 46 Jahre alt und in seiner Heimat bereits ein Volksheld, der bis ins hohe Alter als Vorsitzender der argentinischen Mercedes-Vertretung tätig war. Ab und zu fuhr er bei Schaurennen mit, bis er im Alter von 84 Jahren nach langer schwerer Krankheit verstarb.

Farina, Emilio Giuseppe »Nino« (Pilot)
Geboren: 30.10.1906 in Turin/Italien
Gestorben: 30.06.1966 in Frankreich
GP-Rennen in der Fahrer-WM: 33 (1950–1955)
Pole Positions: 5
Siege: 5
WM-Punkte insgesamt: 127,33
Beste WM-Platzierung im Gesamtklassement:
Weltmeister 1950
Rennwagen: Alfa Romeo, Ferrari

Der erste Formel 1-Weltmeister war wegen seiner verschlossenen Art bei seinen Landsleuten nicht allzu beliebt und manche unterstellten ihm den eitlen Hochmut einer Primadonna.

Erst mit 27 Jahren, als Doktor der Wirtschaftswissenschaften, begann Farina mit dem Rennsport. Seine Leistungen waren gut genug, um 1935 von → Maserati ein Auto für → Grand-Prix-Rennen zu bekommen. Er musste sich allerdings zumeist gegen die Übermacht von → Mercedes und → Auto-Union geschlagen geben. Nach dem Krieg fuhr er zunächst für → Alfa Romeo und nach einer Zwischenstation bei Maserati kehrte er 1949 wieder dorthin zurück. Farina galt nach Kriegsende als einer der besten Fahrer der Welt und war auch einer der Favoriten für die 1950 erstmals ausgetragene Formel 1-Weltmeisterschaft. Doch nur mit Glück und Stallregie konnte er sich knapp gegen seinen Teamkonkurrenten Juan-Manuel → Fangio behaupten und wurde durch seinen Sieg beim Saisonfinale in → Monza mit drei Punkten Vorsprung im Alter von 44 Jahren Weltmeister.

In den folgenden Jahren konnte er sich weiterhin in der Spitzengruppe behaupten, aber Weltmeister wurden andere. 1952 wechselte er zu → Ferrari, doch dort stahl ihm der überragende Teamkollege Alberto → Ascari die Schau. Zudem wurde Farina Auslöser der ersten großen Formel 1-Katastrophe, als er 1953 beim Großen Preis von Argentinien einem kleinen Jungen, der auf die Strecke gelaufen war, auswich und in die Zuschauermenge raste. Mehrere Tote und Verletzte waren die Folge, doch Farina kam nahezu unverletzt davon.

1955 beendete er nach dem Großen Preis von Italien, bei dem er wegen eines Trainingsunfalls nicht startete, seine Karriere.

Am 30. Juni 1966 begab sich Farina nach Frankreich, um das Grand-Prix-Rennen in → Reims zu besuchen. In den Alpen verlor er bei Glatteis die Kontrolle über sein Fahrzeug und starb beim Aufprall gegen einen Telegrafenmast.

Felgen
Laut Vorschrift im technischen Reglement müssen die Felgen eines Formel 1-Wagens aus Metall bestehen und dürfen 15 Zoll nicht überschreiten.

Ferguson (Rennwagenfirma)
GP-Rennen in der Fahrer-WM: 1 (1961)
Pole Positions: 0
Siege: 0
WM-Punkte: 0
Beste Platzierung in der Konstrukteurswertung: 0
Bekanntester Fahrer: Stirling Moss
Erfolgreichste Fahrer: –
Der allradgetriebene Ferguson-Wagen war der letzte Rennwagen, der noch 1961 ein Formel 1-Rennen mit dem alten Frontmotorkonzept gewinnen konnte. Nachdem 1960 die Formel 1-Rennwagen auf das Mittelmotorprinzip umgerüstet waren und sich der Frontmotorwagen überlebt hatte, versuchte die Harry-Ferguson-Forschungsgesellschaft denoch mit so einem Wagen zum Erfolg zu kommen. Um die veraltete Fahrzeugbauweise zu kompensieren, griff man auf den → Allradantrieb zurück. Von Claude Hill entworfen, erschien dieser Wagen 1961 bei einigen Interkontinental-Rennen. Der Typ 99 verfügte bei seinem Formel 1-Auftritt über einen 1,5-Liter- → Coventry-Climax-Motor und ein firmeneigenes Getriebe.

Der 48jährige Hobby-Fahrer Jack Fairman steuerte den Ferguson beim britischen → Grand Prix, wo er vom 20. Startplatz aus ins Rennen ging.

Bei strömendem Regen wurde er im Verlauf des Rennens von Stirling → Moss abgelöst, weil dessen → Lotus stehengeblieben war. Moss bescheinigte dem Ferguson nach dem Rennen einen »raketenhaften Antritt« aber der Wagen wurde anschließend wegen fehlerhaften Starts disqualifiziert. Und so wäre der Ferguson keiner besonderen Erinnerung würdig gewesen, wenn nicht ein paar Wochen später Moss aus Spaß an der Freud am Formel 1-Rennen um den Goldpokal vom Oulton Park teilgenommen hätte. Er gewann das Rennen auf trockener Piste und hatte damit dem Ferguson einen kleinen Ehrenplatz in der Formel 1-Chronik gesichert.

Ferrari, Enzo (Rennstallbesitzer)
Geboren: 18.02.1989 in Modena/Italien
Gestorben: 14.08.1988 in Modena/Italien
Der Name der Marke Ferrari wird für immer mit »Il Commendatore« verbunden bleiben, der für sein Lebenswerk später zum sagenumwobenen Sonderling wurde. Schon um seinen Geburtstermin ranken sich Legenden, denn wegen eines Schneetreibens war es dem Vater von Enzo erst zwei Tage nach der Geburt möglich, seinen Sohn anzumelden.

Seine Eltern betrieben eine kleine Eisengießerei und alle Familienmitglieder waren an Autos und Autorennen interessiert. Nach der Schule absolvierte er ein Technikum in Modena und wurde nach dem Abschluss 1917 zur italienischen Armee eingezogen.

Nach Beendigung des 1. Weltkrieges bemühte sich Ferrari vergeblich um eine Anstellung bei Fiat und stattdessen fand er eine Stelle bei dem späteren Vespa-Entwickler »Construzione Meccaniche Nationale« (CMN). 1919 fuhr er erste Autorennen und ein Jahr später war er Werksfahrer bei → Alfa Romeo. Vier Jahre darauf siegte Ferrari beim Circuito del Savio und lernte bei dieser Gelegenheit den Sohn des im ersten Weltkrieg abgeschossenen berühmten Jagdfliegers Graf Francesco Baracca kennen. Dessen Mutter bat ihn nach dem Rennfahrertod des Sohnes, das Familienwappen zu übernehmen. Dabei handelte es sich um das berühmte springende Pferd, das zum Markenzeichen der Ferrari-Wagen wurde.

Neben seiner Tätigkeit als Herausgeber eines Sportmagazins gründete Ferrari 1929 die Scuderia Ferrari (Rennstall Ferrari), welche zunächst als Rennabteilung von Alfa Romeo fungierte.

Zwei Jahre später beendete er wegen der Geburt seines Sohnes Dino die aktive Laufbahn und konzentrierte sich auf seine Aufgaben als Präsident seiner Scuderia sowie als Gebietsleiter von Alfa Romeo.

1939 überwarf sich Ferrari mit der Firma, weil die erste Eigenkonstruktion nicht seinen Namen tragen durfte. Er wurde anschließend vertraglich verpflichtet, seine Wagen vier Jahre lang nicht Ferrari nennen zu dürfen. Nachdem sich sein erster → Bolide als Flop erwies, musste Ferraris kleines Werk während des 2. Weltkrieges Schleifmaschinen für die Rüstungsindustrie produzieren.

Nach Beendigung des Krieges wählte Ferrari auf der Suche nach einem neuen Firmensitz den kleinen Randbezirk Maranello und begann sofort wieder mit der Konstruktion von Rennwagen. Den Ehrentitel »Commendatore«, den ihm der italienische König Emmanuel III., ein Vasall von Mussolini, verliehen hatte, musste Ferrari nach Kriegsende wieder ablegen, doch blieb diese Bezeichnung bis zu seinem Lebensende mit ihm verbunden.

Im Verlauf der Jahrzehnte wurde Ferrari eine absolute Spitzenmarke für exklusive Straßensportwagen und erfolgsträchtige Motorsportboliden. Viele Rennfahrer feierten mit den Ferraris große Erfolge, nicht wenige verunglückten tödlich, denn für den Boss galt die Parole, den Fortschritt am Leben zu halten, auch wenn es Menschenleben kosten solle. 1956 musste er mit dem Tod seines kränkelnden Sohnes Dino selbst einen Schicksalsschlag verkraften. Ferrari zog sich aus dem offiziellen Rennbetrieb immer mehr zurück und hielt auf seinem Sitz in Maranello die Fäden seines Unternehmens zusammen.

Trotz der großen Erfolge hatte die Marke immer wieder mit wirtschaftlichen Schwierigkeiten zu kämpfen und 1960 musste Ferrari Aktien verkaufen, um das Überleben der Firma zu sichern.

Fünf Jahre später wurden die Produktionsrechte an Fiat veräußert, doch mit einer Beteiligung von 40 % besaß der Unternehmensgründer immer noch genügend Machtfülle, um gebieterisch über sein Lebenswerk zu herrschen. Enzo Ferraris unehelicher Sohn Piero wechselte im Streit mit seinem Vater von der Rennwagenabteilung in die Sportwagenproduktion. Der »Commendatore« war jetzt zu einem Eremiten geworden, der in seinem Büro sagenumwobene Audienzen abhielt und in der Regel nur bei der offiziellen Abnahme seiner Fahrzeuge öffentlich gesichtet wurde. Bis zuletzt, schon sehbehindert und greisenhaft, führte er das Regiment über sein Lebenswerk, bis er im August 1988 nach wochenlangem Dahindämmern verstarb.

Ferrari
(Rennwagenfirma, Motorenhersteller)
GP-Rennen in der Fahrer-WM: 636 (seit 1950)
Pole Positions: 137
Siege: 135
WM-Punkte: 3.428, 27
Beste WM-Platzierung in der Konstrukteurswertung seit 1958: Konstrukteursweltmeister 1961, 1964, 1975, 1976, 1977, 1979, 1982, 1983, 1999, 2000

Ein Ferrari 312B2 aus dem Jahre 1971 mit Jacky Ickx im Cockpit

Bekannteste Fahrer:
Alberto Ascari, Guiseppe Farina, José Froilan Gonzalez, Mike Hawthorn, Maurice Trintigant, Peter Collins, Juan-Manuel Fangio, Wolfgang Graf Berghe von Trips, Tony Brooks, Richie Ginther, Phil Hill, Giancarlo Baghetti, Lorenzo Bandini, John Surtees, Chris Amon, Jacky Ickx, Mario Andretti, Clay Regazzoni, Niki Lauda, Carlos Reutemann, Jody Scheckter, Gilles Villeneuve, Didier Pironi, René Arnoux, Patrick Tambay, Michele Alboreto, Stefan Johansson, Gerhard Berger, Nigel Mansell, Alain Prost, Jean Alesi, Michael Schumacher, Eddie Irvine, Rubens Barrichello
Erfolgreichste Fahrer: Alberto Ascari, Mike Hawthorn, Phil Hill, John Surtees, Niki Lauda, Jody Scheckter, Michael Schumacher
Internet:
www.ferrari.it/comsport.e/formula1.html

Seit über 50 Jahren verschleißt der bekannteste Rennstall der Formel 1 für den Ruhm seiner roten Renner Menschen und Millionengelder. Nach einer Durststrecke von 21 Jahren konnte Michael → Schumacher die große Traditionsmarke in der Saison 2000 wieder zum absoluten Triumph führen

Nachdem 1939 sein Vertrag bei Alfa Romeo als Rennleiter abgelaufen war, suchte Enzo → Ferrari nach einer Möglichkeit, eigene Rennwagen zu bauen.

Ein Jahr später war dann das erste Ferrari-Modell bei der Mille Miglia mit von der Partie. Nach dem Zweiten Weltkrieg setzte Ferrari den Bau seiner Sportwagen fort und stellte 1948 auch den ersten → Grand-Prix-Wagen vor, der die Marke bald in ganz Europa bekannt machen sollte.

In den ersten zwei Jahren der Formel 1-Weltmeisterschaft fuhren nicht weniger als fünf verschiedene Ferrari-Modelle in den Rennen mit, die zum Teil unter eigenen Namen, aber auch von Privatfahrern eingesetzt wurden. Im ersten Jahr der Fahrerweltmeisterschaft besaß

Nochmals der 312B2 mit Clay Regazzoni am Steuer

man gegen die → Alfa Romeo-Übermacht kaum eine Chance. Lediglich Alberto → Ascari, Raymond Sommer, Peter Whitehead und Dorino Serafini fuhren in die Punkte, wobei sich Ascari und Serafina den zweiten Platz in → Monza teilten, weil sie sich am Steuer abwechselten. In Monza fuhr in diesem Jahr auch das erste und einzige Mal ein Ferrari mit einem Fremdmotor.

Der Privatfahrer Clemente Biondetti bemühte sich mit einem Ferrari, der von einem → Jaguar-Aggregat betrieben wurde. Für diesen »Frevel« wurde der Italiener im Rennen prompt mit einem Motorenschaden bestraft. 1951 war es dann José Froilán → Gonzalez, der für die »Scuderia Ferrari« in → Silverstone den ersten Sieg holen konnte, dem anschließend am → Nürburgring und in Monza zwei weitere durch Ascari folgten.

Auf den Entschluss der → FIA, die Formel 1-Weltmeisterschaft 1952 und 1953 mit Formel 2-Wagen zu bestreiten, war man mit dem Modell 500 gut vorbereitet und verhalf in diesen beiden Jahren dem Lokalmatador Ascari zu zwei Fahrertiteln.

Durch die erfolgreiche Ära der Silberpfeile geriet Ferrari 1954 und 1955 wieder ins Hintertreffen und nur Gonzalez 1954 in Silverstone und Maurice → Trintigant 1955 in Monaco konnten Siege für die Scuderia erringen.

1956 kam den Ferraristi ein Glücksfall zu Hilfe, denn Rennstallbesitzer Gianni → Lancia hatte wegen dem Tod seines Starfahrers Ascari die teameigenen D50-Fahrzeuge samt Ersatzteilen, Konstrukteur und Fahrer Eugenio Castellotti an das Maranello-Team vermacht.

Daraus entstand der, auf Wunsch der Fahrer im → Handling verbesserte, Lancia-Ferrari, mit dem Juan-Manuel → Fangio durch Siege in Argentinien, Großbritannien und Deutschland die Weltmeisterschaft gewann, während sein Adjutant Peter → Collins in Belgien und

Zweimal Weltmeister mit Ferrari: der Österreicher Niki Lauda

Frankreich triumphierte. Weil Enzo Ferrari und Fangio persönliche Animositäten pflegten, verließ der Argentinier am Ende der Saison den Rennstall.

Eine weitere Überarbeitung des Wagens sowie diverse Motorenmodifikationen brachten für 1957 keinen Erfolg, sondern lediglich drei zweite Plätze durch Luigi → Musso und Mike → Hawthorn.

Im selben Jahr erschien erstmals ein Ferrari → Monoposto mit der Bezeichnung Dino – benannt nach Enzo Ferraris Sohn Alfredino, welcher 1956 an Krebs gestorben war. Aus diesem Formel 2-Wagen entwickelte sich der Dino 246, ein gut gemachter Bolide, der speziell auf schnellen Rennstrecken erfolgreich war und mit dem sich Mike Hawthorn durch nur einen Sieg in → Reims die Fahrerweltmeisterschaft holte. Tödliche Unfälle durch Luigi Musso in Frankreich und Peter Collins beim Großen Preis von Deutschland trübten freilich diese Bilanz.

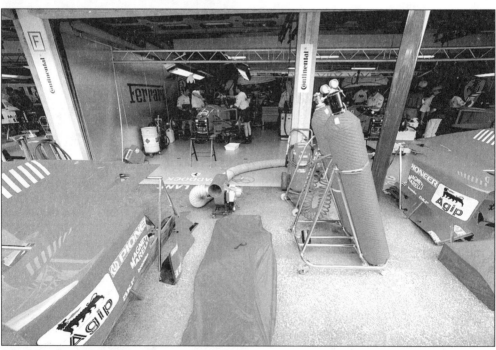

Oben: Der Ferrari von Jean Alesi aus der Saison 1995
Unten: Blick in die Ferrari-Box aus der Saison 1995

1959 und 1960 geriet der Rennstall erneut ins Abseits, weil man beharrlich am Frontmotorprinzip weiterwerkelte, obwohl diese Ära sich unverkennbar dem Ende zuneigte. Der damalige Kommentar des als egozentrisch berüchtigten Enzo Ferrari zu diesem Thema: »Der Esel gehört vor den Karren.«

In dieser Phase schafften lediglich Tony → Brooks 1959 in Reims und auf der → Avus sowie der Amerikaner Phil → Hill 1960 in Monza einen Sieg. 1961 war man einsichtig geworden und präsentierte mit dem von Mauro → Forghieri entwickelten Dino 156 ein kraftvolles Gefährt, das durch seine charakteristische Haifischnase bestach und die gesamte Saison vollständig beherrschte.

Giancarlo → Baghetti schaffte mit diesem Wagen das bis heute einmalige Kunststück, gleich bei seinem Formel 1-Debüt in Reims zu siegen, während die beiden anderen Piloten Phil Hill und Wolfgang Graf Berghe → von Trips sich um die Fahrer-WM beharkten. Durch den tödlichen Unfall des Grafen in Monza konnte Hill die WM für sich entscheiden und Ferrari gewann zudem erstmals auch die Konstrukteursweltmeisterschaft.

Danach begann wieder eine schwierige Zeit, denn führende Fachkräfte hatten wegen persönlicher Schwierigkeiten mit dem Commendatore das Team verlassen und es fehlte auch an dem nötigen Geld, um mit englischen Teams wie → Lotus und → BRM mithalten zu können. 1963 lehnte Enzo Ferrari ein Kaufangebot von → Ford ab und schloss stattdessen ein Bündnis mit Fiat, um bei den 24 Stunden von → Le Mans einen Zweikampf gegen den amerikanischen Automobilhersteller auszufechten. Dadurch fehlte es der Formel 1-Abteilung an personellem und finanziellen Potential, obwohl es mit dem Piloten Lorenzo → Bandini einen neuen italienischen Hoffnungsträger im Team gab. Trotzdem schaffte Ferrari 1964 mit dem ehemaligen Motorradweltmeister John → Surtees und viel Glück den Fahrer- und Konstrukteurstitel. 1965 wurde für Ferrari wieder ein siegloses Jahr, denn das Modell Tipo 1512 war nicht genügend konkurrenzfähig und bestes Ergebnis war Bandinis zweiter Platz in Monaco. Bis 1970 hielt die Flaute an, weil man sich mit den Motor- und → Chassis-Entwicklungen vollkommen verzettelt hatte und weiterhin die finanziellen Mittel fehlten. Bandinis Unfalltod in → Monaco versetzte das Team zusätzlich in Apathie, aus der es auch ein talentierter Fahrer wie Chris → Amon nicht befreien konnte.

Um Abhilfe zu schaffen, ratifizierte Enzo Ferrari den Vertrag mit Fiat; diese erwarben dabei Aktionsanteile des Rennstalls und gewährten Ferrari dabei dennoch größtmögliche Freiheit. Ab der Saison 1970 konstruierte Froghieri mit dem 312 wieder ein siegfähiges Auto und Jacky → Ickx gelangte zu drei Siegen. Durch den vorzeitigen Tod von Jochen → Rindt hätte es fast noch zum WM-Titel gereicht. Clay → Regazzoni kam im selben Jahr zu einem grandiosen Triumph in Monza.

1971 schien alles auf eine Rückkehr zu großen Erfolgen für das italienische Team hinzudeuten: Der 12-Zylinder-Boxermotor war mit 460 PS bei 12 000 U/min der weitaus leistungsstärkste im Feld und neben Ickx und Regazzoni war mit Mario → Andretti ein dritter Klassefahrer hinzugestoßen. Zwar gewann Andretti das Auftaktrennen in Südafrika und Ickx war später noch in → Zandvoort erfolgreich, doch die misslungene Modifikation des 312 sowie zahlreiche Motorschäden verhinderten, dass die Erwartungen erfüllt werden konnten. Zudem verstarb Ferrari-Pilot Inganzio Giunti beim 1000-km-Sportwagenrennen in Buenos Aires, was ein langwieriges juristisches Nachspiel zur Folge hatte.

Danach führten interne Streitigkeiten, bei denen Forghieri entlassen wurde, eklatante Fehlentwicklungen wie den 312B3 sowie ein Formel 1-Programm auf finanzieller Sparflamme zum Tiefpunkt in der Saison 1973, als man insgesamt nur 12 Pünktchen zusammenklaubte.

Den bedauernswerten Jacky Ickx, lange Zeit ein Leistungsträger für den Rennstall, feuerte man nach dem Großen Preis von Frankreich und den Rest der Saison fuhr das Team nur mit dem Fahrer Arturo → Merzario. Es war die Zeit, in der Piloten wie Emerson → Fittipaldi, Jackie → Stewart sowie Teams wie → Lotus und → Tyrrell die Szenerie beherrschten – von Ferrari war kaum noch die Rede.

Aber dieses Tief führte zugleich auch die große Wende herbei, denn Fiat konnte das Elend nicht mehr mitansehen und spendete mehr Lire als zuvor, so dass u.a. die Fahrer Niki → Lauda und Regazzoni engagiert wurden.

Der aus dem Familienclan von Fiat stammende Luca di Montezemolo sorgte endlich für professionelle Strukturen, Mauro Forighieri war zurückgekehrt und dank der Sponsorengelder von Marlboro und Agip fand man 1974 wieder Anschluss an die technischen Entwicklungen der Formel 1.

Mit der Weiterentwicklung des 312B3 kamen Lauda und Regazzoni zu Siegen in Spanien, Holland und Deutschland.

Die gesamte Saison, in der Ferrari am Ende Vizemeister der Konstrukteurswertung wurde, offenbarte die Rückkehr zum Spitzenrennstall.

Mit dem ausgezeichneten 312T, den zwölf Zylindern des Motors und dem quer eingebauten (transversalen) Getriebe, war Lauda der Maßstab der Saison 75 und am Ende Gewinner der Fahrer-WM.

Dank weiterer guter Platzierungen von Regazzoni war man auch in der Konstrukteurswertung die Nummer 1.

Dieses Ergebnis wäre auch in der Saison 1976 wiederholbar gewesen, doch nach den ersten neun Rennen, in denen man alles in Grund und Boden fuhr und Lauda fünf Siege einheimsen konnte, musste Ferrari mitten in der Euphorie mit dem schweren Unfall von Lauda am Nürburgring einen großen Schock verkraften. Zwar kehrte der Österreicher nach einer Pause von nur zwei Rennen in Monza wieder ins → Cockpit zurück, doch das Team hatte in dieser Zeit den 312 nur unzureichend weiterentwickelt und war gegenüber → McLaren ins Hintertreffen geraten. Trotzdem reichte es letztendlich wieder für den Konstrukteurstitel, doch Lauda verlor das Fahrerchampionat im letzten Rennen an James → Hunt.

Dieses Terrain konnte 1977 dank der überlegenen Fahrweise von Lauda zurückerobert werden, doch inzwischen hatte sich der Österreicher mit dem Commendatore überworfen und wurde am Ende der Saison trotz des erneuten WM-Gewinnes gekündigt. Nach den drei fetten Jahren hatte man 1978 wieder einen Durchhänger, weil man die Entwicklung des → Groundeffects verschlafen hatte und gegen die Lotus-Fahrzeuge keine Chance hatte. Zumindest hatte sich Enzo Ferrari mit Gilles → Villeneuve ein vielversprechendes Fahrertalent geangelt, das neben vier Erfolgen von Teamkollege Carlos → Reutemann in seiner Heimat Kanada den ersten Sieg feiern konnte.

Mit dem Wing Car-Modell 312T4 und der imposanten PS-Leistung seiner Motoren war Ferrari aber 1979 wieder obenauf und konnte mit Jody → Scheckter die Fahrer- und Konstrukteursweltmeisterschaft feiern.

Keiner hätte es zu dem damaligen Zeitpunkt für möglich gehalten, dass jetzt, was den Fahrertitel betraf, eine endlose Durststrecke für den italienischen Rennstall folgen sollte.

Trotz verbesserter Aerodynamik des neuen T5 erlebten die Piloten Scheckter und Villeneuve 1980 einen Sturz ins Bodenlose, indem man insgesamt nur acht WM-Punkte holen konnte und Scheckter in Montreal nicht einmal die Qualifikation schaffte. 1981 folgte dann das erste Jahr mit einem Turbowagen von Ferrari, doch der schwerfällige 126CK kam nur dank der Fahrkunst von Villeneuve zu zwei Siegen in Monaco und Spanien. Ein Jahr später verunglückte der Kanadier bei einem Trainingsunfall in → Zolder tödlich, aber Stallgefährte Didier → Pironi war kurz davor, sich den Titel zu sichern, als auch er in Hockenheim schwer verunglückte und nie mehr in die Formel 1 zurückkehrte. Die angeheuerten Ersatzmänner Patrick → Tambay und René → Arnoux mühten sich nach Kräften und kamen zwischen 1982 und 1984 zu einigen Siegen, doch der Konstrukteurstitel für Ferrari in der Saison 1983 sollte für lange Zeit der letzte gewesen sein. Danach manövrierte man sich in den nächsten Jahren von einer Krise in die nächste, in der Forighieri endgültig von der Rennleitung abgezogen wurde und man 1985 den scheinbar sicheren Fahrertitel durch Michele → Alboreto leichtsinnig aus den Händen gab. Der Schlendrian hatte Einzug eingehalten und nach dem Tod des Commendatore am 15. August 1988 drohte dem ruhmreichen Rennstall das endgültige Ende. Trotz Top-Konstukteuren wie Gustav → Brunner, John → Barnard und Harvey → Postlethwaite sowie fähigen Piloten wie Gerhard → Berger und Nigel → Mansell spielte man bis 1990 bei der Titelvergabe keine Rolle mehr.

Immerhin konnte Barnard mit der Entwicklung eines halbautomatischen Siebenganggetriebes eine revolutionäre Neuheit aufweisen, die aber auch viele Probleme bereitete.

Mit der Verpflichtung von Alain → Prost schien 1990 die große Wende eingeläutet, denn der Franzose brachte das Team wieder auf Vordermann und scheiterte im Kampf um den Fahrertitel nur wegen eines unfaires Manövers seines Konkurrenten Ayrton → Senna. Doch 1991 war alles wieder zunichte gemacht, das Team machte nur noch Schlagzeilen durch interne Querelen zwischen Prost und Teamchef Cesare Fiori. Am Ende war Ferrari die ganze Saison sieglos geblieben und Prost wegen despektierlicher Äußerungen über das Fahrzeug kurz vor Saisonende entlassen worden.

1992 kündigte Ferrari dann wieder mal einen Neuanfang an: Für den ebenfalls entlassenen Fiori wurde Santo Ghedini neuer Teamchef und Niki Lauda als Berater verpflichtet. Der von Harvey Postlethwaite, Steve Nichols und Jean-Claude Migeot entwickelte F92 A führte aber mit den Fahrern Jean → Alesi und Ivan → Capelli zu einer weiteren Saison des Grauens, in der man insgesamt nur 18 Punkte holte und die beste Platzierung sich in Alesis drittem Platz beim Großen Preis von Kanada manifestierte.

100 Millionen Dollar waren wieder verpulvert, um am Ende das Prädikat des stärksten Mittelklasse-Teams zu erhalten. Für den gedemütigten und vor Saisonende gefeuerten Capelli wurde mit hoher Gage Gerhard Berger zurückgeholt und auch John Barnard gab sich für 1993 wieder ein Stelldichein, doch weiterhin fuhr man → Williams, McLaren und → Benetton hinterher.

Für 1994 wurde als neuer Rennleiter Ex-Peugeot Jean → Todt verpflichtet und mittlerweile war der zurückgekehrte → Teamchef Luca di Montezemolo bescheiden geworden: »Wir haben alles getan, um mit Ferrari wieder auf die Siegesstraße einzubiegen. Also will ich auch 1994 einen Sieg.«

Den schaffte Berger dann auch am → Hockenheimring und mit dem im Laufe der Saison durch Optimierung in → Aerodynamik, → Getriebe und Motor schneller gewordenen 412 T1B landete man in der Konstrukteurswertung auf Platz 3.

Aber 1995 gab es wieder nur teaminternes Theater, weil die großangekündigten Siege nur durch Alesis glücklichen ersten Platz in Kanada ihre Bestätigung fanden.

Ein unzuverlässiges Auto, verkorkste Boxenstopps und der Streit zwischen Todt und Alesi, der seinen Chef als »Ruine« bezeichnete, ließen die Nerven wieder zum Zerreißen anspannen. Beiden Fahrern gab man am Ende der Saison den Laufpass und verpflichtete dafür mit einer Jahresgage von ca. 25 Millionen Dollar den zweifachen Welmeister Michael → Schumacher sowie den irischen Heißsporn Eddie → Irvine.

Alles wurde nun auf Hoffnungsträger Schumacher abgestimmt, der ein Jahr später zudem seine bewährten Benetton-Techniker Ross → Brawn und Rory Byrne nachholte.

1996 wurde erstmals seit sechs Jahren mehr als ein Sieg errungen, die alle auf das Konto von Schumacher gingen. Aber der Deutsche hatte auch eine Defektserie zu beklagen, während Kollege Irvine sogar neunmal hintereinander das Ziel nicht erreichte.

Aber 1997 und 1998 hätte man beinahe das große Ziel erreicht. Dank der zuverlässigen Fahrzeuge, den gelungenen Boxenstopps und der perfekten Stallregie verpasste Schumacher den großen Triumph 1997 nur durch einen unüberlegten Rempler gegen WM-Konkurrent Jacques → Villeneuve. Ein Jahr darauf wurden die Chancen durch einen missglückten Start beim Saisonfinale in → Suzuka verpatzt. 1999 erlitt Schumacher beim Rennen in → Silverstone einen Beinbruch und dadurch konnte Stallgefährte Irvine mit vier Siegen in Australien, Österreich, Deutschland und Malaysia zum Titelanwärter avancieren, musste sich aber letztendlich Mika → Häkkinen geschlagen geben. Zumindest verblieb für das Team der erste Konstrukteurstitel seit 16 Jahren. Im fünften Jahr der »Ära Schumacher« wurde dann endlich das lang anvisierte Ziel erreicht. Mit der Konzentration aller Kräfte, die auch half, Rückschläge zu überwinden, feierte der Rennstall nach 21 Jahren mit dem Sieg von Michael Schumacher in Suzuka wieder einen seiner Piloten als Weltmeister.

Mit zehn Siegen, davon neun durch Schumacher sowie einem durch Teamkollege Barrichello, neun Pole-Positions und dem Erreichen des Konstrukteurstitels konnte Ferrari anschließend auf das erfolgreichste Jahr seiner Formel 1-Geschichte zurückblicken.

FIA

Die FIA (Fédération Internationale de l'automobile) ist der oberste Verband der Formel 1 und verantwortlich für das sportliche und technische Reglement sowie die Organisation der Rennveranstaltungen. Sie wurde 1906 gegründet und hat ihren Sitz in Paris und London. Derzeitiger Präsident ist Max → Mosley, ein ehemaliger Rechtsanwalt und Gründungsmitglied des → March-Rennstalls. Die Generalversammlung ist das oberste Organ der FIA, zu denen die Präsidenten der Clubs und der nationalen Sportverbände gehören. Diese wählt auch den Präsidenten sowie die beiden Welträte, wovon der Weltmobilrat für die nicht-sportlichen Aktivitäten und der Weltmotorsportrat füre die internationalen Motorsportbelange zuständig ist. Die FIA wacht nicht nur über die Formel 1, sondern über sämtliche Motorsportformen von Rallyes über GT-Sport bis hin zu Eisrennen.

FISA

Die FISA (Fédération Internationale du Sport automobile) war 1981 an die Stelle des → CSI getreten und besaß als Unterabteilung der → FIA bis Anfang der neunziger Jahre unter ihrem damaligen Präsidenten Jean-Marie Balestre viel Einfluss in der Formel 1.

Im Streit um das sportliche Reglement Anfang der Achtziger ging die FISA aus der Kontroverse mit der → FOCA, die mit dem → Concorde-Abkommen beigelegt wurde, nach Meinung von Beobachtern als Verlierer hervor. Während die Macht des FOCA-Präsidenten Bernie → Ecclestone seit dieser Episode stetig wuchs, war die FISA spätestens 1991 nach der Abwahl ihres ungeliebten Präsidenten Balestre bedeutungslos geworden. Zwei Jahre später wurde die FISA aufgelöst und alle früheren Zuständigkeiten dieser Abteilung von der FIA übernommen.

Fisichella, Giancarlo (Pilot)

Geboren: 14.01.1973 in Rom/Italien
GP-Rennen in der Fahrer-WM: 74 (seit 1996)
Pole Positions: 1
Siege: 0
WM-Punkte insgesamt: 67
Beste Saison-Platzierung: Sechster 2000
Rennwagen: Minardi, Jordan, Benetton
Internet: www.giancarlofisichella.com

Der Römer gehört zu den »jungen Wilden« der Formel 1 und ist für die Italiener ein erneuter Hoffnungsträger, welcher vielleicht eines Tages in die bisher zu großen Fußstapfen des legendären Alberto → Ascari treten kann.

Der Sohn eines motorsportbegeisterten Automechanikers begann mit elf Jahren seine Rennkarriere in einem Kart. Obwohl er zahlreiche Siege einheimste, gelang ihm jedoch in dieser »Anfängerklasse« in sieben Jahren kein Meistertitel.

Das schaffte er dann 1994 in der italienischen Formel 3, was Formel 1-→ Teamchef Giancarlo → Minardi auf ihn aufmerksam werden ließ. Mit Minardi schloss Fisichella einen vierjährigen Management-Vertrag ab, der ihm für 1995 zudem einen Testfahrervertrag bei dem italienischen Rennstall einbrachte. Doch Renneinsätze fuhr der »stolze Italiener« zunächst nur für → Alfa Romeo in der DTM und ITC. Auch 1996 verhinderten Fisichellas mangelnde Finanzen, dass er in das Minardi-→ Cockpit einsteigen konnte, denn das »Hungerleider-Team« war dringend auf Geld angewiesen und verpflichtete notgedrungen den mäßig talentierten, aber solventeren Taki Inoue. Der Japaner blieb jedoch die Zahlungen schuldig und so durfte Fisichella dann doch noch beim ersten Lauf in Australien starten.

Im Laufe der Saison konnte der Römer acht Rennen bestreiten, musste zwischendurch aber seinen Platz immer wieder für andere Piloten freimachen. Einem achten Platz in Kanada und dem Gewinn im internen Duell gegen Stallkollegen Pedro Lamy standen zwei dummdreiste Kollisionen gegen die eigenen Teamkollegen in Monaco und Spanien gegenüber.

1997 wechselte Fisichella zu → Jordan und auch mit Teamkollegen Ralf → Schumacher krachte er beim Großen Preis von Argentinien aufeinander, was das schon vorher angespannte Verhältnis zwischen den beiden endgültig zerrüttete. Aber Fisichella zeigte auch gute Leistungen und war in dieser Saison zweimal auf dem Podest zu finden.

Für 1998 wechselte der Italiener dann zu → Benetton und sorgte mit einer → Pole Position in Österreich sowie zwei zweiten Plätzen in Monaco und Kanada für Furore.

»Fisico« schien kurz davor zu stehen, seit den Tagen von Michele → Alboreto wieder einen Sieg für die italienischen Farben erringen zu können. Doch obwohl er 1999 und 2000 zwischenzeitlich immer wieder in die Phalanx der übermächtigen → Ferrari und → McLaren einbrach und seinen Teamkollegen Alexander → Wurz klar beherrschte, wartet Italien auch heute noch.

Fittipaldi (Rennwagenfirma)
GP-Rennen in der Fahrer-WM: 103 (1975–1982)
Pole Positions: 0
Siege: 0
WM-Punkte: 44
Beste WM-Platzierung in der Konstrukteurswertung seit 1958: Siebter 1978
Bekannteste Fahrer:
Emerson Fittipaldi, Keke Rosberg
Erfolgreichste Fahrer:
Emerson Fittipaldi, Keke Rosberg

Der zweifache Weltmeister Emerson → Fittipaldi, bis 1974 eine dominante Fahrerfigur in der Formel 1, wollte unbedingt mit einem brasilianischen Auto Weltmeister werden und stieg dafür eigens in das zunächst → Copersucar, später Fittipaldi genannte Team seines Bruder Wilson ein. Statt Weltmeister zu werden, erlebte Fittipaldi dann sein finales Formel 1-Desaster.

Wilson Fittipaldi, vorher bei → Brabham ein wenig erfolgreicher Formel 1-Pilot, hatte für sein ehrgeiziges Formel 1-Projekt die Unterstützung der brasilianischen Zuckerindustrie gewonnen. Im Oktober 1973 begann Richard Divilia mit dem Design des FD01, aus dem sich ein mechanisch unkomplizierter Wagen entwickelte, der zunächst durch seine elegante Form bestach. Teilweise stammten die Einzelteile von brasilianischen Zulieferern, andere mussten eigens importiert werden.

Wilson Fittipaldi griff in der Debüt-Saison 1974 selbst ans Steuer, mit dem Jahresresümee von zwei Nichtqualifikationen und einem zehnten Platz im Rennen. Von dieser ernüchternden Bilanz ließ sich Bruder Emerson nicht abschrecken und stieg ab 1976 als Fahrer neben dem brasilianischen Gelegenheitspiloten Ingo Hoffman ein.

Auf einer Präsentationsfahrt durch Rio de Janeiro wurde der brasilianische Ex-Weltmeister noch stürmisch von seinen Landsleuten umjubelt, doch bald darauf folgte die Ernüchterung. Zwar begann es mit Startplatz 5 beim heimatlichen Großen Preis in → Interlagos recht verheißungsvoll, doch im Verlauf der weiteren Saison kratzte man nur drei Saisonpunkte zusammen und konnte drei Fahrzeuge nicht qualifizieren.

In den nächsten Jahren ließ der zweifache Champion ab und zu sein Können aufblitzen und 1978 wurde er noch einmal in Brasili als Zweiter abgewunken, doch der Fittipaldi-Rennstall zählte zu diesem Zeitpunkt schon längst zu den Hinterbänkler-Teams.

Das war zu wenig gegenüber den einstmals hochgestochenen Erwartungen. Da auch Könner wie der spätere Konstrukteur Harvey → Postlethwaite und Piloten wie Keke → Rosberg keine Besserung brachten, musste die »Fittipaldi Automotive Limited« Weihnachten 1982 Konkurs anmelden und wurde versteigert.

Fittipaldi, Christian (Pilot)

Geboren: 18.01.1971 in São Paulo/Brasilien
GP-Rennen in der Fahrer-WM: 40 (1992–1994)
Pole Positions: 0
Siege: 0
WM-Punkte insgesamt: 12
Beste Saison-Platzierung: Dreizehnter 1993
Rennwagen: Minardi, Arrows

Als Neffe des Weltmeisters Emerson → Fittipaldi und Sohn des in der Formel 1 erfolgloseren Bruders Wilson besaß Christian Fittipaldi schon beim Start seines ersten Großen Preises 1992 einen guten Namen, der ihn zugleich verpflichtete. Der gut aussehende Sunnyboy begann seine Rennlaufbahn 1982 mit Kartrennen und wurde 1988 Zweiter der brasilianischen Formel→ Ford 2000. Nach dem Gewinn der brasilianischen Formel 3-Meisterschaft kam er mit der Reverenz des Formel 3000-Europameisters 1992 zum Hungerleider-Team → Minardi.

Von seinem Vater Wilson gemanagt, riss die Erfolgssträhne des ehrgeizigen Brasilianers, der als eines seiner Hobbys »Mädchen« angab, in der Formel 1 ab. Nach einem Trainingsunfall beim Großen Preis von Frankreich musste er für drei Rennen pausieren und hatte danach Mühe, wieder seine alte Form zu finden. Zumindest schaffte er nach seiner Rückkehr mit dem sechsten Platz in → Suzuka seinen ersten WM-Punkt.

1993 begann die Saison zunächst gut für Fittipaldi, denn ihm gelang beim ersten Rennen der Saison in Südafrika ein 4. Platz. Trotz eines weiteren fünften Platzes beim Großen Preises von Monaco wurde er zusammen mit Kollegen Fabrizzio Barbazzo von seiten der Minardi-Teamleitung als »Taxifahrer« abqualifiziert. Nach dem 14. Lauf wurde Fittipaldi ausgetauscht, damit das Team die Sponsorengelder eines anderen Fahrers kassieren konnte und der Brasilianer wechselte daraufhin 1994 zu → Arrows.

Überraschenderweise wurde er oftmals von seinem schwächer eingeschätzten Teamgefährten Gianni Morbidelli beim Training überflügelt. Trotz der sechs WM-Punkte in diesem Jahr kehrte er am Ende der Saison der Formel 1 frustriert den Rücken zu, um sich in der Indy-Car- Szene zu beweisen. Hier wurde er 1995 » → Rookie of the year« und ist dort heute einer der Spitzenfahrer.

Fittipaldi, Emerson (Pilot)

Geboren: 12.10.1946 in São Paulo/Brasilien
GP-Rennen in der Fahrer-WM: 144 (1970–1980)
Pole Positions: 6
Siege: 14
WM-Punkte insgesamt: 281
Beste WM-Platzierung im Gesamtklassement:
Weltmeister (1972, 1974)
Rennwagen:
Lotus, McLaren, Copersucar, Fittipaldi

Wie ein Komet ging der Stern von Fittipaldi in der Formel 1 auf. Schon bei seinem fünften Großen Preis konnte er beim Saisonfinale in → Watkins Glen siegen und rettete damit den Weltmeistertitel des in → Monza tödlich verunglückten Jochen → Rindt.

Der Sohn eines Rennreporters begeisterte sich von Kindheit an für Rennen, sowohl in Seifenkisten als auch auf Motorrädern. Er wurde Go-Kart → Mechaniker für seinen Bruder Wilson, ehe er selbst fuhr und 1965 brasilianischer Meister wurde.

Mit einer Eigenkonstruktion sicherte er sich 1967 auch die brasilianische Formel V-Meisterschaft. 1969 siedelte er nach Europa über und nahm an Formel 3-Rennen einer englischen Rennfahrerschule teil, in denen er in neun von elf Läufen als Sieger abgewunken wurde. Dank guter Kontakte zu einflussreichen Rennsportpersönlichkeiten bekam er

1970 eine Chance in der Formel 2 und konnte mühelos mit Weltklassepiloten wie Jackie → Stewart und Clay → Reggazzoni mithalten.

Lotus-Besitzer Colin Chapman holte ihn für Testfahrten in sein Team und nach beeindruckenden Vorstellungen debütierte Fittipaldi beim Großen Preis von Großbritannien, wo er Achter wurde.

Schon 1971 hatte er potentielle Chancen auf den WM-Titel, doch das Lotus-Team geriet nach dem Tod von Jochen Rindt zeitweise in personelle und psychologische Schwierigkeiten. Aber 1972 zeigte sich das Team blendend erholt und der »Rohdiamant« Fittipaldi profitierte von der angegriffenen Gesundheit seines Konkurrenten Stewart, indem er sich mit fünf Saisonsiegen den WM-Titel sicherte.

Der »überaus ernsthafte und analytisch denkende« Brasilianer ist mit 25 Jahren bis heute der jüngste Weltmeister aller Zeiten und war in der Formel 1 zu diesem Zeitpunkt der absolute Spitzenfahrer. Die Formel 1-Stars waren inzwischen zu kleinen Popstars mutiert und Emerson unterstrich diese Attitüde mit seinen langen Haaren, den mächtigen Koteletten und dem Tragen von wuchtigen Sonnenbrillen.

Auch 1973 schien er anfänglich die Saison zu dominieren und gewann drei der ersten vier WM-Läufe, aber eine fehlende Stallorder zwischen ihm und seinem ebenbürtigen Teamkollegen Ronnie → Peterson ließ Fittipaldi ab Mitte der Rennsaison immer mehr ins Hintertreffen geraten.

Er schaffte keinen Sieg mehr und wurde mit 16 Punkten Rückstand hinter Jackie Stewart nur Vizeweltmeister. Weil Fittpaldi keine Lust mehr hatte, wie in der vergangenen Saison die Trainingsduelle gegen Peterson zu verlieren, wechselte er zu → McLaren.

In der Saison 1975 gewann er gleich im zweiten Rennen für den Rennstall, doch mit den Ferrari-Piloten Clay → Reggazzoni und Niki →

Mit dem schwarzen John-Player-Lotus begann 1972 die Erfolgslaufbahn von Emerson Fittipaldi

Lauda hatte er zwei hartnäckige Konkurrenten im Kampf um die Weltmeisterschaft. Vor dem Saisonfinale in Watkins Glen waren Fittipaldi und Regazzoni in der Punktzahl gleichauf. Der Brasilianer ging kein Risiko ein und konzentrierte sich nur darauf, vor dem Kontrahenten ins Ziel zu kommen. Der vierte Platz reichte am Ende, weil sein Kontrahent Regazzoni mit dem schwächelnden Ferrari nur auf dem elften Platz landete.

1975 sicherte er sich noch einmal die Vizeweltmeisterschaft hinter Lauda und beging dann den entscheidenden Fehler seiner Laufbahn. Anstatt den Vertrag mit McLaren zu verlängern, beteiligte sich Fittipaldi als Fahrer und Mitinhaber beim zunächst → Copersucar, dann in → Fittipaldi ungenannten Rennstall seines Bruders Wilson. Mit diesem Fahrzeug stand er von Anfang an auf verlorenem Posten und in der Saison 1976 gelangen ihm nur kümmerliche drei WM-Punkte. Auch die zwei nächsten Jahren brachten keine wesentlichen Verbesserungen und Fittipaldi war innerhalb kürzester Zeit vom Superstar zur unbedeutenden Randfigur der Formel 1 abgestiegen. Auch der Versuch, ab 1981 als → Teamchef eine Wende herbeizuführen, hinterließ nichts als Frust und Schulden.

Am Ende des Jahres 1982 musste sein Rennstall Konkurs anmelden. Fittipaldi war am Boden zerstört und im Formel 1-Business völlig in Vergessenheit geraten. Doch er schaffte ein Comeback in der IndyCar-Meisterschaft, wo er 1989 und 1993 die 500 Meilen von → Indianopolis gewann.

Firestone (Reifenhersteller)
GP-Rennen in der Fahrer-WM: 121 (1950–1975)
Pole-Positions: 59
Siege: 49
WM-Punkte: 1203
Rennwagen: Kurtis-Kraft, Epperly, Lesovsky, Ewing, Kuzma, Watson, Salih, Lotus, Ferrari, Cooper, Honda, March, BRM, McLaren, Surtees, Hesketh, ISO-Marlboro, Lola, Brabham, Parnelli

Ab 1903 begann Harvey S. Firestone mit der Produktion seiner Firestone-Reifen und durch einen Auftrag von → Ford, die berühmten T-Modelle mit Firestone-Reifen auszurüsten, war das Werk bald etabliert.

Schon früh erkannte Harvey S. Firestone die Bedeutung von Autorennen, um die Verkaufszahlen seiner → Reifen zu steigern. Nach dem Motto: »Am Sonntag gewinnen, am Montag verkaufen«, wurde Firestone zum erfolgreichsten Reifenlieferanten der amerikanischen IndyCar-Szene. 1911 war der erste Sieger Ray Haroun auf Firestone-Reifen unterwegs und bis zum Mai 2000 hatte man bei den 500 Meilen von → Indianapolis 51 Rennen gewonnen.

Nachdem man bei den Formel 1-Rennen von 1950 und 1960 nur in Indianapolis anwesend war und dabei alles an Siegen abräumte, wurde man ab 1966 erstmals Reifenlieferant von europäischen Rennställen wie → Lotus, → Ferrari und → Cooper.

Dafür hatte Firestone in England extra ein europäisches Forschungs- und Entwicklungszentrum für Rennreifen errichtet.

Speziell mit Lotus erlebte die Firma durch drei WM-Titel von Graham → Hill, Jochen → Rindt und Emerson → Fittipaldi seine erfolgreichste Zeit. In den siebziger Jahren erwiesen sich die Firestone-Pneus speziell auf nasser Piste als vorteilhaft, doch ein Titel konnte mit Rennställen wie → Ferrari und → BRM nicht mehr erreicht werden. Ab 1973 war es mit den Siegen vorbei, weil der Konkurrent → Goodyear bei den Rennwagen die Vorherrschaft übernommen hatte.

Mit Hinterbänkler-Teams wie → Hesketh und → Surtees waren keine Lorbeeren mehr zu ernten und der Wagen von → Parnelli war der letzte, welcher 1975 mit Firestone-Reifen an den Start ging. Danach folgte der völlige Rückzug aus der Formel 1.

Ende der Siebziger geriet der Konzern durch eine missratene Rückruf-Aktion seiner Reifen an den Rand des Bankrotts und konnte erst 1988 durch die Übernahme von → Bridgestone gerettet werden.

Seitdem engagiert er sich Firestone im Motorsport wieder speziell bei den amerikanischen Wettbewerben.

Flaggensignale in der Formel 1
Siehe rechte Spalte.

Flaherty, Pat (Pilot)
Geboren: 06.01.1926 in Los Angeles/ USA
GP-Rennen in der Fahrer-WM: 6 (1950–1958)
Pole Positions: 1
Siege: 1
WM-Punkte insgesamt: 8
Beste WM-Platzierung im Gesamtklassement:
Fünfter 1956
Rennwagen: Kurtis-Kraft, Watson
Vier Jahre mühte sich Flaherty vergeblich, bei den 500 Meilen von → Indianapolis zu Ruhm und Ehre zu gelangen und die besten Ergebnisse waren 1950 und 1955 ein zehnter Platz. Aber 1956 eroberte er in einem Rennwagen von → Watson die → Pole Position und behielt 127 Runden lang die Führung, was am Ende den Sieg bedeutete. Drei Jahre später nahm er nochmals an diesem Rennen teil, schied aber durch einen Unfall aus.

Fliegender Start
Eine Startvariante, die dann vorgesehen ist, wenn es beispielsweise bei einem Formel 1-Rennen stark regnet. Von einem → Safety-Car angeführt, fahren die Rennwagen nach der → Einführungsrunde solange hinter dem Fahrzeug her, bis dieses die Strecke verlässt.

Flügel
Um die → Aerodynamik der Formel 1-Wagen zu verbessern, machten sich die Konstrukteure Ende der sechziger Jahre Erkenntnisse aus der Flugzeuglehre zunutze. Ein Flügel ähnlich wie bei einer Flugzeugtragfläche wurde mit Stangen über den → Rädern so geneigt angebracht, dass die über den Flügel strömende Luft für eine bessere Haftung sorgte. → Brabham, → Lotus und → Ferrari experimentierten 1968 mit dieser Technik, die aber auch Risiken in sich barg, weil die Flügel leicht abbrachen und eine Gefahr für Zuschauer und Piloten darstellten. Nach einem schweren Unfall von Hill und Rindt durch wegbrechende Flügel 1969 beim Großen Preis von Spanien wurden diese von den Sportkommissaren der → FIA verboten. Die nachfolgenden Flügel waren kleiner und sicherer konstruiert und sind bis heute ein wichtiges → aerodynamisches Hilfsmittel, um den Anpressdruck auf die Hinterräder zu verbessern. Die Flügel müssen dabei auf die jeweiligen Streckencharakteristi-

Abbildungen von links oben nach rechts unten:
- **Gelbe Flagge:** Achtung, Gefahr. Nicht überholen
- **Blaue Flagge:** Achtung, Wagen wollen überholen
- **Schwarze Flagge:** Die auf dieser Flagge vermerkte Startnummer muss die Box anfahren
- **Weiße Flagge:** Vorsicht. Langsames Fahrzeug auf der Strecke
- **Rote Flagge:** Unterbrochenes Rennen
- **Schwarze Flagge mit organgem Punkt:** Die auf dieser Flagge vermerkte Startnummer muss wegen eines technischen Defektes die Box anfahren
- **Grüne Flagge:** Gefahr vorbei
- **Rot-gelb-gestreifte Flagge:** Achtung: Rutschige Piste
- **Schwarz-weiß-karierte Flagge:** Rennende
- **Schwarz-weiß-diagonal-gestreifte Flagge:** Letzte Verwarnung wegen unfairen Verhaltens

ken abgestimmt werden. Ein → Frontflügel darf eine maximale Breite von 1400 Millimetern nicht überschreiten, während die maximale Breite des → Heckflügels auf 1000 Millimeter und die maximale Höhe auf 800 Millimeter festgelegt sind.

Fly-by-wire

Ein System, das wichtige mechanische Funktionen wie beispielsweise das Gaspedal elektronisch steuert und nach dem Einsatz im → McLaren-Rennwagen 1997 von der → FIA verboten wurde.

FOCA

Die FOCA (Formula One Constructors Association) wurde 1969 gegründet und ist die Interessenvertretung der Formel 1-Konstrukteure, d.h. der Teams gegenüber anderen Organisationen wie beispielsweise der → FIA.

Ihr Gründer und heutiger Präsident Bernie → Ecclestone ist zur Zeit der mächtigste Mann der Formel 1, nicht zuletzt weil er sich in der Auseinandersetzung mit der → FISA in der Saison 1981 durch das → Concorde-Abkommen die Fernsehrechte gesichert hatte.

Die FOCA kontrolliert jetzt weltweit sämtliche Fernsehausstrahlungen der Formel 1 und ist auch für die Preisgeldverteilung an die Rennställe verantwortlich.

Fondmetal
(Rennwagenfirma, Motorenhersteller)

GP-Rennen in der Fahrer-WM: 19 (1991–1992)
Pole Positions: 0
Siege: 0
WM-Punkte: 0
Beste Platzierung in der Konstrukteurswertung: 0
Bekannteste Fahrer: –
Erfolgreichste Fahrer: –

Nachdem der kümmerliche Formel 1-Rennstall → Osella 1991 von dem Felgenproduzenten Gabriele Rumi übernommen wurde und in den Namen Fondmetal umgetauft wurde, hielt der erhoffte Neubeginn nicht einmal zwei Jahre lang an. Nach der Übernahme wurde das Team sofort umstrukturiert und man plante sogar wieder ein Zwei-Fahrer-Team einzusetzen, doch Reifenlieferant → Goodyear legte sein Veto ein. Am Steuer saß wie vorher bei Osella der unbeständige Oliver Grouillard und das Auto wurde Fomet genannt. Für die nötigen PS sorgte ein → Ford-Achtzylinder-Motor.

Obwohl man dem Team ein im positiven Sinne veränderliches Barometer prognostizierte, konnte sich Grouillard achtmal nicht qualifizieren und erreichte als einziges Rennresultat einen zehnten Platz in Belgien. Für die letzten drei Läufe wurde er durch Gabriele Tarquini ersetzt, ohne dass bessere Ergebnisse erreicht wurden.

Für 1992 stieß der frühere → Brabham-Konstrukteur Sergio Rinland zum Team und man erhielt stärkere Ford-→ Motoren, welche vorher bei → Jordan und → Benetton im Einsatz waren.

In dieser Saison trat man jetzt wieder mit zwei Autos an, in denen Vorjahrespilot Gabriele Tarquini sowie der Schweizer Newcomer Andrea Chiesa saßen.

Doch trotz der positiven Vorzeichen entpuppte sich die Saison 1992 für das Team als ein »Quo Vadis, Fondmetal«.

Für Chiesa war der Wagen zu klein ausgefallen, der Schweizer verschaltete sich permanent und konnte sich siebenmal nicht qualifizieren, ehe er beim Großen Preis von Ungarn durch Eric → van de Poele ersetzt wurde, der zudem noch ein paar Dollars mitbrachte.

Tarquini konnte sich regelmäßig qualifizieren, aber keine WM-Punkte und nur eine Zielankunft erreichen. Zudem war die Stimmung im Team dramatisch gesunken, da man sich gegenseitig Schuldvorwürfe für das enttäuschende Abschneiden machte. Nach dem Großen Preis von Silverstone verkündete ein Mitarbeiter: »Zwölf Millionen Dollar wurden in diese Saison bereits investiert. Wenn wir nicht bald einen Sponsor finden, müssen wir dichtmachen.« Obwohl sich Tarquini in Belgien für den elften Startplatz qualifizieren konnte, trat Fondmetal als Rennstall nach dem Großen Preis von Italien nicht mehr an.

Danach war die Firma von 1993 bis 1995 für das → Design der → Tyrrell-Rennwagen mitverantwortlich und entwickelte hierfür eine fortschrittliche hydraulische → Aufhängung. Ab der Saison 1996 versorgte man Benetton und später → Minardi mit technischem Know-how.

Mit zwei Jahre alten Ford-Motoren, die man entsprechend modifizierte, wurde Fondmetal dann für Minardi in der Saison 2000 auch zum Motorenlieferanten.

Mittlerweile hat Fondmetal-Chef Gabriele Rumi 69 % seiner Anteile am Minardi-Rennstall an den US-Medienkonzern Panamerican Sport Network veräußert.

Footwork (Rennwagenfirma)

GP-Rennen in der Fahrer-WM: 43 (1991–1993)
Pole Positions: 0
Siege: 0
WM-Punkte: 10
Beste Platzierung in der Konstrukteurswertung: Siebter 1992
Bekannteste Fahrer:
Michele Alboreto, Stefan Johansson,
Aguri Suzuki, Bernd Schneider, Derek Warwick
Erfolgreichster Fahrer: Michele Alboreto

Einige Jahre lang liefen unter der Bezeichnung Footwork die Rennwagen von → Arrows, weil sich der japanische Sponsor in den Rennstall eingekauft hatte, um ehrgeizige Ziele zu verwirklichen.

Die Ohasi-Gruppe, ein internationaler Konzern, dessen Interessenbereiche von der Schwerindustrie bis zum Hotelgewerbe reichen, begann ab 1988 mit dem Footwork-Sports-Racing-Team zu kooperieren und unter dem Namen Footwork Formula Ltd. mit dem Bau erster Rennwagen.

Firmenbesitzer Watara Ohashi stellte dem Footwork-Team eine Fabrik zur Verfügung, um somit ein größeres Potential zu ermöglichen.

1989 erwarb man einen größeren Aktienanteil an der Arrows-Gruppe und beteiligte sich mit Erfolg an japanischen Formel 3000-Rennen. Bei europäischen Wettbewerben gab es

Andrea Chiesa blieb 1992 in seinen Renneinsätzen bei Fondmetal völlig unbeachtet

weniger Meriten zu verzeichnen, trotzdem wollte man unbedingt in die Formel 1 und benötigte dafür ein entsprechendes Fahrzeug.

Das bekam man dann von Arrows und für angeblich 35 Millionen Pfund sicherte sich Footwork-Chef Wataru Cashi zugleich für die Saison 1991 exklusiv das Formel 1-Comeback der → Porsche-→ Motoren.

Statt Arrows hieß der Rennstall ab diesem Jahr Footwork und startete in eine absolute Katastrophen-Saison. Der auf dem Papier so vielversprechende Porsche-Zwölfzylinder offenbarte sich als unausgereifter Total-Flop, so dass man ab Mitte der Saison wieder auf die bewährten → Ford-Motoren zurückgriff. Porsche hatte sich kräftig blamiert und Footwork fand sich am untersten Ende der Rennstallhierarchie wieder, da man in dieser Saison keinerlei Punkte gewinnen konnte. Teamchef Jackie Oliver, der vor dieser Saison den Mund reichlich voll genommen und für 1992 den WM-Titel anvisiert hatte, musste ab sofort wieder kleinere Brötchen backen. Mit einem modifizierten → Chassis und den, dank der Mithilfe von Neuzugang Aguri → Suzuki, erworbenen → Mugen-Honda-Motoren konnte Footwork 1992 durch Michele → Alboreto wieder sechs Punkte erreichen. Es hatte sich bei Footwork also im Vergleich zu den früheren Arrows-Jahren nichts Wesentliches geändert: Immer wieder gab es einige Punktgewinne, Konstrukteur Alan Jenkins versuchte sein Bestes und Teamchef Jackie Oliver tat das Nötigste. Für 1994 kündigte Footwork-Chef Ohashi an, nicht noch einmal 30 Millionen Dollar in den wenig erfolgreichen Rennstall zu verpulvern. Jackie Oliver kaufte die Firmenanteile wieder zurück und ab 1994 hießen die Rennwagen wieder Arrows.

Ford (Motorenhersteller)
GP-Rennen in der Fahrer-WM: 603 (seit 1963)
Pole Positions: 139
Siege: 175

Ex-Vizeweltmeister Michele Alboreto in einem Footwork aus der Saison 1992

WM-Punkte: 4621,5
Rennwagen:
u.a. Cooper, Stebro, de Tomaso, Matra, Lotus, Bellasi, Surtees, McLaren, Brabham, March, Tyrrell, Hesketh, Penske, Politoys, Token, Trojan, Parnelli, Maki, Ensign, Martini, Merzario, ATS, Wolf, Shadow, Fittipaldi, Williams, Ligier, Theodore, Arrows, Osella, RAM, Lola, Rial, AGS, Dallara, Minardi, Onyx, Ligier, Fondmetal, Footwork, Simtek, Sauber, Forti, Pacific, Stewart, Jaguar
Internet: www.fordracing.net

Nach Erfolgen bei den → Indianapolis-Rennen startete Ford 1966 eine Kooperation mit der englischen Motorenfirma → Cosworth und aus dieser Zusammenarbeit entwickelte sich der bis heute erfolgreichste Formel 1-Motor aller Zeiten.

Ab 1963 stieg das Autounternehmen Ford verstärkt in den Rennsport ein, um durch die Publicity eine Absatzsteigerung seiner Fahrzeuge zu erreichen. Mit einem von Ford entwickelten V8-Motor konnte der → Lotus von Jim → Clark bei den 500 Meilen von → Indianapolis einen zweiten Platz erreichen.

Nachdem Ford-→ Motoren in sporadischen Einsätzen bei Rennwagen wie → Stebro, → Lotus und → Brabham zum Einsatz kamen, entschied sich Bruce → McLaren 1966 für einen Ford V8-Motor, mit dem er in Monaco, USA und Mexiko seinen Rennwagen bestückte. Der fünfte Platz von McLaren am 2. Oktober 1966 in → Watkins-Glen war der erste Punktgewinn eines Formel 1-Wagens mit Ford-Motor.

Im selben Jahr war die neue 3,0-Liter-Formel in Kraft getreten, welche einige Rennställe in Schwierigkeiten brachte, weil es an geeigneten Triebwerken fehlte und man sich mit Notlösungen behelfen musste.

→ Lotus-Boss Colin Chapman wandte sich auf der Suche nach einem neuen Motor vergeblich an englische Automobilunternehmen und Regierungsstellen.

Erst durch den Kontakt mit dem Vizepräsidenten von Ford Europe startete man ein Pro-

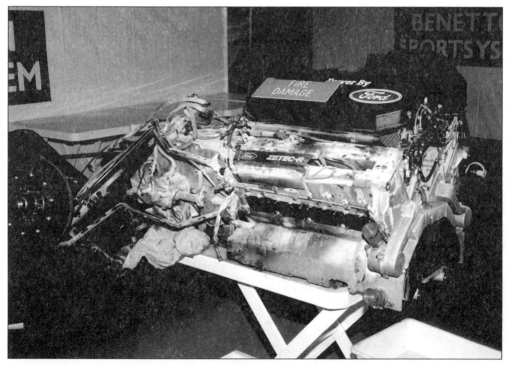

Ein »durchgebrannter« Ford Zetec-R aus dem Jahre 1994

jekt, das die Formel 1 in den nächsten Jahrzehnten entscheidend prägen sollte. Am 1. März 1966 wurde ein Vertrag zwischen Ford und Cosworth Engineering geschlossen, um der Formel 1 geeignete Triebwerke zu liefern. Cosworth war 1958 von dem Ingenieur Keith Duckworth gegründet worden, nachdem er zuvor Lotus im Streit verlassen hatte.

Mit finanzieller Unterstützung von Ford und Chapman baute Cosworth einen V8-Motor, der unter der Bezeichnung Ford-Cosworth DFV 1967 zunächst exlusiv an Lotus geliefert wurde. Im dritten Rennen der Saison, am 4. Juli 1967 in → Zandvoort, gewann der Lotus von → Jim Clark mit dem neuen Ford-Cosworth auf Anhieb. Das Triebwerk bestach durch Zuverlässigkeit, Gewicht und Größe und Clark ließ diesem Triumph im selben Jahr noch drei weitere folgen.

Dadurch avancierte der Cosworth zu einem begehrten Motor und weil dieser ab 1968 für andere Rennställe freigegeben wurde, war der DFV in dieser Saison auch bei McLaren, → Tyrrell und → Matra im Einsatz.

In den nächsten 17 Jahren feierten Cosworth-Motoren Titel und Triumphe in schöner Regelmäßigkeit, wobei Anfang der siebziger Jahre 80 % aller Formel 1-Wagen mit diesem Triebwerk unterwegs waren. Doch durch den Beginn der Turbo-Ära Anfang der achtziger Jahre geriet der Cosworth immer mehr ins Hintertreffen und kam 1983 mit dem von Mario Illien entwickelten DFY durch Michele → Alboreto auf Tyrrell in → Detroit zum letzten Sieg. 1984 war nur noch Tyrrell den Saugmotoren von Cosworth treu geblieben, womit man aber gegen die Turbo-Konkurrenz keine Chance mehr hatte. Ein Jahr zuvor begannen Ford und Cosworth bereits mit der Entwicklung eines V6-Turbomotors, der im Sommer 1985 ersten Tests unterzogen wurde und ein Jahr später beim Großen Preis von San Marino in einem → Lola sein Debüt feierte, in dieser Saison aber nur für insgesamt sechs WM-Punkte gut war.

1987 war der Motor im Heck des → Benetton zu finden und wies einen hohen Benzinverbrauch auf, der erst in der Saisonmitte durch Überarbeitung des Turboladers reduziert werden konnte. Die Saugmotoren von Ford-Cosworth wurden unter der Bezeichnung DFZ in diesem Jahr an Rennställe wie → Coloni, → AGS, → Lola und → March geliefert, mit denen Siege nicht möglich waren.

Am erfolgreichsten waren Ford-Motoren noch bei Benetton, wo man 1989 nach einer sechsjährigen Durststrecke durch Alessandro → Nannini in → Suzuka wieder einen Sieg feiern konnte.

Mittlerweile wurden die Motoren von dem Schweizer Tuner Heini Mader gewartet, während die Elektronik von Ford und die Bauteile von Cosworth stammten.

1990 wurde Cosworth an Vickers verkauft und man entwickelte den Ford-HB-V8, der durch Zuverlässigkeit und Standfestigkeit überzeugen konnte und wiederum bei Benetton zum Einsatz kam. Mittlerweile kursierten die verschiedensten Ford-Aggregate im Formel 1-Zirkus. Während Benetton exklusiv die neuesten Triebwerke zur Verfügung gestellt bekam, mussten sich kleinere Rennställe wie AGS, → Arrows, Coloni, → Ligier, → Minardi, → Onyx, → Dallara und Tyrrell mit den

Für McLaren waren die Ford-HB-Motoren 1993 nur eine Übergangslösung

leistungsschwächeren DFR-Motoren zufriedengeben. Eine Situation, an der sich auch in den folgenden Jahren nichts änderte, wobei den Ford-Motoren immer ein paar PS zur erfolgreicheren Konkurrenz von → Honda, → Ferrari und → Renault fehlten.

1994 stellte Ford dem Benetton-Rennstall einen neuen achtzylindrigen Zetec-R-Motor zur Verfügung, der wiederum von Cosworth in Northampton gebaut wurde. Durch das Können von Michael → Schumacher und zahlreichen außersportlichen Umständen saß Ford mit seinem zuverlässigen Aggregat am Ende der Saison nach langer Pause wieder im Heck eines Weltmeisterautos.

Anschließend wechselte Benetton zu den Renault-Motoren und so wurde der → Sauber-Rennstall für zwei Jahre zum neuen Exklusiv-Kunden für den leistungsstärksten Motor aus der Baureihe von Ford.

Doch mit dem mittelmäßigen Sauber-Boliden sowie einem Defizit von 80 PS im Vergleich zu den stärksten Aggregaten versanken beide Partner im Mittelmaß. Mit den frei erhältlichen Motoren der ED-Reihe gab es in schwachen Rennställen wie → Forti, → Pacific und → Simtek keine Meriten zu gewinnen.

1995 war man schon mit der Entwicklung eines V10-Motors beschäftigt, der 1996 bei Sauber debütierte, aber insgesamt die Erwartungen enttäuschte. Zu diesem Zeitpunkt hatte Ford schon längst die Verbindung zum neuen → Stewart-Rennstall verkündet, dem man ab 1997 den Ford-Zetec-R-V10 lieferte. Nach zwei Jahren voller Motorenplatzer der anfälligen Ford-Zehnzylinder trat 1999 die Wende ein, als Johnny → Herbert am → Nürburgring siegen konnte.

Doch nach der Übernahme von Stewart durch das zu Ford gehörige → Jaguar-Team musste man sich in der Saison 2000 wieder in die untere Skala einordnen.

Zwar bekam der kraftvolle Cosworth CR2 von den Experten glänzende Kritiken, doch mit dem fehlkonstruierten Wagen von Jaguar gab es am Ende nicht mehr als kümmerliche 4 WM-Punkte zu verzeichnen.

Forghieri, Mauro (Konstrukteur)

Ohne Forghieri keine → Ferrari-Siege, denn für ein Vierteljahrhundert war der Italiener mit Unterbrechungen Konstrukteur und Rennleiter bei der Scuderia und führte diese zu zahlreichen Erfolgen.

Der 1939 in Modena geborene Forghieri machte zunächst seinen Doktortitel als Maschinenbauer und wurde mit 24 Jahren Motorenprüfer bei Ferrari. Als sich der Technik-Chef Carlo Chiti 1961 im Streit mit Enzo → Ferrari überwarf und das Werk verließ, bekam Forghieri die Chance, seinen Verantwortungsbereich auszubauen. Seine erste Rennwagen-Entwicklung war die Fortführung des Chiti-Entwurfes Dino 156, bei dem er mehrere Komponenten geschickt modifizierte.

1964 führte seine eigene Ferrari-Konstruktion John → Surtees zum Weltmeistertitel und danach war der Italiener mit der Intellektuellen-Brille, ständig angespannt und mit verkniffenen Gesichtszügen, ein vertrautes Bild an den Ferrari-Boxen. Auch in dem Steve-McQueen-Film »Le Mans« besaß der Darsteller des Ferrari-Rennleiters starke Ähnlichkeit mit dem markanten Italiener.

1975 hatte Forghieri nach einigen Fehlkonstruktionen mit dem 312T wieder ein weltmeisterliches Fahrzeug entwickelt, das Niki → Lauda zum Champion machte. Nachdem mit seinen Wagen nochmals Niki Lauda in der Saison 1977 sowie Jody → Scheckter im Jahr 1979 zu Titelehren gelangten, sorgte ein Jahr später Forghieris → Groundeffect-Konstruktion bei Ferrari für einen sportlichen Totalabsturz. Der Italiener musste danach den Konstruktionsbereich an Harvey → Postlethwaite abgeben.

Von seinen Angestellten wegen seiner Entschlossenheit und Leidenschaft auch »Furie« genannt Forghieri wurde anschließend mit der Leitung der neuen Forschungs- und Entwicklungsabteilung beauftragt, bis das Werk ihn auch davon entband.

Danach kümmerte sich Forghieri, der inzwischen auch als Co-Kommentator bei Tele Monte Carlo tätig war, um die Entwicklung der Formel 1- → Motoren von → Lamborghini, denen insgesamt kein großer Erfolg beschieden war. 1991 kehrte er als verantwortlicher Konstrukteur mit dem → Modena-Team in die Formel 1 zurück, doch sein schön anzusehender, aber in der Rennpraxis völlig untauglicher → Bolide zeigte auf, dass die moderne Formel 1-Technik den Italiener in der Entwicklung längst überholt hatte.

Formationsrunde
Vor dem eigentlichen Start drehen die Piloten eine → Einführungsrunde, wobei die Positionen eingehalten werden müssen. Darauf achten die Piloten tunlichst, denn wer dagegen verstößt, dem droht die → Disqualifikation. So erging es 1994 beispielsweise Michael → Schumacher, als er bei der Formationrunde den vor ihm positionierten Damon → Hill überholte und dafür später im Rennen die schwarze Flagge gezeigt bekam.

Wenn ein Wagen vor dem Start der Formationsrunde stehenbleibt, muss er aus der → Boxengasse starten.

Formel 1-Besten-Liste der Fahrersiege
(GP-Siege, 1950 – 2000)

1.	Alain Prost	51
2.	Michael Schumacher	44
3.	Ayrton Senna	41
4.	Nigel Mansell	31
5.	Jackie Stewart	27
6.	Jim Clark	25
7.	Niki Lauda	25
8.	Juan-Manuel Fangio	24
9.	Nelson Piquet	23
10.	Damon Hill	22
11.	Mika Häkkinen	18
12.	Stirling Moss	16
13.	Jack Brabham	14
	Emerson Fittipaldi	14
	Graham Hill	14
16.	Alberto Ascari	13
17.	Mario Andretti	12
	Alan Jones	12
	Carlos Reutemann	12
20.	Jacques Villeneuve	11
21.	Gerhard Berger	10
	James Hunt	10
	Ronnie Peterson	10
	Jody Scheckter	10
25.	David Coulthard	9
26.	Denis Hulme	8
	Jacky Ickx	8
28.	René Arnoux	7
29.	Tony Brooks	6
	Jacques Laffite	6
	Riccardo Patrese	6
	Jochen Rindt	6
	John Surtees	6
	Gilles Villeneuve	6
35.	Michele Alboreto	5
	Guiseppe Farina	5
	Clay Regazzoni	5
	Keke Rosberg	5
	John Watson	5
40.	Dan Gurney	4
	Eddie Irvine	4
	Bruce McLaren	4
43.	Thierry Boutsen	3
	Peter Collins	3
	Heinz-Harald Frentzen	3
	Mike Hawthorn	3
	Johnny Herbert	3
	Phil Hill	3
	Didier Pironi	3
50.	Elio de Angelis	2
	Patrick Depailler	2
	José Froilan Gonzalez	2
	Jean-Pierre Jabouille	2
	Peter Revson	2
	Pedro Rodriguez	2
	Joseph Siffert	2
	Patrick Tambay	2
	Maurice Trintignant	2
	Wolfgang Graf Berghe von Trips	2
	Bill Vukovich	2
61.	Jean Alesi	1
	Giancarlo Baghetti	1
	Lorenzo Bandini	1
	Rubens Barrichello	1
	Jean-Pierre Beltoise	1
	Joakim Bonnier	1

Noch führt Alain Prost die Liste der meisten Formel 1-Siege an, aber Michael Schumacher ist ihm bereits dicht auf den Fersen

Victorio Brambilla		1
Jimmy Bryan		1
François Cevert		1
Luigi Fagioli		1
Pat Flaherty		1
Peter Gethin		1
Richie Ginther		1
Sam Hanks		1
Innes Ireland		1
Jochen Mass		1
Luigi Musso		1
Alessandro Nannini		1
Gunnar Nilsson		1
Carlos Pace		1
Olivier Panis		1
Johnnie Parsons		1
Richard Rathmann		1
Troy Ruttman		1
Ludovico Scarfiotti		1
Bob Sweikert		1
Piero Taruffi		1
Lee Wallard		1
Rodger Ward		1

Formel 1-Besten-Liste der Fahrer-Pole-Positions

(Pole Positions, 1950 – 2000)

1.	Ayrton Senna	65
2.	Alain Prost	34
3.	Jim Clark	33
4.	Nigel Mansell	32
	Michael Schumacher	32
6.	Juan-Manuel Fangio	29
7.	Mika Häkkinen	26
8.	Niki Lauda	24
	Nelson Piquet	24
10.	Damon Hill	20
11.	Mario Andretti	18
	René Arnoux	18
13.	Jackie Stewart	17
14.	Stirling Moss	16
15.	Alberto Ascari	14
	James Hunt	14
	Ronnie Peterson	14
18.	Jack Brabham	13
	Graham Hill	13
	Jacky Ickx	13
	Jacques Villeneuve	13
22.	Gerhard Berger	12
23.	David Coulthard	10
	Jochen Rindt	10
25.	Riccardo Patrese	8
	John Surtees	8
27.	Jacques Laffite	7
28.	Emerson Fittipaldi	6
	Phil Hill	6
	Jean-Pierre Jabouille	6
	Alan Jones	6
	Carlos Reutemann	6
33.	Chris Amon	5
	Guiseppe Farina	5
	Clay Regazzoni	5
	Keke Rosberg	5
	Patrick Tambay	5
38.	Mike Hawthorn	4
39.	Rubens Barrichello	3
	Tony Brooks	3
	Elio de Angelis	3
	Teo Fabi	3
	José Froilan Gonzalez	3
	Dan Gurney	3
	Jean-Pierre Jarier	3
	Didier Pironi	3
	Jody Scheckter	3
48.	Michele Alboreto	2
	Jean Alesi	2
	Heinz-Harald Frentzen	2
	Stuart Lewis-Evans	2
	Joseph Siffert	2
	Gilles Villeneuve	2
	John Watson	2
55.	Fred Agabashian	1
	Lorenzo Bandini	1
	Joakim Bonnier	1
	Thierry Boutsen	1
	Victorio Brambilla	1
	Eugenio Castellotti	1
	Andrea de Cesaris	1
	Patrick Depailler	1
	Walt Faulkner	1
	Giancarlo Fisichella	1
	Pat Flaherty	1
	Bruno Giacomelli	1

Ein Rekord, der noch einige Zeit Bestand haben dürfte: Ayrton Senna mit 61 Pole-Positions

Jerry Hoyt	1
Denis Hulme	1
Jack McGrath	1
Duke Nalon	1
Pat O'Connor	1
Carlos Pace	1
Mike Parkes	1
Tom Pryce	1
Dick Rathmann	1
Peter Revson	1
Eddie Sachs	1
Johnny Thomson	1
von Trips, Wolfgang Graf Berghe	1
Bill Vukovich	1

Formel 1-Bestenliste der Fahrerweltmeistertitel
(WM-Titel, 1950 – 2000)

1.	Juan-Manuel Fangio	5
2.	Alain Prost	4
3.	Jack Brabham	3
	Niki Lauda	3
	Nelson Piquet	3
	Michael Schumacher	3
	Ayrton Senna	3
	Jackie Stewart	3
9.	Alberto Ascari	2
	Jim Clark	2
	Emerson Fittipaldi	2
	Mika Häkkinen	2
	Graham Hill	2
14.	Mario Andretti	1
	Guiseppe Farina	1
	Mike Hawthorn	1
	Damon Hill	1
	Phil Hill	1
	Denis Hulme	1
	James Hunt	1
	Alan Jones	1
	Nigel Mansell	1
	Jochen Rindt	1
	Keke Rosberg	1
	Jody Scheckter	1
	John Surtees	1
	Jacques Villeneuve	1

Formel 1-Besten-Liste der Motorensiege:
(GP-Siege, 1950 – 2000)

1.	Ford	175
2.	Ferrari	135
3.	Renault	95
4.	Honda	71
5.	Coventry-Climax	40
6.	Mercedes	35
7.	Porsche	26
8.	BRM	18
8.	Alfa Romeo	12
10.	Maserati	11
	Offenhauser	11
12.	BMW	9
	Vanwall	9
14.	Repco	8
15.	Mugen-Honda	4
16.	Matra	3
17.	Weslake	1

Formel 1-Besten-Liste der schnellsten Runden
(Schnellste Runden, 1950 – 2000)

1.	Alain Prost	41
	Michael Schumacher	41
3.	Nigel Mansell	30
4.	Jim Clark	28
5.	Niki Lauda	25
6.	Nelson Piquet	24
7.	Juan-Manuel Fangio	23
8.	Mika Häkkinen	22
9.	Gerhard Berger	21
10.	Damon Hill	19
	Stirling Moss	19
	Ayrton Senna	19
13.	Clay Regazzoni	15
	Jackie Stewart	15
15.	David Coulthard	14
	Jacky Ickx	14
17.	Alan Jones	13
	Riccardo Patrese	13
19.	René Arnoux	12
	Alberto Ascari	12
	Jack Brabham	12
22.	John Surtees	11
23.	Mario Andretti	10
	Graham Hill	10

25.	Denis Hulme	9		Giancarlo Fisichella	1
	James Hunt	9		Bertrand Gachot	1
	Jacques Villeneuve	9		Mauricio Gugelmin	1
28.	Ronnie Peterson	8		Mike Hailwood	1
	Gilles Villeneuve	8		Masahiro Hasemi	1
30.	Emerson Fittipaldi	7		Brian Henton	1
31.	Heinz-Harald Frentzen	6		Hans Herrmann	1
	José Froilan Gonzalez	6		Innes Ireland	1
	Dan Gurney	6		Eddie Irvine	1
	Mike Hawthorn	6		Karl Kling	1
	Phil Hill	6		Onofre Marimon	1
	Jacques Laffite	6		Jack McGrath	1
	Carlos Reutemann	6		Robert Mieres	1
38.	Guiseppe Farina	5		Roberto Moreno	1
	Carlos Pace	5		Luigi Musso	1
	Didier Pironi	5		Saturo Nakajima	1
	Jody Scheckter	5		Jackie Oliver	1
	John Watson	5		Jonathan Palmer	1
43.	Michele Alboreto	4		Johnnie Parsons	1
	Jean Alesi	4		Henri Pescalero	1
	Jean-Pierre Beltoise	4		Pedro Rodriguez	1
	Patrick Depailler	4		Paul Russo	1
	Joseph Siffert	4		Ludovico Scarfiotti	1
48.	Chris Amon	3		Ralf Schumacher	1
	Rubens Barrichello	3		Marc Surer	1
	Tony Brooks	3		Piero Taruffi	1
	Richie Ginther	3		Johnny Thomson	1
	Jean-Pierre Jarier	3		Maurice Trintignant	1
	Bruce McLaren	3		Luigi Villoresi	1
	Jochen Rindt	3		Lee Wallard	1
	Keke Rosberg	3		Alexander Wurz	1
	Bill Vukovich	3			
57.	Lorenzo Bandini	2	\multicolumn{3}{l	}{**Formel 1-Besten-Liste der Rennwagen-Siege**}
	Victorio Brambilla	2	\multicolumn{3}{l	}{(GP-Siege, 1950 – 2000)}
	François Cevert	2	1.	Ferrari	135
	Teo Fabi	2	2.	McLaren	130
	Jochen Mass	2	3.	Williams	103
	Alessandro Nannini	2	4.	Lotus	79
	Richard Rathmann	2	5.	Brabham	35
	Patrick Tambay	2	6.	Benetton	27
	Derek Warwick	2	7.	Tyrrell	23
66.	Richard Attwood	1	8.	BRM	17
	Giancarlo Baghetti	1	9.	Cooper	16
	Jean Behra	1	10.	Renault	15
	Tony Bettenhausen	1	11.	Alfa Romeo	10
	Thierry Boutsen	1	12.	Ligier	9
	Andrea de Cesaris	1		Maserati	9

	Matra	9
	Mercedes	9
	Vanwall	9
17.	Kurtis-Kraft	5
18.	Jordan	3
	March	3
	Watson	3
	Wolf	3
22.	Honda	2
	Salih	2
24.	Eagle	1
	Hesketh	1
	Kuzma	1
	Penske	1
	Porsche	1
	Shadow	1
	Stewart	1

Formel 1-Besten-Liste der Rennwagen-Konstrukteurstitel
(WM-Titel, 1955 – 2000)

1.	Ferrari	10
2.	Williams	9
3.	McLaren	8
4.	Lotus	7
5.	Brabham	2
6.	Cooper	2
	Benetton	1
	BRM	1
	Matra	1
	Tyrrell	1
	Vanwall	1

Formel 1-Bücher

Noch Anfang der neunziger Jahre, als kein deutscher Fahrer in der Formel 1 vertreten war, konnte man die Formel 1-Bücher in deutscher Sprache praktisch an einer Hand abzählen. In den Ecken der Buchhandlungen verloren sich wenige Fahrerbiografien sowie einige Fachbücher über Motorentechnik. Seit den Erfolgen von Michael → Schumacher hat natürlich auch der Rennsportbüchermarkt hohe Zuwachsraten zu verzeichnen.

Dutzende Schumacher-Biografien und aufwendig gestaltete Bildbände lassen gegenwärtig die Buchhandlungsregale im Bereich Motorsport förmlich überquellen. Aus der Vielzahl der Publikationen ist für den ernsthaft interessierten Fan vor allem die → Grand-Prix-Serie des Motorbuch-Verlages interessant, die in der Regel kurz vor Weihnachten erscheint. Bei dieser Reihe wird nach einer kurzen, aber dennoch detaillierten Übersicht der Teams und Fahrer über jedes zurückliegende Rennen mit viel Hintergrundwissen ausführlich berichtet.

Wer sich vor jeder Saison über den aktuellen Stand von Fahrer und Teams sowie Trends und Rennstrecken informieren möchte, für den ist die von RTL herausgegebene Serie »Grand Prix – live miterlebt« eine optimale Wissensquelle vor jedem Saisonstart.

Formel 1-Comics

Nur wenige Sprechblasengeschichten haben sich seit Beginn der Motorsportära bei den Comic-Fans etablieren können. Seit einigen Jahren erscheint in Deutschland das Comic-Magazin »Bleifuß«, welches karikaturenhaft die charakterlichen und physiognomischen Eigenarten der Formel 1-Stars auf die Schippe nimmt. Erdacht werden die Geschichten von dem Mainzer Zeichner Joe Heinrich, der unter anderem bei MAD und Gary Larson in die Lehre ging. Zu den Bleifuß-Comics existieren zahlreiche Internetseiten, die sich mit Spielen und Chats rund um das Thema Bleifuß-Comic beschäftigen. Der bis heute bekannteste Rennsport-Comic bleibt aber »Michel Vaillant«, eine Alben-Serie, die bei Comic- und Motorsportfans für ihre Detailgenauigkeit bestens bekannt ist. Geistiger Vater dieser französischen Rennfahrerfigur ist der Franzose Jean Graton, der 1923 in Nantes geboren wurde und bereits mit acht Jahren seine Zeichnungen in der Tageszeitung »Le Soir« abgedruckt bekam.

Beim französischen Comic-Magazin »Spirou« veröffentlichte er einige Kurzgeschichten, bevor er anschließend zu »Tintin« wechselte. Graton verstand es meisterhaft, seine Begeisterung für Technik und Maschinen in detailgetreuen Zeichnungen festzuhalten und bald gehörten seine Geschichten mit den akribischen Darstellungen von Autos und Flugzeugen zu den beliebtesten bei den Lesern.

1955 veröffentlichte er bei Tintin seine erste Fortsetzungsserie, bei der ein junger Sportjournalist ein Verbrechen bei der Tour de France aufdeckt.

Drei Jahre später wurde dann Michel Vaillant ins Leben gerufen, wobei Graton einen ganz speziellen Mikrokosmos um seine Hauptfigur erdachte. Michel ist in den Geschichten der Sohn von Henri Vaillant, welcher vor den Toren von Paris eine große Automobilfabrik besitzt, die von Sportcoupés bis hin zu Großlimousinen alle möglichen Fahrzeugtypen produziert.

Dem Vater zur Seite steht Michels Bruder Jean-Pierre, ein ehemaliger → Grand-Prix-Pilot, der jetzt in erster Linie für die Rennsportabteilung verantwortlich ist. Henri Vaillant ist der typische Familienpatriarch, welcher seine Untergebenen streng aber gerecht behandelt und auf die Einwände seiner Ehefrau bezüglich der Themen Liebe und Familienleben sehr allergisch reagiert. Markenzeichen der Vaillant-Firma ist ein stilisiertes V, das von Rot- und Blau-Kontrasten umgeben und auf allen Rennwagen – sowie Overalls und Helmen zu finden ist. Aber im Mittelpunkt steht natürlich der jugendlich-strahlende Super-Pilot Michel Vaillant, der auf allen Rennveranstaltungen

Oben: Mit vielen Rennfahrern aus jeder Generation gut befreundet: Comic-Held Michel Vaillant – hier im entspannten Plausch mit Ferrari-Star Gilles Villeneuve
Unten: Auch die früheren sogenannten »Bastlerbuden« wurde bei Graton gehuldigt

der Welt sein unvergleichliches Können demonstriert. Egal ob in → Indianapolis oder in → Le Mans, ob bei Rallyes, Motocross, Offshore-Bootrennen, Formel 2 oder Formel 1 – in jeder Rennsportklasse hat der schwarzhaarige Franzose in den Comic-Geschichten alle nur denkbaren Triumphe gefeiert. Bei aller Spannung und Faszination, die dieser hervorragend gezeichnete Rennfahrercomic ausstrahlt, ist der Hauptdarsteller dabei zugleich das größte »Problem«. Denn der stets gelassen und überlegt reagierende Michel erscheint einem oftmals zu überperfekt. Kurze Krisen wie z.B. in der Geschichte »Die Pechsträhne« (ZACK-Magazin/1973, Koralle Verlag) bewältigt er scheinbar mühelos und danach folgen Siege auch noch in den aussichtslosesten Positionen. Fehlende Ecken und Kanten, kaum vorhandene menschliche Schwächen und die ständigen Siege lassen die Person ein wenig eindimensional erscheinen. Von ganz anderem Kaliber ist da schon sein amerikanischer Teamgefährte und guter Freund Steve Warson: Kettenrauchend, teilweise jähzornig und aufbrausend bis zur Schlägerei, ständig einen Glimmstengel zwischen den Lippen und allen Frauenrücken nachschauend hat diese Figur ein weitaus größeres, menschliches Spektrum zu bieten. Warson ist die ständige und dabei loyale Nummer 2 bei Vaillant, konnte aber in den Comics auch irgendwann in den sechziger Jahren zumindest einmal die Formel 1-Weltmei-

Oben: Wahre Männerfreundschaft: Michel Vaillant und Stallkollege Steve Warson
Unten: Vaillants größter Widersacher: der mysteriöse Leader

Oben: Schock für alle Vaillant-Freunde: Steve Warson als Herr der Leader
Unten: Michel Vaillant auf dem Weg zu seinem 826sten WM-Titel. Carlos Reutemann im Ferrari hat keine Chance

sterschaft (»Die Ehre des Samurai«/1966, MV-Comix; Carlsen-Verlag) erringen sowie bei den 500 Meilen von → Indianapolis (»Der Weltmeister«/1974, Zack-Magazin, Koralle-Verlag«) siegen.

Aber nicht nur mit dem weizenblonden Ami ist Michel gut befreundet. Weil Graton hohen Wert auf eine realistische Wiedergabe des Renngeschehens legt, tauchen in den Geschichten oftmals Stars aus dem wahren Formel 1-Leben auf. Ob Jacky → Ickx, Gilles → Villeneuve, Didier → Proni oder Alain → Prost: Zu allen pflegte Michel Vaillant trotz der Rivalität immer ein faires und freundschaftliches Verhältnis.

Jean Graton kannte in den siebziger und achtziger Jahren viele Rennfahrer persönlich und sein Lieblingspilot war der 1973 tödlich in Watkins → Glen verunglückte François → Cevert, welcher in Gratons Comics einige Kurzauftritte hat. Ansonsten ist von den anderen Fahrerstars scheinbar Jacky Ickx ein ganz besonderer Favorit des französischen Zeichners. Der belgische Pilot hat seit den sechziger Jahren als Comic-Akteur einige Geschichten von Michel Vaillant entscheidend mitgeprägt und wird dabei von Graton als überragender Rennfahrer und Regenspezialist gehuldigt.

Doch auch Graton muss mittlerweile erleben, dass persönliche Beziehungen zu den Formel 1-Fahrern kaum noch möglich sind: »Heute trifft man die Fahrer nur noch«, bedauerte er in einem Interview achselzuckend, » früher hingegen kannte man sie.«

Der größte Widersacher der Vaillants in sportlicher wie auch wirtschaftlicher Hinsicht tauchte erstmals in der Geschichte »Das Phantom der 24 Stunden« (1972/ZACK-Magazin) auf, wo sich der Feind bei den 24 Stunden von Le Mans den Fahrern zunächst als weiß bandagiertes Gespenst präsentiert. In der Nacht vor dem Rennen offenbart sich der Maskenmann unserem Michel als sogenannter »Leader«, der seine Absicht erläutert, die Vaillants zu vernichten, um den Automarkt mit seinen eigenen Wagen zu überschwemmen. Im Rennen zeigen die imposanten, roten Leader-Wagen mit unbekannten mongolischen Fahrern am Steuer zunächst eine fast demütigende Überlegenheit, doch später scheiden alle vier aus und am Ende ist es doch wieder Michel, der um den Sieg kämpft. In »Ein gnadenloser Test« (ZACK-Magazin/1972) zeigt der Leader erstmals sein wahres Gesicht: Ein streng dreinblickender Eurasier in einer Mischung aus Graf Dracula und Dr. Fu-Man-Chu. Der Leader scheint über unbegrenzte finanzielle Mittel zu verfügen, denn sein imposantes Forschungs- und Entwicklungszentrum ist mit großem technischen und architektonischen Aufwand unter einem erloschenen Vulkan angelegt.

Doch letztendlich bleibt der Leader – ob bei Weltrekordfahrten, Sportwagen-oder Formel 1-Rennen – trotz aller Bemühungen immer auf der Verliererseite, denn Michel und Steve stellen sich ihm entschlossen in den Weg.

Das ändert sich erst in der Geschichte »K.O. für Steve Warson« (Zack-Magazin/1979), wo sich Steve in die reizende Ruth verliebt, welche sich aber bald darauf als hasserfüllte Tochter des verstorbenen Leaders offenbart. Steves Schock darüber ist so groß, dass er monatelang untertaucht, ohne die Freunde über seinen Verbleib zu informieren. Erst mit viel Mühe und hohem persönlichen Einsatz gelingt es Michel Vaillant in der Geschichte »Die Entscheidung« (Zack-Magazin/1980), seinen besten Freund zur Rückkehr in den Schoß der Vaillant-Familie zu überreden.

Doch Michels Bruder Jean-Pierre sperrt sich gegen ein Warson-Comeback, weil der Vaillant-Rennstall durch Steves plötzliches Verschwinden in große Schwierigkeiten geraten war. So kommt es, dass der US-Boy in dem Band »Das große Duell« (Zack-Album Band 12/1981) → Ferrari-Pilot wird und seinem Stallkollegen Gilles Villeneuve dabei unterstützt, sich im Kampf um das → Championat gegen Michel entscheidend durchzusetzen.

Irgendwann sind aber alle Fehden wieder beigelegt und Steve als treu ergebenes Mitglied zur Vaillant-Mannschaft zurückgekehrt, der mit seinem Freund Michel erneut um Sieg oder

Niederlage fightet. Doch da ist immer noch die schöne Ruth, die mit ihrem Hass und unnachgiebigen Willen nur ein Ziel kennt: die Vaillants im Rennsport mit allen Mitteln zu bekämpfen. Es gelingt ihr sogar, wieder Steve auf ihre Seite zu ziehen, der dumm genug ist, trotz aller erlittenen Demütigungen durch Ruth, wieder in ihre Mannschaft einzusteigen, weil ihm Vaillant kein konkurrenzfähiges Material für die 24 Stunden von → Le Mans zur Verfügung stellen kann.

In der vor kurzem erschienenen Story »Der Herr der Leader« ist es dann sogar so weit gekommen, dass Warson jetzt Chef bei Leader ist und dabei eine nie vorher gekannte gnadenlose und boshafte Seite von sich zeigt. Obwohl der Leser zu der Ansicht kommen kann, dass durch diese überraschende Entwicklung der Bogen vielleicht etwas überspannt wird, ist auch weiterhin für Spannung bei Michel Vaillant gesorgt. 1965 erschien beim Ehapa-Verlag in dem Magazin »MV-Comix« mit »Duell auf der Piste« die erste deutschsprachige Veröffentlichung dieser Comic-Reihe, wo Michel Vaillant noch als Michael Voss eingedeutscht wurde. Aber erst durch die Veröffentlichungen beim damaligen sehr populären Zack-Magazin Anfang der Siebziger wurde die Rennfahrerserie bei einem größeren Publikum in Deutschland bekannt. Leider veröffentlichte Zack die Abenteuer nicht in chronologischer Reihenfolge, was sich erst 1997 durch die sorgfältig gestaltete Alben-Reihe bei »Seven Island Edition« geändert hat.

Mittlerweile wird Jean Graton bei der Umsetzung von Sohn Phillipe sowie Christian Lippens und Guillaume Lopez unterstützt, was den weiteren Bestand der Serie, die – wie in »Motor-Klassik« zu lesen war – zu einem Zeitdokument des Motorsports avanciert ist, hoffentlich dauerhaft sichert.

Ein weiterer Rennfahrercomic namens Alan Chevallier, welcher von dem früheren Graton-Assistenten Christian Denayer gezeichnet wird, ist bisher in Deutschland nicht erschienen. Der Condor-Verlag scheiterte Anfang der Achtziger mit dem Versuch, einen Motorsportcomic zu lancieren, bereits nach der ersten Ausgabe.

Formel 1-Filme
Insgesamt erscheint der Typus des Rennfahrers mit seinen hervorstechendsten Charaktereigenschaften wie Erfolgswillen und Ehrgeiz zu einseitig, um wirklich einen abendfüllenden Zelluloid-Stoff zu liefern. Wie zur Bestätigung moserte der deutsche Formel 1-Pilot Rolf → Stommelen Oktober 1971 in einem Interview mit dem »Kölner Stadt-Anzeiger«, dass Spielfilme wie »Indianapolis« und »Grand Prix« für ihn »zu romantisch sind«.

Seit den dreißiger Jahren sind trotz dieser Einwände immer wieder Spielfilme und Dokumentationen entstanden, die sich mit dem Thema Motorsport beschäftigen.

Als Archetyp gilt der 1932 in Hollywood unter der Regie von Howard Hawks realisierte »Schrei in der Menge«, wo James Cagney einen Rennfahrer spielt, der wegen dem Tod seines Rennfahrerfreundes zum Alkoholiker wird, aber nach der Überwindung seiner Sucht die 500 Meilen von → Indianapolis gewinnt.

1968 war der neben »Le Mans« und »Grand Prix« bis heute bekannteste Rennfahrerfilm »Indianapolis« mit Paul Newman und Robert Wagner in den Hauptrollen auf der Leinwand zu sehen. Newman war nach den Dreharbeiten von der Rennfahrerei so begeistert, dass er selber anfing, in einen Boliden zu steigen, dabei unter anderem an den 24 Stunden von →

Steve McQueen scheute für seinen Rennfahrerfilm »Le Mans« weder Kosten noch Mühe

Le Mans teilnahm und später sein eigenes IndyCar-Team gründete.

Zwei Jahre zuvor entstand mit großem technischen Aufwand der eingangs erwähnte »Grand Prix«, in dem unter der Regie von John Frankenheimer (u.a. French Connection II, Ronin, Der Gefangene von Alacatraz) Yves Montand und James Garner die tragenden Rollen spielen. Des Weiteren sind in dem Film echte Rennfahrerstars wie Graham → Hill oder Bruce → McLaren zu sehen und Hill darf sogar ein paarmal den Mund aufmachen.

In »Grand Prix« spielt James Garner den amerikanischen → Jordan-→ BRM-Piloten Pete Aron. Zu Anfang des Films sind alle Protagonisten beim Start zum Großen Preis von Monaco versammelt und der Zuschauer erfährt vom Streckensprecher, dass Arons Leistungen in letzter Zeit deutlich nachgelassen haben, was der leidgeprüfte Amerikaner mit einer gequälten Mimik zur Kenntnis nehmen muss.

Beim Rennen kommt es nach einem Missverständnis zwischen Aron und einem Teamkollegen Scott Stoddard (Brian Bedford) zu einer Kollision, wobei Stoddard schwer verletzt wird. Der Jordan-Rennstall feuert Aron, welcher sich jetzt glücklos als Rennstrecken-Reporter bemüht.

Seine Versuche, bei → Ferrari unterzukommen, werden von dem italienischen Teamchef barsch zurückgewiesen. Aron lässt sich auf eine Liaison mit Stoddards Ehefrau Pat ein und erhält von dem japanischen Rennstall-Besitzer Toshiró Mifune (Izo Yamura) eine neue Bewährungschance. Aron kann sich am Ende mit dem japanischen Rennwagen den Weltmeistertitel sichern, doch im gleichen Rennen ist sein französischer Rennfahrerkollege Jean-Paul Sarti (Yves Montand) mit seinem Ferrari ums Leben gekommen. So liegen Triumph und Tragik am Ende wieder nah beieinander.

Obwohl er kein Formel 1-Rennen zum Inhalt hat, muss auch der 1971 entstandene Film »Le Mans« von Steve McQueen erwähnt werden, denn hierbei wurden nicht weniger als 43 Profi-Rennfahrer wie u.a. Joseph → Siffert, Jacky → Ickx und Brian Redman als Stuntpiloten eingesetzt. McQueen, selber ein begeisterter Rennfahrer, der unter anderem trotz einem Gipsbein an den 12 Stunden von → Sebring teilnahm und Gesamtzweiter wurde, steckte elf Millionen Dollar aus seinem Privatvermögen in dieses ehrgeizige Projekt. Mühsam borgte sich der Amerikaner bei Ferrari und → Porsche diverse Rennwagen zusammen und realisierte mit dem Einsatz von bis zu elf Kameras pro Szene eine – wie im Kölner Stadt-Anzeiger zu lesen stand – »grandiose Selbstdarstellung«.

Der Action-Star spielt in dem Film den einsilbigen amerikanischen Rennfahrer Michael Deleney, der für Porsche an den 24 Stunden von Le Mans teilnimmt. Sein größter Widersacher ist der deutsche Ferrari-Pilot Erich Stahler, der von dem bekannten Seriendarsteller Siegfried Rauch (»Die glückliche Familie«, »Es muss nicht immer Kaviar sein«) gemimt wird.

Weitere Protagonisten sind der Schweizer Rennfahrer Johann Ritter (Ferd Haltiner), sein italienischer Kollege Lugo Abratte (Angelo Inganti) sowie der Franzose Claude Aurac (Luc Meranda), die kaum sprechen, aber viel fahren. Überhaupt besitzt der sehr handlungsarme Film neben gelungenen Rennszenen äußerst karge Dialoge, was sich am deutlichsten zeigt, als Deleney und Stahler nach ihrer zwischenzeitlichen Ablösung hinter den Boxen aufeinandertreffen:

Stahler: Na, wie läuft der deutsche Wagen?
Deleney: Schnell. Und dein Italiener?
Stahler: Schnell.
Stahler: Der Regen wird stärker.
Deleney: Wird 'ne Rutschpartie werden.
Stahler: Michael, die Presse macht mal wieder ganz schön Wind um uns.
Deleney: Ja, aber das bringt Geld.
Stahler: Sagt 'n Amerikaner.

Nach einer kurzen Pause ruft Stahler seinem amerikanischen Konkurrenten noch hinterher: »Michael ... fahr vorsichtig!« Darauf Deleney: »Deine Witze sind schon mal besser gewesen.«

Der US-Boy baut im Verlauf des Rennens aber dennoch einen Crash, bei dem er mit seinem eigenen Fahrzeug ausscheidet. Aber als Ersatzfahrer für den zu langsamen Johann Ritter kann er nach einem atemberaubenden Finish zwischen ihm und Stahler dem Porsche-Team noch zum Sieg verhelfen. Ingesamt betrachtet ist »Le Mans« ein Film für Rennsportfans, dürfte Cineasten jedoch weniger begeistern. Seit Beginn der neunziger Jahre tauchte des öfteren Silvester Stallone in der Formel 1 auf, weil er beabsichtigte, diese Thematik mit ihm in der Hauptrolle wieder auf die Kinoleinwand zu bringen.

Obwohl zu lesen war, dass der Actionheld mit Bernie → Ecclestone nicht handelseinig wurde, sollen die Dreharbeiten zu diesem Film mit dem Titel »Champs« demnächst beginnen.

Bis dahin bleibt der 1990 inszenierte »Tage des Donners« mit Tom Cruise in der Hauptrolle der aktuellste Rennfahrerfilm, welcher in deutschen Kinos Einlass gefunden hat, denn die 1996 entstandene → Ferrari-Saga des irischen Rocksängers Chris Rea namens »La Passione« ist nur auf Video erschienen.

Nachfolgend noch eine Auswahl von Filmen, die sich explizit mit dem Rennsportthema beschäftigten.

Alle Inhaltsangaben stammen aus dem »Lexikon des internationalen Films«, Rowohlt-Verlag.

Bobby Deerfield
USA 1977
Laufzeit: 124 Minuten
Besetzung: Al Pacino
Marthe Keller
Anny Duperey
Walter McGinn
Romolo Valli
Regie: Sydney Pollack
Inhalt: *Ein dem Tod trotzender Autorennfahrer findet durch eine unheilbar kranke Frau zu sich selbst und lernt, dass der Tod kein kalkulierbares Risiko ist.*

Formel 1 – in der Hölle des Grand Prix
(Formula 1 – Nell'Inferno del Grand Prix)
Italien / Deutschland 1969
Laufzeit: 91 Minuten
Besetzung: Brad Harris
Hans von Borsody
Olinka Berova
Marianne Hoffmann
Ivano Staccioli
Regie: James Reed
Inhalt: *Berichte von Autorennen auf den bekanntesten Pisten der Welt durch eine Handlung vom Aufstieg eines Motorradsportlers zum Formel 1-Fahrer und zum Sieger über berühmte Konkurrenten.*

Formel I und heiße Mädchen
(Delitto In Formula Uno)
Italien 1983
Laufzeit: 92 Minuten
Besetzung: Tomas Milian
Dagmar Lassander
Bombolo
Regie: Bruno Corbucci
Inhalt: *Ein Kommisar auf der Suche im Formel 1-Milieu nach einem eifersüchtigen Mörder.*

Formel I und zwei Halunken
(I Due Della Formula 1 Alla Corsa Piu Pazza, Pazza Del Mondo)
Italien 1971
Laufzeit: 89 Minuten
Besetzung: Franco Franchi
Ciccio Ingrassia
Marisa Taversi
Umberto D'Orsi
Luciano Pigozzi
Regie: Osvaldo Civirani
Inhalt: *Zwei genial-ungeschickte Mechaniker und eine fahrende Reparaturwerkstatt retten den Besitzer eines Rennautos, dem das Konkurrenzunternehmen seinen prominentesten Fahrer gekidnappt hat.*

Frankensteins Todesrennen
(Death Race 2000)
USA 1975
Laufzeit: 78 Minuten
Besetzung: David Carradine
Simone Griffeth
Sylvester Stallone
Mary Woronov
Roberta Collins
Regie: Paul Bartel
Inhalt: *Ein jährliches Autorennen zwischen New York und Los Angeles gibt Fahrern und Zuschauern im Amerika nach der Jahrtausendwende das Recht zu aggressivem Töten.*

Herausforderung zum Grand Prix
(The Challangers)
USA, 1969
Laufzeit: 96 Minuten
Besetzung: Darren McGavin
Sean Garrison
Nico Minardos
Anne Baxter
Susan Clark
Regie: Leslie H. Martinson
Inhalt: *Diverse Aufnahmen von Autorennen und eine Geschichte um drei Männer: Rivalität, Liebe, Tragik, Freundschaft.*

Der letzte Held Amerikas
(The Last American Hero)
USA 1973
Laufzeit: 100 Minuten
Besetzung: Jeff Bridges
Valerie Perrine
Geraldine Fitzgerald
Ned Beatty
Gary Busey
Regie: Lamont Johnson
Inhalt: *Der Sohn eines illegalen Schnapsbrenners erkämpft sich auf eigene Faust seinen Weg als Autorennfahrer.*

Probefahrt
(Probaut)
Ungarn 1961
Laufzeit: 84 Minuten
Besetzung: Imre Sinkovits
Mariann Krencsey
Péter Bárány
Géza Tordy
Ildikó Szabó
Regie: Félix Máriássy
Inhalt: *Ein ehemaliger Rennfahrer hat Schwierigkeiten, sich nach der Beendigung seiner Sportkarriere im »normalen« Leben zurechtzufinden. Nach dem Scheitern seiner Ehe kämpft für um das Sorgerecht für seinen zehnjährigen Sohn*

Speed Fever
(Speed Fever)
Italien 1977
Laufzeit: 97 Minuten
Besetzung: Sydne Rome
Niki → Lauda
James → Hunt
Mario → Andretti
Gene Hackman
Regie: Mario Morra,
Oscar Orefici
Inhalt: *Ein als Reportage über die Welt der Formel 1-Fahrer aufgemachter Film, dessen Schwerpunkt auf Bildern von spektakulären Unfällen bei den verschiedensten Rennen liegt.*

Tod im Nacken
(To Please a Lady)
USA 1950
Laufzeit: 91 Minuten
Besetzung: Clark Gable
Barbara Stanwyck
Adolphe Menjou
Will Geer
Roland Winters
Regie: Clarence Brown
Inhalt: *Hartgesottener Autorennfahrer und abgebrühte Journalistin finden nach Feindseligkeiten zueinander, als der zähe Erfolgsmensch sie beim Rennen von seiner sportlichen Fairness überzeugt.*

Tolle Nächte in Las Vegas
(Viva Las Vegas)
USA 1963
Laufzeit: 83 Minuten
Besetzung: Elvis Presley
Ann-Margret
Cesare Danova
Nicky Blair
William Demarest
Regie: George Sidne
Inhalt: *Elvis Presley in der Rolle eines Außenseiters, der sich in den Kopf gesetzt hat, das Grand-Prix-Rennen in Las Vegas zu gewinnen. Bis es soweit ist, betätigt er sich als Kellner, singt seine Lieder und verliebt sich in eine Schwimmlehrerin.*

Weekend eines Champions
(Weekend Of A Champion)
England 1971
Laufzeit: 75 Minuten
Besetzung: Jackie Stewart
Helen Stewart
Roman Polanski
Regie Frank Simon,
Roman Polanski
Inhalt: *Ein paar Tage aus dem Leben des Rennfahrers Jackie → Stewart anlässlich des Großen Preises von Monaco 1971.*

Formel 1-Musik
Formel 1 ist Showbusiness, Musik ist Showbusiness – beide produzieren sich in der Öffentlichkeit und ab und zu kommt es sogar vor, dass sich ein Popstar auf Rennstrecken blicken läßt, wie beispielsweise Marius-Müller Westernhagen, Mick Jagger, Smudo oder Haddaway. Einer der größten Formel 1-Fans ist seit Jahrzehnten der Ex-Beatle George Harrison, welcher 1979 sogar eine Rennfahrer-Hymne namens »Faster« im typisch, nöligen Harrison-Stil veröffentlichte. Angeblich als Huldigung an Niki → Lauda gedacht, ist in dem Song von einem Mann die Rede, der ein Leben im Zirkus wählt, aus Schrott Rennwagen montiert und sich anschließend – schneller als eine Gewehrkugel – »unmittelbar am Abgrund von Tun und Sterben« bewegt. Der Titel kam als Single ebensowenig in die Charts wie das 1994 u.a. von Klaus Baumgart (der Dicke von Klaus & Klaus) produzierte und unter dem Namen 1000 PS veröffentlichte »Schumi, gib Gummi«.

Dieses Machwerk gibt zu bemüht-bluesigem Stampfrock à la »Werner-Beinhart« folgendes zum Besten:

*Freitag abend, mit der Arbeit ist Schluss
Ran an die Maschine oder rein in den Bus.
Die Woche war lang,
doch jetzt wird es geschehn,
wo ist unser Schumi,
denn den woll'n wir sehn.*

Refrain 2 x:
*Hey Schumi gib Gummi
Hey Schumi gib Gas
Hey Schumi gib Gummi,
denn das macht uns Spaß*

*Die Pole Position, die jeder will,
die hat unser Schumi und nicht Damon Hill.
Der Schnellste im Training, das ist doch klar,
ist unser Schumi – wie wunderbaaaaaaaaar*

Refrain 2 x

*Muß er mal an die Box, das ist kein Witz,
nach acht Sekunden düst er los wie ein Blitz.
Sieht er die Flagge, schwarz-weiß kariert,
hat er gewonnen, dann ist es passiert.*

Refrain 2 x

*Die Ehrenrunde fährt Schumi ganz locker,
winkt er uns, fallen Mädels vom Hocker.
Schumi auf dem Treppchen,
Schampus in Strömen.
Damon Hill ist Zweiter,
er muss sich nicht schämen.*

Wesentlich amüsanter, wenn auch ebenso klischeetriefend, fabrizierte Panik-Rocker Udo Lindenberg auf seinem 1977 erschienenen Album »Panische Nächte« die Ode »Riki Masorati«, welche ganz offensichtlich von Niki Laudas Nürburgring-Unfall und den daraus resultierenden Gesichtsverbrennungen des österreichischen → Ferrari-Piloten inspiriert war:

An den Boxen steht Nora Nagelmann
und reckt den Hals wie 'ne Giraffe.
Der Riki Masorati dröhnt vorbei
wie ein Kamikaze-Affe.

Gedresst in Asbest
Und voller Angst, dass er ins Cockpit nässt.
Doch volles Rohr – sonst gibt das nix –
mit dem hochdotierten Grand Prix.

Refrain:
Riki Masorati mit dem Bleifuß
fährt als Formel 1-Pilot.
In jeder Kurve kichert der Tod.
Bremset er zu spät, ist alles finito.
Bremst er zu früh, hat er das Rennen verlor'n.
Rauscht er gegen die Balustrade,
hat er angebrannte Ohr'n.

So wie damals im Crashi-Hospital,
da isser wieder aufgewacht.
Und sie hatten ihm versehntlich
ein Auge am Hinterkopf angebracht.
Er war sehr geschockt und meint:
»Was is' hier eigentlich los?«
Doch Professor Doktor A.Wiegel
sagte: Seh'n Sie doch mal wie praktisch das ist,
da brauchen Sie nie wieder einen Rückspiegel.
Und sein Gesicht ham sie zu sehr geliftet,
er hatte hinten nur noch ein Mono-Ohr.
Und seitdem hört er leider nicht
mehr den Stereo-Sound
von seinem Brüllmotor.

Refrain:

Gestern passierte es wieder,
das nach dem Rennen auf dem Nürburgring,
sich ein Versuchs-Niki-Lauda-Fahrer
an einem Baum verfing.
Doch der war ja nur
ein kleiner Rennrausch-Familienvater.

Da war man nicht so interessiert,
da macht man nicht so viel Theater.

Sowohl bei George Harrison als auch bei 1000 PS und Udo Lindenberg sind natürlich obligatorisch diverse Rennwagengeräusche als Soundfragmente eingebaut. Im Laufe von fünf Jahrzehnten Formel 1 haben sich zwischenzeitlich immer wieder Interpreten oder Gruppen mit dem Thema Rennfahren beschäftigt, ohne dass jemals eines dieser Stücke zu hohen Hitparadenehren gekommen wäre. Eines der erfolgreichsten war noch die 1988 von der Schweizer Gruppe Yello produzierte Titelmusik zur damaligen »Formel 1«-Serie, welche sich mit den deutschen, englischen und amerikanischen Charts beschäftigte und diese hauptsächlich durch Videoclips präsentierte. Yellos »The Race« schaffte Platz 4 in Deutschland und Platz 7 in Großbritannien. Nachfolgend einige Musikwerke, die Rennfahren oder Formel 1 zum Thema haben:

- Art Of Noise: A Day At The Races
  Polydor Records 1987
- Lilli Berlin: Formula One Pilot
  Fran Records 1981
- Deep Purple: Speed King
  Harvest Records 1970
- Harold Faltermeyer: Formula One
  MCA Records 1986
- Joachim Fuchs-Charrier: Formel 1
  Fusio Records 1985
- Die Haut: Indianapolis Round 69
  EfA Records 1987
- Cozy Powell: Formula One
  Polydor Records 1982
- Royal Crescent Mob: Stock Car Race
  Sire Records 1989
- Mike Vickers*: Pit Stop
  DJM Records 1976

Formel 1-Rekorde

- *Die häufigsten Siege pro Saison:* 9
  Michael Schumacher (1995, 2000)
  Nigel Mansell (1992)

- *Die meisten Punkte pro Saison:* 108
  Nigel Mansell (1992)
  Michael Schumacher (2000)

- *Die häufigsten Poles pro Saison:* 14
  Nigel Mansell (1992)

- *Die häufigsten
  aufeinanderfolgenden Siege:* 5
  Nigel Mansell (1992)
  Jim Clark (1965)
  Jack Brabham (1960)

- *Die häufigsten aufeinanderfolgenden
  Punkteplatzierungen:* 15
  Carlos Reutemann
  (04.05.1980–17.05.1981)

- *Die häufigsten Siege im selben Grand Prix:* 6
  Alain Prost (Großer Preis von
  Frankreich, Großer Preis von Brasilien)
  Ayrton Senna (Großer Preis von Monaco)

- *Die häufigsten Podiumsplätze:* 106
  Alain Prost

- *Die meisten Führungskilometer:* 13706 km
  Ayrton Senna

- *Die meisten
  Weltmeisterschaftspunkte:* 798,5 Punkte
  Alain Prost

- *Die meisten Start-Ziel-Siege:* 19
  Ayrton Senna

- *Jüngster Sieger:* 22 Jahre, 104 Tage
  Bruce McLaren (1959, USA)

- *Ältester Sieger:* 53 Jahre
  Luigi Fagioli (1951, France)

- *Jüngster Weltmeister:* 25 Jahre, 9 Monate
  Emerson Fittipaldi (1972)

- *Ältester Weltmeister:* 46 Jahre
  Juan-Manuel Fangio (1957)

- *Die höchste Ausfallquote:*
  Acht von 33 Teilnehmern im Ziel bei
  den 500 Meilen Indianapolis (1951)

- *Die geringste Ausfallquote:*
  Alle 15 Teilnehmer im Ziel (Großer Preis
  von Holland 1961 in Zandvoort)

- *Die meisten Rennwagen im Ziel:* 24
  (Indy 500 im Jahr 1950)

- *Die wenigsten Autos im Ziel:* 3
  (Großer Preis von Italien 1958 in Monza)

- *Die meisten Boxenstopps:* 69
  wegen Aprilwetters Großer Preis von
  Großbritannien (1993 in Donington)

- *Der größte Siegvorsprung:* 2 Runden,
  Jackie Stewart vor Bruce McLaren; Großer
  Preis von Spanien 1969 in Montjuich
  2 Runden, Damon Hill vor Olivier
  Panis; Großer Preis von Australien
  1995 in Adelaide

- *Der kleinste Siegvorsprung:* 0,010 Sekunden,
  Peter Gethin vor Ronnie Peterson;
  Großer Preis von Italien 1971 in Monza

- *Die längste Grand-Prix-Strecke:* 25, 838
  Kilometer, Pescara (1957)

- *Die kürzeste Grand-Prix-Strecke:* 3, 145
  Kilometer, Monte Carlo (1950 bis 1972)

- *Der kürzeste Grand Prix:* 52, 920
  Kilometer, Großer Preis von Australien
  1991 in Adelaide, nach 14 Runden
  Abbruch wegen Regens

- *Der längste Grand Prix:* 602,140
  Kilometer, Großer Preis von
  Frankreich 1951 in Reims, 77 Runden 7, 82
  Kilometer, Sieger: Juan-Manuel Fangio in
  2:25 Stunden

Forti (Rennwagenfirma)
GP-Rennen in der Fahrer-WM: 23 (1995–1996)
Pole Positions: 0
Siege: 0
WM-Punkte: 0
Beste Platzierung in der Konstrukteurswertung: 0
Bekannteste Fahrer: Pedro Diniz
Erfolgreichste Fahrer: –

Obwohl man dem brasilianischen Rennstall das Potential zusprach, sich mittelfristig etablieren zu können, war Forti in den 90ern auch wieder nur eine kurze Formel 1-Episode.

In kleineren Formel-Serien hatte das von Guido Forti gegründete Team insgesamt 51 Siege geschafft. Guido Forti war seit 1975 im Motorsportgeschäft und zusammen mit dem Formel 1-erfahrenen Italo-Brasilianer Carlo Gancio wagte er mit einer Vorbereitungszeit von drei Jahren den Sprung in die Königsklasse.

Gancia, der in der Vergangenheit mit Emerson → Fittipaldi, Carlos → Pace und Nelson →. Piquet zusammengearbeitet hatte, kümmerte sich um das Engagement von → Sponsoren. Sein größter Erfolg für Forti war die Verpflichtung des brasilianischen Nachwuchsfahrers Pedro → Diniz, dessen millionenschwerer Vater als Inhaber einer Supermarktkette zum Hauptfinanzier avancierte.

Mit dem Ex-überall-und-Nirgends-Piloten Robert Moreno wurde ein weiterer Landsmann unter Vertrag genommen und mit den Diniz-Millionen, einer 45-Mann-Besetzung, PS-schwachen → Ford- → Motoren sowie knallgelben Autos startete man mit vorsichtigen Erwartungen in die Saison 1995.

Und die zaghaften Prognosen erwiesen sich als berechtigt: Bestes Resultat war ein siebter Platz von Diniz beim Saisonfinale in Australien. Ansonsten gab es reihenweise Ausfälle, hinterste Startplatzierungen und bei den Rennen keinerlei realistische Chancen auf WM-Punkte. Der als Fahrer-Coach und Berater engagierte Ex-Formel 1-Star René → Arnoux war in erster Linie als Witze-Erzähler tätig und die Wagen trotz zahlreicher Modifikationen kaum konkurrenzfähig.

Diniz flüchtete mit seinen Millionen anschließend zu → Ligier und schon wurden bei Forti die Finanzen knapp, so dass → FIA-Präsident Max → Mosley schon vor der Saison 1996 über den Rennstall wetterte: »Forti besitzt weder die technischen noch die finanziellen Ressourcen für die Formel 1.«

Solche Urteile machten es für Forti natürlich noch schwieriger, neue Geldgeber zu finden und mit der neuen → 107-%-Regelung für das Training drohten wieder zahlreiche Nichtqualifikationen. Mit dem italienischen Formel 3000-Europameister Luca Badoer und seinem Landsmann Andrea Montermini verpflichtete man zwei relativ unerfahrene Piloten, die schon vor Saisonbeginn für ihre Teamwahl verspottet wurden.

Mit Autos aus dem Vorjahr qualifizierten sich beide Fahrer nicht für den ersten Lauf in Australien und die Situation wurde im Verlauf der nächsten Rennen kaum besser. Zweimal Platz 10 in Argentinien und → Imola waren die magere Ausbeute für einen Rennstall, dem finanziell immer mehr die Luft ausging. Zwar gelang es noch, einen Sponsor zu verpflichten, der versprochen hatte, viel Geld zu investieren, doch in Wahrheit floss keine einzige Mark.

Die Situation begann zu eskalieren: In → Silverstone nahm man nur noch ein paar Minuten am Zeittraining teil und in Hockenheim stand das Team nur noch in den Boxen, aber kein Wagen auf der Rennstrecke. Weil es Streitigkeiten um die Anteilseigenschaft von Besitzer Forti und Sponsor Shannon gab, war der Rennstall zahlungsunfähig und musste noch in der laufenden Saison aufgeben. Forti einigte sich außergerichtlich und versprach 1997 mit neuen Geldgebern zurückzukehren, was dann aber nicht passierte.

Frauen in der Formel 1
In der Männerdomäne Formel 1 waren und sind Frauen in verantwortungsvoller Position die absolute Ausnahme. Ihre Funktion im aktuellen GP-Sport erschöpft sich zumeist als Staffage in Person der Ehefrau oder als posierendes Model. Versuche, sich in der Königs-

klasse als Fahrer zu etablieren, waren von wenig Erfolg gekrönt. Fünf Amazonen haben sich bisher hinter dem Lenkrad versucht und die Bemühungen von Maria Theresa → de Fillips in den Fünfzigern bis Giovanna → Amati 1992 bei → Brabham blieben insgesamt fruchtlos.

Bernie → Ecclestone verstieg sich vor kurzem sogar zu der Ansicht, dass Frauen als Fahrer in der Formel 1 keinerlei Chance besäßen, weil sie niemand ernst nehmen würde. Damon → Hill ist der Meinung, dass vor allem die körperlichen Beanspruchungen in einem Formel 1-Wagen gegen einen weiblichen Piloten sprechen würden.

In den 60er und 70er Jahren waren die Frauen, wenn sie nicht gerade → Groupies waren, zumeist mit Sonnenbrille, Cowboyhut und Stoppuhr als Zeitnehmer für ihre rennfahrenden Ehemänner im Einsatz. Weil sich die Ehefrauen speziell bei Formel 1-Festen ausge-

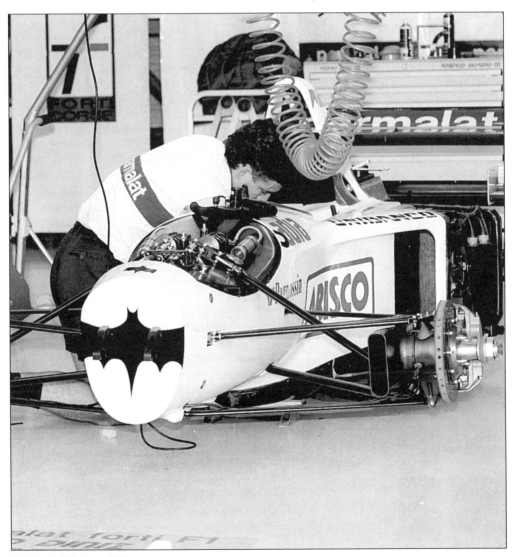

Bei Forti in der Box – 1995

schlossen fühlten, da die Männer ständig zusammenhockten und fachsimpelten, riefen die Gattinnen von Jack → Brabham und Graham → Hill den »Dog Owners Club« ins Leben. Dieser Verein der Rennfahrerfrauen stellte es sich zur Aufgabe, für wohltätige Zwecke Festlichkeiten zu veranstalten, was bald darauf auch die Ehemänner unterstützten. In den achtziger Jahren waren die Ehefrauen als Zeitnehmer nicht mehr gefragt, denn jetzt gab es dafür elektronische Systeme und Frau beschränkte sich wieder ganz auf das aufopferungsvolle Wirken im Hintergrund.

Doch in den Neunzigern fand man des öfteren Frauen in verantwortungsvollen Positionen bei Rennställen und Lieferanten. So war die Französin Valerie Jorquera als Chemikerin für die Treibstoffe von → Williams, → Benetton und → Sauber verantwortlich. Bei Sauber fand man mit Carmen Ziegler ebenso eine weibliche Teammanagerin vor wie mit der ehemaligen Lehrerin Suzanne Redbone bei Lotus. Später war noch zu registrieren, dass Eddie → Irvine seine Schwester als persönliche Physiotherapeutin angestellt hatte, was aber vor kurzem auseinanderbrach. Doch über diese Tätigkeiten sind die Frauen in der Formel 1 bis zum heutigen Tage nicht hinausgekommen und immer noch beschränken sich ihre Aufgaben auf die der treusorgenden Ehefrau, als Nummerngirl bei der Startaufstellung oder als sogennantes »Boxenluder« in knappen Bikinis.

Freies Training
An jedem Rennwochenende haben die Piloten Freitag und Samstag jeweils eine Stunde Gelegenheit, sich auf die Rennstrecke einzustellen und sich auf das → Qualifying sowie das Rennen vorzubereiten. Die erzielten Rundenzeiten werden nicht gewertet.

Frentzen, Heinz-Harald (Pilot)
Geboren: 18.05.1967 in
Mönchengladbach/ Deutschland
GP-Rennen in der Fahrer-WM: 114 (seit 1994)
Pole Positions: 2
Siege: 3

WM-Punkte insgesamt: 153
Beste Saison-Platzierung: Vizeweltmeister 1997
Rennwagen: Sauber, Williams, Jordan
Internet: www.frentzen.de

Trotz teilweise herausragender Leistungen muss Frentzen mit der Bürde leben, dass er im deutschen Motorsport wohl immer der Schattenmann von Michael → Schumacher sein wird. Frentzens Vater, ein Mönchengladbacher Bestattungsunternehmer, unterstützte von Beginn an die Motorsportambitionen seines Filius, der sich im Alter von 13 Jahren erstmals in ein Kart setzte. Fünf Jahre lang, von 1980–1985, fuhr Frentzen in dieser Einsteigerklasse und konnte 1981 die deutsche Kart-Juniorenmeisterschaft gewinnen.

1986 erfolgte der Umstieg in die Formel-→ Ford 2000, wo er sich ein Jahr später den Vizetitel sichern konnte. 1988 schaffte er den Gewinn in der Formel-Opel-→ Lotus-Meisterschaft und mit Unterstützung der → ONS-Nachwuchsförderung durfte er 1989 an der deutschen Formel 3-Meisterschaft teilnehmen, wo er sich einige packende Duelle mit seinen späteren Konkurrenten Michael → Schumacher und Karl → Wendlinger lieferte.

1990 folgten parallel Einsätze im Sportwagen des → Mercedes-Junior-Teams sowie in der Formel 3000 im Team von Eddie Jordan, die aber ohne nennenswerte Ergebnisse blieben. Weil auch im darauffolgenden Jahr in der Formel 3000 die Erfolge ausblieben, stand Frentzen 1992 vertragslos da. Inzwischen war sein ehemaliger Mercedes-Kollege Schumacher zum Star in der Formel 1 aufgestiegen und hatte dem Mönchengladbacher auch noch die Freundin ausgespannt.

Frustriert flüchtete Frentzen in die japanische Formel 3000, wo durch die Tinnitus-Erkrankung seines Landsmannes Volker → Weidler ein → Cockpit frei geworden war.

Obwohl Frentzen auch im Land der aufgehenden Sonne kein aufsehenerregender Erfolg gelang, bekam er von Formel 1-Rennstallbesitzer Peter → Sauber das Angebot, einen seiner Boliden zu testen. Er löste diese Aufgabe mit Bravour und hatte anschließend für 1994 einen Vertrag für das →Sauber- Formel 1-Team in der Tasche.

Frentzen feierte mit dem fünften Startplatz beim Auftaktrennen in Brasilien das beste Debüt eines Deutschen seit den seligen Zeiten von Karl →Kling.

Im Rennen schied er mit einem Dreher aus, aber bereits im nächsten Rennen sicherte sich Frentzen mit dem fünften Platz beim Großen Preis in Aida seine ersten WM-Punkte. In den drei Jahren beim Sauber-Team attestierte man dem Mönchengladbacher großes Talent, aber wegen seiner weggeworfenen Siegchance 1996 beim Regen-Rennen in →Monaco ernte-te er auch heftige Kritik von seinem →Teamchef. Die einstmalige Freundschaft zu Michael Schumacher war längst zerbrochen und bei den Interviews von Frentzen konnte man sich nicht gegen den Eindruck erwehren, dass ihm dessen Erfolge innerlich arg zu schaffen machten. Aber 1997 bekam auch Frentzen seine große Chance: Der Weltmeister-Rennstall →Williams hatte schon seit längerer Zeit seine Fühler nach dem »Herausforderer« ausgestreckt und engagierte ihn als zweiten Piloten neben Jacques →Villeneuve.

Nun saß auch Frentzen in einem Siegerauto, doch auf die hohen Erwartungen folgte der

Eine Frontnase von Benetton aus der Saison 1994

jähe Absturz. Nachdem er in den ersten drei Rennen punktelos blieb, geriet er bereits teamintern in die Kritik. Frentzen antwortete auf die Schmähungen mit dem Gewinn des Großen Preises von San Marino, doch es blieb sein einziger Sieg in dieser Saison, während Teamkollege Villeneuve Weltmeister wurde. Zwar bekam Frentzen nach Schumachers Ausschluss den Vizetitel zuerkannt, doch es zeichnete sich bereits ab, dass er bei Williams vor einer schweren Zeit stehen würde.

1998 ging es leistungs- und ergebnismäßig weiter bergab und insbesondere Williams-Direktor Patrick Head ließ kein gutes Haar mehr an dem Piloten, der auf die Vorwürfe zumeist nur flapsige Antworten parat hatte.

Die Fortsetzung seiner Formel 1-Karriere war in Gefahr geraten, doch Eddie → Jordan war nach wie vor vom Können des Deutschen überzeugt und holte ihn für 1999 in seinen Rennstall.

Hier erholte sich Frentzen von seinem Tief und war in der Saison 1999 mit zwei Siegen der Hecht im Karpfenteich, welcher sich eine Zeit lang sogar WM-Chancen ausrechnen konnte.

Im zweiten Jahr seines → Jordan-Engagements hatte Frentzen unter der Unzuverlässigkeit seines Boliden zu leiden, der ihn mehrmals auf aussichtsreicher Position im Stich ließ, so dass er in dieser Saison nur auf magere 11 WM-Punkte kam.

Ein Frontflügel von Jordan aus der Saison 1994

Frontflügel
Auch dieses → aerodynamische Hilfsmittel dient dazu, für mehr → Abtrieb zu sorgen und damit den Wagen fester auf den Boden zu drücken, um eine möglichst hohe Kurvengeschwindigkeit zu erreichen. Der Frontflügel ist an der Nase des Rennwagens konstruiert und erstreckt sich über die gesamte Breite des Boliden. Über dem Frontflügel befinden sich links und rechts zwei Klappen, die beweglich sind und dafür sorgen, dass die Luft über und unter dem Flügel optimal zirkuliert.

Frühstart
Beim Formel 1-Start wird jedes Fahrzeug elektronisch überwacht und dadurch kann sofort angezeigt werden, ob ein Wagen zu früh losgerollt ist. Die Strafe für einen Frühstart ist eine zehnsekündige → Stop-and-go-Strafe.

Fry (Rennwagenfirma)
GP-Rennen in der Fahrer-WM: 0 (1959)
Pole Positions: 0
Siege: 0
WM-Punkte insgesamt: 0
Beste Platzierung in der
Konstrukteurswertung: 0
Bekannteste Fahrer: –
Erfolgreichste Fahrer: –
Das obskure, von David Fry für die Formel 2 entwickelte Wägelchen konnte Mike Parkes beim Großen Preis von Großbritannien nicht für das Rennen qualifizieren.

Später sollte es von Stuart → Lewis-Evans gesteuert werden, der aber tragischerweise im selben Jahr beim Großen Preis von Marokko ums Leben kam. Weitere Misserfolge auf der Rennstrecke beendeten dieses kurzzeitige Projekt.

G

Gachot, Bertrand (Pilot)
Geboren: 22.10.1962 in Luxemburg/Luxemburg
GP-Rennen in der Fahrer-WM: 47 (1989–1995)
Pole Positions: 0
Siege: 0
WM-Punkte insgesamt: 5
Beste WM-Platzierung im Gesamtklassement:
Dreizehnter 1991
Rennwagen: Onyx, Rial, Coloni,
Jordan, Lola, Venturi, Pacific
Internet: www.gachot.com

Der nach eigener Definition europäische Formel 1-Pilot mit belgischem Pass war durch die Konfrontation mit einem Londoner Taxifahrer indirekt für Michael → Schumachers Einstieg in die Formel 1 verantwortlich.

Gachot sammelte nach Anfängen in Go-Kart-Rennen Meistertitel am Fließband und wurde 1984 Britischer Meister in der Formel → Ford 1600 und 2000. Nach weiteren Triumphen bei britischen Nachwuchsserien debütierte Gachot 1989 in der Formel 1 beim neugegründeten → Onyx-Rennstall.

Gachot musste aufgrund der damals zahlreich vertretenen Rennställe in die notwendig gewordene → Vorqualifikation und konnte sich nur für fünf Rennen im Starterfeld platzieren. Er überwarf sich mit dem Team und wechselte noch in der laufenden Saison zu → Rial, wo er sich für die beiden letzten Rennen der Saison ebenfalls nicht qualifizieren konnte. Es kam noch schlimmer: Im nächsten Jahr scheiterte der EU-Funktionärssohn beim chronisch unterfinanzierten → Coloni-Rennstall bei allen sechzehn Qualifikationsversuchen.

Doch der »trotz seiner guten Kinderstube« zum Jähzorn neigende Gachot ließ sich nicht unterkriegen. Für 1991 bekam er ein Cockpit beim Neuling → Jordan und in diesem Jahr erreichte er seine ersten WM-Punkte und fuhr beim Großen Preis von Ungarn sogar die schnellste Runde des Rennens.

Gachot war auf dem Weg, sich endlich in der Formel 1 zu etablieren, als er kurz vor dem belgischen → Grand Prix in London mit einem Taxifahrer aneinandergeriet und diesem eine Ladung Tränengas ins Gesicht sprühte.

Da Gachot sich vor Gericht uneinsichtig zeigte, landete er für einige Monate im Gefängnis. Michael Schumacher bekam das freigewordene Cockpit und für Gachot gab es keine Rückkehr mehr zum Jordan-Team.

In der nächsten Saison wurde er von Gerard → Larrousse für sein budgetschwaches Formel 1-Team verpflichtet und schaffte einen einzigen WM-Punkt. Obwohl man Gachot immer noch bescheinigte, zu den »schlummernden Talenten« zu gehören, war seine Formel 1-Karriere bis auf weiteres beendet.

Der → Le Mans-Gewinner von 1991 überbrückte diese Phase mit sporadischen IndyCar- sowie Tourenwagen- und GT-Einsätzen.

1994 kehrte er als Miteigentümer mit dem → Pacific-Rennstall in die Grand-Prix-Szene zurück, um sich wiederum mit einem untauglichen Rennwagen nur sporadisch für ein Rennen zu qualifizieren.

Das »Stehaufmännchen« unternahm 1995 mit Pacific einen weiteren Versuch und räumte zwischenzeitlich sogar uneigennützig sein Cockpit, um dem Pacific zum Einsatz sponsorenkräftiger Fahrer zu verhelfen. Doch diese generöse Geste verhinderte nicht, dass der Rennstall sich Ende der Saison vom Grand-Prix-Zirkus zurückzog und Gachot seine letzte Formel 1-Chance verspielt hatte.

Galica, Divina (Pilotin)
Geboren: 13.08.1946 in
Bushey Heath/Großbritannien
GP-Rennen in der Fahrer-WM: 0 (1976–1978)
Pole Positions: 0

Siege: 0
WM-Punkte insgesamt: 0
Beste WM-Platzierung im Gesamtklassement: 0
Rennwagen: Surtees, Hesketh

Drei Versuche in den Jahren 1976 bis 1978 endeten für die britische Fahrerin in allen Fällen in der Nichtqualifikation.

In → Brands Hatch verpasste sie mit dem mäßigen → Surtees-Wagen um mehr als zwei Sekunden den letzten Startplatz. Zwei Jahre später waren es in Argentinien mit einem → Hesketh mehr als vier Sekunden, wobei sie sich mit Hector Rebaque und Eddie → Cheever in relativ prominenter Gesellschaft befand. Beim nächsten Lauf in Brasilien gab es in dem gleichen Rennwagen mit sechs Sekunden Rückstand auf die Bestzeit das gleiche traurige Ergebnis. Danach gab die tapfere Britin ihre Bemühungen in der Formel 1 endgültig auf.

Gené, Marc (Pilot)
Geboren: 29.3.1974 in Sabadell/Spanien
GP-Rennen in der Fahrer-WM: 32
(seit 1999) bis Suzukua
Pole Positions: 0
Siege: 0
WM-Punkte insgesamt: 1
Beste WM-Platzierung im Gesamtklassement: Siebzehnter 1999
Rennwagen: Minardi
Internet: www.marcgene.com

Spanische Piloten waren in der Formel 1 bisher selten und wenig erfolgreich. Wer zudem wie Gené auch noch für → Minardi fährt, kann an dieser Bilanz nicht viel verbessern.

Genés Bruder Jordi war einst Testfahrer bei → Benetton ohne je zu einem Renneinsatz zu gelangen und auch Marc versuchte sich im Alter von 13 Jahren zum ersten Mal im Kart. Nachdem er hier sehr erfolgreich war und von 1987 bis 1991 zahlreiche nationale Titel holte, bot sich für ihn die Chance zu einem Einstieg in die spanische Formel → Ford 1600, wo er 1992 einmal siegen konnte. Parallel zu seinem Wirtschaftsstudium fuhr Gené in der britischen Formel 3 und wurde nach Abschluss der Saison zum »besten Neueinsteiger« gekürt.

1997 folgte mit dem → Pacific-Rennstall eine erfolglose Saison in der Formel 3000, doch im nächsten Jahr sicherte er sich den Titel der Open-Fortuna-by-Nissan-Meisterschaft.

Dank der Millionen seines spanischen Sponsors wurde er 1999 von → Minardi, der das Geld immer gut gebrauchen konnte, für seine erste Formel 1-Saison engagiert.

Mit dem schon seit einigen Jahren nicht mehr konkurrenzfähigen Rennstall stand der Spanier von Anfang an auf verlorenem Posten und, bis auf wenige Ausnahmen, einträchtig mit Teamkollege Luca Badoer in der letzten Startreihe.

Neben einigen unnötigen Drehern und mehreren Trainingsunfällen gelang Gené in dieser Saison aber auch beim Großen Preis von Europa der erste WM-Punkt für Minardi seit vier Jahren. In der Saison 2000 wurde Gaston → Mazzacane sein neuer Teamkollege und beide bildeten wieder einträchtig das Schlusslicht im Starterfeld. Ein achter Platz in Österreich blieb für Gené das beste Ergebnis in dieser Saison.

Gethin, Peter (Pilot)
Geboren: 21.02.1940 in Ewell/England
GP-Rennen in der Fahrer-WM: 30 (1970–1974)
Pole Positions: 0
Siege: 1
WM-Punkte insgesamt: 11
Beste WM-Platzierung im Gesamtklassement: Neunter 1971
Rennwagen: McLaren, BRM, Lola

Eine kuriose Formel 1-Laufbahn mit »einem Sieg bei einem → Grand Prix und sonst nix«, – so könnte die merkwürdige Vita des ziemlich unbeachtet gebliebenen Peter Gethin lauten. Aber trotz allem hat er mit nur einem Sieg Motorsportgeschichte geschrieben.

Sein Vater war Jockey, doch Gethin konnte dem Reitsport nicht allzu viel abgewinnen. Er machte eine Kfz-Lehre, wurde Autoverkäufer sowie Rennfahrerschüler in → Brands Hatch. Nach Anfängen in der britischen Clubsportszene wurde er 1969 nach Achtungserfolgen in der Formel 2 britischer Meister der Formel 5000.

Der Frauenheld mit dem trockenen britischen Humor rückte nach dem Tod von Gründer Bruce → McLaren als Ersatzfahrer in den gleichnamigen Rennstall und gab 1970 beim Grand Prix in → Zandvoort seine Formel 1-Premiere. In diesem Rennen wie auch in der gesamten Saison konnte er keine Bäume ausreißen und nach dem Großen Preis von Deutschland trennte sich McLaren 1971 von Gethin, der aber noch in der laufenden Saison zu → BRM wechseln konnte. Im ersten Rennen für den englischen Rennstall beim Großen Preis von Österreich wurde er unauffälliger Zehnter. Aber beim nächsten Lauf in → Monza schlug die große Stunde des »launischen« Fahrers.

Im schnellsten Formel 1-Rennen aller Zeiten übertrumpfte Gethin nach einem dramatischen Verlauf seinen Konkurrenten Ronnie → Peterson um eine hundertstel Sekunde. An diese draufgängerische Leistung konnte der Brite nie mehr anknüpfen. Die weitere Zukunft brachte in der Mehrzahl nur noch Ausfälle und einen einzigen WM-Punkt. 1972 wurde er von BRM entlassen und nach einem Gastauftritt 1974 bei → Lola war die Formel 1- Laufbahn von Peter Gethin beendet.

Getriebe
Das Getriebe der Formel 1-Wagen ist halbautomatisch und muss mindestens 4, darf aber nicht mehr als 7 Vorwärtsgänge und einen Rückwärtsgang haben. Jeder Rennstall konstruiert seine eigenen Getriebe und diese sind mit der Rückseite des Motors verbunden. Die Fahrer bedienen die Kupplung nur beim Start manuell, ansonsten werden die Gänge durch einen Wippe am Lenkrad hoch- und runtergeschaltet.

Gewicht
Das Gewicht eines Formel 1-Wagens muss gegenwärtig mindestens 600 kg einschließlich Fahrer, Öl und Bremsflüssigkeit betragen.

G-Force
Englische Bezeichnung für die Maßeinheit der Erdbeschleunigung. In der Formel 1 bedeutet es die Querbeschleunigung eines Rennwagens in der Kurve, denn je höher die Geschwindigkeit, desto stärker wirken die Fliehkräfte (G-Force).

Gilby (Rennwagenfirma)
GP-Rennen in der Fahrer-WM: 3 (1960–1963)
Pole Positions: 0
Siege: 0
WM-Punkte: 0
Beste Platzierung in der
Konstrukteurswertung: 0
Bekannteste Fahrer: –
Erfolgreichste Fahrer: –
Syd Greene war Eigentümer der Gilby Engineering Company und fuhr für seine Firma Mitte der fünfziger Jahre mit einem → Maserati 250 sowie Maserati-Sportwagen bei verschiedenen Nebenrennen mit. Sein Konstruk-

Auch im McLaren relativ glücklos: Peter Gethin 1971

teur Len Terry entwarf in Form eines Rennsportwagens den ersten Gilby.

1961 entwarf Terry auch einen Formel 1-Wagen, der dann mit unkomplizierten Gitterrohrrahmen und einem → Coventry-Climax-FPF-Motor realisiert wurde. Mit Keith Greene am Steuer wurde der Gilby bei seinem einzigen Formel 1-Einsatz 1961 in → Aintree Fünfzehnter. Ein Jahr später wurde der Wagen etwas modifiziert und von einem → BRM-V8-Motor angetrieben. Greene fiel am → Nürburgring mit Aufhängungsschaden aus und konnte sich in → Monza nicht qualifizieren.

1963 wurde der Wagen an den britischen Rennfahrer Ian Raby verkauft, der mit diesem Gefährt bei seinem ersten Formel 1-Rennen in → Silverstone mit Getriebeschaden ausfiel. In Deutschland und Italien schaffte Raby nicht die Qualifikation. Die Formel 1-Einsätze waren damit für den Gilby-Rennwagen zu Ende.

Ginther, Paul Richard »Richie« (Pilot)

Geboren: 12.10.1930 in Hollywood/USA
Gestorben: 20.09.1989 in Nizza/Frankreich
GP-Rennen seit 1950: 52 (1960–1967)
Pole Positions: 6
Siege: 1
WM-Punkte insgesamt: 107
Beste Saison-Platzierung: Dritter 1963
Rennwagen: Ferrari, Scarab, BRM,
Honda, Cooper, Eagle

Das dürre, sommersprossige »Kasperle« mit dem roten Mecki-Haarschnitt war in erster Linie ein ausgezeichneter → Testfahrer, der durch sein Ingenieurwissen auch viel zur Weiterentwicklung der Rennwagen beitragen konnte.

Aufgewachsen in Kalifornien, lernte Ginther zuerst das → Mechaniker-Handwerk, um danach eine Ingenieurschule zu absolvieren, die er mit Auszeichnung bestand.

Ein Gilby-BRM 1965 beim Großen Preis von Deutschland mit Keith Greene am Steuer

Wie sein Vater nahm auch Ginther eine Anstellung bei den Douglas-Flugzeugwerken an. Er befreundete sich mit Phil → Hill und bekam so Kontakt zur Motorsportszene, die ihn sofort begeisterte. 1951 nahm er an Bergrennen teil und wurde danach für zwei Jahre zum Korea-Krieg eingezogen.

Nach seiner Rückkehr nahm er wieder Kontakt zu Hill auf und wurde bei der Carrera Panamericana für 1953 und 1954 sein Copilot. Der Mann mit dem »sanguinischen Temperament« wurde anschließend Kundendienst-Ingenieur bei einem → Ferrari-Importeur und bekam von diesem hochkarätige Rennwagen zur Verfügung gestellt. Ginther etablierte sich innerhalb kürzester Zeit als bester Ferrari-Pilot der USA und erhielt ein Angebot, in Italien → Testfahrer für die Scuderia zu werden.

1960 gab Ginther sein → Grand-Prix-Debüt für Ferrari beim Großen Preis von Monaco, wo er Sechster wurde. In → Monza erreichte er sogar den zweiten Rang, was ihm in der Gesamtwertung Platz 8 einbrachte.

Auch im nächsten Jahr gelangen ihm ausgezeichnete Trainingsplatzierungen und gute Rennergebnisse, aber insgesamt stand er im Schatten seiner um die Weltmeisterschaft kämpfenden Teamkollegen Hill und Wolfgang Graf Berghe → von Trips.

Das mit 55 Kilo absolute Leichtgewicht erhoffte sich mit dem Wechsel zu → BRM eine Verbesserung seiner Situation, doch während sein Teamkollege Graham → Hill in der Saison 1962 Weltmeister wurde, erreichte Ginther nur 10 WM-Punkte. Im nächsten Jahr sah es schon erfreulicher aus und der Amerikaner wurde mit 29 Punkten Gesamtdritter. 1964 gelangen Ginther wieder einige Podiumsplätze und mit 23 Punkten der vierte Platz im Gesamtklassement. Für die Saison 1965 erhielt er ein Angebot von → Honda, um als Fahrer und profunder Kenner der Rennwagen-Materie die neuentwickelten Autos zur Siegreife zu führen. Die defensive Rennfahrerphilosophie Ginthers: »Ich bin kein Beißer. Ich warte darauf, dass die vor mir liegenden Wagen ausfallen. Außerdem weiß ich, was alles kaputt gehen kann.« Er erhielt beim Saisonfinale in Mexico-City die langersehnte Belohnung. Weil die meisten Konkurrenten ausfielen, konnte Ginther den ersten Grand Prix für sich und sein Team entscheiden.

Aber ab 1966 wurde es für den schmächtigen Ginther immer schwieriger, die schwerer und stärker gewordenen Formel 1-Rennwagen zu beherrschen und am Ende dieser Saison wurde er entlassen. Ginther bemühte sich noch einmal bei dem → Eagle-Rennstall seines Landsmannes Dan → Gurney, sagte aber schon nach der verpassten Qualifikation für den Grand Prix von Monaco dem Formel 1-Sport für immer adieu. Danach war er noch einige Jahre in Manager- und Rennleiterpositionen tätig, um danach mit einem Wohnwagen in Europa ein Nomadenleben zu führen. Mittlerweile war er mit seinen schulterlangen Haaren und einem Schnurrbart kaum wiederzuerkennen und erlag 1989 einem Herzanfall.

Gonzalez, José Froilán (Pilot)
Geboren: 05.10.1922 in Arrecifes/Argentinien
GP-Rennen in der Fahrer-WM: 26 (1950–1960)
Pole Positions: 2
Siege: 3
WM-Punkte insgesamt: 77,64
Beste WM-Platzierung im Gesamtklassement:
Vizeweltmeister (1954)
Teams: Maserati, Talbot, Ferrari, Vanwall

Das stämmige Muskelpaket aus Argentinien wäre schon aufgrund seiner äußeren Erscheinung in keinem modernen Formel 1-Wagen mehr vorstellbar, aber mit seinem »spektakulären, herzerfrischenden Fahrstil« avancierte er in seiner Heimat zum Volkshelden und erzielte in der Formel 1 regelmäßig Spitzenresultate. Der Vater von Gonzalez war in Argentinien ein Vertreter für Chevrolet-Fahrzeuge und in seinem Geburtsort sorgte eine Erdbahnrennen-Anlage für enorme Motorsportbegeisterung in dieser Region.

Gonzalez, schon von Kindheit an ein ausgezeichneter Schwimmer, nahm mit 24 Jahren an Rennen in der heimatlichen Erdbahnanlage teil. Der damalige regierende Diktator Juan

Domingo Perón sorgte in den europäischen Wintern dafür, dass sich Fahrer aus der alten Welt mit argentinischen Piloten in → Buenos Aires bei verschiedenen Rennserien messen konnten. Gonzalez war zu diesem Zeitpunkt schon ein Star und hatte sich mit seinem dynamischen Stil in die Herzen seiner Landsleute gefahren. 1949 fuhr er erste → Grand-Prix-Rennen für → Maserati und konnte sich in den oberen Rängen platzieren.

Beim Start der offiziellen Weltmeisterschaft saß »El Cabezon (Fettkopf)« ebenfalls in einem Maserati und eroberte sich in seinem Grand-Prix-Debüt in → Monaco direkt den dritten Startplatz. Im Rennen schied er dann als unbeteiligtes Opfer einer Massenkarambolage aus. In seinem zweiten und letzten Lauf in dieser Saison beim Großen Preis von Frankreich sorgte ein Motorschaden für seine vorzeitige Aufgabe. Enzo → Ferrari wurde auf ihn aufmerksam, als Gonzalez zwei Läufe im Stadtpark von Buenos Aires gewann und da Ferrari-Werksfahrer Piero → Taruffi kurzfristig erkrankte, saß Gonzalez statt seiner im → Cockpit. In Frankreich wurde er Zweiter und beim zweiten Rennen in → Silverstone sorgte er mit dem ersten → Ferrari Formel 1-Sieg für einen historischen Triumph. Am Ende dieser Saison war der »Pampasbulle« hinter Juan-Manuel → Fangio und Guiseppe → Farina in der WM-Gesamtwertung Dritter.

1952 kehrte Gonzalez zu Maserati zurück, doch der neu entwickelte Wagen litt an verschiedenen Kinderkrankheiten und ließ für Gonzalez nur eine einzige Teilnahme an einem Grand-Prix-Lauf zu, in dem er allerdings sogleich Zweiter wurde. Ein Jahr später hatte sich die Situation bei dem Rennstall wieder gebessert und wenn Gonzalez nicht ausfiel, landete er stets in den vorderen Punkterängen. 1954 wurde er mit Ferrari dann zum härtesten Konkurrenten seines Landsmannes Fangio und mit einem Sieg beim Großen Preis in Silverstone sowie mehreren ausgezeichneten Platzierungen Vizeweltmeister. Zudem gewann er auf einem → Jaguar zusammen mit Maurice → Trintignant die 24 Stunden von → Le Mans.

Doch 1955 begann der allmähliche Abschied des Zwei-Zentner-Mannes, denn Gonzalez hatte immer noch nicht den Tod seines jungen Stallkollegen Onofre → Marimón verkraftet, der ein Jahr zuvor beim Training zum Großen Preis von Deutschland verunglückt war.

Er zog sich mit seiner Familie nach Argentinien zurück und nahm hauptsächlich nur noch an den heimatlichen Formel 1-Rennen als Gastfahrer teil. 1960 war nach einem zehnten Platz auf einem Ferrari beim Großen Preis in Buenos Aires dann endgültig Schluss.

Goodyear (Reifenhersteller)
GP-Rennen in der Fahrer-WM: 496 (1959–1997)
Pole-Positions: 357
Siege: 368
WM-Punkte: 9461,5
Rennwagen: u.a. Cooper, Scarab, A.T.S., Brabham, Honda, McLaren, Matra, Tyrrell, March, Lotus, Ferrari, Penske, Politoys, Surtees, Wolf, Ligier, Shadow, Williams, ATS, Alfa Romeo, Benetton, Jordan
Internet: www.goodyear.de

Der Amerikaner Charles Goodyear entdeckte 1868 nach langen und gefährlichen Experimenten die Möglichkeiten der Vulkanisation und starb, ohne einen Pfennig Geld damit verdient zu haben. 1898 erwarb Frank Seiberling eine Strohballenfabrik im Osten von Akron im Staate Ohio, um zunächst → Reifen für Kutschen und Fahrräder zu produzieren. In Erinnerung an Charles Goodyear wurde das Unternehmen »Goodyear Tire und Rubber Company« genannt.

1928 war man der weltweit größte Gummiproduzent und warb mit dem Werbeslogan: »Auf Goodyear-Reifen fahren mehr Leute als auf irgendeinem anderen Reifen.«

Ab 1959 fuhren erstmals auch einige Formel-Rennwagen auf den Pneus von Goodyear, zunächst erfolglose wie → Scarab und → A.T.S, spätestens nach dem ersten Goodyear-Sieg mit → Honda 1965 in Mexiko auch zunehmend die renommierteren wie → Brabham und → McLaren. Während andere Reifenlieferanten wie → Dunlop und → Continental sich in den Siebzigern wegen der hohen Entwicklungskosten aus der Formel 1 zurückzogen, entwickelte sich Goodyear zum Monopolisten. Bis 1978 siegte man mit Topteams wie McLaren, → Tyrrell, → Lotus und → Ferrari, doch nach 106 Siegen in Folge wurde diese Erfolgsserie durch den Sieg des Konkurrenten → Michelin für Ferrari 1978 in Brasilien unterbrochen. Zwischen 1977 und 1986 musste sich Goodyear gegen andere Gummifabrikanten durchsetzen und erlitt dabei einige Niederlagen. Von 1987 bis 1990 war der Reifengigant wieder alleiniger Lieferant für die Formel und konnte auch die zwei Pirelli-Jahre von 1990–1991 locker wegstecken. 1997 tauchte dann erstmals der japanische Konzern → Bridgestone auf und belieferte die Rennställe → Arrows, → Prost, → Minardi, → Stewart und → Lola. Die Formel 1-Welt begrüßte die neue Konkurrenz und begann, die Qualität der Goodyear-Reifen zu kritisieren. Die Firma musste nun horrende Summen investieren, um die bei Testfahrten aufgetretenen Zeitrückstände gegenüber Bridgestone aufzuholen. Mit Teams wie McLaren und Ferrari war man wieder siegfähig, doch nach der Saison 1997 zog sich Goodyear aus dem Wettrüsten der Formel 1 zurück.

Gordini
(Rennwagenfirma, Motorenhersteller)
GP-Rennen in der Fahrer-WM: 33 (1952–1956)
Pole Positions: 0
Siege: 0
WM-Punkte: 25, 14
Beste Platzierung in der Konstrukteurswertung: 0
Bekannteste Fahrer:
Maurice Trintignant, Jean Behra,
Erfolgreichste Fahrer: Jean Behra, Robert Manzon
Der französische Einzelkämpfer Amédée Gordini jonglierte sich fünf Jahre trotz finanzieller Misere zu einigen → Grand-Prix-Erfolgen. Dann musste er der mangelnden Solvenz Tribut leisten.

Mit getunten Sportwagen auf Simca-Fiat-Basis erarbeitete sich der Rennfahrer und Konstrukteur Amédée Gordini in den dreißiger Jahren einen guten Ruf. Nach Ende des Zweiten Weltkrieges beschäftigte er sich auch mit dem Bau von Monoposti-Wagen, die sich im Lauf der Zeit allerdings als etwas leistungsschwach und unzuverlässig erwiesen.

Kurz vor dem Start der ersten Formel 1-Weltmeisterschaft zog sich Simca aus dem Gordini-Projekt zurück und der Franzose musste alleine weiterwerkeln. Die von ihm entwickelten Rennwagen züchtete er durch seine aufgeladenen Vierzylinder-→ Motoren zu Grand-Prix-Fahrzeugen hoch.

Zunächst beteiligte er sich bei Formel 2-Rennen mit unterschiedlichem Erfolg, um sich dann 1952 auch in die Formel 1 zu wagen.

Mit einem V6-Motor im Heck gelang Jean → Behra und Robert Manzon jeweils ein dritter Platz. Am Ende der Saison hatte das Team 17 WM-Punkte auf dem Konto, aber 1953 und 1954 kam man doch nur auf die Ausbeute von jeweils vier Punkten. Um mit den Entwicklungen der Formel 1-Welt auf Dauer mithalten zu können, fehlte Gordini die finanzielle Basis und das Formel 1-Projekt musste ab 1956 stark reduziert werden.

Nach dem neunten Platz in → Monza durch Andre Simon musste Amédée Gordini mangels Geld aufgeben und wurde Entwicklungsingenieur bei → Renault. Als Renault 1979 mit einem → Turbolader in das Grand-Prix-Geschäft einstieg, erinnerte am Motorblock die Aufschrift »Renault-Gordini« an den im selben Jahr verstorbenen Einzelkämpfer.

GPDA
Die GPDA (Grand Prix Drivers Assocation) wurde 1961 im Hotel Metropole in Monaco gegründet und ist die Interessenvertretung der Formel 1-Fahrer. 18 Fahrer waren bei der ersten Zusammenkunft dabei, darunter Piloten wie Graham → Hill, Bruce → McLaren und Jim → Clark. Zum ersten Präsidenten wurde Stirling → Moss gewählt, der nach seinem Rückzug vom Motorsport 1962 das Amt an Joakim → Bonnier weitergab.

Insbesondere Jackie → Stewart und Jochen → Rindt engagierten sich Anfang der Siebziger Jahre in diesem Verband, um für mehr Sicherheit auf den Rennstrecken zu sorgen. Stewart nahm dabei kein Blatt vor den Mund und eckte oft bei den damaligen engstirnigen Formel 1-Funktionären an, die das tödliche Risiko der Rennfahrer als unabdingbar ansahen.

Stewarts Argument für ein höheres Maß an Sicherheit klang plausibler: »Jeder kann einen Fehler machen, aber ich sehe nicht ein, warum die notwendige Folge eines solchen Fehlers der Tod sein muss.«

Der erste große Erfolg der GPDA war 1969 die Absage des Großen Preises von Belgien in → Spa-Francorchamps, weil dort nicht auf die Sicherheitsanforderungen der Piloten eingegangen wurde.

Aus dem gleichen Anlass wurde ein Jahr später der Große Preis von Deutschland vom → Nürburgring nach Hockenheim verlegt. In späteren Jahren war die Bedeutung der GPDA so herabgesunken, dass sie zeitweise aufgelöst wurde, weil man die unterschiedlichen Ansichten der Piloten nicht mehr auf einen gemeinsamen Nenner bringen konnte.

1994, nach den tödlichen Unfällen von Roland → Ratzenberger und Ayrton → Senna, wurde die GPDA reformiert und Michael → Schumacher sowie Gerhard → Berger wurden zu den ständigen Vertretern gewählt, um sich mit den Sicherheitsfragen zu beschäftigen.

Grand Prix
Französische Übersetzung für Großer Preis und die allgemeine Bezeichnung der Formel 1-Rennen, wobei auch Rennen dieser Klasse als Grand Prix bezeichnet wurden, die nicht zur Weltmeisterschaft zählten. Solche Großen Preise wie z.B. die »International Trophy« oder das »Race of Champions« finden aber seit den achtziger Jahren nicht mehr statt.

Grid
Internationale Bezeichnung für → Startaufstellung.

Grip
Frei übersetzt bedeutet es »Griff« und gemeint ist damit die Fahrbahnlage von → Chassis und → Reifen. Zu diesem mechanischen Grip zählt man noch den aerodynamischen Grip, der durch → aerodynamische Hilfsmittel erzeugt wird und für genügend → Abtrieb sorgt.

Nicht genügend Grip zu haben, ist eine oftmals verwendete Begründung der Piloten, wenn man sie nach den Ursachen ihres schwachen Abschneidens bei einem Rennen fragt.

Groundeffect
Als in den achtziger Jahren die Geschwindigkeit der Formel 1-Fahrzeuge immer höher wurde, suchte man nach Möglichkeiten, um die Fahrzeuge auch bei hohen Kurvengeschwindigkeiten auf dem Boden zu halten.

Der → Lotus-Konstrukteur Colin Chapman entlieh sich daraufhin aus der Flugzeuglehre das Phänomen des Ansaugeffekts, der bei den Lotus-Rennwagen durch bewegliche Leisten erzeugt wurde. In der Formel 1-Geschichte sind diese Leisten als sogenannte »Schürzen« bekannt geworden und sorgten durch eine Kanalisierung des Luftstroms für ein Vakuum, so dass der Wagen förmlich an den Boden gesaugt wurde. Dieser sogenannte »Groundeffect« bewirkte enorme Kurvenzeiten, die man vorher nicht für machbar hielt. Doch beinhalteten sie auch ein hohes Sicherheitsrisiko, denn eine defekte Schürze ließ den Rennwagen sofort von der Piste fliegen. Nachdem sich Lotus durch den Groundeffect erhebliche Wettbewerbsvorteile verschafft hatte, zogen die anderen Teams sofort nach. Aber die Geschwindigkeiten wurden immer unkontrollierbarer und deshalb wollte die → FISA diese Wagen abschaffen. Doch die Konstrukteure weigerten sich und beinahe hätte sich die Formel 1 in zwei Wettbewerbe jeweils mit und ohne Schürzenwagen gespalten. Im letzten Moment konnten sich → FOCA und FISA 1981 auf ein Verbot dieser Fahrzeuge einigen.

Groupies
Formel 1-Piloten sind heutzutage wie die berühmtesten Popmusiker oder Filmschauspieler umjubelte Stars, die im Rampenlicht des öffentlichen Interesses stehen und deshalb eine starke Anziehungskraft auf die Sorte von Frau-

en ausüben, die gerne ihre weiblichen Reize zur Schau stellen. Aber schon in den fünfziger Jahren konnten etliche Fahrer den Verlockungen der weiblichen Reize nicht widerstehen. Schwerenöter wie die Ferrari-Piloten Mike → Hawthorn und Peter → Collins hinterließen ihren Affären sogar unverhofften Nachwuchs. In den sechziger Jahren waren es Chris → Amon, Mike Hailwood und Peter → Revson, die in ihrer gemeinsamen Rennfahrerkommune wilde Rock'n'Roll Partys in weiblicher Gesellschaft zelebrierten.

In den siebziger Jahren war die promiske Lebensweise vieler Piloten ein offenes Geheimnis. Obwohl verheiratet, protzte Mario → Andretti mit seinen zahllosen Affären: »Es waren nicht so viele wie bei Frank Sinatra (der angeblich Tausende gehabt haben soll). Aber es reicht.«

Auf dem Overall von James → Hunt prangte die eindeutige Erkenntnis: »Sex – das Frühstück der Champions«. Seine Gattin Suzy Hunt wollte bei diesen Morgenmahlzeiten nicht mehr zusehen und ließ sich scheiden, um den britischen Schauspieler Richard Burton zu ehelichen. Später fand Hunt eine Ehefrau, die für ihn immer die Mädchen aussuchte, damit das Liebesspiel zu dritt ablaufen konnte.

Auch der alte Enzo → Ferrari soll an seiner Teststrecke in Maranello junge Damen empfangen haben und angeblich mussten seine Mechaniker einen Rennwagen starten, um die Liebesgeräusche des Commendatore zu übertönen.

Sophie Hyatt, aus der gleichnamigen Hoteldynastie stammend, erklärte ihr Faible für die Formel 1-Boys folgendermaßen: »Diese Aggression macht mich an.«

Solche Bekenntnisse wurden von Piloten wie Hans-Joachim → Stuck, Nelson → Piquet, Gerhard → Berger oder Alessandro → Nannini für zahllose Schäferstündchen weidlich ausgenutzt. In den neunziger Jahren war die Groupie-Ära allerdings weitgehend beendet. Aids sowie eine wachsende Professionalität bei den Formel 1-Piloten, die ihre ganze Kraft für das Rennwochenende aufsparen, ließen die heißen Girls ins Abseits geraten.

Jetzt waren die Motorhomes von den Gattinen bevölkert, die ihre rennfahrenden Männer bei der Ausübung ihres Berufes tatkräftig unterstützten. Und der längst in den Ruhestand getretene James → Hunt musste in dieser Dekade die ernüchternde Feststellung machen: »No Parties, no Women, no Fun.«

Na, Herr Andretti, wieder auf der Ausschau nach dem weiblichen Geschlecht?

Trotzdem gibt es immer noch die jungen Damen, die mit knappen Röcken und üppigen Dekolletés durch die Boxengasse wandern und die Blicke der vergötterten Helden auf sich ziehen.

Dabei müssen sie auch auf Niederlagen gefasst sein, wie beispielsweise das Model Katie Price, das sich trotz des vehementen Einsatzes ihrer Kurven an Ralf → Schumacher die Zähne ausbiss.

**Gurney, Daniel »Dan« Sexton
(Pilot, Konstrukteur, Rennstallbesitzer)**
*Geboren: 13.04.1931 in Port Jefferson/ USA
GP-Rennen in der Fahrer-WM: 86 (1959–1970)
Pole Positions: 3
Siege: 4
WM-Punkte insgesamt: 133
Beste WM-Platzierung im Gesamtklassement:
Dritter 1961*

Oben: Bei solchen Mannsbildern unter den Piloten wird natürlich jede Frau schwach
Unten: Unter dem Helm nur zwei Gedanken: Rennfahren und Frauen – James Hunt

*Rennwagen: Ferrari, BRM, Porsche,
Lotus, Brabham, Eagle, McLaren
Internet: www.dangurney.com*

Dan Gurney ist schon zu Lebzeiten eine amerikanische Motorsportlegende, was sogar dazu führte, dass seine begeisterten Anhänger ihn zum Präsidentschaftskandidaten küren wollten. Sein Vater übte den Beruf des Operntenors mit großem Erfolg an der Metropolitan Opera in New York aus, um anschließend nach Kalifornien zu ziehen und in den Ruhestand zu treten. Dan Gurney war nicht mit den Talenten seines Vaters gesegnet, sondern ein begeisterter Zuschauer bei den Weltrekordfahrten auf dem Bonneville-Salzsee im Nachbarstaat Utah. Nach dem Studium der Geisteswissenschaften und seiner Teilnahme am Korea-Krieg nahm er mit 24 Jahren zum ersten Mal an Rennen teil. Seine Erfolge, unter anderem der Sieg bei den 12 Stunden von → Sebring, ließen die Fachwelt aufhorchen und 1959 erhielt Gurney von → Ferrari ein Angebot, an Formel 1- und Sportwagenrennen teilzunehmen. Der »ruhige, zurückhaltende und entschlossene« Amerikaner enttäuschte das Vertrauen nicht und kam bei vier → Grand-Prix-Läufen im Jahre 1959 dreimal in die Punkte. Weil er sich mit dem strengen und autoritären Commendatore überwarf, wechselte Gurney anschließend zu → BRM, aber mit sechs Ausfällen in sieben Rennen entwickelte es sich zu einer frustrierenden Episode.

Für die Saison 1961 heuerte er bei → Porsche an und wurde in dieser Saison dreimal Zweiter, hatte aber insgesamt gegen die starke Ferrari-Armada keine Chance. Als Trost blieb ihm – gleichauf mit Stirling → Moss – der dritte Platz im Gesamtklassement.

Im nächsten Jahr gelang ihm beim Großen Preis von Frankreich der erste Sieg, doch für das Porsche-Team war die Saison insgesamt eine Enttäuschung, so dass sich die Zuffenhausener am Ende der Saison aus der Formel 1 verabschiedeten.

Immer elegant und gelassen am Steuer: Dan Gurney, hier 1962 auf einem Porsche 804

Gurney wechselte zu → Brabham und konnte sich mit zweiten Plätzen und 19 WM-Punkten am Ende wieder im Spitzenfeld behaupten. 1964 wurde für den Allroundfahrer, der u.a. auch in der IndyCar-Serie und bei Nascar-Rennen an den Start ging, das erfolgreichste Jahr in der Formel 1.

Er gewann zwei Große Preise, führte siebenmal ein Rennen an, aber Weltmeister wurde am Ende John → Surtees. Immerhin zählte er für die Experten nun zur »fahrerischen Extraklasse« und sein sympathisches Auftreten machte ihn bei Fans und Kollegen sehr beliebt.

Gurney interessierte sich zudem sehr für die Technik der Rennwagen und nach dem letzten Jahr bei Brabham, das 1965 mit einem Sieg und zwei zweiten Plätzen endete, nahm er ein ehrgeiziges Projekt in Angriff.

Zusammen mit dem texanischen Rennfahrer Carroll Shelby gründete Gurney die »All American Racers« und konstruierte in Gemeinschaftsarbeit mit dem ehemaligen → Lotus-Ingenieur Len Terry sowie dem Motorenbauer Harry Weslake den → Eagle-Rennwagen. Damit war er nach Jack → Brabham der zweite Rennfahrer im eigenen Fahrzeug. Doch das verheißungsvolle Vorhaben leitete den Abstieg des »potentiellen Weltmeisters« ein, denn außer einem Sieg in → Spa-Francorchamps gab es mit dem unzuverlässigen Boliden zumeist Ausfälle zu verzeichnen. Den Frust kompensierte er mit dem Gewinn der 24 Stunden von → Le Mans. Nach dreijähriger Erfolglosigkeit stoppte Gurney das Projekt und ließ seine Karriere als Gastfahrer bei → McLaren bis 1970 ausklingen.

Dan Gurneys Name hat auch heute noch einen guten Klang sowohl in den USA als auch in Europa. Als Chef der »All American Racers« präpariert er auch heute noch Toyotas für die IMSA-Serie und ist ein begehrter Werbepartner für TV-Commercials. Der mit einer ehemaligen deutschen Porsche-Mitarbeiterin verheiratete 1,88 m große »Schweiger« trat in den sechziger Jahren in mehreren Formel 1-Spielfilmen auf und sein Sieg 1971 beim amerikanischen Cannonballrennen inspirierte seinen Freund und Co-Fahrer Brock Yates zu den »Cannonball«-Filmen.

Gurney Flap
Der frühere Formel 1-Pilot und spätere Rennstallbesitzer Dan → Gurney ist der Erfinder einer kleinen zusätzlichen Abrisskante, die an den Kanten der → Flügel angebracht wird. Dadurch wird ein Abriss des Luftstroms erzeugt, was eine bessere → Aerodynamik zur Folge hat.

Haarnadelkurven
Damit sind sehr enge 180-Grad-Kurven gemeint, welche die Piloten relativ langsam passieren müssen. Typische Haarnadelkurven sind beispielsweise die La Source in → Spa-Francorchamps oder die Loews-Kurve in → Monte Carlo.

Häkkinen, Mika (Pilot)
Geboren: 28.09.1968 in Helsinki/Finnland
GP-Rennen in der Fahrer-WM: 145 (seit 1991)
Pole Positions: 26
Siege: 18
WM-Punkte insgesamt: 383
Beste WM-Platzierung im Gesamtklassement:
Weltmeister (1998, 1999)
Rennwagen: Lotus, McLaren
Internet: www.mikahakkinen.net

Lange Zeit schien es so, als würde der Finne zur tragischen Person in der Formel 1 mutieren, doch seine Geduld zahlte sich aus und nach seinem ersten Sieg avancierte Häkkinen zu einem der Superstars in der Königsklasse.

Schon im Alter von fünf Jahren saß Häkkinen im Go-Kart und gewann von 1981 bis 1986 mit diesem Gefährt sämtliche nationalen Meisterschaften. 1987 folgte der Wechsel zur Formel → Ford, wo er sogleich Skandinavischer Meister wurde. Seine Erfolgsserie setzte er 1988 mit dem Gewinn der Opel-→ Lotus-Euroserie fort, was ihm 1989 ein → Cockpit in der britischen Formel 3 einbrachte.

Nach einem siebten Platz im ersten Jahr errang er ein Jahr später auch hier den Meistertitel. Zu dieser Zeit wurde er bereits von dem finnischen Formel 1-Weltmeister Keke → Rosberg gemanagt, der seinem Schützling sogleich einen Formel 1-Vertrag bei → Lotus für die Saison 1991 vermitteln konnte. Der Stern des einst so erfolgreichen Lotus-Rennstalls war zu dieser Zeit bereits im Begriff rapide zu sinken und viele Experten befürchteten, dass der junge Finne sinnlos verheizt werden könnte.

Doch Häkkinen nahm allen Skeptikern mit dem 13. Startplatz beim Debüt-Rennen in → Phoenix den Wind aus den Segeln. Und spätestens nach seinem fünften Platz beim dritten Lauf in → Imola wurde dem Finnen eine große Zukunft prophezeit. 1992 hatte sich Lotus mit dem neuen Ford V8 und technischen Verbesserungen wieder an das Mittelfeld herangekämpft. Häkkinen profitierte von diesem Aufschwung, lieferte einige aufsehenerregende Rennen und hatte am Ende der Saison elf WM-Punkte auf dem Konto gesammelt.

Für 1993 engagierte ihn → McLaren, doch weil Ayrton → Senna, entgegen anfänglicher Vermutungen, doch bei dem Team blieb, war Häkkinen zunächst nur Ersatzfahrer und konnte lediglich durch einige Rennen im → Porsche-Super-Cup glänzen. Weil der zweite Pilot Michael → Andretti den Erwartungen nicht entsprach, kam Häkkinen in den letzten drei Rennen der Saison doch noch zum Einsatz. Sein Einstand beim Großen Preis von Portugal war spektakulär, denn er fuhr die schnellere Trainingszeit gegenüber seinem Teamkollegen Senna und in Japan stand er nach einem dritten Platz im Rennen erstmals auf dem Siegertreppchen. Schon ein Jahr später war der Pilot mit der »Ruhe eines Soziologiestudenten« bereits die Nummer 1 im Team und stach seinen Kollegen Martin → Brundle bei den Trainingssitzungen klar aus.

Mit zahlreichen Podestplatzierungen und 26 WM-Punkten sicherte er sich im Endklassement den vierten Platz. Allerdings brachte eine von ihm ausgelöste Massenkarambolage in Hockenheim dem Finnen eine Sperre für den Großen Preis von Ungarn ein.

1995 folgte eher eine durchwachsene Saison, wo Häkkinen aufgrund des unzuverlässigen McLaren neben zahlreichen Ausfällen nur siebzehn Punkte erringen konnte. Schlimmer kam es für ihn noch beim Training zum Abschlusslauf in → Adelaide, als der Finne bei Tempo 180 von der Piste abkam und nur durch einen Luftröhrenschnitt von → Rennarzt Syd Watkins gerettet werden konnte. Nach längerer Rekonvaleszenz war Häkkinen zum Start in die Saison 1996 rechtzeitig zurück und schaffte direkt einen fünften Platz beim Auftaktrennen in Melbourne.

Doch obwohl er mit guten Platzierungen bewies, dass er nach dem Unfall nichts von seinem Können verloren hatte, war Häkkinen immer noch kein → Grand-Prix-Sieg gelungen und nachdem ihm dies auch 1996 versagt blieb, befürchteten manche Beobachter schon, der Finne könne daran zerbrechen. Doch Häkkinen blieb gelassen und leistete weiter geduldig Aufbauarbeit für die noch unausgereifte Kombination von McLaren-Rennwagen und → Mercedes-Motor. »Der Job eines Rennfahrers ist es nicht nur, Rennen zu gewinnen, sondern ein Auto zu entwickeln und siegreif zu machen«, gab Häkkinen allen zur Antwort, die ihn aufgrund einiger verpasster Siege bereits als ewiges Talent diskreditieren wollten.

Nachdem er auch 1997 nach einigen aussichtsreichen Führungen weiterhin Siege verpasste, drohte Häkkinen endgültig mit dem Etikett des Pechvogels behaftet zu werden.

Doch beim letzten Lauf in → Jerez platzte der Knoten, weil Jacques → Villeneuve nach dem Zusammenstoß mit Michael → Schumacher seinen Titelgewinn nicht riskieren wollte und den Finnen vorbeiziehen ließ.

Jetzt gehörte der Finne endlich auch zu den Siegfahrern und wie von einer Last befreit, stürmte er bereits ein Jahr später mit acht Saisonsiegen zum Titelgewinn.

Häkkinen war jetzt ein Top-Pilot der Formel 1 und wurde mit Werbeverträgen überhäuft. Insbesondere bei den TV-Spots eines Telekommunikations-Unternehmens gab er eine gute Figur ab. In der Saison 1999 hatte er durch den Unfall seines ärgsten Widersachers Schumacher freie Bahn für die Titelverteidigung, die ihm trotz einiger Patzer in den Rennen relativ mühelos gelang. In den ersten Rennen der Saison 2000 schien bei Häkkinen zunächst die Luft raus zu sein, denn nach neun Rennen hatte er nur einen Sieg auf dem Konto und Teamkollege David → Coulthard war sowohl im Training als auch im Rennen des öfteren der Schnellere. Als bereits alle den Finnen in punkto Weltmeisterschaft abgeschrieben hatten, schwang er sich ab dem Großen Preis von Österreich wieder zur alten Form auf und zeigte einige beeindruckende Darbietungen.

Insbesondere das clevere Überholmanöver gegen Schumacher in Spa-Francorchamps zählte zu den Höhepunkten der Saison. Doch weil ihn der Mercedes-Motor ausgerechnet im entscheidenden Moment beim Großen Preis der USA im Stich ließ, musste Häkkinen den Traum von der erneuten Titelverteidigung endgültig ad acta legen.

Hahne, Hubert (Pilot)

Geboren: 28.03.1935 in Moers/Deutschland
GP-Rennen in der Fahrer-WM: 2 (1967–1970)
Pole Positions: 0
Siege: 0
WM-Punkte insgesamt: 0
Beste WM-Platzierung im Gesamtklassement: 0
Rennwagen: Lola
Internet:
http://members.tripod.de/HahneMotorsport/

Als Tausendsassa im Bereich des Motorsports hegte Hubert Hahne auch Hoffnungen, sich im Formel 1-Sport zu etablieren, doch seine Nibelungentreue zu → BMW zahlte sich letztendlich nicht aus.

Als Sohn eines Spirituosen- und Tabakimporteurs machte Hahne eine Kaufmannslehre im elterlichen Betrieb. In seiner Tätigkeit als BMW-Autoverkäufer in Düsseldorf beteiligte er sich mit einem Sportwagencoupe dieser Marke an verschiedenen Tourenwagenrennen. 1963 wurde er Dritter in der Tourenwagen-Europameisterschaft und konnte anschließend einen Werksfahrervertrag bei BMW unterschreiben. 1966 gewann er dann den Europäischen Tourenwagenwettbewerb und bestritt parallel Formel 2-Rennen für BMW. 1967 gab er sein → Grand-Prix-Debüt auf dem → Nürburgring mit einem BMW-Motor-angetriebenen → Lola-Fahrgestell. Vom 14. Startplatz konnte er bis auf Platz 7 vorstoßen, bis ein Aufhängungsschaden das Rennen für ihn beendete. Ein Jahr später wurde er, wiederum mit einem Lola, im völlig verregneten Nürburgring-Grand-Prix-Zehnter. Trotz dieser guten Ergebnisse scheute sich BMW davor, ein eigenständiges Formel 1-Projekt auf die Beine zu stellen und Hahne konnte sich nicht entschließen, zu einem anderen Werk zu wechseln. In den folgenden Jahren konzentrierte sich der Rheinländer auf Formel 2, Tourenwagen- und Bergrennen, wo er immer wieder Siege erringen konnte. Mit einem für 160 000 DM erstandenen → March plante Hahne, sich 1970 am Großen Preis von Deutschland zu beteiligen, doch er scheiterte bereits im Training.

Nach seinem Rücktritt 1970 als Rennfahrer betätigte sich Hahne u.a. als Autoimporteur, Buchautor und Organisator von Rennwagen-Ausstellungen. Er war mehrere Jahre mit der bekannten deutschen Serienschauspielerin Diana Körner verheiratet, die auch gemeinsam in einigen Fernsehshows auftraten.

Handling
Aus dem Englischen stammender Begriff für das gesamte Fahrverhalten von Rennwagen.

Hanks, Samuel »Sam« (Pilot)
Geboren: 13.07.1914 in Columbus/USA
GP-Rennen in der Fahrer-WM: 6 (1950–1958)
Pole Positions: 0
Siege: 1
WM-Punkte insgesamt: 20
Beste WM-Platzierung: Siebter 1956
Rennwagen: Kurtis-Kraft, Epperly
20 Jahre lang fuhr Sam Hanks bereits Rennen, als er nach zwei dritten Plätzen in den Jahren 1952 und 1953 sowie einem zweiten Rang drei Jahre später in der Saison 1957 endlich bei den 500 Meilen von → Indianapolis siegen konnte. Nachdem er einen Siegesscheck von 103 844 $ in die Hand gedrückt bekam, erklärte er seinen Rücktritt. Er blieb dem Motorsport allerdings durch organisatorische Tätigkeiten weiterhin verbunden.

Hart (Motorenhersteller)
GP-Rennen in der Fahrer-WM: 145 (1980–1985, 1993–1997)
Pole Positions: 2
Siege: 0
WM-Punkte: 63
Rennwagen: Toleman, RAM, Spirit, Lola, Jordan, Footwork, Minardi
Der ehemalige Rennfahrer Brian Hart arbeitete seit 1980 an einem aufgeladenen vierzylindrigen Reihenmotor, der vorher als Saug-Aggregat in der Formel 2 große Zuverlässigkeit bewiesen hatte.

Ein Jahr später trat Hart zusammen mit dem → Toleman-Rennstall erstmals bei der Formel 1 in Erscheinung. In der Praxis erwies sich das Hart-Aggregat mit einem Defizit von 60 PS zur etablierten Konkurrenz als defektanfälliger Schwachpunkt, mit dem sich Toleman erst beim dreizehnten Lauf in Italien überhaupt qualifizieren konnte. Während in dieser Saison die Fehler kaum behoben werden konnten, gab es ein Jahr später, trotz weiterer zahlreicher Motorschäden, die ersten Erfolge und Punkteplätze zu verzeichnen, denn Brian Hart hatte sein Aggregat mit einem neuen → Turbolader versehen. 1983 wurde neben Toleman noch das finanzschwache → Spirit-Team mit Motoren versorgt. Während Spirit punktemäßig leer ausging, konnte man bei Toleman dank dem Können von Ayrton → Senna einen zweiten und dritten Platz verbuchen.

Doch schon in der darauffolgenden Saison waren die mit Hart-Motoren ausgerüsteten Rennställe Toleman, → Lola und → RAM trotz einer → Pole Position von Toleman-Pilot Theo Fabi nahezu chancenlos, weil der kleinen Firma für kontinuierliche Weiterentwicklungen das Geld fehlte. Ab 1986 war Hart wegen der mangelnden Erfolge und der ständigen Probleme mit Zulieferfirmen wieder von der Bildfläche verschwunden. Brian Hart kümmerte sich anschließend unter anderem um die Weiterentwicklung der DFR-Motoren von → Ford. Mit einem neuen Zehnzylinder-Motor kehrte der Engländer 1993 als Lieferant für → Jordan zurück, doch der irische Rennstall hatte nach Anfangserfolgen mit erheblichen Problemen zu kämpfen und kam in dieser Saison nur zu drei WM-Punkten. Brian Hart musste sich als absoluter Notstopfen vorkommen, denn noch während der laufenden Saison versuchte Jordan an die → Peugeot-Motoren zu gelangen, musste sich aber für 1994 wieder mit den englischen Aggregaten zufriedengeben.

Doch das sollte sich auszahlen, denn Jordan stellte endlich wieder einen guten Wagen auf die Beine und die Hart-Motoren waren eine der positivsten Überraschungen der Saison. Mit nur zwei Motorschäden im Rennen, einer Pole Position und 28 WM-Punkten konnten sowohl Jordan als auch Hart auf die bisher erfolgreichste Saison zurückblicken.

Aber weil der irische Rennstall trotzdem zu den Peugeot-Motoren wechselte, musste Hart 1995 mit → Arrows kooperieren. Da ab dieser Saison die Reduzierung des Hubvolumens von 3,5 auf 3,0 Liter erfolgte, konzipierten die Engländer einen Achtzylinder-Motor, der zu seinen Zehnzylinder-Konkurrenten wieder ein Defizit von ca. 80 PS aufwies. Weil man zudem für den Motorenbau nicht auf modernste Bauteile zurückgreifen konnte und auch Arrows nicht zu den reichen Rennställen zählte, war man mit fünf gewonnenen Punkten erfolgsmäßig wieder am unteren Bereich der Teilnehmer angelangt. 1996 war es dann mit dem gleichen Rennstall gar nur ein einziger Zähler, und für die kleine Firma aus Harlow mit gerade 24 Mitarbeitern wurde die Finanzdecke immer dünner. 1997 kam der Kleinbetrieb mit dem → Minardi-Rennstall endgültig am untersten Ende der Skala an, denn die Kombination schwächster Motor-/ schwächster Rennstall ergab beinahe zwingend null WM-Punkte. Brian Hart zog sich danach endgültig als Motorenlieferant aus der Formel 1 zurück und entwickelte 1999 den Aggregat-Eigenbau von Arrows, der aber wiederum nicht überzeugen konnte.

Haug, Norbert (Motorsportchef)

Die Erfolge von → Mercedes als Motorenlieferant sind untrennbar mit Norbert Haug verbunden, der geduldsam und konsequent 1998 die Früchte einer zweijährigen Aufbauarbeit genießen konnte.

Nach dem Abitur 1970 ging es für den 1952 im schwäbischen Grunbach geborenen Haug erst mal zur Bundeswehr und anschließend absolvierte er ein Volontoriat bei der Pforzheimer Zeitung. Weil er ein starkes Interesse am Motorsport besaß, ging er anschließend zur Zeitschrift »Sport Auto«. Neben seinen späteren Posten als Chefredakteur und Ressortleiter für die Motorsportredaktion bei »Auto, Motor & Sport« nahm er als Pilot beim → Porsche-Cup und bei den 24 Stunden am → Nürburgring teil. 1990 wechselte Haug, dessen genaues Geburtsdatum nicht bekannt ist, in die Motorsportabteilung von Mercedes, wo er für die Bereiche Controlling, Marketing und Kommunikation verantwortlich war. Ein erstes, von Haug erstelltes Konzept zur Rückkehr von Mercedes in die Formel 1 wurde vom Vorstand abgelehnt.

Doch der bekennende CDU-Wähler gab nicht auf und bot dem Unternehmen jetzt an, sich in der Königsklasse auf die Rolle des Motorenlieferanten zu beschränken. Diesmal hatte Haug Erfolg mit seinen Plänen, aber der erste Rennstall-Partner → Sauber erwies sich in den Jahren 93 und 94 als zu schwach, um an die alten Silberpfeil-Erfolge anknüpfen zu können. Außerdem wurde Haug unterstellt, mit PS-starken, aber unzuverlässigen Aggregaten zuviel riskiert zu haben. Erst als Al Unser mit Mercedes-Motoren bei den 500 Meilen von → Indianapolis siegen konnte, sah die Situation wieder etwas rosiger aus.

1995 wurde ein Vertrag mit → McLaren geschlossen, und drei Jahre später waren Haugs Ziele in Erfüllung gegangen, denn Mika → Häkkinen gewann mit der Mercedes-McLaren-Kombination die Weltmeisterschaft. Der füllige Schnauzbartträger leerte daraufhin nach eigener Aussage zur Feier des Tages in der hintersten Boxenecke eine Dose Bier. Nachdem ein Jahr später der Titel verteidigt werden konnte, beförderte Daimler-Chrysler den Schwaben zum Vize-Präsidenten. In der Formel 1 steht Haug weiterhin als verantwortlicher Motorenchef an vorderster Front.

Hawthorn, Mike (Pilot)
Geboren: 10.04.1929 in
Mexborough/Großbritannien
Gestorben: 22.01.1959 bei
London/Großbritannien
GP-Rennen in der Fahrer-WM: 45 (1952–1958)
Pole Positions: 4
Siege: 3
WM-Punkte insgesamt: 127,64
Beste WM-Platzierung im Gesamtklassement: Weltmeister 1958
Teams: Cooper, Ferrari, Vanwall, Maserati, BRM
Internet: www.ferrari.it/comsport/formula1.e/-hawthorn.html

Hawthorn galt als so »typisch britisch wie der gefürchtete Plumpudding« und hatte die Marotte, immer mit Fliege zu fahren. Auch äußerlich ganz der englische »Gentleman of Sport« mit Schlägerkappe und Pfeife, war Hawthorn der erste Fahrer, welcher nur einen Saisonsieg benötigte, um Weltmeister zu werden.

Der »sprunghafte Charakter«, der seit seiner Geburt an einer schweren Nierenkrankheit litt, fuhr 1951 sein erstes Rennen mit einem Sportwagen, den ihm sein Vater, ein Autohändler, geschenkt hatte. Durch einen Sponsor kam er ins → Ferrari-Werksteam und konnte 1953 beim Großen Preis in Frankreich seinen ersten Formel 1-Sieg feiern.

Bei den 24 Sunden von → Le Mans zwei Jahre später war er Auslöser der bis heute größten Motorsportkatastrophe, als er auf der Start-und-Ziel-Geraden abrupt abbremste, weil er vergessen hatte, in die → Box zu kommen. Bei dem Versuch, den nachfolgenden Juan-Manuel → Fangio zu warnen, raste der Franzose Pierre Levegh in die Zuschauertribüne, wo er und 84 Menschen starben.

Hawthorn war zunächst als Schuldiger dieses Infernos gebrandmarkt, und zudem hatte er nach seinem Wechsel zu → BRM kein konkurrenzfähiges Material zur Verfügung. 1957 gab ihm Ferrari noch einmal eine Chance, und Hawthorn schaffte das Comeback.

Nach einem vierten Platz in der Gesamtwertung konnte der Brite 1958 in Frankreich seinen dritten und letzten → Grand-Prix-Sieg erringen. Im letzten Rennen genügte ihm ein zweiter Platz, um mit einem Punkt Vorsprung Weltmeister vor seinem Konkurrenten Stirling → Moss zu werden. Weil seine Teamkollegen Luigi → Mosso und Peter → Collins im selben Jahr tödlich verunglückten und seine zukünftige Gattin keine Rennfahrerwitwe werden wollte, zog sich Hawthorn im Alter von 29 Jahren vom Rennsport zurück.

Er hatte die Absicht, sich um das Autogeschäft seines verstorbenen Vaters zu kümmern. Doch nur drei Monate später kam Hawthorn bei einem spontanen Privatrennen auf einer Landstraße in der Nähe Londons ums Leben.

Heckflügel
1967 war → Lotus der erste Rennwagen, der bei einem Formel 1-Lauf einen Heckflügel montiert hatte. Nach einem zwischenzeitlichen Verbot durch die → FIA wurden sie zu einem wichtigen → aerodynamischen Hilfsmittel, um den Anpressdruck auf die Hinterräder zu optimieren und dadurch hohe Kurvengeschwindigkeiten zu erreichen. Die → Flügel sind je nach Streckenbedingung individuell einstellbar, und je flacher der Flügel eingestellt ist, um so weniger Luftwiderstand entsteht.

Heidfeld, Nick (Pilot)
Geboren: 10.05.1962 in
Mönchengladbach/ Deutschland
GP-Rennen in der Fahrer-WM: 16 (seit 2000)
Pole Positions: 0
Siege: 0
WM-Punkte insgesamt: 0
Beste WM-Platzierung im Gesamtklassement: 0
Rennwagen: Prost
Internet: www.nickheidfeld.de

Als vierter Deutscher nach den Schumacher-Brüdern und Heinz-Harald → Frentzen hätte sich Nick Heidfeld kein ungeeigneteres Team als → Prost für seinen Formel 1-Einstieg aussuchen können.

Der aus einer motorsportbegeisterten Familie stammende Heidfeld stieg bereits im Alter von neun Jahren in ein Kart und gewann 1988 die Klubmeisterschaft in Kerpen-Manheim. Drei Jahre später war er Sieger der DMW-Kartmeisterschaft. 1994 gewann er den Titel in der Formel → Ford 1600 und ein Jahr später die klassenhöhere Formel-Ford-1800.

1996 folgte der Einstieg in die Formel 3, wo Heidfeld Platz 3 im Gesamtklassement belegte und beim Grand Prix von Macau mit der → Pole Position und dem Sieg im ersten Lauf glänzen konnte.

1997 erhielt er einen Formel 1-Testfahrervertrag bei → Mercedes und gewann parallel dazu die Meisterschaft in der Formel 3. Nach einem weiteren Titelgewinn in der Formel 3000-Europameisterschaft im darauffolgenden Jahr erhielt der bereits als »Quick Nick« titulierte Mönchengladbacher bei Prost ein Formel 1-→ Cockpit für die Saison 2000.

In der Königsklasse riss die Erfolgsserie von Heidfeld ab, und in dem unterlegenen Fahrzeug eines chaotisch organisierten Rennstalls gab es außer ein paar gewonnenen Trainingsduellen gegen den erfahrenen Teamkollegen Jean → Alesi keinerlei Meriten zu verdienen.

Bestes Ergebnis war ein achter Platz in Monaco, ansonsten hatte Heidfeld zehn Ausfälle zu verzeichnen und konnte in keinem Rennen für Aufsehen sorgen. Für die Saison 2001 griff Heidfeld für den → Sauber-Rennstall ins → Lenkrad. Es bleibt abzuwarten, ob sich bei diesem seit Jahren stagnierenden Rennstall die Aussichten für eine erfolgreiche Karriere in der Formel 1 verbessern.

Herbert, Johnny (Pilot)
Geboren: 25.06.1964 in
Brantwood/ Großbritannien
GP-Rennen in der Fahrer-WM: 162 (1989–2000)
Pole Positions: 0
Siege: 3
WM-Punkte insgesamt: 98
Beste WM-Platzierung im
Gesamtklassement: Vierter 1995
Rennwagen: Benetton, Tyrrell,
Lotus, Ligier, Sauber, Jaguar
Internet: www.johnnyherbert.co.uk

Seinen sarkastischen Humor hatte der kleine Brite bitter nötig, denn trotz dreier Siege war seine – mit viel Vorschusslorbeeren bedachte – Formel 1-Laufbahn zumeist von Frust gekennzeichnet.

Mit 12 Jahren begann Herbert mit dem Kartsport und eroberte 1978 in der Juniorenklasse sowie vier Jahre später in der Senior-Liga die britische Kartmeisterschaft.

1983 folgte der Wechsel in die Formel → Ford 1600, und zwei Jahre darauf gewann er

Immer zu Scherzen aufgelegt: Johnny Herbert 1994 während seiner unerquicklichen Lotus-Zeit

das bedeutende Formula-Ford-Festival in → Brands Hatch. Nach einem weiteren Meisterschaftserfolg 1987 in der britischen Formel 3 sah die einheimische Presse in Herbert bereits einen neuen Jim → Clark, und es war abzusehen, dass sein Weg über kurz oder lang in die Formel 1 führen wurde. Erste Testfahrten in einem → Benetton verliefen äußerst vielversprechend und ein kommender Superstar schien angetreten zu sein, die Formel 1 im Sturm zu erobern.

Aber bei einer Massenkarambolage 1988 im Formel 3000-Lauf von Brands Hatch zog sich Herbert schwerste Beinbrüche zu, die sogar die Fortsetzung seiner Motorsportkarriere gefährdeten. Herbert arbeitete verbissen an seiner Genesung und zur Belohnung gab es dann für die Saison 1989 einen Formel 1-Vertrag bei Benetton. Bei seinem Debüt in Brasilien schlug der »Stern von Rio« mit einem vierten Platz »wie eine Bombe« ein. Doch die Beinverletzungen waren immer noch nicht auskuriert, was sich gerade bei bremsintensiven Kursen bemerkbar machte. Leistungen und Resultate wurden schwächer und trotz eines weiteren fünften Platzes wurde Herbert nach einer Nichtqualifikation in Kanada mitten in der Saison gegen → Testfahrer Emmanuele Pirro ausgetauscht. Herbert fuhr anschließend hauptsächlich in der japanischen Formel 3000 und gab bis einschließlich 1990 in der Formel 1 auf → Tyrrell und → Lotus insgesamt vier unerquickliche Gastspiele. Doch Peter Collins, ein enger Freund Herberts, war inzwischen als Teamchef von Benetton zu Lotus gewechselt und hatte den einstigen Hoffnungsträger nicht vergessen. Nachdem der anfangs eingesetzte Brite Julian Bailey in der Saison 1991 nicht die geforderten Ergebnisse brachte und sich der Deutsche Michael → Bartels anschließend viermal nicht qualifizieren konnte, holte Collins den unfreiwilligen Exilanten und Gewinner der 24 Stunden von → Le Mans 1991 zum Großen Preis von Mexiko zurück.

Doch bei Lotus war vom Ruhm vergangener Tage nicht viel übriggeblieben, das Team kämpfte ständig um das Überleben und mit dem schwachen Auto waren für Herbert in dieser Saison keine Punkteränge mehr zu verbuchen. Collins vertraute aber weiter auf das Talent Herberts und der Brite ging als Stallgefährte von Mika → Häkkinen 1992 in seine erste → Grand Prix-Vollzeitsaison.

Der Lotus zeigte sich leicht verbessert und Herbert gelang beim Auftaktrennen in → Kyalami mit dem sechsten Platz wieder ein WM-Punkt. Doch insgesamt stand er in dieser Saison im Schatten von Häkkinen, der nach Ende der Saison zu → McLaren wechseln konnte, während Herbert weiter bei Lotus ausharren musste.

Aber er blieb weiterhin Optimist und kündigte an, in diesem Jahr zumindest einen Grand Prix zu gewinnen.

Tatsächlich reichte es nicht einmal zu einem Podestplatz, aber insgesamt konnte »das Filetstück von Lotus« immerhin 12 WM-Punkte einfahren. Statt eines Aufwärtstrends folgte für den Briten mit dem »gigantischen Selbstvertrauen« 1994 ein Katastrophenjahr ohne WM-Punkte, in dem Herbert das Auto im Verlauf der Saison als »shitbox« deklarierte.

Das zahlungsunfähige Lotus-Team war so gut wie pleite und verhökerte Herbert kurz vor Ende der Saison für ein Rennen zu → Ligier.

Danach begann die Wende zum Guten, denn das kurz vor der Fahrerweltmeisterschaft stehende Benetton-Team gab Herbert eine zweite Chance, um Titelanwärter Michael → Schumacher in den beiden letzten Rennen zu unterstützen.

Obwohl er in beiden Läufen punktelos blieb, hinterließ er doch einen besseren Eindruck als sein Vorgänger Jos → Verstappen.

Das Team gab ihm für die Saison 1995 einen Vertrag als Teamkollege des frischgebackenen Weltmeisters Schumacher, und was für Herbert den Durchbruch ermöglichen sollte, entwickelte sich für ihn zu einem äußerst zwiespältigen Saisonverlauf.

Zwar konnte er zwei Siege erringen und war am Ende der Saison Gesamtvierter mit 45 WM-Punkten, doch im Training wurde Herbert von Schumacher regelmäßig »entkernt und entsaftet« und war vom potentiellen Top-Piloten zum »Wasserträger« des Deutschen mutiert. Herbert glaubte sich benachteiligt und fluchte: »Zwei Sekunden hinter Schumacher, das ist doch idiotisch.« Damit machte er sich bei dem Rennstall keine Freunde und früh wurde offensichtlich, dass Herbert nicht bei Benetton bleiben konnte.

Trotz seiner gewachsenen Erfolgsbilanz gelang dem »kompletten Rennfahrer« erst in buchstäblich letzter Sekunde, für 1996 beim → Sauber-Team unterzukommen.

Mit Ausnahme eines dritten Platzes beim Großen Preis von → Monaco spielte er hinter Heinz-Harald → Frentzen zumeist nur die zweite Geige.

Nach dem Fortgang Frentzens steigerte sich Herbert in der Saison 1997, war jetzt die klare Nummer 1 und holte 14 WM-Punkte für das Team. Doch der Aufwärtstrend wurde in der Saison 1998 jäh gestoppt und mit der mageren Ausbeute von einem WM-Punkt wechselte der Cindy-Crawford-Fan zum → Stewart-Rennstall. Hier stahl ihm jetzt Rubens → Barrichello die Show, der im Training stets schneller unterwegs war. Doch der Brite sollte noch einmal eine Sternstunde erleben, denn beim Großen Preis von Europa am → Nürburgring siegte er vom vierzehnten Startplatz aus und sorgte unerwartet für den ersten Triumph bei Stewart. Nach dem Verkauf von Stewart an → Jaguar blieb Herbert beim Team und war in der Saison gegen den Teamkollegen Eddie → Irvine, trotz gegenteiliger Ankündigungen, zumeist der Unterlegene. Mit einem spektakulären Abflug in → Sepang verabschiedete sich der Brite, um sich fortan in der Formel 1 entgegen seinen ursprünglichen Absichten als Testfahrer zu verdingen.

Hermanos Rodriguez in Mexico City (Rennstrecke)

GP-Bezeichnung: Großer Preis von Mexiko
Streckenlänge: 5,000 km (1963–1970), 4,421 km (1986–1992)
Renndistanz: 69 Runden = 305, 049 km (1992)
Erstes Formel 1-Rennen: 1963
Letztes Rennen: 1992
Gesamtzahl GP: 15
Erster Sieger: Jim Clark (1963)
Häufigste Sieger: 2 x Jim Clark (1963, 1966), 2 x Nigel Mansell (1987, 1992), 2 x Alain Prost (1988, 1990)
GP-Unfall mit tödlichem Ausgang: Ricardo Rodriquez (1962/Training)

Dieser gleichfalls wie → Monza in einem öffentlichen Park liegende Kurs ist durch die Peralta geprägt, eine sehr schnelle Kurve, die lange Zeit mit Vollgas genommen werden konnte, ehe sie ab 1986 durch eine Schikane verlangsamt wurde. Die Rennstrecke ist nach den mexikanischen Formel 1-Brüdern Ricardo und Pedro → Rodriquez benannt, die bei Autorennen ihr Leben verloren. Von 1963 bis 1970 war Mexiko fest im → Grand-Prix-Kalender verankert, doch spätestens nach dem Tod von Pedro Rodriquez war der Kurs für die Veranstalter nicht mehr interessant.

Nach 16 Jahren kehrte man 1986 auf eine völlig neue Strecke zurück und die Bevölkerung von Mexico-City war inzwischen von sieben auf achtzehn Millionen angewachsen.

Leicht verkürzt und mit neuen Boxen versehen, war die Peralta-Kurve jetzt für die modernen Formel 1-Wagen hervorragend geeignet. Doch gleichzeitig beklagten sich die Piloten über den welligen Belag und die starke Verschmutzung der Piste.

Hinzu kamen klimatische Umstände wie hohe Smog-Werte und Lufttemperaturen.

6 Jahre konnten sich die Mexikaner als Formel 1-Veranstalter behaupten, aber 1992 war der Kurs, gemessen am mittlerweile erhöhten Sicherheitsstandard der Formel 1, relativ gefährlich und stieß bei den Piloten einstimmig auf Ablehnung.

Als der Grand-Prix-Zirkus 1992 hier ein letztes Mal Station einlegte, bemängelten die Piloten wieder den schlechten Straßenbelag sowie die gefährliche Peralta-Kurve, deren Überhöhung von zwölf Grad mittlerweile auf fünf Grad abgeflacht war. Trotzdem kritisierte Gerhard Berger weiterhin: »Nix besser – eher schlechter.«

Und somit verabschiedete sich der Grand-Prix-Zirkus 1992 von diesem Kurs und kehrte bis heute nicht mehr dorthin zurück.

Herrmann, Hans (Pilot)
Geboren: 23.02.1928 in Stuttgart/ Deutschland
GP-Rennen in der Fahrer-WM: 17 (1953–1961)
Pole Positions: –
Siege: 0
WM-Punkte insgesamt: 10
Beste WM-Platzierung im Gesamtklassement: Siebter 1954
Rennwagen: Veritas, Mercedes, Cooper, BRM, Porsche

Schon knapp zwei Jahre nach den ersten Motorsportaktivitäten fuhr Hans Herrmann in der Formel 1, wo er seinen kometenhaften Aufstieg aber nicht fortsetzen konnte. Schon als Junge besuchte Herrmann die Rennen an der nahegelegenen Solitude-Rennstrecke bei Stuttgart und dabei erwachte in ihm der Wunsch, Rennfahrer zu werden. Seine Eltern betrieben in Stuttgart ein Café, in dem Hans Herrmann gegen seinen Wunsch das Konditorhandwerk lernen musste.

Kurz vor Kriegsende wurde Herrmann zur Waffen-SS eingezogen, konnte aber durch einen Sprung aus dem Zug entkommen. Als der Krieg vorbei war, beteiligte er sich mit einem privaten → Porsche an verschiedenen Rallyes, wo er einige Siege erringen konnte.

Nach Klassensiegen bei der Mille Miglia und in → Le Mans sowie dem Gewinn der Deutschen Sportwagenmeisterschaft bekam »der kommende Mann« 1954 im Formel 1-Team von → Mercedes einen Platz neben Juan-Manuel → Fangio und Karl → Kling.

Ein Jahr zuvor hatte er mit einem → Veritas beim Großen Preis von Deutschland schon sein → Grand-Prix-Debüt feiern können, wo er Neunter wurde.

Dem Mann mit der »instinktiven Schnelligkeit« gelangen in seiner ersten Vollzeit-Saison acht WM-Punkte, doch 1955 erlitt er nach einem vierten Platz beim Großen Preis von Argentinien einen schweren Trainingsunfall und musste mit Wirbelbrüchen und einer sechsfachen Oberschenkelhalsfraktur bis zum Ende der Saison pausieren.

Nach dem Rückzug von Mercedes aus der Formel 1 fand Herrmann für die Saison 1956 in der Königsklasse kein → Cockpit mehr und entschädigte sich mit dem Gewinn der Deutschen Sportwagenmeisterschaft.

Erst beim Großen Preis von Monaco im Jahr 1957 saß Herrmann wieder in einem Formel 1-Wagen, konnte sich aber mit dem → Maserati nicht für das Rennen qualifizieren. 1958 fuhr er drei weitere Rennen für Maserati, die ihm aber keine WM-Punkte einbrachten.

Inzwischen war Wolfgang Graf Berghe → von Trips der neue Rennfahrerstar in Deutschland und Hans Herrmann galt als guter Langstreckenfahrer, dessen Formel 1-Laufbahn aber so gut wie beendet schien.

Nach einem Gaststart für → Cooper 1959 beim Großen Preis von Großbritannien, wo er mit Kupplungsdefekt ausfiel, ging er beim Deutschland-Grand Prix auf der Berliner → Avus mit einem → BRM an den Start. Als Elfter gestartet, geriet das Fahrzeug mit einem Pedalschaden außer Kontrolle und nach achtzehn Überschlägen kam Herrmann wie durch ein Wunder mit Verbrennungen und Gesichtsverletzungen davon. Sein Kommentar zu diesem spektakulären Unfall, der in ganz Deutschland Schlagzeilen machte: »Im ersten Moment habe ich gedacht, jetzt stirbst du hier im schönen Berlin, wo die Mädchen so nett sind ...«

Dieses Erlebnis ließ ihn von nun an vorsichtiger agieren und er vermied das letzte Risiko. Noch viermal startete der »Söldner und Verwandlungskünstler« 1960 und 1961 für das → Porsche-Team, wo ihm beim Großen Preis von Italien ein sechster Platz gelang. Doch Porsche-Rennleiter Huschke → von Hanstein war insgesamt von Herrmanns Leistungen wenig angetan.

Der Schwabe konzentrierte sich anschließend auf Sportwagen- und Langstreckenrennen, wo ihm viele Erfolge gelangen. 1970 wurde er noch mit 42 Jahren, zusammen mit Richard Attwood, Sieger bei den 24 Stunden von → Le Mans.

Hesketh (Rennwagenfirma)
GP-Rennen in der Fahrer-WM: 52 (1974–1978)
Pole Positions: 0
Siege: 1
WM-Punkte: 48
Beste Platzierung in der Konstrukteurs-WM: Vierter (1975)
Bekannteste Fahrer: James Hunt, Eddie Cheever, Harald Ertl
Erfolgreichster Fahrer: James Hunt

Aus seinem Privatvermögen finanzierte Lord Hesketh seine Formel 1-Leidenschaft, die ihm einen → Grand-Prix-Sieg und wegen des Playboy-Images eine Zeitlang viel Aufsehen einbrachten. Der schwergewichtige Lord Alexander Fermor-Hesketh kam 1972 mit Wagen von Dastle zur Formel 3 und wechselte schon ein Jahr darauf in die Königsklasse. Das Team erregte sofort Aufsehen im Grand-Prix-Zirkus, denn im Schlepptau des Rennstalls folgten Luxusyachten, Rolls Royce, Hubschrauber und zahlreiche weibliche → Groupies. Doch hinter der glamourösen Kulisse wurde hart gearbeitet und mit einen von Harvey → Postlethwaite überarbeiteten → March 731 kam Stammpilot James → Hunt immerhin auf 14 WM-Punkte. 1974 trat der Rennstall dann mit eigenen Fahrzeugen an, die in den früheren Pferdeställen auf Heskeths Landsitz gebaut wurden. Die Fahrzeuge erwiesen sich im Renneinsatz zwar als etwas unzuverlässig, aber sie waren schnell und Hunt kam in Schweden, Österreich und den USA auf Platz 3.

Besser wurde es noch 1975, als Hunt in → Zandvoort siegte, was anschließend mit einer dreitägigen Party gebührend gefeiert wurde. Doch dann gab es für den Lord ein bitteres Erwachen, als er feststellen musste, dass ihm sein teures Hobby das Vermögen aufzehrte. Weil er keine → Sponsoren fand, wurden die Wagen an den Rennstall von Walter → Wolf verkauft. Unter Manager Anthony Horsley konnten die Fahrzeuge bis 1978 in der Formel 1 gehalten werden, erreichten aber keinerlei WM-Punkte mehr. Der Name Hesketh blieb dann anschließend als Motortuner und Hersteller luxuriöser Motorräder im Geschäft.

Heyer, Hans (Pilot)
Geboren: 16.03.1943 in Mönchengladbach/ Deutschland
GP-Rennen in der Fahrer-WM: 1 (1977)
Pole Positions: 0
Siege: 0
WM-Punkte insgesamt: 0
Beste WM-Platzierung im Gesamtklassement: 0
Rennwagen: ATS

Mit einem Bauerntrick mogelte sich Heyer 1977 in das Fahrerfeld beim Großen Preis von Deutschland und fuhr für ein paar Runden sein erstes und einziges Formel 1-Rennen.

Heyer zeigte sich von frühester Kindheit an rennverrückt, ob auf Holzrollern oder mit selbstgebauten Go-Karts. Nach der Ausbildung zum Kfz-Mechaniker wurde er zwischen 1968 und 1970 Meister in den nationalen und europäischen Kart-Wettbewerben.

In den darauf folgenden Jahren avancierte er zu einem der erfolgreichsten Tourenwagenfahrer und errang zahlreiche Meistertitel mit einem → Ford Escort des → Zakspeed-Teams.

Ohne große Ambitionen startete er 1976 auch einen Versuch in der Formel 2 beim → Jim-Clark-Gedächtnisrennen am → Hockenheimring, wo er bei zwei Läufen immerhin Gesamtsiebter wurde.

Dank der → Sponsoren-Gelder eines Berliner Likör-Herstellers konnte sich Heyer 1977 für den Großen Preis von Deutschland einen → Penske-Wagen des → ATS-Teams mieten, was die erste deutsche Fahrer-Wagen-Kombination seit der unglücklichen Liaison zwischen Rolf → Stommelen und → Eifelland bedeutete. Aber Heyer hatte Pech, denn erst war er zu langsam, dann fand sich in den weiteren Versuchen keine freie Strecke mehr, so dass er die Qualifikation verpasste und anschließend nur als dritter Reservefahrer nominiert wurde. Weil die vor ihm benannten Ersatzfahrer vor dem Rennen ihre Teilnahme zurückzogen, wurde aus Heyer wieder ein Hans im Glück und er hoffte darauf, dass jemand bei der → Einführungsrunde stehenbleiben würde, was aber nicht passierte. Kurz nach dem Start fielen gleich drei Wagen aus und so fuhr Heyer einfach aus der → Boxengasse mitten ins Geschehen. Die Rennkommissare waren so perplex, dass sie völlig vergaßen, dem gewitzten Heyer die schwarze Flagge zu zeigen. In den nächsten Runden gelang es ihm sogar, zwei Konkurrenten zu überholen, bis in der neunten ein gebrochenes Schaltgestänge den Husarenritt beendete.

Heyer hatte seinen Spaß gehabt und kehrte wieder in die Sportwagenszene zurück, wo er bis 1989 aktiv blieb.

Hill (Rennwagenfirma)
GP-Rennen in der Fahrer-WM: 11 (1975)
Pole Positions: 0
Siege: 0
WM-Punkte: 3
Beste Platzierung in der Konstrukteurswertung: Elfter 1975
Bekannteste Fahrer:
Graham Hill, Alan Jones, Rolf Stommelen
Erfolgreichste Fahrer: Alan Jones, Tony Brise

Nur kurz währte für Graham → Hill der Traum vom eigenen Formel 1-Rennstall, denn alle Zukunftspläne wurden durch den tödlichen Flugzeugabsturz der Teammitglieder vernichtet.

Der zweifache Formel 1-Weltmeister Graham Hill hatte den Zenit seines fahrerischen Könnens schon überschritten, als er 1973 sein Embassy Racing Team gründete, das zunächst → Shadow und → Lola-Fahrzeuge ohne große Erfolge bei Formel 1-Rennen einsetzte.

1975 beauftragte Hill die Firma Lola zum Bau eines eigenen Rennwagens. Aus dem Serientyp T370 wurde unter der Leitung von Lola-Designer Andy Smallmann in Hills Werkstatt ein modifizierter Prototyp erstellt.

Der daraus resultierende GH1 war ein konventioneller, sogenannter »Baukasten-Wagen« mit → Cosworth-Aggregat. Rolf → Stommelen kam in → Kyalami auf Platz 7, zog sich aber anschließend beim Katastrophen-Rennen im spanischen → Montjuich schwerste Verletzungen zu. Als Ersatz kamen Alan → Jones, der am → Nürburgring Fünfter wurde, sowie die britische Nachwuchshoffnung Tony Brise, der in Schweden auf Platz 6 fuhr. Hill selber konnte sich bei seinem einzigen Einsatz in Monaco nicht qualifizieren.

Ein neuer Wagen für 1976 war bereits in Planung, als Hill, Designer Smallmann und Brise im November 1975 bei einem Flugzeugabsturz ums Leben kamen. Mit einem Schlag waren die Schlüsselfiguren des Teams ausgelöscht und Hills Witwe Betty musste sich noch jahrelang mit Regressforderungen herumplagen.

Hill, Damon (Pilot)
Geboren: 17.11.1960 in London/Großbritannien
GP-Rennen in der Fahrer-WM: 115 (1992–1999)
Pole Positions: 20
Siege: 22
WM-Punkte insgesamt: 360
Beste Saison-Platzierung: Weltmeister 1996
Rennwagen: Brabham, Williams, Arrows, Jordan
Internet: www.damonhill.co.uk

Der Sohn des zweifachen Weltmeisters Graham → Hill hatte während seiner gesamten Formel 1-Karriere stets mit Häme und scharfer Kritik bezüglich seiner Rennsportfähigkeiten zu kämpfen, obwohl seine Erfolgsbilanz in Relation zu seinen Einsätzen herausragend ist.

1983 startete Hill bei Motorradrennen, wo er 40 Siege erreichte. Über Lehrjahre bei der Formel → Ford, Formel 3 und Formel 3000 erhielt er 1991 schließlich einen Testfahrervertrag bei → Williams.

Der Hobbygitarrist, der in verschiedenen obskuren Bands seine Künste erprobte, musste nur ein Jahr auf seine Formel 1-Chance warten, die er mitten in der Saison 1992 bei dem dahinsiechenden → Brabham-Team bekam. Er wurde Nachfolger von → Giovanna Amati und konnte sich bei acht Versuchen nur zweimal für ein Rennen qualifizieren. Aber mit dem schwachen Material war allein die Qualifikation schon eine bemerkenswerte Leistung und zur Belohnung erhielt Hill für die Saison 1993 einen Vertrag bei Williams für → Grand-Prix-Rennen. Neben seinem Teamkollegen Alain → Prost hielt sich der ehemalige Student der Wirtschaftswissenschaften nach anfänglichen Problemen recht wacker und konnte in dieser Saison sogar dreimal hintereinander gewinnen. Aber allgemein traute man Hill kaum eine ernsthafte Chance auf den Weltmeistertitel zu. Erst recht nicht, als er im nächsten Jahr für den zurückgetretenen Prost den dreifachen Weltmeister Ayrton → Senna als Teamkollegen bekam. Hill, der in Erinnerung an seinen bei einem Flugzeugabsturz verunglückten Vater mit der gleichen Helmlackierung fuhr, hatte keiner der Motorsportexperten für 1994 als Weltmeisterschaftskandidaten auf der Rechnung. Doch nach dem tödlichen Unfall Sennas beim Großen Preis in → Imola rückte Damon Hill plötzlich in die Rolle des Nummer-1-Piloten, welcher er nach einigen Anlaufschwierigkeiten gerecht werden konnte.

In dieser Saison war er der einzige Fahrer, der dem dominierenden Michael → Schumacher die Titelambitionen streitig machen konnte. Allerdings stiegen Hills Chancen in erster Linie durch die mehrfachen Disqualifikationen des Deutschen. Aber erst eine Karambolage zwischen Hill und seinem Kontrahenten beim Saisonfinale in → Adelaide beendete die Titelhoffnungen des Briten.

Die Fachwelt war dennoch weiterhin wenig von Hills Können überzeugt und Schumacher äußerte sich abfällig über seinen Kontrahenten: »Ein Ayrton Senna wäre mit dem gleichen Wagen Kreise um mich gefahren.«

Obwohl Hill auch im nächsten Jahr mit Schumacher alleine um die WM-Krone kämpfte, konnte er die Kritiker nicht vollends überzeugen, denn mit dem stärksten Auto im Feld musste er sich Schumacher klar geschlagen geben. Die beiden führten erbitterte Duelle auf der Piste und nach mehreren Karambolagen zwischen den beiden Kampfhähnen stilisierte eine deutsche Boulevardzeitung diesen Zweikampf zu einem »Hass-Duell« hoch.

Trotzdem war Hill nach seinem eigenen Ausfall am → Nürburgring fair genug, um Schumacher für seinen Sieg zu applaudieren.

1995 stand Hill vor einer Saison, in der er nur verlieren konnte, denn Schumacher war mit einer ungewissen Zukunft zu → Ferrari gewechselt und Williams besaß nach wie vor die schnellsten Autos und stärksten Motoren.

Zudem bekam Hill mit Jacques → Villeneuve einen ehrgeizigen Teamkollegen an die Seite gestellt.

Und Hill hatte Mühe, den in der Formel 1 unerfahrenen Kanadier unter Kontrolle zu halten. Zwar gewann er das Auftaktrennen beim Großen Preis von Australien, aber im Laufe der Saison leistete er sich mehrfach unnötige Fehler, so dass Niki → Lauda zu dem hämischen Urteil kam, Hill fahre »wie eine alte Großmutter«. Erst beim letzten Rennen in → Suzuka konnte sich der Brite gegen seinen Stallgefährten durchsetzen und den Weltmeistertitel gewinnen.

Dieser Titel war durchaus ein Beweis für Hills Nervenstärke, denn einen Monat zuvor hatte er die Kündigung von Williams erhalten, weil der Rennstall lieber Heinz-Harald → Frentzen verpflichten wollte.

Ex-Weltmeister Alain Prost schimpfte über diese Stallpolitik: »Damon wurde bei Williams immer nur als Notnagel angesehen, weil sich keine Alternative anbot. Wäre ihm das Team mit mehr Respekt begegnet, dann stünde er schon längst als neuer Champion fest.«

Der frischgebackene Weltmeister wechselte für 1997 zu → Arrows, wo sich der neue Besitzer Tom Walkinshaw anschickte, das bisherige Mittelklasseteam zu einem siegreichen Rennstall aufzubauen.

Doch trotz aller günstigen Prognosen trat bei Arrows kaum Besserung ein, so dass Hill sich auf einmal in den hinteren Reihen des Startfeldes wiederfand. Er konnte nur beim Großen Preis in Ungarn ein Glanzlicht aufsetzen, als er nach einem dritten Platz in der Qualifikation das Rennen bis kurz vor Schluss anführte, ehe er noch wegen Treibstoffmangels auf den zweiten Platz zurückfiel. Ansonsten war in dieser Saison ein sechster Platz beim Heimat-Grand Prix in → Silverstone die beste Ausbeute.

Der enttäuschte und entthronte Ex-Weltmeister wechselte 1998 für eine leistungsbezogenen Vertrag zu → Jordan und ihm gelang beim Großen Preis von Belgien für das Jordan-Team endlich der langersehnte Sieg. Aber die Luft war trotzdem bei Hill raus und als er in der Saison 1999 insgesamt nur sieben WM-Punkte verbuchen konnte, erklärte er seinen Rücktritt.

Hill, Norman Graham
(Pilot, Rennstallbesitzer)
Geboren: 15.02.1929 in London/Großbritannien
Gestorben: 29.11.1975 in
London/ Großbritannien
GP-Rennen in der Fahrer-WM: 176 (1958–1975)
Pole Positions: 13
Siege: 14
WM-Punkte insgesamt: 289
Beste WM-Platzierung: Weltmeister 1962, 1968
Rennwagen:
BRM, Lotus, Brabham, Shadow, Lola, Hill

Mehr Kämpfernatur als Fahrergenie, so hat doch der »Aristokrat« unter den Formel 1-Fahrern im Rennsport einzigartige Erfolge aufzuweisen. Er ist bis heute der Einzige, welcher die Formel 1-Weltmeisterschaft, die Indy 500 sowie die 24 Stunden von → Le Mans gewann.

Der Vater des späteren Weltmeisters Damon → Hill lebte, nur um sich dem Rennsport zu widmen, von der Arbeitslosenunterstützung. Die meiste Zeit war er auf der Rennstrecke von → Brands Hatch zu finden, weil er dort die Chance besaß, umsonst Rennwagen zu fahren,

Seine ersten Meriten errang er 1954 mit einem vierten Platz bei einem Formel 3-Wettbewerb und nun konnte er mit den Rennen auch Geld verdienen. 1958 gab ihm Colin Chapman einen Formel 1-Vertrag bei → Lotus und der schnauzbärtige Brite debütierte beim Großen Preis von Monaco, den er später insgesamt fünfmal gewinnen sollte.

Doch noch gab es keine Lorbeeren für ihn zu ernten, denn der unzuverlässige Lotus hatte gegen die Konkurrenz keine Chance.

Nach zwei erfolglosen Jahren mit vielen Ausfällen verließ Graham Hill den Rennstall, um bei → BRM anzuheuern. Endlich ging es aufwärts, denn 1960 war Hill regelmäßig auf den vorderen Startplätzen zu finden, auch wenn er die Rennen aufgrund von Materialproblemen oft nicht beenden konnte. Immerhin reichte es zu einem dritten Platz beim Grand Prix in → Zandvoort. Auch 1961 hagelte es meistens Defekte, aber 1962 war der BRM mit dem → Coventry-Climax-Motor endlich ein siegfähiges Auto und Hill gelang mit vier Saisonsiegen der erste WM-Titel.

Der gute Ruderer, der das Vereinsemblem seines Clubs auf seinem Sturzhelm verewigte, war auch in den folgenden Jahren stets vorne mit dabei und wurde dreimal hintereinander Vizeweltmeister. 1966 gewann er in einem → Lola bereits im ersten Anlauf auch die 500 Meilen von → Indianapolis.

Der Allroundfahrer mit dem trockenen britischen Humor fuhr zudem regelmäßig Formel 2 für → Jaguar und Sportwagenrennen für → Porsche.

Als Hill 1966 mit BRM den sportlichen Tiefpunkt erreicht hatte, suchte er eine neue sportliche Herausforderung und nahm für die nächste Saison erneut eine Offerte von Lotus an. Neben dem überragenden Jim → Clark konnte Hill nur mühsam mithalten und blieb in dieser Saison sieglos, obwohl ihm zwei Trainingsbestzeiten gelangen.

Durch den Tod von Clark am Anfang der Saison 1968 rückte Hill unerwartet in die Position des Nummer 1-Fahrers und nutzte diese Chance zu seinem zweiten Weltmeistertitel.

Im nächsten Jahr gewann er zum fünften Mal den Großen Preis von Monaco, ein Rekord, der erst von Ayrton → Senna in der Saison 1993 gebrochen werden konnte. Doch es war Hills letzter großer Erfolg, der einen Rücktritt auf dem Höhepunkt seines Erfolges um mehrere Jahre verpasste.

Aber »Tantchen Hill«, wie er jetzt von Kritikern spitzzüngig getauft wurde, störte es nicht, dass er dem Feld nur noch hinterherfuhr, weil das Rennfahren sein absoluter Lebensinhalt war. Ab 1971 saß er für → Brabham im → Cockpit und hier wie auch bei seinen anderen Engagements für → Shadow und → Lola war der Selfmademan sportlich nur noch ein Abglanz früherer Tage.

1975 setzte er erstmals beim Grand Prix von Monaco ein eigenes Fahrzeug ein und konnte sich nicht qualifizieren.

Hill hatte endlich die Zeichen der Zeit erkannt und erklärte seinen Rücktritt, um sich ganz auf die Tätigkeit als → Teamchef seines eigenes Rennstalls zu konzentrieren.

Doch am 29. November des selben Jahres kam Hill in seiner Privatmaschine mit seinem kompletten Team beim Landeversuch im dichten Londoner Nebel ums Leben.

Hill, Phil (Pilot)
Geboren: 20.04.1927 in Miami/USA
GP-Rennen in der Fahrer-WM: 48 (1958–1966)
Pole Positions: 6
Siege: 3
WM-Punkte insgesamt: 98
Beste WM-Platzierung: Weltmeister 1961
Rennwagen: Maserati, Ferrari, Cooper, A.T.S, Lotus, Cooper, Eagle
Internet: www.philhill.com

Der erste amerikanische Formel 1-Weltmeister ist auch der einzige, der sich über seinen Titel nie richtig freuen konnte, da er durch den tragischen Tod seines Teamkollegen und Konkurrenten Wolfgang Graf Berghe → von Trips begünstigt wurde.

Wohlbehütet aufgewachsen als Sohn eines Postmeisters, fuhr Hill auf einer Party von Freunden seiner Eltern als neunjähriger Knirps zum ersten Mal einen alten Oldsmobile. Jetzt war sein Interesse an Autos geweckt; als Philologiestudent kam er mit 19 Jahren erstmals mit dem Motorsport in Berührung und

Der zweifache Weltmeister Graham Hill hatte während seiner Zeit bei Brabham den Zenit seines Könnens schon überschritten

gewann in den Tälern von San Fernando seine erste Rallye.

Von einem Ausflug nach Europa zu → Jaguar kehrte er mit einem Roadster von der gleichnamigen Firma zurück und feierte mit diesem Gefährt erste Erfolge als Sportwagenpilot.

Durch Beziehungen zu einem amerikanischen → Ferrari-Importeur bekam er auch einige der italienischen Renner zur Verfügung gestellt. 1952 beteiligte er sich erstmals an der berühmt-berüchtigten Carrera Panamericana, wo er zwei Jahre später Gesamtzweiter wurde. 1958 erreichte er seinen ersten von insgesamt drei Siegen bei den 24 Stunden von → Le Mans und ein Jahr später folgte der Gewinn beim 12-Stunden-Rennen von → Sebring.

Der schüchterne und zurückhaltende Hill bekam 1958 in der Formel 1-Saison seine erste → Grand-Prix-Chance beim Großen Preis von Frankreich, wo er das Rennen mit einem betagten → Maserati als Siebter beendete.

Weil Ferrari seinen Piloten Luigi → Musso durch einen tödlichen Unfall verlor, rückte Hill zwei Rennen später ins Werksteam und nach seinem Debüt am → Nürburgring wurde er in dieser Saison noch zweimal Dritter.

»Der intelligenteste Fahrer, der jemals Rennen gefahren ist« avancierte nun zum Stammfahrer bei Ferrari und in der Saison 1959 wurde er mit dem schwer zu bändigenden Fahrzeug zweimal Zweiter und Gesamtvierter im Schlussklassement.

1960 feierte er beim Großen Preis in Italien mit Ferrari stilgerecht seinen ersten Formel 1-Sieg. In der nächsten Saison war Ferrari dominierend und Hill sowie sein Teamkollege von Trips entwickelten sich zu den einzigen ernsthaften Konkurrenten um die Vergabe der Weltmeisterschaft.

Vor dem Rennen in Monza führte von Trips mit zwei Punkten Vorsprung vor Hill und hatte für das Rennen die → Pole Position erobert. Doch der Deutsche verunglückte kurz nach dem Start tödlich und Hill, an vierter Position gestartet, gewann das Rennen und damit die Weltmeisterschaft. Der Klassik-Liebhaber und Hobby-Pianist hatte damit seinen sportlichen Höhepunkt erreicht, denn schon in der nächsten Saison war der technische Vorsprung von Ferrari dahingeschmolzen und Hill schaffte nur mühsame 14 WM-Punkte.

Angelockt vom neugegründeten → A.T.S.-Rennstall wurde 1962 sein sportlicher Formel 1-Abstieg eingeleitet. Der fehlkonstruierte → Bolide der italienischen Mannschaft glänzte nur durch Defekte und Hill konnte in dieser Saison nur ein Rennen beenden, bei dem er enttäuschender Elfter wurde.

Auch der Wechsel zu → Cooper vermochte keinen Aufschwung mehr zu entfachen und nach zwei verpatzten Qualifikationsversuchen im Jahre 1966 auf → Lotus und → Eagle zog sich Hill vom Grand-Prix-Sport zurück, um sich wieder auf Sportwagenrennen zu konzentrieren, wo er noch einige Erfolge feiern konnte.

Hockenheimring (Rennstrecke)
GP-Bezeichnung: Großer Preis von Deutschland
Streckenlänge: 6,823 km
Renndistanz: 45 Runden = 307,035 km
Erstes Formel 1-Rennen: 1970
Gesamtzahl GP: 24
Häufigste Sieger: 3 x Nelson Piquet (1981, 1986, 1987), 3 x Ayrton Senna (1988, 1989, 1990)
Internet: www.hockenheimring.de

Dieser Rennkurs war ursprünglich als Teststrecke für → Mercedes gebaut und ab 1932 in Betrieb genommen worden. 1938 erfolgte der Umbau zum »Kurpfalzring«, der jetzt in Ovalform gestaltet war.

Nach dem 2. Weltkrieg erhielt die Strecke die endgültige Bezeichnung Hockenheimring und 1957 fand hier der erste Weltmeisterschaftslauf für Motorräder statt. Von 1963 bis 1965 wurde das heutige Motodrom errichtet, welches Platz für 100 000 Zuschauer bietet.

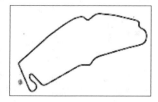

Hockenheim

Nach dem Tod von Jim → Clark bei einem Formel 2-Rennen im Jahre 1968 fügte man zusätzliche → Leitplanken, Fangzäune, Bremskurven und → Auslaufzonen hinzu, um die Sicherheit zu verbessern. 1970 forderte die Interessenvertretung der Formel 1-Piloten vier Wochen vor dem Großen Preis von Deutschland die → Nürburgring GmbH auf, für bessere Sicherheitsvorkehrungen zu sorgen. Da solches in der kurzen Zeit nicht zu realisieren war, kam der Hockenheimring kurzfristig zu seiner Formel 1-Premiere. Das Rennen war ausverkauft und in den damals noch möglichen → Windschatten-Duellen konnte sich Jochen → Rindt knapp gegen Jacky → Ickx durchsetzen. Nachdem man den Nürburgring sicherheitstechnisch aufgerüstet hatte, kehrte man schon ein Jahr später wieder in die »Grüne Hölle« zurück. Doch nach dem Feuerunfall von Niki → Lauda in der Saison 1976 fand der Große Preis von Deutschland in Hockenheim ab 1977 dauerhaft seine Heimat. Auf der badischen Hochgeschwindigkeitsstrecke erreichen die Fahrer eine Topspeed von mehr als 340 km/h. Dementsprechend stehen → Motoren, → Bremsen und → Reifen unter extremer Belastung. Deshalb setzen viele Motorenhersteller in Hockenheim besonders belastbare Aggregate ein. Die Strecke gilt heute als eine der sichersten der Welt und für jeden Fahrer zählt es zu den Saisonhöhepunkten, wenn man aus dem Waldbereich in das Motodrom einfährt, wo die Teilnehmer – spätestens seit der Ära Schumacher – von vollbesetzten Rängen umjubelt werden. Neben den internationalen Rennen für Tourenwagen, Motorräder und Dragster werden auch regelmäßig Open-Air-Konzerte durchgeführt. Eine Kartbahn, ein Verkehrssicherheitszentrum sowie ein Motorsportmuseum ergänzen das Angebot dieses für das Land Baden-Württemberg sehr wichtigen ökonomischen Standortes.

Honda
(Rennwagenfirma, Motorenhersteller)

GP-Rennen in der Fahrer-WM: 35 (1964–1968)
Pole Positions: 1
Siege: 2
WM-Punkte: 50
Beste Platzierung in der Konstrukteurswertung: Vierter (1967)
Bekannteste Fahrer:
Richie Ginther, John Surtees, Joakim Bonnier
Erfolgreichste Fahrer: Richie Ginther, John Surtees
Internet: www.honda-racing.net

Konnte man als Motorenlieferant für Teams wie Williams und McLaren in den 80er Jahren fulminante Erfolge einstreichen, so tat man sich in den 60er Jahren als Rennstall weitaus schwerer.

Mit dem Kauf eines → Cooper-Fahrgestells begann 1962 das Formel 1-Engagement der Japaner. Zunächst beabsichtigte Honda in das → Chassis einen V12-Motor einzubauen, doch entschied man sich aus praktischen Gründen dafür, gleich mit einem eigenen Rennwagen in den → Grand-Prix-Sport einzusteigen. 1964 debütierte man mit dem Modell RA 271 sowie dem Fahrer Ronnie Bucknum beim Großen Preis von Deutschland und qualifizierte sich für den letzten Startplatz. Bucknum beendete das Rennen als 13. und zwei weitere Einsätze in Italien und den USA endeten mit Ausfällen.

Mit einem verbesserten Wagen und einem der leistungsstärksten Motoren der 1,5-Liter-Formel kam Honda mit Ritchie → Ginther 1965 in Mexiko zum ersten Sieg. Das schaffte zwei Jahre später noch einmal der als Fahrer und technischer Berater verpflichtete Ex-Weltmeister John → Surtees in → Monza. Die Wagen von Honda trugen jetzt den Spitznamen »Hondola«, weil der Wagen hauptsächlich von dem Rennwagenhersteller → Lola entwickelt worden war.

1968 erreichte Surtees noch zwei Podestplatzierungen, doch das war für Hondas Ansprüche natürlich viel zu wenig. Nachdem man entgegen dem Rat von Surtees beim Großen Preis von Frankreich den neuen RA302 durch Jo Schlesser testen ließ und dieser mit dem unausgereiften Fahrzeug bei der Probefahrt tödlich verunglückte, zog sich das Werk am Ende der Saison zurück, um eine längere Denkpause einzulegen.

Erst 1983 wagte man mit dem kleinen → Spirit-Rennstall ein zaghaftes Comeback als Motorenlieferant, und ein Jahr später begann die Zusammenarbeit mit → Williams. 1984 feierte man mit Keke → Rosberg wieder einen Sieg. Doch als Williams-Boss Frank → Williams 1986 einen Autounfall hatte und seine beiden Piloten durch fehlende Stallorder den WM-Titel verloren, wanderte Honda ein Jahr später trotz des Titelgewinns von Williams-Pilot Nelson → Piquet zu McLaren ab.

Hier feierte das japanische Werk von 1988–1992 44 Siege und vier Titelgewinne durch Ayrton → Senna und Alain → Prost. Doch 1992 war → Renault ausgerechnet bei Williams das stärkere Triebwerk und beim Großen Preis in → Monza gab Honda nach Ende der Saison seinen Rückzug bekannt. Bei der Honda-Tochter → Mugen fand die japanische Motoren-Entwicklungskunst ihre leidlich erfolgreiche Fortsetzung. Seit 1999 planten die Japaner eine Rückkehr mit eigenem → Chassis, doch der Tod von Konstrukteur Harvey → Postlethwaite beendete diese Absichten. Seit der Saison 2000 beschränkte man sich deshalb auf die Rolle des Motorenlieferanten für → BAR und ab 2001 wird auch bei → Jordan ein Honda-Triebwerk im Heck sitzen.

Hulme, Denis (Pilot)
Geboren: 18.06.1936 in Nelson/Neuseeland
Gestorben: 04.06.1992 in Bathurst/Australien
GP-Rennen in der Fahrer-WM: 112 (1965–1974)
Pole Positions: 1
Siege: 8
WM-Punkte insgesamt: 248
Beste WM-Platzierung im Gesamtklassement: Weltmeister 1967
Rennwagen: Brabham, McLaren
Internet: www.group7.suite.dk (Tribute-Site)

Als wohl gesichtsältester Formel 1-Pilot aller Zeiten mit Halbglatze und dem Gesicht eines wettergegerbten Seebären war Denis Hulme Rennfahrer mit Leib und Seele.

Mit John Surtees am Steuer war der Honda-Rennstall ebenfalls siegreich

Hulmes Vater war ein berühmter Jagdflieger im Zweiten Weltkrieg und nach dem Ende seiner militärischen Laufbahn baute er sich eine Traktoren-Vertretung sowie ein Transportgeschäft auf. Sohn Denis fühlte sich in dieser Umgebung pudelwohl und unterstützte seinen Vater bei den alltäglichen Arbeiten. Bereits mit acht Jahren steuerte er ein Auto und mit 15 besaß er den Führerschein.

Der miserable Schüler machte eine Dieselmotormechanikerlehre und verdingte sich mit der Reparatur von Waschmaschinen und Staubsaugern. Als er 20 Jahre alt wurde, schenkte ihm sein Vater zum Geburtstag einen Sportwagen, mit dem Hulme an Bergrennen teilnahm. Im folgenden Jahr war er bei Formel 2-Rennen so erfolgreich, dass ihn die New Zealand International Grand Prix Association nach Europa schickte, damit er an den europäischen Läufen teilnehmen konnte. 1960 und 1961 wurde er Sieger bei der International Trophy in → Silverstone und konnte auch in der Formel-Junior einige Erfolge aufweisen.

Der »Teddybär« fuhr die Rennen teilweise barfuß, um so ein besseres Gefühl für die Pedale zu bekommen. Nach längerer Tingelei durch Europa fand er eine Anstellung als → Mechaniker bei Jack → Brabhams neugegründeter Firma Motor Racing Developments. Bald stieg er zum Chef-→ Testfahrer auf und bekam zwischendurch immer wieder die Gelegenheit für einige Renneinsätze.

1964 gewann er in der Formel 2 zwei Rennen und wurde Dritter der Tasman-Serie.

Da Jack Brabham stark mit der Konstruktion seiner Rennwagen beschäftigt war, ließ er sich 1965 bei den → Grand-Prix-Läufen zumeist von Denis Hulme vertreten, der in sechs Rennen immerhin fünf Punkte eroberte.

Im darauffolgenden Jahr wurde der »richtig ruhige Bursche vom Land« fester Vertragsfahrer bei → Brabham und errang in dieser Saison 18 WM-Punkte sowie Platz 4 im Gesamtklassement. In der Saison 1967 waren die Brabham-Boliden die zuverlässigsten im ganzen Feld und Denis Hulme eroberte sich überraschend in einem »unauffälligen, hausbackenen« Stil mit nur zwei Siegen den WM-Titel. Trotzdem war Hulme verärgert, weil er sich von seinem Chef und Teamkollegen Brabham benachteiligt fühlte, und wechselte deshalb für die anschließende Saison zu → McLaren. Hulme gehörte zu den Fahrern, die kein unnötiges Risiko eingingen, und in den nächsten Jahren gehörte er immer zum Spitzenfeld, aber eine ernsthafte WM-Chance bot sich ihm nicht mehr. Neben der Formel 1 mischte Hulme, der seine Freizeit zumeist mit »Fernsehen und Nichtstun« verbrachte, bei Sportwagenrennen und bei den 500 Meilen von → Indianapolis mit. Nach seinem vorübergehenden Rückzug vom Motorsport nach der Formel 1-Saison 1974 fuhr er in den achtziger Jahren wieder Tourenwagenrennen und erlag 1992 beim 1000-km-Rennen im australischen Bathurst einem Herzanfall.

**Denis Hulme:
Ein Rennfahrer ohne Faxen und Firlefanz**

107-%-Regel

Diese Regelung existiert seit der Saison 1996 und betrifft das → Qualifikationstraining. Wenn die beste Rundenzeit eines Fahrers mehr als sieben Prozent langsamer als die des schnellsten Piloten ist, dann wird dieser Pilot vom Rennen ausgeschlossen.

Diese Maßnahme soll zur Sicherheit der Rennen dienen, damit die Rennwagen nicht durch ein zu langsames Fahrzeug behindert werden. In Expertenkreisen gilt die 107-%-Regel allerdings als »Gummiparagraf«, weil letztlich die Rennkommissare darüber entscheiden, ob diese Regelung bei einem Zeittraining Anwendung findet. Es ist wohl nicht anzunehmen, dass ein Michael → Schumacher oder Mika → Häkkinen vom Rennen ausgeschlossen werden, wenn sie aus irgendeinem Grund die notwendigen Zeiten nicht erreichen.

Hungaroring Mogyoród bei Budapest (Rennstrecke)

GP-Bezeichnung: Großer Preis von Ungarn
Streckenlänge: 3,973 km
Renndistanz: 77 Runden = 305,921 km
Erstes Formel 1-Rennen: 1986
Gesamtzahl GP: 14
Erster Sieger: Nelson Piquet
Häufigster Sieger: Ayrton Senna
(1989, 1991, 1992)
Internet: www.hungaroinfo.com/Formel 1

Um auch den Ostblock für sein Formel 1-Gewerbe wirtschaftlich zu erschließen, plante Bernie → Ecclestone zunächst ein Straßenrennen in Moskau, doch dieses Vorhaben zerschlug sich bis auf weiteres. Dafür sprang Ungarn ein und errichtete 1985 nahe dem 20 km nördlich von Budapest gelegenen Dorf Mogyoród den Hungaroring. Ohne besondere charakteristische Ausprägung war dieses zeitgemäße → Autodrom dann 1986 erstmals Ausrichter eines Großen Preises. Viele der Zuschauer strömten aus der damaligen DDR und aus Österreich zu den Rennen.

Die Kurven der Strecken sind meistens langsam und stellen für die Piloten keine besondere Herausforderung dar. Durch die Enge der Fahrbahn gibt es kaum Überholmöglichkeiten, was die Rennen auf dieser Strecke nicht gerade zu den aufregendsten macht. Umso wichtiger ist eine gute Startposition, denn ein schlechtes Ergebnis läßt sich im Rennen kaum noch revidieren. Der Hungaroring besitzt keine Kurvennamen, was ihn noch gesichtsloser macht, aber er bietet dafür den Piloten eine verhältnismäßig hohe Sicherheit.

Hunt, James (Pilot)

Geboren: 29.08.1947 in
Belmont/Großbritannien
Gestorben: 15.06.1993 in
Wimbledon/ Großbritannien
GP-Rennen in der Fahrer-WM: 92 (1972–1979)
Pole Positions: 14
Siege: 10
WM-Punkte insgesamt: 179
Beste WM-Platzierung im Gesamtklassement:
Weltmeister 1976
Rennwagen: March, Hesketh, McLaren, Wolf

Der langmähnige Hunt gehörte in den siebziger Jahren zu den schillerndsten Figuren der Formel 1-Szene. Seine Interessen galten Bier, Mädchen und schlechter Ernährung, die hauptsächlich aus Pommes Frites bestand. Aber mit dem Gewinn der Weltmeisterschaft bewies er auch sein außerordentliches Fahrertalent. Aus gewöhnlichen Verhältnissen stammend, schlug sich Hunt anfangs als Busfahrer und Dosenstapler in Supermärkten durch, obwohl er nach dem Wunsch seiner Eltern hätte Arzt werden sollen.

1967 gab er sein Renndebüt mit einem Minicooper und gewann ein Jahr später mit einem in Ratenkauf erstandenen Formel-→ Ford-Auto sein erstes Rennen. Obwohl er immer erfolgreicher wurde und sich 1969 die britische Formel 3-Meisterschaft sicherte, galt er

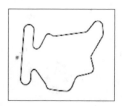

Hungaroring Mogyoród bei Budapest

James Hunt – der »Rock 'n' Roller« unter den Formel 1-Weltmeistern

wegen seiner ungestümen und aggressiven Fahrweise als Chaot und hatte bald den Spitznamen »Hunt the Shunt (Verschrotter)« weg.

Der »lockere Typ« wurde letztendlich wegen seiner vielen unnötigen Unfälle Anfang 1972 aus der Formel 3-Meisterschaft ausgeschlossen. Im Sommer des selben Jahres traf Hunt auf den zentnerschweren und steinreichen Lord → Hesketh, der von nun an sein Gönner wurde und ihm 1973 mit einem gekauften → March die Chance zum Formel 1-Debüt gab.

Inmitten des kunterbunten Rennteams von Lord Hesketh mit viel Bier, reichlich Zigaretten und zahlreichen Mädchen konnte Hunt trotzdem mit einem vierten, dritten sowie zweiten Platz überraschen.

Anschließend gründete Hesketh für die Saison 1974 sein eigenes Formel 1-Team und Hunt blieb weiterhin sein Nummer 1-Fahrer. Auch in diesem Jahr reichte es zu drei Podestplätzen und im darauffolgenden schaffte Hunt am Steuer des Hesketh einen sensationellen Sieg beim → Grand Prix in Holland.

Aber dem dicken Lord war das Formel 1-Abenteuer zu teuer geworden und nach der Auflösung des Rennstalls war Hunt, der sich mit Niki → Lauda zeitweise eine Einzimmerwohnung in London teilte, plötzlich arbeitslos. Doch in der Not wurde ihm das Glück zuteil. Der zweimalige Weltmeister Emerson → Fittipaldi hatte die Dummheit seines Lebens begangen und bei → McLaren gekündigt, um beim brasilianischen → Copersucar-Rennstall einzusteigen.

McLaren benötigte kurzfristig Ersatz und schnappte sich den lebenslustigen Briten.

Hunt, nun in einem Top-Team, war 1976 stetig an der Spitze zu finden, aber nach neun Rennen hatte er trotz zweier Siege und vier Trainingsbestzeiten bereits 29 Punkte Rückstand auf den wie entfesselt fahrenden Lauda.

Auf dem → Nürburgring verunglückte Lauda schwer und musste zwei Rennen lang pausieren, in denen Hunt kontinuierlich aufholte. Obwohl Lauda früher als erwartet wieder im Rennwagen saß, war Hunt vor dem Saisonfinale in → Mount Fuji zum Favoriten geworden, der über die bessere physische Konstitution verfügte und nur noch drei Punkte Rückstand auf Lauda besaß.

Hunt genügte wegen der vorzeitigen Aufgabe seines Kontrahenten in diesem anfangs total verregneten Grand Prix ein dritter Platz, um Weltmeister mit einem Punkt Vorsprung zu werden. Danach konnte er sich kaum noch motivieren und gewann in den darauffolgenden zwei Jahren nur noch drei Rennen.

Nachdem er 1979 zum → Wolf-Rennstall gewechselt war, nahm er mit der mageren Saisonbilanz von sieben Ausfällen und null Punkten vorzeitig seinen Abschied.

Hunt war danach noch als TV-Kommentator tätig und bedauerte die mittlerweile nüchterne Atmosphäre des Grand-Prix-Sports. Am 15. Juni 1993 erlag er mit 45 Jahren überraschend einem Herzinfarkt.

James Hunt

HWM (Rennwagenfirma)

GP-Rennen in der Fahrer-WM: 14 (1950–1955)
Pole Positions: 0
Siege: 0
WM-Punkte: 2
Beste Platzierung in der
Konstrukteursmeisterschaft: 0
Bekannteste Fahrer: Peter Collins, Stirling Moss
Erfolgreichster Fahrer: Paul Frère

Das Team feierte in britischen Meisterschafts-Rennen einige Erfolge, aber Probleme mit den Motorenlieferanten beendeten das Formel 1-Engagement. HWM (Hersham und Walton Motors) wurde von George Abecassis und John Heath gegründet, die ab 1949 erstmals einen umgebauten Rennsportwagen bei Formel 2-Rennen einsetzten. Ab 1950 fuhren eigenständig konstruierte HWM erfolgreich bei Formel 2-Rennen mit und die Firma war der erste britische Rennstall seit 1939, der sich an → Monoposto-Rennen beteiligte.

Beim ersten Formel 1-Einsatz des HWM-Renners kam Stirling → Moss beim Großen Preis der Schweiz auf den achten Platz, während Teamkollege und Firmeneigner George Abecassis mit defekter Magnetzündung aufgeben musste. Mit einem leichteren und stabileren Fahrgestell nahm man 1952 mit bis zu fünf Fahrzeugen an allen Grand-Prix-Läufen und Paul Frère holte mit dem fünften Platz in Belgien die einzigen WM-Punkte für den Rennstall.

In dem nicht zur Weltmeisterschaft zählenden Grand Prix des Frontières sowie bei der »International Trophy« konnten Frère und Lance Macklin mit HWM-Fahrzeugen sogar siegen.

Da 1953 das Budget sehr knapp ausfiel, konnten die alten Wagen nur noch modifiziert werden, aber trotz aller Verbesserungen war die Geschwindigkeit der mit → Alta-Aggregaten bestückten HWM-Boliden das größte Manko und ein achter Platz von Peter → Collins in Holland war in dieser Saison das beste Ergebnis. Da es immer wieder Probleme mit den Motoren gab, hoffte man für 1954 vergeblich auf Triebwerke von → Coventry-Climax. Frustriert stellte der Rennstall die Formel 1-Bemühungen ein, und als John Heath mit einem HWM-Sportwagen bei der Mille Miglia tödlich verunglückte, zog man sich vollständig aus dem Rennsport zurück.

I

Ickx, Jacques-Bernard »Jacky« (Pilot)
Geboren: 01.01.1945 in Brüssel/Belgien
GP-Rennen in der Fahrer-WM: 114 (1967–1979)
Pole Positions: 14
Siege: 13
WM-Punkte insgesamt: 181
Beste WM-Platzierung im Gesamtklassement:
Vize-Weltmeister 1969, 1970
Rennwagen: Cooper, Ferrari, Brabham, McLaren, Iso-Marlboro, Lotus, Williams, Ensign, Ligier
Internet: http://olympia.fortunecity.com/agassi/21/index.html (Tribute-Site)

Der Belgier mit dem »unglaublich jungen Gesicht« war in seiner Sportart zeitweise außerordentlich erfolgreich und wurde mehrfach als heißer Titelgewinn gehandelt, bis der allmähliche Abstieg begann. Ickx genoss eine unbeschwerte Kindheit mit antiautoritärer Erziehung und war nach eigener Aussage der »schlechteste Schüler Belgiens«. Zu seinem 15. Geburtstag bekam er ein Moped geschenkt und danach erwachte in ihm das Interesse für motorisierte Geschwindigkeit. Mit elterlicher Unterstützung nahm er an Trial-Wettbewerben teil und wurde mit 17 Jahren belgischer Meister in der 50-ccm-Klasse. Nach dem Erwerb des Führerscheins beteiligte er sich bei Bergrennen und 1964 schaffte er den zweiten Platz in der Tourenwagen-Europameisterschaft. Nach weiteren Erfolgen bei Tourenwagenrennen sowie in der Formel 2-Europameisterschaft gelang ihm bei seinem Formel 1-Debüt als Ersatzfahrer für den verletzten Pedro → Rodriquez in einem → Cooper auf Anhieb ein sechster Platz beim Großen Preis von Italien. Als »Weltmeister der Zukunft« verpflichtete ihn → Ferrari für die Saison 1968. Trotz eines Sieges beim Großen Preis von Frankreich kehrte Ickx der Scuderia aufgrund von persönlichen Differenzen den Rücken und wechselte zu → Brabham. Der Regenspezialist eroberte sich mit zwei Siegen und 37 WM-Punkten die Vizeweltmeisterschaft. Doch auch bei Brabham fühlte sich Ickx teamintern benachteiligt und kehrte 1970 zu Ferrari zurück. Nach drei Ausfällen in den ersten Rennen und nur vier WM-Punkten nach sieben Läufen schien Ickx in der Weltmeisterschaft bereits chancenlos, doch nach dem tödlichen Trainingsunfall des in der Gesamtwertung führenden Jochen → Rindt konnte sich der »hochintelligente, intellektuelle Fahrer« mit drei Siegen wieder in die Favoritenrolle fahren, ehe der enttäuschende vierte Platz in → Watkins Glen alle Hoffnung zunichte machte. Damit hatte Ickx den Höhepunkt seiner Formel 1-Karriere erreicht, denn in den Jahren 1971 und 1972 gelang ihm nur

Jacky Ickx: »Na, wo steht denn das Klavier?«

jeweils ein Sieg und die Scuderia befand sich auf dem technischen Tiefflug. Als er 1973 nach neun WM-Läufen nur vier Punkte vorzuweisen hatte, wurde er entlassen.

Den anschließenden Grand Prix am → Nürburgring bestritt er als Gastfahrer bei → McLaren und beendete das Rennen mit einer soliden Leistung auf dem 3. Platz.

Dass Ickx 1974 bei → Lotus seine Laufbahn fortsetzte, war nur noch eine Randnotiz, denn der einstige Superstar ging in der Dominanz seines Teamkollegen Ronnie → Peterson völlig unter. Nach einigen nutzlosen Versuchen bei → Wolf, → Ensign und → Ligier erklärte der Liebhaber von Spielautomaten jeder Art am Ende der Saison 1979 desillusioniert seinen Rücktritt. »Ich hatte die Pechsträhne in der Formel 1 satt«, lautete sein nüchternes Fazit. Der in seiner Heimat ungeheuer populäre Ickx widmete sich anschließend den Sportwagenrennen mit herausragenden Ergebnissen: Zweimal wurde er Langstreckenweltmeister und mit sechs Siegen bei den 24 Stunden von → Le Mans ist er bis heute Rekordgewinner.

Ideallinie

Um möglichst zügig durch die Rennstrecke zu fahren, suchen die Piloten nach der Ideallinie, d.h. der Fahrspur, auf der man optimal unterwegs ist. Wichtig bei der Ideallinie ist auch, dass ihr Fahrbahnbelag sauber und damit möglichst rutschfest ist.

Ilmor (Motorenhersteller)

GP-Rennen in der Fahrer-WM: 37 (1990–1994)
Pole Positions: 0
Siege: 0
WM-Punkte: 12
Rennwagen:
Leyton-House, March, Sauber, Tyrrell, Pacific

Der Schweizer Ingenieur Mario Illien begann zunächst als Mechaniker bei Joakim → Bon-

Immer im Mittelpunkt des Rennsportinteresses – Jacky Ickx mit seinem Ferrari 312 B2 1972 auf dem Nürburgring

nier und entwickelte später die → Cosworth-DFY-Motoren zur Siegreife. Ende 1983 gründete er zusammen mit Paul Morgan, den er bei Cosworth kennengelernt hatte, die Firma Ilmor. Schon bald darauf konnte man beim amerikanischen → Penske-Team eine Eigenentwicklung unterbringen, 1988 die 500 Meilen von → Indianapolis gewinnen. Mit der Unterstützung von Chevrolet dominierte man in den folgenden fünf Jahren zahlreiche weitere Rennen in der IndyCar-Kategorie, so dass Illien in der Formel 1 eine neue Herausforderung suchte. Für den Rennstall → Leyton-House entwickelte die Firma einen V10-Saugmotor, dem die Experten ein gutes Potential bescheinigten, der aber bei den schwachen Rennwagen nicht recht zur Geltung kam. Gegen Ende der Saison war die finanzielle Situation bei Leyton-House so prekär geworden, dass Mario Illien die → Motoren zurückkaufte. Während das wieder → March benannte ehemalige Leyton-House-Team in der Saison 1992 mit kaum weiter entwickelten Ilmor-Motoren endgültig den Bach hinunterging und Tyrrell mit den gleichen Triebwerken im Heck zumindest kleinere Erfolge verbuchen konnte, kooperierte Mario Illien bereits mit → Sauber, um einen Zehnzylinder-Motor für deren Formel 1-Projekt vorzubereiten. Das Triebwerk überzeugte dann 1993 im → Grand-Prix-Einsatz, aber Sauber konnte die hohen Erwartungen insgesamt nicht erfüllen. 1994 hatte Mercedes 25 % der Aktienanteile von Ilmor aufgekauft und führte die von Mario Illien entwickelten Aggregate bei Sauber jetzt unter eigenem Namen. Da bei dem Schweizer Rennstall in dieser Saison kein Aufwärtstrend einsetzte, wanderte Mercedes zu → McLaren ab und Mario Illien ging gleich mit. Ab 1995 entwickelte er Motoren, die drei Jahre später Mika → Häkkinen zu höchsten Ehren führen sollten.

Imola (Rennstrecke)

GP-Bezeichnung: Großer Preis von San Marino, Großer Preis von Italien
Streckenlänge: 4,930 km
Renndistanz: 62 Runden = 305,660 km
Erstes Formel 1-Rennen: 1980
Gesamtzahl Grand Prix: 20
Erster Sieger: 0
Häufigste Sieger: Alain Prost (1884, 1986, 1993), Ayrton Senna (1988, 1989, 1991)
Internet: www.imolacircuit.com

Seit 1981 finden in Italien zwei Große Preise statt, wobei das Rennen in Imola seine Bezeichnung Großer Preis von San Marino von dem gleichnamigen Fürstentum entliehen hat.

Seit den fünfziger Jahren existiert diese ursprünglich für Motorrad- und Sportwagenrennen angelegte Strecke und ist bei den Piloten wegen der zahlreichen Auf- und Abwärtskurven sehr beliebt.

Kurven wie die Acque Minerale, welche durch eine Schikane geteilt wird, sowie die zweifache Linksspitzkurve bei Riazza machen diese Rennstrecke für die Zuschauer zu einem Erlebnis. Besonders in der Turbo-Ära bekamen die Fahrer zu spüren, dass die Strecke sehr viel Sprit verbrauchte, so dass mancher Fahrer wegen Benzinmangels das Rennen in hoffnungsvoller Position vorzeitig beenden musste.

Durch einige Politikmanöver war Imola 1980 bei seiner Premiere sogar Ausrichter des Großen Preises von Italien und die legendäre → Monza-Rennstrecke ging in diesem Jahr leer aus.

Leider war Imola auch Schauplatz der größten Formel 1-Katastrophe in den neunziger Jahren, als 1994 Roland → Ratzenberger und Ayrton → Senna tödlich verunglückten und durch das umherfliegende Hinterrad eines → Minardi fünf Mitarbeiter der Rennställe von → Benetton, → Lotus und → Ferrari in der → Boxengasse verletzt wurden.

Danach forderte die → FIA einen kompletten Umbau, wobei insbesondere die Taburello-Kurve entschärft wurde und eine Verbreite-

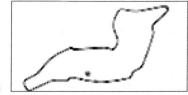
Imola

rung der Sturzräume in der Piratella-Doppellinkskurve erfolgte. Die Kosten für die Modernisierung kostete die Streckenverwaltung mehrere Millionen Dollar, aber die einzige Alternative wäre das Ende der Formel 1-Rennen auf dieser Strecke gewesen.

Trotz dieser Sicherheitsmaßnahmen ist Imola immer noch eine fahrerisch sehr anspruchsvolle Strecke und seit dem schwarzen Wochenende von 1994 gab es keine ernsthaften Zwischenfälle mehr.

Indianapolis (Rennstrecke)
GP-Bezeichnung: Großer Preis der USA
Länge (Ovalkurs): 4,023 km (1950–1960)
Länge (Formel 1-Kurs): 4,076 km
Renndistanz (Formel 1-Kurs):
75 Runden = 305,700 km
Erstes Formel 1-Rennen: 1950 (Ovalkurs)
Gesamtzahl Grand Prix: 12
Erster Sieger: Johnnie Parsons (1950)
Häufigster Sieger (Ovalkurs):
2 x Bill Vukovich (1953, 1954)
Sieger Formel 1-Kurs: Michael Schumacher (2000)
GP-Unfälle mit Todesfolge: Carl Scarborough (1953/Rennen), Chet Miller (1953/Training), Manuel Ayulo (1953/Training), Bill Vukovich (1955/Rennen), Keith Andrews (1957/Training), Pat O'Connor (1958/Rennen), Jerry Unser, Bob Cortner (1959/Training)
Internet: www.usgpindy.com

Carl G. Fisher, der Mitinhaber der »Presto-lite Company«, ärgerte sich so sehr über seine Reifendefekte, dass er den Bau einer Teststrecke plante, auf der Automobilhersteller Kinderkrankheiten beheben konnten. Zusammen mit reichen und einflussreichen Freunden sowie einem Grundkapital von 250 000 Dollar gründete er am 9. Februar 1909 die »Indianapolis Motor Speedway«, deren Bauarbeiten sogleich begannen. Am 5. Juni 1909 wurde mit einem Freiluftballonrennen die erste Veranstaltung durchgeführt.

Nachdem im August des selben Jahres bei einem Rennen ein Fahrer, zwei Beifahrer und zwei Zuschauer starben, entschloss man sich, die Fahrbahnoberfläche, die aus gepresstem Naturstein bestand, durch Ziegelsteine zu ersetzen, weswegen die Strecke immer noch »Brickyard« genannt wird.

Am 30. Mai – dem alljährlichen »Heldengedenktag« – des Jahres 1911 wurden zum ersten Mal die 500 Meilen von Indianapolis gestartet. Dieses Rennen entwickelte sich im Laufe der Jahre zum größten Motorsportspektakel der Welt, an dem bis zu 300.000 Zuschauer anwesend waren. Nur in den Kriegsjahren 1917 und 1918 sowie 1942 und 1945 fand dieses Rennen nicht statt.

Indianapolis erlebte Triumphe und Tragödien, bei denen viele Fahrer siegten und starben, darunter die Indy 500-Legende Bill → Vukovich, dem heute noch mit einem riesigen Plakat gehuldigt wird. Von 1950 bis 1960 gehörte Indianapolis auch zur Formel 1-Weltmeisterschaft, doch das erwies sich als unsinnig, weil außer Alberto → Ascari und Guiseppe → Farina fast alle anderen europäischen → Grand-Prix-Piloten den Kurs mieden.

Die ursprüngliche Strecke besteht vollständig aus vier Linkskurven, die durch Betonmauern begrenzt werden.

Seit der Saison 2000 ist Indianapolis wieder im Grand-Prix-Kalender verankert, wenn auch mit einer auf Formel 1-Verhältnisse abgestimmten Strecke. In das Oval wurde eine Strecke integriert, die durch zahlreiche Kurvenkombinationen führt und erst bei der Rückfahrt auf den alten Kursteil werden wieder Höchstgeschwindigkeiten erzielt. Deshalb muss auf dieser Strecke für die Fahrzeuge eine gute Mischung aus → Abtrieb und geringem Luftwiderstand gefunden werden.

Die Formel 1-Rückkehr wurde wegen der großen Zuschauerresonanz und der perfekten Organisation von allen Beteiligten als gelungen bezeichnet.

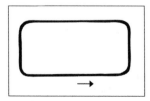

Die Indianapolis-»Nudeltopf«-Strecke, auf der von 1950–1960 die Großen Preise veranstaltet wurden

Interlagos in São Paulo; »Autodromo José Carlos Pace« (Rennstrecke)
GP-Bezeichnung: Großer Preis von Brasilien
Streckenlänge: 4,292 km
Renndistanz: 72 Runden = 309,024 km
Erstes Formel 1-Rennen: 1973
Gesamtzahl Grand Prix: 18
Erster Sieger: Emerson Fittipaldi (1973)
Häufigster Sieger: 6 x Alain Prost
(1982, 1984, 1985, 1987, 1988, 1990)

Von 1973 bis 1978 fanden hier die ersten Großen Preise von Brasilien statt, danach zog man nach → Jacarepagua in Rio de Janeiro um. Nach einigen Wechseln zwischen São Paulo und Rio de Janeiro etablierte sich ab 1990 der Interlagos-Kurs endgültig zum festen Bestandteil im → Grand-Prix-Kalender.

Doch als man hierher im selben Jahr zurückkehrte, zeigten sich die Beteiligten, nicht zuletzt durch die hohen Hotelpreise und die schadstoffhaltige Luft in dem »16-Millionen-Moloch«, wenig begeistert von diesem Austragungsort. Der zu Ehren des 1977 bei einem Flugzeugabsturz umgekommen Formel 1-Piloten Carlos → Pace benannte Kurs ist eine kurvenreiche und unebene Strecke, die teilweise um einen See verläuft.

Die kritischsten und gefährlichsten Bereiche sind die langgezogene Linkskurve vor Start und Ziel sowie der Rechtsbogen Ferra Dura, während die Senna-Schikane die beste Möglichkeit zum Überholen bietet.

Lokalmatador Ayrton → Senna dürfte es zeitlebens gewurmt haben, dass ausgerechnet sein Erzrivale Alain → Prost bis zum heutigen Tage Rekordsieger auf dieser Strecke ist.

Intermediates
Dieser Reifentyp wird verwendet, wenn die Strecke zwar feucht ist, es aber nicht allzu stark regnet. Die Intermediates haben ein weniger tiefes Regenprofil und eine weichere Gummimischung als die herkömmlichen Regenreifen.

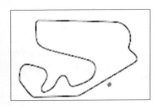
Interlagos in São Paul

Internationales Regelwerk
Hier sind von der → FIA alle Regeln festgelegt, die den Motorsport betreffen, vom → Boxenstopp bis zur Zielflagge. In den 16 Kapiteln befindet sich auch die Anweisung, wie Rennwagen konstruiert sein müssen.

Internationale Streckenlizenz
Jede → Grand-Prix-Strecke muss eine internationale Lizenz besitzen, die von der → ONS beantragt und von der → FIA vergeben wird.

Internes Stallduell
Der Gradmesser für seine eigene sportliche Leistung ist für jeden Piloten zunächst der eigene Teamgefährte. Um sich bei seinem Rennstall eine Vormachtstellung sichern zu können, gilt es für den Piloten, im Training möglichst schneller als der Stallkollege zu sein. Nicht selten behält ein Pilot eine erfolgreiche → Abstimmung für sich, um den Teamkollegen keine Vorteile zu verschaffen. Ständig verlorene Trainingsduelle können für den jeweils Unterlegenen teamintern äußerst unangenehm werden, auch wenn er im Rennen teilweise erfolgreicher sein mag.

Am schlimmsten hatten es in den letzten Jahren die Stallkollegen von Ayrton → Senna und Michael → Schumacher, weil sie fast ausnahmslos in den Trainingsduellen unterlegen waren und manchmal ihre Karriere deswegen beenden oder zumindest unterbrechen mussten. So geschehen bei Ricardo → Patrese und JJ → Lehto im Fall Schumacher sowie bei Johnny → Dumfries und Michael → Andretti als Teamkollege von Ayrton Senna.

Ireland, Robert McGregor »Innes« (Pilot)
Geboren: 12.06.1930 in Kirkcudbright/ Großbritannien
Gestorben: 22.10.1993 in Reading/ Großbritannien
GP-Rennen in der Fahrer-WM: 50 (1959–1966)

Pole Positions: 0
Siege: 1
WM-Punkte insgesamt: 47
Beste WM-Platzierung: Vierter (1960)
Rennwagen: Lotus, BRP, BRM

Whisky, Weib und Gesang waren die Passionen des knorrigen »Enfant Terrible«, der einen Fahrertyp repräsentierte, welcher spätestens Mitte der Siebziger zugunsten höherer Professionalität auszusterben begann.

Der Sohn eines Tierarztes und einer Sängerin begab sich als Siebzehnjähriger nach Glasgow, um bei Rolls Royce zu arbeiten, wo er sich in einem Zeitraum von sechs Jahren zum Ingenieur qualifizieren konnte. Danach verpflichtete sich Ireland für 30 Monate als Fallschirmjäger und war zeitweise auch in Ägypten stationiert.

Nach seiner Entlassung aus der Armee investierte er seinen Militärsold in einen Rennwagen und beteiligte sich an Clubwettbewerben.

→ Lotus-Besitzer Colin Chapman wurde auf ihn aufmerksam und bot ihm Einsätze für Sportwagenrennen, darunter die 24 Stunden von → Le Mans, an. Der »waghalsige Typ« zeigte passable Ergebnisse und debütierte 1959 mit einem Lotus beim Großen Preis der Niederlande, wo er sogleich Vierter wurde.

Aber der erste Lotus-Rennwagen, ein modifiziertes Formel 2-Fahrzeug, war einer der zerbrechlichsten Rennwagen und dem Schotten flog das Material nur so um die Ohren. In der nächsten Saison besserte sich die Situation, Ireland landete mehrere Podestplatzierungen und war am Ende mit 19 Punkten Gesamtvierter.

1961 gelang ihm beim Großen Preis der USA sogar der erste Sieg für Lotus, doch Chapman hatte bereits mit Jim → Clark den kommenden Superstar unter Vertrag, dem seine ganze Aufmerksamkeit galt.

Chapman versuchte jetzt, den ungeliebten Ireland aus dem Team zu bugsieren. Nach dem Großen Preis von → Monaco war es dann soweit: Ireland wurde von Chapman gefeuert, damit er Clark zur neuen Nummer 1 machen konnte.

Niki Lauda und Alain Prost bei McLaren: Ob der werte Kollege mir vielleicht seine erfolgreiche Abstimmung verrät?

Danach fuhr Ireland bis 1966 noch für private Rennställe, versackte aber insgesamt im Mittelmaß. Der »ungeschliffene Hochländer« kurvte noch bis 1967 bei Sportwagen und Stock-Car Rennen mit und kümmerte sich anschließend auf seinem elterlichen Grundstück um eine kleine Fischfangflotte. Nach dem Niedergang des Geschäftes sattelte er zum Motorsportjournalisten um und betrieb nebenher einen florierenden Autohandel.

Bis zu seinem Krebstod 1993 war er noch Präsident des British Racing Driver Clubs.

Irvine, Edmund »Eddie« (Pilot)

Geboren: 10.11.1965 in
Newtownards/Nordirland
GP-Rennen in der Fahrer-WM: 113 (seit 1993)
Pole Positions: 0
Siege: 4
WM-Punkte insgesamt: 177
Beste Saison-Platzierung: Vizeweltmeister 1999
Rennwagen: Jordan, Ferrari, Jaguar
Internet: www.exclusively-irvine.com

Mit flapsigen Sprüchen sowie einer respektlosen Auseinandersetzung mit Ayrton → Senna feierte »Crazy Eddie« 1993 einen spektakulären Einstand in der Formel 1. Aus einfachen Verhältnissen stammend, machte Irvine im Gegensatz zu anderen Formel 1-Piloten seine ersten motorsportlichen Gehversuche nicht im Kart, sondern in der irischen Formel → Ford 1600. 1987 wurde er britischer Meister in dieser Klasse und gewann zudem das Formel-Ford-Festival in → Brands Hatch.

Ein Jahr später startete er in der britischen Formel 3 und nach einem Zwischenstopp bei der Formel 3000 fuhr er anschließend von 1991 bis 1993 in der japanischen Formel 3000, wo er in der Saison 1993 nur knapp den Titelgewinn verpasste.

Aber bereits vorher feierte er sein Debüt in der Formel 1, denn für die beiden letzten Rennen der Saison suchte Eddie Jordan für seinen Rennstall einen preisgünstigen Fahrer. Da Irvine sich auf der bevorstehenden Rennstrecke im japanischen Suzuka bestens auskannte, bekam er den Zuschlag.

Irvines Einstand war fulminant: Dank seiner Streckenkenntnisse konnte er den → Jordan auf Startplatz 6 stellen und erreichte im Rennen die gleiche Position.

Aus dem Nobody war plötzlich ein Medienstar geworden, nicht zuletzt deshalb, weil er sich von dem dreimaligen Weltmeister Ayrton Senna nach dem Rennen einen Fausthieb einhandelte, weil der Brasilianer sich im Rennen von dem Iren behindert fühlte.

Irvines lakonischer Kommentar »Senna war halt langsamer als ich« brachte den Brasilianer vollends in Rage; er bezeichnete den Guinness-Liebhaber als »gefährlichen, unprofessionellen Vollidioten«.

Irvines sechster Platz kam gerade rechtzeitig für das seit einiger Zeit von Erfolglosigkeit gebeutelte Jordan-Team und so bekam der »Kneipentyp« für 1994 einen Vollzeitvertrag.

Doch im ersten Rennen dieser Saison ging der Ärger für Irvine gleich weiter, denn nach einer Karambolage mit Jos → Verstappen und Martin → Brundle wurde er anschließend von der → FIA für die nächsten drei Rennen gesperrt.

Kübelweise Spott ergoss sich über Irvine und hämisch wurde registriert, dass er der erste Formel 1-Pilot war, »der für mehr Rennen gesperrt wurde, als er gefahren ist«.

Doch Irvine zeigte sich unbeeindruckt und landete nach seiner Rückkehr beim Großen Preis von Spanien gleich auf Platz 6.

Danach folgte eine Ausfallserie durch Materialdefekte und Kollisionen. Nachdem Irvine Johnny → Herbert beim Start in → Monza von der Piste drängte, urteilte Lotus-Boss Peter Collins über den scheinbaren Pisten-Rambo: »Irvine fährt mit ausgebautem Gehirn.«

Ein vierter Platz in → Jerez sowie ein fünfter in Japan ließen die Saison dennoch versöhnlich ausklingen. Stand »Eddie das Irrlicht« zu diesem Zeitpunkt im Schatten seines Teamkollegen Rubens → Barrichello, so erlebte der Ire in der Saison 1995 eine Leistungsexplosion und gab dem vorher im internen Stallduell so dominanten Brasilianer im Training zumeist das Nachsehen.

Das brachte ihm einen Ferrari-Vertrag ein und plötzlich war aus dem Formel 1-Rüpel für die Branchenszene ein »Gesamtkunstwerk« geworden, auf das der Grand-Prix-Zirkus nicht verzichten konnte.

Sein erstes Jahr für Ferrari war neben dem dritten Platz beim Auftaktrennen in Melbourne zumeist von Ausfällen geprägt und die erreichten elf Punkte ließen ihn gegen Teamkollege Michael → Schumacher klar ins Hintertreffen geraten. Vor der Saison 1997 prophezeite man Irvine bei weiteren Misserfolgen das baldige Karriere-Ende, doch mit einigen Podestplatzierungen sowie 24 WM-Punkten konnte er seinen ramponierten Ruf wieder etwas aufpolieren. Während Teamkollege Schumacher auch 1998 um den Titel mitfuhr, hamsterte sich in seinem Schatten der Ire zahlreiche Punkte zusammen, die ihm am Ende den vierten Platz im Gesamtklassement einbrachten. Trotz seines ersten Sieges beim Saisonstart in Australien musste sich Irvine in der Saison auch 1999 zunächst weiter mit dem Nummer-2-Status begnügen. Doch nach Schumachers Unfall in → Silverstone, der den Deutschen zu einer längeren Pause zwang, konnte Irvine die Gunst nutzen und sich mit Siegen in Österreich und Deutschland an die Spitze der WM-Wertung setzen. Trotzdem kam teaminterne Kritik auf, weil die Ferraris in Schumachers Abwesenheit wesentlich langsamer wurden, und dem Iren wurde mangelhafte Mitarbeit an der Entwicklung der Fahrzeuge vorgeworfen.

Trotz eines Sieges in Malaysia, den ihm der zurückgekehrte Schumacher durch loyale Teamarbeit ermöglichte, hatte Irvine bei der Vergabe des WM-Titels 2000 gegenüber Mika → Häkkinen das Nachsehen.

Für die Saison entschied sich der Freund schöner Frauen und flotter Helikopter für ein Engagement bei → Jaguar, um endlich einmal die Nummer 1 im Team zu sein.

Zwar stach er in der Saison 2000 im Training seinen Teamkollegen Johnny → Herbert klar aus, aber häufige Ausfälle und insgesamt magere vier WM-Punkte ließen ihn schnell aus den Schlagzeilen der Formel 1 verschwinden.

ISO-Marlboro (Rennwagenfirma)

GP-Rennen in der Fahrer-WM: 30 (1973–1974)
Pole Positions: 0
Siege: 0
WM-Punkte: 6
Beste Platzierung in der Konstrukteurswertung: Zehnter (1973, 1974)
Bekannteste Fahrer:
Jacky Ickx, Jean-Pierre Jabouille, Jacques Laffite
Erfolgreichste Fahrer: Arturo Merzario,
Gijs van Lennep, Howden Ganley

Dieses Team war der zweite Versuch von Frank → Williams, sich als → Teamchef und Rennstallbesitzer in der Formel 1 zu etablieren. Der Versuch dauerte zwei Jahre und verlief insgesamt unbefriedigend. Nach dem Tod seines Freundes Piers → Courage, der 1970 als Fahrer seines → De Tomaso-Rennwagens bei einem Unfall in → Zandvoort grausam ums Leben kam, geriet Frank Williams nicht nur in eine tiefe persönliche Krise, sondern es war für ihn schwierig geworden, → Sponsoren zu finden, um seinen Plänen einen ausreichenden finanziellen Hintergrund zu verschaffen. 1972 erhielt er von der Firma → Politoys genügend Geld, um einen eigenen Rennwagen für die Formel 1 zu bauen, doch dieser wurde von Henri Pescarolo beim Großen Preis in → Brands Hatch irreparabel zerstört. Damit war Williams wieder mittellos und ohne Fahrzeug. Für 1973 gelang es ihm dann doch, von Marlboro genügend Geld zu erhalten, um einen neuen Anlauf zu starten. Mit den Resten des alten Politoys-Rennwagens und gebrauchten Teilen glaubte Williams, sich während der Saison über Wasser halten zu können und beim zweiten Lauf in Brasilien kam Howden Hanley immerhin auf den siebten Platz. Aber neue Sicherheitsvorschriften in der Formel 1 zwangen das Team, neue Fahrzeuge zu bauen, die ab dem vierten Lauf in Spanien eingesetzt wurden. Das ließ natürlich die Teamkasse schrumpfen und fortan begann im Fahrercockpit ein fröhliches Bäumchen-wechsel-dich-Spiel, an dem sich insgesamt nicht weniger als zehn Piloten beteiligten – Hauptsache, sie brachten genügend Geld mit.

Als sportlichen Lohn gab es für die Fahrer zumeist Ausfälle und Nichtqualifikationen. Nur Howden Ganley und Gijs van Lennep schafften es, mit jeweils einem sechsten Platz in die Punkteränge zu fahren. 1974 war annähernd die gleiche Situation zu verzeichnen: Sechs Piloten griffen ins Lenkrad und nur Arturo → Merzario war bei jedem → Grand Prix dabei und holte dabei die einzigen WM-Punkte der Saison. Williams war mittlerweile so pleite, dass er seine Angestellten mit Einrichtungsgegenständen seiner Wohnung bezahlen musste. Nachdem die Saison beendet war, wurden die Fahrzeuge unter dem neuen Teamnamen »Frank Williams Racing Cars« weitergeführt und das spätere Weltmeisterteam hatte noch eine längere Durststrecke zu bestehen.

Noch einer der Erfolgreicheren im ISO-Marlboro: Howden Ganley

J

Jabouille, Jean-Pierre (Pilot)
Geboren: 01.10.1941 in Paris/Frankreich
GP-Rennen in der Fahrer-WM: 49 (1974–1981)
Pole Positions: 6
Siege: 2
WM-Punkte insgesamt: 21
Beste WM-Platzierung im Gesamtklassement: Achter (1980)
Rennwagen:
Iso-Marlboro, Surtees, Tyrrell, Renault, Ligier

Jabouille war als Fahrer ein Pionier der Turbotechnik, der mit dem → Renault-Rennstall den steinigen Weg von permanenten Motorplatzern bis zum langersehnten Sieg durchlebte. Erst mit 23 Jahren nahm der gelernte Ingenieur an Rennen teil und nach 2 Jahren im Renault-→ Gordini-Cup schaffte er 1968 im zweiten Versuch die Vizemeisterschaft in der französischen Formel 3.

Diese Platzierung konnte er 1969 und 1971 wiederholen, aber weder in der Formel 3 noch in Sportwagenrennen gelang es Jabouille zu diesem Zeitpunkt, einen Sieg herauszufahren.

Sein Formel 1-Debüt 1974 auf einem → ISO-Marlboro von Frank → Williams verpatzte er durch eine Nichtqualifikation und auch ein weiterer Versuch bei → Surtees in derselben Saison endete mit dem gleichen Ergebnis.

Erst 1975 gelang es Jabouille mit → Tyrrell, sich für den Großen Preis von Frankreich in das Starterfeld zu fahren, wo er anschließend das Rennen als Zwölfter beendete.

Im nächsten Jahr konzentrierte sich Jabouille auf die Formel 2-Europameisterschaft, wo er sich endlich den Titel vor seinem Konkurrenten René → Arnoux sichern konnte.

Renault war nun bereit, Jabouille eine erneute Formel 1-Chance zu geben. Beim Großen Preis von Großbritannien in der Saison 1977 startete Jabouille zum ersten Mal mit dem turbogetriebenen Fahrzeug.

Doch das Renault-Team befand sich am Anfang einer längeren Entwicklungsstufe und in dieser wie auch in der nächsten Saison war Jabouille zumeist Opfer des noch unausgereiften Turbo-Triebwerkes. Erst kurz vor Ende der Saison 1978 konnte er nach einer Anzahl guter Startplätze beim Großen Preis in → Watkins Glen mit dem vierten Platz endlich in den Punkterängen landen. Für die Saison 1979 verzeichnete Renault endlich eine einigermaßen zuverlässige Standfestigkeit des → Turboladers

Erster Sieger mit einem Turbofahrzeug: Jean-Pierre Jabouille

und Jabouille sicherte sich viermal die → Pole Position sowie beim Großen Preis von Frankreich formvollendet den ersten → Grand-Prix-Sieg als französischer Fahrer in einem französischen Fahrzeug.

Obwohl Jabouille bei den sonstigen Rennen in dieser Saison wegen Materialdefekten kaum einmal das Ziel sah, war sein Platz in den Formel 1-Chroniken gesichert.

1980 wiederholte sich das Bild: Jabouille und Teamkollege Arnoux dominierten das Training und standen regelmäßig in der ersten Startreihe, doch die bärenstarken, aber anfälligen Turbomotoren hielten kaum ein Rennen bis zum Ende durch. Nur beim Großen Preis von Österreich war Jabouille noch einmal ein Sieg vergönnt. Beim letzten Saisonrennen in Kanada führte ein Aufhängungsschaden bei Jabouilles Fahrzeug zu einem Unfall und der Franzose erlitt einen Armbruch, der ihn zu einer mehrmonatigen Pause zwang. Für die Saison 1981 musste Jabouille bei Renault Alain → Prost weichen und wechselte zu → Ligier.

Aber nach mehreren unbefriedigenden Resultaten stieg er frustriert mitten in der Saison für immer aus dem Formel 1-→ Cockpit.

Anschließend fuhr er bis 1991 Tourenwagenmeisterschaften und rückte ab 1994 noch einmal in seiner Funktion als Sportdirektor bei → Peugeot in das Rampenlicht der Formel 1. Doch die anfänglich vielversprechende Liaison zwischen → McLaren und den Peugeot-Motoren erfüllte nicht die Erwartungen der Beteiligten und Jabouille war nach einem Jahr seinen Posten wieder los.

Jacarepaguá in Rio de Janeiro (Rennstrecke)
GP-Bezeichnung: Großer Preis von Brasilien
Länge: 5,031 km
Renndistanz: 61 Runden = 306,891 km
Erstes Formel 1-Rennen: 1978
Letztes Formel 1-Rennen: 1989
Gesamtzahl Grand Prix: 10
Erster Sieger: Carlos Reutemann (1978)
Häufigster Sieger: 5 x Alain Prost
(1982, 1984, 1985, 1987, 1988)

Start zum GroßenPreis von Brasilien in Jacarepaguá 1984

Diese aus zwei Geraden und einer Kombination aus langsamen und mittelschnellen Kurven bestehende Strecke war bei den Piloten sehr beliebt. 1978 feierte hier Carlos Reutemann auf Ferrari den ersten Sieg mit Radialreifen von Michelin.

Nur sehr unwillig zog man 1990 wieder zum → Interlagos-Kurs nach São Paulo um. Doch Bernie → Ecclestone bewertete den Jacarepaguá-Kurs zu diesem Zeitpunkt als »vergammelt« und »nicht mehr Formel 1-tauglich«.

Jaguar
(Rennwagenfirma, Motorenhersteller)
GP-Rennen in der Fahrer-WM: 17 (seit 2000)
Pole Positions: 0
Siege: 0
WM-Punkte: 4
Beste Platzierung in der Konstrukteurswertung: Neunter (2000)
Bekannteste Fahrer: Eddie Irvine, Johnny Herbert
Erfolgreichster Fahrer: Eddie Irvine
Internet: www.jaguar-racing.com

Zu den Enttäuschungen der 2000er-Saison zählte auch das mit viel Vorschusslorbeeren gestartete Nachfolger-Team des → Stewart-Rennstalls. → Ford hatte in den vergangenen Jahren Nobelmarken wie Jaguar, → Aston Martin, Volvo und Mazda aufgekauft und sie unter der Bezeichnung »Ford Premier Group« zusammengefasst.

Ihr Vorsitzender, der promovierte Wirtschaftsingenieur Wolfgang Reitzle, beschloss die alte Sportwagenfirma Jaguar in der Formel 1 zu neuem Ruhm zu führen und kaufte für eine zweistellige Millionensumme den Rennstall von Jackie → Stewart auf. Mit dem ehemaligen → Jordan-Konstrukteur Gary → Anderson, den siegerprobten Fahrern Eddie → Irvine und Johnny → Herbert sowie einem Budget von über 300 Millionen Mark visierte man für die Debüt-Saison 2000 sogleich Siege an.

Trotz einiger guter Trainingsplatzierungen in den Top-Ten wurde der Rennstall aber bald unsanft auf den Boden der Tatsachen zurückgeholt. Außer einem vierten Platz in → Monaco und einem sechsten in Malaysia von Irvine versanken Team und Fahrer in die Bedeutungslosigkeit. Zu keiner Phase konnte an die Fortschritte des Stewart-Teams aus dem Vorjahr angeknüpft werden und die weitere Entwicklung bei Jaguar muss daher abgewartet werden.

Jarama (Rennstrecke)
GP-Bezeichnung: Großer Preis von Spanien
Länge: 3,404 km (1968–1979), 3,312 km (1981)
Renndistanz: 80 Runden = 264,960 km (1991)
Erstes Formel 1-Rennen: 1968
Letztes Formel 1-Rennen: 1981
Gesamtzahl Grand Prix: 8
Erster Sieger: Graham Hill (1968)
Häufigster Sieger: 2 x Mario Andretti (1977, 1978)

Dieser 1967 in den Bergen nördlich von Madrid angelegte Kurs weist ein rundes Dutzend Kurven und eine Gerade von 800 Metern auf. Er wurde von dem gleichen Mann konstruiert, der auch für die Streckenführung von → Zandvoort und → Suzuka verantwortlich zeichnete. Bis 1975 wechselte sich Jarama mit dem → Montjuich-Park bei Barcelona mit der Ausrichtung der spanischen Formel 1-Rennen ab. Nach dem katastrophalen Rennausgang 1975 in Montjuich war Jarama bis 1981 mit einer Unterbrechung im Jahre 1980 Alleinausrichter. Doch die vielen langsamen Kurven erlaubten kaum Überholmanöver und die Rennen verliefen zumeist ziemlich ereignislos, so dass die Formel 1 nach 1981 Abschied von dieser Rennstrecke nahm.

Jarier, Jean-Paul (Pilot)
Geboren: 10.07.1946 in Charenton/ Frankreich
GP-Rennen in der Fahrer-WM: 134 (1971–1983)
Pole Positions: 3
Siege: 0
WM-Punkte insgesamt: 31,5
Beste WM-Platzierung im Gesamtklassement: Elfter 1979
Rennwagen: March, Shadow, Penske, Ligier, ATS, Lotus, Tyrrell, Osella

Sicherlich nicht ohne Talent, muss es rückblickend doch verwundern, wie sich der Franzose trotz der mageren Ergebnisse zwölf Jahre in der Formel 1 halten konnte. Jarier begann in seiner Jugend mit Mopedrennen und stieg danach auf ein 350-ccm-Motorrad von → Honda um. Bei vier Rennen konnte er viermal gewinnen, doch beim fünften stürzte er und brach sich das Handgelenk. Danach beendete er auf Wunsch der Eltern seine Motorradsportaktivitäten.

Doch Jarier konnte vom Motorsport nicht lassen und zog mit seinem Freund Jean-Pierre → Beltoise mit einem Formel 2-Team über die Rennstrecken in aller Welt. In der GT-Klasse konnte er mit einem → Ferrari brillieren und bekam 1971 in einem → March beim Großen Preis von Italien die Chance zu einem Formel 1-Rennen, das er nicht beenden konnte.

Im Herbst 1972 nutzte Jarier bei Testfahrten das unerwartete Fehlen von Ronnie → Peterson, um in dessen March zu steigen. Seine Rundenzeiten beeindruckten den March-Boss Max → Mosley so sehr, dass der Franzose einen Formel 2-Werksvertrag bekam. Ein Jahr später hatte er überlegen die Europameisterschaft in dieser Klasse geschafft und durfte parallel fast eine komplette Formel 1-Saison für March bestreiten.

Doch außer in → Watkins Glen, wo er Elfter wurde, fiel er in allen Rennen durch Materialdefekte oder Unfall aus.

1974 wechselte er zu → Shadow, wo seine erfolgreichste Zeit begann. In Monaco stand er durch seinen 3. Platz das erste Mal auf dem Podest, dem mit Platz 5 in Schweden noch ein weiterer Punkterang folgte.

Eine Saison später schaffte er in den ersten beiden Rennen die → Pole Position und lag beim Großen Preis von Brasilien lange in Führung, bevor die Benzinzufuhr streikte. Ein 4. Platz in Spanien war danach die gesamte Saisonausbeute. Jarier entpuppte sich durch seine unbeständigen Leistungen in den Augen der Experten immer mehr als ein »schlampiges Genie«, das mal schnell, mal lustlos zu Werke ging. Zudem benahm er sich zum Teil undiszipliniert und kam oftmals zu spät zu den Trainingssitzungen. Bis Ende 76 blieb Jarier noch bei Shadow, ohne einen einzigen Punkt zu holen und anschließend folgte der Wechsel zu → Penske, wo es 1977 einmal Platz 6 für ihn gab.

Nach einem erfolglosen Intermezzo bei → ATS wurde er 1978 für die beiden letzten Rennen von → Lotus als Ersatz für den in → Monza tödlich verunglückten Ronnie → Peterson verpflichtet. In Kanada eroberte er sich seine dritte Pole Position, doch wiederum war durch ein Ölleck vorzeitig Schluss.

1979 und 1980 gab es bei → Tyrrell nochmals ein kurzzeitiges Zwischenhoch, in dem sich Jarier in Südafrika und Großbritannien einen dritten Platz sowie einige Platzierungen in den Punkten erobern konnte. Doch spätestens 1981, nach seinem Wechsel zu →

**Allen Grund zum Missmut: Jean-Pierre Jarier –
Zwölf Formel 1-Jahre ohne Sieg**

Osella, ging es spürbar abwärts für den Franzosen. Mit diesem italienischen Gurken-Rennstall gab es in zwei Jahren bei 22 Rennen außer einem vierten Platz in Imola satte 14 Ausfälle und 2 Nichtqualifikationen. Es folgte 1983 ein erfolgloses, unmotiviertes Jahr bei den schwachen → Ligier-Rennwagen und danach war Jarier endgültig raus aus dem Formel 1-Geschäft.

Durch Sportwagenrennen konnte Jarier seinen ramponierten Ruf wieder aufpolieren und war später auch noch im → Porsche-Supercup unterwegs.

JBW (Rennwagenfirma)
GP-Rennen in der Fahrer-WM: 5 (1959–1961)
Pole Positions: 0
Siege: 0
WM-Punkte: 0
Beste Platzierung in der Konstrukteurswertung: 0
Bekannteste Fahrer: –
Erfolgreichste Fahrer: –

Ein weiteres Einzelkämpfer-Team, das zwar entschlossen, aber erfolglos um Formel 1-Lorbeeren kämpfte. Brian Naylor war in den fünfziger Jahren ein semiprofessioneller Rennfahrer und beteiligte sich regelmäßig an kleinen Veranstaltungen in Großbritannien. Er war für seine ausgefallenen Fahrzeuge bekannt, die von seinem Chefmechaniker Fred Wilkinson erdacht wurden und mit Motoren von → Ferrari und → Maserati bestückt waren. In Großbritannien wagte Naylor dann mit einem Fahrzeug, das ebenfalls Wilkinson gebaut hatte und von einem Maserati-Aggregat angetrieben wurde, 1959 das Formel 1-Debüt.

Er konnte sich für Startplatz 14 qualifizieren, musste aber das Rennen in der 14. Runde wegen Materialschadens beenden.

1960 erweiterte Naylor seine Bemühungen und nahm in dieser Saison an vier Formel 1-Läufen teil, doch nur beim Großen Preis von Großbritannien konnte er mit dem 13. Platz ein Ergebnis im Rennen verbuchen. In → Monza stand er sogar auf dem siebten Startplatz, doch im Rennen ließ ihn das → Getriebe im Stich. Ein allerletzter Anlauf 1961 in Brands Hatch mit einem Aggregat von → Coventry-Climax endete nach sechs Runden mit Motorschaden.

Jerez (Grand Prix – Kurs)
GP-Bezeichnung: Großer Preis von Spanien, Großer Preis von Europa
Länge: 4,219 km (1986–1990), 4,428 km (1994–1997)
Renndistanz: 69 Runden = 305,532 km
Erstes Formel 1-Rennen: 1986
Letztes Formel 1-Rennen: 1997
Gesamtzahl Grand Prix: 7
Erster Sieger: Ayrton Senna (1986)
Häufigste Sieger: 2 x Ayrton Senna (1986, 1988), 2 x Alain Prost (1988, 1990)
Internet: www.circuitodejerez.com

Nach → Predalbes, → Jarama und → Montjuich war Jerez der vierte Schauplatz eines Großen Preises von Spanien. Mit Unterstützung der andalusischen Provinzregierung wurde eine Strecke erstellt, die in erster Linie aus → Haarnadelkurven und zwei langen Geraden besteht.

Nachdem → Lotus-Pilot Martin Donnelly 1990 in der vorletzten Linkskurve beim Training schwer verunglückte, war Jerez nur noch 1994 und 1997 Ausrichter eines → Grand Prix, der dann unter der Bezeichnung Großer Preis von Europa ausgetragen wurde.

Johansson, Nils Edwin Stefan (Pilot)
Geboren: 08.09.1956 in Vaxjö/Schweden
GP-Rennen in der Fahrer-WM: 79 (1980–1991)
Pole Positions: 0
Siege: 0
WM-Punkte insgesamt: 88
Beste WM-Platzierung im Gesamtklassement: Fünfter (1988)
Rennwagen: Shadow, Spirit, Tyrrell, Toleman, Ferrari, McLaren, Ligier, Onyx, AGS und Footwork
Internet: www.stefanjohansson.com

Jemand, der Keith Haring zum Freund hatte und das Malen von poppigen Öl-Aquarellen als Hobby angab, war vom Charakter her nicht unbedingt das Idealbild des technokratischen Rennfahrers. Und der weizenblonde Parade-Skandinavier mit dem »offenen Lächeln«

konnte seine Chancen bei → Ferrari und → McLaren dann auch nicht nutzen und war danach als »ewiges Talent« für die meisten → Teamchefs nicht mehr interessant.

Johansson, in seiner Heimat mehrfacher Kartmeister, gewann 1980 die britische Meisterschaft in der Formel 3 und war in den nächsten beiden Jahren auch in der Formel 2 sehr erfolgreich. 1980 bekam er seine erste Formel 1-Chance bei → Shadow, konnte sich aber bei zwei Versuchen nicht qualifizieren.

Da er für den → Spirit-Rennstall erfolgreich in der Formel 2 tätig war, gab ihm dieses Team für 1983 dann auch die zweite Chance für Formel 1-Einsätze und ein siebter Platz beim Großen Preis der Niederlande war bis dato die beste Ausbeute. Johansson war zugleich der erste Fahrer, welcher mit dem Spirit zugleich ein Fahrzeug pilotierte, das mit dem später so erfolgreichen → Honda-Motor bestückt war.

1983 folgten vier Einsätze für → Tyrrell und drei für das → Toleman-Team. Bei diesem Rennstall konnte er zum ersten Mal die Aufmerksamkeit auf sich ziehen, als er beim Großen Preis von Italien Vierter wurde.

Beim Saisonfinish in Portugal ärgerte er rundenlang den hinter ihm liegenden und um die Weltmeisterschaft kämpfenden Niki → Lauda und war jetzt bei einigen Teamchefs im Notizbuch dick unterstrichen.

1985 fuhr Johansson das erste Rennen erneut für Tyrrell und danach bekam er die ganz große Chance, sich in den Vordergrund zu fahren. → Ferrari engagierte »das Riesentalent« als Ersatz für den in Ungnade gefallenen René → Arnoux und Johansson wusste sich anfangs gut zu behaupten. Mehrere Podestplätze, einige Führungskilometer sowie mit 30 Punkten ein akzeptabler siebter Platz in der Gesamtwertung waren eine Ausbeute, die auf mehr hoffen ließ. Doch ebenso wie für Teamkollege Michele → Alboreto die Meisterschaft in der Saison 1985 durch Ferraris technische Stagnation den Bach runterging, so kam Johanssons aufstrebende Karriere in der darauffolgenden Saison zum Stocken. Trotz einiger ausgezeichneter Rennleistungen lag er im Training immer hinter Alboreto und einige dritte Plätze waren für ein weiteres Engagement bei Ferrari zu dürftig.

Johansson wurde gegen Gerhard → Berger ausgetauscht und von der Fachpresse schon als »frustrierter Fahrer« deklariert. Seinen schwedischen Landsleuten war da schon längst klargeworden, dass aus dem »Kunstfreak« kein zweiter Ronnie → Peterson werden konnte, denn Johansson widmete seine Zeit lieber dem süßen Leben als konzentrierten Testfahrten.

Für 1986 wurde er bei → McLaren Nummer-2-Fahrer neben Weltmeister Alain → Prost. Zwar lag er nach drei Rennen mit 13 Punkten hinter Alain Prost an zweiter Stelle der Gesamtwertung, doch dann folgte eine längere Durststrecke, die er erst beim Großen Preis von Deutschland durch einen zweiten Platz beenden konnte.

Johansson kam dabei mit blanker Felge durchs Ziel, aber selbst dieser fahrerische Geschicklichkeitsbeweis bewahrte ihn nicht davor, für die nächste Saison durch Ayrton → Senna ersetzt zu werden.

Der Schwede fand mit Mühe für das Jahr 1987 ein Cockpit beim schwächelnden → Ligier-Team und wurde hier »in der Formel 1-Hierarchie zum Mauerblümchen degradiert«. Johansson konnte sich mehrfach für die Rennen nicht qualifizieren und blieb punktelos.

Danach könnte er von Glück reden, dass sich mit → Onyx ein neuer Rennstall ankündigte, der für seine Debüt-Saison einen erfahrenen Fahrer benötigte. Johansson biss sich in der mühseligen → Vorqualifikation durch drei verpasste Rennteilnahmen und schaffte dann beim Großen Preis von Frankreich einen erlösenden fünften Platz. Beim Großen Preis von Portugal wurde er sogar famoser Dritter und konnte sich damit wieder etwas rehabilitieren.

Pech für den Schweden, dass er den letzten Podestplatz seiner Formel 1-Laufbahn nicht gebührend feiern konnte, denn nach dem Zieleinlauf ging ihm der → Treibstoff aus und somit verpasste er die Siegerehrung. Johanssons vielsagender Kommentar dazu: »Typisch für mich, das zu verpassen.«

Bei aller sympathischer Selbstironie verging dem Schweden in der nächsten Saison endgültig das Lachen. Onyx-Besitzer Jean-Pierre van Rossem kam wegen Betruges ins Gefängnis und das Team lag finanziell am Boden. Johansson wurde das Opfer von Sparmaßnahmen und nach zwei aufeinanderfolgenden Nichtqualifikationen vom neuen Besitzer Peter → Monteverdi gefeuert.

Unerwartet ergab sich für den »sinkenden Stern« in der Saison 1991 noch einmal ein Formel 1-Engagement beim Underdog-Team → AGS. Aber Johansson konnte sich nicht einmal mehr gegen den mittelmäßigen Teamkollegen Gabriele Tarquini durchsetzen und verpasste in den beiden ersten Rennen wiederum die Qualifikation. AGS setzte ihn danach vor die Tür und nur durch den Unfall von → Footwork-Pilot Alex Caffi bekam er im selben Jahr beim Großen Preis von Kanada zum letzten Mal die Gelegenheit für ein Formel 1-Rennen.

Immerhin schaffte er mal wieder die Qualifikation und konnte sich längere Zeit im Rennen halten, bis ihn ein defektes Gaspedal zur Aufgabe zwang. Noch dreimal durfte er sich danach in das Footwork-→ Cockpit zwängen, ohne die Teilnahme für ein Rennen zu schaffen. Der einstmals »potentielle Sieger« hatte nun im → Grand-Prix-Zirkus ausgespielt und fand 1992 nur noch Unterschlupf als → Testfahrer bei McLaren. Johansson wechselte anschließend in die IndyCar-Szene und gewann 1997 die 24 Stunden von → Le Mans.

Jones, Alan (Pilot)
Geboren: 02.11.1946 in Melbourne/ Australien
GP-Rennen in der Fahrer-WM: 116 (1975–1986)
Pole Positions: 6
Siege: 12
WM-Punkte insgesamt: 206
Beste WM-Platzierung im Gesamtklassement:
Weltmeister 1980
Rennwagen: Hesketh, Hill, Surtees,
Shadow, Williams, Arrows, Lola

Alan Jones: Vom Underdog zum Formel 1-Weltmeister

Der immer etwas dickliche Australier galt als »Mann fürs Grobe« und war ingesamt kein herausragendes Fahrertalent, aber er saß zur richtigen Zeit im richtigen Auto und konnte so den Weltmeistertitel erringen.

Jones hatte von Beginn an den Wunsch, Rennfahrer zu werden, und wollte es zum Champion schaffen. Sein Vater war ein erfolgreicher Motorsportler und Sohn Alan wurde mit 17 Jahren Kart-Meister von Australien.

Von 1964–1966 bestritt er in seiner Heimat Formel 2- und Tourenwagenrennen, ohne besondere Erfolge einzufahren.

Nach weiteren sechs Jahren in der britischen Formel 3 gelang ihm in der »John Player-Serie« zumindest der Vizetitel. 1974 wurde die Motorsportfachwelt endlich auf ihn aufmerksam, als er in der Formel 5000 einige Male stark auftrumpfte. Ein Jahr später gab er sein Formel 1-Debüt in einem → Hesketh beim Chaos-Rennen von → Montjuich und schied durch einen Unfall aus.

Nach vier Rennen wechselte er zum Rennstall von Graham → Hill und erreichte beim Großen Preis von Deutschland mit dem fünften Platz seine ersten WM-Punkte. Ein Engagement bei → Surtees in der nächsten Saison

brachte ihm hintere Startplätze und viel Frust, aber auch akzeptable sieben WM-Punkte ein. Die Kritiker bescheinigten ihm kein außerordentliches Talent, aber viel Mut, Kampfgeist und Entschlossenheit.

Der Mann von »immenser physischer und geistiger Stärke« nahm nach einer kurzen Phase der Arbeitslosigkeit die Offerte des → Shadow-Teams für die Saison 1977 an. Das Team engagierte den Australier ab dem Großen Preis in → Long Beach als Ersatzfahrer für den tödlich verunglückten Tom → Pryce.

In diesem Jahr holte er sich mit dem glücklichen Sieg beim verregneten → Grand Prix von Österreich erstmals die Siegerlorbeeren, aber der zweitplatzierte Niki → Lauda lästerte anschließend gegenüber Journalisten: »Den braucht's euch net merken.«

Doch Teamchef Frank → Williams hatte sich die Leistung des Australiers durchaus notiert und machte ihm für die nächste Saison ein Angebot, weil das Team laut Williams einen zuverlässigen Fahrer suchte, »der regelmäßig in die Punkte fahren konnte.«

Nach einem durchwachsenen Jahr mit wechselnden Leistungen stieg 1979 die Kombination Jones/Williams dank der Sponsorenmillionen eines saudi-arabischen Ölscheichs zur absoluten Siegerpaarung auf. Vier Siege in den letzten fünf Rennen hätten Jones fast schon zum Weltmeister gemacht, wenn nicht die Punkteregelung mit den sogenannten → Streichresultaten gewesen wäre, die seinem Konkurrenten Jody → Scheckter zu Vorteilen verhalf. Nun galt Jones in der Fachwelt als »Offenbarung« und das Versäumte wurde 1980 nachgeholt, wo der »exzellente Reifentester« sich mit fünf Siegen und 13 Punkten Vorsprung überlegen den WM-Titel sicherte.

Auch für die Saison 1981 galt Jones als Maßstab und wie zur Bestätigung siegte er gleich im ersten Rennen. Doch beim nächsten Lauf in Südafrika missachtete sein Teamkollege Carlos → Reutemann die Stallorder und ließ Jones nicht überholen. Darüber völlig erbost rieb sich Jones von nun an frustriert und aggressiv in Grabenkämpfen mit seinem Stallgefährten und im Rennen mit Erzfeind Nelson → Piquet auf. Obwohl Reutemann ihm anbot das Kriegsbeil zu begraben, soll von Jones nur die Antwort gekommen sein: »Ja, in deinem Nacken, Carlos.«

Jones hatte auch in dieser Saison weiterhin Chancen auf das → Championat und führte neunmal einen Großen Preis an, konnte aber nur noch ein einziges Mal gewinnen und wurde Gesamtdritter. Das war ihm letztendlich egal, denn er hatte ausschließlich nur das Ziel gehabt, den möglichen Weltmeistertitel von Reutemann zu verhindern.

Anschließend verlor Jones die Lust auf den Formel 1-Sport und kehrte mit seiner Familie nach Australien zurück. Aber die »unruhige Seele« vermisste nach einiger Zeit die Grand-Prix-Rennen und nach einem Kurz-Comeback auf → Arrows kehrte er 1985 mit dem vielversprechenden → Lola-Projekt des Amerikaners Carl Haas zurück. »Auf dem Papier sah alles fantastisch aus«, erzählte Jones später, doch der Australier war inzwischen noch rundlicher geworden und die Lola-Konstruktion erwies sich als äußerst unzuverlässig. Nach zwei mageren Jahren mit zahlreichen Ausfällen und insgesamt nur vier WM-Punkten erklärte Jones am Ende der Saison 1986 endgültig seinen Rücktritt und fuhr bis 1995 noch in der australischen Tourenwagenmeisterschaft mit.

Jordan (Rennwagenfirma)
GP-Rennen in der Fahrer-WM: 163 (seit 1991)
Pole Positions: 2
Siege: 3
WM-Punkte: 233
Beste Platzierung in der Konstrukteurswertung: Dritter 1999
Bekannteste Fahrer:
Bertrand Gachot, Andrea de Cesaris, Rubens Barrichello, Thierry Boutsen, Eddie Irvine, Martin Brundle, Damon Hill, Ralf Schumacher, Giancarlo Fisichella, Heinz-Harald Frentzen
Erfolgreichste Fahrer:
Heinz-Harald Frentzen, Damon Hill, Rubens Barrichello
Internet: www.f1jordan.com

Im Gegensatz zu vielen anderen Newcomer-Teams konnte sich Jordan schon im ersten Jahr seiner Formel 1-Zugehörigkeit 1991 etablieren. Für den ersten Sieg musste sich Eddie Jordan allerdings erheblich länger gedulden.

Eddie Jordan fuhr in den siebziger Jahren in verschiedenen Formel-Serien und gewann 1978 den Meistertitel in der Formel Atlantic. Danach gründete er die »Eddie Jordan Racing«, welche alsbald sehr erfolgreich in der britischen Formel 3 sowie in der europäischen Formel 3000-Meisterschaft agierte.

Schon 1989 nahm der »pfiffige Ire« die Formel 1 ins Visier und durch die lange Vorbereitungszeit ging das Team zwei Jahre später gut gerüstet in seine erste → Grand-Prix-Saison 1991. Dank seiner Geschäftstüchtigkeit hatte sich Eddie Jordan ausreichend Sponsorengelder und die konkurrenzfähigen → Ford-HB-Motoren besorgt. Konstrukteur Gary → Anderson entwarf mit dem Modell 191 ein zwar konventionelles, aber mit eigenständigen aerodynamischen Lösungen ausgestattetes Fahrzeug. Bei der Pilotenwahl ging Jordan allerdings ein gewisses Risiko ein, denn sowohl der vorher in der Formel 1 glücklose Bertrand → Gachot als auch der als Bruchpilot abqualifizierte Andrea → de Cesaris waren in der Grand-Prix-Szene eher umstrittene Fahrer. Zudem musste das Team als Neuling damals durch die schwierige → Vorqualifikation, um danach überhaupt erst am offiziellen Zeittraining teilnehmen zu dürfen.

Doch nur im ersten Versuch scheiterte de Cesaris an der Hürde und danach gehörte Jordan zu den Aufsteigern der Saison mit zahlreichen guten Platzierungen und insgesamt 13 WM-Punkten. Allerdings musste der bei Jordan endlich aufblühende Gachot vor dem belgischen Grand Prix ersetzt werden, da er im Knast gelandet war.

Jordan nahm für reichlich Bargeld den jungen Michael → Schumacher ins → Cockpit, der auf Anhieb schneller als Teamkollege de Cesaris war und bei seinem ersten Formel 1-Auftritt für gewaltiges Aufsehen sorgte.

Schumacher fiel dann zwar gleich in der ersten Runde aus und wurde anschließend von

1992 war für Jordan ein absolutes Pleite-Jahr. Hier mit Stefano Modena am Steuer

→ Benetton weggeschnappt, aber das Team konnte auf eine ausgezeichnete Debüt-Saison zurückblicken, auch wenn de Cesaris und Schumacher-Nachfolger Roberto Moreno in den letzten sechs Rennen nicht mehr punkteten. Nach diesem fulminanten Einstieg folgte in der nächsten Saison der jähe Absturz, weil Jordan sich schon als Spitzenrennstall sah und deswegen die Trennung von den zuverlässigen Ford-Motoren vollzog, um exklusiv Kundenaggregate von → Yamaha zu erhalten.

Überdies engagierte Jordan als neues Pilotenpaar ausgerechnet den biederen Brasilianer Mauricio Gugelmin sowie den wegen seiner fahrerischen Unbeständigkeit von Experten bereits als »Formel 1-Fragezeichen« deklarierten Stefano Modena.

Wie zur Bestätigung konnte Modena sich im ersten Lauf in → Kyalami nicht qualifizieren und Gugelmin gurkte auf den hintersten Plätzen herum. Probleme mit dem unorthodoxen und unzuverlässigen Siebenganggetriebe und dem Yamaha-Motor, der in punkto Leistung und Zuverlässigkeit an die Vorjahresmotoren nicht heranreichen konnte, gaben Jordan den Rest. Das Tief zog sich durch die gesamte Saison, in der Modena noch dreimal die Qualifikation verpasste und Gugelmin im fahrerischen Niemandsland herumkurvte. Ein einziger Punkt durch Modena im letzten Lauf in Australien ließ Jordan auf den elften Platz in der Konstrukteurswertung abrutschen.

Für beide Piloten war anschließend die Formel 1-Zeit beendet und Jordan musste zusehen, wie er sein sinkendes Schiff wieder flottmachen konnte.

Mit den neuen Piloten Rubens → Barrichello und Ivan → Capelli sowie dem neuen Motorenpartner → Hart wollte man wieder an die Erfolge der Debüt-Saison anknüpfen.

Aber gleich nach dem zweiten Rennen erlebte Capelli das Rennen als Zuschauer und wurde danach von Thierry → Boutsen ersetzt, der während der ganzen Saison mit dem für

1995 werkelte man bei Jordan noch vergeblich für den Sieg

ihn viel zu engen Jordan-→ Cockpit nicht zurechtkam. Außer einem bravourösen Rennen von Barrichello beim Regenrennen in → Donington, wo er bis sechs Runden vor Schluss auf Platz 3 lag, sorgte Jordan erst kurz vor Ende der Saison wieder für positive Schlagzeilen, als Barrichello Fünfter wurde und Debütant Eddie → Irvine auf dem sechsten Platz folgte.

Bereits vorher hatte Jordan für den zurückgetretenen Boutsen gegen gutes Geld das Cockpit an Fahrer wie Marco Apicella und Emanuele Naspetti vermietet.

Für die neue Saison gelang den Designern Anderson und Steve Nichols wieder ein ausgezeichnetes → Chassis, das bereits bei den ersten Testfahrten zuversichtlich stimmte.

Dieser Eindruck wurde in der Saison 1994 bestätigt und es wurde das bis dahin beste Jahr für das Team. Der mit bescheidenen Mitteln finanzierte Hart-Motor erwies sich als leistungsstark und standfest und das Pilotenpaar Barrichello/Irvine knüpfte nahtlos an diese Leistungen an. Jordan zog aus den Eskapaden von »Crazy Eddie« Irvine sogar noch Kapital und vermietete während dessen Rennsperre das Cockpit gegen Geld wieder an andere Piloten. Neben Aguri → Suzuki wurde der Mietfahrer Andrea de Cesaris in Monaco sogar Vierter. 28 WM-Punkte, ein fünfter Platz in der Konstrukteurswertung sowie die erste → Pole Position, herausgefahren durch Barrichello in → Spa-Francorchamps, stimmten Eddie Jordan zuversichtlich, bald den anvisierten ersten Sieg zu erlangen.

Um dies zu ermöglichen, trennte er sich von Hart, weil diese nicht »groß genug« seien und ging eine Liaison mit den → Peugeot-Motoren ein. Aber auch in den nächsten drei Jahren fuhr Jordan trotz der Peugeot-Motoren an Siegen vorbei, hatte sich aber mittlerweile im vorderen Mittelfeld etabliert. Mit seinem Geschäftssinn gelang es Eddie Jordan zwar immer zahlungskräftige → Sponsoren und damit genügend Dollars in die Teamkasse fließen zu lassen, aber weder Barrichello noch Martin → Brundle, Ralf → Schumacher oder Giancarlo → Fisichella konnten den großen Traum des »irischen Schlitzohres« in die Tat umsetzen. Das gelang 1998 erst Damon → Hill, der in der Regenschlacht von Spa-Francorchamps die Übersicht behielt und vor Teamkollege Ralf Schumacher als Erster die Ziellinie kreuzte. Den absoluten Höhepunkt erlebte der Rennstall, der inzwischen von Peugeot- auf → Mugen-Motoren gewechselt war, ein Jahr später, als der vorher bei → Williams aussortierte Heinz-Harald → Frentzen zweimal siegen konnte und eine Zeit lang um den WM-Titel mitkämpfte.

Eddie Jordan, der inzwischen 40 % seines Rennstalls an eine Investmentbank verkauft hatte, holte sich noch für die Saison 2000 als Nachfolger für Hill den schnellen Jarno → Trulli, der sich bereits in seinem ersten Jordan-Jahr gegenüber Heinz-Harald Frentzen als ebenbürtig erwies. Trotzdem konnte das Team an die Vorjahreserfolge nicht anknüpfen und war von vielen Ausfällen betroffen. Für die nächste Saison erhofft man sich mit den Kunden-Motoren von → Honda wieder einen Aufschwung.

Judd (Motorenhersteller)

GP-Rennen in der Fahrer-WM: 68 (1988–1992)
Pole Positions: 0
Siege: 0
WM-Punkte: 86
Rennwagen:
Ligier, Williams, March, Brabham, Lotus, Leyton-House, Dallara, EuroBrun, Life, Andrea Moda

Die Judd-Motoren waren oftmals für Hungerleider-Teams die Billig-Alternative oder eine Notlösung zu den unerschwinglichen Werksaggregaten von → Honda oder → Renault, verfügten aber teilweise über ein akzeptables Preis-Leistungs-Verhältnis.

John Judd hatte sich mit seiner Tuningfirma in England seit Jahren mit der Wartung von Rennmotoren befasst und betreute dabei u.a. Aggregate von → Honda und → Cosworth. Angefangen hatte Judd bei der Motorenfirma → Coventry-Climax und anschließend arbeitete er bei → Repco, mit dessen Motoren die Wagen von → Brabham 1966 und 1967 Weltmeister wurden. Dadurch lernte Judd auch Jack → Brabham kennen, der später die Hauptanteile von Judd besaß. 1987 hatte man bei Judd mit dem Bau eines eigenen 3,5-Liter-Saugmotors begonnen und ein Jahr vor dem Verbot der Turbomotoren tauchten 1987 die Achtzylinder-Saugmotoren von Judd durch → Ligier, → Williams und → March gleich bei drei Rennställen auf.

Gegenüber den Turbo-Triebwerken wiesen die Judd-Aggregate ein Leistungsdefizit von ca. 60 PS auf, gehörten aber bei den Saugmotoren zu den stärksten im Feld. Aber Siege gab es keine gegen die Turbo-Konkurrenz von Honda. Williams war der temparaturanfälligen Aggregate schon nach einer Saison überdrüssig und angelte sich die leistungsstarken Triebwerke von Renault.

1989 gab es von Judd, dessen Firma inzwischen 40 Mitarbeiter besaß, die neue Evolutionsstufe EV, welche ausschließlich dem → March-Team vorbehalten war, während Überlebenskünstler wie → EuroBrun, → Lotus und Brabham die Vorjahresmotoren erhielten. Bestes Ergebnis für die Judd-Bilanz waren dritte Plätze von Brabham und March, während EuroBrun chancenlos war und Lotus sich weiter auf dem absteigenden Ast befand.

Ein Jahr später hätte es für einen mit Judd-Motor angetriebenen Rennwagen beinahe zu einem Sieg gereicht, als Ivan → Capelli mit March in → Le Castellet in den Runden 33 bis 78 führte, ehe er doch noch von Alain → Prost überholt wurde. Andere Kunden der englischen Motorenschmiede aus Derby wie Brabham, Eurobrun und → Life fristeten in der Formel 1 nur noch ein Mauerblümchen-Dasein.

Für die Saison 1991 hatte Judd einen Zehnzylinder gebastelt, mit dem der → Dallara-Rennstall exklusiv beliefert wurde. Die Italiener belegten damit in Kanada einen sensationellen dritten Platz. Mit den älteren V8-Motoren musste sich das gebeutelte Lotus-Team zufriedengeben und kam auf insgesamt drei WM-Punkte.

Für 1992 gab es nur noch Brabham und Newcomer Andrea → Moda als Kunden, was ein unrühmliches Ende der Judd-Ära darstellte. Brabham ging noch während der Saison bankrott und Andrea Moda, die sich nur für ein Rennen qualifizieren konnten, wurden ab dem Großen Preis von Italien von der → FISA ausgeschlossen. Die Judd V10 landeten anschließend bei → Yamaha und wurden dort unter deren Markennamen von John Judd weiterentwickelt.

K

Kauhsen (Rennwagenfirma)
GP-Rennen in der Fahrer-WM: 0 (1979)
Pole Positions: 0
Siege: 0
WM-Punkte: 0
Beste Platzierung in der Konstrukteurswertung: 0
Bekannteste Fahrer: –
Erfolgreichste Fahrer: –

Das deutsche Team des Rennfahrers Willibald Kauhsen bemühte sich Ende der siebziger Jahre in der Formel 1, ohne auch nur an einem Rennen teilzunehmen. Kauhsen fuhr 1977 in der Formel 2 mit älteren Elf-Fahrzeugen, die er als Kauhsen-→ Renault bezeichnete und die sich unter seiner Leitung permanent verschlechterten. Selbst Stars wie Klaus Ludwig, Vittorio → Brambilla und Alain → Prost mühten sich mit den einstmals sehr erfolgreichen Wagen bei Kauhsen vergeblich ab.

Trotzdem unbelehrbar, baute Kauhsen 1979 fünf Wagen für die Formel 1, die mit → Cosworth-Motoren bestückt waren, aber erhebliche → Aerodynamik-Probleme aufwiesen.

Zwei Versuche in Spanien und Belgien mit Gianfranco Brancatelli am Steuer endeten in Nichtqualifikationen. Danach hatte Kauhsen ein Einsehen und hörte auf.

Kerbs
Das sind die im Englischen auch Curbs genannten Seitenbegrenzungen an der Rennstrecke. Wie mancher sie von der Carrera-Bahn kennt, sind diese zumeist in den Farben rot-weiß gekennzeichnet. Eine gute und stabile → Aufhängung hilft dem Piloten dabei, möglichst unbeschadet über diese flachen Randsteine zu fahren.

Kling, Karl (Pilot)
Geboren: 16.09.1910 in Gießen/ Deutschland
GP-Rennen in der Fahrer-WM: 11 (1954–1955)
Pole Positions: 0
Siege: 0
WM-Punkte insgesamt: 17
Beste WM-Platzierung: Fünfter (1954)
Rennwagen: Mercedes

Schon 44jährig war Karl Kling der erste Deutsche, welcher einen Formel 1-Weltmeisterschaftslauf anführte, aber während seiner zweijährigen → Mercedes-Zeit zumeist im Schatten von Juan-Manuel → Fangio stand.

Der Sohn eines Lehrers war an der Schule völlig desinteressiert, weil es für den Rudolf-→ Carraciola-Fan nur einen einzigen Wunsch

Karl Kling feierte als erster deutscher Fahrer größere Erfolge in der Formel 1

gab: Rennfahrer zu werden. Er begann eine Lehre als Kfz-Mechaniker und bestand 1934 die Meisterprüfung. Um seine Rennfahrerträume zu verwirklichen, bewarb er sich bei Daimler-Benz, wo er zunächst im Kundendienst beschäftigt wurde. 1937 nahm ihn Daimler-Benz in die Geländemannschaft auf, wo er im selben Jahr bei der Winterfahrt in Ostpreußen die Goldmedaille gewann. Bei einer Geländefahrt zog er sich nach einem Sturz jedoch eine schwere Rückgratverletzung zu, die ihn über ein Jahr lang ans Bett fesselte.

Während des 2. Weltkrieges wurde er als technischer Berater von Daimler-Benz-Flugmotoren bei der Luftwaffe eingesetzt.

1946 stieg er bei einem Rundstreckenrennen in Karlsruhe wieder in einen Rennwagen und wurde 1948 sowie 1949 Deutscher Sportwagenmeister. Unermüdlich schuftete Kling, um Mercedes bei einem Formel 2-Rennen in Solitude mit einem von ihm überarbeiten → Veritas-Rennwagen von seinen Fähigkeiten zu überzeugen. Ihm gelang der Sieg und 1950 folgte die Unterzeichnung eines Werksfahrervertrages bei Daimler-Benz. 1952 wurde er Zweiter bei der Mille Miglia und zugleich Sieger der Carrera Panamericana. 1954 gab er sein Formel 1-Debüt bei Mercedes als Teamgefährte von Juan-Manuel Fangio und in Frankreich glückte ihm gleich ein zweiter Platz.

Doch Fangio war auch in dieser Saison wieder der alles überragende Fahrer und nur beim Rennen auf dem → Nürburgring lag Kling zeitweise vor dem Argentinier in Führung, bis ein Defekt ihn an die Boxen zwang und auf den vierten Platz zurückfallen ließ. 1955 stieß Stirling → Moss zum Mercedes-Team und während Fangio und Moss permanent Doppelsiege feierten, gelangen Kling insgesamt nur fünf WM-Punkte.

Nach dem Rückzug vom Mercedes aufgrund der → Le Mans-Katastrophe wurde Kling 1955 Nachfolger von Rennleiter Alfred → Neubauer und gewann 1959 sowie 1961 Rallyes in Süd- und Zentralafrika.

Auch Aguri Suzuki vermied es, 1992 in Hockenheim über die Kerbs zu fahren

Kojima (Rennwagenfirma)
GP-Rennen in der Fahrer-WM: 2 (1976–1977)
Pole Positions: 0
Siege: 0
WM-Punkte: 0
Beste Platzierung in der Konstrukteurswertung: 0
Bekannteste Fahrer: –
Erfolgreichste Fahrer: –
Kojima war der Versuch, einen ernstzunehmenden japanischen Rennstall in der Formel 1 zu etablieren, doch das Projekt wurde nur halbherzig durchgeführt.

Die »Kojima Engineering« of Koyoto baute in den siebziger Jahren Formel 2-Wagen, die sich in Japan gegen die europäische Konkurrenz achtbar schlugen.

Dem 1976 beim Heimat-Rennen in → Mont Fuji eingesetzen Wagen bescheinigte die Fachwelt, dass er unkompliziert und gut gemacht sei. Masahiro Hasemi schaffte den 10. Startplatz und im Rennen sogar die schnellste Runde. Aber auch 1977 trat man außerhalb Japans nicht an und beim heimatlichen Großen Preis schaffte Kazuyoshi Hoshino mit einer verbesserten Version des Vorgängermodells einen 11. Platz. Das Formel 1-Projekt verlief danach im Sande und Matsushisa Komijo war ohne großen Erfolg weiterhin als Konstrukteur in der heimischen Formel 2 tätig.

Konstrukteursweltmeisterschaft
Dieser Wettbewerb wurde 1958 in die Formel 1 eingeführt und ist das → Championat für die Rennställe. Er ist mit hohem Prestige unter den Teams verbunden und mancher → Teamchef räumt diesem Titel eine höhere Priorität ein als der Fahrerweltmeisterschaft. Punkte für die Konstrukteursweltmeisterschaft werden am Ende der Saison von der → FOCA auch finanziell belohnt. Erster Konstrukteursweltmeister war der heute nicht mehr existierende → Vanwall-Rennstall und gegenwärtig erfolgreichster ist → Ferrari mit 10 Titeln.

Küchen (Motorenhersteller)
GP-Rennen in der Fahrer-WM: 3 (1952–1953)
Pole Positions: 0
Siege: 0
WM-Punkte: 0
Rennwagen: AFM
Richard Küchen, ehemaliger Chefkonstrukteur der Zündapp-Werke, hatte 1949 mit der Konstruktion eines Achtzylinder-Motors begonnen, der über 2,0 Liter Hubraum verfügte. Wegen der → Reglementsänderungen in der Formel 1, bei der 1951 die → FIA beschlossen hatte, die Weltmeisterschaft für Zweiliterwagen zuzulassen, war der Küchen-Motor jetzt auch für die Königsklasse geeignet.

Altmeister Hans → Stuck, der sich einen → AFM-Rennwagen zugelegt hatte, war auf der Suche nach einem neuen Motor und entschied sich für das Aggregat aus Ingolstadt.

Doch beim Großen Preis der Schweiz musste nach einem guten Rennstart der Wagen mit Motorschaden an die → Box gefahren werden. Zwei weitere Einsätze in der Saison 1953 brachten als bestes Ergebnis einen vierzehnten Platz in Italien. Danach verschwanden sowohl Hans Stuck, der AFM-Rennwagen als auch der Küchen-Motor von der Formel 1-Bildfläche. Von den drei Exemplaren des Küchen-Aggregats wurden zwei verschrottet und das dritte war kurzzeitig für einen anderen Rennwagen vorgesehen, was aber nie verwirklicht wurde.

Kurtis-Kraft (Rennwagenfirma)
GP-Rennen in der Fahrer-WM: 12 (1950–1960)
Pole Positions: 6
Siege: 5
WM-Punkte: 127
Beste Platzierung in der Konstrukteurswertung: 0
Bekannteste Fahrer: Bill Vukovich,
Tony Bettenhausen, Troy Ruttmann
Erfolgreichste Fahrer: Johnnie Parsons,
Lee Wallard, Bill Vukovich, Bob Sweikert
In den fünfziger Jahren, als die 500 Meilen von → Indianapolis zur Formel 1-Weltmeisterschaft zählten, konnte sich der Rennwagen im »Nudeltopf« mehrfach augezeichnet in Szene setzen. Als man in → Sebring auch die Europäer beeindrucken wollte, endete alles mit einer Riesenblamage. Von 1950 bis 1955 konnten die Kurtis-Kraft-Fahrzeuge fünfmal

bei den Indy 500 gewinnen und viele Indyfahrer vertrauten auf diese Rennwagen, die zudem von den ausgezeichneten → Offenhauser-Motor angetrieben wurden. Als die USA 1959 dann erstmals auch in → Sebring einen Großen Preis veranstaltete, war Kurtis-Kraft überzeugt, die europäische Konkurrenz in Schach halten zu können, denn in Indianapolis war bisher außer Alberto → Ascari kaum ein Formel 1-Pilot aus dem alten Kontinent aufgetaucht. Um die Zuschauer anzulocken, wurde der populäre Indy-Sieger Rodger → Ward als Fahrer engagiert. Zum Entsetzen der Beteiligten qualifizierte sich Ward auf dem untauglichen Roadster-Fahrzeug von Kurtis-Kraft mit 43, 8 Sekunden hinter der Bestzeit nur für den letzten Startplatz. Während des Rennens schaffte er keine Positionsverbesserung und gab nach 20 Runden mit Kupplungsschaden auf. 1960 begab man sich in Indianapolis lieber wieder auf vertrautes Terrain, doch von den acht eingesetzten Fahrzeugen fielen sechs aus und Bob Christie schaffte mit Platz 10 das beste Resultat.

Kyalami (Rennstrecke)
GP-Bezeichnung: Großer Preis von Südafrika
Länge: 4,094 km (1967), 4,104 km (1968–1985), 4,261 km (1992–1993)
Renndistanz: 72 Runden = 306,792 km (1993)
Erstes Formel 1-Rennen: 1967
Letztes Formel 1-Rennen: 1993
Gesamtzahl Grand Prix: 20
Erster Sieger: Pedro Rodriquez (1967)
Häufigster Sieger:
3x Niki Lauda (1976, 1977, 1984)
GP-Unfälle mit tödlichem Ausgang:
Tom Pryce (1977/Rennen)

Internet: http://home.global.co.za/~ kma/ index.html
Der nahe bei Johannesburg in 1524 m Höhe gelegene Kurs war ab 1967 traditionell das Saison-Eröffnungsrennen in der Formel 1. Wie viele Rennstrecken dieser Zeit verfügte auch Kyalami über eine lange Boxengerade, die von einer schnellen Kurve abgelöst wurde.

Bei der Premiere am 2. Januar 1967 hätte beinahe der unbekannte Rhodesier John Love mit einem → Cooper das Rennen gewonnen, aber ein Tankstopp kurz vor Schluss ließ ihn noch auf Platz 2 zurückfallen und damit knapp die Sensation verpassen.

Ab 1985 war der politische Druck wegen der südafrikanischen Apartheidpolitik so groß geworden, dass diese Veranstaltung aus dem Kalender gestrichen wurde. Nachdem sich die politische Lage verändert hatte, kehrte der Grand-Prix-Zirkus 1992 wieder nach Südafrika zurück, aber die Strecke war inzwischen stark verändert worden.

Aus dem Kurs, der vorher anspruchsvoll für die Fahrer war und einiges an Mut erforderte, war ein Retortencircuit geworden, der praktisch keine Überholmanöver erlaubte. Aber es gab auch positive Stimmen, so beispielsweise von Michael → Schumacher, der über die Strecke folgendermaßen urteilte:

»Hier macht es Spaß zu fahren.«

Für das sich im Umbruch befindende Südafrika war diese Veranstaltung wichtig, um nach jahrelangem Boykott wieder Anschluss an den Rest der Welt zu finden. Doch durch einen Finanzskandal des Landes war es 1993 mit dem Großen Preis von Südafrika schon wieder vorbei und bisher ist man dorthin nicht wieder zurückgekehrt.

L

Laffite, Jacques-Henri (Pilot)
Geboren: 21.11.1943 in Paris/Frankreich
GP-Rennen in der Fahrer-WM: 176 (1974–1986)
Pole Positions: 7
Siege: 6
WM-Punkte insgesamt: 228
Beste WM-Platzierung im Gesamtklassement:
Vierter 1979, 1980, 1981
Rennwagen: ISO-Marlboro, Williams, Ligier

Der bei allen Fahrerkollegen äusserst beliebte, spindeldürre Franzose gehörte eine halbe Dekade zu den Spitzenfahrern in der Formel 1 und war 1981 bis zum Saisonfinale ein ernsthafter Anwärter auf den WM-Titel.

Als → Mechaniker von Jean-Pierre → Jabouille kam Jacques Laffite 1966 mit der Motorsportwelt in Berührung und begann ab 1968 selbst Rennen zu fahren. Nach Teilnahmen in der französischen Formel 3 und Formel-→ Renault-Meisterschaft wurde er 1972 Meister in der Formel 3 seines Landes. 1973 konnte er diese Leistungen bestätigen und auch bei der Formel 2 zeigte er ausgezeichnete Leistungen, so dass er 1974 in einem → ISO-Marlboro von Frank → Williams in der Formel 1 beim Grossen Preis von Deutschland debütierte.

Mit dem unterlegenen Fahrzeug schied Laffite aber in diesem, wie auch in den verbleibenden Rennen zumeist mit Motor- oder Getriebeschaden aus. Auch die nächste Saison bei ISO brachte oft genug Verdruss, doch beim Grossen Preis von Deutschland gelang ihm ein überraschender 2. Platz. Es war jedoch in einer wieder von zahlreichen Ausfällen geprägten Saison die einzige Punkteplatzierung für Laffite in diesem Jahr. 1976 wechselte er zu → Ligier, der Franzose konnte in dieser Saison mehrere vordere Punkteplatzierungen verbuchen und wurde in der Gesamtwertung Siebter. Im darauffolgenden Jahr schaffte er beim Grossen Preis von Schweden seinen ersten Formel 1-Sieg. Laffite war da immer noch ein körperliches Leichtgewicht, so dass Niki Lauda empfahl, seine Frau »solle ihm mal einen ordentlichen Topf Spaghetti kochen«.

Doch Laffites Karriere begann im nächsten Jahr zu stagnieren: Solide fuhr er regelmässig in die Punkte ohne sonderlich auf sich aufmerksam zu machen.

1979 schien der Knoten zu platzen, denn Laffite gewann die beiden ersten Saisonläufe jeweils nach einer Trainingsbestzeit und war der WM-Führende. Aber im weiteren Verlauf der Saison konnten die Erfolge mit den nach-

Jacques Laffite:
Vom Rennmechaniker zum Formel 1-Sieger

lassenden Ligier-Wagen nicht fortgesetzt werden und er blieb anschließend sieglos und wurde mit 36 WM-Punkten Gesamtvierter.

Die nächste Saison brachte wieder einige gute Resultate sowie den Sieg beim Großen Preis von Deutschland. Am Ende war Laffite wieder Vierter im Endklassement, diesmal mit 34 WM-Punkten.

Dem passionierten Golfer und Pilzsammler wurde mangelnder »Killerinstinkt« unterstellt, doch in der Saison 1981 lag er vor dem Saisonfinale in → Las Vegas mit zwei Siegen und sechs Punkten Rückstand hinter dem führenden Carlos → Reutemann auf dem dritten Platz der Gesamtwertung. Nur ein Sieg hätte zumindest eine theoretische Chance eröffnet. Aber ein zwölfter Platz beim Training sowie ein sechster beim Rennen ließen alle Ambitionen scheitern. Laffite hatte damit den Höhepunkt seiner → Grand-Prix-Karriere erreicht, denn von nun an ging es stufenweise bergab.

In der nächsten Saison gelangen dem Franzosen nur noch fünf Punkte und nach seinem Wechsel 1983 zu Williams sah es am Ende mit 11 WM-Punkten kaum besser aus. Nach einem weiteren Jahr der Enttäuschung bei Williams kehrte Laffite noch einmal zu Ligier zurück, doch der Rennstall besaß kein Siegpotential mehr. Immerhin gelangen Laffite in der Saison 1985 noch einige Podestplatzierungen und mit insgesamt 16 WM-Punkten ein neunter Platz im Endklassement. 1986 schaffte er ebenfalls mehrere gute Resultate, bis eine schwere Verletzung nach einem Startunfall beim Großen Preis von Großbritannien für das abrupte Formel 1-Ende sorgte. Laffite war anschließend noch jahrelang erfolgreich in der deutschen Tourenwagenmeisterschaft sowie in einigen Sportwagenrennen unterwegs.

Lamborghini (Motorenhersteller)
GP-Rennen in der Fahrer-WM: 80 (1989–1993)
Pole Positions: 0
Siege: 0
WM-Punkte: 9
Rennwagen: Lola, Lotus, Ligier, Modena, Minardi, Larrousse

Die berühmte italienische Automobilschmiede tauchte nie mit eigenen Fahrzeugen bei Rennen auf, aber unter den Fittichen des Chrysler-Konzerns wagte man sich für vier Jahre als Motorenlieferant in die Formel 1.

Ferrucio Lamborghini baute 1962 seinen ersten eigenen Wagen, dem ein Jahr später in Sant'Agata die Errichtung einer Produktionsstätte folgte. Das Modell Miura, benannt nach einem berühmten spanischen Stierzüchter, entwickelte sich zu einem großen Erfolg und wurde für Kenner italienischer Sportwagenkultur ein absolutes Lieblingsobjekt. Weil Ferrucio Lamborghini Angst davor hatte, dass sein Sohn Rennfahrer werden könnte, wollte er nie einen eigenen Rennstall ins Leben rufen. Als die Marke aber nach vielen finanziellen Turbulenzen und undurchsichtigen Besitzverhältnissen 1987 von Chrysler übernommen wurde, ging alles ziemlich schnell.

Unter der Leitung von Chrysler-Boss Lee Iacocca wurde der Einstieg in die Formel 1 beschlossen und der ehemalige → Ferrari-Konstrukteur Mauro → Forghieri mit der Konstruktion eines V12-Motors beauftragt.

Forghieri entwickelte das Aggregat im neuen Werk bei Modena und bereits 1988 wurde es ausgiebig getestet.

Ein Jahr später war der Lamborghini-Motor im Heck der → Lola-Rennwagen des Teams → Larrousse zu finden. Doch die Maschine erwies sich als sehr defektanfällig und neben zahlreichen Ausfällen gab es nur einen WM-Zähler durch Philippe Alliot in Spanien zu verzeichnen.

Die für 1990 entwickelte Stückzahl von 50 Zwölfzylinder-Motoren wurde in dieser Saison neben Lola-Larrousse noch an → Lotus geliefert. Das Aggregat war jetzt insgesamt zuverlässiger geworden und erlebte mit dem dritten Platz von Aguri → Suzuki in Japan seinen Saisonhöhepunkt. Ein Jahr später wanderte der Lamborghini zu → Ligier und in diesem fehlkonstruierten Wagen gab es während der ganzen Saison keinen einzigen WM-Punkt.

Noch schlimmer erging es den Italienern in der gleichen Saison mit einem halbherzigen

Rennwagenprojekt, das unter der Bezeichnung → Modena chancenlos in der Formel 1 herumtuckerte. Allmählich wurde das Budget für die Weiterentwicklungen immer knapper und 1992 belieferte man mit → Minardi und Larrousse erneut nicht gerade die Crème de la Crème an Rennställen.

Als beinahe logische Folge gab es dann von beiden Teams gerade mal zwei magere WM-Pünktchen.

Auch eine weitere Saison mit dem Larrousse-Rennstall führte nicht aus dem unteren Mittelmaß heraus. Doch für 1994 schien man endlich mit → McLaren einen potenten Kunden an der Angel zu haben. Mit Ron → Dennis war man sich so gut wie handelseinig und auch die Testfahrten verliefen recht vielversprechend. Doch dann sagte der McLaren-Boss kurzfristig ab und wählte lieber → Peugeot als Motorenlieferanten. Völlig enttäuscht zog sich Lamborghini aus dem Rennsport zurück und wurde im Februar 94 von Chrysler an eine indonesische Firma weiterverkauft.

Lancia
(Rennwagenfirma, Motorenhersteller)

GP-Rennen in der Fahrer-WM: 10 (1954–1955)
Pole Positions: 2
Siege: 0
WM-Punkte: 9
Beste WM-Platzierung in der
Konstrukteurswertung: 0
Bekannteste Fahrer: Alberto Ascari, Eugenio Castellotti, Louis Chiron, Luigi Villerosi
Erfolgreichste Fahrer:
Eugenio Castellotti, Luigi Villerosi

Mit Fahrzeugen, die vom Design her ihrer Zeit weit voraus waren, aber viele Kinderkrankheiten aufwiesen, gab die renommierte Fahrzeugmarke ein kurzes Formel 1-Gastspiel, das in erster Linie an den zu hohen Kosten scheiterte. In den frühen Tagen des Rennsports war Vincenzo Lancia ein erfolgreicher Fiat-Werksfahrer, der den Beinamen »roter Teufel« besaß. Ab 1907 wurde er Konstrukteur und gründete sein eigenes Unternehmen, das schon im selben Jahr seinen ersten Serienwagen auf den Automobilmarkt brachte. An sportlichen Wettbewerben beteiligte man sich kaum, was sich erst änderte, als Sohn Gianni Anfang der fünfziger Jahre Fahrzeuge bei internationalen Sportwagenrennen einsetzte.

Zusammen mit dem ehemaligen → Alfa-Romeo-Konstrukteur Vittorio Jano startete Gianni Lancia dann das ehrgeizige Formel 1-Projekt. Der von Jano konstruierte D50 bestach durch ein »originelles → Design« mit seitlichen Tanks und wurde von einem hochtourigen V8-Motor angetrieben. Mit dem zweifachen Weltmeister Alberto → Ascari nahm der Rennstall zudem den damaligen Topfahrer der Formel 1 unter Vertrag.

Doch was auf dem Papier so verheißungsvoll aussah, war mit vielen Startschwierigkeiten verbunden.

Die Fertigstellung des Fahrzeugs verzögerte sich aus finanziellen Gründen und Ascari musste sich im Däumchendrehen üben. Erst beim letzten Großen Preis der Saison in Spanien war der Lancia endlich einsatzbereit und schlug beim Training wie eine Bombe ein, weil sich Ascari auf Anhieb die → Pole Position vor Juan-Manuel → Fangio sicherte. Ab der dritten Runde lag Ascari dann mit zeitweise 10 Sekunden in Führung, bis die Kupplung brach.

Diese kurze Demonstration reichte allerdings aus, um Lancia für die nächste Saison zum großen Favoriten zu küren und die Formel 1-Welt freute sich schon auf die Wiederkehr der Duelle zwischen Ascari und Fangio.

Doch 1955 verunglückte Ascari in Führung liegend beim Großen Preis von Monaco und starb einige Tage später bei einer Probefahrt in → Monza. Eugenio Castellotti und Luigi Villoresi fuhren zwar in Monaco in die Punkte, doch kurz darauf gab Lancia auf und veräußerte den D50 an Fiat, wo man in der nächsten Saison das Fahrzeug als Lancia-→ Ferrari einsetzte.

Obwohl der Wagen mit der ursprünglichen Konstruktion kaum noch etwas gemein hatte, schaffte Fangio 1956 damit den Weltmeistertitel und Lancia wurde anschließend in Kooperation mit Fiat zu einer Rallye-Koryphäe.

Lang, Hermann (Pilot)
Geboren: 06.04.1909 in
Bad Cannstatt/Deutschland
Gestorben: 19.10.1987 in
Bad Canstatt/Deutschland
GP-Rennen in der Fahrer-WM: 2 (1953–1954)
Pole Positions: 0
Siege: 0
WM-Punkte insgesamt: 2
Beste WM-Platzierung im Gesamtklassement: Fünfzehnter 1953
Rennwagen: Maserati, Mercedes

Die erfolgreiche Motorsportkarriere des Schwaben wurde durch den 2. Weltkrieg unterbrochen und nach mühevollen Anläufen startete er als 45jähriger bei zwei Formel 1-Läufen, die ihm als erstem Deutschen sogar WM-Punkte bescherten.

Der in bescheidenen Verhältnissen aufgewachsene gelernte Motorenschlosser interessierte sich während seiner Jugendzeit für das Motorradfahren und nahm 1927 an ersten Rennen teil. Ein Sieg auf der Solitude in Stuttgart sowie Triumphe bei Bergrennen in den Jahren 1929–1931 wurden durch eine kurzfristige Arbeitslosigkeit unterbrochen, in der sich Lang erfolgreich bei Daimler-Benz als Motorschlosser bewarb.

1934 wurde er in die Rennabteilung versetzt und von Rennleiter Alfred → Neubauer zum Nachwuchsfahrer ausgebildet. 1937 und 1938 gelangen ihm mehrere Grand-Prix-Siege und 1939 eroberte er sich bei sieben Siegen in zehn Rennen die Berg-Europameisterschaft.

Nach Beendigung des Krieges gab es aufgrund von fehlendem konkurrenzfähigen Material zunächst nur wenige Renneinsätze für Lang und durch die lange Rennpause war der über Vierzigjährige außer Form geraten. Erst nach seiner Rückkehr 1951 zu → Mercedes konnte das »Hermännle« wieder Erfolge verzeichnen und gewann 1952 mit einem Mercedes SL 300 die 24 Stunden von → Le Mans.

Als Gaststarter für → Maserati debütierte Lang 1953 beim Formel 1-Lauf in Bern, wo er nach vielen Ausfällen seiner Konkurrenten Fünfter wurde und zwei WM-Punkte erhielt.

Lang hoffte nun auch bei Mercedes zum Formel 1-Einsatz zu kommen, doch die Stuttgarter blickten skeptisch auf die Fähigkeiten des »Altmeisters« herab, denn bei seinem → Grand-Prix-Debüt war er dreimal überrundet worden. Schließlich konnte Lang als Teamkollege von Juan-Manuel → Fangio und Karl → Kling 1954 doch am Großen Preis von Deutschland teilnehmen und zeitweise lag er an dritter Stelle, bis ein Dreher für das Aus sorgte. Lang fühlte sich insgesamt aber von Mercedes benachteiligt und kehrte dem Motorsport gänzlich den Rücken zu, um wieder in seinem bürgerlichen Beruf zu arbeiten.

Larrousse (Rennwagenfirma)
GP-Rennen in der Fahrer-WM: 48 (1992–1994)
Pole Positions: 0
Siege: 0
WM-Punkte: 6
Beste Platzierung in der Konstrukteurswertung: Zehnter 1993
Bekanntester Fahrer: Bertrand Gachot
Erfolgreichste Fahrer: –

Das französische Team kämpfte in den drei Jahren seines Bestehens ständig ums Überleben und musste am Ende mangels → Sponsoren aufgeben.

Gerald Larrousse war ein erfolgreicher Rennfahrer gewesen, der zweimal die 24 Stunden von → Le Mans gewann und 1974 ein Formel 1-Rennen bestritt. Als Rennleiter von → Renault arbeitete er in den siebziger und achtziger Jahren mit Top-Piloten wie Alain → Prost zusammen und gründete nach seiner Entlassung bei Renault 1986 mit verschiedenen Partnern ein Formel 1-Team, das unter verschiedenen Namen firmierte und zumeist mit dem → Lola-Werk kooperierte.

1990 konnte man elf WM-Punkte verbuchen, doch weil man bei der Anmeldung mit der Unterschlagung des Namens Lola als offizieller Konstrukteur einen Formfehler begangen hatte, wurden alle Punkte wieder gestrichen. Das hatte zur Folge, dass der Rennstall für die Saison 1991 alle Transportkosten selber begleichen musste, was für das nicht allzu solvente Team eine erhebliche Belastung darstellte. In der Saison 1991 waren die Wagen dann offiziell unter der Bezeichnung Lola angemeldet. Für die Saison 1992 ging man eine Partnerschaft mit dem französischen Sportwagen-Hersteller Venturi ein und nahm für diese Saison dessen Namen an. Mit einem → Lamborghini-Motor, der Pilotenpaarung Bertrand → Gachot und Ukyo Katayama sowie einem schmalen Budget gab es aber unerwartet einige gute Trainingsplatzierungen und mit dem sechsten Platz in → Monaco durch Gachot einen WM-Punkt.

Für das nächste Jahr hatte Larrousse einen potenten Sponsor an der Angel, doch dann stellte sich heraus, dass dieser wegen vierfachen Mordes gesucht wurde. So wurde auch die Saison 1993 ein finanzieller Drahtseilakt, bei dem man aber mit einer soliden Konstruktion durch → March-Gründer Robin Herd sowie den Fahrern Philippe Alliot und Erik Comas drei WM-Punkte einstreichen konnte. Mit einer Brauerei für alkoholfreies Bier hatte man für die Saison 1994 endlich einen Hauptsponsor zur Verfügung, dessen finanzielle Zuwendungen sich allerdings nicht allzu großzügig gestalteten. Man engagierte den Ex-Formel 1-Star Patrick → Tambay für die zusätzliche Suche nach Finanziers, doch am Ende zeichnete sich schon ab, dass der Rennstall in immer größere finanzielle Schwierigkeiten geraten war. Der Pilotensitz des einst hoffnungsvollen Comas, der immerhin die zwei einzigen zwei WM-Punkte dieser Saison schaffte, wurde gegen schwache, aber solventere Fahrer ausgetauscht, damit die Teamkasse aufgefüllt werden konnte. Es half nichts, und obwohl man sich für die Saison 1995 noch meldete, trat der Rennstall nicht mehr an.

Las Vegas (Rennstrecke)
GP-Bezeichnung: Großer Preis der USA
Länge: 3,640 km (1981), 3,650 km (1982)
Renndistanz: 75 Runden = 273,750 km (1982)
Erstes Formel 1-Rennen: 1981
Letztes Formel 1-Rennen: 1982
Gesamtzahl Grand Prix: 2
Erster Sieger: Alain Jones (1981)
Internet:
http://home.global.co.za/~ kma/index.html

Schon bei seiner ersten Austragung für den Großen Preis der USA am 17.Oktober 1981 erkannte der Grand-Prix-Zirkus, dass er hier am völlig falschen Ort gelandet war.

Der auf einer Parkfläche vor dem Hotel »Caesar's Palace« mit Betonmauern abgesteckte 3, 6 km kurze Kurs war eines Formel 1-Rennens unwürdig. 1981 verlor hier Carlos → Reutemann durch ein rätselhaft phlegmatisches Rennen den schon sicher geglaubten WM-Titel, und nachdem ein Jahr später Michele → Alboreto den ersten Sieg für → Tyrrell seit vier Jahren einfahren konnte, kehrte der Grand Prix nie mehr in das Spielerparadies zurück.

Lauda, Nikolaus »Niki« (Pilot)
Geboren: 22.02.1949 in Wien/Österreich
GP-Rennen in der Fahrer-WM: 171 (1970–1985)
Pole Positions: 24
Siege: 25
WM-Punkte insgesamt: 420,5
Beste WM-Platzierung im Gesamtklassement:
Weltmeister 1975, 1977, 1984
Rennwagen:
March, BRM, Ferrari, Brabham, McLaren
Internet:
www.ferrari.it/ comsport/formula1.e/ lauda.html

Niki Lauda ist nicht der einzige Mehrfachweltmeister in der Formel 1 und es gab auch andere, die zu ihrer Zeit den → Grand Prix dominierten, aber durch seinen furchtbaren Unfall am → Nürburgring avancierte der charismatische Österreicher zu einem Rennfahrer-Mythos.

Der Sprössling einer wohlhabenden Unternehmerdynastie aus der Papierbranche war laut eigener Auffassung in der Schule »ein totaler Versager« und begann sich bereits früh für Autos zu interessieren. Nach zweimaligem Sitzenbleiben begann er eine Mechanikerlehre und beteiligte sich mit einem gebrauchten Mini-Cooper 1968 erstmals an einem Bergrennen. Lauda finanzierte sich durch Aufnahme eines Krediteseinen → Porsche und nahm

Niki Lauda noch bei seinen Anfängen im March

eifrig an verschiedenen Berg- und Flugplatzrennen teil.

Für 1969 bekam er einen Vertrag für die Formel V und ein Jahr später tummelte er sich bereits in der Formel 3. Neben zahlreichen Abflügen gelangen ihm auch ein paar Resultate auf den vorderen Plätzen, aber nach einem schweren Unfall nahm er Abschied von dieser Serie, um sich in der Formel 2 zu versuchen.

Mit dem geliehenen Geld einer österreichischen Sparkasse erkaufte er sich ein → Cockpit im → March-Team, um mit diesem Fahrzeug 1971 eine durchwachsene Saison zu erleben. Sein Formel 1-Debüt feierte er in diesem Jahr beim heimatlichen Großen Preis von Österreich, wo er 21. im Training wurde und im Rennen mit Handlingproblemen ausfiel. Es blieb für Lauda der einzige Grand-Prix-Einsatz in diesem Jahr. Obwohl der alte Kredit noch nicht abbezahlt war, glückte es Lauda, sich mit einem zusätzlichen Bankkredit eine weitere Saison zu ermöglichen.

1972 fuhr er Tourenwagen, Langstrecken- sowie Formel 2-Rennen und plagte sich in der Formel 1 mit dem March ab, der in seinen Augen »eine gigantische Fehlkonstruktion« war. Doch weil Teamkollege Ronnie → Peterson mit dem Fahrzeug gut zurechtkam, nahm man Lauda dessen Aussage nicht ab. Als er nur auf den hinteren Plätzen herumkurvte, war er nach dieser Saison erst mal ohne Cockpit. Wieder kaufte er sich mit geborgtem Geld bei einem Rennstall ein, diesmal bei → BRM. Der betagte Teambesitzer Louis Stanley kaufte Lauda die Schwindelei von einem – gar nicht vorhandenen – Sponsor ab und somit verblieb der Österreicher auch 1973 in der Formel 1. In dieser Saison fuhr er mit dem unterlegenen BRM ein überragendes Rennen in Monaco, wo er vor seinem Ausfall durch Getriebschaden lange Zeit an dritter Stelle lag. Enzo → Ferrari hatte am Bildschirm die Galavorstellung des Außenseiters verfolgt und bot ihm für 1974 einen Vertrag in seinem Rennstall an.

Niki Lauda wurde im McLaren 1984 noch einmal Weltmeister.

Lauda sagte sofort zu, obwohl er auch die nächste Saison bei BRM fahren sollte. Bei Ferrari erfüllten sich für den Österreicher alle Erwartungen, denn in der Saison 1974 wurde er mit neun Pole-Positions und zwei Siegen zum neuen Star in der Formel 1. Nach einigen Anlaufschwierigkeiten holte er sich 1975 in bestechender Manier mit fünf Saisonerfolgen und über 20 Punkten Vorsprung den Weltmeistertitel.

Lauda war am Ziel seiner Wünsche und auch 1976 fuhr er anfänglich alles in Grund und Boden, so dass die Zeitungen schon titelten: »Lauda sorgt für Langeweile in der Formel 1!« Als er am → Nürburgring an den Start ging, hatte er zu diesem Zeitpunkt fünf Siege auf dem Konto und führte die WM-Wertung mit einem Vorsprung von 32 Punkten an.

In der zweiten Runde kam Lauda in einer Linkskurve von der Strecke ab, der Wagen prallte gegen eine Böschung und wurde brennend auf die Strecke zurückgeschleudert. Lauda verlor bei dem Aufprall seinen Sturzhelm und es gelang ihm nicht, sich aus dem Fahrzeug zu befreien. Erst durch die Hilfe von Rennfahrerkollegen und einem Streckenposten wurde der Österreicher aus der Flammenhölle befreit.

Mit schweren Verbrennungen an Gesicht und Körper sowie lebensbedrohenden Verätzungen in der Lunge kämpfte Lauda auf der Ludwigshafener Intensivstation mehrere Tage um sein Leben. Sein Schicksal machte in aller Welt Schlagzeilen und als er wider Erwarten die schweren Verletzungen überlebte, titelte eine deutsche Boulevardzeitung: »Niki Lauda kommt durch ... aber wie lebt ein Mann ohne Gesicht?«

Ganz so schlimm wurde es nicht, doch die Brandnarben in seinem Gesicht waren nicht zu übersehen. Nach einer Pause von nur drei Rennen saß Lauda beim Großen Preis von Italien wieder im Rennwagen und wurde umjubelter Vierter. Der Vorsprung in der WM-Wertung schien immer noch ausreichend zu sein und Lauda nervenstark genug, um die Angriffe seines Verfolgers James → Hunt abzuwehren. Indes zeigte sich im Verlauf der weiteren Rennen, dass Laudas Psyche doch angegriffen war und Ferrari in Laudas Abwesenheit den technischen Vorsprung verloren hatte.

Vor dem Saisonfinale in Japan war der Vorsprung auf drei Punkte geschmolzen, weil Rivale Hunt inzwischen dreimal gewonnen hatte. Am Abend vor dem Rennen zeigte sich Lauda in einem Interview mit dem »Aktuellen Sportstudio« äußerst skeptisch, da er seiner Meinung nach gegen die Überlegenheit von Hunts → McLaren nichts ausrichten könne. Der Große Preis von Japan ertrank im strömenden Regen und Lauda stieg nach zwei Runden aus, während Hunt Dritter und mit einem Punkt Vorsprung Weltmeister wurde.

Der Mann, der laut eigener Aussage »Egoismen bis zur Brutalität entwickeln kann«, schien psychisch am Ende zu sein und Ferrari bot ihm an, das Pilotendasein aufzugeben und → Teammanager zu werden.

Lauda lehnte erbost ab und die Saison 1977 wurde für ihn zu einem Kampf gegen Stallgefährten Carlos → Reutemann, die Skepsis des Ferrari-Teams und die Vorverurteilung durch die Medienwelt. Im zweiten Rennen beim Großen Preis von Brasilien wurde er Dritter und anschließend stand er wieder ganz oben auf dem Treppchen. Gegen die starke Konkurrenz von → Wolf-Pilot Jody → Scheckter und Lotus-Fahrer Mario → Andretti gewann »das eiskalte Computergehirn« durch eine nüchterne, überlegte Fahrweise dann doch noch seinen zweiten Fahrertitel. Anschließend sagte er dem Ferrari-Team adieu und wechselte zu → Brabham in der Absicht, seinen Triumph zu wiederholen.

Aber in der Saison 1978 gelangen Lauda nur zwei Siege, und als er im darauffolgenden Jahr nach 14 Rennen nur vier WM-Punkte auf dem Konto hatte, erklärte er vor Ablauf der Saison seinen Rücktritt, weil er keine Lust mehr habe, »im Kreis rumzufahren«.

Zwei Jahre lang kümmerte er sich um den Aufbau seiner Fluggesellschaft, bis ihn wieder die Lust auf das Rennfahren überkam. Mit McLaren-Besitzer Ron → Dennis einigte er sich über eine Rückkehr in die Formel 1 für die Saison 1982, wobei in seinem Vertrag das Salär zu einem Prozent für seine Fahrkunst und der Rest für Laudas Public-Relations-Wert festgesetzt wurde.

Doch in den Achtzigern war in der Formel 1 die → Groundeffect-Epoche angebrochen, deren unberechenbare Fahrzeuge vom Fahrer viel körperliche Kraft abverlangten. Nur durch ein strenges Fitnessprogramm und ausgeklügelte Diät gelang es Lauda, diese Boliden in den Griff zu kriegen.

Schon im dritten Rennen wurde er wieder als Sieger abgewunken und mit insgesamt zwei Saisonerfolgen, 30 WM-Punkten und einem fünften Platz in der Gesamtwertung war das Comeback geglückt. In der nächsten Saison blieb Lauda sieglos, weil sich das Team durch den Wechsel zu → Porsche-Motoren in einer Übergangsphase befand.

Für 1984 bekam das »Phantom der Rennstrecke« mit Alain → Prost einen ehrgeizigen Kollegen an die Seite gestellt, der sich bei → Renault schon erste Star-Meriten erworben hatte. Lauda war im Training zumeist langsamer als Prost, doch seine Routine und abwartende Fahrweise verschafften ihm vor dem Saisonfinale in → Estoril einen knappen Punktevorsprung vor seinem Teamgefährten. Während Prost im Rennen von der → Pole Position startete, musste sich Lauda von einem elften Startplatz durchs Feld pflügen, bis er mit Glück und Geschick am Ziel doch noch auf dem benötigten zweiten Platz ankam. Nach seiner dritten Weltmeisterschaft fuhr Lauda noch ein Jahr für McLaren, doch weil sich das Verhältnis zu Ron Dennis erheblich verschlechterte und Lauda eine nachlassende Motivation spürte, erklärte er anschließend seinen endgültigen Rücktritt.

Lauda verstärkte die Anstrengungen um seine Flugfirma und etablierte sie als zweitgrößte Fluglinie Österreichs. Bei deutschen Formel 1-Fans ist er seit einigen Jahren als sachkundiger und bissiger Kommentator bei den Fernsehübertragungen der Grand-Prix-Rennen sehr geschätzt.

LDS (Rennwagenfirma)
GP-Rennen in der Fahrer-WM: 5 (1962–1968)
Pole Positions: 0
Siege: 0
WM-Punkte: 0
Beste Platzierung in der Konstrukteurswertung: 0
Bekannteste Fahrer: –
Erfolgreichste Fahrer: –

Das Team eines südafrikanischen Rennfahrers nahm von 1962–1968 nur an den heimatlichen Formel 1-Läufen teil, wo man sich insgesamt beachtlich schlug.

LDS-Konstrukteur Doug Serrurier war in den fünfziger und sechziger Jahren Speedway-Champion in Südafrika und bei örtlichen Veranstaltungen eine kleine Berühmtheit. Einige seiner Fahrzeuge wurde neben Einsätzen bei den südafrikanischen Gold-Star-Meisterschaften auch bei heimatlichen Formel 1-Rennen eingesetzt. Zwischen 1962 und 1968 war ein zwölfter Platz von Doug Serrurier 1963 in → East London das beste Resultat.

LEC (Rennwagenfirma)
GP-Rennen in der Fahrer-WM: 5 (1977)
Pole Positions: 0
Siege: 0
WM-Punkte: 0
Beste Platzierung in der Konstrukteurswertung: 0
Bekanntester Fahrer: David Purley
Erfolgreichste Fahrer: –

Der Rennstall des → Zandvoort-Helden David Purley schien bei seinen ersten Formel 1-Versuchen im Jahre 1977 durchaus eine sportliche Perspektive zu besitzen, doch ein schwerer Unfall Purleys machte alles zunichte.

David Purley hatte sich seit 1973 schon einige Jahre erfolglos in der Formel bei mehreren Teams versucht. Internationale Berühmtheit erlangte er 1973 bei dem mutigen, aber dennoch erfolglosen Versuch, seinen Freund Roger → Williamson beim Rennen in → Zandvoort aus dem brennenden Fahrzeug zu befreien.

1977 wurde im Auftrag seines elterlichen Kältetechnik-Unternehmens für ihn ein Rennwagen gebaut, der durch Zweckmäßigkeit bestach und im Heck einen → Cosworth-Motor sitzen hatte. Sein → Grand-Prix-Debüt mit dem Wagen gab Purley beim fünften Saisonlauf in Spanien, wo er sich nicht qualifizieren konnte. Doch schon in Belgien lag er zeitweise an zweiter Stelle und wurde am Ende als 13. abgewunken. In Schweden kam er auf den 14. Platz, doch dann verunglückte er schwer beim Grand Prix in → Brands Hatch und entrann dabei nur knapp dem Tode. Fast zwei Jahre musste Purley pausieren, dann stieg er mit seinen notdürftig zusammengeflickten Beinen nochmals in einen eigens für ihn gebauten LEC. Doch nach einigen Versuchen in kleineren Rennen gab er endgültig auf.

Lehto, Jyrki Jarvilehto »JJ« (Pilot)
Geboren: 31.01.1966 in Espoo/Finnland
GP-Rennen in der Fahrer-WM: 62 (1989–1994)
Pole Positions: 0
Siege: 0
WM-Punkte insgesamt: 10
Beste WM-Platzierung im Gesamtklassement: Zwölfter 1991
Rennwagen: Onyx, Monteverdi, Dallara, Sauber, Benetton

Mit einem Aussehen, als wäre er geradewegs dem berühmten Comic »Tim und Struppi« entsprungen, war der finnische Strahlemann lange Zeit einer der »hungrigen« Nachwuchspiloten, die beflissen auf die Chance im richtigen → Cockpit warteten. Als es dann soweit war, sorgten unglückliche Umstände und ein übermächtiger Teamkollege namens Michael → Schumacher für das Formel 1-Aus.

Schon als sechsjähriger Knirps fuhr Lehto Kartrennen und nach einem Ausflug in die Motocrossszene wurde er 1985 Vierter in der finnischen Formel → Ford 1600. Meistertitel folgten dann in der finnischen und skandinavischen Formel Ford 1600 als auch in der britischen Meisterschaft der Formel Ford 2000

Der bedauernswerte David Purley hatte auch im LEC-Rennwagen kein Glück

sowie in der Formel 3. Nach seinem Mitwirken bei der Formel 3000-Europameisterschaft 1989 bekam »das Rennjuwel im Wartestand« beim Neueinsteiger → Onyx als Ersatzmann für den geschassten Bertrand → Gachot ein Formel 1-Cockpit für die letzten vier Rennen in der Saison 1990. Zweimal qualifizierte er sich nicht, aber beim Großen Preis von Australien lag er phasenweise auf dem fünften Platz, bis ihn ein Elektrikdefekt stoppte.

Der wie sein Landsmann Mika → Häkkinen von Ex-Weltmeister Keke → Rosberg gemanagte Lehto bekam danach für die Saison 1991 einen Vertrag beim italienischen → Dallara-Rennstall. Mit dem unterlegenen Fahrzeug holte er einen sensationellen dritten Platz beim Großen Preis von Kanada und sein → Teamchef vergoss darüber Freudentränen. Nun schien das »Ausnahmetalent« vor dem großen Durchbruch zu stehen, doch wie sich noch herausstellen sollte, hatte Lehto damit schon seinen Höhepunkt an → Grand-Prix-Erfolgen erreicht.

Nach einem weiteren – diesmal punktelosen – Jahr bekam er für 1993 ein Angebot vom Formel 1-Neuling → Sauber, weil Lehto als unkomplizierter Charakter galt und mit Teamkollege Karl → Wendlinger ein harmonisches, erfolgshungriges Duo bilden sollte. Zunächst schien diese Rechnung aufzugehen, denn schon in dem von sintflutartigen Regenfällen durchsetzten Großen Preis von Südafrika holte er im ersten Rennen für das Schweizer Team zwei WM-Punkte. Drei Rennen später beim Großen Preis von San Marino war es dann sogar der 4. Platz und Lehto schien sich endlich in der Formel 1 zu etablieren. Aber dann folgten trotz guter Trainingsergebnisse nur noch Nullnummern und nach einigen Dissonanzen mit Teamkollegen Wendlinger fühlte sich der Finne im Team »zunehmend isoliert«.

Doch die Formel 1 war weiterhin von Lehtos Fähigkeiten überzeugt und für 1994 bot sich die ganz große Chance bei → Benetton, neben Michael Schumacher für glanzvolle Resultate zu sorgen. Sein Manager Rosberg tönte damals: »Schumacher wird sich warm anziehen müssen.« Doch bei Testfahrten in → Silverstone hatte Lehto einen schweren Unfall und musste sich einer Operation an zwei Halswirbeln unterziehen. Knapp dem Rollstuhl entronnen, wurde er für die ersten beiden Rennen von Ersatzfahrer Jos → Verstappen vertreten.

Nach seiner Rückkehr zum Großen Preis von San Marino konnte »der Rennfahrer der modernen Epoche« sein Können bestätigen und sicherte sich den 5. Startplatz. Doch dann starb Roland → Ratzenberger beim Training und Ayrton Senna im → Rennen. Lehto, beim Start zudem in eine Kollision verwickelt, war tief erschüttert und anschließend nervlich angegriffen. Beim Großen Preis von Monaco stellte er seinen Wagen beim Training auf den inakzeptablen 20. Startplatz und wurde im Rennen Siebter. Lehtos Aktien begannen bei Benetton schon zu sinken, und trotz einer guten Leistung in Barcelona, wo er stellenweise vor seinem Ausfall auf dem 3. Platz lag, wurde er nach dem Großen Preis von Kanada vorläufig aussortiert. Erst als Teamkollege Michael Schumacher für zwei Rennen gesperrt wurde, durfte er noch einmal ins → Lenkrad greifen. Aber sowohl beim Großen Preis von Italien als auch in Portugal fuhr er unter seinen Möglichkeiten und wurde danach bei Benetton endgültig vor die Tür gesetzt. Noch zweimal durfte der Finne in dieser Saison für den zurückgetretenen Andrea → de Cesaris beim Sauber-Team Formel 1 fahren.

Doch da war Lehto im Grand-Prix-Zirkus schon längst »einer der großen Verlierer des Jahres 1994«, und obwohl man ihm bescheinigte, »für die Reservebank wirklich zu schade zu sein«, gab ihm die Königsklasse keine weitere Chance mehr. Lehto holte die Erfolge später in Sportwagen- und GT-Rennen nach, gewann 1995 die 24 Stunden von → Le Mans und war in Deutschland zeitweise so bekannt, dass er in TV-Spots als Werbefigur für ein Duschgel zu sehen war.

Leitplanken
Für die Sicherheit an den Rennstrecken waren die Leitplanken ein großer Fortschritt, die oft-

mals von den Piloten der → GPDA erst eingefordert werden mussten. Früher wurden zumeist Strohballen verwendet, die leicht entflammbar waren, was manchen Piloten das Leben gekostet hat. Moderne Leitplanken in der Formel 1 halten einen Aufprall von 300 km/h stand.

Le Mans (Rennstrecke)
GP-Bezeichnung: Großer Preis von Frankreich
Länge: 4,442 km
Renndistanz: 80 Runden = 355,360 km
Erstes Formel 1-Rennen: 1967
Letztes Formel 1-Rennen: 1967
Gesamtzahl Grand Prix: 1
Sieger: Jack Brabham (1967)
Internet: www.24h-le-mans.com

Zu Anfang des vorigen Jahrhunderts erfreuten sich Langstreckenrennen wie die Targa Florio, Mille Miglia sowie die 500 Meilen von → Indianapolis großer Beliebtheit. Sie galten als ergiebige Härtetests für seriennahe Fahrzeuge, was sich für die Autofirmen gut vermarkten ließ. Der »Automobile Club de l'Ouest« veranstaltete in Le Mans seit 1896 Autorennen und 10 Jahre später fand auch hier der allererste → Grand Prix statt.

1922 planten die beiden Franzosen Charles Faroux und George Durand ebenfalls eine solche Langstreckenveranstaltung und dank der sechsstelligen Summe eines französischen Reifenimporteurs konnte mit den Vorbereitungen begonnen werden.

An den Straßen der Ortschaft Le Mans, unter denen sich auch eine kilometerlange Vollgasgerade befindet, wurden Boxen und Tribünen errichtet und am 26. Mai 1923 fanden hier mit 33 Teilnehmern das erste Mal die legendären 24 Stunden von Le Mans statt. Diese Veranstaltung entwickelte sich im Lauf der Jahrzehnte zu einer der berühmtesten Rennsportattraktionen der Welt, wobei es auch zahlreiche Unglücksfälle und 1955 die größte Motorsportkatastrophe mit 80 Toten zu beklagen gab. 1967 fand hier zum ersten und letzten Mal ein Formel 1-Rennen statt, wobei man diese Veranstaltung auf dem neu errichteten → Bugatti-Kurs abhielt, der teilweise die berühmte Rundstrecke integrierte.

Einfallslos gestaltet, mit gleichförmigen U-Kurven, wurde der Kurs sogar von Sieger Jack → Brabham kritisiert, der den Bugatti-Kurs als Disneyland-Strecke bezeichnete.

Da zudem sehr wenig Zuschauer zu dieser Veranstaltung gekommen waren, fand hiernach nie mehr ein Großer Preis statt.

Lenkrad
Die Lenkräder in der Formel 1 ermöglichen auch bei hoher Geschwindigkeit eine präzise Steuerung. Zudem befinden sich dort alle wichtige Funktionen, die der Pilot während des Rennens bedienen kann, wie Kupplung, Bremskraftverteilung oder Feuerlöscherknopf. Dazu stehen ihm wichtige Infos per Display zur Verfügung, wozu unter anderem Geschwindigkeitsanzeige, Temperaturanzeige und Rundenzeiten gehören. Um den Wagen schnell verlassen zu können, ist das Lenkrad per Schnellverschluss abnehmbar.

Lewis-Evans, Stuart (Pilot)
Geboren: 20.04.1939 in
Beckenham/ Großbritannien
Gestorben: 25.10.1958 in Casablanca/Marokko
GP-Rennen in der Fahrer-WM: 14
Pole Positions: 2
Siege: 0
WM-Punkte insgesamt: 16
Beste WM-Platzierung im Gesamtklassement:
Neunter 1958
Rennwagen: Connaught, Vanwall

Dem engen Freund des späteren Formel 1-Zampanos Bernie → Ecclestone war nur eine kurze Formel 1-Laufbahn vergönnt, denn der Rennfahrertod zerstörte alle berechtigten Hoffnungen.

Die klassische Streckenführung von Le Mans

Jahrelang fuhr Lewis-Evans bei Autorennen u.a. in der Formel 3 gegen seinen Vater, und als der Senior mit dem Motorsport aufhörte, wagte sich der Sohn jetzt auch in höhere Klassen. Bald erwies sich Lewis in größeren und kleineren Boliden als extremes Talent, so dass er 1956 in das Werksteam von → Connaught übernommen wurde. Mit diesem Rennstall bestritt er 1958 in Monaco seinen ersten Großen Preis und wurde sogleich Vierter. Nach einem zwischenzeitlichen Engagement für → Ferrari bei den 24 Stunden von → Le Mans und dem Rückzug von Connaught setzte er noch in der gleichen Saison bei → Vanwall seine gerade begonnene Formel 1-Laufbahn fort.

In Monza gelang ihm seine erste → Pole Position, aber im Rennen musste er mit Motorschaden aufgeben. Auch in der Saison 1958 blieb er bei Vanwall und setzte den Wagen in → Zandvoort wieder auf den ersten Trainingsplatz, doch wiederum verhinderte das Aggregat eine Beendigung des Rennens. Trotzdem erwies sich Lewis-Evans als zuverlässiger Fahrer, der in Belgien und Portugal zweimal auf das Podest kam und in Großbritannien Vierter wurde. Auch beim letzten Lauf in Marokko erreichte er mit Platz 3 eine ausgezeichnete Trainingsplatzierung. Doch kurz vor dem Zieleinlauf explodierte der Motor seines Vanwalls und im Schockzustand lief der bereits in Brand geratene Brite den mit Feuerlöschern ausgerüsteten Streckenposten davon und erlag sechs Tage später seinen schweren Verbrennungen. Bernie → Ecclestone, der für seinen Freund in der nächsten Saison einen → Cooper-Rennwagen einsetzen wollte, wandte sich nach diesem Unglücksfall zunächst wieder vom Motorsport ab.

Leyton-House (Rennwagenfirma)
GP-Rennen in der Fahrer-WM: 30 (1990–1991)
Pole Positions: 0
Siege: 0
WM-Punkte: 8
Beste Platzierung in der Konstrukteurswertung:
Siebter 1990
Bekannteste Fahrer:
Ivan Capelli, Mauricio Gugelmin, Karl Wendlinger
Erfolgreichste Fahrer:
Ivan Capelli, Mauricio Gugelmin

Kurzzeitig stand der Name dieses Sponsors für das → March-Team. Nach deren finanziellen Kollaps 1991 waren bald darauf auch die March-Rennwagen nur noch Formel 1-Geschichte. 1987 wurde der japanische Geschäftsmann Akira Akagi Hauptsponsor für den March-Rennstall und stellte dadurch die Verbindung zu seiner Unternehmensgruppe Leyton-House her. Im selben Jahr geriet das March-Team in immer größere finanzielle Schwierigkeiten und so kaufte Akagi sowohl die Formel 1 als auch die Formel 3000-Teams der britischen Rennwagenschmiede samt Windkanal auf. Ab 1990 firmierte das March-Team unter der Bezeichnung Leyton-House, auch wenn der Name March in diesem Jahr enthalten blieb.

Mit einem neuen Mitarbeiterstab, altem → Chassis und Achtzylindermotoren von → Judd schlugen sich die Piloten Mauricio Gugelmin und Ivan → Capelli mehr als achtbar. In Frankreich mischten die beiden lange im Spitzenfeld mit und Capelli, der das Rennen sogar zeitweise anführte, wurde am Ende sensationeller Zweiter hinter Alain → Prost.

1991 hoffte man auf eine Steigerung, denn das neue von Chris Murphy und Gustav → Brunner entwickelte Fahrzeug war mit einem Aggregat aus der Motorenschmiede von Mario Illien bestückt, dem die Fachwelt für dieses Jahr eine »Joker-Rolle« zuwies. Aber in der Realität tauchten dann im → Grand-Prix-Einsatz zahlreiche technische Probleme auf, die man zu spät in den Griff bekam. Nur ein einziger Punkt, herausgefahren durch Capellis sechsten Platz in Ungarn, stand am Ende zu Buche. Im September trat dann die Katastrophe ein: Akagi kam wegen Betrugsverdachts in Milliardenhöhe in Untersuchungshaft, was in Japan eine Regierungskrise auslöste und den Rücktritt des Finanzministers zur Folge hatte.

Urplötzlich war Leyton-House in eine finanzielle Krise geraten und um das Loch in der Teamkasse zu füllen, verkaufte man die Rechte des V10-Motors an → Illmor zurück und ersetzte Capelli durch den Österreicher Karl → Wendlinger. Am Ende der Saison verschwand der Name Leyton-House wieder aus dem Grand Prix und die Fahrzeuge firmierten ab 1992 wieder unter dem Signum March, um noch eine letzte, elendige Saison zu erleben.

Life (Rennwagenfirma, Motorenhersteller)
GP-Rennen in der Fahrer-WM: 0 (1990)
Pole Positions: 0
Siege: 0
WM-Punkte: 0
Beste Platzierung in der Konstrukteurswertung: 0
Bekanntester Fahrer: Bruno Giacomelli
Erfolgreichste Fahrer: –

Ein kläglisches Gastspiel für eine Handvoll Qualifikationsversuche gab das italienische Life-Team in der Saison 1990. Nach chaotischen Auftritten verschwand man bald wieder in der Versenkung. Gründer Ernesto Vita übernahm ein altes Formel 1-→ Chassis, um darin seinen eigenen Motor einzubauen. Mit nur einem Fahrzeug – den Reservewagen hielt das Team als Anschauungsobjekt für die → Mechaniker zurück – glaubte man für die Formel 1-Saison 1990 gerüstet zu sein.

Zunächst wagte sich David Brabham, Sohn des gleichnamigen dreifachen Weltmeisters, in die gewagte Konstruktion, um sein persönliches Waterloo mit zwei Nichtqualifikationen zu erleben. Ab dem dritten Rennen wurde der routinierte Bruno Giacomelli anstatt Brabham eingesetzt. Giacomellis immer wiederkehrendes Resultat nach zehn Läufen: Nicht qualifiziert! Auch die Umstellung auf ausgereifte → Judd-V10-→ Motoren brachte keinerlei Besserung. Nach dem Großen Preis von Italien zog sich das Team daraufhin vorzeitig zurück.

Ligier (Rennwagenfirma)
GP-Rennen in der Fahrer-WM: 326 (1976–1996)
Pole Positions: 9
Siege: 9
WM-Punkte: 388
Beste Platzierung in der Konstrukteurswertung: Zweiter 1980
Bekannteste Fahrer:
Jacques Laffite, Patrick Depailler, Didier Pironi, Patrick Tambay, Eddie Cheever, Andrea de Cesaris, René Arnoux, Stefan Johansson, Thierry Boutsen, Martin Brundle, Olivier Panis
Erfolgreichste Fahrer:
Jacques Laffite, Patrick Depailler, Didier Pironi, Olivier Panis

Zwanzig Jahre lang war Ligier das »französische Nationalteam« mit zum Teil eindrucksvollen Erfolgen, die aber nie zu einem Weltmeistertitel führten, sondern einen Abstieg auf Raten nach sich zogen.

Guy Ligier, in seiner Heimat ein Tiefbauunternehmer mit vielen Verbindungen zu Politik und Sport, war in seiner aktiven Sportlerlaufbahn zunächst ein ausgezeichneter Rugby-Spieler und fuhr von 1966–1967 selber Formel 1-Rennen für → Cooper und → Brabham.

1967 gelang ihm am → Nürburgring sogar ein WM-Punkt, doch nach dem Tod seines Freundes Jo Schlesser, der am 7. Juli 1968 beim Großen Preis von Frankreich verunglückte, gab Ligier das Rennfahren auf und begann mit den Vorbereitungen für ein eigenes Rennteam. Zu Ehren von Schlesser trugen alle Ligier-Boliden fortan die Bezeichnung JS.

Als erstes begann Ligier Sport- und GT-Wagen für die Straße zu fabrizieren und 1971 kam mit dem JS 3 der erste reinrassige Rennwagen.

Zusammen mit dem später bei → Lotus erfolgreich tätigen Konstrukteur Gérard Decourage stieg Ligier 1976 beim Großen Preis von Brasilien ins Formel 1-Geschehen ein. Decourage hatte mit dem JS 5, wie die Fachwelt bescheinigte, ein »eindrucksvolles Gerät« entworfen, das von einem → Matra-Motor angetrieben wurde.

In dieser Saison war Jacques → Laffite der einzige Fahrer, dem Ligier den Vorzug vor den erfahrenen Jean-Pierre → Beltoise und Henri Pescarolo gegeben hatte. Ligier und Laffite wussten als Neulinge zu beeindrucken: 20 WM- Punkte und eine → Pole Position in Italien waren die stattliche Ausbeute für den jungen Rennstall. Mit einem modifizierten Fahrzeug, dem JS 7, gelang Laffite ein Jahr später in Schweden der erste Sieg, aber es gab auch diverse Probleme – speziell mit den Matra-Motoren. 1978 weiter das alte Bild mit Laffite im → Cockpit, Matra im Heck und diesmal 19 WM-Punkten – der Rennstall drohte auf der Stelle zu treten.

Für die Saison 1979 wurde neben Laffite zum ersten Mal mit Landsmann Patrick → Depailler ein zweiter Fahrer engagiert. Vor dem Saisonstart sah man bei der Pressepräsentation einen stolzen Guy Ligier im Cockpit des neuen JS 11, umrahmt von seinen strahlenden Piloten. Der Optimismus schien zunächst mehr als berechtigt, denn Ligier legte zu Saisonbeginn los, als wolle man die bisherige Hierarchie in der Formel 1 auf den Kopf stellen. In den beiden ersten Rennen in Argentinien und Brasilien standen beide Ligier-Piloten in der ersten Startreihe und Laffite schaffte jeweils einen Start-Ziel-Sieg. Da Depailler in den gleichen Rennen Vierter und Zweiter wurde, schien die Formel 1 nun vor der Ligier-Epoche zu stehen, doch es kam anders. Zwar siegte auch Depailler später noch in Spanien, doch das Team konnte während der restlichen Saison die anfangs gezeigten Leistungen nicht annähernd wiederholen.

Zudem verunglückte der passionierte Risikosportler Depailler beim Drachenfliegen und fiel nach dem siebten Lauf für den Rest der Saison aus. Für ihn sprang Jacky → Ickx ein, der aber seine besten Tage bereits hinter sich hatte und Depailler nicht gleichwertig ersetzen konnte.

Die letzten drei Rennen endeten mit Komplettausfällen, aber trotzdem hatte Ligier genügend Punkte gesammelt, um mit Platz 3 in der Konstrukteurswertung das bisher beste Ergebnis in seiner Geschichte zu erreichen.

Diese Bilanz wurde 1980 sogar noch übertroffen, denn Laffite und der für Depailler engagierte Didier → Pironi gewannen je einen Grand Prix und zudem gelangen den Piloten insgesamt drei Pole-Positions sowie 66 WM-

Mit dem JS 207 befand sich Ligier 1984 bereits auf dem absteigenden Ast

Punkte, was den Vizetitel in der Konstrukteurswertung bedeutete.

In der Saison 1981 stand das Team vor einem Umbruch, die Wagen liefen jetzt unter → Talbot-Ligier und man kehrte nach einem Intermezzo mit → Ford zu den alten Matra-V12-Motoren zurück. Ducarouge brachte mit den JS 17 seine letzte Entwicklung an den Start, mit der Laffite zweimal siegen konnte.

Aber Jean-Pierre → Jabouille verpasste zweimal die Qualifikation, eine Situation, vor der das Team in den kommenden Jahren noch des öfteren stehen sollte.

Mit dem Weggang von Ducarouge, der zu Lotus wechselte, sank auch die Erfolgskurve allmählich nach unten. Länger als geplant musste der JS 17 auch 1982 eingesetzt werden, weil der neue JS 19 wegen seiner Seitenschürzen nicht den Vorschriften entsprach. Bestes Resultat in diesem Jahr war ein zweiter Platz durch Eddie → Cheever in Amerika.

François Hesnault:
1984 mit Ligier glück- und punktelos

1983 folgte der Total-Absturz: Weil Matra sich zurückgezogen hatte, griff man wieder auf → Cosworth-Motoren zurück und mit den Fahrern Jean-Pierre → Jarier und Raul Boesel gelang erstmals kein einziger WM-Punkt.

Guy Ligier outete sich immer mehr als Despot mit sprunghaften Entscheidungen, der Leute heuerte und feuerte und sich mit einem geplanten IndyCar-Programm völlig verzettelte. Dank der neuen → Renault-Motoren gab es 1985 und 1986 noch einmal einen Aufwärtstrend, indem das Team durch Andrea → de Cesaris und Laffite noch ein paar gute Platzierungen, aber keinen Sieg erreichen konnte.

Ab 1987 stieg der Rennstall dann endgültig zum Hinterbänkler-Team ab, das sich mit politischen Verwicklungen, fehlkonstruierten Rennwagen und zweitklassigen Piloten herumplagen musste. Nachdem man 1990 wieder keine WM-Punkte errungen hatte und Stammgast auf den hintersten Positionen geworden war, versuchte Guy Ligier noch einmal zum großen Schlag auszuholen.

Dank seiner hervorragenden Kontakte zu der sozialistischen Regierung unter François Mitterand, die Ligier immer wieder protegiert hatte, gelang es ihm, für 1991 den → Lamborghini-V12-Motor zu sichern und darüber hinaus für 1992 die erfolgsträchtigen → Renault-Triebwerke. Zudem kam mit Thierry → Boutsen ein Siegfahrer und dank eines hohen Budgets sowie personeller Umstrukturierungen stand der Rennstall laut Fachwelt vor einer »verheißungsvollen Stunde Null«.

Es wurde dann vielmehr eine »Erfolg-gleich-Null«-Saison, denn sowohl Boutsen als auch der Formel 3000-Europameister Erik Comas gingen leer aus.

Für 1992 konnte der Konstrukteur Frank Dernie erneut ein gewaltiges Budget verbraten und nach den ersten Testfahrten des neuen JS 37, unter anderem mit Alain → Prost am Steuer, war man geradezu euphorisch. Doch als Boutsen und Comas zusammen nur 6 WM-

Oben: Die Ligier mit Thierry Boutsen und Erik Comas in der Startaufstellung zum GP Deutschland am Hockenheimring • Unten: Durch den JS 39, hier mit Martin Brundle am Steuer, erlebte der Rennstall 1993 noch einmal einen leichten Aufschwung

Punkte ertrotzten, zählte Ligier wieder zu den »ganz großen Enttäuschungen des Jahres«. Comas, der nur wegen der Absage von Prost als Notnagel bleiben durfte und mit vier Punkten anschließend bester Ligier-Pilot wurde, bilanzierte schon zur Mitte der Saison ernüchtert: »Der JS 37 hat einen eingebauten Fehler.«

Als Konsequenz wurde Dernie noch vor Saisonende gefeuert und der »Patron« Ligier verlor das Interesse an seinem Team.

1993 gab es dann neue Besitzverhältnisse, denn Ligier verkaufte den Rennstall an den zwielichtigen französischen Geschäftsmann Cyril de Rouvre, der schon vorher bei → AGS gezeigt hatte, wie man ein Formel 1-Team in den Bankrott führt. Zur Empörung seiner Landsleute engagierte de Rouvre mit Martin → Brundle und Mark Blundell zwei Nicht-Franzosen als Piloten und holte Gérard Ducarouge zurück. Ducarouge, früher als »Konstruktions-Genie« gehandelt, galt mittlerweile als »abgekoppelt vom Spitzen-Design«, weil er immer noch lieber am Zeichentisch saß, als auf den Computer zu vertrauen.

Doch das Team schlug sich unerwartet gut: Mit dem 3. Platz durch Blundell sah man direkt beim Auftakt in → Kyalami nach langer Zeit wieder einen Ligier-Piloten auf dem Siegertreppchen. Diese Platzierung konnte sowohl von Blundell in Deutschland als auch von Brundle in → Imola wiederholt werden.

Aber ein Jahr später war Ligier wieder am Tiefpunkt angelangt, denn de Rouvre landete wegen Betruges und Schulden im Knast, was dazu führte, dass der Rennstall mit dem nur unzureichend modifizierten JS 39 die erste Hälfte der Saison führungslos vor sich hin dümpelte. Danach übernahm → Benetton-Boss Flavio → Briatore das Team, der zunächst Ducarouge entließ und an seiner Stelle wieder Frank Dernie einsetzte, der sich inzwischen bei Benetton als → Aerodynamik-Spezialist profiliert hatte. Wie zur Bestätigung landeten die Ligier-Piloten Olivier → Panis und Eric Bernard wegen vieler Ausfälle in Hockenheim auf den Plätzen 2 und 3. Und dank der Überarbeitung durch Dernie konnte vor allem Panis für den Rest der Saison in einigen Rennen glänzen. Mit dem neuen Management unter dem ehrgeizigen ehemaligen Benetton-Rennleiter Tom Walkinshaw und dank der neuen → Mugen-Honda -→ Motoren ging es auch 1995 spürbar aufwärts. Technologisch schaffte man wieder den Anschluss an das obere Mittelfeld und am Ende hatte man durch die Piloten Panis, Rückkehrer Brundle und Aguri → Suzuki 24 Punkte auf dem Guthaben.

Mit dem ehemaligen → Ferrari-Mann Cesare Fiorio anstatt Walkinshaw als Rennleiter und einer 15 Millionen-Mitgift des brasilianischen Piloten Pedro → Diniz erkämpfte sich Ligier mit der sensationellen Siegesfahrt von Olivier Panis in Monaco einen allerletzten Triumph. Aber inzwischen rumorte es immer heftiger hinter den Kulissen, denn Briatore hatte Guy Ligiers Firmenanteile abgekauft und war bereit, das Team zu veräußern.

Der dreimalige Weltmeister Alain → Prost erfüllte sich für einen hohen Millionenbetrag den Traum vom Formel 1-→ Teamchef und führte das Team ab 1997 unter seinem eigenen Namen weiter.

Lola (Rennwagenfirma)
GP-Rennen in der Fahrer-WM: 148 (1950–1960)
Pole Positions: 1
Siege: 0
WM-Punkte: 34
Beste Platzierung in der Konstrukteurswertung: Vierter 1962
Bekannteste Fahrer: John Surtees, Chris Amon, Maurice Trintignant, Alan Jones, Patrick Tambay
Erfolgreichster Fahrer: John Surtees
Internet: www.lolacars.com

Obwohl Lola in der Indy Car-Szene und anderen Serien zu den profiliertesten Rennwagen-Manufakturen zählt, konnte man in der Formel 1 trotz mehrerer Anläufe nie an diese großen Erfolge anknüpfen.

Mit einem selbstgebauten »Lola« nahm Eric Broadley 1957 an einem → Ford-Ten-Special-Rennen in Großbritannien teil. 1958 wurde Broadley dann der erste Sportwagenfahrer, der mit seinem Eigenbau in → Brands Hatch eine

Runde unter einer Minute schaffte. Sofort kamen Anfragen nach seinen Rennwagen und Broadley begann die Fahrzeuge in Serie herzustellen. Nach großen Erfolgen in der Formel-Junior brachte er 1962 mit der Unterstützung eines Bankhauses das Lola-Werksteam auch in der Formel 1 an den Start. John → Surtees knallte direkt beim Saisonstart in → Zandvoort die Trainingsbestzeit in den Asphalt, doch im Rennen kam es zu einem Unfall, da am Wagen der Dreieckslenker brach. Zwischen Broadley und Surtees entwickelte sich eine enge Zusammenarbeit, was zur Verbesserung am Fahrzeug und insgesamt 19 WM-Punkten führte. Doch am Ende der Saison zog sich der Sponsor zurück und Lola war plötzlich knapp bei Kasse. Es fehlte an Geld für Weiterentwicklungen und so konnte Lola 1963 trotz guter Piloten wie Chris → Amon, Maurice → Trintigant und Masten Gregory keine WM-Punkte einstreichen.

Danach konzentrierte sich Broadley auf andere Rennserien und in Kooperation mit anderen Automobilfirmen wie Ford oder → Honda eilte man bei der Indy 500 und den 24 Stunden → Le Mans von Triumph zu Triumph.

1974 erhielt Broadley von Altmeister Graham → Hill den Auftrag, für dessen eigenes Formel 1-Team Rennwagen zu bauen.

Auf der Konzeption von Lolas erfolgreichen Formel 5000-Wagen entwickelte man einen konventionellen Baukasten-Wagen, dessen einziges bemerkenswertes Detail eine überdimensionale Lufthutze war, die viel Platz für Sponsorenaufkleber bot.

Als bestes Resultat sprang ein sechster Platz von Hill in Schweden heraus.

1984 folgte eine fruchtlose Liaison mit Lolas amerikanischem Importeur Carl Haas, der für seinen Formel 1-Versuch Eric Broadley als Berater engagierte und drei Jahre lang die Fahrzeuge als Lola-Haas oder Beatrice-Lola einsetzte. Beides brachte wenig ein und deswegen engagierte sich Lola 1987 für Ex-→ Renault Rennleiter Gerard → Larousse, um dessen Rennstallambitionen zu unterstützen.

Broadley und Bellamy entwarfen den LC 87, mit dem Larousse beim zweiten Rennen in → Imola mit Phillipe Alliot am Steuer auftauchte. Fünfzehn Versuche brachten drei Punkte, aber 1988 gab es keine zählbaren Resultate.

Bellamy wurde von Larousse gefeuert, weil dieser den Wagen in der Hoffnung, Christian → Danner würde ihn fahren, mit zu langen Ausmaßen gebaut hatte. Für den nächsten Entwurf schloss sich Ex-Ligier- und Lotus-Konstrukteur Gérard Ducarouge dem Lola/Larrouse-Team an, ohne in der Saison 1989 viel bewegen zu können. 1990 folgten dann einige ausgezeichnete Leistungen, die mit dem dritten Platz von Aguri → Suzuki in → Suzuka gekrönt worden. Doch die elf WM-Punkte, die man während der Saison erreicht hatte, wurden dem Team von der → FISA wieder

John Surtees kann sich zufrieden zurücklehnen, denn für Lola schaffte er die einzige Pole Position in der Formel 1-Geschichte dieser Rennwagenfirma

aberkannt, weil sich fälschlicherweise Larrousse und nicht Lola als Konstrukteur eingetragen hatte. 1991 dümpelte man mit zwei WM-Pünktchen vor sich hin und am Ende der Saison zog sich Lola zurück, um zwei Jahre später an der Seite des → Dallara-Teams einen neuen Anlauf zu starten. Dallara zählte schon in den Jahren zuvor nicht zu den erfolgreichen Rennställen, aber die Zusammenarbeit mit Lola unter der Bezeichnung »BMS Lola« gab dem Rennstall trotz der → Ferrari-Motoren endgültig den Rest. Die Resultate waren so schlecht, dass man zu den Überseerennen gar nicht mehr antrat. Lola hatte viel von seinem guten Ruf verloren, weil sich herausstellte, dass die fabrizierten → Chassis nicht einmal den untersten Standard einhielten. Ferrari kündigte den Motorenvertrag und das jahrelang tapfer kämpfende Dallara-Team verschwand für immer von der Formel 1-Bildfläche. Broadley gab nicht auf und kehrte 1997 erneut, jetzt mit einem eigenen Rennstall, in den Grand-Prix-Zirkus zurück, und bald darauf wieder zu verschwinden. Zunächst konnten sich beide Fahrzeuge mit Vincenzo Sospiri und Ricardo Rosset am Steuer beim Saisonstart in Australien nicht qualifizieren. Anschließend zahlte der Sponsor nicht und Lola war plötzlich pleite. Als Eric Broadleys Lebenswerk am Boden lag, übernahm der Ex-Rennfahrer und erfolgreiche Geschäftsmann Martin Birane die Firma und begann mit der Neustrukturierung. Lola mischte anschließend weiter im Renngeschehen mit, tauchte in der Formel 1 allerdings bisher nicht mehr auf.

Lollipop-Mann
Das ist der Chefmechaniker jedes Rennstalls, der beim → Boxenstopp dem Piloten mit einer langen Stange zwei Schildaufschriften vor dem Fahrzeug entgegenhält. Solange am Wagen noch aufgetankt wird oder der Reifenwechsel stattfindet, sieht der Pilot die Aufschrift »Brake« und als Hinweis, dass er den ersten Gang einlegen und wieder losfahren kann, zeigt der Lollipop-Mann dann die Aufschrift »1. Gear«.

Der BMS Lola-Ferrari von 1993, hier mit Michele Alboreto am Steuer, war ein Totalflop

Lombardi, Maria Grazza »Lella« (Pilotin)
Geboren: 26.03.1943 in Frugarolo/Italien
Gestorben: 3.03.1992 in Italien
GP-Rennen in der Fahrer-WM: 12
(seit (1974–1976)
Pole Positions: 0
Siege: 0
WM-Punkte insgesamt: 0, 5
Beste WM-Platzierung im Gesamtklassement:
Einundzwanzigste 1975
Rennwagen: Brabham, March, Williams

Die kleine Italienerin ist bis heute die einzige Frau, die bei einem Formel 1-Rennen in die Punkte fuhr, allerdings in einem Rennen, auf das keiner gerne zurückblickt.

In Lella Lombardis Familie interessierte sich kein Mensch für den Motorsport und das schnellste Gefährt war ein Zehngangfahrrad. Aber Lella war sehr sportlich und spielte im örtlichen Handballverein. Nachdem sie den Führerschein machte, traf sie einen jungen Mann, der sich ganz der Rennfahrerei verschrieben hatte. Lella wurde zu seiner ständigen Begleiterin und kümmerte sich bei den Rennen um → Reifen, Zündkerzen und Zeitabnahme. Nach einiger Zeit wurde sie zu seiner Co-Pilotin und konnte ihn beim nächsten Rennen überreden, selbst ans Steuer gelassen zu werden. Vor dem Rennen wurde sie von den anderen Rennfahrern belächelt, doch zur Überraschung aller gewann sie diesen Wettbewerb. Anschließend bekam sie die Chance, in einem → Alfa-Romeo an der italienischen Tourenwagenmeisterschaft teilzunehmen. Nach einem Intermezzo mit → BMW saß Lombardi bald auch in Einsitzern. 1973 erreichte sie mit dem Gewinn der Mexico-→ Ford-Meisterschaft ihren größten Erfolg. Durch Radio Luxemburg gesponsert, konnte sie im selben Jahr mit einem → Brabham BT 42, der speziell an private Rennställe veräußert wurde, am Training zum Großen Preis von Großbritannien teilnehmen, sich aber nicht qualifizieren. Die Startnummer des Rennwagens setzte sich interessanterweise aus der Frequenz (FM208) des Radiosenders zusammen. Doch Lombardi hatte bereits mit Multimillionär Graf Zanon einen weiteren Sponsor auf sich aufmerksam gemacht. Dieser Adlige, der u.a. auch die Karriere von Michele → Alboreto förderte, verschaffte mit seinen Lire der »Tigerin von Turin« für 1975 einen Platz beim → March-Team von Vittorio → Brambilla. In Südafrika stellte sie den Wagen auf den letzten Startplatz und schied nach 23 Runden wegen defekter Treibstoffzuführung aus, war aber nach 17 Jahren wieder die erste Frau in einem Weltmeisterschaftsrennen der Formel 1.

Beim nächsten Rennen im spanischen → Montjuich schrieb sich Lombardi dann in einem denkwürdigen Rennen in die Formel 1-Geschichtsbücher ein. Der Montjuich-Kurs war zu diesem Zeitpunkt mittlerweile eine so gefährliche Rennstrecke geworden, dass die Fahrer an einen Streik dachten, schließlich aber doch an den Start gingen. Nachdem der Wagen von Rolf → Stommelen wegen eines gebrochenen Heckflügels in die Zuschauermenge raste und dabei 5 Personen tötete, wurde das Rennen nach drei weiteren Umläufen abgebrochen.

Lombardi befand sich zu diesem Zeitpunkt auf dem 6. Platz und bekam wegen des vorzeitigen Abbruchs nur die Hälfte der Punktzahl zugesprochen, war aber damit die erste Frau mit WM-Punkten.

Trotz eines weiteren siebten Platzes beim Großen Preis von Deutschland war sie dem Rennstall insgesamt zu langsam und wurde nach dem Rennen in → Monza vor die Tür gesetzt. Beim Saisonfinale bekam sie noch einen → Williams, mit dem sie aber das Rennen nicht beenden konnte. 1978 erhielt sie für den Lauf in Brasilien einen March, mit dem sie auf Platz 14 kam, aber anschließend durch Ronnie → Peterson ersetzt wurde. Mit einem → Brabham des REC-Teams konnte sie sich danach zunächst weder in Großbritannien noch in Deutschland qualifizieren, schaffte aber dann in Österreich noch einmal einen 12. Platz. Dies war das letzte Formel 1-Rennen für die Italienerin, die noch bis in die späten achtziger Jahre an Autorennen teilnahm und 1992 mit 48 Jahren an Krebs verstarb.

Lella Lombardi, die einzige Frau in der Formel mit einer Punkteplatzierung

Long Beach (Rennstrecke)
GP-Bezeichnung: Großer Preis der USA-West,
Länge: 3,251 km (1976–1981), 3,428 km (1982), 3,275 km (1983)
Renndistanz: 75 Runden = 245,63 km (1983)
Erstes Formel 1-Rennen: 1976
Letztes Formel 1-Rennen: 1983
Gesamtzahl Grand Prix: 8
Erster Sieger: Clay Regazzoni (1976)

Eine Ausnahmegenehmigung ermöglichte es, in den USA zwei Große Preise durchzuführen. Der britische Promoter Chris Pook organisierte 1976 erstmals den Großen Preis der USA-West, welcher sich durch die Hochhausschluchten des Rentnerparadieses Long Beach schlängelte. Eine lange, leicht gekrümmte Gerade an den Boxen, die in eine → Haarnadelkurve mündete, sorgte für die Höhepunkte im Rennen. Nachdem Pook in die IndyCar-Serie wechselte, war kein anderer bereit, Geld in die Veranstaltung zu pumpen und so fand mit dem letzten Sieg eines Saugmotorwagens vor der Turboära durch Michele → Alboreto auf → Tyrrell auch gleichzeitig der letzte → Grand-Prix-Lauf in Long Beach statt.

Lorbeerkranz
Früher wurden Lorbeerkränze als Anerkennung für einen Sieg verteilt. Doch mittlerweile sind sie offiziell verboten, weil sie die Schriftzüge der → Sponsoren beim Piloten verdecken.

Lotus (Rennwagenfirma)
GP-Rennen in der Fahrer-WM: 491 (1958–1994)
Pole Positions: 107
Siege: 79
WM-Punkte 1514
Beste Patzierung in der Konstrukteurswertung: Konstrukteursweltmeister 1963, 1965, 1968, 1970, 1972, 1973, 1978
Bekannteste Fahrer: Graham Hill, Innes Ireland, Joakim Bonnier, Jim Clark, Dan Gurney, Stirling Moss, John Surtees, Maurice Trintignant, Joseph Siffert, Chris Amon, Jack Brabham, Phil Hill, Peter Revson, Pedro Rodriguez, Mario Andretti, Giancarlo Baghetti, Emerson Fittipaldi, Jochen Rindt, *Jacky Ickx, Ronnie Peterson, John Watson, Gunnar Nilsson, Carlos Reutemann, Elio de Angelis, Nigel Mansell, Ayrton Senna, Nelson Piquet, Johnny Herbert, Mika Häkkinen*
Erfolgreichste Fahrer: Stirling Moss, Jim Clark, Jochen Rindt, Emerson Fittipaldi, Mario Andretti, Ayrton Senna
Internet: http://idt.net/~lotusf1/(Tribute-Seite)

Lotus ist eine absolute Formel 1-Legende, die in ihrer über dreißigjährigen → Grand-Prix-Geschichte mit zahlreichen bahnbrechenden Innovationen aufwartete, was das Team allerdings nicht davor bewahrte, in den neunziger Jahren einen langsamen Tod zu sterben.

Lotus-Gründer Colin Chapman ist heute ebenfalls ein Formel 1-Mythos, dessen Name für immer mit diesem Fahrzeughersteller verbunden sein wird. Chapman war schon in seiner Jugend ein begeisterter Motorradfahrer, den auch schwere Unfälle nicht von seiner Leidenschaft abbringen konnten. Schon während seines Technikstudiums betrieb Chapman einen gewinnbringenden Handel mit restaurierten Unfallwagen und eines dieser Fahrzeuge, ein damals zwanzig Jahre alter Austin-Seven, soll zum ersten Mal die Bezeichnung Lotus MK1 getragen haben. Mit dem Nachfolgemodell Lotus MK2 beteiligte sich Chapman 1950 erstmals an einem Rundstreckenrennen und gewann. Mit dem Startkapital von einigen britischen Pfund gründete er 1952 die Lotus Engineering Co.Ltd. Sein erster Entwurf war eine Auftragsarbeit für einen Formel 2-Wagen. Chapman war zudem in beratender Funktion für die Rennställe → BRM und → Vanwall tätig. Auf einer Londoner Motorshow stellte Chapman 1956 seinen ersten Lotus-Einsitzer, das Modell Lotus 12, dem Fachpublikum vor, der ein Jahr später bei Formel 2-Rennen eingesetzt wurde. Noch mit dem alten Frontmotorkonzept stieg Lotus dann 1958 mit einem von stärkeren → Coventry-Climax-→ Motoren angetriebenen Lotus 12 in die Formel 1 ein. Beim Großen Preis von Monaco ging er mit zwei Fahrzeugen sowie den Piloten Graham → Hill und Luther Allison an den Start. Während Hill ausfiel, erreichte Allison einen

Mit Lotus zum WM-Titel: Emerson Fittipaldi

sechsten Platz und hätte zwei Rennen später in Belgien schon beinahe gewonnen. So blieb ein vierter Platz und für Chapman die Bestätigung, einen erfolgversprechenden Weg eingeschlagen zu haben.

Mit dem deutlich schlankeren Lotus 16 gelangen Innes → Ireland 1959 in → Zandvoort ein vierter sowie in → Sebring ein sechster Platz. Es waren allerdings die einzigen Punktplatzierungen, denn ansonsten hatten Ireland und seine Kollegen Hill, Alan Stacey oder Bruce Halford vorwiegend Ausfälle zu verzeichnen.

Der Lotus Typ 18 war dann der erste mit Mittelmotorkonzept und wurde für die Formel 1, Formel 2 und Formel Junior entwickelt. Einige davon wurden von dem englischen Rennstallbesitzer Rob → Walker übernommen und mit dem Walker-Lotus gelang Stirling → Moss 1960 in Monaco der erste Sieg für diese Marke. Am Ende der Saison hatten Moss sowie Ireland, Jim → Clark und John → Surtees genügend Punkte für Lotus gesammelt, um erstmals in der Konstrukteurswertung Vizeweltmeister hinter → Cooper zu werden.

Schon in dieser Saison war der Lotus durch seine ausgezeichnete Straßenlage der Maßstab seiner Zunft und spiegelte schon einiges vom Konstruktionsgenie Chapmans wider. Allerdings gab es mit Alan Stacey auch den ersten Toten in einem Lotus-Fahrzeug zu beklagen. Dem am Unterschenkel amputierten Stacey war in → Spa-Francorchamps ein Vogel in die Rennbrille geflogen, so dass der Lotus ausbrach und sich mehrfach überschlug.

Inzwischen hatte sich zwischen Chapman und dem Farmersohn Clark eine enge Freundschaft gebildet, welche das Gespann noch zu großartigen Triumphen führen sollte.

Doch zunächst war es wieder Stirling Moss, der 1961 erneut mit einem Walker-Lotus in Monaco und USA siegen konnte. Innes Ireland war es vorbehalten, beim letzten Grand Prix der Saison in → Watkins Glen den ersten Sieg für einen Werkslotus zu erringen.

1962 begann Lotus erstmals Rennsportgeschichte zu schreiben, denn Chapman entwarf mit dem Lotus 25 erstmals nach Vorbild des Flugzeugbaus ein Fahrzeug mit Monocoque-Bauweise, was den Piloten in eine liegende Position zwang. Ein Prinzip, das bis heute in der Formel 1 gängig ist, auch wenn Technik und Material bis zum heutigen Tage natürlich verfeinert wurden. Jetzt war der Siegeszug von Lotus und Clark nicht mehr aufzuhalten. Clark, der sich zunächst ziemlich betrübt über das neue Fahrgefühl im Lotus 25 äußerte, schaffte in dieser Saison drei Siege und sicherte sich ein Jahr später in überlegener Manier den WM-Titel.

Mit sieben Saisonsiegen und 25 Punkten Vorsprung vor dem Zweitplatzierten Graham Hill ließ Clark der Konkurrenz keine Chance und Lotus gewann nebenbei erstmals die → Konstrukteursweltmeisterschaft.

Noch vor diesem Triumph hatte Chapman den Ehrgeiz entwickelt, auch die 500 Meilen von → Indianapolis zu gewinnen. Chapman baute hierfür mit dem Lotus 29 ein neues Auto, dessen → Cosworth-Motor sehr leistungsstark, aber sparsam im Benzinverbrauch war. Mit den Piloten Clark und Dan → Gurney ging der Rennstall 1963 erstmals bei den Indy 500 an den Start und nur wegen einer zweifelhaften Entscheidung der Rennkommission, die den führenden → Parnelli Jones trotz Ölverlustes nicht aus dem Rennen nahm, gewann Clark nicht gleich im ersten Anlauf. Zwei Jahre später holte Lotus den versäumten Sieg nach und Clark und Chapman durften sich über 150 000 Dollar Siegprämie freuen.

In diesem Jahr gewann Clark mit sechs Saisonsiegen auch seine zweite Weltmeisterschaft, obwohl er in Monaco wegen der Indy-Teilnahme gar nicht am Start war.

1966 musste der Rennstall wegen der Umstellung auf die 3,0-Formel zunächst auf den → BRM-H16-Motor zurückgreifen, der sich als schwer, kompliziert und unzuverlässig erwies. Dementsprechend fiel mit 21 WM-Punkten die Bilanz im Vergleich zu den vorigen Jahren mager aus, auch wenn Clark den Großen Preis der USA gewinnen konnte. Aber für die Saison 1967 hatte sich Chapman schon exklusiv die Rechte des von → Ford finanzierten DGV-Cosworth-Motors gesichert, der sich in der Folgezeit als erfolgreichstes Formel 1-Aggregat aller Zeiten erweisen sollte.

Und flugs setzte Lotus mit dem Typ 49, der extra für den Cosworth-Ford DFV ausgelegt war, neue Standards. Mit diesem Fahrzeug konnte Jim Clark in der Saison 1967 viermal siegen und sein neuer Stallgefährte Graham Hill sammelte ebenfalls fleißig WM-Punkte.

Der Lotus Typ 49 beherrschte vier Jahre lang die Formel 1, in ihm wurde Graham Hill 1968 Weltmeister und → Emerson Fittipaldi fuhr damit seinen ersten Grand-Prix-Sieg heraus.

Dieser Rennwagen war auch der letzte, in privatem Besitz fahrende Lotus, der mit Joseph → Siffert und unter Leitung von Rob → Walker 1968 in → Brands Hatch siegen konnte.

Doch Chapman hatte mit dem Tod von Jim Clark 1968 bei einem unbedeutenden Formel 2-Rennen einen furchtbaren Schock zu verkraften, der völlig unerwartet das Aus für die »perfekte Formel 1-Ehe« bedeutete. Kurz zuvor hatte Chapman wieder eine Innovation initiert, indem er erstmals in der Formel 1-Geschichte einen Werbevertrag mit einem Zigarettenhersteller abschloss und die Fahrzeuge statt des traditionellen »British-Racing Green« jetzt in den Gold-Rot-Weiß-Farben der »Gold Leaf«-Zigarettenschachteln lackierte. Als Reaktion darauf wurden von den öffentlich-rechtlichen Fernseh-Sendern in Deutschland wegen »Schleichwerbung« in der Saison 1968 keine Formel 1-Rennen mehr übertragen.

Jim Clark war tot und Graham Hill hatte mit dem WM-Titel 1968 seinen Leistungszenit überschritten, aber mit dem Österreicher Jochen → Rindt gelangte wieder ein Supertalent in Chapmans Dienste. Inzwischen wurden die Entwürfe nicht mehr von Chapman selber umgesetzt, sondern von einem Team, das seine genialen Einfälle praxistauglich machen sollte.

Der Perfektionist galt als strenger, wenn nicht gar schrulliger Arbeitgeber, der seinen

Mit Renault-Motoren gelangte Lotus Mitte der achtziger Jahre zu letzten Siegen

Angestellten verbot, während der Arbeit zu rauchen oder Tee zu trinken.

Zunächst begann 1969 die Zusammenarbeit zwischen Chapman und Rindt mit einem Konflikt, weil der Österreicher lieber den altbewährten Lotus 49 statt des allradbetriebenen Lotus 63 fahren wollte. John Miles und Joakim → Bonnier fuhren dann insgesamt siebenmal diesen komplexen Wagen und blieben punktelos. Hill und Rindt dagegen konnten mit dem alten Wagen in Monaco und den USA siegen.

Chapmans Verständnis vom Fahrzeugbau nach dem Motto »Ein guter Rennwagen ist ein Auto, das als erstes durchs Ziel fährt und dann auseinander fällt« bekam insbesondere Rindt zu spüren, der mehrere haarsträubende Unfälle erlebte und das Fahren eines Lotus langsam als ein Selbstmordkommando empfinden musste. Weil Chapman ihm für die Saison ein absolutes Siegerfahrzeug versprach, blieb Rindt dennoch bei dem Team.

Mit dem Lotus 72 hatte Chapman wieder ein revolutionär anmutendes Fahrzeug auf die → Räder gestellt. Der Wagen verfügte über einen neuartigen, keilförmigen Bug und durch die progressive → Aufhängung konnte man weichere → Reifen nehmen, die eine bessere Bodenhaftung garantierten. Doch Rindt traute dem neuen Entwurf nicht so recht über den Weg, sondern setzte sich zunächst in den 49er, mit dem er beim Sieg in Monaco den Grundstein für seinen WM-Titel legte. Zwei Rennen später fuhr Rindt dann erstmals eine überarbeitete Version des Lotus 72 und gewann auf Anhieb. Damit begann für Rindt und Lotus ein Triumphzug von vier Siegen hintereinander, in dem Rindt schon Mitte der Saison praktisch als Weltmeister feststand. Durch einen Fehler der Lotus-Techniker kam der Österreicher beim Training zum Großen Preis von Italien ums Leben, weil man die vorderen Bremsscheiben falsch ausgelegt hatte.

Doch mit Emerson → Fittipaldi stand schon der nächste Lotus-Superstar in den Startlöchern, der in dieser Saison mit seinem Sieg in Watkins Glen dem toten Rindt endgültig den Titel sicherte. Ab 1971 stellte Lotus den Verkauf an Privatteams ein und setzte bei den Rennen nur noch die Fahrzeuge seines Werksteams ein.

Doch zunächst durchlief der Rennstall eine Krise und schaffte in dieser Saison erstmals seit zehn Jahren keinen einzigen Sieg.

Ab 1972 bildete sich eine weitere Lotus-Legende, denn von dieser Saison fuhren die Rennwagen in dem charakteristischen Schwarz-Gold-Outfit der Zigarettenmarke John Player Special. Mit dem WM-Titel von Emerson Fittipaldi sowie dem Gewinn der Konstrukteursmeisterschaft feierte man ein grandioses Comeback. Noch bis 1975 waren modifizierte Versionen des 72er Modells mit Top-Piloten wie Emerson Fittipaldi und Ronnie → Peterson siegreich im Einsatz, ohne zu Weltmeisterehren gelangen zu können.

Es folgten durchwachsene Jahre mit den Modellen 76 und 77, an denen der Spitzenfahrer Ronnie Peterson verzweifelte und deshalb das Team zu Saisonbeginn 1976 verließ.

Mit dem Lotus 78 gelang dem Rennstall wieder ein Meilenstein in der Formel 1-Geschichte. Chapman entdeckte den → Groundeffect, der für beste Bodenhaftung sorgte und seine Aerodynamiker setzten diesen Geistesblitz in die Tat um. Dieses innovative Prinzip sorgte in den folgenden Jahren für eine neue Rennwagenära und Lotus war wieder einmal Vorreiter. Mario → Andretti siegte in dieser Saison in den USA, Spanien, Belgien, Frankreich und Italien, doch Weltmeister wurde Niki → Lauda mit → Ferrari.

Aber 1978 war die Kombination von Lotus und Andretti nicht zu schlagen und zusammen mit dem Rückkehrer Peterson dominierte der Rennstall diese Saison, in der man Fahrer und Konstrukteurstitel gewann, aber Peterson durch die Nachwirkungen eines → Monza-Startunfalls verlor. Was keiner zu diesem Zeitpunkt ahnen mochte: Es sollte der letzte Titelgewinn eines Lotus-Fahrzeuges sein. Mit dem Nachfolgemodell Typ 80, das einen verbesserten Groundeffect erzeugen sollte, verkalkulierte man sich völlig und musste 1979 nach drei Rennen wieder auf den bewährten 79er zurückgreifen.

Mit der laut Presseerklärung »sorgfältig überlegten Synthese des 79 und der Erfahrung aus dem 80« wollte Lotus in der folgenden Saison wieder Anschluss an die zurückliegenden Erfolge finden. Diese Absicht misslang, obwohl → Elio de Angelis immerhin auf 13 WM-Punkte kam, während Andretti nur einen einzigen schaffte. Aber zumindest bewies Chapman wieder sein Gespür für Fahrertalente, indem er beim Großen Preis von Österreich erstmals seinem → Testfahrer Nigel → Mansell die Möglichkeit gab, auch im Rennen seine Fähigkeiten unter Beweis zu stellen.

Die gezeigten Leistungen bei zwei Großen Preisen überzeugten Chapman davon, Mansell in der nächsten Saison neben de Angelis ganzjährig eine Chance in dem modifizierten 81er zu geben, was der schnauzbärtige Brite mit dem einzigen Podestplatz in Belgien zurückzahlte.

Chapman dagegen hatte sich mit dem Entwurf eines Doppelchassis-Rennwagens, welcher den Groundeffect verbessern und ihn für die Fahrer erträglicher machen sollte, verrechnet. Beim ersten Grand Prix in → Long Beach gemeldet, wurde dieser Wagen aufgrund von Protesten vom Rennen ausgeschlossen. Flugs wurde er umgebaut und später als Typ 87B deklariert, was in Monaco zu seinem ersten Einsatz führte. Hieraus entwickelte sich das stabilere und leichtere Modell 91, mit dem Elio de Angelis in der nächsten Saison nach drei sieglosen Jahren in Österreich wieder einen Triumph für Lotus feiern konnte.

Chapman, von vielen bereits als ein »Leonardo da Vinci der Konstruktionskunst« bezeichnet, glaubte stets daran, sein Team wieder zu alter Blüte zu führen und dafür noch genügend Zeit zu haben, denn sein Großvater wurde 97 Jahre alt. »Enzo Ferrari führt sein Team noch mit 80 – 30 Jahre bleiben mir also mindestens noch«, äußerte er im Herbst 82. Doch am 16. Dezember desselben Jahres starb »das Superhirn« an einer Herzattacke, obwohl ihm vorher bei einer ärztlichen Untersuchung ein gesundes Herz attestiert worden war. Seitdem ranken sich Legenden um Chapman, die von Andrettis These untermauert werden, Chapman lebe heute irgendwo in Südamerika.

Wenn, dann vielleicht aus Furcht vor den Gläubigern, denn Chapman hatte schon Jahre zuvor mit seinen Power-Booten und Straßensportwagen empfindliche finanzielle Einbußen hinnehmen müssen.

Der Rennstall durchlebte nach dem Tode seines Gründers eine schwierige Phase, zumal die Sponsorengelder aufgrund des nachlassenden Erfolges nicht mehr so reichlich wie früher

Nur ein Pünktchen schaffte Alex Zanardi 1993 mit dem Lotus 107B

flossen. Der US-Amerikaner David Thieme, ein glamouröser Mann mit schwarzem Hut und Spitzbart, hatte Lotus mit den Geldern aus seinen Ölgeschäften mehrere Jahre unterstützt, bis seine Geschäfte 1981 Konkurs anmelden mussten. Peter Warr, der vorher für → Fittipaldi und → Wolf gearbeitet hatte, übernahm ab 1983 die Leitung von Lotus und die Arbeiten an einem von → Renault-Turbo-Motoren angetriebenen Rennwagen gingen nur sehr schleppend voran. Die erste Version, der Lotus 93T, war ein Flop, mit dem die Piloten leer ausgingen. Erst der neu hinzugestoßene, frühere Ligier- Konstrukteur Gérard Ducarouge brachte für das Team mit seinem Entwurf, dem 94T, ab dem Großen Preis von England wieder bessere Ergebnisse hervor. Mansell wurde Vierter und schaffte beim Großen Preis von Europa in → Brands Hatch den Sprung auf das Treppchen.

Auch für 1984 hatte Ducarouge mit dem 95T wieder ein gutes Fahrzeug entwickelt, das zwar keine fortschrittlichen Eigenschaften mehr besaß, sich aber in dieser Saison als absolut konkurrenzfähig erwies. Mansell und de Angelis schafften mit vielen guten Platzierungen insgesamt 47 WM-Punkte und der damit verbundene 3. Platz in der Konstrukteurswertung war der beste seit dem Titelgewinn im Jahre 1978.

Nach dem Abgang von Nigel Mansell war es der Brasilianer Ayrton → Senna, mit dem Lotus in den nächsten Jahren noch mal einen starken Aufwind erlebte und wieder näher an mögliche Titelgewinne herankam. In den Jahren 1985 bis 1987 schaffte Senna sechs Siege, Lotus konnte mit der Entwicklung eines computergestützten Aufhängungssystems wieder eine Innovation vorweisen und der Brasilianer kämpfte 1987 lange Zeit um den WM-Titel mit, musste sich aber schließlich seinem Landsmann Nelson → Piquet geschlagen geben.

Mit Sennas Weggang war für Lotus der Beginn des Abstiegs eingeleitet, obwohl man als Ersatz Weltmeister Piquet engagierte. Die inzwischen in gelbem Outfit des neuen Tabaksponsors fahrenden Boliden wurden trotz turbobetriebenen → Honda-Motors spürbar schlechter und Ducarouge am Ende der Saison gefeuert. Schon gab es erste Gerüchte, dass Lotus verkauft werden sollte, aber mit dem neuen → Technischen Direktor Frank Dernie und den Piloten Piquet sowie der Honda-Mitgift Satoru Nakajima ging es in eine weitere, frustrierenden Saison. Mit einem unmotivierten Piquet, einem an Talent schwachen Nakajima, einer misslungenen Fahrzeugkonstruktion sowie dem wenig überzeugenden → Judd-Saugmotor gab es nur enttäuschende 15 WM-Punkte. Als Konsequenz wurde Peter Warr von der Witwe Chapmans und Sponsor Camel Ende Juli entmachtet und durch Tony Rudd ersetzt. Mit dem neuen Pilotenpaar Derek → Warwick und Martin Donnelly, der nach seinem schweren Trainingsunfall in Spanien von Johnny → Herbert abgelöst wurde, sowie dem → Lamborghini-12-Zylinder im Heck eines von Schwachpunkten durchsetzten Lotus 102 wurde 1990 mit 3 WM-Punkten die schlechteste Ausbeute seit der Debüt-Saison 1958 erreicht. Weil am Ende der Saison Sponsor Camel sowie Motoren-Partner Lamborghini adieu sagten, war Lotus ab 1991 in die Liga der Hungerleider-Teams abgesunken und kämpfte mit dem neuen Teamchef Peter Collins von nun an ständig um das Überleben.

Die nächsten drei Jahre konnte sich Lotus dank des Engagements von Collins und den fahrerischen Leistungen von Piloten wie Mika → Häkkinen und Johnny Herbert über Wasser halten. Aber 1994 war das Team vor den beiden letzten Rennen in Japan und Australien schon so insolvent, dass → FOCA-Chef Bernie → Ecclestone die Transportkosten nach Übersee übernehmen musste. David Hunt, Bruder des früheren Formel 1-Champions James → Hunt, versuchte Lotus noch zu retten, doch es fanden sich keine Geldgeber mehr. Zum Saisonbeginn 1995 war Lotus nicht mehr auf den Meldelisten vertreten. Eines der ruhmreichsten Kapitel der Formel 1 war unwiderruflich zu Ende gegangen und das Geheimnis der asiatischen Namensgebung seiner Fahrzeuge hatte Chapman mit ins Grab genommen.

Lyncar (Rennwagenwagenfirma)

GP-Rennen in der Fahrer-WM: 1 (1974–1975)
Pole Positions: 0
Siege: 0
WM-Punkte: 0
Beste Platzierung in der Konstrukteurswertung: 0
Bekannteste Fahrer: –
Erfolgreichste Fahrer: –

Der kleine Rennstall war nur bei zwei Formel 1-Läufen im Einsatz, verschaffte sich aber durch ein »einfaches und vernünftiges« Auto Anerkennung in der Fachwelt.

Martin Slater, ein ehemaliger Rennfahrer, baute sich zunächst einen Formel-Junior für den Eigenbedarf um und entwarf danach Fahrzeuge für → Lola, → March und → Brabham.

1971 konstruierte er den ersten Lyncar für die Formel Atlantik und zwei Jahre später wurde der Lyncar mit dem → McLaren-Mitarbeiter John Nicholos am Steuer Sieger in dieser Klasse.

1973 erschien dann unter der Bezeichnung Lyncar 006 der erste Formel 1-Wagen, welcher aber erst ein Jahr später zum ersten Mal beim britischen → Grand Prix in → Brands Hatch eingesetzt wurde. Allerdings konnte Nicholson sich nicht qualifizieren, was ihm erst ein Jahr später gelang. Da das Formel 1-Engagement von vornherein nur für eine kurze Dauer anberaumt war, zog sich Nicholson anschließend zurück und beteiligte sich an Motorbootrennen sowie als Motorenbauer für McLaren.

Der Lyncar 006 kam in überarbeiteter Form noch bis 1977 bei verschiedenen Rennen zum Einsatz.

Magny-Cours (Grand-Prix-Kurs)

GP-Bezeichnung: Großer Preis von Frankreich
Streckenlänge: 4,250 km
Renndistanz: 72 Runden = 306 km
Erstes Formel 1-Rennen: 1991
Gesamtzahl GP: 9
Häufigster Sieger: 6 x Alain Prost (1981, 1983, 1988, 1989, 1990, 1993)
GP-Unfälle mit tödlichem Ausgang:
Internet: www.magnyf1.com

Aus dem zunächst kleinen Formel 3-Kurs wurde die Strecke mit massiver Unterstützung des damaligen französischen Präsidenten François Mitterand in eine Formel 1-Strecke umgewandelt.

Modern eingerichtet, aber von relativ langweiliger Streckenführung besteht die größte Herausforderung in der schnellen Links-Rechts-Kurve nach dem Start, wo es schon einige aufsehenerregende Überholmanöver gab. → Reifen und → Bremsen werden beim Rennen sehr belastet und nach den Worten von Mika → Häkkinen kann der Kurs sehr frustrierend sein, weil es außer beim Start ansonsten kaum Überholmöglichkeiten gibt.

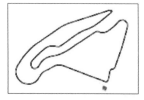

Magny-Cours

Mairesse, Willi (Pilot)

Geboren: 01.10.1928 in Momignes/Belgien
Gestorben: 02.09.1969 in Ostende/Belgien
GP-Rennen in der Fahrer-WM: 12 (1960–1965)
Pole Positions: 0
Siege: 0
WM-Punkte insgesamt: 7
Beste WM-Platzierung im Gesamtklassement: Vierzehnter (1962)
Rennwagen: Ferrari, Lotus, BRM

»Immer Ärger mit Willi« hieß das Motto für den Formel 1-Chaoten mit der »Prise Wahnsinn«. Mairesses schwere Unfälle führten jedesmal zu Katastrophen und letztendlich zu seinem Entschluss, freiwillig aus dem Leben zu scheiden. Der Belgier debütierte 1953 beim Straßenrennen Lüttich–Rom–Lüttich und von 1954–1956 machte er bei Sportwagenrennen durch Erfolge, aber auch durch einige haarsträubende Unfälle von sich reden. Enzo → Ferrari wurde auf ihn aufmerksam und gab ihm bei Sportwagen und ab 1960 auch in der Formel 1 einige Renneinsätze.

1960 konnte er in seinem dritten Rennen beim Großen Preis von Italien einen 3. Platz verbuchen. Im nächsten Jahr verblieben nur vereinzelte Formel 1-Läufe für → Lotus und → Ferrari, in denen er sich nicht in Szene setzen konnte. Es reichte in diesem Jahr für einige Siege in Sportwagenrennen sowie den 2. Platz bei den 24 Stunden von → Le Mans.

1962 kehrte er für Ferrari in die Formel 1 zurück und erlebte beim Großen Preis von Belgien seine erste Kollisionskatastrophe. Bei einer Hetzjagd auf den führenden Jim → Clark kollidierte Mairesse mit dem Briten Trevor Taylor und erlitt nach einem Aufprall gegen einen Telegrafenmast in seinem brennenden Fahrzeug schwere Verletzungen am ganzen Körper. Nach einer längeren Zwangspause kehrte er in dieser Saison erst zum Großen Preis von Italien zurück und wurde Vierter.

1963 fuhr Mairesse weiter sporadische Einsätze für Ferrari und beim Großen Preis von Deutschland erlebte das »übergroße Kämpferherz« sein nächstes Fiasko, als bei Tempo 200 sein Hinterrad brach. Der sich überschlagende Wagen tötete einen Streckenposten und Enzo Ferrari hatte nun genug von »Kamikaze-Willi«. Mairesse, der sich bei dem Unfall mehrere Knochenbrüche zuzog, bekam nach seiner Genesung und einer verpassten Formel 1-Chance bei → BRM noch einmal die Chance, an Sportwagenrennen teilzunehmen. Er gewann 1966 die Targa Florio und konnte sich sowohl bei verschiedenen 1000-km-Rennen als auch bei den 24 Stunden von Le Mans gut in Szene setzen.

1968 vergaß er allerdings in Le Mans die Fahrertür richtig zu schließen und auf einer schnellen Geraden öffnete sich das → Cockpit und Mairesse verlor die Kontrolle über sein Fahrzeug, das an den Bäumen zerschellte. Wieder wurde der »leidenschaftlichste Draufgänger, der je die GP-Bühne betreten hat« schwer verletzt und anschließend hoffte Mairesse dennoch auf ein erneutes Rennfahrer-Comeback.

Als er aber feststellen musste, dass ihm keiner mehr einen Rennwagen zur Verfügung stellen wollte, beging Mairesse 1969 in einem Hotelzimmer durch eine Überdosis Schlaftabletten Selbstmord.

Maki (Rennwagenfirma)
GP-Rennen in der Fahrer-WM: 0 (1974–1976)
Pole Positions: 0
Siege: 0
WM-Punkte: 0
Beste Platzierung in der Konstrukteurswertung: 0
Bekannteste Fahrer:
Erfolgreichste Fahrer: –
Der japanische Rennstall gab 1974 bei einer Feier in einem Londoner Hotel seinen → Grand Prix-Einstieg bekannt, um danach in einem Zeitraum von drei Jahren bei acht Versuchen die gleiche Anzahl von Nichtqualifikationen folgen zu lassen. Zuerst wurde ein Maki 1974 beim Großen Preis in → Brands-Hatch gesehen, mit dem sich Howden Ganley im Training nicht qualifizieren konnte. Mit dem von mehreren Herstellern »zusammengekauften« Wagen gab es dann beim Großen Preis von Deutschland das gleiche Ergebnis, wobei Ganley im → Qualifying auch noch schwer verunglückte. 1975 schien der Wagen verbessert zu sein und wirkte jetzt aerodynamischer, doch weder Hisroshi Fushida noch Tony Trimmer schafften es bei fünf Versuchen, sich auch nur für ein Formel 1-Rennen zu qualifizieren.

Ein Jahr später war man vom Misserfolg noch immer nicht gesättigt und trat beim japanischen Grand Prix in → Mont Fuji mit einem neuen Fahrzeug an, das mit seinem tiefen Monocoque und den schmalen Kühlerboxen zumindest sehr ungewöhnlich aussah. Doch der bedauernswerte Trimmer war am Ende wieder nur Zuschauer und das Team beendete endgültig sein Formel 1-Engagement.

Mansell, Nigel (Pilot)
Geboren: 08.08.1953 in
Upton-on-Seven/Großbritannien
GP-Rennen in der Fahrer-WM: 187 (1980–1995)
Pole Positions: 32
Siege: 31
WM-Punkte insgesamt: 482
Beste WM-Platzierung im Gesamtklassement:
Weltmeister 1992
Rennwagen: Lotus, Williams, Ferrari, McLaren
Der »Kämpfer mit dem Löwenherz« war lange Zeit der große Pechvogel der Formel 1 und schrammte mehrmals nur haarscharf am WM-Titel vorbei, bis ihm 1992 dann doch noch der längst verdiente Triumph zuteil wurde.

Als Sohn eines Flugzeugmechanikers begann Mansell mit 16 Jahren Kartrennen zu fahren und konnte sich gleich in die Siegerlisten eintragen. In seiner Klasse gehörte er kontinuierlich zu den Gewinnern und der gelernte Computer-Ingenieur entschloss sich, seine gesamten Ersparnisse in einen Formel-→ Ford-Wagen zu stecken, mit dem er 1976 die »Brush-Fushgear«-Meisterschaft gewann. 1977 erlebte er einen schweren Unfall in der Formel Ford 1600, holte sich aber trotz eines gebrochenen Halswirbels die englische Meisterschaft.

Um in der Formel 2 mitmischen zu können, verkaufte Mansell 1979 sein gesamtes Hab und Gut, aber mit dem daraus erstandenen → March kämpfte der schnauzbärtige Brite auf verlorenem Posten. Doch dem → Lotus-Besitzer Colin Chapman gefiel der kämpferische Einsatz von Mansell und bot ihm einen Vertrag als → Testfahrer sowie drei → Grand Prix -Einsätze an.

1980 beim Großen Preis von Österreich gab Mansell seinen Einstand als 24. beim Training und mit einem Motorschaden im Rennen.

Für die nächste Saison erhielt er einen festen Werksvertrag und schaffte beim Großen Preis von Belgien mit dem dritten Platz seine ersten WM-Punkte.

Doch Mansell war zugleich wegen seiner draufgängerischen Fahrweise bei den Fahrerkollegen gefürchtet und galt als Sicherheitsrisiko. Die darauffolgenden Jahre kämpfte er mit dem Lotus unverdrossen gegen Ausfälle, Dreher und Kollisionen an und erhielt im Saisonfinale 1984 in Portugal erstmals die Aufmerksamkeit eines großen TV-Publikums, als er im Weltmeisterschaftskampf zwischen Niki → Lauda und Alain → Prost lange Zeit das Zünglein an der Waage spielte.

Erst durch Mansells Dreher landete Lauda auf dem zweiten Platz und konnte seine dritte Weltmeisterschaft feiern. Für die Saison 1985 bekam Mansell das Angebot von → Williams und bei diesem Rennstall avancierte Mansell zum Siegfahrer. Er konnte im selben Jahr zwei Rennen für sich entscheiden und war in der Endabrechnung mit 31 Punkten Gesamtfünfter. Obwohl nur als Nummer 2 hinter Stallgefährte Nelson → Piquet gesetzt, wurde er 1986 zum ernsthaften Titelanwärter. Mansell triumphierte bei fünf Großen Preisen und führte vor dem letzten Lauf in Australien die Gesamtwertung mit sieben Punkten Vorsprung vor seinem ärgsten Widersacher Alain Prost an. Mansell eroberte sich die → Pole Position und lag lange Zeit auf dem von ihm benötigten dritten Platz, bis ihm bei Tempo 300 der hintere → Reifen platzte. Prost gewann und war Weltmeister, während Mansell geschlagen und unter Tränen die Rennstrecke verließ.

Doch der jetzt schon zum »tragischen Helden« gewordene Brite startete 1987 einen neu-

Nigel Mansell, wie immer von Fans umringt

en Anlauf. Schärfster Konkurrent war nun Teamkollege Nelson → Piquet, der aus seiner Abneigung gegen den »Emporkömmling« keinen Hehl machte und ihn als »ungebildeten Holzkopf« titulierte. Mansell kämpfte mit Biegen und Brechen um seine WM-Chancen, prügelte sich nach einer Kollision mit Ayrton → Senna neben der Rennstrecke und gewann sechs Große Preise. Doch aufgrund der fehlenden Stallorder bei Williams hatten weder der Brite noch Piquet vor dem vorletzten Lauf in → Suzuka den Titel sicher. Im Training hatte Mansell einen schweren Unfall, wobei er sich schwere Wirbelverletzungen zuzog und zuschauen musste, wie Nelson Piquet sich die Weltmeisterschaft sicherte.

Nun schien Mansell endgültig der »geborene Verlierer« zu sein, und in der Formel 1-Welt kursierte viel Häme über den scheinbar zu ungestümen Piloten.

Schlimmer war für ihn aber, dass er in der darauffolgenden Saison nicht auf der Rennstrecke zurückschlagen konnte, denn Motorenlieferant → Honda hatte sich von Williams getrennt und Mansell musste sich in einem Fahrzeug mit leistungsmäßig unterlegenen → Judd-Motoren abplagen. Zwölf Punkte waren die kümmerliche Ausbeute einer frustrierenden Saison. Mansell wechselte für das Jahr 1989 zu → Ferrari und konnte gleich das erste Saisonrennen für sich entscheiden. Für die Italiener hatte er sich extra den markanten Schnauzer abrasiert, aber nach zwei durchwachsenen Jahren mit insgesamt nur drei Siegen und ohne echte WM-Chancen kehrte Mansell ab der Saison 1991 wieder zu Williams zurück. Längst war Mansell in seiner Heimat ein Volksheld geworden, den speziell die Arbeiterschicht schätzte. Beim heimatlichen Grand Prix in → Silverstone feierten die Fans jedesmal enthusiastisch seinen unermüdlichen Einsatzwillen. Zudem zelebrierte »der begnadete Selbstdarsteller am Rande der Schmierenkomödie« seine Siegeszeremonien theatralisch, indem er sich jedesmal gebärdete, als stünde er wegen des anstrengenden Rennes kurz vor dem körperlichen Zusammenbruch.

Auf dem wiedererstarkten Williams feierte der »fleischgewordene Siegeswille« ein starkes Comeback und war mit erneut sechs Saisonsiegen der einzige ernsthafte WM-Rivale gegen den übermächtigen Ayrton → Senna. Seine hauchdünne Chance verlor Mansell, als er beim vorletzten Lauf in Suzuka durch einen Dreher ausschied.

Wieder war Mansell der Unglücksrabe und für manche der unüberlegte Hasardeur, aber andere Pressevertreter feierten ihn wegen seiner ungebrochenen Motivation als »Piloten des Jahres«.

1992 war der Williams das überlegene Fahrzeug und »Magic Mansell« sicherte sich in bestechender Manier mit 9 Siegen und dem zusammen mit Michael → Schumacher noch bis heute gültigen Rekord von 108 WM-Punkten endlich den langersehnten WM-Titel. Doch in den Triumph mischte sich Missmut, weil Frank → Williams die Gagenforderungen seines frischgebackenen Weltmeisters nicht akzeptierte. Mansell verließ Williams, um in der IndyCar-Szene mitzumischen. Hier gelang ihm 1993 im ersten Anlauf der Gewinn des → Championats und nur hauchdünn verpasste er den Sieg bei den 500 Meilen von → Indianapolis.

Als 1994 Ayrton Senna tödlich im Williams verunglückte, wurde er für einige Rennen als Ersatzfahrer engagiert. Als er beim letzten Lauf in → Adelaide gewinnen konnte, schien es so, als habe der mittlerweile 41jährige seinen Biss noch nicht verloren. Er wurde für 1995 erwartungsfreudig von → McLaren engagiert, doch plötzlich entpuppte sich der einstmals »zähe Hund« als egozentrische Diva. Nach den ersten Tests beklagte sich Mansell über das zu enge → Cockpit und setzte die ersten zwei Rennen aus. Teamchef Ron → Dennis begann zu fluchen: »Während wir rund um die Uhr schuften und 300 000 Pfund in neue → Chassis investieren, fährt Mansell in Urlaub. Dafür fehlt mir das Verständnis.«

Beim Großen Preis von San Marino kehrte Mansell in das extra für ihn vergrößerte Cockpit zurück, um blasser Zehnter im Rennen zu werden. Im nächsten Lauf flog er ins Kiesbett und bat dann um Auflösung des Vertrages. Mansells Feuer war erloschen und er kehrte der Formel 1-Szene nun endgültig den Rücken zu, um bis 1998 noch an verschiedenen Tourenwagenrennen teilzunehmen.

March (Rennwagenfirma)
GP-Rennen in der Fahrer-WM: 205 (1970–1992)
Pole Positions: 5
Siege: 3
WM-Punkte: 193
Beste WM-Platzierung seit 1958:
Dritter (1970, 1971)
Bekannteste Fahrer:
Jackie Stewart, Ronnie Peterson, Chris Amon, Mario Andretti, François Cevert, Joseph Siffert, Niki Lauda, Carlos Pace, John Watson, James Hunt, Hans-Joachim Stuck, Jochen Mass, Ivan Capelli
Erfolgreichste Fahrer:
Jackie Stewart, Ronnie Peterson

Seit Gründung Ende der sechziger Jahre überschwemmten die March-Fahrzeuge den Grand-Prix-Sport, kamen aber zu keinen Weltmeisterschaftsehren. Ab 1968/69 gab es gravierende Neuerungen im Motorsport, die sich der March-Rennstall für seinen Formel 1-Einstieg zunutze machte. Die → FIA entschied sich dafür, amerikanisches Sponsoring in der Formel 1 zuzulassen, was bedeutete, dass jeder in die Formel 1 konnte, der einen Geldgeber und einen Konstrukteur besaß.

Max → Mosley, im bürgerlichen Leben Rechtsanwalt und nebenher Formel 2-Fahrer,

Der »Tellernasen«-March 711 in der Saison 1971 mit Nanni Galli im Cockpit

glaubte in diesem neuen Reglement seine große Chance zu besitzen und schloss sich mit dem befreundeten Konstrukteur Robin Herd zusammen, der als einer der besten seiner Zunft galt.

Mit ihm wollte er ein Formel 1-Projekt auf die Beine stellen, das für diese Klasse Rennwagen in Serie herstellen sollte. Zusammen mit Alan Rees, einem talentierten Nachwuchsfahrer, sowie dem Ingenieur und Formel 3-Amateur Graham Coaker gründeten sie mit 10000 Pfund Startkapital die Firma March, deren Name sich aus den Anfangsbuchstaben ihrer Namen zusammensetzte. Mosley war für die Finanzen zuständig, Herd für die Konstruktion und Coalker sollte den Produktionsprozess überwachen. Sofort machte sich Herd an die Arbeit und entwarf Kundenwagen für verschiedene Formel-Klassen sowie die amerikanische CanAm-Serie. Mit teilweise bis zu sechs Fahrzeugen pro Rennen, darunter einige, die Ken → Tyrrell für Jackie → Stewart einsetzte, gingen die March-Rennwagen 1970 in der Formel 1 erstmals an den Start. Zwar schaffte Stewart einen Sieg in Spanien und wurde Dritter in der → Konstrukteursweltmeisterschaft, doch mit einem Fahrerpotential, das neben Stewart aus François → Cevert, Joseph → Siffert, Chris → Amon und Mario → Andretti bestand, hätte eigentlich wesentlich mehr herausspringen müssen.

Doch der March-Typ 701 galt als störrisch und war kaum entwicklungsfähig. Mit dem Nachfolgemodell 711, das durch eine charakteristische Tellernase auffiel, schaffte Ronnie → Peterson – wenn auch ohne Saisonsieg – die Vizeweltmeisterschaft, während andere Piloten wie Henri Pescarolo nur auf ein paar Pünktchen kamen. Inzwischen war der Etat des Teams arg geschmolzen und man konnte sich keine Starfahrer mehr leisten. Doch es wurde munter weiter produziert, um die verschiedensten Formel 1-Teams zu bedienen, die aber nicht immer glücklich mit den March-Konstruktionen wurden. Nur Vittoria → Brambilla beim Großen Preis von Österreich im Jahre 1975 sowie ein Jahr später Ronnie Peterson in Italien gelangten in einem March zu Siegen.

1992 war March längst zum Hungerleider-Team abgestiegen

Mittlerweile hatte die Firma so viele Schulden, dass sie eigentlich als bankrott galt und 1977 flüchtete Max Mosley, weil er keine Chance auf Besserung sah. Danach war March bis zum endgültigen Konkurs im Jahre 1981 ein reiner Fahrzeughersteller für die Formel 1, dessen Rennwagen aber zu keinerlei Siegehren kamen.

Nach der offiziellen Pleite wurde die Firma jedoch nicht aufgelöst, sondern war plötzlich sehr erfolgreich in der IndyCar-Serie und gewann von 1983 bis 1987 viermal hintereinander die 500 Meilen von → Indianapolis. Damit wurde genügend Geld verdient, um 1987 wieder ein → Grand-Prix-Comeback zu wagen. In dieser Saison gab es mit dem von Gordon Coppuck entworfenen Wagen zwar nur ein mageres WM-Pünktchen durch den einzigen Fahrer Ivan → Capelli, aber mit → Leyton-House wurde ein potenter Sponsor gefunden.

1988 war durch die Verpflichtung von Adrian → Newey ein beträchtlicher Formanstieg zu verbuchen. Mit einem Wagen, der durch eine hervorragende → Aerodynamik bestach und von den damals hochgehandelten Piloten Capelli und Mauricio Gugelmin gesteuert wurde, hagelte es Punkte und Capelli führte seit 1984 als erster Fahrer eines Saugmotor-Wagens in Portugal ein Rennen vor der überlegenen Turbo-Konkurrenz an.

Insgesamt 22 WM-Zähler sowie der sechste Platz in der Konstrukteurswertung schienen darauf hinzudeuten, dass March jetzt endlich auf Dauer erfolgreich sein könnte. Aber obwohl Mauricio Gugelmin im ersten Saisonlauf 1989 in Brasilien Dritter wurde, geriet die Saison, bedingt durch den fehlkonstruierten March CG891, zu einer einzigen Enttäuschung. Inzwischen hatte Akira Akagi die Firmenanteile übernommen und die Wagen hießen ab der Saison 1990 → Leyton-House. Nach einigen ermutigenden Ergebnissen wurde durch die Verhaftung Akagis im September 1991 wieder alles zunichte gemacht. Fünf Herren, darunter eine unbekannte Größe aus der Musikindustrie, übernahmen unter der Leitung von Henry Vollenberg den maroden Rennstall. Mit Schulden in Millionenhöhe war von Anfang an klar, dass es in der Saison 1992 um das pure Überleben ging. Dank der couragierten Fahrweise des österreichischen Nachwuchspiloten Karl → Wendlinger schaffte das Team einen vierten Platz in Montreal. Die hellblauen Wagen fielen durch kaum vorhandene Sponsorenaufkleber auf und waren zu diesem Zeitpunkt ziemlich veraltet.

1993 kam es dann zum endgültigen Exodus: Zwar waren die Boliden noch für den Saisonstart in Südafrika gemeldet, aber wegen unbezahlter Rechnungen gab es von → Illmor keine Motoren. Manager Charly Moody hoffte noch auf einen Start in Brasilien, aber die Hoffnungen auf Zahlungen eines obskuren, arabischen Geldgebers blieben unerfüllt.

Das war das Ende der March-Formel 1-Ära und am Ende blieb nur noch sarkastischer Spott übrig, denn das Team wurde für fünf Millionen Dollar dem ehemaligen → Rial-Chef Günther Schmid angeboten. Um zusätzliche Infos über die Situation des Rennstalls zu erhalten, fragte Schmid bei Bernie → Ecclestone nach, worauf der ihm entgegnete: »Biete fünf Dollar, mehr ist der Laden nicht wert.«

Marimon, Onofré (Pilot)
Geboren: 19.12.1923 in Cordoba/ Argentinien
Gestorben: 31.07.1954 am
Nürburgring/ Deutschland
GP-Rennen in der Fahrer-WM: 11 (1951–1954)
Pole Positions: 0
Siege: 0
WM-Punkte insgesamt: 8,14
Beste WM-Platzierung im Gesamtklassement:
Elfter (1954)
Rennwagen: Milano, Maserati

Neben Juan-Manuel → Fangio und José Froilan → Gonzalez galt Onofré Marimon als einer der besten Rennfahrer Argentiniens. In Europa wurde er dann der erste Tote bei einer WM-Veranstaltung.

Zunächst fuhr Marimon bei heimatlichen Langstreckenrennen gegen seinen Vater, und mit 18 Jahren gewann der wegen seiner Ähnlichkeit zu der italienischen Märchenfigur »Pinocchio« genannter Argentinier sein erstes Rennen. Von diesem Zeitpunkt an wurde Fangio sein Fahrlehrer und Anfang der fünfziger Jahre nahm er seinen Schützling mit nach Europa. 1951 startete Marimon mit einem Rennwagen von → Milano beim Großen Preis von Frankreich und schied mit Motorschaden aus. Anschließend nahm er mit Gonzalez an den 24 Strunden von → Le Mans teil und kehrte nach Argentinien zurück.

1953 war er wieder in der alten Welt und mit einem Werksvertrag bei → Maserati ging es für Marimon in die erste Vollzeit-Saison. Platz 3 beim ersten Rennen in Belgien war ein verheißungsvoller Auftakt, doch nach einem neunten Platz beim anschließenden Großen Preis von Frankreich gab es für den Rest der Saison nur noch Ausfälle. 1954 war er in den ersten Rennen beständig auf den vordersten Startplätzen zu finden, doch Motor- und Getriebeschäden verhinderten, dass Marimon diese Leistungen in Ergebnisse ummünzte.

Aber in → Silverstone kämpfte er sich vom 28. Startplatz auf den dritten vor und als er dabei sogar Fangio überholen konnte, sprachen einige Beobachter schon von einer Wachablösung. Beim Training zum Großen Preis am → Nürburgring kam Marimon bei dem Versuch, seine Zeit zu verbessern durch ein blockierendes Vorderrad aus der Spur und sein Fahrzeug flog mit brutaler Wucht in den Wald, wo er kurz darauf starb. Die Formel 1-Weltmeisterschaft hatte das erste Todesopfer zu beklagen.

Marshalls

Offizielle Helfer wie Streckenposten, Boxenaufseher und alle Ordnungskräfte, die während des Rennwochenendes für einen reibungslosen Ablauf sorgen. Vor den ersten Einsätzen muss ein Lehrgang absolviert werden, um die notwendige Lizenz zu erhalten. Bevor man bei der Formel 1 anwesend sein darf, ist die Anwesenheit bei anderen Rennsportveranstaltungen wie Rallyes und GT-Rennen erforderlich. Bei den Rennen schwenken sie die Flaggen, bergen Unfallautos oder melden der Rennkommission Regelverstöße.

Dass dieser Job, der von freiwilligen, rennsportbegeisterten Ehrenamtlern durchgeführt wird, nicht ganz ungefährlich ist, zeigte in der Saison 2000 das Rennen in → Monza, wo ein Feuerwehrmann durch ein abgerissenes Rad tödlich getroffen wurde.

Martini (Rennwagenfirma)

GP-Rennen in der Fahrer-WM: 4 (1977)
Pole Positions: 0
Siege: 0
WM-Punkte: 0
Beste Platzierung in der Konstrukteurswertung: 0
Bekanntester Fahrer: René Arnoux
Erfolgreichste Fahrer: –

Das französische Team hat in der Renngeschichte dank seiner zahlreichen Formel 3-Erfolge einen guten Ruf, für ein langfristiges Formel 1-Engagement reichten die Entwicklungskompetenz und der finanzielle Rahmen jedoch nicht aus.

Von dem Italiener Nico Martini 1962 gegründet, konnte der Rennstall sieben Jahre später mit seinen Fahrzeugen erste Erfolge in der Formel 3 feiern. Die Fahrzeuge mit der Bezeichnung MK waren dann in den siebziger Jahren u.a. mit Alain → Prost am Steuer in der Formel 3 und Formel 2 so erfolgreich, dass man 1977 den Sprung in die Formel 1 wagte. Doch dieses Abenteuer hätte beinahe den Ruin für die Firma bedeutet, denn mangelnde Sponsorengelder und ein nicht wettbewerbsfähiger »Baukastenwagen« mit → Cosworth-Motoren ließen Rennchancen und Teamkasse schnell schrumpfen. Rene → Arnoux schaffte in vier Rennen zweimal einen neunten Platz und verpasste dreimal die Qualifikation für das Starterfeld. Danach hatte Martini genug von der Formel 1 und wandte sich wieder der Formel 3 zu, wo es anschließend wechselhaften Erfolg gab.

Maserati
(Rennwagenfirma, Motorenhersteller)

GP-Rennen in der Fahrer-WM: 70 (1950–1960)
Pole Positions: 10
Siege: 9

WM-Punkte: 313,42
Beste Platzierung in der Konstrukteurswertung:
Fünfter (1958)
Bekannteste Fahrer: Juan-Manuel Fangio, Louis Chiron, José Froilán Gonzalez, Chris Amon, Alberto Ascari, Jean Behra, Joakim Bonnier, Jack Brabham, Mike Hawthorn, Hans Herrmann
Erfolgreichste Fahrer: Juan-Manuel Fangio, Stirling Moss
Internet: www.maserati.de/go.html

Mit dem 250F kreierte Maserati einen Formel 1-Rennwagen, in dem während der fünfziger Jahre fast jeder Pilot hinter dem Steuer saß und der 1957 Juan-Manuel → Fangio zu Weltmeisterehren führte.

Die Geschichte von Maserati begann 1926 mit dem Bau eines Rennwagens in der Werkstatt der Brüder Maserati aus Bologna. 1937 wurde Maserati S.p.A. von der Firmengruppe Orsi übernommen, die sich hauptsächlich dem Bau von Rennwagen unter dem Namen Maserati widmete und diese bei den Vetturetta-Rennen einsetzte. Diese Linie wurde von der Orsi-Familie auch nach dem Zweiten Weltkrieg fortgesetzt, wobei man auch den Namen Maserati sowie das Dreizack-Emblem von Bologna beibehielt.

Das Grundmodell für die späteren Grand-Prix-Einsätze bildete der 4CL, welcher 1939 von Ernesto Maserati entworfen wurde und als fortschrittlicher Wagen galt. Später folgte die 4CLT-Serie und einer leicht modifizierten Version gab man die Bezeichnung 4 CLT/50, die ab 1950 bei der Formel 1-Weltmeisterschaft startete. → Alfa Romeo war zu dieser Zeit absolut dominant und die Maserati-Fahrzeuge waren in erster Linie zum Auffüllen des Starterfeldes gedacht. Trotzdem gelang Louis → Chiron in Monaco ein dritter Platz und auch Prince Bira sowie Felice Bonetto konnten mit dem 4CLT/50 punkten. Die Teilnahme dreier Maseratis bei den 500 Meilen von → Indianapolis blieb dagegen ohne Erfolg. 1951 wurden verschiedene Modelle, darunter der auch

José Froilán Gonzalez auf einem Maserati beim Großen Preis von Belgien 1953

mittlerweile veraltete 4CL, eingesetzt und die Ergebnisse blieben dementsprechend mager.

Aber ein Jahr später war endlich der brandneue A6CGM fertiggestellt, der wegen der Ausschreibung für die Zwei-Liter-Fahrzeuge auch in der Formel 1 Erfolg versprach.

Doch nach Ablauf der Saison hatten nur Bonetto mit einem fünften Platz sowie José Froilán → Gonzalez mit dem zweiten Platz in → Monza Punkte erobern können.

Aber das Werk hatte erkannt, dass Verbesserungen vonnöten waren und der Wagen wurde für 1953 überarbeitet. Juan-Manuel Fangio gelang es dann ein einziges Mal beim Großen Preis von Italien die → Ferrari-Wagen zu besiegen. Auch Gonzalez, Bonetto und der adelige Baron Emmanuel de Graffenried konnten sich mit mehreren Platzierungen hervorragend in Szene setzen.

In den nächsten Jahren begann nun die erfolgreichste Phase von Maserati, denn mit dem legendären 250F hatte man einen hervorragenden Rennwagen konstruiert, Juan-Manuel Fangio konnte 1954 die ersten beiden Rennen in Argentinien und Belgien für sich entscheiden, ehe er zu → Mercedes wechselte. Sowohl Stirling → Moss als Privatfahrer mit Platz 3 in Belgien als auch Luigi → Musso mit Platz 2 in Spanien und Onofre → Marimon mit Platz 3 in Großbritannien stellten das große Potential des 250F unter Beweis.

Dieser laut Moss »liebenswerte, leicht zu fahrende Rennwagen« wurde ab dieser Phase zu einem Standardfahrzeug für fast alle Formel 1-Teams und Privatfahrer in den Jahren 1954–1957. Mit dem laut Motorsportexperten »ausgereiftesten Formel 1-Rennwagen seiner Epoche« konnte Moss 1956 in Monaco und Italien gewinnen und verpasste den WM-Titel nur knapp.

1957 gelang dann Juan-Manuel Fangio mit vier Saisonsiegen der große Triumph, als er sich mit dem Maserati 250F Modell »Tipo 2 Lightweight« überlegen den Weltmeistertitel sicherte. Dank weiterer guter Platzierungen von Jean → Behra, Masten Gregory und Carlos Menditeguy kam Maserati am Ende der Saison auf 78 WM-Punkte und hätte mit diesem Punktestand die Konstrukteurswertung, welche aber erst ein Jahr später eingeführt wurde, locker gewonnen.

Trotzdem wurde die Rennabteilung am Ende des Jahres 1957 geschlossen und so gingen anschließend nur noch Privatfahrer mit Maseratis 1958 an den Start, die allerdings u.a. mit Fangio, Behra, Joakim → Bonnier, Louis Chiron, Maurice → Trintignant, Hans → Herrmann, der Italienerin Maria Teresa → de Filippis sowie Phil → Hill in großer Anzahl. Vereinzelte Punkte gab es allerdings nur durch Fangio, Behra, Gregory und Carrol Shelby. 1959 und 1960 tauchten noch vereinzelte Maseratis bei Formel 1-Rennen auf, aber ohne die Werksunterstützung waren keine Lorbeeren mehr zu ernten. Mit Maserati-Motoren in → Cooper-Fahrzeugen kamen in der Saison 1966 Stirling Moss und ein Jahr später Pedro → Rodriquez zu → Grand-Prix-Siegen.

Mass, Jochen (Pilot)
Geboren: 30.09.1946 in Dorfen/Deutschland
GP-Rennen in der Fahrer-WM: 105 (1973–1982)
Pole Positions: 0
Siege: 1
WM-Punkte insgesamt: 71
Beste WM-Platzierung im Gesamtklassement:
Sechster (1976)
Rennwagen: Surtees, McLaren,
Ferrari, McLaren, ATS, Arrows, March
Internet: www.jochenmass.de

»Herman the German«, so sein Spitzname in Kollegenkreisen, war in den siebziger Jahren neben Hans-Joachim → Stuck und Rolf → Stommelen die große Formel 1-Hoffnung Deutschlands. Er wurde der erste → Grand-Prix-Sieger nach Wolfgang Graf Berghe → von Trips und vor Michael → Schumacher, aber für den ganz großen Durchbruch fehlte ihm nach Meinung von Experten der »Killerinstinkt«.

Der gelernte Matrose fuhr erste Motorsporteinsätze 1968 bei Berg- und Flughafenrennen und wurde 1970 mit einem → Ford Capri Vize-Europa-Bergmeister in der Tourenwagenklasse.

Im darauffolgenden Jahr wirkte er in Formel V und Formel 3-Rennen mit und wurde 1972 Tourenwagen-Europameister, dem ein Jahr später der Vizetitel des Formel 2-Europameisters folgte.

Mit Hilfe seines Förderers Jochen Neerpasch konnte der Lockenkopf 1973 mit einem → Surtees beim Großen Preis von England debütieren, wo er durch eine Kollision ausfiel.

Im nächsten Rennen beim Großen Preis von Deutschland hielt sich Mass wacker auf dem 7. Platz und zum ersten Mal wurde die Formel 1 auf ihn aufmerksam.

Dank dieser guten Leistung bekam Mass für die nächste Saison einen Vollzeitvertrag bei Surtees, doch mit diesem nicht konkurrenzfähigen Fahrzeug gestalteten sich die Rennen zu einer trostlosen Angelegenheit mit ständigen Ausfällen. Mass floh noch vor Ende der Saison zu einem freigewordenen Platz bei → McLaren und wurde beim Saisonfinale in → Watkins Glen Siebter.

1974 schaffte er mit dem McLaren mehrere Punktplatzierungen und beim Großen Preis von Spanien in → Montjuich seinen einzigen Formel 1-Erfolg. Dieser Sieg wurde allerdings von dem schweren Unfall seines Landsmannes Rolf Stommelen überschattet, der mit seinem Wagen über die → Leitplanken flog und dabei fünf Zuschauer tötete. Das Rennen wurde deshalb vorzeitig abgebrochen und Mass konnte nur die halbe Punktzahl kassieren. Am Ende der Saison war er mit 19 WM-Punkten Gesamtsiebter und bekam bei McLaren die Gelegenheit zu einer zweiten Saison.

In der Saison 1976 punktete der passionierte Segelfahrer regelmäßig und lag beim Großen Preis am → Nürburgring dank kluger Reifenwahl aussichtsreich in Führung. Doch wegen des Unfalls von Niki → Lauda wurde das Rennen unterbrochen und Mass schied nach dem → Neustart mit Getriebeschaden aus. Insgesamt stand er klar im Schatten seines Teamkollegen James → Hunt, der in dieser Saison Weltmeister wurde. Trotz seiner regelmäßigen Punkteplatzierungen kritisierte man an dem Lebemann die mangelnde professionelle Einstellung, weil er lieber mit seiner Segelyacht durch die Meere kreuzte, als Testeinsätze zu absolvieren. Immerhin war Mass zu jener Zeit in Deutschland populär genug, dass er als Werbefigur für einen Traubenzuckerriegel mit dem Motto: »Das macht den Mass so masslos schnell« agieren durfte. Nach seiner Rennkarriere war er noch in TV-Spots für eine deutsche Brauerei im Einsatz.

1977 wurde mit 25 WM-Punkten seine beste Saison und trotz eines Lob seines Teamchefs Teddy Mayer für den zweiten Platz beim Großen Preis von Schweden wurde der Vertrag des Deutschen am Ende des Jahres nicht mehr verlängert. Mass entschied sich für ein Engagement beim deutschen → ATS-Team und erlebte 1978 ein rabenschwarzes Jahr mit hintersten Startplätzen, drei Nichtqualifikationen und null WM-Punkten.

Jochen Mass war der letzte deutsche Formel 1-Sieger vor Michael Schumacher

Die anschließenden Jahre 1979 bis 1982 bei → Arrows und → March brachten noch vereinzelte Punkteränge, aber Mass hatte schon längst den Spaß an der Formel 1 verloren. Nach dem Großen Preis von Frankreich erklärte er vorzeitig den Rücktritt, um sich auf Sportwagenrennen zu konzentrieren. 1984 wurde er Langstrecken-Vizeweltmeister, 1988 Sportwagenweltmeister mit → Mercedes und ein Jahr später Sieger bei den 24 Stunden von → Le Mans. Anschließend profilierte er sich als fahrerischer Ziehvater für die Nachwuchstalente Michael Schumacher und Heinz-Harald → Frentzen.

Bundesweite Schlagzeilen machte Mass noch einmal 1992, als er ein transatlantisches Ballonrennen von Amerika nach Europa veranstaltete, wo er mit seinem eigenen Ballon in Turbulenzen geriet und unter dramatischen Umständen mit dem Leben davonkam. Ein Jahr später begann er auch als Kommentator für die deutschen Fernsehübertragungen der Formel 1 zu arbeiten und ist auch heute noch als sachkundiger Kommentator für das aktuelle Grand-Prix-Geschehen bei verschiedenen Sendern hochgeschätzt.

Matra (Rennwagenfirma, Motorenhersteller)

GP-Rennen in der Fahrer-WM: 60 (1967–1972)
Pole Positions: 4
Siege: 9
WM-Punkte: 184
Beste Platzierung in der Konstrukteurswertung:
Konstrukteursweltmeister 1969
Bekannteste Fahrer:
Jackie Stewart, Jean Pierre-Beltoise, Chris Amon
Erfolgreichste Fahrer:
Jackie Stewart, Jean-Pierre Beltoise
Internet: www.matrasport.dk

Weniger unter der eigenen Regie als in den Händen von Ken → Tyrrell reiften die Matra-Fahrzeuge zur Blüte und wurden dafür 1969 mit dem WM-Titel in beiden Wertungen belohnt.

1942 ging Matra (Mécanique-Aviation-Traction) aus der CAPRA-Luftfahrt hervor, dessen Gründer Michel Chassagny war. Nach dem Krieg befasste sich Matra in erster Linie mit der Produktion von Rüstungs- und Raumfahrtgütern, aber als 1964 die Sportwagengesellschaft eines Freundes von Chassagny kurz vor dem Bankrott stand, wurde diese von Matra übernommen.

Mit der »Matra Djet« gründete man hierfür eigens eine Tochtergesellschaft, für deren Leitung Jean-Luc Lagardère verantwortlich war. Man begann mit bescheidenen Mitteln an Formel-Junior-Rennen teilzunehmen und erst 1965 mit dem Sieg von Jean-Pierre → Beltoise beim Formel 3-Rennen in → Reims wurde das Matra-Sportprogramm vom Hauptwerk finanziell stärker unterstützt.

Ab 1966 begann die Zusammenarbeit mit Ken Tyrrell, der die Matra-Fahrzeuge in die Formel 2 einbrachte, wo sich 1967 Jacky → Ickx, 1968 Jean-Pierre Beltoise sowie 1969 Johnny Servoz-Gavin den europäischen Titel sicherten.

Auch bei Matra blieb Chris Amon sieglos

1968 stieg Matra ohne → Tyrrell, aber mit massiver Unterstützung des Elf-Konzerns und der französischen Regierung in die Formel 1 ein. Ken Tyrrell, der mit einem wesentlich niedrigerem Budget auskommen musste, sicherte sich zunächst den ab 1968 frei verfügbaren → Cosworth-Motor und bekam dann das Chassis des MS9, der eigentlich nur für Testzwecke hergestellt worden war.

So ging Matras mit zwei Teams in die Debütsaison, denn Ken Tyrrell nannte seine Mannschaft »Matra International« und hatte dabei mit seinem Piloten Jackie → Stewart ein fahrerisches Trumpf-As im Ärmel.

Während das Werksteam »Matra-Sport«, dessen eigener V12-Motor für einen infernalischen Sound sorgte, mit Beltoise, Henri Pescarolo und Servoz-Gavin nur auf acht Punkte kam, fuhr Stewart bis zum letzten Rennen um die Weltmeisterschaft mit.

Stewart gewann drei Große Preise und der Erfolg der Matra-Rennwagen wurde durch den Doppelsieg vom Stewart und Beltoise in → Zandvoort gekrönt. Für die Saison 1969 wurde die Grand Prix-Vertretung komplett von Ken Tyrrell übernommen und mit dem Rennwagentyp MS 80 konnte Stewart in überlegener Manier den Weltmeistertitel in der Fahrer- und Konstrukteurswertung sichern. Neben Stewart reichte Beltoise bei weitem nicht an die Klasse des Schotten heran, trug aber mit insgesamt 21 WM-Punkten auch sein Scherflein zum Erfolg bei. Trotzdem trennte sich Matra am Ende der Saison von Tyrrell, weil das Werk eine Kooperation mit Simca einging, deren Mutterkonzern im Gegensatz zum bisherigen Partner → Ford bereit war, Matras Sportwagen auch für den Straßengebrauch zu verkaufen. Außerdem wollte Lagardère möglichst einen französischen Wagen bauen, bei dem man auf keinen ausländischen Hersteller angewiesen sein sollte. Während Ken Tyrrell in den nächsten Jahren mit seinem eigenen Team weitere Siege und Titel einheimste, ging es für Matra sportlich allmählich abwärts.

Zunächst erwies sich der von Bernard Boyer entwickelte MS 120 als zuverlässiges Fahrzeug, mit dem die Piloten Beltoise und Pescarolo fleißig Punkte sammelten, ohne allerdings Siege einfahren zu können. Mit dem modifizierten MS 120B, der über ein stabileres Monocoque und weniger eckige Linien verfügte, sowie dem ewigen Formel 1-Pechvogel Chris → Amon im Cockpit floss der Punktestrom ab 1971 immer spärlicher. Amon schaffte in Spanien einmal den Sprung aufs Podest, während Beltoise insgesamt ein mageres Pünktchen eroberte.

Beltoise verließ den Rennstall und der zurückgebliebene Amon führte in der Saison 1972 den Großen Preis von Frankreich an, doch dann musste er wegen eines Reifenschadens an die → Box, was ihn auf den dritten Platz zurückwarf. Insider munkelten bereits, dass sich Amons sprichwörtliches Pech nun auch auf Matra übertragen habe. Der Rennstall beendete dann nach der Saison die → Monoposto-Produktion und wendete sich mit Erfolg den Sportwagenrennen zu.

1977 tauchten dann die Matra V12-Zylinder-Motoren in der Formel 1 beim → Shadow-Team wieder auf. Anschließend war das Aggregat bei → Ligier im Heck, mit dessen Pferdestärken das französische Team 1977 und 1981 siegen konnte, aber schon ein Jahr später war der Motor bereits veraltet und die Marke Matra ward seitdem nie mehr bei Formel 1-Rennen gesehen.

Mazzacane, Gaston (Pilot)
Geboren: 08.05.1975 in La Plata/Argentinien
GP-Rennen in der Fahrer-WM: 1 (seit 2000)
Pole Positions: 0
Siege: 0
WM-Punkte insgesamt: 0
Beste WM-Platzierung im Gesamtklassement: 0
Rennwagen: Minardi
Internet: www.gaston-mazzacane.com

Der Argentinier galt bei seinem Formel 1-Einstieg als »unbeschriebenes Blatt« und es bleibt abzuwarten, ob sich dies durch den Wechsel zu → Prost ändern wird. 1989 hatte der Fan von Rock-Musik und den Rolling Stones einen klassischen Einstieg in die Kart-Serie zu verzeichnen und nahm an einigen regionalen Meisterschaften teil. 1991 wurde er Dritter bei der argentinischen Kart-Meisterschaft und zwei Jahre später gelangen ihm fünf Siege in der argentinischen Formel 3. Anschließend schaffte er mit dem → Championat in der italienischen Formel 2000 seinen ersten Titelgewinn.

Dank seines Sponsors fuhr Mazzacane von 1996 bis 1998 in der Formel 3000, ohne durch besondere Erfolge auf sich aufmerksam zu machen. Trotzdem bekam er für 1999 einen → Testfahrer-Vertrag bei → Minardi, obwohl Branchenspötter einst meinten, dass diese Tätigkeit angesichts von Minardis Testaufkommen soviel Sinn mache wie der Job eines Bademeisters in der Sahel-Zone.

Auch hier half sein Sponsor wieder mit, dass Mazzacane für die Saison 2000 den Zuschlag für eine Formel 1-Saison beim italienischen Hungerleider-Team erhielt, obwohl Kollege Norberto Fontana beim Testen der Schnellere war. Der »Heißsporn« war mit den unterfinanzierten Rennwagen des italienischen Teams während seiner Debüt-Saison nicht konkurrenzfähig und fuhr immer aus der letzten Startreihe ins Rennen. Doch beim amerikanischen Grand Prix in → Indianapolis lag er dank zahlreicher Boxenstopps seiner Konkurrenten einige Runden auf dem dritten Platz und fuhr trotz Bedrängnis durch Mika → Häkkinen fehlerlos durchs Rennen, bis ein Motorschaden seine couragierte Fahrt beendete. Ansonsten war ein achter Platz beim Großen Preis von Europa die beste Saisonausbeute.

McCarthy, Perry (Pilot)
Geboren: 03.03.1961 in
Billericay/Großbritannien
GP-Rennen in der Fahrer-WM: 0 (1992)
Pole Positions: 0
Siege: 0
WM-Punkte insgesamt: 0
Beste WM-Platzierung im Gesamtklassement: 0
Rennwagen: Andrea Moda
Wie nie zuvor in der Geschichte der Formel 1 wurde 1992 mit Perry McCarthy ein mäßig talentierter, aber durchaus einsatzwilliger Fahrer von einem Rennstall verheizt und der Lächerlichkeit preisgegeben.

McCarthy begann seine Laufbahn 1982 in der britischen Formel→ Ford, wo er sich 1983 die Meisterschaft sichern konnte. Ausflüge in die britische und französische Formel 3-Meisterschaft blieben ohne nachhaltigen Eindruck. Weitere erfolglose Versuche 1988 und 1989 in der Formel 3000 führten zu McCarthys Rückzug in die USA, wo er zwischen 1990 und 1992 in verschiedenen IMSA-Läufen sein Glück versuchte und einmal ein Rennen für kurze Zeit anführte.

1992 kehrte er nach Europa zurück, um sich als → Testfahrer bei → Footwork zu verdingen, bis ihn das Angebot von Formel 1-Neuling Andrea → Moda ereilte, was den Auftakt zu einem blamablen Intermezzo für Fahrer und Team bilden sollte.

Zusammen mit Robert Moreno ohnehin nur als Ersatz für die ursprünglich nominierten Alex Caffi und Enrico Bertaggia engagiert, begann für McCarthy die erste Teilnahme beim Großen Preis von Brasilien mit einer Hiobsbotschaft: Ihm wurde von der → FISA vorläufig die Superlizenz entzogen und McCarthy tobte vor Wut. Aber noch behielt der Brite seinen trockenen Humor bei: »Ich komme aus sehr einfachen Verhältnissen. Während der ersten zehn Jahre meines Lebens glaubte ich, mein Vorname sei shut up – halt's Maul.«

Beim nächsten Lauf in Spanien schaffte es der Vater von drei Töchtern, die Fahrergenehmigung zurückzuerhalten und mit dem Andrea-Moda-Fahrzeug tatsächlich aus der Garage zu rollen. Doch nach 200 Metern starb der Motor noch in der → Boxengasse ab und für McCarthy war die Trainingssitzung bereits beendet.

Aber McCarthy gab sich ungebrochen optimistisch: »In Brasilien entzog man mir die Lizenz. Hier kam ich vier Yards weit. Wenn es so weitergeht, werde ich wohl in → Imola meine erste Runde drehen und mich dann in Kanada qualifizieren.«

Und tatsächlich konnte McCarthy beim nächsten Rennen endlich am Training teilnehmen, doch zu einer Qualifikation für das Rennen fehlten dem Briten fast zehn Sekunden.

Was als kleiner Aufwärtstrend hätte interpretiert werden können, entwickelte sich stattdessen im weiteren Verlauf der Saison für den Briten zu einer einzigen Demütigung, denn bei den Trainingssitzungen in Monaco, Großbritannien, Deutschland und Ungarn wurde er vom Team einfach ignoriert. Er drehte kaum eine Runde, weil sich alle nur auf das Fahrzeug mit dem vermeintlich stärkeren Moreno konzentrierten. Andrea Moda war von der FISA bereits abgemahnt und McCarthy das Lachen längst vergangen: »Das ist eine unglaubliche Schweinerei, was hier mit mir gespielt wird.«

Beim Großen Preis von Belgien bekam McCarthy nach einem Motorplatzer ein Fahrzeug zur Verfügung gestellt, das sich nicht schalten ließ, und wieder konnte er sich nicht qualifizieren. Dies war McCarthys letzte traurige Vorstellung, denn vor dem nächsten Rennen in → Monza wurde das Andrea-Moda-Team wegen Unwürdigkeit vom restlichen Verlauf der Saison ausgeschlossen.

McCarthys Formel 1-Laufbahn war damit abgeschlossen und er trieb sich anschließend in verschiedenen Rennserien herum, ohne noch einmal auf sich aufmerksam zu machen. Er ist heute als Rennmanager und in der Nachwuchsförderung tätig. Möge seinen Schützlingen mehr Erfolg beschieden sein ...

McGuire
(Rennwagenfirma, Motorenhersteller)
GP-Rennen in der Fahrer-WM: 0 (1977)
Pole Positions: 0
Siege: 0
WM-Punkte: 0
Beste Platzierung in der Konstrukteurswertung: 0
Bekannteste Fahrer: –
Erfolgreichste Fahrer: –
Es sind zumeist die Einzelkämpfer, welche für die tragischen Fußnoten in der Formel 1 verantwortlich zeichnen, wobei auch das McGuire-Team keine Ausnahme bildete. Mit einem → Williams fuhr der australische Fahrer Brian McGuire 1976 bei britischen Rennen mit und baute ihn für seine Zwecke ein Jahr später zum McGuire M1 um. Ein Versuch, sich 1977 für den Großen Preis in → Silverstone zu qualifizieren, scheiterte kläglich. Er kehrte zur britischen Rennserie zurück, wo er kurz darauf in → Brands Hatch tödlich verunglückte.

McLaren (Rennwagenfirma)
GP-Rennen in der Fahrer-WM: 509 (seit 1966)
Pole Positions: 110
Siege: 130
WM-Punkte: 2.589, 5
Beste WM-Platzierung in der Konstrukteurswertung: Konstrukteursweltmeister 1974, 1984, 1985, 1988, 1989, 1990, 1991, 1998
Bekannteste Fahrer: Bruce McLaren, Denis Hulme, Dan Gurney, John Surtees, Jody Scheckter, Emerson Fittipaldi, James Hunt, Jacky Ickx, Gilles Villeneuve, Nelson Piquet, Jochen Mass, Alain Prost, Niki Lauda, Keke Rosberg, Ayrton Senna, Gerhard Berger, Mika Häkkinen, David Coulthard
Erfolgreichste Fahrer: Emerson Fittipaldi, James Hunt, Niki Lauda, Alain Prost, Ayrton Senna, Mika Häkkinen
Internet: www.mclaren.co.uk
Die Firma, die Anfang der 60er Jahre zunächst von Bruce → McLaren für den Einsatz in Tasman-Rennen gedacht war, entwickelte sich ab den 70er Jahren zu einem der erfolgreichsten Rennställe in der Formel 1-Geschichte.

Bei der Gründung von »McLaren Motor Racing« 1963 war Bruce McLaren bereits ein erfolgreicher Rennfahrer, der 1959 als jüngster Sieger der Formel 1 in die Geschichte einging. Seine ursprüngliche Absicht war es, ein → Cooper-Team bei der tasmanischen Rennmeisterschaft einzusetzen. Der erste offiziell von McLaren gebaute Rennsportwagen entstand 1964 und hatte die Bezeichnung M1A.

1965 kam es zum Bruch mit Cooper und McLaren setzte seine Ideen zusammen mit dem späteren → March-Mitbegründer Robin Herd im Alleingang fort.

Ein Jahr später war mit dem Modell M2B der erste Formel 1-Wagen fertiggestellt, welcher in der Saison 1966 mit Bruce McLaren am Steuer seine ersten → Grand-Prix-Einsätze fuhr. Der leichte und stabile Wagen litt aber unter den Problemen des → Ford-Motors, so dass McLaren kurzzeitig auf → Motoren der italienischen Firma → Serenissma zurückgriff und damit in → Brands Hatch Sechster wurde. Die Rückkehr zum Ford V8 brachte dann in dieser Saison noch einen fünften Platz in → Watkins Glen.

Weiterhin als Ein-Fahrer-Team unterwegs, kam McLaren mit dem letzten Entwurf von Herd, dem MP4, sowie → BRM-Aggregaten im Heck 1967 auch nicht viel weiter. Wieder erreichte er nur drei WM-Punkte, aber immerhin stand der Neuseeländer in Watkins Glen einmal auf dem dritten Startplatz.

1968 ging es dann mit dem gelungenen M7A steil bergauf, der Rohentwurf von Herd wurde dann letztendlich von Gordon Coppuck fertiggestellt. Mit dem von → Cosworth-Motor-betriebenen Rennwagen kam Bruce McLaren in Belgien zum ersten Sieg und schließlich gelangen dem neu zum Team gestoßenen Weltmeister Denis → Hulme in Italien und Kanada zwei weitere Triumphe. Mit dem zweiten Platz in der Konstrukteurswertung etablierten sich die orangefarbenen Rennwagen jetzt in der Formel 1-Szene und waren auch bei Sportwagenrennen erfolgreich. 1969 konnte sich Denis → Hulme in Mexiko erneut in die Siegerlisten eintragen lassen.

Doch der Höhenflug wurde jäh gestoppt, als Firmengründer Bruce McLaren am 2. Juni 1971 bei Testfahrten ums Leben kam. Sein Lebenswerk wurde von seiner Witwe Pat sowie Teddy Mayer weitergeführt, der von nun an für die Teamleitung zuständig war.

Mit dem M19A, der über eine innovative Radaufhängung verfügte, kamen die Piloten Hulme und Mark Donohue zu insgesamt 10 WM-Punkten, wobei die beste Platzierung aus Donohues drittem Platz in Kanada resultierte.

Zwei Jahre später gelang Konstrukteur Coppuck mit dem M23 ein Grand-Prix-Klas-

Jacky Ickx als Gastfahrer bei McLaren 1973 auf dem Nürburgring

siker, der von McLarens erfolgreichen Indy-Car-Fahrzeugen abgeleitet war und über ein ausgezeichnetes → Handling verfügte. Von 1973 bis 1976 blieb dieses Fahrzeug im Einsatz und führte 1974 Emerson → Fittipaldi und 1976 James → Hunt zum Fahrertitel. Zudem gewann man 1974 erstmals dank der guten Ergebnisse von Fittipaldi und Hulme auch den Konstrukteurstitel.

Als erster Wagen trug der M23 auch die Farben des Zigarettensponsors Marlboro, während man vorher von 1971 bis 1973 den Schriftzug der Yardley-Marke umherfuhr. Von 1972–1976 gewann McLaren auch dreimal die 500 Meilen von → Indianapolis.

Die goldenen Zeiten endeten aber schon 1978, denn der von Coppuck entwickelte M26 war durch die fehlende → Groundeffect-Technik schnell veraltet und mit 15 Punkten rutschte man auf Platz 8 in der Konstrukteurswertung ab.

Da in den nächsten zwei Jahren keine Besserung eintrat und man 1980 sogar nur 11 WM-Punkte erreichte, wurde Teddy Mayer auf Drängen von Sponsor Phillip Morris von dem Ehrgeizling Ron → Dennis abgelöst, der ab 1980 die Firma mit seinem Project-Four-Team vollständig übernahm. Bald darauf musste auch Konstrukteur Coppuck gehen und wurde durch John → Barnard ersetzt.

Binnen zwei Jahren brachte Dennis durch eisernes Teammanagement McLaren wieder an die Spitzenposition und Barnard gelang mit dem auf einen Kohlefaser-Monocoque basierenden MP4.

1982 war man mit dem Fahrer John → Watson und Niki → Lauda, die zusammen vier Siege schafften, mit 69 WM-Punkten wieder Zweiter der Konstrukteurswertung. Aber das reichte Dennis nicht und so initiierte er ein Übereinkommen mit der saudiarabischen Finanzholding → TAG-Heuer, um mit deren Geld von → Porsche einen Turbo-Motor entwickeln zu lassen. Erst gegen Ende der Saison 1983 eingesetzt, wurden die Motoren zusammen mit Barnards genialen Evolutionsstufen des MP4 ab 1984 für die Starfahrer Lauda und Alain → Prost zu Titelgaranten. Drei Fahrer- und zwei Konstrukteursweltmeisterschaften zwischen 1984 und 1986 waren die satte Ausbeute dieses Power-Paketes. Nach einer Durststrecke in der Saison 1987, wo die Fahrer Alain Prost und Stefan → Johansson bei der Titelvergabe keine Rolle spielten, setzte man bei McLaren ab 1988 zu einem absoluten, bis heute unerreichten Höhenflug an.

Der neue, von Steve Nichols und Gordon Murray entwickelte MP4/4, das Turbo-Kraftpaket des neuen Motorenpartners → Honda sowie die überragende Fahrerpaarung Ayrton → Senna und Prost sorgten in der Saison 1988 für 15 Siege in 16 Rennen und die Rekordausbeute von 199 WM-Punkten.

Nach dem Titelgewinn von Senna gewann im nächsten Jahr Stallgefährte und Erzrivale Prost das → Championat und in diesen beiden Jahren wurde der Grand-Prix-Zirkus sportlich von McLaren vollständig beherrscht. Auch 1990 und 1991 gewann Senna mit McLaren nochmals den Fahrertitel und in der Konstrukteurswertung war man zum vierten Mal ganz vorne, aber der technische Vorsprung zu den anderen Teams war mittlerweile geschrumpft.

1992 war es vorbei mit der Überlegenheit der McLaren-Fahrzeuge. Zwar konnten Senna und Gerhard → Berger insgesamt fünf Siege einfahren, aber mit dem von Neil Oatley entwickelten MP4/7, der über ein komplettes elektronisches Motor- und Getriebe- System verfügte, hatte man gegen die → Williams-Fahrzeuge keine Chance.

Nach dem Abschied von Honda am Ende der Saison musste Ron Dennis 1993 notgedrungen auf einen Ford-V8-Motor zurückgreifen, mit dem das Team nur dank des Könnens von Ayrton Senna 1993 zu einigen Siegen kam. Zudem hatte sich Dennis mit der Entwicklung eines Supersportwagens, für den Kunden 1,6 Millionen Mark hinblättern sollten, verkalkuliert, denn das Gefährt fand kaum Absatz.

Ein Jahr danach glaubte man mit dem neuen Motorenpartner → Peugeot an alte Erfolge anknüpfen zu können, doch das erwies sich als fataler Irrtum, denn 1994 blieb das Team mit den Fahrern Mika → Häkkinen, Martin → Brundle und Phillipe Alliot erstmals seit elf Jahren ohne Sieg.

Dennis, der nichts mehr hasst als Niederlagen, schickte Peugeot trotz vielversprechender Ansätze wieder in die Wüste und sicherte sich für 1995 die Dienste von → Mercedes. Doch Siege kehrten zunächst nicht zurück und weil Dennis keine Stars neben sich duldete, verfügte man über keinen Top-Designer.

Auch 1996 blieben größere Erfolge aus, so dass am Ende der Saison auch Hauptsponsor Marlboro aufhörte.

Dennis musste sich nach einem neuen Finanzier umschauen, den er bald darauf mit dem Tabakkonzern Reemtsma fand. Die McLaren wurden umlackiert und statt des jahrzehntelangen Rot-Weiß von Sponsor Marlboro erinnerten die Fahrzeuge jetzt wieder an die früheren Silberpfeile des Motorenpartners Mercedes. Beim Saisonstart 1997 in Melbourne drohte dem McLaren-Rennstall das 50. sieglose Rennen in Folge, doch dieses Jubiläum konnte David → Coulthard mit seinem Sieg gerade noch verhindern. Dank des neuen Konstrukteurs Adrian → Newey war man wieder konkurrenzfähig geworden und kam in dieser Saison noch zu zwei Siegen in → Monza und → Jerez. 1998 passte alles zusammen, denn Newey und Motorenentwickler Mario Illien harmonierten perfekt und das ewige Talent Häkkinen mutierte zum Siegfahrer, der sich in einem knappen Finish gegen Michael → Schumacher den Gewinn des Weltmeistertitels sicherte. Auch 1999 konnte der Finne diesen Triumph wiederholen, den Konstrukteurstitel musste McLaren allerdings → Ferrari überlassen. Durch Motorschäden und Ventildefekete des MP4/15 in den ersten Rennen verlor man in der Saison 2000 zunächst den Anschluss, doch speziell Mika Häkkinen konnte sich nach einem längeren Formtief wieder steigern und wurde in der Schlussphase der WM zu Michael Schumachers schärfstem Konkurrenten. Am Ende musste man sich aber den roten Rennern

Alain Prost holte sich mit McLaren drei Fahrertitel

aus Maranello geschlagen geben, doch Ron Dennis wird nicht eher ruhen, bis er den Roten diese Schlappe heimgezahlt hat.

McLaren, Bruce
(Pilot, Konstrukteur, Rennstallbesitzer)
Geboren: 31.08.1937 in Auckland/Neuseeland
Gestorben: 02.06.1970 in
Goodwood/Großbritannien
GP-Rennen in der Fahrer-WM: 100 (1959–1970)
Pole Positions: 0
Siege: 4
WM-Punkte insgesamt: 196,5
Beste WM-Platzierung im Gesamtklassement:
Vizeweltmeister 1960
Rennwagen: Cooper, Eagle, Mclaren
Internet: www.bruce-mcLaren.com

Als heute noch jüngster Formel 1-Sieger aller Zeiten hatte sich das »Babyface« aus Neuseeland als Fahrer, Konstrukteur und → Teamchef um den Motorsport verdient gemacht, ehe durch einen tödlichen Unfall nur sein, bis heute guter, Name zurück.

Der neben zwei Schwestern einzige Sohn eines Tankstellenbesitzers stürzte mit 10 Jahren von einem Pferd und zog sich dabei ein Hüftleiden zu, das ihn zeitlebens hinken ließ. Er interessierte sich von frühester Kindheit an für den Motorsport und begann, unterstützt von seinem ebenfalls rennsportbegeisterten Vater, mit 15 Jahren erste Rennversuche.

Bald war er so erfolgreich, dass er 1958 als erster Fahrer von der »New Zealand Grand Prix Drivers Assocation« nach Europa geschickt wurde. In einem → Cooper gab der große Verehrer von Jack → Brabham im selben Jahr beim Großen Preis von Deutschland sein Formel 1-Debüt, wo er auf Anhieb Fünfter wurde. Ein Jahr später gelang ihm in → Sebring mit 22 Jahren als jüngster Fahrer aller Zeiten ein → Grand-Prix-Sieg, was in der Formel 1 bis heute einen Ewigkeitsrekord darstellt. 1960 gehörte McLaren mit vielen guten Platzierungen sowie einem Auftaktsieg beim Großen Preis von Argentinien zum engeren Favoritenkreis, doch am Ende reichte es nur zum Vizetitel hinter Jack Brabham.

In der nächsten Saison hatte der als »sehr fähiger Fahrer« eingeschätzte Neuseeländer mit seinem unzuverlässigen Cooper keine Chance gegen die → Ferrari-Übermacht und musste sich mit enttäuschenden elf WM-Punkten zufriedengeben. In den Jahren 1962 und 1963 gelangen McLaren durch seine fahrzeugschonende Fahrweise immer wieder vordere Punkteränge, ohne dass er bei der Vergabe des WM-Titels eingreifen konnte. In der Zwischenzeit hatte er sich solide Fachkenntnisse in der Fahrzeugtechnik angeeignet und gründete 1964 zusammen mit Teddy Mayer das McLaren Motor Racing Team. Nach einem Übergangsjahr bei Cooper, das er mit dem achten Platz in der Gesamtwertung abschloss, saß der, laut Jochen → Rindt, »nette Kamerad« 1966 beim Großen Preis von Monaco zum er-

Bruce McLaren war nicht nur ein ausgezeichneter Pilot, sondern auch ein begabter Konstrukteur

sten Mal in einem von ihm konstruierten Rennfahrzeug. Doch die Anfänge gestalteten sich schwierig, weil McLaren zuviel herumexperimentierte und den Wagen noch vielerlei Defekte plagten. McLaren konnte nur die Hälfte aller WM-Läufe bestreiten und am Ende magere drei WM-Punkte einfahren, gewann aber zusammen mit Chris → Amon die 24 Stunden von → Le Mans. Auch in der Saison 1967 kämpfte sich der »stille und in sich gekehrte« McLaren mit seinem Eigenbau in der Formel 1 durch Motor- und Materialschäden und Siege konnte er nur bei Sportwagenrennen sowie bei der CanAm-Meisterschaft erringen. Aber 1968 schaffte er es endlich, ein konkurrenzfähiges Fahrzeug zu entwickeln, mit dem er beim Großen Preis von Belgien seinen ersten Sieg im eigenen Rennwagen feiern konnte. Auch Teamkollege Denis → Hulme war mit der Konstruktion des Neuseeländers zweimal in den Siegerlisten ver-

treten. Am Ende der Saison stand McLaren mit 22 WM-Punkten auf dem fünften Platz der Gesamtwertung und 1969 gelang ihm mit mehreren Podestplätzen und 26 WM-Punkten ein respektabler dritter Platz im Endklassement.

Inzwischen war sein Team auf über 50 Mitarbeiter angewachsen und McLaren-Fahrzeuge wurden für fast alle Rennklassen geliefert.

1970 gelang ihm im zweiten Rennen ein zweiter Platz beim Großen Preis von Spanien, doch der Aufwärtstrend wurde jäh gestoppt, als McLaren drei Monate später bei Testfahrten in einem CanAm-Fahrzeug tödlich verunglückte.

Mecachrome (Motorenhersteller)
GP-Rennen in der Fahrer-WM: 16 (1998)
Pole Positions: 1
Siege: 0
WM-Punkte: 71
Rennwagen: Williams, Arrows

Für einen Formel 1-Mechaniker gibt es immer was zu prüfen und zu schrauben

Als → Renault 1996 seinen erneuten Rückzug aus der Formel 1 bekanntgab, traf man mit der Firma Mecachrome aus Bourges ein Abkommen, um die französischen Zehnzylinder auch weiterhin den Rennställen zu Verfügung zu stellen. Die Motoren wurden jetzt von Mecachrome gewartet und die bisherigen Kunden → Williams und → Benetton mußten jetzt dafür zahlen, ohne einen entsprechenden Gegenwert zu erhalten. Beide Teams mussten sich ab der Saison 98 von den ganz großen Erfolgen verabschieden. Nach dieser Saison wanderten die Motoren wieder zu Renault, wo sie dann unter der Leitung von Flavio → Briatore unter dem Namen → Supertec an die Rennställe geliefert wurden.

Mechaniker

Der Beruf des Formel 1-Mechanikers erfordert neben einem hohes Maß an Belastbarkeit viel Enthusiasmus, denn die Anforderungen sind hoch und das Entgelt im Vergleich zur Abeitszeit sehr niedrig.

Die Arbeit eines Mechanikers an der Rennstrecke ist zunächst viel Routinearbeit, die aus Wartungs- und Reinigungstätigkeiten besteht. Des weiteren werden die Wagen an einem Rennwochenende oft zerlegt und wieder zusammengesetzt, um die Funktionstüchtigkeit der einzelnen Bestandteile zu überprüfen.

Dabei sind die Mechaniker einem ständigen Zeitdruck ausgesetzt, wobei jeder mit fest definierten Aufgaben betraut ist.

Die normalen Arbeitszeiten pendeln in der Regel zwischen 7.30 bis 23.00 Uhr – vorausgesetzt, alles läuft ohne Zwischenfälle ab. Doch im Bedarfsfall wird so lange gearbeitet, bis alles perfekt ist und das kann dazu führen, dass die Nachtruhe der Mechaniker aus einer zehnminütigen Dusche besteht, bevor es dann anschließend gleich weitergeht. Überstunden sowie Rennwochenenden werden nicht extra

Kleine Ruhepause, bevor der nächste Boxenstop erfolgt

bezahlt und nur manche Rennställe gewähren ihren Mechanikern Bonusprämien für jeden gewonnenen WM-Punkt. Ungeachtet aller dürftig entlohnten Strapazen, ist der Job eines Formel 1-Mechanikers für viele aus dem Kfz-Gewerbe ein Traumjob, der heutzutage nur über viele Hürden zu erreichen ist. Aufgrund der Internationalität des GP-Wettbewerbes ist das Beherrschen der englischen Sprache eine Grundvoraussetzung. Zumeist werden die erfolgreichen Bewerber in den Rennställen zunächst für das Zusammenschrauben von Kleinteilen beschäftigt und erst durch beständig gute Leistungen hat man die Chance, sich in einem Zeitraum von ein bis zwei Jahren für ein Test-Team zu qualifizieren. Nach weiteren zwei Jahren besteht dann die Möglichkeit – falls Bedarf besteht – zur Kernmannschaft zu stoßen, die für die Wartung der Rennwagen am GP-Wochenende zuständig ist. Formel 1-Mechaniker sind Enthusiasten, deren größte Belohnung darin besteht, wenn der Pilot durch eine Verbesserung am Wagen bessere Rundenzeiten herausfährt. Dann weiß der Mechaniker, dass sich seine Arbeit gelohnt hat. Top-Leute unter den Mechanikern schaffen manchmal den Aufstieg zum → Teammanager, aber nur den wenigsten gelingt der Sprung vom Schraubenschlüssel ins → Cockpit. Eine der wenigen Ausnahmen waren Hermann → Lang und Jacques → Laffite.

So manches Mal war der Mechaniker-Job jedoch Ausgangspunkt für eine Traumkarriere, wie es bei Bernie → Ecclestone und Ron → Dennis der Fall gewesen ist, die heute zu den mächtigsten Männern in der Formel 1 zählen.

Medizinisches Attest
Um an einem Rennen teilnehmen zu können, muss sich der Fahrer einem medizinischen Test unterziehen, bei dem Blutgruppe, Seh- und Hörvermögen festgestellt werden.

Megatron (Motorenhersteller)
GP-Rennen in der Fahrer-WM: 32 (1987–1988)
Pole Positions: 0
Siege: 0
WM-Punkte: 35
Rennwagen: Arrows, Ligier
Der Sponsor des → Arrows-Teams kaufte Mitte der Achtziger aus Lagerbeständen den → BMW-Turbomotor auf und ließ diesen von seiner Tochterfirma Megatron weiterentwickeln.

Mit diesen Motoren im Heck schwang sich Arrows 1987 und 1988 zu seinen besseren Jahren auf. Das französische Team → Ligier hatte mit den Turbo-Aggregaten von Megatron weitaus weniger Erfolg. Mit dem Rückzug des Sponsors verschwand auch der Motor auf Nimmerwiedersehen aus der Formel 1.

Mercedes (Rennwagenfirma, Motorenhersteller)
GP-Rennen in der Fahrer-WM: 12 (1954–1955)
Pole Positions: 8
Siege: 9
WM-Punkte: 139,14
Beste Platzierung in der Konstrukteurswertung: 0
Bekannteste Fahrer: Juan-Manuel Fangio, Stirling Moss, Karl Kling, Hermann Lang
Erfolgreichste Fahrer: Juan-Manuel Fangio, Stirling Moss
Internet: www.mercedes-benz.com/e/msports/formula1/default.htm
Die Rennwagen der Stuttgarter Autoschmiede genießen in der Formel 1 unter dem Namen »Silberpfeile« einen Legendenstatus. In den 50er Jahren mit eigenem Rennstall innerhalb von zwei Jahren sehr erfolgreich, kehrte die Marke vierzig Jahre später als Motorenlieferant in den → Grand-Prix-Zirkus zurück.

Der Name Mercedes begann im Motorsport der dreißiger Jahre zu erblühen, als nach der Machtergreifung von Adolf Hitler den Autofirmen große Summen zur Verfügung gestellt wurden, um auch auf diesem Gebiet der ganzen Welt die Überlegenheit deutscher Technik zu demonstrieren. Zunächst trat man mit weiß lackierten Wagen an, doch weil die Gewichtsgrenze um ein Kilo überboten wurde und keine andere Möglichkeit der Reduzierung bestand, kam Rennleiter Alfred → Neubauer auf die Idee, den Lack abzuschleifen. Übrig blieb die Aluminium-Karosserie und der

Begriff »Silberpfeil« war geboren. Bis zum Ausbruch des Krieges eilten die Mercedes-Boliden mit Spitzenfahrern wie Rudolf → Carraciola, Hermann → Lang und Manfred → von Brauchitsch von Sieg zu Sieg und zu mehreren Meistertiteln.

Nach Beendigung der Kriegswirren konzentrierten sich die Stuttgarter zunächst auf Sportwagenrennen, bis Ende 1951 der Mercedes-Vorstand ankündigte, in den Grand-Prix-Sport zurückzukehren.

In Untertürkheim entwickelten die Ingenieure für die neue 2,5-Liter-Formel einen Rennwagen mit der Typenbezeichnung W196, welcher 1954 beim Großen Preis von Frankreich mit den Fahrern Juan-Manuel → Fangio, Karl → Kling und Hans → Herrmann erstmals an den Start ging. Die vollverkleideten und voluminösen Mercedes-Fahrzeuge degradierten schon mit ihrem Äußeren die Fahrzeuge der Mitkonkurrenten zu Seifenkisten und feierten gleich im ersten Rennen mit Fangio und Kling einen Doppelsieg. Die Vollverkleidung wurde bald darauf durch einen konventionellen Wagen mit freistehenden Rädern ersetzt, während man den W196 nur noch auf den schnelleren Rennstrecken einsetzte. Am Ende der Saison war Fangio Weltmeister und Mercedes konnte in seinen sechs Renneinsätzen auf vier Siege zurückblicken. Auch in der nächsten Saison beherrschten die Silberpfeile mit dem Fahrer Fangio sowie dem Neuzugang Stirling → Moss die Szenerie und feierten mit Fangio und Moss den Weltmeister- und Vizetitel.

Trotzdem zog man sich am Ende der Saison nach der → Le-Mans-Katastrophe, wo der Franzose Pierre Levegh mit einem Mercedes-Sportwagen in die Menge raste und dabei achtzig Zuschauer ums Leben kamen, zurück.

Erst 1993 wagte man in der Formel 1 als Motorenpartner für das Schweizer → Sauber-Team zaghaft ein Comeback.

Nach zwei durchwachsenen Jahren ohne Sieg wechselten die Aggregate 1995 zu → McLaren, mit der Hoffnung, dem Namen Mercedes endlich wieder alle Ehre zu machen. Der erfahrene Triebwerkspezialist Mario Illien war für die Entwicklung der Motoren verantwortlich und schon im Verlauf der zweiten Saisonhälfte wollte das neue »Dream Team« bereits Siege erfahren. Tatsächlich dauerte es aber dann bis 1997, ehe David → Coulthard in Australien nach einer langen Durststrecke die McLaren-Mercedes-Kombination als Erste über die Ziellinie führte. Trotzdem gab es weiterhin Pannen auszubügeln, denn nicht selten kollabierten die Mercedes-Aggregate und Mario Illien benötigte eine längere Zeit, um die Fehler zu beheben

Erst 1998 erwies sich das Paket als genügend standfest, um den Piloten Mika → Häkkinen zu zwei Weltmeistertiteln zu führen. Seitdem ist Mercedes mit McLaren neben Ferrari wieder eine Macht in der Formel 1.

Merzario (Rennwagenfirma)
GP-Rennen in der Fahrer-WM: 10 (1978–1979)
Pole Positions: 0
Siege: 0
WM-Punkte: 0
Beste WM-Platzierung im Gesamtklassement: 0
Bekannteste Fahrer: Arturo Merzario
Erfolgreichste Fahrer: –

Der Rennstall des als Fahrer in der Formel 1 nur mäßig erfolgreichen Arturo Merzario war der letzte Strohhalm für den Italiener, um weiterhin in der Königsklasse teilnehmen zu können. Doch die Eigenkonstruktionen konnten den Abstieg nur um zwei sportlich katastrophale Jahre hinauszögern.

Der ehemalige → Ferrari-Fahrer Arturo Merzario – nach Ansicht eines Motorsportjournalisten »dürr wie ein Stück Draht und zäh wie ein uraltes Steak« – wurde mehr durch seine Rettungsaktion beim Niki- → Lauda-Unfall am Nürburgring bekannt, als durch Erfolge in Formel 1-Rennen. Trotz dieser Tatsache startete er ab 1978 mit einem eigenen Team in die → Grand-Prix-Saison.

Aus dem im Anfangsstadium eleganten Fahrzeugentwurf wurde in der Endentwicklung ein klobiges Fahrzeug, mit dem Merzario kein Rennen beenden konnte. Hinterste Startplätze und acht Nichtqualifikationen komplettierten die Chronik des Misserfolges in diesem Jahr. Trotz der Verpflichtung des Designers Giampolo → Dallara kam es für Merzario in der Saison 1979 noch ärger, denn nun schaffte er bei 15 Versuchen gar nur noch zweimal den Sprung ins Starterfeld. Danach begann Merzarios Abstieg in die Formel 2, wo er bis in die achtziger Jahre als Fahrer und Konstrukteur ohne größeren Erfolg weiterwurstelte.

Michelin (Reifenhersteller)
GP-Rennen in der Fahrer-WM: 111 (1977–1984)
Siege: 59
Pole-Positions: 58
WM-Punkte: 1138,5
Rennwagen: Renault, Ferrari, Williams, Brabham, McLaren, Lotus, Fittipaldi, Osella, Ligier, ATS, Alfa Romeo, Ensign, Toleman

Am 18. Mai 1889 gründeten die Brüder Edouard und André Michelin in → Clermont-Ferrand ihr Gummiunternehmen, das in den darauffolgenden Jahren zu einem internationalen Konzern heranwuchs.

Als Reifenpartner von → Renault kam Michelin 1977 in die Formel 1 und revolutionierte mit seinen Radialgummis bald die gesamte Reifenszenerie. Doch anfangs gab es hauptsächlich Haftungsprobleme und wenig Erfolg mit dem → Turbolader der Renault-Rennwagen. 1978 wurde zusätzlich → Ferrari beliefert und in Brasilien konnte Carlos → Reutemann dem französischen Konzern den ersten Sieg bescheren. Ein Jahr später feierte Michelin mit Renault und Pilot Jean-Pierre → Jabouille in → Dijon einen französischen Totaltriumph und Ferrari wurde in der gleichen Saison mit Michelin-Reifen und dem Piloten Jody → Scheckter Weltmeister. Ab 1981 belieferte man zusätzlich Rennställe wie → Williams, → Brabham, → Ligier und → McLaren und konnte noch einige Siege und Titel einheimsen. Doch aufgrund der weltweiten Absatzprobleme in der Automobilindustrie zog man sich Ende 1984 aus dem → Grand-Prix-Sport zurück. Am Ende des Jahres 1999 kündigte Michelin, mit der Absicht seine Marktanteile in Europa zu verbessern, eine Rückkehr in die Formel 1 an und ab der Saison 2001 wird man Reifenlieferant für → Williams und → Jaguar sein.

Milano (Rennwagenfirma)
GP-Rennen in der Fahrer-WM: 1 (1950-1951)
Pole Positions: 0
Siege: 0
WM-Punkte: 0
Beste Platzierung in der Konstrukteurswertung: 0
Bekanntester Fahrer: Onofre Marimon
Erfolgreichste Fahrer: –

Arturo Merzario: Großer Cowboyhut – kleine Erfolge

Das italienische Team tauchte in den fünfziger Jahren bei zwei Weltmeisterschaftsläufen auf und konnte sich für einen qualifizieren, ohne jedoch großen Eindruck zu hinterlassen.

Weil 1949 die Veranstalter des italienischen → Grand Prix jedem Team, das mit zwei neu entworfenen Fahrzeugen teilnehmen würde, eine Zusatzprämie versprach, kauften die Gebrüder Ruggeri als Leiter der Scuderia Milano zwei → Maseratis auf, um sie als Team Milano anzumelden.

Mit ein paar Änderungen am Fahrzeug sowie dem Motortuning eines Schiffsmotorspezialisten konnten sich die Fahrer Guiseppe → Farina und Piero → Taruffi gut im Feld behaupten. Farina gab zwar nach 18 Runden auf, aber Taruffi wurde als Dritter abgewunken.

Für 1950 wurde ein neues Fahrgestell entworfen, um die Rennwagen mit Speluzzi-Motoren zu bestücken. Doch die Fertigstellung verzögerte sich und nur beim italienischen Grand Prix trat ein Milano an. Felice Bonnetto konnte sich für den 23. Startplatz qualifizieren, aber am Rennen nicht teilnehmen.

Nicht viel besser erging es ein Jahr darauf dem Argentinier Onofre → Marimon beim Großen Preis von Frankreich, wo er vom 15. Startplatz gestartet das Rennen mit Motorschaden aufgeben musste. Einzelne Teile des Milano-Boliden wurden später von anderen Formel 1-Teams verwendet.

Minardi (Rennwagenfirma)
GP-Rennen in der Fahrer-WM: 254 (seit 1985)
Pole Positions: 0
Siege: 0
WM-Punkte: 28
Beste Saison-Platzierung im Gesamtklassement: Achter 1993
Bekannteste Fahrer: Alessandro Nannini, Andrea de Cesaris, Pierluigi Martini, Christian Fittipaldi, Jarno Trulli, Michele Alboreto, Giancarlo Fisicella
Erfolgreichste Fahrer: Pierluigi Martini, Christian Fittipaldi
Internet: www.minardi.it

»Dabei sein ist alles« lautet mittlerweile das Motto für die Überlebenskünstler um Giancarlo Minardi. Nachdem man in den ersten Jahren nach der Gründung für einige Überraschungen sorgen konnte, hat das Team mittlerweile seit einigen Jahren einen Stammplatz in der letzten Reihe. Giancarlo Minardi, der sein Geld mit dem LKW-Handel verdient, stellte sich 1980 erstmals mit einem eigenen Wagen der Formel 2-Konkurrenz und schaffte in den folgenden Jahren einen einzigen Sieg. Das erste Formel 1-Fahrzeug von Minardi entstand 1984 und sollte auch in der Formel 3000 eingesetzt werden. Der Entwurf war ursprünglich für einen → Alfa-Romeo-Motor bestimmt, aber nachdem Giancarlo Minardis Partner Gianpiero Mancini Anteile von → Motori Moderni erwarb, baute man stattdessen dieses Aggregat ein. Im Debüt-Jahr 1985 war Pierluigi Martinis achter Platz beim letzten Lauf in Australien das beste Resultat in dieser Saison.

Auch in den beiden folgenden Jahren musste Minardi bitteres Lehrgeld zahlen, da das Team trotz guter Fahrer wie Andrea → de Cesaris und Alessandro → Nannini keinen einzigen Punkt holen konnte.

Das gelang erst 1988 mit dem 6. Platz von Pierluigi Martini in → Detroit. Inzwischen hatte das Team professionellere Strukturen entwickelt und führte, trotz des chronisch mageren Budgets, fleißig → Aerodynamik-Studien durch. Mit dem neu entwickelten Rennwagenmodell M 189, das wie im Vorjahr von → Cosworth-Aggregaten angetrieben wurde, ließ Minardi dann 1989 erstmals aufhorchen, besonders als ihr Pilot Martini in Spanien und Australien in der zweiten Startreihe zu finden war und einige Führungskilometer beim Großen Preis von Portugal verbuchen konnte. Es sollten bis zum heutigen Tage die einzigen für Minardi bleiben. 1990 konnte man die erworbenen sechs WM-Punkte des Vorjahres nicht wiederholen, aber für 1991 versprach sich Giancarlo Minardi mit den Erwerb von → Ferrari-Motoren, die zum ersten Mal einem fremden Team zur Verfügung gestellt wurden, eine wesentliche Verbesserung.

Doch der Wagen musste deswegen überhastet fertiggestellt werden und zweimal Platz 4

Oben: Als Minardi noch ab und zu in die Punkte fuhr: Alessandro Zanardi 1992 auf dem M192
Unten: Noch ein Minardi, hier 1994 mit Michele Alboreto am Steuer

durch Martini war den Ferrari-Verantwortlichen zu wenig, um Minardi weiter zu beliefern. Die Motoren mussten an → Dallara weitergegeben werden und der talentierte Martini ging gleich mit.

Anschließend fällte der kleine Italiener über seinen ehemaligen Rennstall das wenig schmeichelhafte Urteil: »Minardi macht die beste Pasta, aber darauf kommt es nicht an.« 1993 raffte man sich noch einmal zu der Saisonausbeute von 5 Punkten auf, doch dann setzte sich das »Hunger-Team« kontinuierlich auf der unteren Skala der immer weiter auseinander klaffenden Lücke zwischen armen und reichen Teams fest. Auf High-Tech-Elemente musste beständig verzichtet werden und auch verschiedene Kooperationen mit → Benetton und Ferrari brachten keine Veränderung der sportlich trostlosen Situation.

Neben Verpflichtungen einheimischer Talente wie Giancarlo → Fisichella oder Jarno → Trulli war man mittlerweile in erster Linie darauf angewiesen, Mitgift-Fahrer zu engagieren, um das Team vor dem finanziellen Untergang zu bewahren. Nach einer dreijährigen Flaute gelang es Marc → Gené beim Großen Preis von Europa wieder einen Punkt für den Rennstall zu holen. Doch ansonsten besaß Minardi den Garantieschein für das Schlusslicht, woran sich auch in der Saison 2000 nichts änderte.

Mitter, Gerhard (Pilot)
Geboren: 30.08.1935 in Schönlinde/Deutschland
Gestorben: 01.08.1969 Nürburgring/Deutschland
GP-Rennen in der Fahrer-WM: 4 (1952–1959)
Pole Positions: 0
Siege: 0
WM-Punkte insgesamt: 3
Beste WM-Platzierung im Gesamtklassement:
Zwölfter (1963)
Rennwagen: Porsche, Lotus

Als »erfolgreichster deutscher Gelegenheitsstarter in der Formel 1« stand der Sudetendeutsche kurz vor seinem ersten Vollzeitengagement, als er in einem Formel 2-Wagen am Nürburgring tödlich verunglückte. Mitter kam als Flüchtlingskind nach Deutschland und seine Eltern bauten sich in Stuttgart eine Autovertretung auf. Er absolvierte eine Lehre als Autoelektriker und beteiligte sich mit einem selbstgebastelten Motorrad an Geländerennen. Seine Eltern waren zunächst dagegen, doch weil Mitter so engagiert im elterlichen Betrieb mitwirkte, gaben sie seiner Rennlei-

Pierluigi Martini war der erfolgreichste und treueste Minardi-Pilot – hier 1993 mit dem M 193 unterwegs

denschaft schließlich nach. 1955 wurde er in der 125-ccm-Klasse mit einer gebrauchten NSU Deutscher Junioren-Meister. Anschließend fuhr er in ganz Deutschland Motorradrennen, konnte aber wegen des kaum konkurrenzfähigen Materials keine Erfolge erringen und legte 1958 eine Pause ein, um seine KFZ-Meisterprüfung zu absolvieren.

Anschließend beschloss Mitter, bei Autorennen zu starten und baute sich für die Teilnahme an Formel-Junior-Rennen sein eigenes Fahrzeug zusammen. Der Mann mit »Technikverständnis und Humor« wurde damit 1960 Deutscher Formel-Junior-Meister und konnte weltweit seine hochgelobte → Motoren-Konstruktion auch an Rennteams veräußern. Dadurch gelang es ihm, Kontakte zur Formel 1 zu knüpfen. Mit einem → Lotus von Joseph → Siffert nahm Mitter 1962 in Stuttgart das erste Mal an einem Formel 1-Lauf teil, der allerdings nicht zur Weltmeisterschaft zählte. Mit einer ausgezeichneten Leistung aus der letzten Startreihe wurde er im Rennen noch Sechster. → Porsche-Rennleiter Huschke → von Hanstein versuchte daraufhin für Mitter eine Teilnahme am deutschen → Grand Prix zu ermöglichen. Doch da der »ausgesprochene Tuningspezialist« noch keine drei Nicht-WM-Läufe bestritten hatte, wurde der Antrag vom Deutschen Automobilclub abgewiesen.

Nach dem Tode des populären Beinahe-Weltmeisters Wolfgang Graf Berghe → von Trips blickte die Öffentlichkeit ziemlich abschätzig auf die in der Formel 1 dominanten englischen »Bastlerbuden« herab und deswegen gab es zu diesem Zeitpunkt von deutscher Seite kaum Unterstützung für Formel 1-Ambitionen einheimischer Rennfahrer.

Erst Mitters gute Beziehung zum Porsche-Kunden und Privatfahrer Graf Carel Godin de Beaufort ermöglichen ihm 1963 mit einem privaten Porsche des Adligen beim Großen Preis von Deutschland an einem Formel 1-Rennen teilzunehmen. Mit dem betagten Fahrzeug erreichte Mitter mit dem 4. Platz ein sensationelles Ergebnis. Trotzdem kam es in dieser Saison zu keinem weiteren Einsatz mehr und erst ein Jahr später stand Mitter in einem Lotus am → Nürburgring wieder am Start. Er beendete das Rennen als Neunter, doch Mitter war mittlerweile sehr stark in der Formel 2 und bei Bergrennen eingebunden, so dass er für die Formel 1 kaum Zeit hatte. Einen letzten Einsatz gab es 1965 wiederum mit einem Lotus am Nürburgring, wo Mitter diesmal mit Materialdefekt ausfiel.

In den nächsten Jahren holte sich Mitter dreimal die Europabergmeisterschaft, hatte aber die Hoffnung auf Formel 1-Einsätze noch nicht aufgegeben.

→ Ford-Rennleiter Jochen Neerpasch machte ihm für die Saison 1970 das Angebot, mit → Cosworth-Motoren und einem Formel 1-Fahrgestell in die Königsklasse zurückzukehren. Die Planungen liefen an, doch am 1. August des selben Jahres verunglückte Mitter beim Training zum Formel 2-Rennen am Nürburgring tödlich.

Modena Team (Rennwagenfirma)
GP-Rennen in der Fahrer-WM: 6 (1991)
Pole Positions: 0
Siege: 0
WM-Punkte: 0
Beste Platzierung in der Konstrukteurswertung: 0
Bekanntester Fahrer: Nicola Larini
Erfolgreichste Fahrer: –

Mit einem fehlkonstruierten Fahrzeug tanzte das Team 1991 nur einen Sommer lang, um dann auf Nimmerwiedersehen in der Versenkung zu verschwinden.

Ursprünglich waren die Fahrzeuge von → Lamborghini-Engineering für den mexikanischen Rennstall GLAS entwickelt worden, der damit 1990 in die Formel 1-Saison einsteigen wollte. Doch das Unternehmen ging pleite und so sprang der italienische Geschäftsmann Carlo Petruco ein, um die Konkursmasse für sein Modena Team zu übernehmen. Bald darauf tauchten wieder Gerüchte um die Zahlungsunfähigkeit von Petruco und seinen Partner auf, doch vier Wochen vor Beginn der Formel 1-Saison gab man bekannt, dass die Finanzierung endgültig gesichert sei. Größter Faustpfand des Teams war der ehemalige → Ferrari-Konstrukteur Mauro → Forghieri, doch ausgerechnet er sorgte mit seiner Konstruktion dafür, dass Modena von Anfang an auf verlorenem Posten stand. Mit dem wuchtigen Auto, das im aerodynamischen Bereich »an Experimente der 70er erinnerte, die sich schon damals nicht bewährten«, konnte sich von den beiden Fahrern nur Nicola Larini für den ersten Lauf in → Phoenix qualifizieren und erreichte immerhin einen 7. Platz. Beim nächsten Lauf in Brasilien verpassten sowohl Larini als auch Eric van de → Poele die Qualifikation. Anschließend lag van de Poele beim Großen Preis von San Marino lange Zeit auf dem fünften Platz, bis er wegen Spritmangels liegen blieb. Dies blieb der Höhepunkt einer frustrierenden Saison, in dem ständig erfolglos am Auto herumgebastelt wurde und man sich insgesamt nur sechsmal für ein Rennen qualifizieren konnte. Die Formel 1-Karrieren von Larini und van de Poele waren so gut wie ruiniert und der Rennstall löste sich am Ende der Saison auf.

Der tapfere Gerhard Mitter mit einem Lotus 1965 beim Großen Preis von Deutschland

Monoposto
Gebräuchliche Bezeichnung aus dem Italienischen für einsitzige, offene Rennwagen mit frei stehenden Wagen.

Monsanto in Lissabon (Rennstrecke)
GP-Bezeichnung: Großer Preis von Portugal
Länge: 5,425 km
Renndistanz: 62 Runden = 336,350 km
Erstes Formel 1-Rennen: 1959
Letztes Formel 1-Rennen: 1959
Gesamtzahl Grand Prix: 1
Sieger: Stirling Moss (1959)
Der Monsanto-Park in Lissabon war schwierig zu fahren und nur einmal Ausrichter eines Großen Preises. Bei dem Kurs war auch ein Stück der naheliegenden Autobahn eingebunden. Nach der langen Start-Ziel-Geraden folgte nach einer Links-Rechts-Kombination ein langes Stück Autobahngerade, die anschließend in eine Schikane mündete. Nach mehreren Rechts-Links-Kombinationen führte eine U-Kurve wieder auf die Zielgerade zurück.

Monte Carlo in Monaco (Rennstrecke)
GP-Bezeichnung: Großer Preis von Monaco
Streckenlänge: 3,367 km
Renndistanz: 78 Runden = 262,626 km
Erstes Formel 1-Rennen: 1950
Gesamtzahl GP: 47
Erster Sieger: Juan-Manuel Fangio (1950)
Häufigster Sieger: 6 x Ayrton Senna
(1987, 1989, 1990, 1991, 1992, 1993)
GP-Unfälle mit tödlichem Ausgang:
Lorenzo Bandini (1967/Rennen)
Internet: www.monaco.mc/monaco/ gprix
Diese Rennstrecke ist mittlerweile wegen ihrer engen und welligen Streckenabschnitte ein Formel 1-Anachronismus, aber durch ihre Historie und das damit verbundene Prestige immer noch unverzichtbar im → Grand-Prix-Kalender.

1929 fand in den Häuserschluchten von Monte Carlo erstmals ein Grand Prix statt und auch im ersten Jahr der Fahrerweltmeisterschaft 1950 war Monaco Veranstalter eines Großen Preises. Hans → Stuck nannte die Strecke schon damals verächtlich eine »Pissrinne«.

Nach einer Massenkollision am Start in der ersten Saison fand die nächsten vier Jahre auf diesem Kurs kein Formel 1-Rennen mehr statt. 1955 blieb das Rennen wegen Alberto → Ascaris Sturz in das nahegelegene Hafenbecken in Erinnerung. Neben vielen aufsehenerregenden Triumphen großer Fahrer von Juan-Manuel → Fangio über Graham → Hill bis Ayrton → Senna gab es 1967 mit dem → Ferrari-Piloten Lorenzo → Bandini auch ein Todesopfer zu beklagen. Nach dem Umbau im Jahre 1986 ist der Kurs immer noch eindrucksvoll und besonders durch den Tunnel unter dem Nobel-Hotel Loews berühmt, wo die Fahrer mit hoher Geschwindigkeit aus dem Halbdunkel ins helle Tageslicht rasen. Der Gewinner des Rennens wird anschließend von Fürst Rainier angeblich immer mit der gleichen Floskel auf der Siegertribüne begrüßt: »Schön, dass gerade Sie es sind«.

Monteverdi (Rennwagenfirma)
GP-Rennen in der Fahrer-WM: 2 (1990)
Pole Positions: 0
Siege: 0
WM-Punkte: 0
Beste Platzierung in der Konstrukteurswertung: 0
Bekanntester Fahrer: JJ Lehto
Erfolgreichste Fahrer: –
Der Schweizer Peter Monteverdi übernahm 1990 mitten in der Saison den kränkelnden → Onyx-Rennstall, um ihn innerhalb kürzester Zeit zugrunde zu richten.

Monteverdi war ein ehemaliger Sportwagenfahrer, der 1951 sein eigenes Auto baute und später mit dem von ihm gegründeten MBM-Team an Formel-Junior-Rennen teil-

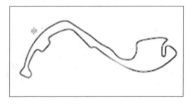
Monte Carlo in Monaco

nahm. Ein kurzer Versuch, in die Formel 1 einzusteigen, scheiterte spätestens nach Monteverdis schwerem Unfall in Hockenheim.

Er verlegte sich anschließend auf den Bau von Luxus-Sportwagen und witterte 1990 durch die mögliche Übernahme des maroden Onyx-Teams eine zweite Formel 1-Chance.

Trotz der ausdrücklichen Warnung von Bernie → Ecclestone kaufte er den Rennstall auf. Monteverdi entließ verdiente Onyx-Mitarbeiter, löste die Konstruktionsabteilung in England auf und verwendete am Ende Teile seiner Museumswagen, um diese an die Formel 1-Fahrzeuge zu schrauben. Das zu erwartende Ende kam nach dem Großen Preis von Ungarn, als Monteverdi Tage später den Rückzug aus der Formel bekanntgab.

Montjuich-Park in Barcelona (Rennstrecke)
GP-Bezeichnung: Großer Preis von Spanien
Länge: 3,790 km
Renndistanz: 75 Runden = 284,250 km
Erstes Formel 1-Rennen: 1969
Letztes Formel 1-Rennen: 1975
Gesamtzahl Grand Prix: 4
Erster Sieger: Jackie Stewart (1969)
Häufigster Sieger: Jackie Stewart (1969, 1971)

Schon bei seiner Formel 1-Premiere am 4. Mai 1969 wurde der Stadtkurs bei Barcelona zum Trümmerfeld, weil die langgezogene Bergauf-Passage nach Start und Ziel die Wagen teilweise unkontrollierbar machte. Nur mit viel Glück überlebten Jochen → Rindt und Graham → Hill an dieser Stelle schwere Unfälle. Durch die anliegenden Bauten in vielen Passagen waren die Sturzräume von vornherein sehr begrenzt und als der → Grand-Prix-Tross 1975 hier zum vierten Mal Station machte, galt der Kurs schon als veraltet und im höchsten Maße gefährlich. Ein Teil der Fahrer versuchte dieses Rennen zu boykottieren, doch nur Emerson → Fittipaldi hielt den Widerstand aufrecht. Der Rest des Feldes ging aufgrund des ausgeübten Drucks von Seiten der Teamchefs und des Veranstalters doch an den Start.

Das sollte sich rächen, denn als in der 26. Runde der → Lola des führenden Rolf → Stommelen ausbrach und in die → Leitplanken raste, wurden durch die umherfliegenden Wrackteile fünf Menschen getötet und neun weitere schwer verletzt. Stommelen überlebte den Unfall mit zahlreichen Brüchen am ganzen Körper. Drei Runden später wurde das Rennen abgebrochen und der Montjuich-Park verschwand für immer aus dem Grand-Prix-Kalender.

Mont-Treblant (Rennstrecke)
GP-Bezeichnung: Großer Preis von Kanada
Länge: 4,265 km
Renndistanz: 90 Runden = 383,850 km
Erstes Formel 1-Rennen: 1968
Letztes Formel 1-Rennen: 1970
Gesamtzahl Grand Prix: 2
Erster Sieger: Denis Hulme (1968)
Internet: www.jimrussell.com/le_circuit_de_mont_tremblant.htm

Weil Kanada plante, den Großen Preis abwechselnd auf zwei Strecken auszutragen, fand nach dem ersten Lauf in → Mosport der zweite Große Preis von Kanada 1968 in Mont-Treblant statt. Der bei Ste. Jovite in Quebec angelegte Kurs ist von Bäumen gesäumt und deswegen nicht ungefährlich.

Der Kurs bestand fast nur aus Kurven und selbst bei Start und Ziel fanden die Piloten keine gerade Strecke vor. Wegen des hohen Risikos der Strecke wurde nach 1970 der Grand Prix von Kanada bis 1977 zunächst ausschließlich nach → Mosport vergeben.

Monza (Rennstrecke)
GP-Bezeichnung: Großer Preis von Italien
Streckenlänge: 5,770 km
Renndistanz: 53 Runden = 305,810 km
Erstes Formel 1-Rennen: 1950

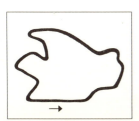
Montjuich-Park in Barcelona

Gesamtzahl GP: 50
Erster Sieger: Guiseppe Farina
Häufigster Sieger: 4 x Nelson Piquet (1980, 1983, 1986, 1987)
GP-Unfälle mit tödlichem Ausgang: Wolfgang Graf Berghe von Trips (1961/ Rennen), Jochen Rindt (1970/Training), Ronnie Peterson (1978/ Rennen)
Internet: www.monzanet.it

Die Rennstrecke Monza wurde 1922 in einem öffentlichen Park bei Mailand in nur 100 Tagen errichtet und bestand zunächst aus einem 5,4 km langen Straßenkurs und einem Hochgeschwindigkeitsoval von 4, 5 km Länge. Auf dieser Vollgasstrecke gab es schon nach einigen Rennen die ersten Todesopfer zu beklagen, trotzdem fand hier der Große Preis von Italien eine dauerhafte Heimat. 1948 wurde die vom 2. Weltkrieg schwer beschädigte Strecke zu einem 6,3 km langen Rundkurs ausgebaut und war zwei Jahre später Ausrichter des ersten Großen Preises von Italien in der Fahrerweltmeisterschaft. 1955 wurden zwei Steilkurven hinzugefügt und der Kurs hatte eine Gesamtlänge von 10 km. Aber weil der Belag auf den überhöhten Kurven viel zu holprig war, fand 1961 das letzte Rennen auf dieser Streckenführung statt. Zwei Jahre später wurde noch einmal versucht, die Steilwände mit einzubeziehen, aber schon im Training fand der Versuch ein Ende. 1970 erlebten die Zuschauer hier eines der dramatischsten Rennen, als sieben Fahrzeuge innerhalb weniger Zehntelsekunden gleichzeitig die Ziellinie überquerten und Peter → Gethin das Rennen mit einer Reifenlänge Vorsprung gewann.

Zwei Jahre später erhielt der Kurs mit einer neuen Schikane hinter dem Boxenbereich noch einmal eine drastische Veränderung.

Aber auch heute noch ist das kurvenarme Autodromo Nazionale die schnellste Strecke und das kürzeste Rennen in der Formel 1.

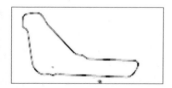
Monza

Durch die hohen Geschwindigkeiten müssen die Autos über eine gute → Abstimmung verfügen. Die berühmtesten Kurven sind die Lesmo- sowie die Parabolica-Kurve, in denen die Fahrer extremen Fliehkräften ausgesetzt sind. Für die zahlreichen einheimischen Fans, die jedes Jahr nach Monza pilgern, zählt nur der Sieg eines → Ferrari-Boliden, gleichgültig wer im → Cockpit sitzt.

Mosley, Max (FIA-Präsident)
Als Abkömmling von britischem Hochadel 1940 geboren, besuchte Mosley Schulen in Frankreich, England und Deutschland. Anschließend studierte er Physik und Jura an der Oxford-Universität und erhielt 1964 seine Zulassung als Anwalt. Eine angestrebte Politiker-Karriere erwies sich als unmöglich, denn Mosleys Vater Oswald war in den dreißiger Jahren oberster Anführer der britischen Faschisten gewesen. Stattdessen begann er Rennen zu fahren und in der Formel 2 hießen seine Gegner u.a. Jim → Clark und Graham → Hill.

1970 gründete er zusammen mit drei Freunden die Rennwagenfirma → March, mit der Mosley einige Höhen und noch mehr Tiefen erlebte. Nach seinem Ausstieg bei March im Jahre 1977 wurde er Anwalt für die → FOCA und neun Jahre später half ihm sein enger Freund Bernie → Ecclestone, in die damals noch existierende → FISA gewählt zu werden. 1991 kandidierte er für den Sitz des Vorsitzenden und konnte durch eine Kampfabstimmung seinen ungeliebten Vorgänger Jean-Marie Balestre entmachten. Zwei Jahre später wurde er auch Präsident der → FIA, wobei man zugleich die nicht mehr benötigte FISA einmottete. Seitdem hat sich Mosley aus Gründen der Sicherheit für massive technische Abrüstungen in der Formel 1 eingesetzt und zugleich eine Umstrukturierung im FIA-Verband initiiert. Im Jahr 2001 will er sich zur Wiederwahl stellen.

Mosport (Rennstrecke)
GP-Bezeichnung: Großer Preis von Kanada
Länge: 3,957 km

Renndistanz: 80 Runden = 316,560 km (ab 1972)
Erstes Formel 1-Rennen: 1967
Letztes Formel 1-Rennen: 1977
Gesamtzahl Grand Prix: 8
Erster Sieger: Jack Brabham (1967)
Häufigster Sieger: 2 x Jackie Stewart (1971, 1972)
Internet: www.mosport.com/

In Mosport wurde der erste Große Preis von Kanada ausgetragen. Der in Ost-Ontario gelegene Straßenkurs besticht durch einige schwierige Kurven sowie mehrere Auf- und Ab-Passagen. Zwischendurch abgelöst durch → Mont-Treblant, war der in bewaldeter Landschaft liegende Kurs bis 1977 regelmäßiger Ausrichter des kanadischen → Grand Prix. In Mosport konnte der Zuschauer gleich zwei Formel 1-Premieren beobachten: 1971 wurde hier das erste Formel-Rennen wegen dichtem Nebels abgebrochen und zwei Jahre später setzte sich an gleicher Stelle erstmals ein → Safety-Car vor die Rennwagen. Weil ab 1977 Montreal Ausrichter des Großen Preises von Kanada wurde, fanden hier anschließend in erster Linie Sportwagenrennen statt, wobei 1985 der deutsche Formel 1-Pilot Manfred → Winkelhock in einem → Porsche 962 sein Leben verlor.

Moss, Stirling (Pilot)
Geboren: 17.08.1929 in London/Großbritannien
GP-Rennen in der Fahrer-WM: 66 (1950–1961)
Pole Positions: 16
Siege: 16
WM-Punkte insgesamt: 186,64
Beste WM-Platzierung:
Vizeweltmeister 1955, 1956, 1957, 1958
Rennwagen: HWM, Era, Connaught, Cooper, Maserati, Mercedes, Vanwall, BRM, Lotus, Ferguson
Internet: www.strirlingmoss.com

Der ewige Zweite, der aufgrund von Pech und unglücklichen Umständen nie einen Weltmeistertitel erringen konnte, wird von vielen Ex-

Stirling Moss 1959 auf einem Cooper in Monaco

perten als der beste Rennfahrer seiner Epoche bezeichnet. Der Vater von Stirling Moss war vor dem Zweiten Weltkrieg selbst Rennen gefahren, während seine Mutter sich bei Rallyes auszeichnen konnte. Nach Anfängen beim Springreiten sowie als Boxer erwachte beim sechzehnjährigen Moss die Leidenschaft für Automobile. Nach Bergrennen und Siegen bei Formel 2-Rennen konnte der »absolute Rennfahrer« bereits 1951 im Alter von 22 Jahren sein → Grand-Prix-Debüt mit einem → HWM feiern. Zwei erfolglose Jahre quälte sich Moss mit englischen »Bastler-Autos« in der Formel 1 herum, bis er ab der Saison 1954 mit einem privat erworbenen → Maserati endlich konkurrenzfähiges Material zur Verfügung hatte, mit dem er mehrere gute Trainingsplatzierungen sowie einen dritten Platz beim Großen Preis von Belgien erreichte. Für 1955 erhielt er das Angebot von → Mercedes als Nummer 2-Fahrer hinter Juan-Manuel → Fangio und beide dominierten die gesamte Saison. Moss schaffte seinen ersten Sieg und die Vizeweltmeisterschaft hinter seinem Teamkollegen. Der Brite siegte zudem mit Fangio zusammen für Mercedes bei der Mille Miglia. Nach dem Rückzug der Stuttgarter aus der Formel 1 wechselte Moss 1956 ins Werksteam von Maserati, wo er zweimal siegen konnte und wiederum Vizeweltmeister wurde. 1957 folgte der Umstieg ins britische → Vanwall-Team und sein Sieg beim Großen Preis von Großbritannien war nach dem Krieg der erste eines britischen Fahrers in einem britischen Fahrzeug. Aber den WM-Titel holte sich wiederum Fangio, der Moss erneut auf den zweiten Platz verwies. 1958 war er mit vier Siegen dem WM-Titel so nahe wie zuvor, doch wegen eines Missverständnisses mit seiner Boxencrew musste er dem Briten Mike → Hawthorn, der während dieser Saison nur einmal siegen konnte, mit einem Punkt Vorsprung den Vortritt lassen. Moss war längst zum tragischen Helden geworden, dem aber laut eigener Aussage Rennsiege und nicht Titel wichtig waren. Auch die nächsten Jahre konnte »der phantastische Regenspezialist« sowohl bei → Cooper als auch bei → Lotus immer wieder glorreiche Siege einfahren, bis ihn 1962 ein schwerer Unfall beim Osterrennen in Goodwood zum Rückzug aus dem Rennsport zwang.

Er wurde Geschäftsmann und ein kritischer Begleiter der Formel 1, und in Erinnerung bleiben Urteile wie dieses von Fahrerkollege Graham → Hill, der Moss als »besten Fahrer, den die Welt je gesehen hat«, bezeichnete.

Motoren

Seit 1995 darf bei einem Formel 1-Motor der Hubraum nur noch 3,0 Liter betragen. Mittlerweile sind nur noch Saugmotoren erlaubt und diese dürfen nicht mehr als zwölf Zylinder besitzen. Die Leistungen der Motoren liegen gegenwärtig zwischen 750 und 850 PS und kommen bis auf 18 000 Umdrehungen pro Minute. Der Formel 1-Motorenbau ist unter den Herstellern ein streng gehütetes Geheimnis und in der Fabrikation müssen bis zu 6000 Einzelteile zusammengefügt werden. Der Treibstoffverbrauch liegt gegenwärtig bei 60 Litern pro Stunde und die Beschleunigung von 0 auf 100 bei ca. 3 Sekunden.

Motori-Moderni (Motorenhersteller)

GP-Rennen in der Fahrer-WM: 44 (1985–1987)
Pole Positions: 0
Siege: –
WM-Punkte: 0
Rennwagen: Minardi, AGS

Die kleine Motorenfirma wurde im Oktober 1984 von dem Toskaner Geschäftsmann Piero Mancini zusammen mit einigen Partnern in Novara gegründet. Als verantwortlichen Ingenieur verpflichtete man den Ex- → Ferrari- und → Alfa-Romeo-Mitarbeiter Carlo Chiti, der 1962 mit den → A.T.S.-Rennwagen in der Formel 1 einen Megaflop gelandet hatte.

Innerhalb von vier Monaten schaffte es Chiti einen Sechszylinder-Turbomotor lauffähig zu machen, mit dem in der Saison 1985 der neue → Minardi-Rennstall ausgestattet wurde. Die kaum konkurrenzfähigen Rennwagen von Minardi konnten allerdings keinerlei Lorbeeren holen, was 1986 auch für den zusätzlichen

Power aus acht Zylindern

Partner → AGS galt. 1987 erwiesen sich die Turbos von Motori-Moderni bei Minardi immer noch als defektanfällig und weil man es nicht schaffte einen zweiten Abnehmer zu finden, zog man sich am Ende dieser Saison zurück.

Mount Fuji (Rennstrecke)
Ausgetragener Grand Prix: Großer Preis von Japan
Streckenlänge: 4,359 km
Renndistanz: 73 Runden = 318,207 km
Erstes Formel 1-Rennen: 1976
Letztes Rennen: 1977
Gesamtzahl GP: 2
Sieger: Mario Andretti (1976), James Hunt (1977)
Der → Grand Prix am Mount Fuji war 1976 der erste Formel 1-Lauf im asiatischen Raum und zugleich Ort eines hochdramatischen Finales der beiden Titelaspiranten Niki → Lauda und James → Hunt. Der Kurs, westlich von Tokio am Rande des Fudschijama gelegen, besitzt eine sehr lange Gerade und im Anschluss daran mussten die Piloten sich durch schnelle und scharfe Kurven schlängeln. 1977 gab es mehrere Tote unter den Zuschauern zu beklagen, als Gilles → Villeneuve nach einer Kollision zwischen ihm und Ronnie → Peterson mit seinem → Ferrari in die Menge raste. Diese Tragödie war der Todesstoß für die Strecke als Grand-Prix-Veranstaltungsort und weil es zu diesem Zeitpunkt weder erfolgversprechende Piloten noch Teams aus dem Land der aufgehenden Sonne gab, wurde erst 1987 in → Suzuka wieder ein Großer Preis von Japan ausgetragen. Mittlerweile hat Toyota für über 100 Millionen Mark den Mount-Fuji-Kurs erworben, um ihn für den geplanten Formel 1-Einstieg als Teststrecke zu nutzen. Nach einer Restaurierung, die bis ins Jahr 2004 andauern soll, ist der Kurs auch wieder als Grand-Prix-Strecke geplant.

Mugen-Honda (Motorenhersteller)
GP-Rennen in der Fahrer-WM: 147 (seit 1992)
Pole Positions: 1
Siege: 4
WM-Punkte: 182
Rennwagen:
Footwork, Lotus, Ligier, Prost, Jordan
1973 als Tochtergesellschaft von → Honda gegründet, übernahm der Sohn des Firmengründers, Hirothosi Honda, welcher immer ein angespanntes Verhältnis zu seinem Vater hatte, den Vorsitz. Beliefert wurden Motorräder, Go-Karts und Formel 2-Rennwagen. Nachdem man 1987 zudem Motorenbauer für die Formel 3 und Formel 3000 war, lieferte das Werk die Aggregate ab 1992 auch für die Formel 1.

Weil die Firma das Wissen von Honda in der Motorenentwicklung einsetzen konnte, galten die Mugen-Triebwerke bereits bei ihrer Premiere als Geheimtip. Aber Siege mit dem Mittelklasse-Rennstall → Footwork waren von vornherein ausgeschlossen. Der Mugen-Honda erwies sich im Renneinsatz als zuverlässig, aber sein hohes Gewicht verursachte Balance-Probleme bei den Autos.

Nach der Saison 1993 wurden die Motoren vom chronisch erfolglosen Footwork-Rennstall zurückgezogen, aber mit → Lotus als neuen Kunden kam man vom Regen in die Traufe. Bei dem kurz vor dem Konkurs stehenden Rennstall kam der neuentwickelte und leichtere Zehnzylinder-Motor erst beim zwölften Rennen in → Monza zum Einsatz und sorgte mit dem viertbesten Trainingsplatz für eine Sensation. Eine Startkollision, bei der Lotus-Pilot Johnny → Herbert anschließend mit altem Wagen und altem Motor aus der → Boxengasse starten musste, verpatzte alle erfolgversprechenden Ansätze. Lotus ging nach der Saison pleite und die Mugen-Motoren zu → Ligier, wo man ein Jahr später in Monaco durch Olivier → Panis den ersten Sieg feiern konnte.

Der neue 3,0-Liter-Mugen MF 301 HA erwies sich als gut durchdacht, aber zur Spitzengruppe klaffte ein Leistungsdefizit von 60 PS. 1998 und 1999 gab es drei weitere Siege mit dem → Jordan-Rennstall zu verzeichnen. Doch danach wurde der Motor kaum noch weiterentwickelt, weil sich alle Kräfte auf die Rückkehr von Honda bemühten, die als Triebwerkslieferanten im Jahr 2000 bei → BAR ein Comeback feiern konnten. Honda wird ab der

Saison 2001 Motorenlieferant bei Jordan, so dass sich die Tochterfirma in einheimische Formelklassen zurückziehen muss.

Muletto
Dies bedeutet auf italienisch »kleiner Esel« und ist in der Formel 1 der Rennwagen, mit dem die meisten Testfahrten verrichtet werden.

Musso, Luigi (Pilot)
Geboren: 19.07.1924 in Terni/Italien
Gestorben: 06.06.1958 in Reims/Frankreich
GP-Rennen in der Fahrer WM: 24 (1953–1958)
Pole Positions: 0
Siege: 1
WM-Punkte insgesamt: 44
Beste WM-Platzierung im Gesamtklassement: Dritter 1957
Rennwagen: Maserati, Ferrari

Der beim italienischen Publikum sehr beliebte Luigi Musso gehörte in seiner kurzen Formel 1-Laufbahn zu den Spitzenpiloten bei → Ferrari, bis er in aussichtsreicher WM-Position tödlich verunglückte.

Als jüngster von drei Söhnen einer wohlhabenden Diplomatenfamilie entwickelte sich Musso zunächst zu einem guten Reiter, Schützen und Fechter.

Doch auch vom Motorsport zeigte sich der Italiener begeistert, weil seine beiden Brüder in dieser Sparte einige Erfolge vorzuweisen hatten.

Mit einem alten Fahrzeug nahm er dann ab 1950 bei einigen kleineren Straßenrennen teil, doch erst als er 1953 professionell bei → Maserati einstieg, begannen sich Erfolge einzustellen. Er siegte beim Sportwagenrennen um den Perugina-Cup und durfte deswegen im selben Jahr sein Formel 1-Debüt beim Großen Preis von Italien feiern, den er als Siebter beendete. Im nächsten Jahr bestritt er drei → Grand-Prix-Läufe und stand mit dem zweiten Platz beim Großen Preis von Spanien zum ersten Mal auf dem Siegerpodest.

Nach einer weiteren Saison bei Maserati wurde der »typische Italiener« für das Jahr 1956 von Enzo → Ferrari in sein Werksteam geholt, wo er mit dem Sieg beim Auftaktrennen in Argentinien einen fulminanten Einstand feierte. Diesen Sieg musste er sich allerdings mit Teamkollegen Juan-Manuel → Fangio teilen, weil damals noch → Fahrerwechsel erlaubt waren. Auch beim Großen Preis von Italien lag Musso noch kurz vor Schluss in Führung, bis ein gebrochener Lenkhebel für das Ende der Siegträume sorgte. 1957 wurde er mit zwei Podestplatzierungen und insgesamt 16 WM-Punkten Dritter in der Gesamtwertung.

1958 lag Musso vor dem Großen Preis von Frankreich im Gesamtklassement hinter → Stirling Moss auf einem aussichtsreichen zweiten Platz und besaß realistische Titelchancen.

Doch vor dem Rennen kam es zu einem Eklat, denn Musso beschuldigte seine beiden Teamkollegen Mike → Hawthorn und Peter → Collins der Intrige und deshalb sollten beide für das Rennen zunächst von Enzo Ferrari ausgeschlossen werden, nahmen aber schließlich doch daran teil. Musso selbst wurden erhebliche persönliche Probleme nachgesagt, die aus einer außerehelichen Beziehung sowie hohen Spielschulden resultierten.

Das Rennen in → Reims war zu diesem Zeitpunkt das bestdotierte Formel 1-Rennen und viele vermuteten, dass der Italiener, wegen der Aussicht auf das hohe Preisgeld, beim Rennen zuviel riskierte. Zehn Runden lag er an zweiter Position hinter Hawthorn, als Mussos Ferrari auf eine Grasnarbe geriet und sich überschlug. Der schwerverletzte Musso starb noch am gleichen Tag in einem nahegelegenen Krankenhaus.

N

Nachtanken

Von 1959 bis 1983 war das Nachtanken in den Formel 1-Rennen durchweg erlaubt, doch in den siebziger Jahren wurde immer weniger davon Gebrauch gemacht. Aber 1982 nutzten einige Rennställe halbleere Tanks als taktisches Mittel, um sich zu Anfang des Rennens Vorteile zu ermöglichen. So schaffte es in dieser Saison beispielsweise → Brabham mit Pilot Derek → Warwick sich in → Brands Hatch vom 16. Startplatz im Rennen auf den zweiten zu katapultieren, was nur aufgrund des reduzierten Tankinhaltes möglich war. Sofort zogen alle anderen Teams nach, bis diese Spielchen von den Funktionären verboten wurden.

Um die Spannung in der Formel 1 zu erhöhen, wurde ab 1984 das Nachtanken wieder erlaubt, was seitdem die Dramatik bei den Rennen beträchtlich erhöht hat.

Nannini, Alessandro (Pilot)

Geboren: 07.07.1959 in Siena/Italien
GP-Rennen in der Fahrer-WM: 66 (1986–1990)
Pole Positions: 0
Siege: 1
WM-Punkte insgesamt: 66
Beste WM-Platzierung im Gesamtklassement:
Sechster (1989)
Rennwagen: Minardi, Benetton

Nannini, den im Formel 1-Zirkus zunächst keiner recht ernst nahm, musste lange mit dem Makel des kleinen Bruders der bekannten Rockröhre Gianna Nannini leben. Nach einigen Anlaufschwierigkeiten gelang es Nannini in die Liga der Top-Piloten vorzustoßen, bis ein schwerer Hubschrauberunfall die gerade begonnene Karriere abrupt beendete.

Nannini begann im Alter von 17 Jahren erfolgreich Rallyes zu fahren und wechselte nach drei Jahren in die Fiat-Abarth-Meisterschaft, welche er 1981 mit dem Meistertitel abschloss. Nach drei mäßig erfolgreichen Jahren in der Formel 2 war er ab 1985 in der Sportwagenweltmeisterschaft tätig, wo er anschließend das Angebot von → Minardi erhielt, in der Formel 1 zu fahren.

Der italienische Sunnyboy, der als Hobbys Kaffeetrinken und Sex angab, war beim Großen Preis von Brasilien 1986 erstmals am Start. Doch Minardi war damals schon der »David« unter den Formel 1-Teams und Nannini konnte in seinen zwei Jahren bei diesem Rennstall keinerlei Erfolge ernten. Neben einer Reihe von Ausfällen waren zweimal Platz 11 in Ungarn und Portugal die beste Ausbeute. Nanni-

Es ist zum Haareraufen: Alessandro Nannini war in der Formel 1 zunächst jeder Erfolg versagt

ni flüchtete 1988 zu → Benetton und dort ging es spürbar aufwärts. Schon in seinem zweiten Rennen für den neuen Rennstall war er auf dem 4. Startplatz zu finden und wurde Sechster im Rennen. Weitere gute Platzierungen in den Punkträngen und ein neunter Rang in der Gesamtwertung rundeten das positive Gesamtbild ab. In der darauffolgenden Saison gelang Nannini beim Großen Preis von Japan dann auch der einzige Sieg, der allerdings erst durch die nachträglich ausgesprochene → Disqualifikation von Ayrton → Senna zustandekam. Er konnte sich auch im nächsten Jahr gegen den Teamkollegen und dreifachen Weltmeister Nelson → Piquet gut behaupten und hatte schon ein Angebot von → Ferrari vorliegen. Doch 14 Tage nach seinem dritten Platz beim Großen Preis von Spanien stürzte Nannini mit einem Helikopter ab, wobei ihm ein Rotorblatt den rechten Unterarm abtrennte.

Nur mit viel Geschick der Ärzte konnte der Arm wieder angenäht werden und Nannini musste sich lange Zeit in physiotherapeutische Behandlung begeben. Der Italiener hoffte dennoch auf ein Formel 1-Comeback, doch dann musste er erkennen, dass er mit dem lädierten Arm für ein → Cockpit in der Königsklasse chancenlos war. Mit einem Spezial-→ Lenkrad nahm er dann für → Alfa Romeo erfolgreich an der Internationalen Tourenwagenmeisterschaft teil und war für die italienische Automobilfirma eine charmante Werbefigur in TV-Spots, die auch im deutschen Programm ausgestrahlt wurden.

Neubauer, Alfred (Teamchef)
Geboren: 29.03.1891 in
Neuitschstein, Deutschland
Gestorben: 21.08.1980 in
Ludwigsburg, Deutschland
Alfred Neubauer war in den fünfziger Jahren als → Teamchef von → Mercedes für die Erfolge dieser Marke in der Formel 1 verantwortlich. Um den Erfinder der Silberpfeile und sogenannten Rennfahrervater rankten sich viele Legenden. Neubauer wurde als Sohn eines Tischlermeisters geboren und trat nach dem frühen Tod seines Vater in eine Kadettenschule ein. Schon in seiner Zeit als Berufsoffizier war er im 1.Weltkrieg für die Automobilparks von Mörser-Batterien verantwortlich.

Als hochdekorierter Oberleutnant nahm Neubauer nach Kriegsende eine Stellung bei Austro-Daimler an und begann bald darauf als Rennfahrer tätig zu werden.

Nach Erfolgen bei der Targa Florio und verschiedenen Sportwagenrennen nahm Neubauer 1926 Abschied von seiner Laufbahn als aktiver Fahrer. Bei der Fusion von → Mercedes mit der Mannheimer Firma Benz und Cie. wurde Neubauer Rennleiter für das Werk. Von Stirling → Moss als »einer der allergrößten Menschen in der Rennsportgeschichte« bezeichnet, war er auch entscheidend an dem Formel 1-Einstieg des Stuttgarter Werkes beteiligt, was in der Zeit zwischen 1954 bis 1955 in triumphale Erfolge mündete. Unter dem Organisationstalent und renntaktischen Genie von »Don Alfredo«, so der Spitzname des zentnerschweren Neubauers, sammelten Fahrer wie Moss und Juan-Manuel → Fangio zahlreiche Siege und zwei WM-Titel. Nachdem sich Mercedes 1955 aufgrund des verheerenden Unglückes in → Le Mans vom Rennsport zurückzog, ging Neubauer zwei Jahre später in den Ruhestand. Bis zu seinem Tod war der »Erfinder der Stallregie« noch als freier Mitarbeiter für die Daimler-Benz AG tätig.

Neustart
Ein Neustart erfolgt dann, wenn es nach dem Start zu Unfällen kommt und Fahrzeuge auf der Strecke liegenbleiben, so dass bei einer Fortsetzung die Sicherheit der Beteiligten gefährdet wäre. Aber auch im weiteren Verlauf des Rennens kann es wegen Unfällen zu einem Neustart kommen.

Wird das Rennen sofort nach dem Start abgebrochen, dürfen die Fahrzeuge innerhalb der festgelegten Zeit repariert und nachgetankt werden. Bei einem Rennabbruch im Rennverlauf wird das Rennen in zwei Teile gesplittet. Der erste Teil ist abgeschlossen, wenn das führende Fahrzeug die Ziellinie überquert hat und die Startaufstellung resultiert aus den Positionsrängen des ersten Teils.

**Newey, Adrian
(Konstrukteur, Technischer Direktor)**
Geboren: 26.12.1958 in Stratford/Großbritannien
Einer der erfolgreichsten Konstrukteure der Neuzeit in der Formel 1 feierte nach einigen Lehrjahren ab den neunziger Jahren große Erfolge mit → Williams und → McLaren.

Der Sohn eines Veterinärmediziners begeisterte sich von früher Kindheit an für Autos und spielte am liebsten mit Modellautos. Nach einem Studium der Aeronautik und Astronautik feierte Newey ab 1982 erste Erfolge bei → March, wo er als → Renningenieur für Johnny Cecotto den Venezulaner in der Formel 2 zur Vize-Europameisterschaft führte. Nach der Konstruktion einiger Sportwagen wurde Newey 1983 von March mit dem Design eines IndyCar-Wagens beauftragt, in dem Fahrer wie Rick Mears und Bobby Rahal große Erfolge feierten. Nach einem kurzen Engagement als Renningenieur für den damals noch in der Cart-Szene aktiven Mario → Andretti konstruierte Newey für March ab der Saison 88 seinen ersten Formel 1-Wagen. Der → Bolide kam in den Händen von Ivan → Capelli und Mauricio Gugelmin zu zahlreichen Punkten und Experten attestierten dem Newcomer Newey ein Meisterwerk. Zwei Jahre später erreichte ein von dem Engländer konstruierter Wagen mit dem zweiten Platz von Capelli in → Le Castellet einen weiteren Höhepunkt, doch ingesamt entpuppte sich der CG 901 als Flop. Nach seiner Entlassung bei March fand der Brite 1991 Unterschlupf bei → Williams, wo er in der Folgezeit in Kooperation mit dem → Technischen Direktor Patrick Head hervorragende Konstruktionen entwickelte, die in den Jahren 1992 und 1993 Nigel → Mansell und Alain → Prost zu Weltmeisterehren führten. Ein Jahr später sah sich Newey allerdings den Vorwürfen der italienischen Staatsanwaltschaft ausgesetzt, für den Tod von Williams-Pilot Ayrton → Senna in Imola mitverantwortlich zu sein.

Der langwierige Prozess endete mit einem Freispruch und Newey produzierte bis 1997 weiterhin Meisterkonstruktionen am Fließband, mit denen sich Damon → Hill in der Saison 1996 sowie Jacques → Villeneuve das → Championat sichern konnten.

Anschließend lockte ihn Ron → Dennis zu McLaren, wo Newey 1998 und 1998 ebenfalls Weltmeisterautos für Mika → Häkkinen ablieferte und überall als Konstrukteurs-Juwel gefeiert wurde.

Dass Newey in der Saison 2000 diese Erfolge bei McLaren nicht wiederholen konnte, lag mehr an der mangelhaften Boxenstrategie des Rennstalls als an Neweys ingesamt gelungenen MP4/15.

Nilsson, Gunnar (Pilot)
*Geboren: 20.11.1948 in Helsingborg/ Schweden
Gestorben: 20.10.1978 in
London/ Großbritannien
GP-Rennen in der Fahrer-WM: 31 (1976–1977)
Pole Positions: 0*

**Eine Krebserkrankung beendete
Gunnar Nilssons Karriere viel zu früh**

Siege: 1
WM-Punkte insgesamt: 31
Beste WM-Platzierung im Gesamtklassement:
Achter 1977
Rennwagen: Lotus
Internet: www.gunnarnilsson.com

Neben Joakim → Bonnier und Ronnie → Peterson der einzige Formel 1-Sieger aus Schweden, stand Gunnar Nilsson vor einer vielversprechenden Zukunft, als ihn eine schwere Krebserkrankung viel zu früh das Leben kostete.

1973 startete Nilsson seine Motorsportkarriere mit Formel V-Rennen und überzeugte im selben Jahr auch in der Formel 2 mit einem 4. Platz am → Nürburgring.

Danach ging es erstaunlich schnell aufwärts, denn nach Starts in der Deutschen Formel 3-Meisterschaft sowie dem Gewinn des Titels in der britischen Formel 3 verpflichtete ihn 1976 → Lotus als Nachfolger für seinen Landsmann Ronnie → Peterson. Als Nummer 2-Fahrer hinter Mario → Andretti verbrachte Nilsson zunächst ein Lehrjahr, das ihn zweimal als Dritter auf das Podest brachte. In der Saison 1977 baute er nach einem Zwischenhoch mit guten Startplätzen und einem Sieg beim Großen Preis von Belgien stark ab und hatte fast nur noch Ausfälle zu verzeichnen. Die körperlich schwache Verfassung erklärte sich bald darauf in einer zu spät diagnostizierten, unheilbaren Krebserkrankung, die Nilsson einen hoffnungslosen Kampf führen ließ. Für 1978 hatte er schon bei → Arrows unterschrieben, aber an einen Renneinsatz war nicht mehr zu denken. Bei der Beerdigung von Ronnie Peterson sah man ihn als Sargträger für seinen verstorbenen Rennfahrerkollegen von der Chemotherapie schon schwer gezeichnet. Mit letzter Kraft gründete Nilsson die bis heute bestehende Gunnar-Nilsson-Stiftung zur Krebsbekämpfung, bevor er am 20.10.1978 verstarb. Fahrerkollege Clay → Regazzoni über Gunnar Nilsson: »Ich erinnere mich, wie er von den Kindern in seinem Krebsspital sprach; dass er jahrelang ein schönes Leben hatte, wie sie es nie haben würden.«

Nivelles (Rennstrecke)

GP-Bezeichnung: Großer Preis von Belgien
Länge: 3,724 km
Renndistanz: 85 Runden = 316,5 km
Erstes Formel 1-Rennen: 1972
Letztes Formel 1-Rennen: 1974
Gesamtzahl Grand Prix: 2
Erster Sieger: Emerson Fittipaldi (1972)
Häufigster Sieger: Emerson Fittipaldi (1972, 1974)

Da die schweren Unfälle in → Spa-Francorchamps Anfang der Siebziger überhand nahmen, verlegte man 1972 den Großen Preis von Belgien nach Nivelles, einem relativ sicheren Kurs in der Nähe von Brüssel.

Die Rennstrecke wies eine lange Zielgerade auf, die danach von einer der fast ausschließlich vorhandenen Rechtskurven abgelöst wurde. Danach folgte eine große, rückführende Schleife, die in einen scharfen Rechtsknick mündete.

Die Strecke fand viel Zustimmung bei den Fahrern, besaß eine großzügige Boxenanlage und konnte von den Zuschauern gut eingesehen werden. Trotzdem gerieten die Streckenbesitzer bald in finanzielle Schwierigkeiten und nach 1974 fand hier kein Großer Preis mehr statt.

Nomex

Sämtliches Matererial, das die Piloten vor dem Feuer schützt wie Unterwäsche, → Balaclava, Overall und Handschuhe, besteht aus Nomex. Der Overall muss in einem 700 Grad heißen Benzinfeuer zumindest 12 Sekunden Schutz bieten.

Nürburgring (Rennstrecke)

GP-Bezeichnung:
Großer Preis von Deutschland (1951–1976, 1985),
Großer Preis von Europa (1984, 1995, 1996),
Großer Preis von Luxemburg (seit 1997)
Streckenlänge:
22,835 km (bis 1976), 4,556 km (ab 1984)
Renndistanz: 67 Runden = 305,252 km
Erstes Formel 1-Rennen: 1951
Gesamtzahl GP: 30
Erster Sieger: Alberto Ascari

Häufigste Sieger:
3 x Juan-Manuel Fangio (1954, 1956, 1957),
3 x Jackie Stewart (1968, 1971, 1973)
GP-Unfälle mit tödlichem Ausgang:
Onofre Marimon (1954/Training), Peter Collins (1958/Rennen), Godin de Beaufort (1964/Training), John Taylor (1966/Rennen)
Internet: www.nuerburgring.de

Weil die Rennen auf der Berliner → Avus Mitte der zwanziger Jahre immer gefährlicher wurden und von schrecklichen Unfällen geprägt waren, bei denen mehrere Menschen ums Leben kamen, entschloss man sich ab 1928 aus Sicherheitsgründen den Großen Preis von Deutschland auf dem Nürburgring auszutragen.

Die alte legendäre Nordschleife ...

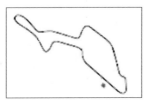

... und die neue Grand-Prix-Strecke

Start zum Großen Preis von Deutschland 1962 am Nürburgring

Baubeginn für den Eifelkurs war 1925 und die damalige Regierung hatte die Absicht, durch diese Maßnahme die starke Arbeitslosigkeit in diesem Gebiet zu beseitigen.

Schon beim ersten Rennen im Jahre 1928 gab es mit dem tschechischen→ Bugatti-Fahrer Vincenz Junek den ersten Toten zu beklagen. Trotzdem wurde, oftmals vor 200 000 Zuschauern, bis 1939 auf dieser Strecke mit der berühmten Nordschleife, die durch so liebliche Streckenabschnitte wie »Pflanzgarten«, »Brünnchen« und »Fuchsröhre« führte, der Große Preis von Deutschland ausgetragen. Danach beendete der Ausbruch des 2. Weltkrieges alle Motorsportaktivitäten in Deutschland.

In den letzten Wochen des Krieges wurde die Strecke, deren Sporthotel zeitweise als Kriegslazarett diente, durch vorrückende Alliierte stark beschädigt, aber schon kurz nach Kriegsende begann man mit dem Wiederaufbau.

Ab 1947 fanden hier wieder erste Rennen statt und dank eines Darlehens des Landes Rheinland-Pfalz wurde der Ring nochmals ausgebaut. 1951 war der Nürburgring dann Gastgeber des ersten deutschen Formel 1-Rennens in der Fahrerweltmeisterschaft. Drei Jahre später umjubelten 400 000 Zuschauer die Überlegenheit der deutschen Silberpfeile mit dem Sieger Juan-Manuel → Fangio.

Doch bald darauf sanken die Zuschauerzahlen dramatisch ab und so fand 1959 der Große Preis auf der Avus statt, was sich aber als Reinfall entpuppte.

Durch die Erfolge von Wolfgang Graf Berghe → von Trips pilgerten 1961 wieder 100 000 Zuschauer zum Ring und der Medienrummel um die deutsche Weltmeisterschaftshoffnung war enorm. Aber im Lauf der Jahre wurde die Strecke durch die immer schnelleren Autos zusehends gefährlicher. Bald machte das geflügelte Wort von der »Grünen Hölle« die Runde, obwohl der Kurs für die meisten Fahrer eine reizvolle Herausforderung darstellte.

Jackie → Stewart, der hier 1968 bei Regen und Nebel einen der größten Siege seiner Karriere feierte, gehörte zu den größten Kritikern des Eifelkurses und bezeichnete ihn im nachhinein als unsinnige Strecke. Nach einer Reihe schwerer Unfälle war die Geduld der Piloten bald darauf erschöpft und so forderte die → GPDA 1970, kurz vor dem Austragungstermin, sofortige Umbauten.

Aber so schnell konnte die Nürburgring GmbH den Ansprüchen nicht nachkommen und deshalb wanderte der deutsche Weltmeisterschaftslauf für diese Saison zum → Hockenheimring. Für über 15 Millionen Mark errichtete man neue Seitenstreifen, Fangzäune sowie → Leitplanken. Dadurch beruhigt kehrte der Große Preis ein Jahr später wieder zum Ring zurück. Doch der Kurs konnte trotz dieser Umbauten mit der technischen Entwicklung der Rennwagen nicht mehr mithalten und nach dem schweren Unfall von Niki → Lauda in der Saison 1976 hatte für die Nordschleife das letzte Formel 1-Stündchen geschlagen.

Mit Millioneninvestitionen wurde ab den achtziger Jahren eine völlig neue Strecke gebaut, die, stark verkürzt, mit der alten Nordschleife nichts mehr gemein hatte. Es gab zwar zahlreiche Rechts- und Linkskurven, doch durch die großen → Auslaufzonen wirkte der Kurs charakterlos. 1984 fand dann der Große Preis von Europa und ein Jahr später der letzte Große Preis von Deutschland auf dem Nürburgring statt. Weil sich der Hockenheimring für Bernie → Ecclestone besser vermarkten ließ, verschwand der Eifelkurs für 10 Jahre in der Versenkung und wurde erst durch die Erfolge von Michael → Schumacher wieder aus dem Dornröschenschlaf geweckt. Seit 1995 erfreut sich der Nürburgring wieder als regelmäßiger Ausrichter eines Großen Preises, auch wenn man den offiziellen Deutschland-Grand Prix dem Hockenheimring nicht mehr streitig machen kann und sich seitdem mit der etwas kuriosen Bezeichnung »Großer Preis von Luxemburg« begnügen muss.

Nuvolari, Tazio (Pilot)
Geboren: 16.11.1892 in Mantua/Italien
Gestorben: 11.08.1953 in Mantua/Italien
GP-Rennen in der Fahrer-WM: 0
Pole Positions: 0

Siege: 0
WM-Punkte insgesamt: 0
Beste WM-Platzierung im Gesamtklassement: 0
Rennwagen: Bianchi, Alfa Romeo, Auto Union

Der italienische Meisterfahrer verkörperte eine ganze Rennsportepoche und feierte 1935 gegen die übermächtigen Silberpfeile einen der größten Siege aller Zeiten.

Erst mit 32 Jahren begann Nuvolari, zu diesem Zeitpunkt noch Autohändler, Rennen zu fahren. Nach Anfängen mit Bianchi-Rennwagen ging er 1929 zu → Alfa Romeo und avancierte dort zum Starfahrer, der es neben seinem Landsmann Achille → Varzi als einziger mit den technisch überlegenen Fahrzeugen von → Auto-Union und → Mercedes aufnehmen konnte. In seiner Heimat längst ein Volksheld, düpierte er 1935 mit seinem Alfa Romeo P3 1935 auf dem Nürburgring die einheimischen Asse wie Rudolf → Carraciola, Bernd → Rosemeyer und Manfred → von Brauchitsch mit einer fantastischen Aufholjagd, die aus scheinbar aussichtsloser Position in einen grandiosen Sieg mündete.

Die Zuschauer sowie die anwesenden deutschen NS-Offiziere waren über den Sieg eines Ausländers entsetzt und um bei der Siegesfeier seine Nationalhymne hören zu können, soll er extra, so will es die Legende, seine eigene Schallplatte mitgebracht haben. Nachdem er mit einem Alfa Romeo einen haarsträubenden Unfall erlitt, den er nur mit viel Glück und leichten Verbrennungen überlebte, wechselte er 1938 als Nachfolger des tödlich verunglückten Bernd Rosemeyer zu Auto-Union.

In diesem Wagen gewann er in Jugoslawien den letzten Großen Preis, der vor dem Ausbruch des 2. Weltkrieges stattfand.

»Der fliegende Mantuaner« konnte zu diesem Zeitpunkt schon auf die stattliche Summe von 60 Siegen bei Großen Preisen zurückblicken.

Nach dem Krieg setzte er sich mit 54 Jahren noch einmal in einen → Maserati und gewann 1946 den Großen Preis von Albi. Ein Jahr später verpasste er nur knapp den Sieg bei der Mille Miglia und nach dem Klassensieg mit einem Abarth bestritt Nuvolari am 10. April 1950 sein letztes Autorennen. Zu diesem Zeitpunkt war er schon von seinem schweren Lungenleiden gekennzeichnet, welches immer häufiger zu Blutstürzen führte und an dessen Folgen der »Vollgaskünstler par excellence« drei Jahre später verstarb.

Österreichring (Rennstrecke)

GP-Bezeichnung: Großer Preis von Österreich
Streckenlänge: 5,911 km (1970–1975),
5910 km (1976), 5,942 km (1977–1987)
Erstes Formel 1-Rennen: 1970
Letztes Formel 1-Rennen: 1987
Gesamtzahl GP: 18
Erster Sieger: Jacky Ickx (1970)
Häufigster Sieger:
3 x Alain Prost (1983, 1985, 1986)
GP-Unfälle mit tödlichem Ausgang:
Mark Donohue (1975/Warm-up)

Ein erster Versuch 1964 auf dem → Zeltweg den Großen Preis von Österreich zu veranstalten, geriet für alle Beteiligten zu einer Enttäuschung. Erst 1970 kehrte ein Großer Preis nach Österreich, jetzt auf der Strecke namens Österreichring, die in der Nähe des alten Zeltweg-Kurses errichtet wurde, zurück.

In der imposanten Gebirgslandschaft der Steiermark angelegt und mit vielen Hochgeschwindigkeitskurven ausgestattet, bot er den Zuschauern ein atemberaubendes Spektakel. Doch zunehmend mehrten sich, spätestens ab den achtziger Jahren, auch kritische Stimmen, die den Sicherheitsstandard der Strecke monierten. Ein Kollision des damaligen → McLaren-Piloten Stefan → Johansson mit einem über die Piste laufenden Reh beim Training zum Großen Preis in der Saison 1987 sowie eine Massenkarambolage beim Rennstart im selben Jahr als auch die mangelnde Infrastruktur waren der Dolchstoß für diese Veranstaltung. Erst 1997 kehrte der Grand Prix in die Steiermark zurück, jetzt allerdings auf dem neuen → A1-Ring.

Offenhauser (Motorenhersteller)

GP-Rennen in der Fahrer-WM: 12 (1950–1960)
Pole Positions: 9
Siege: 11
WM-Punkte: 260
Rennwagen:
Kurtis-Kraft, Kuzma, Watson, Salih, Epperly

Einer der erfolgreichsten Rennmotoren bei den 500 Meilen von → Indianapolis hat seinen Ursprung in dem amerikanischen Konstrukteur Henry Miller, der in den Zwanziger Jahren in seinem Werk in Los Angeles hervorragend durchdachte Acht-Zylinder-Aggregate herstellte. Von 1922 bis 1938 gelangten die Rennwagen mit Miller-Motoren zu zahlreichen Siegen bei den Indy 500. Als Entwicklungspartner von Miller fungierte u.a. der Maschinenschlosser Fred Offenhauser und mit dem Offenhauser-Miller-Motor feierte man 1935 erneut den Indy-Sieg.

Nach dem Krieg verkaufte Offenhauser sein Geschäft, aber die Motoren, welche immer noch von den Konstruktionsideen von Miller und Partner Offenhauser geprägt waren, wurden von den neuen Eigentümern weitergebaut. Als von 1950 bis 1960 die 500 Meilen von Indianapolis zur Fahrerweltmeisterschaft zählten, gewannen in dieser Zeit ausschließlich von Offenhauser-Motoren angetriebene Rennwagen. Bis 1976 waren Offenhauser mit Unterbrechungen siegreich, bis dann die → Cosworth-Motoren die Rennen zu dominieren begannen. Offenhauser setzte in den sechziger Jahren bei den Indy-Rennen auch einen der ersten Motoren mit → Turbolader ein, lange bevor → Renault dies in der Formel 1 tat.

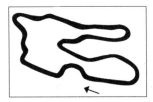

Österreichring

ONS
Abkürzung für Oberste Nationale Sportkommission. Sie ist das oberste Motorsportgremium eines jeden Landes und übernimmt auf nationaler Ebene die Aufgaben der → FIA.

Onyx (Rennwagenfirma)
GP-Rennen in der Fahrer-WM: 17 (1989–1990)
Pole Positions: 0
Siege: 0
WM-Punkte: 6
Beste Platzierung in der Konstrukteurswertung: Zehnter (1989)
Bekannteste Fahrer:
Stefan Johansson, Bertrand Gachot, JJ Lehto
Erfolgreichster Fahrer: Stefan Johansson
Nach einigen Anlaufschwierigkeiten konnte sich das Team um den zwielichtigen Finanzjongleur Jean-Pierre van Rossem kurzzeitig in der Formel 1 etablieren, bis der Rennstall nach finanziellen Turbulenzen sang- und klanglos in der Versenkung verschwand. Onyx-Gründer Mike Earle war ein hochangesehener Team-Manager, der für verschiedene Formel 5000- und Formel 2-Teams als Rennleiter tätig war.

1979 erfolgte die Gründung des eigenen Rennstalls »Onyx Race Engineering«, welcher ab 1983 → March-Rennwagen erfolgreich in der Formel 2 und Formel 3000 einsetzte.

1987 begann man für den Einstieg in die Formel 1 zu planen und ab 1988 übernahm die Moneytron Finanzierungsgesellschaft des schwergewichtigen Jean Pierre van Rossem die Führung. Rossem, ein Ex-Hippie, sah sich jetzt in der Rolle eines Super-Kapitalisten (»Ich will, dass die Reichen immer reicher werden.«) und hielt beim Rennstall die Aktienmehrheit.

Mit Konstrukteur Alan Jenkins und dem früheren → Ferrari- und → McLaren-Piloten Stefan → Johansson hatte man neben dem Newcomer Bertrand → Gachot für die Debüt-Saison 1989 erfahrene Leute an Bord, doch die Entwicklung des Fahrzeuges begann sich zu verzögern. Zudem musste das neue Team in die mühselige → Vorqualifikation, um wegen der zahlreich vertretenen Teams überhaupt am offiziellen Zeittraining teilnehmen zu können.

Zum Auftakt in Brasilien präsentierte man ein provisorisch zusammengebautes Auto, mit dem Johansson und Gachot in der Vorqualifikation keinerlei Chancen besaßen. Doch der Wagen mit → Cosworth-Motor wurde zügig weiterentwickelt und beim vierten Lauf in Mexiko hatte es Johansson mit dem 21. Startplatz endlich geschafft. Im Verlauf der Saison wurden die Ergebnisse immer besser. Beide Piloten schafften jetzt regelmäßig die Qualifikationshürde und Johansson erlangte beim Großen Preis von Frankreich mit dem fünften Platz die ersten WM-Punkte.

Das erfreute den speckigen van Rossem, der mit Bart, langer Mähne und teilweise barfuß durch die Boxen marschierend für die nächste Saison auf exklusive → Porsche-Motoren hoffte. Mit dem dritten Platz beim Großen Preis von Portugal sorgte Johansson dann für den Höhepunkt der Saison, allerdings fiel anschließend die Formkurve des Schweden stark ab, denn er konnte sich bei den drei restlichen Läufen nicht mehr qualifizieren. Für »Troublemaker« Bertrand Gachot war inzwischen JJ → Lehto ins Team gerückt, der beim Saisonfinale in Australien zeitweise auf dem vierten Platz lag, bis ihn ein Elektrikdefekt zur Aufgabe zwang. Für einen Neuling hatte Onyx nach Abschluss der Saison eine gute Bilanz zu verzeichnen und Johansson freute sich schon darauf, nächste Saison nicht mehr in die Vorqualifikation zu müssen – nicht ahnend, was ihm noch bevorstand.

Zunächst begann van Rossem 1990 die Lust an der Formel 1 zu verlieren, weil der Rennstall doch nicht von Porsche beliefert wurde und anschließend landete der Belgier wegen des Verdachts auf betrügerische Finanzmanipulationen im Knast. Lehto und Johansson konnten sich für die beiden ersten Rennen in der Saison 1990 nicht qualifizieren und das Team drückte Schulden in unbekannter Höhe.

Kurz vor dem Kollaps wurde Onyx vom Schweizer »Möchtegern-Konstrukteur« Peter → Monteverdi übernommen, der zunächst ausgerechnet den erfahrenen Johansson feuerte, um ihn durch Gregor Foitek zu ersetzen.

Weitere Team-Mitglieder, unter ihnen Konstrukteur Jenkins, wurden ebenfalls entlassen und Onyx in den letzten Rennen unter dem Namen → Monteverdi unfreiwillig, aber konsequent zu seiner Formel 1-Grabstätte geführt. Ex-Besitzer Jean-Pierre van Rossem machte später noch Schlagzeilen, als er in Belgien eine rechtsradikale Partei gründete, die den Einzug in einige Stadtparlamente schaffte.

Osca (Rennwagenfirma, Motorenhersteller)
GP-Rennen in der Fahrer-WM: 4 (1950–1951)
Pole Positions: 0
Siege: 0
WM-Punkte: 0
Beste WM-Platzierung im Gesamtklassement: 0
Bekannteste Fahrer: –
Erfolgreichste Fahrer: –
Osca war in den fünfziger Jahren einer der zahlreichen Rennställe, die nur sporadisch bei Formel 1-Läufen auftauchten und dabei keine zählbaren Erfolge erringen konnten.

Die überlebenden → Maserati-Brüder Ernesto, Ettore und Bindo verkauften 1937 ihre alte Firma, waren aber noch vertraglich an das Werk gebunden. Als dieser Kontrakt abgelaufen war, zogen sie in einen Vorort von Bologna und gründeten dort die »Officine Specializzate Costruzione Automobili Fratelli Maserati«, wobei die Wagen anfänglich offiziell als »Osca Maserati« fuhren, worauf man später verzichtete. Zunächst bauten die Brüder kleine Sportwagen wie auch einige Monoposti und 1951 trat die Firma mit einem 1,5-Liter-Fahrzeug beim Großen Preis von Italien erstmals bei einem Formel 1-Lauf an. Pilot Franco Rol konnte das Rennen als beachtlicher Neunter beenden. Als die Formel 1 in der Saison 1952 für 2-Liter-Fahrzeuge freigegeben wurde und deshalb die Teams mit Formel 2-Wagen startete, witterten die Maserati-Brüder ihre große Chance und gingen mit einem durchdacht konstruierten Fahrzeug erneut beim Großen Preis von Italien an den Start. Elie Bayol konnte sich für einen respektablen 10. Startplatz qualifizieren, im Rennen schied er dann mit Getriebeschaden aus. Für 1953 vergrößerte Osca seine Fahrzeug-Armada und nahm zum ersten Mal auch außerhalb Italiens an Weltmeisterschaftsläufen teil. In Frankreich wurde Altmeister Louis → Chiron Fünfzehnter und beim Italien-Grand-Prix sogar Zehnter. In Großbritannien und in der Schweiz war man zwar mit den Fahrzeugen angereist, verzichtete aber wegen technischer Probleme kurzfristig auf den Start. Danach sah man fünf Jahre lang in der Formel 1 nichts mehr von Osca. Ein letztes Lebenszeichen gab es 1958 beim Großen Preis von Monaco, wo sich aber sowohl Giulio Cabianca als auch Luigi Piotti nicht qualifizieren konnten und vier Jahre später hatten die mittlerweile betagten Brüder ihre Firma verkauft.

Osella (Rennwagenfirma, Motorenhersteller)
GP-Rennen in der Fahrer-WM: 132 (1980–1990)
Pole Positions: 0
Siege: 0
WM-Punkte: 7
Beste Platzierung in der Konstrukteurs-WM: Zehnter (1984)
Bekannteste Fahrer: Eddie Cheever, Jean-Pierre Jarier, Christian Danner, Nicola Larini
Erfolgreichste Fahrer: Jean-Pierre Jarier, Piercarlo Ghinzani, Jo Gartner
Internet: www.osella.it
Als »Synonym für Formel 1-Hinterbänkler« konnte sich das italienische Osella-Team ein Jahrzehnt mit Mühe und Not in der Königsklasse behaupten, ehe dem Rennstall die Luft ausging und für die Formel 1-Rennen an → Fondmetal veräußert wurde.

Enzo Osella, ein ehemaliger Sportwagenfahrer, hatte erste Erfahrungen als Teamleiter mit dem Abarth/Osella-Rennstall gesammelt und einige Formel 2-Wagen konstruiert, die mit Eddie → Cheever am Steuer 1979 drei Rennen gewinnen konnten.

Für die Formel 1-Saison 1980 meldete Osella zum ersten Mal einen Wagen an. Der klobige → Bolide war mit → Cosworth-→ Motoren bestückt, mit dem sich Cheever bei vierzehn Versuchen viermal nicht qualifizieren und als bestes Resultat einen 12. Platz verbuchen konnte.

Mit einem verbesserten Exemplar der Baureihe FA 1B gab es eine Saison später mit zweimal Platz 8 von Jean-Pierre → Jarier einen leichten Aufwärtstrend zu verzeichnen.

1982 hagelte es dann mit dem vierten Platz beim Großen Preis von San Marino von Jarier die ersten WM-Punkte, allerdings waren von ursprünglich 14 Wagen nur fünf im Ziel angekommen. Zudem starb Pilot Ricardo Paletti während einer Startkarambolage beim Großen Preis von Kanada.

Nach einer punktelosen Saison 1983, wo man u.a. mit einem → Alfa-Romeo-Motor an den Start ging, erreichte man 1984 mit vier Punkten und Platz 12 die beste Platzierung in der Konstrukteurswertung. In der darauffolgenden Saison war der siebte Rang durch Huub Rothengatter in Australien das positivste Resultat und 1986 kämpfte Osella nur noch um das Überleben. Man verfügte über keine Reservewagen mehr, was die Piloten zu vorsichtiger Fahrweise zwang. Mit der Unterstützung einer Schweizer Firma konnte mit knappsten Finanzmitteln die Saison bis zum Ende gesichert werden. Das Ende von Osella war bereits beschlossene Sache, doch mit dem neuen → FISA-Reglement, das wieder den Einsatz von Saugmotoren erlaubte, schöpfte man neue Hoffnung. Für 1987 konzentrierte man sich wieder auf ein Fahrzeug mit Alex Caffi und setzte sporadisch Gastfahrer ein. Doch alle Bemühungen wurden durch das Kritikerurteil nivelliert, dass bei Osella »nur die Wurstschneidemaschine funktioniere«. Auch in den nächsten Jahren dümpelte das Team vor sich hin, stand in jeder Saison kurz vor dem Bankrott, um dennoch weiter mit magerstem Budget im hinteren Feld herumzukrebsen. Erst 1990 besserte sich die finanzielle Situation, weil der italienische Felgenfabrikant Gabriele Rumi sich in das Team eingekauft hatte und es entsprechend unterstützte. Weiterhin als Ein-Fahrer-Team unterwegs, gelang Oliver Grouillard beim Auftaktrennen in Phoenix ein sensationeller 8. Startplatz. Doch WM-Punkte wurden auch diesmal wieder nicht erreicht und nicht immer konnte man sich für die Rennen qualifizieren. Ab der Saison 1991 wurde die Formel 1-Abteilung von Osella komplett von Anteilseigner Rumi übernommen und unter dem Namen → Fondmetal weitergeführt.

Oversteering
Englische Bezeichnung für → Übersteuern.

Piercarlo Ghinzani im Osella: Glückloser Fahrer in einem glücklosen Rennwagen

Pace, Carlos (Pilot)

Geboren: 06.10.1944 in São Paulo/Brasilien
Gestorben: 18.03.1977 in São Paulo/Brasilien
GP-Rennen in der Fahrer-WM: 72 (1972–1977)
Pole Positions: 1
Siege: 1
WM-Punkte insgesamt: 58
Beste WM-Platzierung im Gesamtklassement: Sechster 1975
Rennwagen: March, Surtees, Brabham
Internet:
www.web-brasil.com/f1/homenagem.htm
(brasilianische Tribut-Seite)

Nach Carlos Pace ist der brasilianische → Grand-Prix-Kurs in → Interlagos benannt, denn der »Moco-Mann« (brasilianischer Slang für »der nicht hinsieht, wenn er nicht angesprochen werden will«) war nach Emerson → Fittipaldi Brasiliens große Formel 1-Hoffnung, ehe er bei einem Flugzeugabsturz ums Leben kam. Der seit frühester Kindheit mit den Fittipaldi-Brüdern befreundete Pace stieg im Alter von 15 Jahren bei Go-Kart-Rennen ein und war schon ein Jahr darauf brasilianischer Meister. Der Sohn eines Textilunternehmers interessierte sich für keinerlei schulische Ausbildung, sondern wuselte sich mit DKWs, VW-Käfern und Karmann- Ghias in den folgenden Jahren durch verschiedene Sportwagenrennen in seiner Heimat.

Nach drei aufeinanderfolgenden Meisterschaftstiteln wagte Pace den Sprung nach Europa und wurde 1971 zweimaliger Sieger in der Formel 2. Mit einem → March im Team von Frank → Williams erhielt der Brasilianer 1972 seine erste Formel 1-Chance und wurde mit dem mittelprächtigen Boliden Sechster in Spanien sowie Fünfter beim Großen Preis von Belgien.

Von mehreren brasilianischen Staatsunternehmen unterstützt, unterschrieb Pace für die nächste Saison bei → Surtees, wo er mit einem soliden 4. Platz am → Nürburgring wieder auf sich aufmerksam machen konnte. Ansonsten hatte Pace mit den defektanfälligen Boliden aus dem Hause des Ex-Weltmeisters John → Surtees wenig Grund zur Freude.

Pace nahm für die Saison 1974 dankbar das Angebot von → Brabham an und konnte mit guten Trainingsergebnissen sowie einem 2. Platz beim Rennen in → Watkins Glen seine fahrerische Klasse bestätigen.

Der bei seinen Fahrerkollegen sehr beliebte Pace beteiligte sich engagiert an Weiterentwicklungen sowie Testfahrten und konnte 1975 in seinem Heimat-Grand Prix in Interlagos mit einem Sieg endlich die Früchte seiner Arbeit ernten. Oft fand man Pace in dieser Saison auf den vordersten Startplätzen und am Ende der Saison feierte der Brasilianer mit insgesamt 24 WM-Punkten und Platz 6 in der Gesamtwertung sein bestes Ergebnis. In der Saison 1976 folgte bei Brabham der Wechsel zu → Alfa Romeo-Aggregaten und Pace konnte sich mit der Neukonstruktion weniger in Szene setzen. Aber schon im nächsten Jahr ging es wieder spürbar aufwärts, denn der Brasilianer wurde schon im ersten Saisonlauf Zweiter und stand zwei Rennen später in der ersten Startreihe.

Doch 13 Tage später geschah der tödliche Flugzeugabsturz, bei dem die gesamte Besatzung einschließlich Pace ums Leben kam.

Pacific (Rennwagenfirma)

GP-Rennen in der Fahrer-WM: 22 (1994–1995)
Pole Positions: 0
Siege: 0
WM-Punkte: 0
Beste Platzierung in der Konstrukteurswertung: 0
Bekannteste Fahrer: Bertrand Gachot
Erfolgreichste Fahrer: –

Zwei Jahre lang quälte sich der Rennstall vergeblich ab, um in der Formel 1 Fuß zu fassen. Nach zwei Jahren Dauerfrust und einer erschütternden Qualifikationsbilanz zog man sich endgültig zurück.

Das von dem Engländer Keith Wiggins gegründete Team war in verschiedenen Formel-Serien äußerst erfolgreich, so dass der Schritt in die Formel 1 logisch erschien.

Mit professionellen Organisationsstrukturen und dem neben Paul → Belmondo erfahrenen Piloten Bertrand → Gachot schienen die Voraussetzungen für ein gutes Abschneiden in der Debüt-Saison 1994 günstig zu sein.

Das von dem früheren → Zakspeed-Konstrukteur Paul Brown gebaute Auto orientierte sich in der Linienführung stark an den → Benetton-Wagen und der → Illmor-Zehnzylinder galt als guter Motor. In der Praxis erwies sich der Bolide dann jedoch als komplette Fehlkonstruktion und am Ende der Saison blickte man auf die düstere Statistik von lediglich sieben Rennteilnahmen, in denen man kein einziges Mal ins Ziel kam, zurück.

Für die neue Saison engagierte man vier erfahrene Renningenieure für die Neukonstruktion, doch der Wagen wurde so spät fertig, dass er vor Saisonbeginn kaum getestet werden konnte. Trotzdem gaben sich Wiggins und Miteigentümer Gachot verhalten optimistisch, weil man dem Wagen ein großes Entwicklungspotential zutraute. Jetzt von → Ford-Motoren angetrieben und mit Andrea Montermini als zweitem Fahrer blieben die Ergebnisse aber weiterhin dürftig.

Mit Platz 8 in Deutschland und Australien waren die beiden besten Resultate zu verbuchen und die Finanzdecke war so dünn geworden, dass Gachot zwischenzeitlich sein Cockpit räumen musste, um unerfahrenen, aber solventen Fahrern Platz zu machen. Doch Gachots Uneigennützigkeit war vergebens, denn das Team war für die nächste Saison schon nicht mehr gemeldet.

Paddock
Internationale Bezeichnung für das Fahrerlager, wo die Teams während des Rennwochenendes ihre Transporter und Motorhomes abstellen. Piloten trifft man im Fahrerlager nur selten an, denn zumeist ziehen diese sich in ihre Motorhomes zurück. Auch die Aktivitäten an den Rennwagen entziehen sich dem Blick, denn dieser Bereich ist vom Paddock aus nicht

Hoffnungsloses Unterfangen: Bertrand Gachot 1994 im Pacific PR01

zugänglich. In erster Linie ist das Paddock für die Bewirtung der VIP-Gäste gedacht und für die anwesenden Journalisten eine ständig brodelnde Gerüchteküche. Selbstverständlich hat hier niemand Zutritt, der nicht über eine spezielle Genehmigung verfügt. Dass hierbei selbst alte Verdienste in der Formel 1 nichts mehr zählen, musste 1995 der ehemalige → Ligier-Besitzer Guy Ligier auf das Bitterste erfahren, als er bei dem Versuch, seinem alten Rennstall einen Besuch abzustatten, von den Ordnern zurückgewiesen wurde.

Panis, Olivier (Pilot)
Geboren: 02.09.1966 in Lyon/Frankreich
GP-Rennen in der Fahrer-WM: 91 (1994–1999)
Pole Positions: 0
Siege: 1
WM-Punkte insgesamt: 56
Beste WM-Platzierung im Gesamtklassement:
Achter (1995)
Rennwagen: Ligier, Prost
Internet: www.olivier-panis.com

Der Franzose kam als scheinbar hoffnungsloser Außenseiter in die Formel 1 und entwickelte sich im Verlauf seiner Karriere zu einem Überraschungssieger sowie Geheimfavoriten, bis ein schwerer Unfall seinen steilen Aufstieg vorläufig stoppte.

Panis, der sich ursprünglich nur für Fußball interessierte, wurde als Dreizehnjähriger von seinem Vater zu einer Kartbahn mitgenommen und anschließend gab es für ihn nur noch das Ziel, Rennfahrer zu werden. Nach sechs Jahren Kart-Rennerei wurde Panis dann in die »→ Paul-Ricard-Pilot-elf« Nachwuchsschule berufen. In dieser harten Ausbildung mit vielen Sichtungslehrgängen konnte sich Panis durchsetzen und wurde auf Anhieb Meister in der französischen Formel → Renault. In den nächsten vier Jahren folgten der Vizetitel in der französischen Formel 3 sowie der Gewinn der Formel 3000-Europameisterschaft. Als Belohnung für diese Leistungen gab es für die Saison 1994 ein Formel 1-→ Cockpit, beim – allerdings mittlerweile ziemlich heruntergewirtschafteten – → Ligier-Rennstall. Der Franzose galt zu Saisonbeginn als einer der vielen Nachwuchspiloten, die bald wieder aus der → Grand-Prix-Szene verschwinden würden.

Aber Panis äußerte sich verhalten optimistisch: »Es gibt für mich keine bessere Chance, also auch keine Alternative.«

Bald wurde die Fachwelt überrascht, denn Panis kam in den ersten Rennen mit einem seit der vergangenen Saison nicht mehr weiterentwickelten Fahrzeug regelmäßig ins Ziel, wobei allerdings ein Platz in den Punkterängen nahezu aussichtslos anmutete. Aber beim Großen Preis von Deutschland, als sich nach dem Start elf Fahrer gegenseitig abschossen, lag Panis ab der 20. Runde auf dem 2. Platz und konnte diesen bis ins Ziel retten. Im nächsten Rennen wurde er noch mal Sechster und der Liebhaber von Coca-Cola und Computerspielen hatte auch für die nächste Saison einen Platz bei Ligier sicher. Mit einem Besitzerwechsel bei Li-

Nach einjähriger Pause wird Olivier Panis ab 2001 wieder in einem Formel 1-Wagen sitzen

gier ging es bei dem einstigen Erfolgsteam 1995 wieder etwas aufwärts und Panis konnte sich des öfteren in den Punkten platzieren. Durch einen erneuten 2. Platz beim Saisonfinale in Australien war Panis am Schluss Gesamtachter mit 16 Punkten.

Ein Jahr später, beim Regen-Chaos-Rennen in Monaco, wo nur sieben Fahrer ins Ziel kamen, schlug die große Stunde des Franzosen, als er sich vom 14. Startplatz souverän auf den ersten Platz vorfuhr. Die Formel 1 hatte nach langer Zeit wieder einen echten Außenseitersieger und für Ligier waren fünfzehn sieglose Jahre zu Ende gegangen.

Für die nächste Saison wurde das französische Team von Ex-Weltmeister Alain → Prost übernommen und nach seinem Namen umbenannt. Panis, wegen seiner schlechten Englischkenntnisse ohnehin in einem französischen Team am besten aufgehoben, war für die Saison 1997 die absolute Nummer 1 bei seinem Team und fuhr stark und zuverlässig wie nie zuvor. Nach dem zweiten Platz beim Großen Preis von Spanien lag er in der WM-Wertung hinter Jacques → Villeneuve und Michael → Schumacher mit 15 Punkten auf dem 3. Platz. Doch beim anschließenden Rennen in Kanada fuhr er frontal in einen Reifenstapel und brach sich dabei beide Beine.

Panis musste sieben Rennen pausieren und hatte danach Mühe, an seine alte Form anzuknüpfen. Bei Prost schenkte man ihm dennoch weiterhin das Vertrauen, aber als der Franzose 1998 und 1999 deutlich langsamer als Teamkollege Jarno → Trulli fuhr und kaum noch Punkte holte, war die Geduld von Prost zu Ende. Anschließend bekam Panis nur noch einen Testfahrerjob bei → McLaren, den er aber so gut erledigte, dass er für die Saison 2001 bei → BAR in die Formel 1 zurückkehrt.

Pankratz (Rennwagenfirma)
GP-Rennen in der Fahrer-WM: 2 (1954–1955)
Pole Positions: 0
Siege: 0
WM-Punkte: 6
Beste Platzierung in der Konstrukteurswertung: 0
Bekanntester Fahrer: Jimmy Reece
Erfolgreichste Fahrer: –

Die amerikanische Marke nahm 1954 und 1955 zweimal an den 500 Meilen von → Indianapolis teil. Im ersten Jahr gelang Jimmy Reece im Training Startplatz 7, er fiel aber im Verlaufe des Rennens zehn Positionen zurück. In der nächsten Saison erlitt der Wagen einen Motorschaden und danach gab es keinen Auftritt mehr in Indianapolis.

Parc Fermé
Nach dem Rennen müssen die sechs Erstplatzierten in dieser bewachten Zone ihre Fahrzeuge parken. Sie darf nur von Fahrern und → FIA-Kommissaren betreten werden. Wenn ein Team gegen das Rennresultat Protest einlegt, weil man Manipulationen vermutet, können die technischen Kommissare die Fahrzeuge auf Regelverstöße begutachten.

Parnelli (Rennwagenfirma)
GP-Rennen in der Fahrer-WM: 16 (1974–1976)
Pole Positions: 0
Siege: 0
WM-Punkte: 6
Beste Platzierung in der Konstrukteurswertung: Zehnter (1975)
Bekanntester Fahrer: Mario Andretti
Erfolgreichster Fahrer: Mario Andretti

Wären die finanziellen Voraussetzungen besser gewesen, hätte sich Parnelli nach anfänglich guten Ergebnissen in der Formel 1 langfristig etablieren können, doch nach zwei Jahren musste der Rennstall kapitulieren.

Mit der Unterstützung des amerikanischen Reifengiganten → Firestone gründeten Velco Miletich und der frühere USAC-Pilot Rufus Parnelli im Jahr 1969 die Vel's Parnelli Jones Racing. Mit einem Fünfjahresplan, der für spätestens 1974 den Einstieg in die Formel 1 vorsah, engagierte man führende Konstrukteure von → Lotus, die ein Fahrzeug nach dem Muster des legendären Lotus 72 entwarfen.

Zum ersten Mal ging das Parnelli-Team 1974 beim Großen Preis von Kanada an den Start, wo der renommierte US-Pilot Mario → Andretti auf Anhieb Siebter wurde. Beim darauffolgenden letzten Rennen der Saison im amerikanischen → Watkins Glen stellte Andretti den Parnelli sogar auf den 3. Startplatz. Im Rennen wurde er aber disqualifiziert, weil das Team die defekte Benzinpumpe illegal auf der Strecke repariert hatte. Diese ermutigenden Anfänge erlitten einen empfindlichen Rückschlag, als Firestone Ende des Jahres seinen Rückzug aus dem Team bekanntgab. Auch Namensgeber Parnelli zog sich zurück und der Rennstall wurde 1975 von Miletich und zunehmend auch von Andretti weitergeführt.

Obwohl wenig Entwicklungsarbeit an den Fahrzeugen betrieben wurde, fuhr Andretti doch einige gute Ergebnisse heraus. Dem 4. Platz in Schweden folgte in Frankreich mit dem 5. Rang eine erneute Platzierung in den Punkterängen. Beim Großen Preis von Spanien schaffte es Andretti, sich als Vierter zu qualifizieren und lag im Rennen zeitweise in Führung, bis ein Aufhängungsdefekt zur Aufgabe zwang.

Für die Saison 1976 wurde das Fahrzeug nochmals modifiziert und verbessert, doch nach einem 6. Platz durch Andretti in Südafrika sowie einem Ausfall in → Long Beach wurde das Team kurz nach Saisonbeginn aufgelöst, weil sich kein Hauptsponsor finden konnte.

Parsons, Johnnie (Pilot)
Geboren: 04.07.1918 in Los Angeles/ USA
Gestorben: 08.09.1984 in den USA
GP-Rennen in der Fahrer-WM: 9 (1950–1958)
Pole Positions: 0
Siege: 1
WM-Punkte insgesamt: 12
Beste WM-Platzierung im Gesamtklassement:
Sechster 1950
Rennwagen: Kurtis-Kraft, Kuzma

Johnnie Parsons war der erste Indy-Sieger, als diese Rennen von 1950 bis 1960 zur Fahrerweltmeisterschaft zählten. Von Startplatz 5 gestartet, fuhr er mit seinem Kurtis-Kraft gleich in der 1. Runde die schnellste Zeit und sicherte sich den Sieg mit einer Runde Vorsprung vor Bill Holland und Mauri Rose. In der nächsten Saison ging er ebenfalls auf einem aussichtsreichen Startplatz ins Rennen, doch ein Zündungsdefekt sorgte für das vorzeitige Aus. Mit einem Kuzma-Rennwagen kam Parsons 1956 noch einmal auf Platz 4 und zwei Jahre darauf nahm er letztmalig in → Indianapolis teil.

Patrese, Ricardo (Pilot)
Geboren: 17.04.1954 in Padua/Italien
GP-Rennen in der Fahrer-WM: 257 (1977–1993)
Pole Positions: 8
Siege: 6
WM-Punkte insgesamt: 281
Beste WM-Platzierung im Gesamtklassement:
Vizeweltmeister 1992
Rennwagen: Shadow, Arrows, Brabham,
Alfa Romeo, Williams, Benetton

Der passionierte Sammler von Modelleisenbahnen und Uhren ist mit 257 → Grand-Prix-

Bei Alfa Romeo wurde Patrese zumeist von Ausfällen geplagt

Rennen einsamer Rekordhalter an Einsätzen und entwickelte sich von einem ungestümen Heißsporn zu einem soliden Top-Piloten, ohne allerdings jemals reelle Titelchancen zu besitzen. Mit 10 Jahren debütierte Patrese als Kart-Fahrer und acht Jahre später konnte er hier seine erste nationale Meisterschaft feiern. Ein Jahr danach war er Mannschaftskart-Europameister und 1974 Weltmeister. Der nächste Titel wurde Patrese zwei Jahre später als europäischer und italienischer Meister der Formel 3 beschert.

Patrese bestach durch eine kalkulierte Aggressivität, die ihn für Formel 1-Chefs interessant machte. Der Italiener unterschrieb für die Saison 1977 bei → Shadow und debütierte beim Großen Preis von Monaco, wo er Neunter wurde. Sein überhebliches Auftreten und ungestümes Fahren machten ihn zunächst bei vielen Fahrerkollegen unbeliebt, weil sie ihn als einen rücksichtslosen Egoisten einstuften.

Da, außer einem 6. Platz in Japan, Patrese in diesem Jahr keine Meriten mehr sammeln konnte, wechselte er anschließend zu → Arrows und lag beim Saisonauftakt 1978 in Südafrika bis kurz vor Schluss in Führung, als ihn ein Motorschaden stoppte.

Ein 2. Platz beim Großen Preis von Schweden entschädigte ein wenig für den entgangenen Sieg. In derselben Saison wurde Patrese nach dem Großen Preis von Italien für den Unfalltod von Ronnie → Peterson verantwortlich gemacht und durfte nach einem Beschluss des Sicherheitskomitees der Grand-Prix-Fahrer wegen »unsportlicher Fahrweise« beim nächsten Rennen nicht starten. Noch lange musste Patrese mit den Vorwürfen kämpfen und wurde erst nach jahrelangen Untersuchungen der

Ricardo Patrese: Zunächst ein echter Draufgänger in der Formel 1

italienischen Justiz von jeder Schuld freigesprochen. Die nächsten Jahre wurden für Patrese zu einer Übung an Frustbewältigung, denn außer drei Podestplätzen hagelte es zumeist materialbedingte Ausfälle oder selbstverschuldete Unfälle. Nach seinem Wechsel 1982 von Arrows zu → Brabham gelang ihm in dieser wie auch in der nächsten Saison jeweils ein GP-Sieg, doch insgesamt stand er klar im Schatten seines Teamkollegen Nelson → Piquet. Auch die nächsten Jahre bei → Alfa Romeo und nach seiner Rückkehr zu Brabham fuhr Patrese unter ferner liefen und war bereits als »Pechvogel« abqualifiziert.

1989 bekam er nur mit Hilfe seines Freundes Bernie → Ecclestone ein → Cockpit als Nachfolger für Nigel → Mansell bei → Williams. Doch gegen den hocheingeschätzten Teamkollegen Thierry → Boutsen behauptete sich Patrese ausgezeichnet, fuhr regelmäßig Podestplätze heraus und war am Ende der Saison 89 noch vor Boutsen Dritter der Gesamtwertung. Ein Jahr später gelang ihm beim Großen Preis von San Marino nach längerer Durststrecke wieder ein Sieg und der Italiener resümierte inzwischen selbstbewusst: »Ich bin wie der Wein – je älter desto besser.«

Für die Saison 1991 wurde der Rückkehrer Mansell sein neuer Teamkollege und Patrese konnte sich anfangs in den Trainingssitzungen behaupten sowie beim Großen Preis von Mexiko einen weiteren Sieg erringen. Doch allmählich gewann der Brite die Oberhand und avancierte im Gegensatz zu Patrese zu einem Titelaspiranten.

1992 war der Italiener nur noch ein besserer Vasall für den dominierenden Mansell und musste sich zumeist mit zweiten und dritten Plätzen hinter seinem Teamkollegen zufrieden geben, war aber am Ende immerhin Vizeweltmeister. Patrese, schon längst der Methusalem unter den Formel 1-Fahrern, erhielt für die Saison 1993 von Williams keinen Vertrag mehr und wurde bei → Benetton Teamkollege von Michael → Schumacher. Wie sein Vorgänger Martin → Brundle bekam Patrese gegen den aufstrebenden Deutschen keinen Stich und musste sich sieglos mit 20 Punkten und dem fünften Platz im Schlussklassement zufrieden geben. Beim Großen Preis von Deutschland wurde sein 250. Grand Prix von Benetton noch groß mit Geschenken und Riesentorte gefeiert, doch er fühlte sich bereits vom Teammanagement ungerecht behandelt und erklärte am Saisonende frustriert seinen Rücktritt.

Patrese fuhr anschließend noch einige Zeit Tourenwagenrennen und widmet sich heute ganz seiner Modelleisenbahnleidenschaft.

Paul Ricard in Le Castellet (Rennstrecke)
GP-Bezeichnung: Großer Preis von Frankreich
Streckenlänge: 5,810 km (1971–1985),
3,813 km (1986–1990)
Renndistanz: 80 Runden = 305,040 km (1990)
Erstes Formel 1-Rennen: 1971
Letztes Formel 1-Rennen: 1990
Gesamtzahl GP: 14
Erster Sieger: Jackie Stewart (1971)
Häufigster Sieger: 4 x Alain Prost
(1983, 1988, 1989, 1990)

Benannt nach dem französischen Aperitif-Hersteller Paul Ricard war diese Retortenstrecke im Jahr 1971 erstmals Ausrichter eines Formel 1-Rennens. Bei den Teams war sie wegen ihrer modernen Ausstattung und der angenehmen Witterung sehr beliebt. Doch die Piloten mochten den Kurs weniger und Gerhard → Berger beklagte sich 1998: »Ich mag den Kurs nicht, hier finde ich keinen Rhythmus, nicht die richtige Linie.«

Insgesamt langweilig gestaltet, war nur die schnelle Signes-Rechtskurve eine echte Herausforderung an den Mut der Fahrer. 1986 verunglückte hier während einer Testfahrt mit seinem → Brabham in einer schnellen Kurvenpassage der Italiener Elio → de Angelis. Dieser Abschnitt wurde anschließend entfernt und die Strecke insgesamt um zwei Kilometer verkürzt. Bis 1990 wurden hier Formel 1-Rennen ausgetragen, danach fand der Große Preis von Frankreich in → Magny Cours bis zum heutigen Tag seine neue Heimat. Im Oktober des Jahres 2000 wurde die Paul-Ricard-Strecke von Bernie → Ecclestone aufgekauft.

Pedralbes in Barcelona (Rennstrecke)
GP-Bezeichnung: Großer Preis von Spanien
Streckenlänge: 6,316 km
Renndistanz: 80 Runden = 505.,280 km
Erstes Formel 1-Rennen: 1951
Letztes Formel 1-Rennen: 1954
Gesamtzahl GP: 2
Sieger: Juan-Manuel Fangio (1951),
Mike Hawthorn (1954)

Der Stadtkurs von Barcelona bestach in erster Linie durch eine zwei Kilometer lange Start- und Zielgerade, bei der teilweise Stundengeschwindigkeiten von über 300 km/h gemessen wurden. Doch es fehlte zu dieser Zeit an einem erfolgreichen einheimischen Piloten, um den Großen Preis von Spanien für die Zuschauer dauerhaft interessant zu machen.

Somit pausierte Spanien 14 Jahre lang im Veranstaltungskalender der Formel 1, bis der Große Preis von Spanien 1968 in → Jarama seine Fortsetzung fand.

Penske (Rennwagenfirma)
GP-Rennen in der Fahrer-WM: 40 (1974–1977)
Pole Positions: 0
Siege: 1
WM-Punkte: 23
Beste Platzierung in der Konstrukteurswertung:
Fünfter (1976)
Bekannteste Fahrer: John Watson, Mark Donohue
Erfolgreichster Fahrer: John Watson
Internet: www
penskeracing.com

Roger Penske gehört auch heute noch zu den ganz Großen im IndyCar-Sport, aber sein Formel 1-Experiment war insgesamt ein Schlag ins Wasser.

Seit den 60er Jahren war das Penske-Team ein Begriff in der amerikanischen Rennsportszene. Weil 1972 sein Top-Fahrer und enger Freund Mark Donohue mit dem Gewinn der amerikanischen CanAm-Meisterschaft sowie dem Sieg bei den Indy 500 seine Rennkarriere beenden wollte, versuchte Roger Penske mit dem Formel 1-Einstieg seinem engsten Mitarbeiter die Fortsetzung der Karriere schmackhaft zu machen.

Donohue war bis dato einmal in der Saison 1971 einen Formel 1-Lauf für → McLaren gefahren, den er auf Platz 3 beendet hatte.

Donohues Ehrgeiz war jetzt wieder geweckt und Roger Penske übernahm ein englisches Gelände, um dort die Rennwagen anfertigen zu lassen. Mit dem ersten Fahrzeug aus dieser Fabrikation debütierte Donohue 1974 beim Großen Preis von Kanada, wo er Zwölfter wurde. Beim nächsten Rennen in → Watkins Glen brach die → Aufhängung, so dass Penske allmählich Zweifel überkamen, ob die Eigenkonstruktion für den Renneinsatz tauglich war. Er kaufte einen → March für Vergleichszwecke und überbrückte mit diesem Boliden die Zeit bis zur Fertigstellung des Nachfolgemodells. Trotzdem ging man letztendlich auch 1975 mit dem PC1 in die erste Vollzeit-Saison. Der hochtalentierte Donohue kämpfte aufopferungsvoll mit dem schlechten → Handling des Fahrzeugs. In Schweden wurde er Fünfter, hatte aber auch einige Unfälle zu überstehen. Beim → Warm-up zum Großen Preis von Österreich raste Donohue nach einem Reifenplatzer mit Tempo 270 in die Fangzäune, wo zwei Streckenposten miterfasst wurden. Donohue selbst war nach dem Unfall bei Bewusstsein, doch in seinem Kopf hatte sich ein Blutgerinnsel gebildet, das ihn in ein tiefes Koma fallen und vier Tage später sterben ließ. Seine Witwe Eden prozessierte danach jahrelang gegen den Reifenhersteller → Goodyear und das Penske-Team war zunächst völlig paralysiert.

Erst zum Saisonfinale trat man wieder mit Ersatzfahrer John → Watson beim Großen Preis der USA an, wo der Ire Neunter wurde.

Watson blieb bei Penske und 1976 versuchte das Team immer noch zu lernen, wie man wohl auch in der Formel 1 erfolgreich sein könne. Das neue Fahrzeug war ein umgebauter March, der die Wartezeit auf den neuen PC4 überbrücken sollte und als PC3 deklariert wurde. In den ersten drei Rennen war Watson beim Training stets in den Top-Ten qualifiziert und in Schweden konnte er einen 5. Platz erringen. Doch der Rennstall verlor zusehends die Motivation, noch weiter am PC3 herumzubasteln, und die Leistungskurve sank wieder nach unten. Sehnsüchtig wartete der Rennstall auf die Fertigstellung des PC4, der erstmals beim Großen Preis von Schweden vorgestellt wurde. Doch das Fahrzeug wurde von der Fachwelt als »unausgewogen« beurteilt und Watson hatte einen Unfall, weil ein Gasgestänge klemmte. Nach diesem wenig ermutigenden Auftakt brachten die nächsten vier Rennen überraschenderweise zwei dritte Plätze sowie den Sieg beim Großen Preis von Österreich.

Am Ende der Saison hatten Watson und das Penske-Team 20 WM-Punkte auf der Habenseite, doch der Rennstall zog sich wieder nach Amerika zurück und verkaufte die Fahrzeuge an das → ATS-Team von Günter Schmid.

Pescara (Rennstrecke)

GP-Bezeichnung: Großer Preis von Pescara
Streckenlänge: 25,579 km
Renndistanz: 18 Runden = 460,422 km
Erstes Formel 1-Rennen: 1957
Letztes Formel 1-Rennen: 1957
Gesamtzahl GP: 1
Sieger: Stirling Moss (1957)

Pescara in Italien war mit 25 Kilometern die längste Formel 1-Rennstrecke aller Zeiten und Motorsport wurde hier seit 1924 veranstaltet.

Der aus öffentlichen Straßen zusammengesetzte, anspruchsvolle Kurs hatte seinen Startpunkt an einem Außenbezirk der Stadt Pescara und entlang des Meeres ging das Rennen durch verschiedene Dörfer Richtung Inland. Danach folgten Rechts- und → Haarnadelkurven, die in eine abschüssige Gerade mündeten, wo hohe Spitzengeschwindigkeiten erreicht wurden. 200 000 Zuschauer waren 1957 beim einzigen Großen Preis anwesend, um den überlegenen Sieg von Stirling → Moss auf → Vanwall zu erleben. Nachdem 1961 hier noch ein Sportwagenrennen stattfand, wurde die Strecke anschließend aus Sicherheitsgründen geschlossen.

Durch den Tod von Ronnie Peterson erlitt die Formel 1 einen schweren menschlichen und sportlichen Verlust

Peterson, Ronnie (Pilot)

Geboren: 14.02.1944 in Orebro/Schweden
Gestorben: 11.09.1978 in Mailand/Italien
GP-Rennen in der Fahrer-WM: 123
Pole Positions: 14
Siege: 10
WM-Punkte insgesamt: 206
Beste WM-Platzierung:
Vizeweltmeister 1971, 1978
Rennwagen: March, Tyrrell, Lotus

Der bisher mit Abstand erfolgreichste schwedische Fahrer in der Formel 1 galt bei Fans, Kollegen und in der Fachwelt fahrerisch als einer der besten Piloten seiner Zeit, welcher jedoch aufgrund von Pech und unglücklichen Umständen nie einen WM-Titel erringen konnte.

Der mit blonder Mähne und pausbäckigem Jungengesicht ausgestattete stille Skandinavier war in seiner Heimat von 1963–1966 viermaliger Kartmeister und fuhr sein erstes Formel 1-Rennen am 10. Mai 1970 in → Monaco mit

dem privaten → March eines steinreichen Briten. In der nächsten Saison saß er erstmals in einem Werks-March und holte sich auf Anhieb den Vizetitel hinter Jackie → Stewart, ohne jedoch einen Sieg verbuchen zu können.

Aber schon 1973 konnte er nach dem Wechsel zu → Lotus beim Großen Preis von Frankreich seinen ersten von insgesamt vier Saisonsiegen feiern und war am Ende in der WM-Endabrechnung Dritter. Auch 1974 gehörte er zu den Top-Fahrern, wurde zweimal als Sieger abgewunken und WM-Fünfter. 1975, ein Opfer der Unzuverlässigkeit der neuen Lotus-Konstruktion von Colin Chapman, kehrte er frustriert zu → March zurück. Mit diesem insgesamt nicht konkurrenzfähigen Fahrzeug schaffte er 1976 einen großartigen Triumph in Monza, aber insgesamt nur 10 WM-Punkte.

Ein Jahr später engagierte ihn → Tyrrell als langersehnten Wunschfahrer, doch es sollte eine Alptraum-Saison werden. Peterson kam mit dem berühmt-berüchtigten sechsrädrigen → Boliden nur mühsam zurecht und vor lauter Frust zeigte er sich unmotiviert und neigte allmählich zur Fettleibigkeit. Nachdem er in dieser Saison nur sieben Punkte erreichen konnte und zudem beim Saisonfinale in → Mount Fuji in einen schweren Unfall verwickelt war, galt der Schwede als Fahrer, welcher seinen Zenit bereits überschritten hatte. Mit Mühe und

In einem March feierte Peterson 1971 erste Erfolge in der Formel 1

reichlich Sponsorengeld bekam Peterson für die 78er-Saison ein → Cockpit bei Lotus als zweiter Fahrer hinter dem potentiellen WM-Kandidaten Mario → Andretti. Er nutzte diesen letzten Strohhalm und war zumeist schneller als sein Teamkollege. Zwei spektakuläre Siege verhalfen ihm zu realistischen WM-Chancen, doch Peterson sah sich verpflichtet, seinen Vertrag als Nummer 2-Fahrer einzuhalten und Andretti, wenn nötig, vorbeizulassen. Peterson hatte den Titeltraum aber noch nicht aufgegeben und für das nächste Jahr schon bei → McLaren unterschrieben, wo er einen Nummer 1-Status erhalten sollte. Doch bei einer Massenkarambolage in der ersten Runde des Großen Preises von Italien erlitt Peterson schwere Beinbrüche und starb in der gleichen Nacht unter ungeklärten Umständen im Krankenhaus an Lungenembolie. Selten hinterließ der Tod eines Rennfahrers soviel Trauer bei den Fahrerkollegen, denn Peterson war wegen seiner offenen und ehrlichen Art überall beliebt gewesen.

Petronas (Motorenhersteller)
GP-Rennen in der Fahrer-WM: 65 (seit 1997)
Pole Positions: 0
Siege: 0
WM-Punkte: 37
Rennwagen: Sauber

Mit Lotus zweimal am WM-Titel geschnuppert

Nachdem Anfang 1996 feststand, dass die → Ford-Motoren zu → Stewart wandern würden, musste sich der → Sauber-Rennstall nach einem neuen Lieferanten umschauen.

Im September 96 gab es verschiedene Gespräche mit Ferrari-Rennleiter Jean → Todt, um Möglichkeiten zu sondieren, einen Motor aus Maranello in die Sauber-Wagen einzubauen. Als man sich schon handelseinig war, stand der Deal kurz danach vor dem Platzen, weil der Sauber-Sponsor Red Bull unbedacht die Übereinkunft in der Öffentlichkeit hinausposaunt hatte, worüber sich Ferrari sehr verärgert zeigte. Schließlich kam der Vertrag doch noch zustande und die Vorjahresmotoren von Ferrari kamen bei Sauber unter dem Namen des Hauptsponsors Petronas, einer malaysischen Ölgesellschaft, zum Einsatz.

Seitdem müht sich Sauber mit den jeweiligen Vorjahresmotoren von Ferrari durch die Formel 1, ohne rechte Fortschritte zu machen.

Peugeot (Motorenhersteller)
GP-Rennen in der Fahrer-WM: 115 (1994–2000)
Pole Positions: 0
Siege: 0
WM-Punkte: 128
Rennwagen: McLaren, Jordan, Prost

Einer der ältesten Automobilhersteller wurde 1918 von Jean-Pierre Peugeot gegründet und machte sich bereits in der Frühzeit der Automobilrennen einen guten Namen. Das Löwen-Emblem stammt noch aus der Zeit, als Peugeot in einer ehemaligen Kaffeemühle ansässig war. Zunächst konzentrierte man sich auf den Fahrrad- und Motorradbau. Bald begann man aber auch Rennmotoren zu entwickeln und 1913, 1916 sowie 1919 waren die Peugeot-Motoren bei den 500 Meilen von → Indianapolis äußerst erfolgreich.

Nach Jahrzehnten erfolgreicher Teilnahmen bei Rallyes, Sportwagenrennen und den 24 Stunden von → Le Mans entschloss man sich als »logische Steigerung«, so Peugeot-Chef Jacques Calvet, zum Einstieg in die Formel 1.

Mit → McLaren gewann das Werk für den Einstieg einen der erfolgreichsten Rennställe. Die ursprüngliche Idee des damaligen Rennleiters Jean → Todt mit einem eigenen Auto in die Königsklasse einzusteigen, wurde vom Vorstand abgelehnt und Todt ging aus Verärgerung zu → Ferrari. Sein Nachfolger wurde der frühere Formel 1-Pilot Jean-Pierre → Jabouille, der vor der Premieren-Saison 1994 die Erwartungen hochschnellen ließ, denn er verkündete spätestens 1994 zu siegen und ein Jahr später den WM-Titel zu erringen.

Der von 130 Mitarbeitern entwickelte Zehnzylinder mit einer Leistungsstärke von 730 PS konnte die Erwartungen dann nicht ansatzweise erfüllen. Zwar gab es zahlreiche Postplatzierungen durch die Piloten Mika → Häkkinen und Martin → Brundle, aber ebenso viele Motorenplatzer. Das war zu wenig für den siegverwöhnten McLaren-Boss Ron → Dennis, der den Franzosen den Laufpass gab, um mit → Mercedes anzubandeln.

Nun musste Peugeot sich einen neuen Partner suchen und fand ihn im → Jordan-Rennstall, der nach einem Exklusiv-Vertrag mit einem großen Motorenpartner lechzte. Das Ziel von Peugeot, den ärgsten Konkurrenten → Renault zu übertrumpfen, konnte auch hier nicht verwirklicht werden. In den drei Jahren bei Jordan gab es zwar wieder Podiumsplätze, aber Siege lagen in weiter Ferne, obwohl Experten den Peugeot-Aggregaten zum Teil hervorragende Qualität bescheinigten.

1998 erhoffte man sich durch die Zusammenarbeit mit Alain → Prost den endgültigen Durchbruch, doch nach drei enttäuschenden Jahren zog man sich in der Saison 2000 zurück und verkaufte die → Motoren mitsamt der Entwicklungsabteilung an die Firma Asia Motor Technologies (AMT), die für die Saison 2001 mit → Arrows kooperierte.

Phoenix (Rennstrecke)
GP-Bezeichnung: Großer Preis der USA
Streckenlänge: 3,798 km (1989–1990),
3,720 km (1991)
Renndistanz: 81 Runden = 301,320 km (1991)
Erstes Formel 1-Rennen: 1989
Letztes Formel 1-Rennen: 1991

Gesamtzahl GP: 3
Erster Sieger: Alain Prost (1989)
Häufigster Sieger: 2 x Ayrton Senna (1990, 1991)
Die Rennstrecke in der Hauptstadt des amerikanischen Bundesstaates Arizona war 1989 zu diesem Zeitpunkt bereits der achte Schauplatz für einen Großen Preis der USA, was in der Formel 1 einen Rekord bedeutet. Die von furchteinflößenden Betonmauern und zahlreichen 90-Grad-Kurven geprägte Strecke löste bei der Premiere 1989 bei den Piloten Unbehagen und ein vernichtendes Urteil von Christian → Danner aus: »Der Belag ist viel zu wellig. Hier sind wir verraten und verkauft.« Drei Jahre plagten sich die Piloten auf dem in erster Linie für IndyCar-Rennen ausgerichteten Kurs mühevoll ab und weil 1991 nur enttäuschende 20 000 Zuschauer gekommen waren, verabschiedete man sich von dieser unergiebigen Strecke. Der Große Preis der USA wurde nach neunjähriger Pause erst wieder im Jahr 2000 in → Indianapolis veranstaltet.

Pietsch, Paul (Pilot)
Geboren: 20.06.1911 in Freiburg/ Deutschland
GP-Rennen in der Fahrer-WM: 3 (1950–1952)
Pole Positions: 0
Siege: 0
WM-Punkte insgesamt: 0
Beste WM-Platzierung im Gesamtklassement: 0
Rennwagen: Maserati, Alfa Romeo, Veritas
Als erstem deutschen Fahrer in der Formel 1-Weltmeisterschaft war Paul Pietsch nur eine → Grand-Prix-Laufbahn mit sporadischen Einsätzen vergönnt.

Der Sohn eines Bierbrauers wurde mit 14 Jahren Halbwaise und danach von der Mutter erzogen, die auch das Geschäft weiterführte.

Nach Abitur und Kaufmannslehre verließ Pietsch, der schon mit 16 Jahren dank einer Ausnahmegenehmigung den Führerschein besaß, die elterliche Firma mit der Absicht, Rennfahrer zu werden. Mit einem selbst erstandenen → Bugatti nahm er mit Erfolg an Berg- und Flugplatzrennen teil. Beim Großen Preis von Deutschland am → Nürburgring lag er mit seinem Fahrzeug zeitweise an fünfter Stelle, aber ein Überschlag beendete das Rennen und der Bugatti hatte nur noch Schrottwert.

Danach entschied er sich für einen → Alfa Romeo, mit dem er beim »Gabelbachrennen« in Thüringen in die Bäume flog. Noch an Krücken gefesselt, kehrte Pietsch 1934 ins Renngeschehen zurück und gewann das »Feldbergrennen« im Schwarzwald. → Auto-Union begann sich für den unerschrockenen Haudegen zu interessieren und 1935 unterschrieb er einen Werksvertrag bei diesem Rennstall. Doch Pietsch hatte Probleme mit der Handhabung des V-16-Mittelmotor-Wagens und legte aus Enttäuschung über mittelmäßige Platzierungen eine Pause bis 1936 ein. Sein Comeback startete er bei → Maserati und es gelangen ihm trotz der → Mercedes- und Auto-Union-Dominanz gute Ergebnisse bei verschiedenen Großen Preisen. Der Weltkrieg verhinderte vorläufig eine Fortsetzung seiner Karriere und Pietsch wurde bei der Wehrmacht als Kraftfahrer eingesetzt. Nach Beendigung des Krieges gründete Pietsch zusammen mit einem Freund eine Motorsportzeitung, die als Vorläufer der auch heute noch erscheinenden »Auto, Motor und Sport« gilt. Später folgte die Gründung des Motorbuch-Verlages, der zu den führenden Herausgebern kompetenter Motorsportpublikationen zählt.

Mit den Gewinnen aus der Zeitschrift konnte Pietsch wieder in den Rennsport einsteigen und 1950 wurde er Deutscher Sportwagenmeister, dem ein Jahr später der Sieg in der deutschen Formel 2-Rennwagenmeisterschaft folgte.

Durch seine alten Kontakte zu Maserati gelang es Pietsch 1950, ein Fahrzeug für den Großen Preis von Italien zu ergattern. Ein Startplatz auf Position 27 und der Ausfall im Rennen durch Motorschaden ließen allerdings keine großen Blütenträume reifen.

Besser sah es schon ein Jahr später beim Renneinsatz zum Großen Preis am Nürburgring aus, wo Pietsch mit einem Werkswagen von Alfa Romeo an den Start ging. Vom 7. Startplatz konnte er sich bis auf den fünften Platz vorarbeiten, verlor allerdings erhebliche Zeit durch einen Dreher und nach einem weiteren Fahrfehler war das Rennen für Pietsch schließlich vorzeitig beendet. Mit einem → Veritas gab Pietsch ein Jahr später sein letztes Formel 1-Gastspiel beim Großen Preis von Deutschland, wo ihn ein Getriebeschaden zur Aufgabe zwang. Anschließend widmete sich Pietsch ausschließlich seinen verlegerischen Aktivitäten.

Piquet, Nelson (Pilot)
Geboren: 17.08.1952 in Rio de Janeiro/ Brasilien
GP-Rennen in der Fahrer-WM: 204 (1978–1991)
Pole Positions: 23
Siege: 24
WM-Punkte insgesamt: 481,5
Beste WM-Platzierung im Gesamtklassement:
Weltmeister 1981, 1983, 1987
Rennwagen:
Ensign, McLaren, Brabham, Lotus, Benetton
Internet: www.afreehome.com/nelsonpiquet
(Tribute-Page)

Obwohl der Brasilianer eine ausgezeichnete Leistungsbilanz in der Formel 1 vorzuweisen hat, sicherte er sich zwei seiner drei WM-Titel erst im letzten Rennen und profitierte dabei nicht zuletzt vom schwachen Nervenkostüm seiner Mitkonkurrenten.

Nelson Piquet begeisterte sich bis zu seinem 18. Lebensjahr ausschließlich für Tennis und sein Vater, ein Arzt sowie späterer Gesundheitsminister von Brasilien, sah es gar nicht gern, dass sein Filius sich plötzlich für den Motorsport zu interessieren begann. Ein Jahr später errang dieser trotzdem den Titel des brasilianisches Go-Kart-Meisters.

Eine weitere Meisterschaft sicherte sich der Parade-Playboy 1976 in der brasilianischen Formel V und 1977 beteiligte er sich an der europäischen Formel 3-Meisterschaft, wo er im selben Jahr zwei Siege erringen konnte.

In der darauffolgenden Saison wurde er Meister dieser Klasse und bekam noch in dieser Saison die Chance zu vier Formel 1-Einsätzen bei → Ensign und → McLaren. Nach dem Debüt am → Hockenheimring wurde er drei Rennen später Neunter beim Großen Preis von Italien. Der »hübsche Millionärssohn mit Lust auf Dolce Vita« erhielt anschließend von dem damaligen → Brabham-Besitzer Bernie → Ecclestone für die Saison 1979 ein Vertragsangebot als Nummer-2-Fahrer hinter Niki → Lauda. Piquet fuhr zunächst unauffällig und ein 4. Platz beim Großen Preis der Niederlande war seine einzige Punktausbeute. Doch als Teamkollege Lauda beim Großen Preis von Kanada seinen Rücktritt bekanntgab, wurde Piquet praktisch über Nacht zur neuen Nummer 1. Ab 1980 ging es schlagartig aufwärts: Der Brasilianer gewann drei Große Preise und wurde hinter Alan → Jones Vizeweltmeister. Der Brasilianer, »der alles hat, was ein Champion braucht«, gehörte zu den wenigen Fahrern, welche die neuen → Groundeffect-Fahrzeuge mochten, aber trotzdem lag er 1981 lange Zeit in der Punktewertung aussichtslos hinter dem WM-Führenden Carlos → Reutemann zurück.

Der argentinische Konkurrent erlebte aber in den letzten Rennen einen unerklärlichen Leistungseinbruch und Piquet wurde mit einem 5. Platz im letzten Rennen auf dem Stadtkurs in → Las Vegas mit einem Punkt Vorsprung Weltmeister.

Piquet, der ein besonders enges Verhältnis zu seinen Mechanikern aufbaute, musste in der Saison 1982 durch ein Entwicklungsjahr, weil Brabham auf → BMW-Motoren umgewechselt hatte. Aber schon ein Jahr darauf war der Brabham wieder ein Top-Fahrzeug und Piquet rang in dieser Saison im letzten Rennen seinen WM-Rivalen Alain → Prost nieder und wurde mit nur zwei Punkten Vorsprung erneut Weltmeister. Piquet hielt dem Brabham-Team noch zwei Jahre die Treue, fühlte sich aber unterbezahlt und wechselte 1986 für eine Jahresgage von 3, 3 Millionen Dollar zum erfolgreichen → Williams-Rennstall.

Aber was auf dem Papier wie ein Garantieschein für den WM-Titel aussah, wurde für den Brasilianer zu einer zermürbenden Zerreißprobe, weil sich der anfänglich unterschätzte Teamkollege Nigel → Mansell zu einem Siegfahrer entwickelte, der bis kurz vor Saisonende die Weltmeisterschaft anführte.

Piquet wurde mit vier Siegen zwar WM-Dritter, stand aber in dieser Saison klar im Schatten seines Teamrivalen. Da Williams nicht bereit war, eine Stallorder auszugeben, wurde weder Piquet noch Mansell Weltmeister, sondern Alain Prost.

Die Stimmung bei Williams wurde anschließend immer gereizter und Piquet spuckte Gift und Galle gegen Mansell. Auch das Team bekam seine Schimpfkanonade ab: »Ich wurde engagiert, damit ich Weltmeister werde. Und nicht, um mich im Kampf mit Mansell zu zerfleischen.«

Doch Williams blieb bei seiner Personalpolitik und in der Saison 1987 erlebte Piquet beim zweiten Rennen in → Imola einen schweren Unfall, als ihm bei Tempo 300 ein → Reifen platzte. Piquet erhielt für das Rennen von → Rennarzt Syd Watkins Startverbot und tatenlos musste er miterleben, wie ausgerechnet Erzrivale Mansell das Rennen gewann.

Der passionierte Freizeitfaulenzer litt zwei Monate lang unter ständigen Kopfschmerzen und schien im Kampf um die Weltmeisterschaft gegen seine Konkurrenten Mansell und Ayrton → Senna hoffnungslos ins Hintertreffen geraten zu sein. Doch beim Großen Preis von Deutschland wendete sich das Blatt und Piquet holte seinen ersten Saisonsieg, weil der rundenlang in Führung liegende Senna plötzlich Motorprobleme kam. Nun artete die restliche Saison zu einem Zweikampf zwischen Piquet und Mansell aus, den der Brasilianer am Ende für sich entscheiden konnte.

Trotz seines dritten Weltmeistertitels war Piquet wegen des nervenzerfetzenden Duells mit Mansell wütend auf Williams und wechselte für 1988 zu → Lotus, die mit dem Turbo-Motor von → Honda unter der Haube, zu den potentiellen Sieger-Teams zählten. Aber »die charismatische Persönlichkeit« erlebte bei dem Traditionsstall den absoluten Karrieretiefpunkt, blieb zwei Jahre sieglos und musste nach der Saison 1989 mit kümmerlichen 12 WM-Punkten froh sein, anschließend von Benetton ein leistungsbezogenes Vertragsangebot zu erhalten.

In der Saison 1990 blühte Piquet aber wieder auf, kam zweimal zu Siegen und war am Ende mit 43 WM-Punkten Gesamtdritter.

Auch 1991 schaffte er noch einen glücklichen Triumph beim Großen Preis von Kanada, doch ab Mitte der Saison wurde Michael → Schumacher sein neuer Teamkollege. Piquet musste ohnmächtig mit ansehen, wie der Deutsche im Team schnell die Oberhand gewann und Piquet damit förmlich zum Rücktritt zwang. Sein Ehrgeiz, sich danach bei den 500 Meilen von → Indianapolis zu beweisen, endete im Training mit einem furchtbaren Unfall, bei dem sich Piquet beide Füße zertrümmerte. Nach seiner Genesung bestritt er noch einige GT- und Tourenwagenrennen, managte kurzzeitig den erfolglosen Formel 1-Einsteiger Oliver Beretta und ist heute ein erfolgreicher Geschäftsmann mit einem selbstentwickelten Navigationssystem für Speditions- und Amazonasschiffe.

Pirelli (Reifenhersteller)
GP-Rennen in der Fahrer-WM: 203 (1950–1957, 1981–1991)
Pole-Positions: 47
Siege: 45
WM-Punkte: 1161,2
Rennwagen: u.a. Alfa Romeo, Ferrari, Maserati, Vanwall, Arrows, Toleman, March, Osella, Fittipaldi, RAM, Spirit, ATS, Ligier, Brabham, Lotus, Tyrrell, Minardi, Benetton, Fondmetal
Internet: www.pirelli.de

Am 29. Januar 1872 gründete der Ingenieur Giovanni Pirelli in Mailand die Kommanditgesellschaft G. B. Pirelli & C., um sich auf die Produktion von Gummiwaren zu spezialisieren. 20 Jahre später gehörte Pirelli schon zu den größten fünf Gummiartikel-Unternehmen der Welt und nach Kutschenrädern, Sportartikeln, Gummifäden und Kabeln jeder Art wurden jetzt auch → Reifen produziert.

1907 gewann der Pirelli-bereifte Itala-Wagen mit einem Prinzen und einem Journalisten an Bord sowie dem Fahrer Ettore Guizzardi die 17000 km lange Peking-Paris-Rallye. Fünfzehn Jahre später war Tazio → Nuvolari mit

→ Alfa Romeo und Pirelli bei der Targa Florio erfolgreich.

Die ersten vier Jahre der Formel 1-Weltmeisterschaft war Pirelli Alleinlieferant für die zumeist italienischen Rennställe, weil → Firestone sich ausschließlich auf die amerikanischen Rennen konzentrierte und nur bei den damals noch zum → Championat zählenden 500 Meilen von → Indianapolis auftrat.

Bis 1957 feierte man mit den Rennwagen von Alfa Romeo, → Ferrari und → Maserati Siege und Titel, doch weil Alfa Romeo seine Teilnahme zurückgezogen hatte und Ferrari auf → Englebert-Pneus wechselte, war nur noch → Vanwall übriggeblieben, um Siege erreichen zu können. Nach der Saison 1958 beendete Pirelli sein Engagement und erst 1981 kehrte man wieder in die Formel 1-Szene zurück. Doch inzwischen hatten sich → Goodyear und → Michelin längst etabliert und für die Italiener blieben nur Brosamen-Teams wie → Arrows, → Toleman und → Spirit übrig. Erst vier Jahre nach dem Comeback konnte Nelson → Piquet auf → Brabham in Frankreich mit einem von Pirelli bestückten Rennwagen gewinnen. In den weiteren sechs Jahren kamen magere zwei Erfolge durch → Benetton hinzu. Das war natürlich zu wenig für die Ansprüche des Reifengiganten und so zog man sich am Ende der Saison 1991 endgültig aus der Königsklasse zurück.

Pironi, Didier (Pilot)
Geboren: 26.03.1952 in Villecresnes/Frankreich
Gestorben: 23.08.1987
Isle of Wight/Großbritannien
GP-Rennen in der Fahrer-WM: 70 (1978–1982)
Pole Positions: 4
Siege: 3
WM-Punkte insgesamt: 101
Beste WM-Platzierung im Gesamtklassement:
Vizeweltmeister 1982
Rennwagen: Tyrrell, Ligier, Ferrari
Der Franzose ist auch noch Jahre nach seinem Tod eine der umstrittensten Fahrerpersönlichkeiten seiner Ära. Er galt als arrogant und überheblich, engagierte sich aber auch verantwortungsvoll für Sicherheitsfragen. Zugleich ist er ein trauriges Symbol für unbelehrbare Rennleidenschaft, welche erst seinen Körper lädierte und ihn später das Leben kostete.

Pironi stammte aus einer wohlhabenden Familie, weshalb ihn die französische Presse schnell als »stinkreichen Schnösel« abtat.

Mit 20 Jahren nahm er an einem Fahrlehrgang der Winfield Racing School teil und erwies sich als so begabt, dass er 1973 seine erste Rennsaison in der französischen Formel-→ Renault-Serie bestreiten konnte.

Drei Jahre später war er französischer Formel-Super-Renault-Meister und nach einem 3. Platz im Gesamtklassement der Formel 2-Europameisterschaft 1977 saß er im nächsten Jahr bereits bei → Tyrrell in einem Formel 1- → Cockpit.

Der Neuling hielt sich wacker, schaffte sieben WM-Punkte und wurde parallel dazu Gewinner der 24 Stunden von → Le Mans.

Der Mann mit dem »etwas höhnischen Lächeln auf den Lippen« konnte auch 1979 regelmäßig punkten, erlebte aber auch einige materialbedingte Unfälle, die sein Vertrauen zu Tyrrell schwinden ließen, und so wechselte Pironi für die nächste Saison zu → Ligier.

Hier zeigte er seine Qualitäten als »Weltklassefahrer« und konnte beim Großen Preis von Belgien seinen ersten Sieg erringen und führte anschließend nach einer → Pole Position den Großen Preis von Monaco rundenlang an. Am Ende der Saison konnte er 32 WM-Punkte sowie den fünften Platz in der Gesamtwertung bilanzieren.

Zur Belohnung gab es ein Angebot von → Ferrari, das Pironi geradezu euphorisch in der Hoffnung annahm, sich bei diesem Rennstall die Weltmeisterschaft zu ermöglichen.

Hier traf er aber auf den Superfahrer Gilles → Villeneuve und während der Kanadier zwei Siege schaffte, kam Pironi auf kümmerliche vier WM-Punkte.

Aber der als hochmütig verschriene Einzelkämpfer erwies sich in dieser Saison auch als verantwortungsvolle Persönlichkeit. Als einziger Pilot beim Großen Preis von Belgien hatte er die Courage, nach dem Tod eines Mechanikers, der mitten auf der Strecke lag, durch sein Handzeichen das Rennen zum Abbruch zu bringen.

Er wurde zudem im kommenden Winter Leiter der neugegründeten Vereinigung professioneller Rennfahrer und engagierte sich kompetent für ein stärkeres Sicherheitsdenken, wobei er auch vor der Initiierung von Fahrerstreiks nicht zurückschreckte.

1982 wurde zum Schicksalsjahr dieser rätselhaften Sphinx, die nur ein Ziel vor Augen hatte: »Das einzige, was mich in der Formel 1 interessiert, ist die Weltmeisterschaft. Wenn ich das Gefühl hätte, den Titel aus irgendwelchen Gründen nicht gewinnen zu können, würde ich aufhören. Ich will nicht aus bloßer Langeweile mein Leben in der Formel 1 verbringen.«

Für dieses Ziel war Pironi auch bereit, die Freundschaft zu seinem Teamkollegen Villeneuve aufs Spiel zu setzen. In der Saison 1982 hatte Pironi keine Lust mehr, sich hinter dem Kanadier anzustellen und entgegen der Stallorder überholte der Franzose 1982 beim vierten Lauf in → Imola seinen führenden Teamkollegen noch in der letzten Runde.

Pironi durfte feiern, doch Villeneuve war stocksauer: »Mit Pironi will ich nie wieder ein Wort wechseln. Ich habe ihm den Krieg erklärt. In Zukunft werde ich meinen eigenen Weg gehen. Es ist Krieg, totaler Krieg.«

Doch diese Fehde währte nicht allzu lange, denn schon beim Training zum nächsten → Grand Prix in → Zolder verunglückte Villeneuve tödlich und dem verhassten Pironi wurde seitens der Familie die Teilnahme an der Beerdigung verboten. Die beiden Konkurrenten hatten seit dem Imola-Eklat kein Wort mehr miteinander gesprochen. Nun schien der Weg für Pironi frei: In Monaco wurde er Zweiter, nachdem er lange geführt hatte und beim Großen Preis der Niederlande sicherte er sich überlegen den zweiten Saisonsieg. Nach weiteren guten Platzierungen hatte er vor dem Großen Preis von Deutschland eine komfortable WM-Führung inne.

Der Franzose führte zu dieser Zeit ein aufreibendes Privatleben, hatte gerade geheiratet und leistete sich nebenbei ein Verhältnis zu einer Schauspielerin.

Sein Ferrari-Konstrukteur Harvey → Postlethwaite äußerte sich später über diese Zeit: »In den Wochen vor Hockenheim ging etwas in Didier vor. Er hatte mit großen persönlichen Problemen zu kämpfen, glaube ich, aber er wurde sehr überheblich über den Wagen und die Tatsache, dass er Weltmeister werden würde.« Pironi, der laut eigener Aussage zu diesem Zeitpunkt die »Weltmeisterschaft schon spüren kann« war mit seinem Boliden der beherrschende Mann beim Training am → Hockenheimring und sicherte sich in überlegener Manier die Pole Position.

Trotzdem ging er bei regennasser Strecke noch einmal raus, um ein neues → Set-up auszuprobieren. In der fünften Runde prallte er bei schlechter Sicht mit Alain → Prost zusammen und überschlug sich mehrmals. Die Bilder von einem blutüberströmten Pironi mit schmerzverzerrtem Gesicht in einem völlig zertrümmerten Ferrari gingen damals durch die Sportgazetten in aller Welt. Nur durch eine gelungene Notoperation in einem Heidelberger Krankenhaus blieb ihm die Amputation des rechten Beines erspart. Nach über 30 Operationen unter Vollnarkose innerhalb eines Jahres ging Pironi immer noch an Krücken, machte sich aber dennoch Hoffnungen auf ein Formel 1-Comeback. Weltmeister war statt seiner Keke → Rosberg geworden und nach einigen Testfahrten in Formel 1-Wagen wurde Pironi klar, dass eine Rückkehr ins Formel 1-Cockpit unmöglich geworden war. Er widmete sich stattdessen mit den Offshore-Boot-Rennen einer neuen Leidenschaft. Auch hier erlitt er 1983 bei einem Unfall einen Beinbruch, doch Pironi ließ sich von seiner Passion nicht abbringen, was ihm bei der »World Offshore Powerboat-Serie« auf der Isle of Wight endgültig zum Verhängnis werden sollte. Bei diesem Rennen streifte er die Welle eines Tankers, das Boot überschlug sich und Pironi sowie sein Begleiter, der frühere Formel 3-Pilot Jean

Claude Guenard, waren auf der Stelle tot. Im Januar des nächsten Jahres brachte seine Freundin Zwillinge zur Welt, die noch auf Wunsch des Franzosen die Namen Gilles und Didier erhielten ...

Playlife (Motorenhersteller)
GP-Rennen in der Fahrer-WM: 49 (1998–2000)
Pole Positions: 1
Siege: 0
WM-Punkte: 69
Rennwagen: Benetton
Unter dieser teaminternen Bezeichnung waren die → Mecachrome- und → Supertec-→ Motoren im Heck des → Benetton-Rennstalls unterwegs. Playlife ist eine Tochterfirma von Benetton, die unter anderem Socken produziert. Warm an den Füßen wurde es den Piloten aber dadurch nicht, denn die Motoren offenbarten ein ziemliches PS-Manko.

Podiumsplatz
Auch als Podestplatz oder Treppchen bezeichnet; hier bekommen die drei Erstplatzierten eines Rennens vor einem jubelnden Publikum ihre Pokale überreicht und dürfen anschließend den Inhalt ihrer Champagnerpullen verspritzen. Neben den Fahrern darf auch immer ein auserwählter Mitarbeiter des siegreichen Rennstalls die Trophäe für den Konstrukteurssieg in Empfang nehmen.

Pole Position
Aus den Leistungen des → Qualifyings wird der Schnellste für die Pole Position ermittelt. Obwohl der beste Startplatz keine Garantie für den Sieg darstellt, so ist er bei Kursen, die kaum Überholmöglichkeiten bieten, wie z.B. Monaco oder Hungaroring, von enormer Bedeutung.

Politoys (Rennwagenfirma)
GP-Rennen in der Fahrer-WM: 1 (1972)
Pole Positions: 0
Siege: 0
WM-Punkte: 0
Beste Platzierung in der Konstrukteurswertung: 0
Bekannteste Fahrer: –
Erfolgreichste Fahrer: –
Frank → Williams langer Weg an die Spitze der Formel 1 war von Tragödien und finanziellen Pleiten begleitet. Seine Bemühungen mit den Politoys-Wagen blieben eine kurze Episode.

Politoys war der erste offizielle → Williams-Wagen, der mit → Cosworth-Motoren und einem → Chassis in Colaflaschen-Form aufwartete. Beim Großen Preis von Großbritannien im Jahre 1972 war erstmals ein Politoys gemeldet. Henri Pescarolo kämpfte schon im Training mit Handlingproblemen und verschrottete anschließend den nagelneuen Wagen im Renneinsatz. Frank Williams stand wieder vor dem Nichts und erst ein Jahr später gab es für ihn mit dem → ISO-Marlboro eine Fortsetzung in der Formel 1.

Porsche
(Rennwagenfirma, Motorenhersteller)
GP-Rennen in der Fahrer-WM: 32 (1957–1964)
Pole Positions: 1
Siege: 1
WM-Punkte: 0
Beste Platzierung in der Konstrukteurswertung: Dritter (1961)
Bekannteste Fahrer:
Joakim Bonnier, Dan Gurney, Hans Herrmann
Erfolgreichste Fahrer:
Joakim Bonnier, Dan Gurney
Durch Sportwagen und Formel 1-→ Motoren erwarb sich Porsche in der Motorsportszene einen ausgezeichneten Ruf, aber als eigener Rennstall konnte man an diese Erfolge nicht anknüpfen.

Schon die ersten Rennwagen der legandären → Auto-Union waren Entwürfe von Ferdinand Porsche, aber zu Beginn der Formel 1-Weltmeisterschaft wurden die Porsche-Monoposti zunächst nur von Privatfahrern wie Carel Godin de Beaufort genutzt. Hans → Herrmann war es dann 1960 in → Monza vorbehalten, mit einem Porsche-RSK-Rennwagen, der wegen seiner klobigen Form auch »Old Fatty« genannt wurde, den ersten WM-Punkt für diese Marke zu erreichen.

Ein Jahr zuvor war der sogenannte RSK für Jean → Behra angefertigt worden, welcher jedoch nie zum Einsatz kam, weil der französische Fahrer im selben Jahr auf der → Avus tödlich verunglückte.

Erst 1961 betrat Porsche, das zuvor auch schon Erfolge in der Formel 2 feiern konnte, mit einem eigenen Rennstall die → Grand-Prix-Bühne. Man engagierte die Spitzenfahrer Dan → Gurney und Joakim → Bonnier und gab sich zuversichtlich, mit einem modifizierten Formel 2-Wagen auch in der Königsklasse erfolgreich zu sein. Fast hätte es in → Reims zum ersten Sieg gereicht, doch die führenden Gurney und Bonnier wurden in der letzten Runde vom Formel 1-Neuling Giancarlo → Baghetti überrumpelt. Drei zweite Plätze von Gurney in Frankreich, Italien und den USA sowie einige Punkteränge von Bonnier sorgten für 24 WM-Zähler und den dritten Platz in der Konstrukteurswertung. 1962 erfolgte mit dem Modell 804 eine Neuentwicklung mit luftgekühltem Achtzylinder-Boxermotor sowie einem neuen Scheibenbremssystem. Der Wagen hatte auch gewichtsmäßig deutlich abgespeckt und infolgedessen gelangte man durch Gurney beim Großen Preis von Frankreich zum ersehnten Sieg. Trotzdem kündigte das Werk zu Ende der Saison den Rückzug an, weil das Geld für andere Projekte benötigt wurde.

Zwanzig Jahre später pumpte der neue → McLaren-Sponsor → TAG-Heuer Millionen in ein Motorenprojekt, für das entwicklungstechnisch Porsche verantwortlich zeichnete. Weil McLaren-Boss Ron → Dennis in der Turboära mit den → Cosworth-Saugmotoren nicht auf die Verliererstraße geraten wollte, ließ man sich von Porsche einen V-6-Turbo-Motor konstruieren, mit dem beide Partner ab 1984 von Triumph zu Triumph eilten. Bis 1987 hatte die Kombination McLaren/Porsche 25 Siege errungen und Niki → Lauda sowie Alain → Prost zu insgesamt drei Weltmeistertiteln geführt. Am Ende der Saison 87 endete die Zu-

Der »Old fatty« Porsche 1961 im Einsatz mit Joakim Bonnier

sammenarbeit und Porsche steckte anschließend Zeit und Energie in ein erfolgloses IndyCar-Projekt. 1991 kündigte die Marke dann mit großem Tamtam eine erneute Rückkehr in die Formel 1 an. → Footwork-Chef Jackie Oliver träumte davon, mit Porsche als Motorenpartner, die Erfolge von McLaren zu wiederholen. Doch mit dem wiederum vom erfolgverwöhnten Porsche-Ingenieur Hans Mezger entwickelten V12-Motor blamierten sich die Zuffenhausener bis auf die Knochen.

Mangelnde Leistung und Standfestigkeit der Aggregate sorgten dafür, dass der ursprünglich auf drei Jahre festgelegte Vertrag bereits nach sieben Rennen wieder aufgelöst wurde und Footwork auf die alten Cosworth-Motoren zurückgriff. Zwar kündigte Porsche-Motorenchef Max Welti die baldige Rückkehr an, doch seit diesem Fiasko ist die ruhmreiche Marke Porsche in der Formel 1 nicht mehr aufgetaucht.

Porto (Rennstrecke)

GP-Bezeichnung: Großer Preis von Portugal
Streckenlänge: 7,500 km (1958), 7,407 km (1960)
Renndistanz: 55 Runden = 407,385 km
Erstes Formel 1-Rennen: 1958
Letztes Formel 1-Rennen: 1960
Gesamtzahl GP: 2
Sieger: Stirling Moss (1958), Jack Brabham (1960)

Die Straßenrennstrecke von Porto war erster Ausrichter des Großen Preises von Portugal und durch Straßenbahnschienen, Laternenpfähle, Strommasten und Kopfsteinpflaster äußerst gefährlich. Die angrenzenden Häuser wurden nur durch Strohballen abgegrenzt und es muss als ein Wunder betrachtet werden, dass hier keine schwereren Unfälle passiert sind.

Auf dieser Kombination von langen Geraden und Kurven fuhr 1958 Mike → Hawthorn nach einem Dreher in die falsche Richtung und hätte beinahe damit seinen zweiten Platz gefährdet. Nach dem Großen Preis von Portugal in der Saison 1960 verfiel das Land 24 Jahre in einem Formel 1-Schlaf und wurde erst 1984 wieder erweckt, als der Grand Prix nach → Estoril zurückkehrte.

Postlethwaite, Harvey (Konstrukteur)

Der 1944 in England geborene Postlethwaite war mit seinem Wissen als studierter Flugzeugingenieur für die Konstruktion der aerodynamisch gestalteten Formel 1-Wagen bestens gerüstet und konstruierte Siegerfahrzeuge für → Hesketh, → Ferrari und → Wolf.

Mit der bunten Hesketh-Truppe kam 1973 auch Dr. Harvey Postlethwaite in die Formel 1. Zunächst überarbeitete er für das Team einen → March, mit dem James → Hunt zu 14 WM-Punkten kam. Auch den weiteren Hesketh-Rennwagen bescheinigten die Experten eine vernünftige Bauweise und mit dem Modell 308 kam Hunt 1975 in → Zandvoort zu einem sensationellen Sieg.

Mit dem Verkauf von Hesketh an Walter Wolf wechselte dann auch Postlethwaite in das Team des Austro-Kanadiers.

Sein enormer Wissensschatz über → Aerodynamik und Verbundstoffe verhalf den Wolf-Wagen von 1977 bis 1979 zu drei Siegen, außerdem besaßen sie erstmals ein von Postlethwaite erdachtes Wabenform-→ Chassis. Noch vor der 80er Saison wurde Wolf dann von → Fittipaldi übernommen und bei diesem Rennstall geriet Postlethwaite aus der Erfolgsspur, doch zwischen 1980 und 1981 konnten seine Konstruktionen F7 und F8 zumindest ein paar Punkte ergattern.

Noch vor dem Rückzug von Fittipaldi aus der Formel 1 nahm Postlethwaite 1981 ein Angebot von → Ferrari an und entwarf unter der Leitung von Mauro → Forghieri die Rennwagen 126 C2 und 126 C3. Nachdem der 126 C2 in der Saison 82 den Konstrukteurstitel geholt hatte und den Fahrertitel nur wegen des schweren Unfalls von Didier → Pironi verpasste, konnte sein Nachfolgemodell dieses Kunststück noch einmal wiederholen. Obwohl auch sein zusammen mit Antonio Tomaini und Ildo Renzetti entworfener 156/85 Michele → Alboreto beinahe den WM-Titel beschert hätte, geriet Postlethwaite unter dem neuen technischen Leiter John → Barnard allmählich in die Isolation. Frustriert flüchtete er 1988 zu → Tyrrell und entwarf 1989 in Gemeinschaftsproduktion mit Jean-Claude Migeot den 018, welcher über eine revolutionäre Vorderradaufhängung verfügte. Dadurch wurde für die Formel 1-Wagen eine völlig neue Nasenform – der sogenannte »Concorde-Schnabel« – möglich, die von allen anderen Teams nachgeahmt wurde. Wie Postlethwaite später erzählte, wurde er zu diesem → Design durch ein Flugzeugmodell seines Sohnes inspiriert. Auch dem Nachfolgemodell bescheinigten Fachleute ein »dramatisches« Aussehen, was Jean → Alesi 1990 zu ein paar Glanzauftritten in Phoenix und Monaco verhalf. Mit Turbo-→ Motoren von → Honda wollte Tyrrell 1991 wieder zu den Sternen greifen, doch Postlethwaite und Ryton gelang es mit dem Modell 020 nicht, den Ballast des schweren Aggregats durch eine entsprechende Gewichtsverteilung und Linienführung zu kompensieren. Noch während der laufenden Saison verabschiedete sich Postlethwaite von dem Rennstall, weil ihm Teamchef Ken Tyrrell nur Anteile an der Firma, aber kein Geld geboten hatte.

Nachdem er kurze Zeit als technischer Leiter für das Formel 1-Comeback bei → Mercedes im Gespräch war und den → Sauber C12 mitentwickelte, landete Postlethwaite 1992 wieder bei Ferrari. Obwohl das Engagement bei den Italienern für den Briten laut eigener Aussage eine Herzensangelegenheit war, erwies sich sein F93A 1993 als Flop.

Postlethwaite bekam daraufhin wieder Barnard vor die Nase gesetzt, was er sich natürlich nicht gefallen ließ und deshalb 1994 zu Tyrrell zurückkehrte. Jetzt als Teilhaber und → Technischer Direktor des Rennstalls verkündete Postlethwaite selbstbewußt: »Es wird ein Tyrrell-Comeback geben.« Und die Ergebnisse gaben ihm zunächst recht, denn das von Postlethwaite entworfene Chassis erwies sich in der Kombination mit den jetzt endlich leistungsfähigen → Yamaha-Motoren als Überraschung der Saison.

Doch statt eines Aufwärtstrends musste Postlethwaite die anschließenden Jahre kontinuierlich vor der selben Situation kapitulieren: Wegen mangelnder Finanzdecke konnten die anfangs vielversprechenden Autos während der Saison nicht modifiziert werden, was den Rennstall immer wieder in ein Leistungsloch fallen ließ.

Nachdem Tyrrell 1998 aufgeben musste, stieg Postlethwaite bei → Honda ein, um deren Formel 1-Comeback vorzubereiten: Doch als das »Konstruktions-Genie« im Frühling 1999 überrraschend an Herzversagen starb, wurden die Vorbereitungen der Japaner auf die Motorentwicklung beschränkt.

Preisgelder
Diese werden nach einem Rennen von der → FOCA durch ein geheimgehaltenes System für Trainings- und Rennergebnisse an die Rennställe verteilt. Da hierbei sowohl Trainingsplatzierungen im Mittelfeld als auch Rennplatzierungen außerhalb der Punkteränge berücksichtigt werden, ist das Preisgeld für mittlere und kleinere Teams eine wichtige Einnahmequelle.

Pressekonferenz
Ein mittlerweile unverzichtbares Ritual bei Formel 1-Rennen ist die Pressekonferenz, welche für manche Journalisten die einzige Chance ist, an die Fahrer Fragen zu stellen. Am Tag vor dem ersten Freien Training werden von der → FIA fünf Piloten benannt, die Rede und Antwort stehen müssen. Nach dem ersten Zeittraining sind es mindestens drei und maximal fünf Fahrer. Nach dem Abschluss des Qualifyings stehen die drei Erstplatzierten wiederum den Medienvertretern zur Verfügung und die gleiche Rangfolge stellt sich auch nach dem Rennen den Fragen der Journalisten. Kein Fahrer darf sich von der Pressekonferenz ausschließen, und dass ein Pilot wie Michael → Schumacher nach dem → Monza-Rennen in der Saison 2000 vor lauter Tränen über seinen Sieg keine Worte mehr findet, gehört bei den abgeklärten Piloten eher zu den Ausnahmen.

Prost (Rennwagenfirma)
GP-Rennen in der Fahrer-WM: 66 (seit 1997)
Pole Positions: 0

Siege: 0
WM-Punkte: 31
Beste Platzierung in der Konstrukteurswertung:
Sechster (1997)
Bekannteste Fahrer:
Olivier Panis, Jarno Trulli, Jean Alesi
Erfolgreichste Fahrer: Olivier Panis, Jarno Trulli
Internet: www.prostgp.com

An seine Erfolge als Formel 1-Fahrer konnte Alain → Prost als → Teamchef bisher nicht anknüpfen, vielmehr mündeten die vielversprechenden Anfänge in einen Abstieg an das Schlussfeld der Königsklasse. Nachdem Prost 1993 seinen Rücktritt als Fahrer bekanntgegeben hatte, hegte er von nun an den Traum vom Rennstallbesitzer. Als → Benetton-Chef Flavio → Briatore 1997 sämtliche Anteile des französischen Nationalteams → Ligier aufkaufte, bot sich für Prost endlich die langersehnte Chance. Für 100 Millionen Mark kaufte er Briatore den Rennstall ab, mit der Absicht das einstmals erfolgreiche Team wieder zur alten Blüte zu führen. Neue Strukturen wurden aufgebaut und der Plan von Prost war es, sämtliche französischen Motorsportkräfte zu vereinigen, um das nun nach seinem Namen benannte Team in eine absolute Spitzenposition innerhalb der Formel 1 zu bugsieren.

Schon in der ersten Saison 1997 wurde angekündigt, dass man im nächsten Jahr mit dem französischen Motorenhersteller → Peugeot zusammenarbeiten wolle, und das Team war durch zahlreiche → Sponsoren finanziell gut abgefedert.

Doch zunächst fuhr man noch mit den → Mugen-Motoren und musste dafür den Japaner Shinji Nakano als zweiten Fahrer neben Monaco-Sieger Olivier → Panis ins Team nehmen. Anfangs lief es ordentlich und dank der Fahrkünste von Panis konnte man sich in den ersten Rennen der Saison 97 in der Spitzengruppe etablieren. Doch Panis' schwerer Unfall in Kanada, wo sich der Franzose beide Beine brach, warf das Team zurück.

Zwar engagierte man mit Jarno → Trulli einen talentierten Ersatzmann, doch außer einem 3. Startplatz von Trulli und rundenlanger Führung in Österreich war bei dem Rennstall für den Rest der Saison die Luft raus.

1998 kam es trotz der Peugeot-→ Motoren zu einem unerwarten Einbruch, da der zurückgekehrte Panis nicht mehr an seine alte Form anknüpfen konnte und die Fahrzeuge leistungsmäßig immer mehr den Anschluss verloren. Im darauffolgenden Jahr setzte mit den Neuzugängen Alan Jenkins als Konstrukteur sowie dem ehemaligen Star-Designer John → Barnard als Berater wieder ein leichter Aufwärtstrend ein. Aber trotz einiger guter Trainingsergebnisse war der Rennstall von dem anvisierten Durchmarsch ins Spitzenfeld immer noch meilenweit entfernt und Teamchef Prost mit der Leistung der Peugeot-Motoren zusehends unzufriedener.

Für den in Ungnade gefallenen Panis sowie Trulli, der zu → Jordan abwanderte, holte man als Piloten den erfahrenen Jean → Alesi sowie

Schon immer waren Formel 1-Piloten von TV-Presse umlagert – wie hier Martin Brundle 1984 in Brasilien

den deutschen Formel 1-Neuling Nick → Heidfeld. Die Saison 2000 entpuppte sich für das Prost-Team als ein einziges Fiasko, indem kein einziger WM-Punkt erreicht wurde und man erfolgsmäßig noch schlechter als das Dauer-Schlusslicht → Minardi abschnitt.

Der Fortbestand des Rennstalls schien aufgrund der chronischen Erfolglosigkeit mehrmals gefährdet, weil man zudem einen langjährigen Sponsor aus der französischen Tabakindustrie verloren hatte. Nur mit Mühe und Not und dank der persönlichen Verbindungen von Alain Prost fand man für die Saison 2001 mit → Ferrari einen neuen Motorlieferanten. Trotzdem gibt sich der Franzose äußerst zuversichtlich und ist weiterhin davon überzeugt, sich hinter den Spitzenteams → Ferrari und McLaren als dritte Kraft etablieren zu können.

Prost, Alain (Pilot)
*Geboren: 24.02.1955 in
Saint-Chamond/Frankreich
GP-Rennen in der Fahrer-WM: 199 (1980-1993)
Pole Positions: 33
Siege: 51
WM-Punkte insgesamt: 798,5
Beste WM-Platzierung im Gesamtklassement:
Weltmeister 1985, 1986, 1989, 1993
Rennwagen: Renault, McLaren, Ferrari, Williams,
Internet: http://ourworld.compuserve.com/ homepages/oskar_schuler/ (Tribute-Page)*
Über ein Jahrzehnt war »Professor« Alain Prost neben Ayrton → Senna der unangefochtene Spitzenfahrer seiner Zeit, ehe seine zweite Saison bei → Ferrari sowie das spätere Formel 1-Comeback bei → Williams etwas an seinem Nimbus kratzten. In seiner Jugend war Prost ein begeisterter Fußballspieler, doch auf einer Kart-Bahn in der Nähe von Nizza entdeckte er seine neue Leidenschaft. Vom gesparten Taschengeld kaufte er sich ein gebrauchtes Go-Kart und wurde 1972 Junioren-Europameister. Als er Jean Pierre → Beltoises Siegesfahrt 1972 in Monaco miterlebte, wuchs in ihm endgültig der Wunsch, professioneller Rennfahrer zu werden.

Ein Jahr darauf folgten weitere Meistertitel in der Kartweltmeisterschaft sowie bei der französischen Kart-Juniorenmeisterschaft. Nach seiner Armeezeit in Deutschland meldete er sich 1975 in der Rennfahrerschule von Paul → Ricard an, wo er sich den Titel des »Pilote Elf 1976« sicherte. Als Belohnung gab es ein → Cockpit in der französischen Formel-→ Renault-Meisterschaft, wo er sich auf Anhieb den Meistertitel sicherte. Nachdem Prost 77, 78 und 79 zu zahlreichen Titeln in verschiedenen Formel-Klassen gelangt war, avancierte er für viele → Teamchefs zu einem heißen Kandidaten für einen Formel 1-Sitz.

Zunächst wollte Prost ursprünglich zu → Ligier, die aber Geld von ihm verlangten, über das Prost nicht verfügte. Der Franzose war später noch stolz darauf, in seine Formel 1-Karriere keinen Pfennig investiert zu haben.

Für das letzte Rennen im Jahr 1979 erhielt Prost das überraschende Angebot von → McLaren, einen ihrer Rennwagen zu pilotieren. Doch Prost sagte ab, was Teamchef Teddy Mayer äußerst düpierte und den Franzosen als Sonderling abstempelte.

Vor der nächsten Saison bat Prost das McLaren-Team um Testfahrten in Frankreich und war auf Anhieb schneller als Stammfahrer John → Watson. Der »Ausnahmekönner« bekam daraufhin einen Dreijahresvertrag bei McLaren und holte bei seinem → Grand-Prix-Debüt 1980 in Argentinien auf Anhieb einen WM-Punkt. Im zweiten Rennen wurde er Fünfter, aber mehrere auf Materialdefekten basierende Unfälle ließen Prost unerwartet zu → Renault flüchten.

Daraufhin entstand bei zukünftigen Vertragsverhandlungen zwischen Fahrern und Rennstall die sogenannte »Prost-Klausel«, welche verhindern soll, dass ein Pilot vor Vertragsende sein Team frühzeitig verlässt. Prost war zunächst die Nummer 2 hinter Teamgefährten René → Arnoux, doch zumeist schneller als der Rivale. Zudem leistete der Franzose fast die gesamte Entwicklungsarbeit an den Rennwagen und wegen seiner akribischen Arbeitsweise, die nichts dem Zufall überließ, sowie seinem materialschonenden Fahrstil wurde Prost bald mit dem Ehrentitel »Professor« bedacht. Der Franzose gewann in der Saison 1981 drei Große Preise und war nach Abschluss der Saison mit 43 WM-Punkten Gesamtfünfter. Obwohl Prost 1982 auch die beiden Auftaktrennen in Südafrika und Brasilien gewinnen konnte, scheiterte ein möglicher WM-Titel an materialbedingten Ausfällen sowie am internen Stallduell zwischen den beiden »Streithähnen« Prost und Arnoux.

Prost war so frustriert, dass er an Rücktritt dachte, und fühlte sich vom französischen Publikum nicht genügend respektiert, weil die Zuschauer seiner Meinung nach »immer nur den glorreichen Zweiten lieben«, was in diesem Fall Kollege Arnoux war. 1983 und 1984 hätten seine Landsleute genügend Gründe gehabt, den manischen Fingernägelkauer in ihr Herz zu schließen. Für die Saison 1983 bekam Prost statt Arnoux den Amerikaner Eddie → Cheever an die Seite gestellt, der ihm keine Probleme bereitete. Prost dominierte bis in den Spätsommer mit dem jetzt zuverlässigeren Renault die Weltmeisterschaft und hatte nach dem Großen Preis von Österreich mit vier Siegen in dieser Phase 14 Punkte Vorsprung vor seinem ärgsten Rivalen Nelson → Piquet. Doch beim nächsten Grand Prix in → Zandvoort leistete er sich einen selbstverschuldeten Dreher und nach einem Ausfall in → Monza sowie einem zweiten Platz in → Brands Hatch hinter Sieger Piquet war der Vorsprung vor dem Schlussrennen in Südafrika auf zwei Pünktchen zusammengeschmolzen. Im Saisonfinale verlor Prost die Nerven: Er stellte seinen Wagen nach 36 Runden mit Laderschaden ab und verließ sofort die Strecke. Der Franzose lag zu diesem Zeitpunkt aussichtslos auf dem dritten Platz, während Piquet das Rennen anführte. Der Brasilianer wurde Weltmeister und Prost von Team und Presse als Versager gescholten. Der perfekte Allroundfahrer hatte sich mit Renault völlig überworfen und musste das Werksteam verlassen, hatte aber zu diesem Zeitpunkt schon einen Vertrag bei → McLaren sicher. Dort war schon → Niki Lauda unter Vertrag, doch entgegen aller Erwartungen verstanden sich die beiden Spitzenpiloten trotz aller Rivalität ausgezeichnet. Prost fuhr 1984 mit dem bärenstarken und zuverlässigen Turbo-Motor von → Porsche entfesselt wie nie zuvor, war im Training meist deutlich schneller als Lauda, gewann sieben Große Preise und stand am Ende doch mit leeren Händen da, weil Lauda einen halben WM-Punkt mehr geholt hatte. Prost, der trotz seines – allerdings nutzlosen – Sieges im letzten Rennen in → Estoril tränenüberströmt auf dem Podest stand, drohte zur tragischen Figur in der Formel 1 zu werden. Zu dieser Zeit pflegte der zweifache Familienvater eine Liaison mit Prinzessin Stephanie von Monaco, die nach Portugal vergeblich als Glücksbringerin gekommen war. In der Saison 1985 schaffte dann »der ungemein technisch begabte Wunderknabe« endlich den langersehnten Triumph und danach hatte der Franzose immer noch viel vor: »Der wichtigste Rekord für mich sind Jackie Stewarts 27 Grand-Prix-Siege. Den will ich überbieten.« Das sollte ihm schon zwei Jahre später beim Großen Preis von Portugal gelingen. 1986 schien Prost gegen den starken → Williams-Piloten Nigel → Mansell im WM-Kampf den kürzeren zu ziehen, doch der jetzt ungemein selbstbewusste Franzose (»meine Stärke ist, dass ich keine Schwächen habe«) knöpfte dem Engländer in einem Husarenritt beim Saisonfinale in → Adelaide noch den schon sicher geglaubten Titel ab. Prost war jetzt im Grand-Prix-Zirkus die absolute Leitfigur und ein Superstar, dem man hohe Intelligenz und einen »stilistisch ausgereiften Fahrstil« bescheinigte.

1987 war das letzte McLaren-Jahr mit Porsche-Motoren, und da zudem Chefkonstrukteur John → Barnard den Rennstall verlassen hatte, verlor Prost mit dem Team in dieser Saison an Dominanz und wurde mit nur drei Saisonsiegen WM-Vierter. Mit Stefan → Johansson besaß der Franzose nach eigener Aussage den »besten Teamkollegen, den ich je hatte« – denn der Schwede konnte ihn sportlich in keinerlei Hinsicht gefährden. Hätte Prost geahnt,

Alain Prost – einer der erfolgreichsten Formel 1-Piloten aller Zeiten

wohin sich die teaminterne Verschnaufpause entwickeln würde, hätte er diese Phase sicher noch intensiver genossen. Für die Saison 1988 kamen die turbobetriebenen → Honda-Motoren zu McLaren und gleichzeitig für den geschassten Johansson das ehrgeizige Supertalent Ayrton → Senna. Prost stand jetzt einem ebenbürtigen Teamgefährten gegenüber und beide beherrschten über zwei Jahre das Grand-Prix-Geschehen. Innerhalb von McLaren bekämpften sich Prost und Senna sowohl verbal als auch sportlich bis aufs Messer. Anfangs behielt Prost die Oberhand und konnte von den ersten vier Rennen drei für sich entscheiden. Doch Senna holte auf und Prost wurde immer argwöhnischer: »Wenn ich draußen auf der Strecke bin, verfolgt Senna meine Fahrt am Computer und weiß jederzeit alles über meinem Motor. Das verschärft den Druck auf mich und das Team.«

Beim Großen Preis von Großbritannien stellte Prost sein Fahrzeug wegen des strömenden Regens ab, während Senna das Rennen gewann. Niki Lauda lästerte anschließend: »Prost wird in diesem Jahr nicht Weltmeister.« In dieser Saison wurden fast alle Rennen von Senna oder Prost gewonnen, und obwohl der Franzose mehr Punkte auf dem Konto hatte, wurde Senna wegen der damals noch vorherrschenden Regelung von → Streichresultaten mit drei Punkten Vorsprung Weltmeister. In der Saison 1989 war das Verhältnis zwischen den beiden mittlerweile völlig abgekühlt, doch diesmal gelang es Prost aufgrund einer Kollision zwischen ihm und Senna beim Großen Preis von Japan das → Championat für sich zu entscheiden. Aber Prost hatte die Lust an diesem gnadenlosen Duell verloren und wechselte 1990 für eine zweistellige Millionensumme zu → Ferrari. Dort schaffte er es innerhalb kürzester Zeit, das am Boden liegende Team mit »seiner außergewöhnlichen Beobachtungsgabe« und vielen Testfahrten wieder siegfähig zu machen. Schon im zweiten Rennen konnte er gewinnen und alles lief wieder auf den Zweikampf mit Senna hinaus. Prost konnte Senna als einziger Paroli bieten, gewann fünf Rennen und vor dem vorletzten Lauf in → Suzuka besaß er neun Punkte Rückstand zu seinem Erzrivalen. Der Franzose musste dieses Rennen gewinnen, um sich die Titelchancen zu bewahren, doch schon in der ersten Kurve nach dem Start wurde er von Senna abgedrängt und beide landeten im Kiesbett. Der Brasilianer war Weltmeister, doch Prost überzeugt, in der nächsten Saison wieder um den Titel kämpfen zu können. Aber 1991 rutschte Ferrari wieder ins technische Mittelmaß ab und Prost konnte kein Rennen gewinnen. Als er das Fahrverhalten seines Boliden mit einem Lastwagen verglich, wurde er vor dem letzten Rennen in Adelaide gefeuert. Wieder war es Ex-Kollege Lauda, der ihm das wenig schmeichelhafte Urteil hinterherwarf: »Der Prost ist ein sehr guter Fahrer, so lange er in einem Team ist, das Erfolg hat.« Der Franzose leckte seine Wunden und pausierte in der Saison 1992, hatte aber noch nicht sein Ziel aufgegeben, Juan-Manuel → Fangios Rekord von fünf WM-Titeln einzustellen. Ein Vertragsangebot von → Ligier lehnte er trotz erfolgversprechender Testfahrten ab und dann angelte er sich für die Saison 1993 die Offerte des Weltmeisterteams Williams als Nachfolger von Nigel Mansell. Sein Comeback wurde von Häme begleitet, denn Prost galt jetzt im Urteil der Experten als ein Fahrer, der seine beste Zeit bereits hinter sich habe. Weil Prost sich zudem schriftlich zusagen ließ, nicht Senna als Teamkollegen zu erhalten, schimpfte der Brasilianer: »Es sitzt nicht der beste Fahrer auf dem besten Auto, sondern ein Feigling, der neben sich im Team keinen besseren Fahrer duldet.«

Und da Prost mit Abstand über den besten Wagen im ganzen Feld verfügte, konnte er die anvisierte Weltmeisterschaft nicht gewinnen, sondern nur verlieren. Prost schien das alles unbeeindruckt zu lassen, denn beim ersten Lauf in Südafrika holte er sogleich → Pole Position und Sieg. Aber beim zweiten Rennen in Brasilien rutschte er bei strömendem Regen von der Strecke und beim anschließenden Großen Preis in → Donington legte er verzweifelt zahlreiche Boxenstopps ein, um die richtige Abstimmung zu finden, was ihm kübelweise Spott einbrachte. Senna gewann beide Rennen und führte damit unerwartet die WM-Wertung an. Aber der Franzose konnte sich wieder fangen, gewann sieben der nächsten acht Rennen und eroberte die WM-Führung zurück, die er bis zum Saisonschluss nicht mehr abgab. Prost war jetzt der erste Formel 1-Pilot mit vier WM-Titeln und hatte mit 51 Gesamtsiegen eine überragende Bestmarke aufgestellt. Aber Williams engagierte trotzdem für die Saison 1994 Ayrton Senna und trieb Prost damit in den Rücktritt, weil er sich dieses Stallduell nicht noch einmal antun wollte.

Prost engagierte sich ab 1996 für das Ligier-Team, das er 1997 aufkaufte und jetzt unter seinem Namen weiterführt.

Pryce, Thomas Maldwyn »Tom« (Pilot)
Geboren: 11.06.1949 in Ruthin/Wales
Gestorben: 05.03.1977 in Kyalami/Südafrika
GP-Rennen in der Fahrer-WM: 42 (1974–1977)
Pole Positions: 1
Siege: 0
WM-Punkte insgesamt: 19
Beste WM-Platzierung im Gesamtklassement: Zehnter (1975)
Rennwagen: Token, Shadow

Der Rennfahrer aus Wales war ein zuverlässiger Punktesammler mit hohen Ambitionen, aber ein Feuerlöscher ließ seine Karriere in tödlicher Tragik enden. Der Sohn eines Polizei-Sergeanten entdeckte im Alter von 20 Jahren in einer Tageszeitung die Anzeige einer Rennfahrschule in → Brands Hatch, in der Nachwuchsfahrer gesucht wurden. Pryce meldete sich an und absolvierte den Lehrgang mit Bestnoten. Mit seinem eigenen Geld beteiligte er sich an einem Talentförderungs-Wettbewerb und gewann dabei einen → Lola-Rennwagen. Anschließend mischte er mit diesem Fahrzeug in der britischen Formel-→ Ford-Meisterschaft mit, wo er mehrfach gut abschnitt, aber auch seinen Wagen schwer beschädigte. Mit dem lädierten und leidlich reparierten Fahrzeug konnte er sich nochmals gut in Szene setzen und erhielt für 1972 einen Formel 3-Vertrag. Nach mehreren Siegen, die allerdings von einem schweren Unfall mit Beinbrüchen unterbrochen wurden, konnte er sich 1973 auch in der Formel 2 etablieren. Allmählich begann die Formel 1 auf ihn aufmerksam zu werden und nach seinem Debüt beim Großen Preis von Großbritannien, das er beim → Token-Rennstall absolvierte, erhielt Pryce von → Shadow das Angebot für eine komplette Rennsaison. 1974 sicherte er sich im zweiten Rennen den dritten Startplatz und einige Läufe später mit dem sechsten Rang einen ersten WM-Punkt. Shadow war zwar nur ein Mittelklasse-Rennstall, aber auch in der nächsten Saison gelangen dem Waliser immer wieder erstaunliche Trainingsergebnisse.

Zwei Führungsrunden in → Silverstone sowie ein 3. Platz beim Großen Preis von Österreich komplettierten seine guten Leistungen.

1976 standen für den überzeugten Nichtraucher wieder 10 WM-Punkte zu Buche und bei den einheimischen Experten galt Pryce mittlerweile als »große britische Rennfahrerhoffnung«.

In der nächsten Saison blieb er im ersten Rennen ohne Zielankunft und beim zweiten Lauf in → Kyalami passierte die Tragödie: Während des Rennens rannte ein Streckenposten auf die Piste und wurde mit Tempo 280 von Pryce erfasst. Der Feuerlöscher des Streckenpostens schlug ins → Cockpit des Walisers und »kopflos in des Wortes furchtbarster Bedeutung« raste Pryce noch mehrere hundert Meter weiter, bevor sein Wagen in einer Kurve zerschellte.

Pull-Rod
Englischer Begriff für eine Radaufhängung mit Zugstreben, wie sie vor allem in den achtziger Jahren verwendet wurde.

Push-Road
Englischer Begriff für eine Radaufhängung mit Zugstreben, die heutzutage von allen Formel 1-Teams verwendet wird. Sie besteht aus Kohlefaser und ist bedeutend leichter als die früheren Stahlkonstruktionen.

Wie erfolgreich die Formel 1-Karriere von Tom Pryce verlaufen wäre, bleibt unbeantwortet

Q/R

Qualifikationsreifen
Trainingsreifen aus besonders weicher Gummimischung, die schnelle Rundenzeiten ermöglichen, sich aber auch schnell abnutzen. Zudem reagieren sie stark auf Luftschwankungen und sind besonders hitzeempfindlich.

Qualifikationstraining
Zwölf Runden stehen dem Piloten zur Verfügung, aus denen sich dann seine Startplatzierung ermittelt. Das Qualifikationstraining dauert insgesamt eine Stunde. In den siebziger Jahren wurden die Zeiten noch per Stoppuhr gemessen, heute stehen dafür Computer zu Verfügung, welche Zeitunterschiede bis zu einem Tausendstel feststellen können.

Qualifying
Häufig verwendeter internationaler Begriff für das → Qualifikationstraining.

Räder
Die Anzahl der Räder ist heute auf vier begrenzt und die Größe eines Rades darf 26 Zoll nicht überschreiten. Als diese Regelung noch nicht bestand, sorgte ein sechsrädriger → Bolide des → Tyrrell-Rennstalls in den siebziger Jahren für kurzzeitige Furore. Auch → March und → Lotus experimentierten mit einem sechsrädrigen Rennwagen, ohne dass diese jemals zum Einsatz kamen.

Rae (Rennwagenfirma)
GP-Rennen in der Fahrer-WM: 1 (1950)
Pole Positions: 0
Siege: 0
WM-Punkte: 0
Beste Platzierung in der Konstrukteurswertung: 0
Bekannteste Fahrer: –
Erfolgreichste Fahrer: –

1950 setzte sich der Amerikaner Walt Ader in einen Rae-Rennwagen, um an den 500 Meilen von → Indianapolis teilzunehmen. Ein Startplatz an der vorletzten Runde ließ nicht viel erwarten. 15 Runden vor Schluss fiel Ader aus, wurde aber noch als 22. und damit als Drittletzter gewertet. Einen zweiten Versuch bei den Indy 500 gab es weder für Rae noch für Ader.

RAM (Rennwagenfirma)
GP-Rennen in der Fahrer-WM: 31 (1983–1985)
Pole Positions: 0
Siege: 0
WM-Punkte: 0
Beste Platzierung in der Konstrukteurswertung: 0
Bekannteste Fahrer:
Manfred Winkelhock, Phillipe Alliot
Erfolgreichste Fahrer: –

RAM war ein Rennstall zweier Rennsport-Enthusiasten, der drei Jahre lang erfolglos in der Königsklasse herumkrebste. Gegründet wurde RAM Racing von John McDonald und Mick Ralph und war die Abkürzung für »Ralph McDonald Racing«.

1975 begannen die beiden in der Formel 5000 einen → March einzusetzen und verpflichteten hierfür den späteren Formel 1-Weltmeister Alan → Jones, was relativ erfolgreich verlief. Die anschließenden Bemühungen, auch in die Formel 1 einzusteigen, blieben bis 1983 ohne Erfolg. Der erste Formel 1-Eigenbau von RAM besaß zwar ein gutes → Design und → Cosworth-Motoren, doch von den vier eingesetzten Fahrern konnten sich während der gesamten Saison nur Eliseo Salazar sowie Kenny Acheson für drei Große Preise qualifizieren. In Brasilien wurde Salazar 14. und in → Long Beach brach ihm das Getriebe. Acheson wurde beim Saisonfinale in Südafrika als 12. abgewunken. Mit einem neuen, konventionell gestalteten Turbo-Fahrzeug, einem unzureichenden Testprogramm sowie den Fahrern Phillipe Alliot und Jonathan Palmer startete 1984 der Rennstall in die erste Vollzeit-Saison. WM-Punkte gab es keine, dafür eine Nichtqualifikation in Monaco.

1985 war das finanzielle Budget größer geworden und mit Gustav → Brunner hatte man einen fähigen Konstrukteur angeworben.

Doch in 13 Rennen erreichte man nur dreimal das Ziel und nach dem Tod seines Fahrers Manfred → Winkelhock bei einem Sportwagenrennen in Kanada war das Team moralisch auf dem Tiefpunkt angelangt. Weil sich zudem kurz vor der Saison der Hauptsponsor zurückzog, konnte man an den letzten beiden Rennen nicht teilnehmen und beendete das Formel 1-Projekt.

Rathman, Jim (Pilot)
Geboren: 16.07.1928 in Valparaiso/USA
GP-Rennen in der Fahrer-WM: 10 (1950–1960)
Pole Positions: 0
Siege: 1
WM-Punkte insgesamt: 29
Beste WM-Platzierung im Gesamtklassement:
Achter 1960
Rennwagen:
Wetteroth, Kurtis-Kraft, Epperly, Watson

Der Amerikaner, der wie fast alle anderen Piloten aus Übersee bei der Formel 1-Weltmeisterschaft nur an den Rennen in → Indianapolis teilnahm, wurde dabei punktemäßig ihr erfolgreichster Vertreter. Drei zweiten Plätze in den Jahren 1952, 1957 und 1959 folgten 1960 dann mit einem → Watson Startplatz 2 und Sieg im letzten, zur Fahrer-WM zählenden Indy-500-Rennen.

Ratzenberger, Roland (Pilot)
Geboren: 04.07.1962 in Salzburg/Österreich
Gestorben: 30.04.1994 in Imola/Italien
GP-Rennen in der Fahrer-WM: 1 (1994)
Pole Positions:
Siege: 0
WM-Punkte insgesamt: 0
Beste WM-Platzierung im Gesamtklassement:
Rennwagen: Simtek

»Roland the Rat«, wie ihn englische Fans während seiner britischen Formel 3-Zeit nannten, errang traurige Berühmtheit als erster Formel 1-Fahrer, der nach über einem Jahrzehnt bei einem → Grand-Prix-Wochenende sein Leben lassen musste. 1985 wurde der gelernte Maschinenbauer deutscher und österreichischer Meister in der Formel → Ford 1600. Anschließend fuhr er jahrelang in der britischen Formel 3-Meisterschaft, bei japanischen Sportwagenrennen sowie in der Formel 3000-Europameisterschaft mit und kam dabei insgesamt auf 33 Siege, 29 zweite Plätze und 42 Trainingsbestzeiten. 1994 wurde sein Eifer endlich mit einem Formel 1-Engagement gekrönt und das Newcomer-Team → Simtek gab ihm einen Vertrag über fünf Rennen mit der Option auf weitere Einsätze. Ratzenberger war überglücklich: »Die Formel 1 war immer mein Ziel. Ich fühle mich wahnsinnig motiviert, und ich möchte bei den ersten fünf Rennen gut abschneiden, um so das Geld für den Rest der Saison zu finden.« Doch im ersten Rennen beim Großen Preis von Brasilien scheiterte er mit dem schwachen Fahrzeug in der Qualifikation und schaffte beim nächsten Lauf in Aida mit Ach und Krach die letzte Startposition, konnte aber das Rennen zumindest als Elfter und damit Letzter beenden. Beim Training zum dritten Lauf in → Imola stieß Ratzenberger mit Teamkollegen David Brabham zusammen und beide kamen mit dem Schrecken davon. Ratzenberger konnte zunächst aufatmen:

»So ein Abflug geht unter die Haut – es kann ja täglich jeden von uns treffen.«

Kurze Zeit darauf unterbrach der Österreicher eine schnelle Runde und fuhr Zickzack-Linien, um nach einem Ausritt Lenkung und → Aufhängung zu testen. Nachdem er erneut Vollgas gab, brach ein Teil des → Frontflügels weg und das Fahrzeug prallte mit über 300 Stundenkilometern gegen eine Mauer. Ratzenberger erlitt einen Genickbruch sowie schwere Verletzungen im Brustbereich. Keiner konnte zu diesem Zeitpunkt ahnen, dass sein Tod erst den Auftakt zu einem wahren Formel 1-Inferno bilden würde.

Rebaque (Rennwagenfirma)
Grand-Prix-Rennen in der Fahrer-WM: 1 (1979)
Pole Positions: 0
Siege: 0
WM-Punkte: 0
Beste WM-Platzierung im Gesamtklassement: 0
Bekanntester Fahrer: Hector Rebaque
Erfolgreichste Fahrer: –
Dem Kurzzeitprojekt eines bis dato erfolglosen Formel 1-Fahrers waren nur drei → Grand-Prix-Versuche vergönnt.

Der argentinische Millionärssohn Hector Rebaque war 1979 als Fahrer für → Lotus unterwegs und zeigte sich unzufrieden mit der Entwicklung des Rennwagens.

Da er über genügend Geld verfügte, gab er sein eigenes Fahrzeug, den Rebaque HR100, in Auftrag, welcher sich von der Konstruktion als eine Mixtur zwischen den Rennwagen von Lotus und → Williams entpuppte. Rebaque verließ noch während der Saison das Lotus-Team und ging mit dem eigenen Rennwagen zum Rennen nach → Monza, wo er sich nicht qualifizieren konnte. In Kanada schaffte er den 22. Startplatz, konnte aber das Rennen nicht beenden. Inzwischen gab es für Rebaque Probleme mit der Reifenversorgung, welche den »Mann aus dem zweiten Glied« nach der verpassten Qualifikation in den USA zur Aufgabe zwangen. In der nächsten Saison wurde er zweiter Fahrer bei → Brabham, wo ihm später einige Punkteplatzierungen gelangen.

Regazzoni, Gianclaudio Giuseppe »Clay« (Pilot)
Geboren: 05.09.1939 in Mendrisio/ Schweiz
GP-Rennen in der Fahrer-WM: 132 (1970–1980)
Pole Positions: 5
Siege: 5
WM-Punkte insgesamt: 212
Beste WM-Platzierung im Gesamtklassement: Vizeweltmeister 1974
Rennwagen:
Ferrari, BRM, Ensign, Shadow, Williams
Internet: http://clayregazzoni.sportline.it
Der schnauzbärtige Italo-Schweizer mit dem »Lächeln eines mexikanischen Banditen« zählte fast 10 Jahre zu den zuverlässigen Top-Piloten, verpasste einmal nur knapp den WM-Titel, ist aber seit einem schweren Formel 1-Unfall an den Rollstuhl gefesselt.

Erst mit 24 Jahren nahm Regazzoni an einem Rennfahrerkurs teil und bestritt ein Jahr später erste Bergrennen. 1965 wechselte er in die Formel 3 und fuhr nebenbei weiter Bergzeitfahrten und Slalom-Rennen. Nach zwei weiteren Jahren in der Formel 3 wurde er anschließend 1968 Sechster im Gesamtklassement der Formel 2. Für die Saison 1969 holte ihn Enzo → Ferrari in sein Formel 2-Team, mit dem Regazzoni in der Meisterschaft Gesamtzehnter wurde.

Trotz dieser mäßigen Erfolge war der Commendatore von dem draufgängerischen Fahrstil Regazzonis sehr angetan und gab dem zu diesem Zeitpunkt schon dreißigjährigen Schweizer im fünften Rennen der Saison 1970 die erste Formel 1-Chance.

Die Debütsaison des »extrem mutigen Mannes« verlief sensationell: In den beiden ersten Rennen wurde er Vierter, im übernächsten Zweiter und beim Großen Preis in → Monza fuhr er als Erster über die Ziellinie.

Regazzoni wurde in Italien zum Volkshelden und er selber schwärmte: »In Monza mit einem Ferrari zu gewinnen, das war das Maximum.« In den nächsten beiden Jahren bei Ferrari erreichte Regazzoni weiterhin einige Podestplatzierungen, überschritt aber auch mehrfach die Grenzen seines Könnens und verschrottete die Rennwagen in schöner Regelmäßigkeit.

Bei seinem Förderer Enzo Ferrari aufgrund dieser vielen Unfälle in Ungnade gefallen, wechselte der »total verehrungswürdige Charakter« zu BRM, wo er zwar 1973 im ersten Rennen die → Pole Position herausfuhr, aber insgesamt nur zu zwei WM-Punkten kam.

Ferrari holte ihn für 1974 zurück und Regazzoni erlebte seine stärkste Saison, holte kontinuierlich Punkte und scheiterte in der Vergabe um den WM-Titel nur knapp mit drei Punkten Rückstand an Emerson → Fittipaldi. Trotzdem war der Liebhaber wilder Partys nie

Mit Herz, Temperament und Schnauzbart: Clay Regazzoni 1973 bei BRM

die klare Nummer 1 bei Ferrari und wurde 1975 von Teamkollegen Niki → Lauda klar in den Schatten gestellt, obwohl der Schweizer in diesem Jahr zum zweiten Mal in Monza gewinnen konnte.

1976 war er weiterhin im Spitzenfeld vertreten, schaffte einen Saisonsieg und insgesamt 31 WM-Punkte. Trotzdem wurde sein Vertrag nicht verlängert und da er diese Tatsache erst gegen Ende der Saison mitgeteilt bekam, musste er unter Zeitdruck zum schwächeren → Ensign-Rennstall wechseln. Hier holte er 1977 nur fünf WM-Punkte und auch ein Engagement bei → Shadow im nächsten Jahr führte ihn nicht aus dem Mittelmaß heraus.

Regazzoni zählte schon zu den Altstars mit unaufhaltsamer Tendenz nach unten und er schien seine Formel 1-Zukunft hinter sich zu haben. Da erreichte ihn das unerwartete Angebot von → Williams, weil »der absolute Gentleman« zwar laut Teambesitzer Frank → Williams »nicht der beste Fahrer der Welt ist, aber eine hervorragende Nummer 2«.

Er nutzte diese Chance, gewann den Großen Preis in → Silverstone und war im Schlussklassement mit 29 WM-Punkten Gesamtfünfter. Doch auch bei Williams gab man ihm keine Zukunft mehr und Regazzoni musste 1980 wiederum notgedrungen zu Ensign zurückkehren, wo das Verhängnis seinen Lauf nahm.

Beim Großen Preis in → Long Beach brach ihm das Bremspedal und Regazzoni fuhr mit Tempo 280 ungebremst in eine Betonmauer. Regazzoni blieb, trotz mehrerer Operationen, fortan querschnittsgelähmt. Nach einer Phase der Unsicherheit und Verzweiflung arrangierte sich der Schweizer mit seinem Schicksal, wurde TV-Kommentator, organisierte Fahrlehrgänge für Körperbehinderte und nahm mehrfach an der Rallye Paris-Dakar teil.

Reglementsänderungen in der Geschichte der Formel 1

Seit 1947 gibt es den Begriff Formel 1 für → Grand-Prix-Rennen, welcher sich aus der damals vorherrschenden 1,5-Liter-Formel entlehnt. In dieser Zeit hat es zahlreiche Änderungen im Reglement gegeben. Hier nachstehend einige der wichtigsten seit der offiziell im Jahr 1950 ausgetragenen Fahrerweltmeisterschaft:

1950–1952
- Hubraumvolumen maximal 1,5 Liter mit oder 4,5 Liter ohne Kompressor;
- Keine Beschränkung bei Gewicht und Größe der Rennwagen;
- Renndistanz mindestens 300 km oder Mindestrenndauer 3 Stunden;
- Freie Wahl des Treibstoffs

1952–1953
- Hubraumvolumen maximal 2 Liter für Saugmotoren oder 500 cm^3 für Kompressormotoren;
- Sturzhelmpflicht

1954–1960
- Hubraumvolumen maximal 2,5 Liter für Saugmotoren oder 750 cm^3 für Kompressormotoren;
- 1958 Flugbenzin oder handelsübliches Benzin Vorschrift;
- Renndauer ab 1958: 200 bis 300 km oder 2 Stunden

1961–1965
- Hubraumvolumen maximal 1,5 Liter;
- Verbot des Kompressors;
- Überrollbügel Vorschrift;
- Automatischer Anlasser Vorschrift;
- Nur freistehende Räder sind erlaubt

1966–1969
- Hubraumvolumen 3,0 Liter oder 1,5 Liter für aufgeladene Motoren;
- Mindestgewicht der Rennwagen: 500 kg;
- Feuerlöscher;
- Reglementierung der Heck- und Frontflügel

1970
- Mindestgewicht der Rennwagen: 530 kg;
- Sicherheitstanks

1971
- Renndistanz: 325 km;
- Sicherheitsgurte Vorschrift

1972
- Mindestgewicht der Rennwagen: 550Kg
- Beschränkung der Zylinderzahl bei Motoren auf 12

1973
- Mindestgewicht der Rennwagen: 575 kg;
- Tankgröße maximal 250 Liter

1976
- Zweiter Überrollbügel vorn Vorschrift;
- Maximale Gesamtbreite der Rennwagen: 215cm

1977
- Maximale Gesamthöhe der Rennwagen: 95cm;
- Renndistanz mindestens 250 km und höchstens 322 km;
- Renndauer mindestens 2 Stunden;

1979
- Maximale Gesamtlänge der Rennwagen: 5m

1981
- Mindestgewicht der Rennwagen: 585kg
- Verbot der Schürzen
- Verbot von Wagen mit mehr als 4 Rädern
- Verbot des Allradantriebes

1982
- Mindestgewicht der Rennwagen: 580 kg;
- Renndistanz zwischen 250 und 320 km

1983
- Mindestgewicht der Rennwagen: 580 kg;
- Flacher Unterboden Vorschrift;
- Maximalbreite der Heckflügel: 100 ccm

1984
- Maximale Kraftstoffmenge: 220 Liter;
- Verbot der Tankstopps;
- Renndistanz mindestens oder 2 Stunden

1985
- Verbot der Hilfsflügel (»Winglets«)

1986
- Maximales Hubraumvolumen 1, 5 Liter; Nur Wagen mit Turbomotoren sind zugelassen;
- Maximale Kraftstoffmenge: 195 Liter

1987
- Saugmotor wieder zugelassen;
- Maximales Hubraumvolumen bei Turbo-Motoren: 1, 5 Liter, bei Saugmotoren: 3,5 Liter;
- Maximaler Ladedruck bei Turbomotoren: 4,0 bar;
- Mindestgewicht der Rennwagen mit Turbomotor: 540 kg;
- Mindestgewicht der Rennwagen mit Saugmotor: 500 kg

1988
- Maximaler Ladedruck bei Turbomotoren: 2,5 bar;
- Maximale Kraftstoffmenge bei Turbomotoren: 195 Liter

1989
- Verbot der Turbomotoren;
- Renndistanz: mindestens 305 km oder 2 Stunden Renndauer

1992
- Handelsüblicher Treibstoff ohne Zusatzsubstanzen

1993
- Verringerung der Front- und Heckflügel;
- Maximale Breite der Hinterreifen: 15 Zoll;
- Änderung der Treibstoffvorschriften: Erlaubt sind: Handelsübliches Benzin aus Ländern, in denen mindestens 12 Rennen ausgetragen werden; Treibstoffmischungen aus Tankstellenbenzin aus Ländern von Punkt 1; Experimental-Treibstoff, der den Gesundheitsvorschriften der EG entspricht;
- Maximale Breite der Rennwagen: 2 m

1994
- Verbot von elektronischen Fahrhilfen wie Traktionskontrolle, aktiver Radaufhängung und Telemetrie;
- Verbot des ABS-Bremssystems und der Datenübertragung der Telemetrie von Box zu Wagen;
- Verbot des drive-by-wire;
- Tankstopps wieder erlaubt;
- Tankinhalt mindestens 200 Liter
- Nach dem Tod von Roland Ratzenberger und Ayrton Senna beim Großen Preis von Imola wurden während der laufenden Saison von der FIA stufenweise folgende Zusatzvorschriften beschlossen: Keine aerodynamischen Hilfsmittel in einem bestimmten Bereich neben und hinter den Vorderrädern; Größere und besser ausgestattete Kopfstützen; Tempo in der Boxengasse auf 80 km/h reduziert

1995
- Maximales Hubraumvolumen der Motoren: 3,0 Liter;
- Tankmenge frei;
- Mindestens 4 Gänge und höchstens 7 Gänge beim Getriebe;
- Drive-by-wire wieder erlaubt;
- Mindestgewicht der Rennwagen einschließlich Fahrer: 595 kg;
- Elektronische Kontrolle an Bord der Rennwagen, um Frühstart anzuzeigen

1996
- größere Cockpitöffnung Vorschrift;
- 107-%-Regel

1997
- Gummi-Sicherheitstanks Vorschrift;
- Zusätzliche Flügel über dem Heck verboten;
- Jeder Rennwagen muss mit einem elektronischen Datenschreiber ausgerüstet sein

1998
- Verbot der Slicks;
- Maximale Breite der Rennwagen: 1, 8 m;
- Maximale Breite der Räder: 15 Zoll

1999
- Asymmetrisches Bremsen verboten;
- FIA-Unfall-Rekorder muss auch bei Testfahrten mitlaufen

2000
- Minimale Radbreite 305 mm vorne und 365 mm hinten;
- Geldstrafe für Tempoüberschreitung: 250 $ pro km/h;
- Fixierung der Räder durch Kabel

2001
- Frontflügel muss um 50 Millimeter höher über dem Asphalt montiert sein;
- Heckflügel darf maximal drei aerodynamische Elemente aufweisen (bisher unbegrenzt)

Reifen

In der Formel 1 galt von Anfang an das Motto: »Miese Reifen bringen miese Ergebnisse« und in den sechziger Jahren konnte ein Grand-Prix-Rennwagen noch vier Rennen hintereinander mit demselben Reifensatz durchfahren.

Nachdem → Dunlop von 1961 bis 1965 das Monopol innehatte, waren anschließend auch die Konkurrenten → Goodyear und → Firestone mit von der Rennpartie und der sogenannte »Reifenkrieg« nahm seinen Anfang. Von nun an wurden die Gummimischungen immer komplexer, weil die Ingenieure enthusiastisch alle möglichen Experimente durchführten, um eine optimale Leistungsfähigkeit zu erreichen. 1970 lieferte Goodyear zum Saisonauftakt erstmals profillose → »Slicks«, die eine extreme Haftung aufbauten, an die Rennställe. Das führte zu immer schnelleren Rundenzeiten, aber auch zu einer enormen Kurzlebigkeit der Pneus. So gab es zum Beispiel 1975 beim Großen Preis von Deutschland 26 Reifenpannen beim Training sowie 12 im Rennen. Nachdem sich Dunlop und Firestone Anfang bzw. Mitte der siebziger Jahre wegen der hohen Entwicklungskosten von dem Mixturenkrieg aus Kautschuk und Chemikalien verabschiedeten, hatte der Gigant Goodyear kurzzeitig die Alleinherrschaft über die Verteilung des »schwarzen Goldes« an die Rennställe.

Doch 1977 kam der französische → Michelin-Konzern als Reifenpartner von → Renault in die Formel 1-Szene und setzte den amerikanischen Rivalen mit seinen neuartigen Radialreifen unter Zugzwang. Die Radialreifen waren hitzebeständiger, boten noch mehr Haftung, verlangten jedoch auch ein völlig neues System der Radaufhängung, weil das Ausbrechen der Fahrzeuge von diesem Reifentyp nicht mehr genau angezeigt wurde.

1978 war der Kampf der Gummigiganten auf dem Höhepunkt angelangt: Während Michelin mit Renault und → Ferrari nur zwei Rennställe belieferte und deswegen genügend finanzielle Kapazitäten für die Entwicklung zur Verfügung hatte, war Goodyear als Versorger für die anderen Rennställe nach eigener Aussage gezwungen, seine besten Reifenmischungen auch nur an die besten Teams weiterzugeben. Kleinere Rennställe wie → Shadow oder → ATS bekamen die schlechteren, sogenannten »Holzreifen« und schauten wettbewerbsmäßig in die Röhre. In den achtziger Jahren versuchte der italienische Hersteller → Pirelli ein Comeback und konnte den Konkurrenten Goodyear zumindest mit den → Qualifikationsreifen übertreffen.

Nach dem Rückzug von Pirelli am Ende der Saison 1991 durfte sich Goodyear wieder in der Rolle des Alleinlieferanten sonnen, doch nachdem Bridgestone 1997 besonders mit seinen Regenreifen überzeugen konnte, hatten die Amerikaner endgültig genug und überließen ein Jahr später den Japanern das Monopol, die sich wiederum für die Rückkehr von Michelin ab der Saison 2001 wappnen mussten. Die modernen Formel 1-Reifen bestehen materialmäßig aus den Komponenten Gummi, Karbon, Öl und Schwefel, und der jeweilige Prozentsatz ist von der gewünschten Stärke und Haftung abhängig.

In der Saison 2000 gab es neben den Regenreifen noch Trockenpneus mit vier Gummimischungen von hart, medium, soft bis extra-soft. Zudem sind insbesondere die → Felgen immer wichtiger geworden, weil diese für eine Gewichtseinsparung bis zu 4 Kilo pro Rad sorgen können. Ein Rad an einem Formel 1-Wagen wiegt durchschnittlich 14 Kilogramm und pro Rennen benötigt ein Rennstall ca. 40 Sätze Felgen und Reifen.

Da die Rennstrecken der Formel 1 unterschiedliche Anforderungen an die Reifen stellen, entscheidet der Reifenlieferant, welche Mischungen zum Rennwochenende mitgenommen werden.

Vor dem → Qualifying müssen sich dann die Teams für weiche oder harte Gummis entscheiden und dann für den Rest des Wochenendes dabei bleiben. Die richtige Reifenwahl ist für ein Team von enormer Bedeutung, denn eine falsche Entscheidung sorgt für ein schlecht ausbalanciertes Auto und minimale Erfolgschancen. Rennstrecken wie → Catalunya, → Silverstone und → Spa-Francorchamps sind sehr reifenverschleißend und deswegen werden hier ausnahmslos härtere Mischungen verwendet.

Reims (Rennstrecke)

Grand-Prix-Bezeichnung:
Großer Preis von Frankreich
Streckenlänge: 7,815 km (1950–1951),
8,347 km (1953), 8,302 km (1954–1966)
Renndistanz: 48 Runden = 398,496 km
Erstes Formel 1-Rennen: 1950
Letztes Formel 1-Rennen: 1966
Gesamtzahl GP: 11
Erster Sieger: Juan-Manuel Fangio (1950)
Häufigster Sieger: 3 x Juan-Manuel Fangio
(1950, 1951; mit Luigi Fagioli, 1954)
GP-Unfälle mit tödlichem Ausgang:
Luigi Musso (1958/Rennen)

1925 aus einem Dreieck öffentlicher Straßen in der Champagne gebaut, war Reims 1950 Schauplatz des ersten Großen Preises von Frankreich zu Beginn der Fahrerweltmeisterschaft. Reims war inbesondere durch die Tjillois-Gerade gekennzeichnet, wo es in den fünfziger Jahren packende → Windschatten-Duelle zu beobachten gab. Weil es sich bei Reims nicht um eine permanente Rennstrecke han-

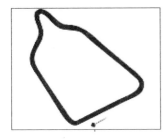
Reims

delte, bekamen die Veranstalter immer größere Probleme mit der Organisation und so fand 1966 hier letztmalig ein Formel 1-Rennen statt. Seitdem ist die Strecke zusehends verfallen und nur noch verwitterte Ruinen zeugen von den großen Rennsportveranstaltungen, die hier einmal stattgefunden haben.

Renault
(Rennwagenfirma, Motorenhersteller)

GP-Rennen in der Fahrer-WM: 123 (1977–1985)
Pole Positions: 32
Siege: 15
WM-Punkte: 312,0
Beste Platzierung in der Konstrukteurswertung:
Vizeweltmeister 1983
Bekannteste Fahrer: Rene Arnoux,
Jean-Pierre Jabouille, Alain Prost, Patrick Tambay
Erfolgreichste Fahrer: Alain Prost, Rene Arnoux,
Jean-Pierre Jabouille
Internet: www.renault.de

Der französische Staatskonzern war in den siebziger Jahren mit seinen Fahrzeugen ein Turbo-Pionier, doch die Früchte ernteten andere Teams. Erst in den neunziger Jahren kam man als Motorenlieferant für → Williams und → Benetton endlich zu Meisterehren. Renaults Ehrgeiz, sich auch in der Formel 1 zu versuchen, resultierte aus den 1972 eingesetzten Renault-Alpine-Sportwagen, die von einem Renault-→ Gordini-Motor angetrieben wurden. Drei Jahre später wurde eine erste → Turbolader-Version dieses Aggregats auch für For-

Start zum Grand Prix in Reims 1961

mel 2-Monoposti eingesetzt. 1977 in → Silverstone tauchte dann erstmals ein Renault-Bolide mit der Bezeichnung RS 01 auf und bestach durch eine attraktive Karosserie und den ersten Turbomotor in der Formel 1-Geschichte. Mit Jean-Pierre → Jabouille am Steuer gab es aber in den fünf Versuchen nichts weiter als Materialdefekte sowie eine Nichtqualifikation in Kanada.

Eine Saison später konnte man sich zumindest im Training steigern, erlebte aber im Rennen zumeist → Motoren- und Laderschäden. Jabouilles vierter Platz in → Watkins Glen sorgte aber für einen etwas versöhnlichen Saisonabschluss.

Schon begann sich der Branchenspott über Renaults Versuche, die Turbo-Technik in der Formel 1 zu etablieren, auszubreiten, als Jabouille 1979 ausgerechnet in Frankreich mit dem von Michel Tetú entwickelten → Groundeffect-Boliden RS 10 sowie dem mit zwei Abgasturboladern bestückten V6-Motor der langersehnte Sieg gelang. Der dritte Platz von →
Rene Arnoux im gleichen Rennen rundete das erfolgreiche Resultat ab. Mit einem aerodynamisch verbesserten Rennwagen sowie Modifikationen an den Turbo-Motoren schien Renault in der 80er Saison durch die anfänglichen Siege von Arnoux in Brasilien und Südafrika sogar ins Titelrennen eingreifen zu können. Doch zahlreiche Materialschäden ließen im Verlauf der Saison nur noch Jabouille in Österreich Siegeslorbeer ernten. 1983 stand man durch technische Raffinements wie Karbonfiber-Gestelle und Abriebsverstärker kurz vor dem Triumph. Alain → Prost gewann vier Große Preise, aber letztendlich verhinderte die oftmalige Überhitzung des Turbo-Aggregats den schon sicher geglaubten Erfolg. Die Folge waren teaminterne Querelen, denen zufolge Prost zu → McLaren flüchtete, weil er sich zum Sündenbock gestempelt fühlte.

Danach war die Luft bei Renault raus und bis 1985 dümpelte man dahin, bis der neue Renault-Direktor, ein erklärter Gegner der Formel 1-Engagements, den Rückzug befahl.

1984 ging es bei Renault mit dem RE 50 leistungsmäßig stark bergab

Die Abteilung für die Entwicklung der Turbo-Motoren bestand jedoch weiterhin und so wurde nun an → Lotus, → Ligier und → Tyrrell ausgeliefert. Lotus konnte mit dem V6 vier Rennen gewinnen, doch Ende 1986 war auch damit Schluss.

Drei Jahre später wurde man aber wieder Motorenlieferant für → Williams und bis 1992 hatte man den Zehnzylinder so weit entwickelt, dass er für den englischen Rennstall zum Titelgaranten wurde. Die Renault-Motoren avancierten zum begehrtesten Motorenpartner und verhalfen auch → Benetton und Michael → Schumacher 1995 zu Fahrer- und Konstrukteurstitel. Nach sechs Meistertiteln erfolgte 1997 der erneute Ausstieg, denn für das Werk gab es nichts mehr zu gewinnen. Die Renault-Technologie wurde aber von den Firmen → Mecachrome und → Supertec genutzt, wenn auch längst nicht so erfolgreich.

Ab der Saison 2001 wird Renault ein erneutes Comeback als Motorenpartner für Benetton geben, ehe man anschließend den kompletten Rennstall übernehmen wird.

Rennabbruch
Wenn die → Marshalls an der Strecke rote Flaggen schwenken, wissen die Zuschauer und Piloten, dass das Rennen aufgrund eines Unfalls oder anderer rennbehindernder Umstände abgebrochen ist.

Die Fahrer müssen sofort ihre Geschwindigkeit reduzieren und ihre Boxen ansteuern. Anschließend gibt es mehrere Möglichkeiten der weiteren Verfahrensweise:

Sind vorher weniger als zwei Runden gefahren worden, erfolgt ein → Neustart

Bei mehr als zwei gefahrenen Runden, jedoch einer bisher zurückgelegten Renndistanz, die unter 75 % der Gesamtdistanz liegt, kann ebenfalls ein Neustart erfolgen. Sind bei einem Rennabbruch weniger als 50 % der Gesamtdistanz erfolgt und kann aufgrund verschiedenster Umstände kein Neustart mehr erfolgen, wird der zu diesem Zeitpunkt erfolgte Zieleinlauf gewertet und die Punktzahl halbiert. Wird das Rennen neu gestartet, werden die Zeiten aus den beiden Teilrennen gewertet. Sind mehr als 75 % der Renndistanz absolviert, wird das Rennen komplett gewertet und alle Fahrer in den ersten sechs Positionen bekommen die volle Punktzahl zugesprochen.

Rennarzt
Ein Rennarzt in der Formel 1 ist für die medizinische Versorgung der Piloten bei einem Unfall zuständig. Zudem entscheidet er, ob ein Pilot nach einem Unfall beim Training an einem Rennen teilnehmen darf oder nicht, unabhängig davon, inwieweit der Betroffene selbst seine eigene Fitness einschätzt. Nelson → Piquet wollte 1987 nach seinem Trainings-Unfall in → Imola am nächsten Tag zum Rennen antreten. Doch obwohl der Brasilianer behauptete, körperlich in einwandfreiem Zustand zu sein, erhielt er von Prof. Watkins ein Startverbot. Zunächst verärgert, bestätigte der Brasilianer Monate später die Richtigkeit der ärztlichen Maßnahme.

Der Rennarzt kontrolliert auch regelmäßig die medizinischen Einrichtungen an jeder Strecke, die seinen strengen Sicherheitsstandards entsprechen müssen. Seit 1978 ist einer der führenden Neurochirurgen Europas, Professor Syd Watkins, für die medizinische Betreuung zuständig. Watkins hat seine Erfahrungen und Erlebnisse in dem 1997 veröffentlichten Buch »Triumphe und Tragödien in der Formel 1« veröffentlicht.

Rennbekleidung
Konnte sich 1958 Mike → Hawthorn noch mit Anzug und Fliege in den Rennwagen setzen, so ist heute die Rennkleidung in der Formel 1 von der → FIA vorgeschrieben.

Sie muss feuerfest sein und besteht aus Unterwäsche, Socken, Schuhen, → Balaclava, → Handschuhen, Helm und Overall. Der Körper des Fahrers muss dabei komplett von den Schutzmaterialien bedeckt sein.

Renndistanz
Die Renndistanz ergibt sich aus der Rundenzahl und der auf jeder Strecke unterschiedli-

chen Anzahl von Kilometern. Wurde auf dem → Nürburgring 1954 noch eine Renndistanz von über 500 km/h erreicht, so wurde in der Saison 2000 mit 311 km/h die größte Renndistanz in → Suzuka *zurückgelegt*.

Von der → FIA ist gegenwärtig eine Rennlänge von mindestens 305 Kilometern sowie eine Renndauer von maximal zwei Stunden festgelegt.

Rennende

Bei Rennende werden zunächst der Führende mit der schwarz-weiß-karierten Flagge angezeigt und anschließend die nachfolgenden Fahrzeuge, unabhängig davon, in welcher Runde sie sich befinden.

Renningenieur

Der Renningenieur ist einer der entscheidenden Verantwortungsträger innerhalb eines Rennstalls. Basierend auf den Aussagen seiner Piloten, ist er für die Wagenabstimmung von der Flügeleinstellung bis zur Regenabstimmung verantwortlich. Er ist für den größten Teil der Testfahrten zuständig, in denen neue Entwicklungen getestet oder vorhandene Probleme beseitigt werden.

Rennsportmuseen

Auf vielen Rennstrecken der Welt gibt es Ausstellungsräume, die sich mit Vergangenheit und Gegenwart des Rennsports befassen.

In Deutschland existieren am → Hockenheimring und → Nürburgring Rennsportmuseen, die in wechselnden Ausstellungen den Besuchern verschiedene Exponate von Sportwagen bis zu Grand-Prix-Fahrzeugen zur Ansicht bereitstellen. Technische Schaustücke wie Vergaser, Motoren und Bremsen sowie Multimedia-Shows über die Rennsportgeschichte runden das Angebot für die Interessenten ab.

Eine besondere Stellung nimmt in Deutschland das Museum für Rennsportgeschichte in der Villa Trips ein. In Kerpen-Horrem, dem Geburtsort des 1961 tödlich in → Monza verunglückten GP-Fahrers Wolfgang Graf Berghe

Immer dem Piloten gut zuhören, Herr Renningenieur – das kann rennentscheidend sein

→ von Trips, errichtete Reinold Louis, Vorsitzender der »Gräflich Berghe von Tripsschen Sportstiftung zu Burg Hemmersbach«, in einer als Alterssitz geplanten Villa der Eltern des Renngrafen ein Domizil, das sich speziell mit der sportlichen Laufbahn von Graf Trips beschäftigt.

Der Besucher kann auf zwei Stockwerken die sorgfältig ausstaffierten Originalstücke aus der Trips-Zeit durchstöbern oder sich in der riesigen Bibliothek durch 100 Jahre Rennsportgeschichte schmökern.

Repco (Motorenhersteller)

GP-Rennen in der Fahrer-WM: 33 (1966–1969)
Pole Positions: 7
Siege: 8
WM-Punkte: 175
Rennwagen: Brabham

Als 1966 die neue 3,0-Liter-Formel eingeführt wurde und eine neue Generation von Triebwerken erforderte, entwickelte sich der Repco-V8-Motor zum Überraschungs-Aggregat der Saison.

Der von der Melbourner Autozubehörfirma Repco entwickelte und auf einem Oldsmobile-V8-Motor basierende, 300 PS starke Motor erwies sich als einfach, leicht und zuverlässig. Obwohl leistungsmäßig der schwächste Motor im Feld, kam das Repco Modell 740 im Heck von Jack → Brabhams Eigenkonstruktion 1966 zum überraschenden Titelgewinn.

Auch in der nächsten Saison konnten Denis → Hulme und Jack Brabham mit dem Repco-Motor erneut Fahrer- und Konstrukteurstitel einkassieren.

Doch schon ein Jahr später war es vorbei mit den Erfolgen, denn das neue Modell 860 mit jetzt vier Ventilen pro Zylinder entpuppte sich unerwarteterweise als unzuverlässig. Aus dieser Enttäuschung heraus und weil mittlerweile der Entwicklungsvorsprung des → Cosworth-Motors kaum noch einholbar war, wurde das Ende der Repco-Ära eingeleitet. 1969 war Sam Tingle letztmalig mit einen Brabham-Repco bei einem Formel 1-Rennen unterwegs und wurde Achter.

Re-Start

International verwendete Bezeichnung für einen → Neustart.

Reutemann, Carlos (Pilot)

Geboren: 12.04.1942 in Santa Fé/Argentinien
GP-Rennen in der Fahrer-WM: 46 (1972–1982)
Pole Positions: 6
Siege: 12
WM-Punkte insgesamt: 310
Beste WM-Platzierung im Gesamtklassement: Vizeweltmeister 1981
Rennwagen: Brabham, Ferrari, Lotus, Williams
Internet: www.senado.gov.ar

»El Lole« zählte in seiner gesamten Laufbahn zu den Top-Piloten der Formel 1 und scheiterte am fast sicheren WM-Titel nur aufgrund seines mangelhaften Nervenkostüms.

Reutemann, Sohn eines Viehzüchters, gab mit 23 Jahren sein Motorsport-Debüt bei Tourenwagen-, Langstrecken- und Straßenrennen in Südamerika. 1967 eroberte er sich den Titel des argentinischen »Turismo Carretera Champion« für modifizierte Fahrzeuge.

Er wurde in seiner Heimat als große Motorsporthoffnung gehandelt und 1970 mit Hilfe des argentinischen Automobilklubs in die europäische Formel 2 befördert. 1971 lieferte er sich hier einen harten Kampf mit Ronnie → Peterson um die Meisterschaft, dem er nur knapp unterlag und erhielt von → Brabham für 1972 einen Vertrag für die Formel 1.

Bei seinem Debüt beim Großen Preis von Argentinien stellte er seinen Wagen direkt auf die → Pole Position – außer ihm schafften das bisher nur Mario → Andretti sowie Jacques → Villeneuve. Diese Trainingsleistungen konnte er vorerst nicht wiederholen und der Argentinier schaffte in den nächsten neun Rennen dieser Saison nur einmal einen 4. Platz.

1973 stieg die Leistungskurve mit 16 WM-Punkten etwas an, ehe er 1974 zwei Siege feiern konnte und in der Gesamtwertung einen ausgezeichneten sechsten Platz belegte.

Reutemann galt, ungeachtet der guten Platzierungen, in der Fachwelt als hypersensibler und zugleich launischer Fahrer, der nach

Glanzleistungen immer wieder in Lethargie zurückfiel. 1975 war er mit einem Sieg beim Großen Preis von Deutschland und zahlreichen guten Platzierungen in den Punkten bereits Gesamtdritter.

Ein Jahr später entfernte sich Reutemann mit dem Brabham immer mehr von Spitzenresultaten und wechselte deshalb 1977 als Teamkollege von Niki → Lauda zu → Ferrari.

Der Österreicher hatte noch mit den Folgen seines schweren Nürburgringunfalls zu kämpfen, Reutemann versuchte aus dieser Tatsache Kapital zu schlagen und das Team für sich zu gewinnen. Er gewann den dritten Lauf in Brasilien und schien sich eine Vormachtstellung sichern zu können, was Lauda dazu veranlasste, den Argentinier später als »unerquicklichen, kalten Burschen« zu bezeichnen, der als Fahrer »gut, aber keine Sensation« war.

Lauda erholte sich aber wieder und drängte Reutemann in die zweite Position zurück. Der Argentinier gewann in dieser Saison kein Rennen mehr und Lauda war am Ende der Saison erneut Weltmeister. 1978 erhielt Reutemann den Neuling »Gilles« → Villeneuve als Teamkollegen und verstand sich wider Erwarten mit dem Kanadier ausgezeichnet.

In dieser Saison eroberte der Argentinier zwei Pole Positions, gewann vier Große Preise und wurde wieder Dritter im Endklassement.

Da Ferrari trotz Reutemanns Erfolgen unbedingt Jody → Scheckter holen wollte, unterschrieb der Argentinier für die kommende Saison bei → Lotus und erlebte hier den Tiefpunkt seiner Karriere. Der neue Wagen war schwach, mit Teamkollegen Mario → Andretti lag er im ständigen Clinch und am Ende der Saison hatte er enttäuschende 20 WM-Punkte auf dem Konto. Gegen den erklärten Widerstand von Stammpilot Alan → Jones kam Reutemann 1980 zu → Williams und wurde mit einem Sieg sowie 42 Punkten Gesamtdritter, während Kollege Jones die Weltmeisterschaft gewann. In der Saison 81 hatte Reutemann den Status als Nummer 2 satt und entgegen der Stallorder ließ er Jones beim Großen Preis in Brasilien nicht überholen und fuhr als Sieger über die Ziellinie.

Damit hatte er sich für den Rest der Saison den Zorn seines »Teamgefährten« zugezogen, der nur noch darauf lauerte, dem verhassten Rivalen in irgendeiner Weise zu schaden. Reutemann fühlte sich unschuldig und sah sich lediglich als Rennfahrer, der einfach nur gewinnen wollte.

Zunächst lief alles nach Plan, denn Reutemann siegte auch beim Großen Preis von Belgien und lag in der WM mit großem Vorsprung in Führung. Vor seinem Ausfall beim Großen Preis von Holland hatte er in fünfzehn aufeinanderfolgenden Rennen gepunktet, was heute noch Rekord ist.

Vom Team wenig unterstützt, sammelte er trotzdem weiter Punkte um Punkte, doch da er nach dem fünften Lauf in Belgien nicht mehr siegen konnte, schmolz der Vorsprung all-

Carlos Reutemann: Vom Formel 1-Piloten zum Präsidentschaftsanwärter

mählich dahin und vor dem Saisonfinale war Nelson → Piquet bis auf einen Punkt herangekommen. Der »für einen Rennfahrer ungewöhnlich komplexe und sensible« Argentinier antwortete auf den drohenden Verlust des Titels vor dem letzten Rennen mit einer Pole Position. Aber im Rennen mutierte seine Fahrt zu einer desaströsen Demonstration blank liegender Nerven, was ihn bis auf den siebten Platz zurückfallen ließ und »zu einer tiefen Tragödie im Leben eines großen Rennfahrers« wurde. Piquet reichte ein fünfter Platz für den Gewinn des WM-Titels und Reutemann selber entschuldigte die schwache Leistung mit Getriebeproblemen. Der Argentinier erntete keinerlei Mitleid von den Fahrerkollegen und er selbst sprach von der »bösesten Enttäuschung meines Lebens«.

Der Stachel saß tief, ein Jahr später erklärte Reutemann kurz nach Saisonbeginn seinen Rücktritt und kehrte auf seine argentinische Farm zurück. Anschließend machte er Karriere in der Politik und stieg zum Gouverneur seiner Heimatprovinz auf, in der er lange als Präsidentschaftskandidat gehandelt wurde.

Revson, Peter (Pilot)
Geboren: 27.02.1939 in New York/USA
Gestorben: 22.03.1974 in Kyalami/Südafrika
GP-Rennen in der Fahrer-WM: 30 (1964–1974)
Pole Positions: 1
Siege: 2
WM-Punkte insgesamt: 61
Beste WM-Platzierung im Gesamtklassement:
Fünfter (1972, 1973)
Rennwagen: Lotus, Tyrrell, McLaren, Shadow
Der smarte Amerikaner aus begütertem Hause schaffte nach einer siebenjährigen Formel 1-Pause den Anschluss an die Spitze, nur um sich dann auch in die Statistik der zahlreichen Rennsporttoten einzureihen.

Revson stammte aus dem Kosmetik-Konzern Revlon und sollte nach dem Willen seiner Eltern Ingenieurwesen studieren. Zu dieser Zeit nahm er schon heimlich an Rennen teil und 1961 folgten erste Siege bei Sportwagenrennen. Der »Rennfahrer aus den Drehbüchern Hollywoods« riskierte ein Jahr später den Sprung nach Europa, aber sein erstes Formel 1-Engagement bei → Lotus entwickelte sich 1964 zu einer freudlosen Angelegenheit. Nichtqualifikationen, Ausfälle und einige Platzierungen im unteren Mittelfeld zwangen Revson zur Aufgabe. Anschließend verdingte er sich bei Formel 2- und Sportwagenrennen, wo ihm einige gute Platzierungen gelangen.

1971 wurde er dann mit einem → McLaren Champion in der CanAm-Meisterschaft und Zweiter bei den 500 Meilen von → Indianapolis. Revson, Anfang der Siebziger vom Frauenmagazin »Esquire« zu einem der zehn bestangezogenen Sportler Amerikas gewählt, bat McLaren-Chef Teddy Mayer um eine zweite Formel 1-Chance, nachdem er zuvor 1971 beim Großen Preis in → Watkins Glen mit → Tyrrell ein Kurz-Comeback feiern konnte.

Nach längerem Zögern willigte Mayer ein und Revson saß 1972 nach sieben Jahren wieder als Vollzeitfahrer in einem Werksteam. Beim ersten Lauf in Argentinien sicherte er sich den 3. Startplatz, fiel aber im Rennen mit Motorschaden aus. Doch im Verlauf der Saison erreichte er mehrere Podestplatzierungen und war am Ende mit 23 Punkten Gesamtfünfter.

Obwohl er in der nächsten Saison sogar zweimal siegen konnte und dem Team dank seines weltgewandten Auftretens zwei potente → Sponsoren vermitteln konnte, wurde sein Vertrag nicht mehr verlängert, weil McLaren statt seiner Emerson → Fittipaldi haben wollte. Verhandlungen mit → Ferrari zerschlugen sich und Revson kam notgedrungen als Nummer-1-Fahrer bei → Shadow unter. Die Saison 1974 begann vielversprechend mit einem 4. sowie 6. Startplatz bei den Großen Preisen in Argentinien und Brasilien, aber beide Rennen konnte Revson nicht beenden.

Eine Woche vor dem → Grand Prix in → Kyalami begab sich der Amerikaner zwecks Reifentests auf den südafrikanischen Rennkurs. Bei Tempo 220 brach der Bolzen des Vorderrades, der Shadow prallte frontal gegen eine Leitplanke und ließ Revson keine Überlebenschance.

Rial (Rennwagenfirma)
GP-Rennen in der Fahrer-WM: 20 (1988–1989)
Pole Positions: 0
Siege: 0
WM-Punkte: 6
Beste Platzierung in der Konstrukteurswertung:
Neunter 1989
Bekannteste Fahrer: Andrea de Cesaris,
Christian Danner, Bertrand Gachot
Erfolgreichste Fahrer:
Andrea de Cesaris, Christian Danner

Auch bei seinem zweiten Anlauf als Formel 1- → Teamchef bekleckerte sich Günter Schmid nicht mit Ruhm. Nach vielversprechenden Anfängen ging das Rial-Team in der zweiten Saison durch Streit, Frust und Erfolglosigkeit zugrunde.

Trotz seiner wenig ergiebigen Jahre als Chef des → ATS-Rennstalls wagte der Leichtmetallfelgen-Produzent Günter Schmid 1988 einen zweiten Versuch mit einem deutschen Formel 1-Team in der Königsklasse. Und diesmal schien alles ein wenig besser durchdacht, denn Schmid angelte sich mit dem ehemaligen → Ferrari-Konstrukteur Gustav → Brunner einen fähigen Mitarbeiter und butterte mehrere Millionen in das Projekt. Das Team wurde straff organisiert und man konzentrierte sich klugerweise nur auf ein Fahrzeug, das der erfahrene, aber auch als reichlich ungestüm bekannte Andrea → de Cesaris lenkte.

Für die Saison 1988 konstruierte Brunner den ARC01, welcher wegen seiner Ähnlichkeit zu den roten Rennern »der blaue Ferrari« genannt wurde.

Mit dem konventionellen Fahrzeug, das mit einen → Cosworth-Motor versehen war, lag de Cesaris bei seinem ersten Rennen längere Zeit auf Platz 6 und auch in den nächsten Rennen, wo der Italiener in → Detroit auf Platz 4 kam, lief es recht ordentlich.

Auch wenn es in den letzten sieben Rennen sechs Ausfälle gab, schien Schmid seine Aussage »Die Fehler, die ich in den frühen 80er Jahren beging, werde ich nicht noch einmal begehen« wahr zu machen. Allerdings gab es noch in der laufenden Saison den Abgang von Brunner zu → Zakspeed zu beklagen. Trotzdem scheute Schmid nicht davor zurück, jetzt zwei Fahrzeuge einzusetzen, für die der bis dato etwas glücklose frühere Formel 3000-Europameister Christian → Danner sowie das Formel 1-Greenhorn Volker → Weidler geholt wurden.

Die neuen Konstrukteure Stefan Faber und Bob Bell werkelten daran, um das Brunner-Modell aufzupeppen und dann als ARC2 zu deklarieren. Das Elend nahm schon früh seinen Lauf, als beim ersten Rennen Christian Danner im Training nur auf Startplatz 17 stand und der bedauernswerte Weidler gar nicht erst die → Vorqualifikation überstand.

Obwohl Weidler in seinen neun Versuchen kein einziges Mal die Qualifikationshürde überwand und auch der Münchener Sunnyboy des öfteren zuschauen musste, gab es für das Team doch Grund zum Jubel, weil Danner beim Rennen in Detroit vom letzten Startplatz auf den vierten Platz vorfuhr und dem Team damit lebenswichtige Punkte sicherte.

Dank gab es dafür keinen von Schmid, denn als sich Danner anschließend siebenmal nicht qualifizieren konnte, wurde er von dem »oft chaotisch dirigierenden Felgen-König« gefeuert. Schon vorher hatte Weidler seinen Helm nehmen müssen, um dem Ex-→ Coloni-Piloten Pierre-Henri Raphanel Platz zu machen. Für Danner gab dann Gregor Foitek in Spanien ein kurzes, erfolgloses Gastspiel, um danach von Bertrand → Gachot abgelöst zu werden. Diese chaotischen Fahrerwechsel endeten für Rial immer in der Nichtqualifikation für die Rennen.

Schmid, der anfangs für die Pleitenserie ausschließlich den Piloten schuld gegeben hatte, dämmerte es nun allmählich, dass die Probleme vielleicht auch am Wagen liegen könnten. Nach genaueren Untersuchungen stellte sich schließlich heraus, dass die → Chassis von den Zulieferern miserabel verarbeitet waren.

Aber diese Erkenntnis kam zu spät, denn Schmid hatte genug von der Erfolglosigkeit in der Formel 1 und zog den Rennstall am Ende der Saison 1989 zurück. Immerhin konnte der

Rial-Rennwagen noch eine Zeitlang als Miniaturmodell für Carrera-Bahnen überleben.

Später gab es noch zaghafte Versuche von Schmid, marode Rennställe wie → Tyrrell oder → March aufzukaufen, doch Bernie → Ecclestone hatte bereits scherzhaft gedroht, ihn bei einer nochmaligen Rückkehr als Teamchef »einsperren« zu lassen.

Rindt, Karl Jochen (Pilot)
Geboren: 18.04.1942 in Mainz/Deutschland
Gestorben: 05.09.1970 in Monza/Italien
GP-Rennen in der Fahrer-WM: 60 (1964–1970)
Pole Positions: 10
Siege: 6
WM-Punkte insgesamt: 109
Beste WM-Platzierung im Gesamtklassement:
Weltmeister 1970
Rennwagen: Brabham, Cooper, Lotus
Internet: www.uic.edu/~wap/Jochen.html
(Tribute-Page)

Der bis heute als einziger posthum zum Weltmeister erklärte Österreicher mit Geburtsort Mainz kämpfte sich in der Formel 1 jahrelang unermüdlich durch Pleiten, Pech und Pannen und durfte die Erfüllung seines großen Traumes nicht mehr persönlich miterleben.

Jochen Rindt verlor seine Eltern, die eine Gewürzmühle besaßen, während des Zweiten Weltkrieges bei einem Luftangriff in Hamburg.

Er lebte fortan bei den Großeltern in Graz und wurde dadurch später ein bekennender Österreicher.

Als Internatsschüler ein Fan des deutschen Formel 1-Idols Wolfgang Graf Berghe → von Trips, entschloss er sich nach dessen Tod in → Monza ebenfalls Rennfahrer zu werden.

Bei einem Flugplatzrennen in Innsbruck setzte er sich erstmals in einen Rennwagen und nach Formel-Junior-Rennen kaufte er mit den Gewinnen der hinterlassenen Gewürzmühle Klein & Rindt einen Formel 2-Wagen von Jack → Brabham, mit dem er gleich einen Sieg in dieser Klasse feiern konnte.

Noch im selben Jahr erlebte er, ebenfalls auf Brabham, beim Großen Preis von Österreich seine Formel 1-Premiere.

In diesem Rennen lag er zeitweise in den Punkterängen, bis ihm die Lenkung brach. Für diese starke Leistung gab man Rindt bei → Cooper einen Vertrag für die → Grand-Prix-Saison 1965. Der Cooper war aber nur mittelmäßig und außer einem 4. und 6. Platz gab es neben Platzierungen im Mittelfeld zumeist Ausfälle. Doch Rindt siegte nebenher bei einigen Formel 2-Läufen sowie zusammen mit Masten Gregory auf einem → Ferrari bei den 24 Stunden von → Le Mans.

1966 gewann er immer noch keinen Großen Preis, wurde aber durch zahlreiche gute Platzierungen in der WM-Gesamtwertung Dritter.

Rindt, ein klassischer Einzelgänger, der unter seinen Rennfahrerkollegen nur zu Jackie → Stewart ein freundschaftliches Verhältnis entwickelte, erlebte 1967 ein wahres Katastrophenjahr: Neben zwei vierten Plätzen fiel er in allen anderen Rennen aus. Der »einsame Wolf« wechselte dann für die nächste Saison zu Brabham mit fast identischem Ergebnis, weil er bis auf einen dritten Platz kein Rennen beenden konnte. Rindt war frustriert, denn er wollte mit allen Mitteln Weltmeister werden und entschied sich 1969 für ein Engagement bei → Lotus. Bei diesem Rennstall holte er sich gleich in den ersten beiden Rennen die → Pole Position, doch haarsträubende Unfälle, bei denen er Nasenbeinbrüche und Gehirnerschütterungen davontrug, ließen ihn seine Entscheidung bald bereuen.

Die Stimmung bei Lotus war auf dem Tiefpunkt, bis Chapman dem Österreicher versprach, ihm für die nächste Saison ein stabileres und besseres Auto zu konstruieren.

Noch in der 69er-Saison kamen dann die lange erhofften Ergebnisse: In Monza wurde Rindt Zweiter, in Kanada Dritter und beim Großen Preis in → Watkins Glen gelang ihm endlich der sehnlichst herbeigewünschte Sieg.

Obwohl es für die nächste Saison auch Angebote von Brabham und → March gab, entschied sich Rindt bei Lotus zu bleiben, denn nur bei diesem Rennstall schien der Titelgewinn realistisch. Rindt war jetzt in seiner Heimat ein Superstar, der mit langem Filzhaar,

Jochen Rindt ist bis heute der einzige posthum geehrte Formel 1-Weltmeister

Pelzmantel und Sonnenbrille einem Pop-Idol entsprach, obwohl er dies von seiner Mentalität her in keiner Weise war.

Mit dem neuen Lotus 72 ging der Österreicher als Titelfavorit in die Saison 1970, doch als er beim ersten Lauf nur 13. wurde und im zweiten Rennen ausfiel, sah die Lage wieder düster aus. Der Österreicher entschied sich deswegen, wieder den alten Lotus 49 zu benutzen. In Monaco stand er auf dem 8. Startplatz und sah für sich keinerlei Siegchancen. Doch als alle Favoriten vor ihm ausfielen, hatte Rindt in der 60. Runde nur noch Jack Brabham vor sich und als dieser sich in der letzten Kurve vor dem Ziel drehte, kam der Österreicher zu seinem zweiten Grand-Prix-Sieg.

Beim nächsten Lauf in Belgien fiel er zwar mit Motorschaden aus, doch anschließend gewann er die nächsten vier Rennen und führte die Weltmeisterschaft mit großem Vorsprung an. Am → Hockenheimring feierte er einen großartigen Triumph vor begeisterten 100 000 Zuschauern und Rindt schien sich jetzt vom Pechvogel zum Glückskind entwickelt zu haben. Verheiratet mit der attraktiven Nina, die immer mit großem Hippie-Hut bei den Rennen auftauchte, hatte er den WM-Titel so gut wie sicher.

In Monza wollte er alles klar machen, doch beim Training brach im Lotus die Bremswelle, der Wagen fuhr in die → Leitplanken und beim Aufprall durchtrennte das scharfkantige Armaturenbrett die Luftröhre von Rindt.

Sein Punktevorsprung war jedoch groß genug, um von dem schärfsten Konkurrenten Jacky → Ickx in den restlichen Rennen nicht mehr eliminiert werden zu können.

Die Formel 1 hatte nun erstmals einen toten Weltmeister und in einem Nachruf auf Jochen Rindt heißt es:

»Man hat den Eindruck, dass es Männern wie ihm nicht nur um Siege geht, auch nicht um die Erprobung der Technik, sondern, dass sie im Rausch der Geschwindigkeit mehr oder weniger bewusst ihr Leben aufs Spiel setzen müssen um das Bewusstsein des Lebens erst recht genießen zu können.«

Riverside (Rennstrecke)
Grand-Prix-Bezeichnung: Großer Preis der USA
Streckenlänge: 5,271 km
Renndistanz: 75 Runden = 395,295 km
Erstes Formel 1-Rennen: 1960
Letztes Formel 1-Rennen: 1960
Gesamtzahl GP: 1
Sieger: Stirling Moss (1960)

Ca. 60 Meilen östlich von Los Angeles wurde die Rennstrecke 1957 in der kalifornischen Wüste eröffnet. Der staubige Landstraßenkurs war nur einmal Austragungsort eines amerikanischen → Grand Prix und geprägt durch eine extrem lange Gerade, die in eine U-förmige Rückführung zum Ziel mündete.

Aber das reichte aus, um in die Annalen der Formel 1-Geschichte einzugehen, denn mit Phil → Hill auf → Ferrari gewann 1960 erstmals ein amerikanischer Pilot einen Grand Prix außerhalb von → Indianapolis und es war der allerletzte Sieg eines Rennwagens mit Frontmotor.

Seither war Riverside Schauplatz für Stock-Car-Rennen, TransAm und CanAm-Rennen, aber nie mehr für die Formel 1.

Rodriquez, Pedro (Pilot)
Geboren: 18.01.1940 in Mexico City/ Mexiko
Gestorben 11.07.1971 in Nürnberg/ Deutschland
GP-Rennen in der Fahrer-WM: 54 (1963–1971)
Pole Positions: 16
Siege: 2
WM-Punkte insgesamt: 71
Beste WM-Platzierung im Gesamtklassement:
Sechster (1967, 1968)
Rennwagen: Lotus, Ferrari, Cooper, BRM

Der Liebhaber von Luxus und Tabasco musste sich in seinen Formel 1-Jahren zumeist mit unterlegenem Material herumschlagen.

Er schaffte dennoch zwei Siege und verlor sein Leben bei einem unbedeutenden Sportwagenrennen. Pedro Rodriquez wuchs zusammen mit Bruder Ricardo als Sohn eines wohlhabenden mexikanischen Geschäftsmannes auf. Der rennsportbegeisterte Vater unterstützte von frühester Kindheit an die Rennsportambitionen seiner Zöglinge.

Im Alter von 12 Jahren bekam Pedro ein Motorrad geschenkt und beteiligte sich an Zweiradrennen, bei denen er 1954 mexikanischer Motorradweltmeister wurde. 1955 und 1956 folgten Sportwagenwettbewerbe und der Klassensieg in Mexico-City. Mit seinem Bruder Ricardo fuhr er zusammen bei den 24 Stunden von → Le Mans, den 12 Stunden von → Sebring sowie dem 1000-km-Rennen am → Nürburgring, wo beide stets auf den vorderen Plätzen landeten.

1961 erhielten die beiden Brüder ein Angebot von → Ferrari, aber im Gegensatz zu Bruder Ricardo sagte Pedro ab, weil er sich nicht sicher war, ob er das Rennfahren zum Beruf machen sollte. Nur halbherzig studierte er Betriebswirtschaft und war in erster Linie mit dem Import europäischer Automarken nach Mexiko beschäftigt. Nach dem Tod seines Bruders Ricardo im Jahre 1962 trug sich Pedro mit dem Gedanken, ganz mit der Rennfahrerei aufzuhören. Doch ein Sieg beim Sportwagenrennen in Daytona linderte den Schmerz und Pedro wollte sich endlich von den Vergleichen mit seinem Bruder befreien, den man im allgemeinen als talentierter eingestuft hatte.

1963 debütierte Rodriquez beim Großen Preis der USA mit einem → Lotus und lag zeitweise auf dem 6. Platz, bis er mit Motorschaden aufgeben musste. Doch der Mann so »stark wie ein Ochse« betrachtete das Rennfahren weiterhin als Hobby und so blieben Renneinsätze in Sportwagenrennen und in der Formel 1 eher sporadisch.

In der Saison 1967 bot ihm → Cooper einen Wagen für den Formel 1-Lauf in → Kyalami an und der Mexikaner konnte dieses Rennen trotz Getriebeproblemen überraschend gewinnen.

Der »wortkarge Charakter« fuhr auch die restlichen Formel 1-Rennen dieser Saison für Cooper und war am Ende mit 19 WM-Punkten Gesamtsechster.

1968 kam ein Angebot von → BRM und mit den verschiedenen, unausgereiften Fahrzeugversionen des britischen Rennstalls gelangen ihm dennoch einige ausgezeichnete Platzierungen. Zusammen mit Lucien Bianchi gewann er auf einem → Ford GT 40 zudem die 24 Stunden von → Le Mans. Trotzdem wurde sein Vertrag bei BRM nicht verlängert und Rodriquez musste sich 1969 durch die → Grand-Prix-Saison mit einem privat gemeldeten BRM sowie einigen Gasteinsätzen bei → Ferrari durchwursteln.

1970 wurde er reumütig von BRM-Boss Louis Stanley zurückgeholt und in dieser Saison gewann er den Großen Preis von Belgien. Rodriquez war jetzt zum Vollzeitfahrer gereift, der praktisch jedes Wochenende bei der Formel 1 oder Sportwagenrennen im Einsatz war. Privat pflegte er einen exzentrischen Lebensstil mit einem weißen Rolls Royce, dem Tragen eines Sherlock-Holmes-Hutes sowie Restaurantbesuchen, bei denen er jedes Gericht literweise mit eigens mitgebrachter scharfer Tabasco-Soße übergoss.

Sein tödlicher Unfall im Jahr 1971 auf einem Ferrari bei einem Rennen der Interserie auf dem Nürnberger Norisring traf ihn nicht unvorbereitet: »Gott ist der einzige, der sagen kann, wann man die Endstation erreicht hat, egal wo man ist. Es kann auf der Rennstrecke, auf der Straße, in der Kirche, überall sein.«

Rodriquez, Ricardo (Pilot)
Geboren: 14.02.1942 in Mexico City/ Mexiko
Gestorben: 01.11.1962 in Mexico City/ Mexiko
GP-Rennen in der Fahrer-WM: 6 (1960–1962)
Pole Positions: 0
Siege: 0
WM-Punkte insgesamt: 4
Beste WM-Platzierung im Gesamtklassement: Dreizehnter (1962)
Rennwagen: Ferrari, Lotus

Der jüngere Bruder von Pedro Rodriquez war in seiner kurzen Motorsportlaufbahn ein ungestümes Heißblut, dessen grenzenlose Risikobereitschaft ihn schließlich im Alter von nur 20 Jahren das Leben kostete. Der »Mozart« des Motorsports war mit 10 Jahren mexikanischer Meister auf dem Rennrad, mit 14 Jahren auf dem Motorrad und ein Jahr im Sportwagen. Nach Teilnahmen an Sportwagenrennen mit seinem Bruder Pedro erhielt Ricardo das An-

Pedro Rodriquez mal ganz entspannt mit Freizeithütchen

gebot von → Ferrari, für den Rennstall Formel 1 zu fahren. Im Gegensatz zu Bruder Pedro galt Ricardo als temperamentvoll und extrovertiert und so gebärdete er sich auch auf der Rennstrecke. Bei seinem → Grand-Prix-Debüt 1961 in → Monza schimpfte Wolfgang Graf Berghe → von Trips, dass Rodriquez wie ein Irrer fahre, der sich und andere gefährde.

1962 fuhr er fünf weitere Rennen für Ferrari und wurde einmal Vierter und Sechster. Das Team war in dieser Saison gegen die Mitkonkurrenten ins Hintertreffen geraten und weigerte sich deshalb, einen Wagen zum ersten mexikanischen Grand Prix zu schicken. Doch Rodriquez wollte unbedingt teilnehmen und akzeptierte ein Angebot von Rob → Walker, dessen → Lotus zu fahren.

Gegen Ende des Trainings versuchte er noch die → Pole Position zu erobern, doch in einer schnellen Kurve verlor er die Kontrolle über sein Fahrzeug und starb noch am Unfallort. Augenzeugen berichteten, dass der Mexikaner an dieser Stelle einfach viel zu schnell gewesen sei.

Rookie
Englische Bezeichnung für einen Fahrerneuling in einer Motorsportklasse. In der IndyCar-Serie wird – im Gegensatz zur Formel 1 – jedes Jahr der Titel des »Rookie of the Year« an den besten Neuling der Saison vergeben.

Rosberg, Keijo »Keke« (Pilot)
Geboren: 06.12.1948 in Stockholm/ Schweden
GP-Rennen in der Fahrer-WM: 114 (1978–1986)
Pole Positions: 5
Siege: 5
WM-Punkte insgesamt: 159, 5
Beste WM-Platzierung im Gesamtklassement:
Weltmeister 1982
Rennwagen: Theodore, ATS, Wolf,
Fittipaldi, Williams, McLaren

Der schnauzbärtige Finne, mit Geburtsland Schweden und guten Deutschkenntnissen war neben Mike → Hawthorn der einzige Fahrer in der Formel 1-Geschichte, welcher mit nur einem Saison-Sieg Weltmeister wurde. Die Eltern von Keke Rosberg waren beide begeisterte Rallyefahrer und der Junior war für seinen Vater bis zu seinem 16. Lebensjahr als Mechaniker tätig. Ein Jahr später nahm er selbst aktiv an Kart-Rennen teil und in den Jahren von 1965 bis 1972 wurde er einmal finnischer und achtmal skandinavischer Meister.

Den Plan, wie sein Vater Arzt zu werden, hatte er zu diesem Zeitpunkt schon längst aufgegeben und nach einem kurzen Ausflug in die Computertechnik widmete er sich ganz seinem Vorhaben, professioneller Rennfahrer zu werden. 1973 siedelte er nach Deutschland über, um sich mit großem Erfolg an der Formel V-Meisterschaft zu beteiligen. Nach Beendigung der Saison 1975 stand die beachtliche Erfolgsliste mit je einem europäischen, finnischen und skandinavischen Formel V-Meistertitel sowie dem Championat in der deutschen Formel V-Meisterschaft zu Buche.

1976 folgte für den Mann mit dem unerschütterlichen Selbstvertrauen der Einstieg in die Formel 2, wo er ein Jahr später den sechsten Platz im Gesamtklassement belegte.

Nebenher gewann Rosberg den Meistertitel in der neuseeländischen Tasman Formula Pacific und sein spektakulärer Fahrstil, der insbesondere bei seinem Formel 1-Sieg im, nicht zur Weltmeisterschaft zählenden, »International Trophy«- Rennen in → Silverstone offenbar wurde, ließ seine Aktien bei Formel 1-→ Teamchefs stetig steigen.

1978 saß er beim Großen Preis von Südafrika erstmals in einem Formel 1-Fahrzeug des → Theodore-Teams, welches von dem asiatischen Millionär Teddy Yip geleitet wurde.

Doch dem 24. Startplatz und einem Ausfall in der 14. Runde folgen anschließend vier verpasste Qualifikationen, so dass Rosberg mitten in der Saison zu → ATS wechselte. Rosberg mühte sich, die Unterlegenheit des Autos durch Kampf und Einsatzfreude wettzumachen, was zu einigen Unfällen führte. ATS-Besitzer Günter Schmid fällte danach ein zwiespältiges Urteil über Rosberg: »Er ist schnell, sehr schnell sogar, aber er braucht zuviel Material.« Nach drei Rennen kehrte der Finne wieder zu Teddy Yip zurück, der ihm für den

Keke Rosberg wurde 1982 mit nur einem Saisonsieg Formel 1-Weltmeister

Rest der Saison einen alten → Wolf-W3 zur Verfügung stellte. Doch da er mit diesem Fahrzeug auch in der nächsten Saison nicht glänzen konnte, ging Rosberg für die Saison 1980 zum Fittipaldi-→ Rennstall. Das Jahr begann mit einem 3. Platz beim Auftaktrennen in Argentinien vielversprechend für den laut eigener Aussage »eingebildeten Bastard«. Aber im weiteren Verlauf der Saison hagelte es außer einem 5. Platz in Italien nur noch Ausfälle und Nichtqualifikationen.

1981 war das Fittipaldi-Team bereits in der Auflösung begriffen und dieses Jahr wurde für Rosberg zu einer »höllischen Saison, in der er punktelos blieb und sich fünfmal nicht für ein Rennen qualifizieren konnte.

In dieser verfahrenen Situation wandte sich überraschend Frank → Williams an ihn, weil dieser nach dem überraschenden Rücktritt von Alan → Jones dringend einen zweiten Fahrer benötigte. Rosberg sah endlich die Möglichkeit, sich in einem konkurrenzfähigen Auto zu beweisen, obwohl Frank Williams später gestand, dass er Rosberg nur genommen habe, weil nicht viele Alternativen zur Verfügung gestanden hatten.

In der 82er Rennsaison überschlugen sich die Ereignisse mit dem Tod von »Gilles« → Villeneuve sowie dem schweren Trainingsunfall des lange Zeit in der WM führenden Didier → Pironi. Nutznießer dieser Unglücksfälle wurde Keke Rosberg, der mit nur einem Sieg beim Großen Preis der Schweiz, aber vielen guten Punkteplatzierungen überraschend am Ende der Saison zum Weltmeister gekürt wurde.

Während die einen Rosbergs Titel als »positiven Aspekt der Saison 1982« ansahen, war es für die anderen schlichtweg ein »gestohlenes → Championat«, weil nicht wenige den schwer verletzten Pironi als wahren Weltmeister betrachteten.

Ungeachtet dieser Urteile gehörte Rosberg ab sofort zu den Top-Piloten in der Formel 1-Branche und konnte sich, dank eigener Geschäftstüchtigkeit, den WM-Titel mehrfach versilbern lassen. In den nächsten drei Jahren bei Williams brillierte er immer wieder mit einem Sieg oder einer Trainingsbestzeit, zu den ernsthaften Championanwärtern zählte er jedoch nicht mehr.

1986 wechselte er zu → McLaren und war hier eine loyale Nummer 2, der durch seine mannschaftsdienliche Fahrweise dem Franzosen Alain → Prost zum erneuten WM-Titel verhalf.

Anschließend erklärte der Finne, »der sich selber unheimlich wichtig nimmt« (Niki Lauda), seinen Rücktritt. Nach einer fünfjährigen Pause, in der er seine Geschäftsfelder weiter ausbaute und bei deutschen Fernsehanstalten als kompetenter aber auch gelegentlich besserwisserischer Co-Kommentator tätig war, kehrte Rosberg in die Rennszene zurück, um für → Jaguar an der Sportwagenweltmeisterschaft teilzunehmen. Ihm gelangen einige Siege und selbiges wurde ihm auch in den nächsten Jahren als Starfahrer bei der Deutschen Tourenwagenmeisterschaft zuteil, wo er zeitweise ein eigenes Team unterhielt. Heute ist Rosberg in erster Linie als Manager für seine finnischen Landsleute Mika → Häkkinen und Mika → Salo tätig.

Rosemeyer, Bernd (Pilot)
Geboren: 14.10.1909 in Lingen/ Deutschland
Gestorben: 28.01.1938 in Langen-Mörfelden/ Deutschland
GP-Rennen in der Fahrer-WM:
Pole Positions: 0
Siege: 0
WM-Punkte insgesamt: 0
Beste WM-Platzierung im Gesamtklassement: 0
Rennwagen: Auto-Union

Mit zahlreichen Siegen und seinem jugendlichen Flair wurde Bernd Rosemeyer in den dreißiger Jahren als Rennfahrer weltweit berühmt, bis er bei einem Weltrekordversuch auf der Autobahn Frankfurt-Darmstadt ums Leben kam.

Rosemeyer begann seine Rennkarriere im Motorradbereich, wo er in den dreißiger Jahren die ersten Erfolge einheimsen konnte. 1935 gab er sein Rennwagendebüt mit dem schwierig zu steuernden 16 Zylinder-Heckmotorwagen von → Auto-Union. Schon in diesem Jahr gewann er in Brünn seinen ersten Wettbewerb und wurde Zweiter beim Eifelrennen.

Schnell eroberte sich Bernd Rosemeyer einen Ruf als Mann mit individuellem Fahrstil, der einen höheren Grenzbereich als andere aufwies. Sein Konkurrent Rudolf → Carraciola ordnete dieses Risikoverhalten rückblickend etwas anders ein: »Bernd wusste buchstäblich nicht, was Furcht ist und das ist manchmal nicht gut. Wir hatten tatsächlich bei jedem Rennen Angst um ihn. Irgendwie habe ich nie damit gerechnet, dass ihm ein langes Leben vorbestimmt ist.«

1936 wurde er mit sieben Siegen u.a. in Deutschland, Schweiz und Italien der zweite Europameister nach Carraciola. Zudem gewann er für Auto-Union auch zahlreiche Bergrennen sowie in New York den Vanderbilt-Pokal.

Mittlerweile mit der berühmten Fliegerin Elly Beinhorn liiert und mit einem blendenden Aussehen ausgestattet, war Rosemeyer für die nationalsozialistischen Machthaber in Deutschland so etwas wie der arische Prototyp eines Rennfahrers und so wurde ihm auch eine Parteikarriere nahegelegt. Obwohl es Fotos gibt, wo die Fahrer der Silberpfeile und von Auto-Union die Hand zum Hitler-Gruß erheben, soll Rosemeyer sich, nach Aussagen von Zeitzeugen, von dem Hitler-Regime eher distanziert haben. Trotzdem wurde er nach jedem Sieg automatisch befördert, bis er in den Rang eines Majors gelangte.

1937 entwickelte sich für ihn als ein schwieriges Jahr, weil Auto-Union den Silberpfeilen leistungsmäßig unterlegen war. Trotzdem kam Rosemeyer zu vier Siegen, auch wenn der Europameistertitel diesmal wieder an Carraciola ging.

Der Konkurrent bei → Mercedes war auch der ärgste Widersacher im Erringen des Weltgeschwindigkeitsrekordes, bei dem sich Mercedes und Auto-Union ständig gegenseitig überbieten wollten. Am 28. Februar 1938 rüsteten auf der Autobahn Frankfurt-Darmstadt beide Marken zu einem neuen Wettstreit. Carraciola gelang es, den Rekord von Rosemeyer um 2 km/h zu überbieten. Danach brach er wegen des aufkommenden Windes und dem Raureif auf der Strecke weitere Versuche ab.

Aber Rosemeyer wollte seinen Rekord zurückholen und stieg zu einer Probefahrt ein, bei der er 3 km/h unter Carraciolas Geschwindigkeit blieb.

Noch einmal startete Rosemeyer einen Versuch und brach um 11.46 Uhr zu seiner letzten Fahrt auf. Bei Tempo 430 wurde das Stromlinien-Fahrzeug von einer Sturmböe ergriffen und zerschellte im Wald. Man fand Rosemeyer nur noch tot und heute erinnert an dieser Stelle ein Gedenkstein an das Unglück.

Rouen (Rennstrecke)

GP-Bezeichnung: Großer Preis von Frankreich
Streckenlänge: 5,100 km (1952),
6,542 km (1957–1968)
Renndistanz: 60 Runden = 392, 520 km (1968)
Erstes Formel 1-Rennen: 1952
Letztes Formel 1-Rennen: 1968
Gesamtzahl GP: 5
Erster Sieger: Alberto Ascari (1952)
Häufigster Sieger: Dan Gurney (1962, 1964)
GP-Rennen mit tödlichem Ausgang:
Jo Schlesser (1968/Training)

Kurz nach Ende des 2. Weltkrieges wandelte man die Rennstrecke von einem kurvenreichen in einen längeren, aber auch engeren Kurs von 6, 5 km Länge um.

Weil die französischen Behörden beschlossen, den Großen Preis von Frankreich abwechselnd an mehreren Schauplätzen stattfinden zu lassen, war Rouen 1952 nach → Reims erstmals Ausrichter eines Formel 1-Rennens.

Nach dem Start folgte eine abschüssige Strecke, die in eine Kopfsteinpflaster-→ Haarnadelkurve mündete und dann wieder bergauf ging.

Mehrere scharfe Kurven forderten das gesamte Fahrkönnen der Piloten heraus. Nachdem 1968 der französische Formel 1-Pilot Jo Schlesser beim Großen Preis während einer Testfahrt mit einem → Honda in der Nouveau-

Monde-Spitzkehre tödlich verunglückte, fanden in Rouen anschließend nur noch Sportwagenrennen statt.

Ruttmann, Troy (Pilot)
Geboren: 11.03.1930 in Mooreland/ USA
Gestorben: 19.05.1997
GP-Rennen in der Fahrer-WM: 8 (1950–1960)
Pole Positions: 0
Siege: 1
WM-Punkte insgesamt: 9,5
Beste WM-Platzierung im Gesamtklassement: Siebter 1952
Rennwagen: Lesovsky, Kurtis Kraft, Kuzma, Watson, Maserati, Watson

Der mit 22 Jahren jüngste → Indianapolis-Gewinner aller Zeiten konnte 1950 und 1951 den 15. Platz als bestes Resultat bei den Indy 500 verbuchen. Ein Jahr später gelang ihm vom siebten Startplatz aus der Sieg.

Als einer der wenigen Indy-Piloten versuchte sich der Brillenträger 1958 mit einem → Maserati 250 F an zwei europäischen Rennen. In Frankreich fuhr auf Platz 10, doch am → Nürburgring wurde eine Teilnahme durch Motorenprobleme verhindert.

S

Safety-Car
Das Saftey-Car, früher auch Pace-Car genannt, führt vor dem Start des Rennens die → Formationsrunde an und wird bei Rennunterbrechungen wegen Unfall oder schlechter Witterung eingesetzt.

Die gelben Warnleuchten des Safety-Cars zeigen an, dass das Rennen unterbrochen ist und es darf in dieser Zeit nicht überholt werden.

Wenn diese Lampen ausgehen und das Safety-Car die Strecke verlässt, ist das Rennen freigegeben, aber die Piloten dürfen erst mit Überquerung der Ziellinie wieder überholen. Am Steuer des Safety-Cars sitzen zumeist selber Rennfahrer wie beispielsweise Porsche-Supercup-Pilot Bernd Mayländer.

Salo, Mika (Pilot)
Geboren: 30.11.1966 in Helsinki/Finnland
GP-Rennen in der Fahrer-WM: 93 (seit 1994)
Pole Positions: 0
Siege: 0
WM-Punkte insgesamt: 31
Beste WM-Platzierung im Gesamtklassement: Zehnter (1999)
Rennwagen: Lotus, Tyrrell, Arrows, BAR, Ferrari, Sauber
Internet: www.mikasalo.net
Seit Jahren hochgehandelt aufgrund seiner fahrerischen Qualitäten, musste Salo oftmals trotzdem um einen Platz in Formel 1-Teams zittern. Nachdem seine Einsätze als kurzfristiger Schumacher-Ersatz bei → Ferrari für einiges Aufsehen sorgten, ist der Finne bei → Sauber wieder im Mittelmaß versunken. Der Sohn eines Ingenieurs begann zunächst eine Elektrikerlehre, hatte aber bereits in Finnland bei nationalen Kartmeisterschaften mehrere Titel gewonnen. 1987 folgte der zweite Platz in der finnischen und skandinavischen Formel → Ford 1600. Ein Jahr darauf war er dann mit 14 Siegen bereits Europameister in dieser Klasse. Nach zwei weiteren Jahren in der britischen Formel 3, bei denen Salo 1990 Vizemeister wurde, erwischte man ihn im selben Jahr bei einer Polizeikontrolle in England mit zuviel Alkohol am Steuer und der Finne verlor seinen Führerschein.

Salos aufstrebende Pilotenlaufbahn war mit einem Schlag beendet, denn nun wandten sich wichtige → Sponsoren von ihm ab. In seiner Not flüchtete Salo nach Japan und unterschrieb dort bei einem japanischen Formel 3000-Team. In vier Jahren schaffte er dort mit einem 3. Platz sein einziges positives Resultat, doch sein Können und Einsatzwillen wurde auch bei diesem unterlegenen Team ersichtlich.

1994 bot sich Salo bei dem dahinsiechenden → Lotus-Rennstall die Chance für zwei Formel 1-Einsätze. Der Finne zeigte bei seinem Debüt in → Suzuka ein beachtliches Rennen und wurde Zehnter. Ken → Tyrrell engagierte ihn 1995 für sein Team, in dem Salo in den anschließenden drei Jahren immer wieder wichtige Punkte für den ums Überleben kämpfenden Rennstall eroberte und von Michael → Schumacher zu den »fünf schnellsten Fahrern« gezählt wurde.

Der Mann mit dem »ständig breit grinsenden Lausbubengesicht« war zu dieser Zeit immer als Pilot bei → Ferrari im Gespräch, musste dann aber 1998 doch mit → Arrows vorlieb nehmen. Zwar gelang ihm auch hier wieder mit unterlegenem Material ein 4. Platz in Monaco, doch am Ende der Saison war der Finne aufgrund fehlender → Sponsoren plötzlich arbeitslos. Salo fand sich auf der Formel 1-Reservebank wieder, doch → BAR engagierte ihn 1999 aufgrund des Unfalls ihres Piloten Ricardo → Zonta für drei Rennen als Ersatzfahrer. Danach war Salo, trotz guter Resultate, wiederum ohne → Cockpit.

Doch durch Michael Schumachers Unfall in → Silverstone, der für ihn eine längere Pause erzwang, landete »der Formel 1-Feuerwehrmann« plötzlich und unerwartet doch noch bei Ferrari. Am → Hockenheimring führte er das Rennen lange an, musste aber aufgrund der Stallorder seinem um die Weltmeisterschaft kämpfenden Teamkollegen Eddie → Irvine den Vortritt lassen. Insgesamt verliefen Salos sechs Einsätze bei Ferrari wechselhaft, doch am Ende der Saison hatte der Finne zehn WM-Punkte auf dem Konto und einen Vertrag für die Saison 2000 bei → Sauber in der Tasche. Dort war er dann für die einzigen sechs WM-Punkte zuständig, aber Salo entschloss sich dennoch den Grand-Prix-Rennen vorläufig den Rücken zu kehren und ab 2001 als → Testfahrer für das Formel 1-Projekt von Toyota anzuheuern.

Sauber (Rennwagenfirma)
GP-Rennen in der Fahrer-WM: 129 (seit 1993)
Pole Positions: 0
Siege: 0
WM-Punkte: 90
Beste Platzierung in der Konstrukteurswertung: Sechster (1993)
Bekannteste Fahrer:
JJ Lehto, Heinz-Harald Frentzen, Andrea de Cesaris, Johnny Herbert, Jean Alesi, Mika Salo
Erfolgreichste Fahrer:
Johnny Herbert, Heinz-Harald-Frentzen
Internet: www.sauber.ch

Mit viel Vorschusslorbeeren und hohen Erwartungen wurde der Schweizer Rennstall 1993 in der Formel 1 begrüßt und hatte mit → Mercedes zunächst einen starken Partner zur Seite. Doch nach einer guten Anfangsphase tritt Sauber seitdem auf der Stelle.

Peter Sauber, ein gelernter Elektromonteur, begann seine Rennfahrerkarriere mit einem VW-Käfer und gewann einige Jahre später die Schweizer Sportwagenmeisterschaft. Im elterlichen Keller bastelte er den ersten Sauber-Rennwagen zusammen, der wegen seines skurrilen Aussehens von den Konkurrenten als »Käseschnitte« bezeichnet wurde.

Das Gefährt erwies sich als durchaus wettbewerbsfähig und so konstruierte Sauber mit einem zweisitzigen Sportwagen den ersten Sauber C1, wobei das C für den Vornamen seiner Frau Christine stand.

Mit diesem Fahrzeug machte der Schweizer bei den eidgenössischen Meisterschaften Furore und darum beschloss er die eigene Fahrerkarriere zugunsten einer Tätigkeit als → Teamchef zu beenden.

In den nächsten Jahren etablierte sich der Sauber-Rennstall durch Siege bei Sportwagenrennen und guten Auftritten bei den 24 Stunden von → Le Mans zu einem festen Bestandteil im Motorsportgeschehen.

Saubers Konstrukteur Leo Ress konstruierte 1982 den ersten Sauber SHS-C6, der im Windkanal entstand. Und erstmals steckte, allerdings ohne Werksunterstützung, ein Mercedes-Motor der S-Klasse im Heck.

Aber es dauerte fünf Jahre, bis ein Sauber-Rennwagen mit einem Triebwerk dieser Marke den ersten Sieg beim 1000-km-Rennen am → Nürburgring feiern konnte.

1988 wurde Mercedes dann offizieller Partner von Sauber und 1989 siegte man gemeinsam bei den 24 Stunden von Le Mans und sicherte sich zudem die Markenweltmeisterschaft. Im nächsten Jahr gab das Team unter Aufsicht des erfahrenen Jochen → Mass, den Jungtalenten Michael → Schumacher, Karl → Wendlinger und Heinz-Harald → Frentzen die Chance, sich in einem Sauber-Sportwagen der Gruppe C zu profilieren.

Weil sich die Sportwagenweltmeisterschaft allmählich als zu kostenintensiv herausstellte und zudem die Zuschauer wegblieben, entschloss sich Peter Sauber, den nächsten Schritt zu wagen: die Formel 1.

Doch Mercedes zog sich unerwartet aus dem Projekt zurück, weil man Angst hatte, mit dem Newcomer-Team den guten Ruf der glorreichen Silberpfeil-Ära zu gefährden. Trotzdem unterstützte man den Rennstall sowohl in finanzieller als auch in technischer Hinsicht und die Wagen trugen die Aufschrift »concept by Mercedes-Benz«. Der erste Formel 1-Wagen von Sauber wurde von einem in der IndyCar-Szene sehr erfolgreichen → Ilmor-V10-Motor angetrieben. Als Fahrer engagierte man die relativ unerfahrenen JJ → Lehto und Karl → Wendlinger, welche aber sogleich beim Auftaktrennen in → Kyalami überraschend stark auftrumpften. Lehto eroberte mit dem fünften Platz auf Anhieb die ersten WM-Punkte für das Schweizer Team. Der Finne konnte diese Leistung in San Marino mit dem vierten Platz bestätigen und auch Wendlinger gelangen einige Punktplatzierungen, aber trotzdem wurde die Saisonbilanz durch mehrere Ausfälle getrübt.

1994 stieg Mercedes dann als offizieller Motorenpartner ein und für Lehto kam der im Motorsport schon beinahe gescheiterte Heinz-Harald Frentzen ins Team. Doch trotz teilweise guter Leistungen überschatteten die tödlichen Unfälle von Roland → Ratzenberger und Ayrton → Senna diese Saison, was die Sponsorensuche erheblich erschwerte.

In Monaco verunglückte Sauber-Pilot Wendlinger kurz vor Abschluss der ersten Trainingssitzung und fiel in ein tagelanges Koma. Die Schweizer verzichteten auf den Start ihrer Boliden in diesem Rennen, doch diese Geste wurde von Mercedes nicht honoriert und als man am Ende ingesamt nur 12 WM-Punkte geholt hatte, wanderten die Schwaben zu → McLaren ab.

Dank einer Abfindung seitens des Stuttgarter Werkes und mit den → Ford V-8-Motoren, die ein Jahr zuvor Michael Schumacher zu Weltmeisterehren geführt hatten, ging Sauber 1995 zuversichtlich in die Saison. Doch der C14 erwies sich zunächst als unfahrbar und der nach seiner überraschenden Genesung zurückgekehrte Karl Wendlinger war nur noch ein Schatten früherer Tage.

Sauber reagierte und tauschte noch vor dem Rennen in Monaco Wendlinger gegen den → Williams-→ Testfahrer Jean-Christophe Bouillion aus, der aber seine Sache kaum besser machte und in dieser Saison nur drei WM-Punkte holte.

Besser schlug sich da schon Frentzen, welcher mit Platz 3 in → Monza für Sauber die erste Podestplatzierung bewerkstelligte.

Diesen Rang erreichte ein Jahr später auch Johnny → Herbert in Monaco, aber im gleichen Rennen eliminierte Frentzen seine reellen Siegchancen durch einen Fahrfehler. Trotz eines stärkeren V10- Motors von Ford war Sauber auch in diesem Jahr nur ein Mittelklasse-Team, das in keiner Phase an seine früheren Sportwagenerfolge anknüpfen konnte.

Frentzen ging für 1997 zu Williams und die Ford-Motoren wurden dem Rennstall vom Neueinsteiger → Stewart weggeschnappt. Peter Sauber galt in der Branche mittlerweile als jemand, der sich viel zu gutmütig und naiv verhielt, um im Haifischbecken Formel 1 auf Dauer bestehen zu können.

Doch dank seiner guten Verbindungen zu → Ferrari-Rennleiter Jean → Todt gelang es ihm für die beiden nächsten Jahre → Ferrari-Motoren zu erhalten, die aber nach dem malaysischen Sponsor → Petronas benannt wurden.

Da die Italiener erst sehr spät ihre Zusage erteilt hatten, ging Konstrukteur Ress wertvolle Entwicklungszeit verloren. Dennoch stellte man in den Augen der Experten mit dem C16 den bisher stärksten Boliden auf die Beine, mit dem Herbert einen dritten Platz und insgesamt 15 WM-Punkte holte. Doch weil sich Sauber – nicht zum ersten Mal – in der Fahrerwahl vergriffen und mit Nicola Larini, Gianni Moribidelli sowie Norberto Fontana drei Nullnummern engagiert hatte, konnte nur noch Larinis sechster Platz in Australien hinzuaddiert werden. Um die Bilanz aufzupolieren engagierte der Rennstall als neuen Fahrer neben Herbert den ehemaligen Ferrari-Star Jean → Alesi, der sich aber nur aufrieb und zahlreiche gute Positionen im Rennen durch Ausfälle aufgeben musste. Zwar wurde der Franzose in Belgien Dritter, doch die Gesamtzahl von 10 WM-Punkten war die bis dato schlechteste Ausbeute in der noch jungen Formel 1-Geschichte von Sauber.

Um die Firmenkasse aufzubessern, wurde für 1999 anstatt Alesi der »Mitgift-Fahrer« Pedro → Diniz engagiert, doch der Brasilianer verpulverte seine Sponsorenmillionen durch zahlreiche Unfälle und mit nur fünf WM-Punkten am Ende der Saison setzte sich der Abwärtstrend weiter fort. Anstatt Leo Ress konstruierte jetzt der frühere → Fondmetal-Designer Sergio Rinland die Sauber-Wagen.

Aber nur dank des starken Mika → Salo gab es im Jahr 2000 sechs WM-Punkte, mit denen sich der Schweizer Rennstall nach den verheißungsvollen Anfängen im Jahre 1993 vorläufig im hinteren Mittelfeld festgefahren hat.

Scarab
(Rennwagenfirma, Motorenhersteller)
GP-Rennen in der Fahrer-WM: 2 (1960)
Pole Positions: 0
Siege: 0
WM-Punkte: 0
Beste Platzierung in der Konstrukteurswertung: 0
Bekannteste Fahrer: –
Erfolgreichste Fahrer: –

Das skurrile Projekt eines amerikanischen Jungmillionärs geriet 1960 nach ein paar Rennen zu einem »phänomenalen Rohrkrepierer«.

Lance Reventlow, der 24jährige Sohn von Woolworth-Erbin Barbara Hutton, war in einigen Sportwagenrennen zu Erfolgen gekommen und scharte 1959 eine Gruppe talentierter Fahrzeugbauer mit dem Ziel um sich, das Scarab-Projekt in der Formel 1 erfolgreich zu eröffnen. Weil man auch einen eigenen Motor entwerfen wollte, verschob sich die Fertigstellung des Fahrzeugs bis 1960 und als es endlich soweit war, galt das von Scarab verwendete Frontmotorprinzip bereits als veraltet.

Mit um 15 Sekunden langsameren Trainingszeiten als der Rest des Feldes konnten sich weder Reventlow noch Teamkollege Chuck Daigh für den Großen Preis von Monaco qualifizieren. Beim holländischen → Grand Prix verzichtete man auf die Teilnahme und in Belgien schaffte man zwar die erste Qualifikation, aber sowohl Reventlow als auch Daigh erlitten Motorplatzer. Die gleiche Ursache verhinderte auch die Teilnahme am Großen Preis von Frankreich und beim letzten Versuch in den USA gelangte Daigh im Rennen auf den zehnten Platz. Der Versuch, mit Scarab, dessen Name sich von Skarabäus – auf deutsch »Mistkäfer« – ableitete die Formel 1 im Handstreich zu erobern, war damit gescheitert und Reventlow verplemperte seine Millionen anschließend lieber für andere Hobbys.

Scarfiotti, Ludocvio (Pilot)
Geboren: 18.10.1933 in Turin/Italien
Gestorben: 08.06.1968 in Roßfeld/ Deutschland
GP-Rennen in der Fahrer-WM: 10 (1963–1968)
Pole Positions: –
Siege: 1
WM-Punkte insgesamt: 17
Beste WM-Platzierung im Gesamtklassement: Zehnter 1966
Rennwagen: Ferrari, Eagle, Cooper

Der zuverlässige Allroundfahrer hatte eine kurze und wechselvolle Formel 1-Laufbahn, doch er sorgte mit seinem → Ferrari-Sieg in → Monza für einen wahren Freudentaumel bei den Tifosis.

Scarfiotti stammte aus einem reichen Elternhaus und nahm mit einer viertürigen Limousine erstmals an Bergrennen teil. 1956 wurde er italienischer Bergmeister sowie ein Jahr später Sieger der Gran-Tourismo-Meisterschaft. 1958 folgte der Gewinn der italienischen Sportwagenmeisterschaft und daraufhin erhielt Scarfiotti einen Ferrari-Werksvertrag für die Sportwagen-Weltmeisterschaft. Trotz eines vierten Platzes bei der Targa Florio wurde am Ende der Saison sein Vertrag nicht verlängert. Aber nach einem Bergrennen-Sieg mit unterlegenem Material wurde er wieder bei der Scuderia aufgenommen und gewann für das Team die Europabergmeisterschaft sowie, zusammen mit Jochen → Rindt, die 24 Stunden von → Le Mans. Nun wurde »Dodo« – wie ihn seine Freunde nannten – auch in der Formel 1 eingesetzt und bei seinem Debüt 1963 in den Niederlanden sogleich Sechster.

Doch beim nächsten Grand in Frankreich erlitt Scarfiotti einen schweren Unfall und die daraus resultierende Knieverletzung zwang ihn zu einer längeren Pause.

Danach konzentrierte sich Scarfiotti auf Sportwagen- und Bergrennen, mit denen er Titel und Triumphe in Serie einheimste.

In der Formel 1 fuhr er nur noch sporadisch, doch am 4. September 1966 gelang ihm in Monza 14 Jahre nach Alberto → Ascari als erstem Italiener wieder ein Sieg.

Ein Jahr später war der Italiener vom Tod des Teamgefährten Lorenzo → Bandini in Monaco so tief erschüttert, dass er seine alte Form verlor und von Ferrari für einige Niederlagen bei Sportwagenrennen verantwortlich gemacht wurde. Am Ende der Saison wurde Scarfiotti von Enzo → Ferrari mit dem Ratschlag, nie mehr Formel 1 zu fahren, entlassen.

Doch Scarfiotti kehrte 1967 und 1968 für → Eagle und → Cooper noch viermal zurück und landete zweimal auf dem 4. Platz. Einen Monat nach seinem → Grand Prix in Monaco geriet Scarfiotti beim Training zum Bergrennen in Roßfeld mit seinem → Porsche aus der Spur und raste in die an der Strecke stehenden Bäume. Scarfiotti wurde aus seinem zertrümmerten Fahrzeug geborgen und erlag kurze Zeit später in einem Krankenhaus seinen schweren Kopfverletzungen.

Scheckter, David »Jody« (Pilot)
Geboren: 29.01.1950 in East London/Südafrika
GP-Rennen in der Fahrer-WM: 112 (1972–1980)
Pole Positions: 3
Siege: 10
WM-Punkte insgesamt: 255
Beste WM-Platzierung im Gesamtklassement:
Weltmeister 1980
Rennwagen: McLaren, Tyrrell, Wolf, Ferrari
Internet: www.ferrari.it/comsport/
formula1.e/ scheckte.html

»Baby-Bear« entwickelte sich vom Bruchpiloten zu einem nüchtern kalkulierenden Fahrer, der für diese Lernbereitschaft schließlich mit dem WM-Titel belohnt wurde.

Lange Zeit war Scheckter im Jugendalter unschlüssig, ob er seine Rennleidenschaft ausschließlich den Go-Karts oder Motorrädern widmen sollte. Erst mit 20 Jahren fiel seine Entscheidung für den vierrädrigen Untersatz und er beteiligte sich 1970 an der südafrikanischen Formel-Meisterschaft, die er auch auf Anhieb gewinnen konnte.

Ein Jahr darauf ging Scheckter nach Europa, um an der britischen Formel → Ford teilzunehmen und 1972 saß er parallel zu seinem Engagement in der Formel 2 beim Großen Preis in → Watkins Glen bei → McLaren erstmals in einem Formel 1-Wagen. Im Training wurde er Achter und das Rennen beendete er auf einem respektablen neunten Platz.

In der Saison 73 hatte McLaren-→ Teamchef Teddy Mayer zunächst keinen freien Platz bei seinem Rennstall und Scheckter überbrückte diese Zeit mit dem Gewinn der amerikanischen Formel 5000-Meisterschaft.

Aber dann kam er in diesem Jahr doch noch zu fünf → Grand-Prix-Einsätzen, bei denen er positive Schlagzeilen, aber auch gehörigen Materialschrott produzierte. Beim Großen Preis von Frankreich führte Scheckter lange das Rennen an, ehe er mit → Emerson Fittipaldi kollidierte; in → Silverstone löste er durch unkontrolliertes Verhalten eine Massenkarambolage aus, die Scheckter bei den Fahrerkollegen zunächst in Verruf brachte.

In Kanada drängelte er ungeduldig François → Cevert von der Strecke und dies brachte ihm eine strenge Ermahnung seitens des Motorsportverbandes → FIA ein.

Daraufhin wurde Scheckter von den Kollegen »Fletcher« genannt, denn wie auch die gleichnamige Seemöwe aus dem Buch von Jonathan Livingston drohte Scheckter durch seine ungestüme Fahrweise in der Formel 1 abzustürzen. Aber die Teamchefs erkannten auch das Talent des Südafrikaners an und für 1974 bekam er das Angebot von → Tyrrell als Nachfolger für den zurückgetretenen Weltmeister Jackie → Stewart. Der »südafrikanische Rohdiamant« katapultierte sich sofort an die Formel 1-Spitze und war mit zwei Siegen und 45 WM-Punkten am Ende der Saison Gesamtdritter. Zwei weitere Tyrrell-Jahre brachten zwei weitere Siege, einige gefährliche Unfälle und den historischen ersten Sieg mit dem sechsrädrigen Tyrrell P34.

Mit viel Geld wurde Scheckter für 1977 vom austro-kanadischen Öl-Millionär Walter → Wolf in sein Team geholt und gewann auf Anhieb vom elften Startplatz aus das Auftaktrennen in Südafrika. Die Formel 1 hatte ihre erste Saisonsensation und Scheckter avancierte im weiteren Verlauf des Jahres zum ernsthaftesten Konkurrenten von Niki → Lauda um den WM-Titel. Aber Scheckter ließ sich beim Großen Preis in Deutschland nach rundenlanger Führung von dem Österreicher düpieren und kam trotz → Pole Position nur als Zweiter ins Ziel.

Lauda wurde am Ende Weltmeister und verwies Scheckter auf den undankbaren Titel des Vizechampions. Das zweite Jahr bei Wolf brachte zwar wiederum einige gute Punkteplatzierungen, jedoch keinen Sieg und so nahm Scheckter für die Saison 1979 das Angebot von → Ferrari an.

Während sein Teamkollege »Gilles« → Villeneuve immer zwischen Sieg und Totalausfall fuhr, holte Scheckter abgeklärt Punkt um Punkt sowie drei Siege, die am Ende ausreichten, um Weltmeister zu werden.

Doch anschließend gab es 1980 eine Bruchlandung, denn Ferrari verzettelte sich in der Entwicklung seiner Fahrzeuge und Scheckter wirkte nach dem Gewinn des WM-Titels ohne rechte Motivation, was ihn am Ende mit zwei kümmerlichen Punkten dastehen ließ.

Scheckter zog die Konsequenzen und erklärte nach dieser verkorksten Saison seinen Rücktritt. Sein Vermögen aus den Fahrergagen konnte er mit der Entwicklung eines computergesteuerten Simulationssystems für Schusswaffen um ein Vielfaches vermehren. Mitte der Neunziger veräußerte er seine Firma für eine dreistellige Millionensumme, um sich als Privatier in London niederzulassen.

Schikanen

Um auf schnellen Streckenabschnitten, die sich als gefährlich erweisen, eine Geschwindigkeitsreduzierung zu erreichen, bauen die Veranstalter oftmals Schikanen ein. Diese engen Kurven können die Fahrer nur mit deutlich reduzierter Geschwindigkeit passieren. Dass eine solche Maßnahme vor Unfällen nicht unbedingt schützt, zeigt beinah alljährlich die Variante Prima in Monza, wo die Piloten, obwohl sie seit Jahren um die Unfallträchtigkeit dieser Schikane wissen müssten, ungestüm ineinanderrasen, was nicht selten Massenunfälle hervorruft. In der Saison 2001 erwischte es Eddie → Irvine, Mika → Salo und Pedro → Diniz.

Schneider, Bernd (Pilot)
Geboren: 20.07.1964 in St.Ingbert/ Deutschland
GP-Rennen in der Fahrer-WM: 9 (1988–1990)
Pole Positions: 0
Siege: 0
WM-Punkte insgesamt: 0
Beste WM-Platzierung im Gesamtklassement: 0
Rennwagen: Zakspeed, Arrows
Internet: www.fask.uni-mainz.de/user/klumpp/ bschn.htm (Tribute-Site)

Unglücklicher als für Bernd Schneider ist für einen deutschen Fahrer kaum eine Formel 1-Laufbahn verlaufen. Nach großen Erfolgen in verschiedenen Kartserien und dem Gewinn der deutschen Formel 3-Meisterschaft kam Schneider 1988 in die Formel 1 zum deutschen → Zakspeed-Rennstall und erlebte eine Horror-Saison, bei der er sich in 17 Versuchen nur viermal für ein Rennen qualifizieren konnte.

Zumindest beim heimischen Hockenheim-Lauf schaffte er es, sich in das Starterfeld zu platzieren und fuhr das Rennen auf einem unauffälligen 12. Platz nach Hause. 1989 erhofften sich Schneider und das Zakspeed-Team Besserung durch den neuen → Yamaha-Werksmotor, doch stattdessen ging es noch weiter bergab. Jetzt gelangen Schneider nur noch zwei Qualifikationen für ein Rennen, die er beide nicht beenden konnte. Damit war die Formel 1-Karriere des mit der Schwester von Fußballnationalspieler Oliver Bierhoff verheirateten Nachwuchsfahrers fast beendet, ehe sie überhaupt beginnen konnte.

1990 gab es noch zwei Gastspiele als Ersatzfahrer bei → Arrows, doch nach dem zwölften Platz beim Großen Preis in → Phoenix konnte er sich in → Jerez wieder nicht qualifizieren. Fast wäre ihm 1991 beim → Jordan-Rennstall noch einmal ein Comeback gelungen, doch am Ende sprangen seine → Sponsoren ab. Schneider holte anschließend die verpassten Erfolge bei Tourenwagenmeisterschaften nach, in denen er in den Jahren 1995 und 2000 Deutscher Meister wurde.

Schroeder (Rennwagenfirma)
GP-Rennen in der Fahrer-WM: 4 (1951–55)
Pole Positions: 0
Siege: 0
WM-Punkte: 0
Beste Platzierung in der Konstrukteurswertung: 0
Bekanntester Fahrer: Jimmy Byran
Erfolgreichster Fahrer: Bobby Ball
Die amerikanischen Rennwagen nahmen mit → Offenhauser- → Motoren viermal an den 500 Meilen von → Indianapolis teil. 1951 kam Bobby Ball auf Platz 5, während Kollege Duke Dinsmore den Wagen wegen Überhitzung abstellen musste. Zwei Jahre später gelangte der spätere Indy-Sieger Jimmy → Bryan auf den 14. Platz, worauf in der nächsten Saison vier Fahrer mit zwei Fahrzeugen das Ziel nicht erreichten. Den letzten Versuch eines Schröder-Rennwagens im Jahr 1955 mit Keith Andrews am Steuer beendete eine defekte Benzinpumpe.

Schumacher, Michael (Pilot)
Geboren: 03.01.1969 in
Hürth-Hermülheim/ Deutschland
GP-Rennen in der Fahrer-WM: 143 (seit 1991)
Pole Positions: 32
Siege: 44
WM-Punkte insgesamt: 678
Beste WM-Platzierung im Gesamtklassement:
Weltmeister 1994, 1995, 2000
Rennwagen: Jordan, Benetton, Ferrari
Internet: www.michael-schumacher.de
Seit Beginn der Formel 1-Weltmeisterschaft wurden die deutschen Motorsportfans von ihren Lokalmatadoren zumeist enttäuscht. Michael Schumacher holte innerhalb kürzester Zeit alles nach, worauf Rennsportdeutschland jahrzehntelang verzichten musste. Die Eltern von Michael Schumacher betrieben in dem nahe bei Köln gelegenen Kerpen-Manheim eine Kart-Bahn und schon im Alter von vier Jahren kam der junge Schumacher mit den kleinen Flitzern in Berührung.

Auch wenn das Geld manchmal knapp war, so konnte Schumacher dank dem Geld einiger, mit der Familie befreundeter, Gönner seiner Leidenschaft weiter frönen und 1984 und 1985 den Gewinn der deutschen Junior-Kart-Meisterschaft feiern.

1985 wurde er zudem Junioren-Vizeweltmeister in der Kart-Klasse und zwei Jahre später auch Champion von Deutschland und Europa. Ein deutscher → Lamborghini-Vertreter investierte 1988 eine sechsstellige Summe, um Schumacher eine Saison in der Formel König zu ermöglichen, die der junge Kerpener auf Anhieb mit dem Meisterschaftsgewinn abschloss. Das Renntalent fiel zu diesem Zeitpunkt auch einem Mann namens Willi Weber auf. Weber, im Gaststättengewerbe zu einigem Vermögen gekommen, spendierte Schumacher einen Zwei-Jahres-Vertrag für die Formel 3 und schloss mit ihm einen Beratervertrag über eine Laufzeit von 10 Jahren ab. 1989 wurde Schumacher Dritter in dieser Meisterschaft und gewann zudem den 1. Lauf des renommierten Formel 3-GP von Macao.

Parallel zu seiner zweiten Formel 3-Meisterschaft kam er dank der Vermittlung von → Mercedes-Rennleiter Jochen Neerpasch auch zu Einsätzen beim »Junior-Team« des → Sauber-Rennstalls in der Gruppe-C-Weltmeisterschaft. Während er in der Formel 3 wieder einen Meistertitel gewann, siegte er an der Seite von »Fahrlehrer« Jochen → Mass mit dem Sauber-C9-Mercedes in Mexiko-City. 1991 war er trotz technischer Unzuverlässigkeit der Sauber-Fahrzeuge bereits ein Leistungsträger für das Team. Als am 15. August des selben Jahres der Jordan-Pilot Bertrand → Gachot wegen eines Angriffs auf einen Taxifahrer eine längere Gefängnisstrafe antreten musste, bekam Schumacher dank der Kontakte von Neerpasch sowie einer Bürgschaft von 450 000 DM für den Großen Preis in → Spa-Francorchamps das freigewordene → Cockpit. Diese Geschichte war damals den deutschen Gazetten nur eine kleine Meldung wert, doch als sich Schumacher mit sensationellen Rundenzeiten und einem achten Platz in der Qualifikation in das Rampenlicht fuhr, stand die gesamte Formel 1-Szene Kopf. Von allen Seiten prasselte Lob für diese Vorstellung auf ihn ein und Ayrton → Senna kam zu der Feststellung: »Wer in Spa-Francorchamps gleich so schnell ist, muss etwas Besonderes sein.«

Zwar fiel Schumacher beim Rennen kurz nach dem Start wegen Kupplungsdefekts aus, doch hatten bereits diverse Teamchefs ein Auge auf den Senkrechtstarter geworfen.

In einer etwas undurchsichtigen Aktion von Neerpasch, Bernie → Ecclestone und Flavio → Briatore wurde Schumacher dann anschließend ins → Benetton-Team gehievt und feierte auch hier gleich einen erfolgreichen Einstand. Beim Training zum Großen Preis von Italien war er schneller als der erfahrene Teamkollege Nelson → Piquet und konnte mit dem 5. Platz im Rennen die ersten WM-Punkte verbuchen. In den restlichen vier Läufen dieser Saison konnte Schumacher noch weitere zwei Punkte sammeln und Piquet musste die Koffer packen.

Schon vor seiner ersten Vollzeit-Saison 1992 war Schumacher in Expertenkreisen bereits »Deutschlands große Hoffnung«, denn der deutsche Motorsport war in der Formel 1 seit den bescheidenen Erfolgen von Jochen Mass und Hans-Joachim → Stuck jahrelang Brachland gewesen. Jackie → Stewart urteilte bereits nach wenigen Rennen: »Wenn er so weitermacht, kann er in vier, fünf Jahren Weltmeister sein« – es sollte alles viel schneller passieren. In seinem zweiten Formel 1-Jahr avancierte der Mann mit dem markanten Kinn bereits zum Spitzenfahrer, der den Teamkollegen Martin → Brundle in allen Trainingsduellen besiegen konnte. Sieben Podestplatzierungen, ein Sieg in Spa-Francorchamps und mit 53 WM-Punkten bereits Dritter in der Gesamtwertung waren die hervorragende Bilanz von Schumacher.

Auch Konfrontationen mit Ayrton → Senna nach einem Rempler beim Start in → Magny-Cours sowie ein dramatischer Abflug beim Großen Preis von Ungarn konnten das Selbstbewusstsein des neuen Himmelstürmers in der Formel 1 nicht erschüttern.

Mit einem weiteren Sieg beim Großen Preis von Portugal und 47 WM-Punkten konnte der Kerpener seine Leistung auch in der Saison 1993 bestätigen.

Mit JJ → Lehto als Teamkollegen und dem neuen → Ford-Zetec-Motor startete »der Prototyp einer neuen Rennfahrergeneration« 1994 in eine denkwürdige Saison, die ihn zu höchsten Ehren führte und zugleich bei vielen

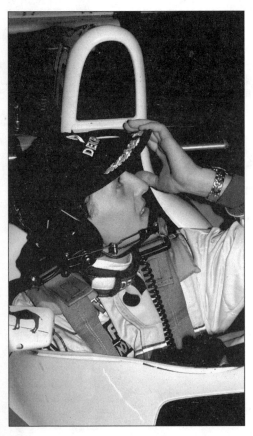

Michael Schumacher beendete auf fulminante Weise die zumeist chronische Erfolglosigkeit deutscher Piloten in der Formel 1

in Misskredit brachte. Zunächst lief alles optimal: Schumacher gewann die ersten beiden Läufe in Brasilien und Aida und der als Favorit geltende Senna ging völlig leer aus. Doch der Brasilianer vermutete unerlaubte Fahrhilfen beim Benetton-Boliden und äußerte öffentlich: »Ich fahre gegen ein illegales Auto.«

Schumacher ignorierte die Vorwürfe und wurde in allen Zeitungen als Vorzeigeheld einer neuen Sportlergeneration präsentiert: reich, erfolgreich und glücklich liiert. Freundin Corinna, die er 1995 ehelichte, erfüllte alle Attribute einer Traumfrau, die der Kerpener 1991 in einem Fernseh-Interview folgendermaßen definierte: »blond und anpassungsfähig«. Nach dem Unfalltod von Senna in → Imola schien Schumacher endgültig eine neue Epoche einzuleiten und wie zur Bestätigung holte er im anschließenden Rennen in Monaco die erste → Pole Position seiner Karriere und feierte anschließend den vierten Sieg in Folge. Zwar wurde er im nächsten Rennen in Spanien nur Zweiter hinter Damon → Hill, aber weil er die meiste Zeit im fünften Gang fahren musste, wurde ihm anschließend höchstes Lob von allen Seiten gezollt. Die beiden nächsten Läufe in Kanada und Frankreich konnte der Kerpener wieder für sich entscheiden und zu diesem Zeitpunkt hatte er bereits 27 Punkte Vorsprung vor seinem Verfolger Hill.

Doch beim nächsten Lauf in → Silverstone beging der schon scheinbar sichere Weltmeister gleich mehrere Fehler: Erst überholte er in der Aufwärmrunde den vor ihm platzierten Damon Hill, um die dann daraus resultierende → Stop-and-go-Strafe im Rennen schlichtweg zu ignorieren. Schumacher bekam dafür die schwarze Flagge gezeigt, die er ebenfalls missverstand, und nach dem Rennen seinen zweiten Platz aberkannt. Es folgte eine Sperre für zwei Rennen, aber Schumacher durfte noch beim anschließenden Lauf am → Hockenheimring teilnehmen, wo er jedoch mit Motorschaden ausfiel. Da Benetton Berufung gegen das Urteil einlegte, konnte der WM-Führende am nächsten Grand Prix in Ungarn mitfahren und gewinnen. Auch in Spa-Francorchamps kreuzte er als Erster über die Ziellinie, doch weil die Rennkommissare anschließend Unregelmäßigkeiten an der → Bodenplatte des Benetton feststellten, wurde ihm der Sieg wieder aberkannt.

Der zu diesem Zeitpunkt schon mit Abstand erfolgreichste deutsche Pilot aller Zeiten wurde danach mit dem Spottnamen »Schummel-Schumi« bedacht und ein paar Tage später bestätigte die → FIA Schumachers Sperre für zwei Rennen, welche jetzt für → Monza und → Estoril in Kraft trat. In diesen beiden Rennen, die Schumacher pausieren musste, zeigte sich aber auch in den mäßigen Leistungen seiner Vertreter Lehto und Jos → Verstappen,

Willi Weber förderte Schumachers Karriere und streicht jetzt dank der Erfolge seines Schützlings satte Gewinne im Merchandising-Bereich ein

dass scheinbar die Fahrkunst des Kerpeners zu einem großen Teil den Benetton-Rennstall so weit nach vorne gebracht hatte.

Als Schumacher zum Großen Preis von Europa zurückkehrte, besaß er nur noch einen Punkt Vorsprung vor Damon Hill, der in allen Rennen siegen konnte, in denen Schumacher gesperrt oder disqualifiziert war.

Bis zum letzten Rennen in → Adelaide war die Entscheidung weiterhin offen, aber nach einer Kollision im Rennen zwischen Schumacher und Hill konnte Deutschland seinen ersten Formel 1-Weltmeister feiern.

Lastete auf diesem Titelgewinn wegen der technischen Unregelmäßigkeiten des Benetton-Teams noch ein dunkler Schatten, so konnte Schumacher seine Leistung in der Saison 1995 noch bei weitem übertreffen. Obwohl die Experten dem Konkurrenten Hill das bessere Auto bescheinigten, eilte der neue Superstar des deutschen Sports von Triumph zu Triumph. Neun Saisonsiege, darunter der Gewinn der Heimatrennen in Hockenheim und am → Nürburgring, sowie die Rekordausbeute von 108 WM-Punkten kürten Schumacher zum jüngsten Doppelweltmeister aller Zeiten und zum fahrerischen Maßstab in der Formel 1. Wie auch die anderen Teamkollegen zuvor, verblasste Teamkollege Johnny → Herbert trotz zweier Siege in → Silverstone und Monza gegen die Vorherrschaft des Deutschen und musste anschließend sein Cockpit räumen. Herbert war es auch, der Schumacher »totalen Egoismus« unterstellte und damit das gute Verhältnis zu ihm zerstörte. Für eine hohe Millionensumme wechselte Schumacher 1996 zu → Ferrari mit der hohen Bürde, das am Boden liegende Traditionsteam wieder zu Titelehren zu führen.

In dieser Saison leistete er harte Aufbauarbeit und musste neben Siegen in Spanien, Belgien und Italien auch zahlreiche Ausfälle verkraften, die ihn bei der Fahrer-WM chancenlos ließen. Aber schon ein Jahr später waren er und → Williams-Pilot Jacques → Villeneuve die einzigen ernsthaften Anwärter auf den WM-Titel und durch fünf Saisonsiege vor dem entscheidenden Rennen in → Jerez führte Schumacher mit einem Punkt Vorsprung vor dem Kanadier. Manager Willi Weber hatte schon 100 000 Kappen mit der Aufschrift »Schumacher Weltmeister 1997« geordert und auch bei Ferrari gab man sich zuversichtlich.

In Führung liegend, versuchte Schumacher den aufholenden Villeneuve durch einen Rempler ins Kiesbett zu befördern und schied dabei selber aus, während der Kanadier unversehrt zum Titelgewinn eilte.

Damit verlor der Wahl-Schweizer den sicher geglaubten Titel und gleichzeitig viel von seinem guten Ruf. Anschließend titulierte man ihn als »Pisten-Rambo« und die italienische Zeitung »la Republica« unterstellte ihm nach seiner Villeneuve-Attacke gar einen »nicht ganz geglückten Mordversuch«.

Als Sanktion für das unsportliche Verhalten wurde ihm von der → FIA zudem der Vizetitel aberkannt, wobei nicht wenige Beobachter ein noch strengeres Urteil gefordert hatten. In der Saison 1998 musste sich Schumacher jetzt mit den wiedererstarkten → McLaren-Fahrzeugen auseinandersetzen. Zwar konnte der Ferrari-Start die Titelvergabe bis zum letzten Rennen in → Suzuka offenhalten, doch ein missglückter Start ließ letztendlich seinen Konkurrenten Mika → Häkkinen triumphieren.

Ein schwerer Unfall in Silverstone verhinderte 1999 eine erneute Titelchance. Schumacher musste mit einem Beinbruch sechs Rennen pausieren und weil sich seine Rückkehr verzögerte, verspotteten ihn die italienischen Gazetten als Feigling sowie als »humpelndes Idol«. Zum Großen Preis von Malaysia kehrte Schumacher an die Rennstrecke zurück, eroberte die Pole Position und unterstützte im Rennen die Titelbemühungen seines Teamkollegen Eddie → Irvine. Zwei Trainingsbestzeiten und zweimal Platz 2 in den letzten beiden Rennen bewiesen, dass Schumacher trotz der längeren Zwangspause nichts von seinem Können eingebüßt hatte. Und wie zur Bestätigung gewann er in der Saison 2000 die ersten drei Rennen in Australien, Brasilien und San Marino. Der Ferrari erwies sich jetzt als äußerst zuverlässig und das ganze Team arbeitete reibungslos und nahezu fehlerfrei.

Nach sechs Rennen hatte Schumacher bereits 18 Punkte Vorsprung vor Häkkinen. Doch dann setzte eine Talfahrt ein, in der »Schumi« in mehrere Startkollisionen verwickelt wurde und nach dem Rennen in Spa-Francorchamps büßte er seine WM-Führung ein.

Weil ihn Häkkinen in diesem Rennen bei einer Überholaktion förmlich überrumpelt hatte, meldeten sich jetzt erste Zweifel an Schumachers fahrerischer Vorherrschaft an. Und der letzte Ferrari-Weltmeister Jody → Scheckter aus dem Jahr 1979 sprach schon die Mitleidsbekundungen aus: »Schumacher tut mir schon leid. Er ist der kompletteste Fahrer im Feld und schafft es einfach nicht.«

Doch in einem Kraftakt, bei dem er das ganze Ferrari-Team noch einmal neu motivierte, gelang dem schon Totgesagten doch noch die Wende. Nach drei aufeinanderfolgenden Siegen in Monza, → Indianapolis und Suzuka machte Schumacher den ersten Fahrtitel eines Ferrari-Piloten nach 21 Jahren perfekt. Auch beim letzten Lauf in Malaysia konnte Schumacher triumphieren und sicherte damit der Scuderia zum zweiten Mal hintereinander den Konstrukteurstitel.

Schumacher, Ralf (Pilot)
Geboren: 30.06.1975 in
Hürth-Hermülheim/ Deutschland
GP-Rennen in der Fahrer-WM: 66 (seit 1997)
Pole Positions: 0
Siege: 0
WM-Punkte insgesamt: 86
Beste WM-Platzierung im Gesamtklassement:
Fünfter 2000
Rennwagen: Jordan, Williams
Internet: www.ralf-schumacher.de

Obwohl »Klein Schumi« trotz einiger Hauruck-Aktionen durchweg gute Leistungen in seiner bisherigen Formel 1-Karriere erbrachte, bleibt abzuwarten, ob er jemals aus dem Schatten des übermächtigen Bruders treten kann.

Wie bei seinem Bruder Michael diente auch bei Ralf Schumacher die elterliche Kartbahn als Einstieg für den Motorsport. Bereits mit drei Jahren kam es zur ersten Berührung mit dem Kart, auf dem er drei Jahre später erste Club-Rennen gewinnen konnte.

Mit 16 Jahren wurde er Sieger im NRW-Cup und gleichzeitig deutscher Junioren-Kart-Meister. Ein Jahr später belegte er bei der Deutschen Kartmeisterschaft Platz 2 und bestritt mit Erfolg erste Rennen in der ADAC-Formel-Junior- Klasse.

Zwei Jahre in der Formel 3 brachten ihm 1995 die Vizemeisterschaft und anschließend lud man ihn zum Formel 3000-Test nach → Le Mans ein. Zu diesem Zeitpunkt war er schon seit längerem bei Michaels Manager Willi Weber unter Vertrag. Weber empfahl Schumacher, nach Japan in die Formel 3000 zu gehen, um sich dort die nötige Formel 1-Reife zu holen.

Der Ratschlag erwies sich als goldrichtig, denn Schumacher schloss das Jahr in Japan mit dem Gewinn der Meisterschaft ab und parallel war er für → McLaren in der japanischen GT-Meisterschaft im Einsatz, wo er sich den Vizetitel sicherte.

Das Angebot, einen Formel 1-Wagen von McLaren zu testen, lehnte Schumacher auf Anraten seines Managers ab und entschied sich mit → Jordan direkt in die Formel 1 einzusteigen.

Schnell konnte er sich in der Königsklasse etablieren und kam bei seinem dritten Rennen in Argentinien auf Platz 3. Nebenher hatte Schumacher aber im Laufe der Saison einige Dispute mit seinem ebenfalls extrem ehrgeizigen Teamkollegen Giancarlo → Fisichella auszufechten. Zudem wurde er für einige unüberlegte Startmanöver, bei denen er am → Nürburgring auch mit seinem Bruder kollidierte, von vielen Experten hart kritisiert. Da »Schumi II« sich uneinsichtig zeigte und außerdem bei Interviews immer ein wenig arrogant und hochnäsig wirkte, hatte er bald den Spitznamen »Rolex-Ralf« weg.

Sportlich lief es mit insgesamt 13 WM-Punkten zufriedenstellend und für seinen → Teamchef Eddie Jordan war Schumacher einer der besten Nachwuchsfahrer in der Formel 1.

1998 ging es leistungsmäßig weiter bergauf und mit Platz 2 in Belgien konnte er seine bisher beste Platzierung verbuchen, auch wenn er in diesem Rennen seinem Teamkollegen Damon → Hill den Vortritt für den Sieg lassen musste. Für 1999 folgte der Wechsel zum → Williams-Rennstall, wo Schumacher in dieser Saison seinen Teamkollegen, den zweifachen IndyCar-Champion Alex Zanardi, klar auf Distanz hielt und für alle 35 WM-Punkte des Teams verantwortlich zeichnete.

Auch in der Saison 2000 konnte Schumacher mehrmals in die Punkte fahren und stand in Brasilien, Belgien und Italien wieder auf dem Podest, doch zu einem Sieg, der nötig wäre, um den berühmten Bruder aus den Schlagzeilen zu verdrängen, hat es bisher noch nicht gereicht.

Schwerpunkt
Auf den Schwerpunkt eines Körpers wirken alle äußeren Kräfte ein. Je tiefer bei einem Rennwagen der Schwerpunkt ist, umso optimaler ist seine Haftung.

Scirocco (Rennwagenfirma)
GP-Rennen in der Fahrer-WM: 5 (1963–1964)
Pole Positions: 0
Siege: 0
WM-Punkte: 0
Beste Platzierung in der Konstrukteurswertung: 0
Bekannteste Fahrer: –
Erfolgreichste Fahrer: –
Das Team hatte nichts mit der gleichnamigen Fahrzeugserie aus dem VW-Werk zu tun, sondern war in den sechziger Jahren der glücklose Formel 1-Schnellschuss eines naiven Amerikaners.

Hugh Powell meldete für den Großen Preis von Belgien ohne große Vorbereitung zwei Fahrzeuge an, die mit einer simplen Gitterrohr-Konstruktion und → BRM-Aggregaten ausgestattet waren. Und da Tony Settember im Rennen gleich auf Platz 8 landete, schien der Sprung in die Formel 1 geschafft.

In den nächsten Rennen wurde Powell eines Besseren belehrt, denn bei den nächsten Rennen sah kein Wagen mehr die Zielflagge. Zum krönenden Saisonabschluss gab es dann in Italien noch eine Nichtqualifikation.

Für 1964 baute man einen nagelneuen → Coventry-Climax-Motor ein, aber nach einem Ausfall in Belgien und einer Nichtqualifikation in Deutschland durch Fahrer Andre Pilette hatte Powell das Interesse an der Formel 1 verloren und zog sich zurück.

Sebring (Rennstrecke)
GP-Bezeichnung: Großer Preis der USA
Streckenlänge: 8,369 km
Renndistanz: 42 Runden = 351,481 km
Einziges Formel 1-Rennen: 1959
Gesamtzahl GP: 1
Sieger: Bruce McLaren (1959)
Internet: www.sebringraceway.com
Sebring in Florida war der erste Kurs, auf dem nach → Indianapolis ein Großer Preis der USA stattfand. Die Strecke wurde durch die lange North-South-Runway-Gerade weit auseinandergezogen und stellte an die Fahrer wegen der zumeist weitläufigen Kurven keine besonderen Herausforderungen.

Der → Grand-Prix-Zirkus gab auf der holprigen Flugplatzstrecke 1959 ein einmaliges Gastspiel, bei dem trotzdem Formel 1-Geschichte geschrieben wurde. Die Zuschauer erlebten mit Bruce → McLaren den jüngsten Grand-Prix-Sieger aller Zeiten und zudem ein spannendes Weltmeisterschaftsfinale zwischen Jack → Brabham und Tony → Brooks, bei dem Brabham seinen liegengebliebenen → Cooper eigenhändig über die Ziellinie schob, um sich den vierten Platz zu sichern. Dieser Kraftakt war allerdings vollkommen überflüssig, weil der Punkteplatz von Brabham wegen der → Streichresultate nicht gewertet wurde.

Sebring

Berühmt wurde der Kurs durch die »12 Stunden von Sebring«, ein Sportwagenrennen nach Art der 24 Stunden von → Le Mans, das am 30.12.1950 erstmals von Alex Ulmann organisiert wurde.

Sechs-Punkte-Gurt
Ein in der Formel 1 eingesetzter Sicherheitsgurt, der mit sechs Punkten am → Chassis befestigt ist und welchen der Fahrer mit einem Handgriff lösen kann, um sich aus dem Fahrzeug zu befreien.

Seidel, Wolfgang (Pilot)
Geboren: 04.07.1926 in Düsseldorf/ Deutschland
Gestorben: 01.03.1987 in Düsseldorf/Deutschland
GP-Rennen in der Fahrer-WM: 10 (1953–1962)
Pole Positions: 0
Siege: 0
WM-Punkte insgesamt: 0
Beste WM-Platzierung im Gesamtklassement: 0
Rennwagen: Veritas, Maserati, Cooper,
Lotus, Emeryson

Der Kaufmann aus Düsseldorf fuhr in einem Zeitraum von neun Jahren immer wieder vereinzelte Grand-Prix-Einsätze, ohne sonderlich überzeugen zu können. Aus gut betuchtem Hause stammte, was ihm neben seinem eigenen Gewerbe mit genügend Kleingeld versorgte, bereitete es Seidel kaum Probleme, für seine Ambitionen eigene Rennwagen anzuschaffen. 1953 schien ihm ein → Veritas vielversprechend, mit dem er im selben Jahr beim 1000-km-Rennen auf dem → Nürburgring Fünfter in der Gesamtwertung wurde. Mit dem gleichen Fahrzeug war er kurz darauf an der gleichen Strecke beim Großen Preis von Deutschland am Start. Trainingsplatz 29 und mit 4 Runden Rückstand Letzter – viel mehr war mit dem alten Veritas-Gefährt auch nicht mehr zu erreichen.

Danach war für fünf Jahre Schluss mit der Formel 1 und Seidel beteiligte sich mit Wagen von → Osca, → Ferrari und → Porsche an verschiedenen Sportwagenrennen, wobei er 1957 die Deutsche Meisterschaft in der Granturismo-Klasse über 1600 ccm gewinnen konnte.

Seine enge Freundschaft zu Wolfgang Graf Berghe → von Trips verschafften ihm noch im selben Jahr zwei Werkseinsätze für Ferrari. Zusammen mit von Trips wurde er Dritter beim letzten Saisonrennen der Sportwagenweltmeisterschaft und sein Name war jetzt auch in der italienischen Motorsportszene ein Begriff.

Dadurch erhielt er 1958 die Chance mit einem → Maserati 250 F zwei → Grand-Prix-Läufe zu bestreiten.

Bei der nicht zur WM zählenden Daily Express Trophy in → Silverstone fuhr er dem Rest des Feldes hinterher und in → Spa-Francorchamps war für ihn das Rennen wegen eines Materialdefekts bereits nach vier Runden beendet. Als Ersatz für den nicht erschienenen Carrol Shelby durfte Seidel dann beim Saisonfinale in Marokko nochmals in einen Maserati steigen, wo er durch einen Unfall ausschied.

Die folgenden zwei Jahre tummelte sich Seidel bei Sportwagenrennen aller Art und schaffte dabei 1959 auf einem Porsche-Spyder zusammen mit Edgar → Barth den Gesamtsieg bei der Targa Florio.

In einem privaten Formel 2-Wagen von → Cooper war er dann 1960 in der Formel 1 wieder beim Großen Preis von Italien zu finden. In einem stark dezimierten Feld von nur 16 Fahrern qualifizierte er sich für den 13. Startplatz und wurde mit sechs Runden Rückstand Neunter.

Mittlerweile kritisierten die deutschen Motorsportexperten an Seidel eine »fehlende Linie in seinen Aktivitäten« und beurteilten sein Talent in Bezug auf Formel-Rennen als nicht ausreichend genug.

Trotzdem ließ er es sich nicht nehmen mit einem, von der »Scuderia Colonia« gekauften, → Lotus 18 in der Saison 1961 an insgesamt vier Weltmeisterschaftsläufen teilzunehmen, was aber wieder nur nachhaltige Kritik an seinen Leistungen aufkommen ließ.

Drei weitere Versuche in der Saison 1962 mit Wagen von → Emeryson und Lotus bei den Großen Preisen von Holland, Großbritannien und Deutschland endeten mit Ausfällen und Nichtqualifikation.

Seidel schien darüber so frustriert zu sein, dass er sich unbedingt mit der → ONS anlegen musste, die ihn nach seiner überzogenen Kritik mit einer Rennsperre von zwei Jahren belegte. Das war das Ende von Seidels Rennsportlaufbahn und anschließend kümmerte er sich wieder um seinen florierenden Autohandel, bis er 1987 nach langer, schwerer Krankheit verstarb.

Senna da Silva, Ayrton (Pilot)
Geboren: 21.03.1960 in São Paulo/Brasilien
Gestorben: 01.05.1994 in Bologna/Italien
GP-Rennen in der Fahrer-WM: 161 (1984–1994)
Pole Positions: 61
Siege: 41
WM-Punkte insgesamt: 614
Beste WM-Platzierung im Gesamtklassement:
Weltmeister 1980, 1990, 1991
Rennwagen: Toleman, Lotus, McLaren, Williams
Internet: www.ayrton-senna.com

Senna war einer der besten, aber auch umstrittensten Fahrer seiner Zeit und fand nach drei Weltmeistertiteln und dem einsamen Rekord von 61 Trainingsbestzeiten in → Imola 1994 sein jähes Ende. Ayrton Senna de Silva entstammte einem reichen Elternhaus und sein Lieblingsspielzeug war von Anfang das Go-Kart. Im Alter von 13 Jahren wurde er lokaler Kart-Juniorenmeister und ein Jahr später brasilianischer Kart-Vizemeister. Nach zwei weiteren Meisterschaften und mehreren Vizetiteln ging er 1981 nach England, um sich sogleich den britischen Meistertitel der Formel → Ford 1600 zu erobern.

In den Jahren 82 und 83 sicherte er sich den gleichen Titel in der britischen Formel Ford 2000 sowie bei der britischen Formel 3.

Sennas Engagement ging soweit, dass er sich sogar von seiner Ehefrau scheiden ließ, um seine ganze Konzentration dem Rennsport zu widmen. Da man den Brasilianer anschließend

In der Formel 1 war Ayrton Senna eine Klasse für sich

selten mit Frauen zusammen sah, wurde ihm von Intimfeind Nelson → Piquet Homosexualität unterstellt.

Die → Teamchefs der Formel 1 rissen sich nach dessen spektakulären Erfolgen um den Brasilianer. Senna lehnte ein Angebot von → McLaren ab, um beim → Toleman-Rennstall ohne großen Druck seine Formel 1-Karriere zu starten. In seiner Debüt-Saison 1984 gelangen ihm mit dem unterlegenen Fahrzeug einige ausgezeichnete Platzierungen, aber Senna war auch wegen seines unterkühlten Charakters schnell als »arrogant« und »egoistisch« verschrien. 1985 wechselte der Brasilianer zu → Lotus und sorgte für die letzte Blüte des einst ruhmreichen Rennstalles. Schon im zweiten Rennen bei der »Seeschlacht von → Estoril« düpierte er alle mitfahrenden Konkurrenten mit einer fahrerischen Meisterleistung im strömenden Regen und siegte mit fast einer Minute Vorsprung. Senna avancierte nun zum »Weltmeister der Zukunft«, wurde aber bei seinen Formel 1-Kollegen noch unbeliebter, weil er immer wieder die Konfrontation auf der Rennstrecke suchte. Der Brasilianer gewann in dieser Saison noch den Großen Preis von Belgien und auch 1986 und 1987 gab es mit dem Lotus Trainingsbestzeiten und Siege, doch für den Weltmeistertitel war das Potential des Teams insgesamt zu schwach.

Der schon als »Genie« eingeschätzte Senna wechselte 1988 für eine hohe Millionensumme zu → McLaren und wurde Teamgefährte des etablierten zweifachen Weltmeisters Alain → Prost. Senna, der den Titelgewinn ebenfalls als sein höchstes Ziel ansah, baute sofort ein enges Verhältnis zu seinen → Mechanikern auf und scheute auch nicht vor einem Disput mit seinen Stallgefährten zurück. In der Saison 1988 schaffte er in sechzehn Rennen dreizehn Pole Positions sowie acht Siege und wurde am Ende Weltmeister vor Prost.

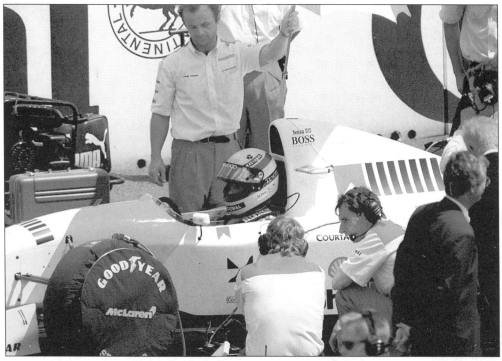

Immer im Mittelpunkt des Interesses: Ayrton Senna.
Hier 1993 im Mclaren bei der Startaufstellung zum Großen Preis von Deutschland

Ungeachtet seiner fahrerischen Qualitäten stand der Brasilianer weiter in der Kritik und Jackie → Stewart äußerte nach einem umstrittenen Manöver Sennas gegen Prost, wo er versuchte den Widersacher gegen die Boxenmauer zu drücken: »Er ist rücksichtslos und kompromisslos, so einen Champion brauchen wir nicht.«

1989 wurde der Kampf zwischen den beiden Formel 1-Giganten immer unerbittlicher. Beide dominierten wieder größtenteils die Saison und beim vorletzten Rennen in → Suzuka kollidierten die Rivalen miteinander.

Prost stieg aus, doch Senna fuhr das Rennen weiter, zwängte sich mit einem brutalen Manöver an dem führenden Alessandro → Nannini vorbei und gewann. Doch weil Senna sich nach seinem Ausrutscher wieder auf die Piste schieben ließ, wurde er anschließend disqualifiziert und damit war Prost neuer Weltmeister. Senna schäumte vor Wut und der von ihm geäußerte Vorwurf an den französischen → FISA-Chef Jean-Marie Balestre, dieser habe zugunsten seines Landsmannes die Weltmeisterschaft manipuliert, hätte ihn beinahe die → Fahrerlizenz gekostet. 1990 gab es eine Fortsetzung dieses unversöhnlichen Duells zwischen dem Brasilianer und dem inzwischen zu → Ferrari gewechselten Franzosen. Beide gewannen in abwechselnder Reihenfolge und wiederum in Suzuka revanchierte sich Senna für den entgangenen WM-Titel des letzten Jahres, indem er Prost kurz nach dem Start ins Kiesbett schickte.

Senna war dadurch Weltmeister und gab später zu, dieses Manöver absichtlich getätigt zu haben. 1991 war Prost mit Ferrari ins Abseits geraten und Senna hatte nur noch den ungestümen Nigel → Mansell als Konkurrenten. Senna gewann die ersten vier Saisonrennen und gab, trotz kurzzeitiger Bedrängnis durch Mansell, die WM-Führung bis zum Saisonende nicht mehr aus der Hand.

Der »stärkste Fahrer der Gegenwart« war aber, nachdem → Honda sich mit ihren Motoren von McLaren zu Williams verabschiedet hatten, 1992 plötzlich in eine Verfolgerrolle geraten. Obwohl man ihm bescheinigte, in jedem Auto eine Sekunde schneller als der Gegner zu sein, musste er 1992 den WM-Titel trotz dreier Siege nahezu chancenlos dem Briten Mansell überlassen. Auch 1993 gab es außer einigen glanzvollen Rennleistungen nur das Nachsehen gegen die überlegene Williams-Macht. Dass mit Alain Prost ausgerechnet sein Erzrivale Weltmeister wurde, wurmte Senna mächtig und für die Saison 1994 gelang es dem Brasilianer seinen Konkurrenten aus dem Williams-→ Cockpit zu drängen, um selbst darin Platz nehmen. Die »sensationelle Ein-Mann-Show im Rennwagen« ging als absoluter Top-Favorit in die Saison 94, doch nach zwei Ausfällen in den beiden ersten Rennen sah sich Senna plötzlich unter Zugzwang gesetzt.

Beim Großen Preis in → Imola eroberte er sich die dritte → Pole Position hintereinander und nach dem → Neustart des Rennens wegen eines Startunfalls konnte er sich zusammen mit Michael → Schumacher von den Verfolgern absetzen. Doch nach ein paar Runden stellte sich der Williams in der Tamburello-Kurve quer und prallte mit voller Wucht gegen die Betonmauer. Mit schwersten Kopfverletzungen starb Senna Stunden später in einem Bologner Krankenhaus. In Brasilien wurde eine dreitägige Staatstrauer ausgerufen und am 5. Mai gaben ihm in São Paulo Millionen Landsleute das letzte Geleit.

Sepang (Rennstrecke)

GP-Bezeichnung: Großer Preis von Malaysia
Streckenlänge: 5,542 km
Renndistanz: 56 Runden = 310,352 km
Erstes Formel 1-Rennen: 1999
Erster Sieger: Eddie Irvine
Internet: www.malaysiangp.com.my

Dieser neue, sehr moderne Kurs wurde Ende 1998 unter Mithilfe des ehemaligen Formel 1-Rennfahrers Marc Surer fertiggestellt. Ca. 60 km von der malaysischen Hauptstadt Kuala Lumpur entfernt, bietet die Strecke viele schnelle Kurven, Überholmöglichkeiten und die längste → Boxengasse von allen Grand-Prix-Strecken. Architektonisch kunstvoll gestaltete Tribünenanlagen, ein hochmodernes Pressezentrum und blitzblanke Boxenanlagen komplettieren das Erscheinungsbild einer perfekten Rennstrecke.

Serenissima (Motorenhersteller)
GP-Rennen in der Fahrer-WM: 3 (1966)
Pole Positions: 0
Siege:
WM-Punkte: 1
Rennwagen: McLaren

Graf Volpi war der Eigentümer dieser italienischen Firma, die in den frühen 60er Jahren vornehmlich Sportwagen fabrizierte. Weil sich der → Indianapolis-V8-Motor von → Ford als zu drehzahlschwach erwies, rüstete Bruce → McLaren 1966 seine Formel 1-Eigenkonstruktion für drei Rennen auf einen Serenissima-V8-Motor um. Zwei Motorschäden stand ein 6. Platz in → Brands Hatch gegenüber. Nach dem Großen Preis der Niederlande verwendete McLaren wieder das Ford-Aggregat und der 1969 geplante Formel 1-Einstieg der Italiener mit eigenem Fahrzeug wurde niemals realisiert.

Set-up
Englische Bezeichnung für die Rennwagenabstimmung. In erster Linie werden die → Flügel, Federn und Aufhängungen in Absprache zwischen Fahrer und → Renningenieur auf die jeweiligen Gegebenheiten der Rennstrecke abgestimmt.

Shadow (Rennwagenfirma)
GP-Rennen in der Fahrer-WM: 104 (1973–1980)
Pole Positions: 3
Siege: 1
WM-Punkte: 68, 5
Beste Platzierung in der Konstrukteurswertung: Sechster 1975
Bekannteste Fahrer:
Alan Jones, Tom Pryce, Ricardo Patrese, Clay Regazzoni, Hans-Joachim Stuck, Elio de Angelis, Stefan Johansson
Erfolgreichste Fahrer:
Alan Jones, Tom Pryce, Jean-Pierre Jarier

Internet: http://members.tripod.com/ ~shadowcar/ (Tribute-Site)

Das Team, das auch heute noch einige Fans besitzt, ist längst von der Formel 1-Bühne verschwunden, konnte aber mit Alan → Jones und viel Glück einen → Grand-Prix-Sieg verbuchen. 1968 gründete Don Nichols die Firma Advanced Vehicle System, deren erster Rennwagen 1971 bei der CanAm-Serie mit Jackie Oliver am Steuer eingesetzt wurde. Ein Jahr darauf begann man in der AVS-Filiale in Großbritannien auch damit, Formel 1-Fahrzeuge zu bauen, die man ab 1973 dann unter dem Namen UOP-Shadow im Renneinsatz bewegte.

Designer Tony Southgate entwarf mit dem DN1 einen Formel 1-Wagen in der damals aktuellen Colaflaschen-Form und machte dabei gleich einen entscheidenden Fehler, weil er die starken Vibrationen des → Cosworth-V8-Motors nicht beachtet hatte, was zu einigen materialbedingten Ausfällen führte.

Immerhin konnte George Follmer gleich im ersten Rennen punkten und wurde anschließend in Spanien sogar Dritter, was kurz vor Saisonende in Kanada auch Oliver gelang. Ansonsten mussten die Shadows in dieser Saison das Renngeschehen meist aus dem Mittelfeld betrachten. Southgate überarbeitete für 1974 das Fahrzeug und die Tests sowie der erste Renneinsatz verliefen vielversprechend. Doch dann verunglückte der Nummer 1-Fahrer Peter → Revson bei einem Test in → Kyalami tödlich, was für das Team einen empfindlichen Rückschlag bedeutete. Für den ins Management gewechselten Oliver war Jean-Pierre → Jarier gekommen, dem in Monaco ein 3. Platz gelang. Nach einem kurzen Intermezzo mit Brian Redman hatte dann der walisische Nachwuchsfahrer Tom → Pryce das zweite → Cockpit übernommen. Mit dem DN5 schaffte Tom Pryce 1975 im nicht zur Weltmeisterschaft zählenden Race of Champions den ersten Shadow-Sieg. Auch während der Saison konnten der Waliser sowie Jarier genügend Punkte einsammeln, um mit Platz 6 in der Konstrukteurswertung das beste Ergebnis in der Shadow-Geschichte zu erreichen.

Im britischen → Grand Prix führten sowohl Pryce als auch Jarier diesen Lauf an und beide fielen durch Unfälle aus. Im selben Jahr hatte Southgate auch den DN7 gebastelt, der in drei Rennen von einem → Matra-Aggregat angetrieben wurde. Doch die anvisierten Pferdestärken übertrugen sich auf der Rennstrecke nicht in Geschwindigkeit und bevor man hinter das Geheimnis kam, hatte Matra seine → Motoren abgezogen und bei → Ligier untergebracht. Mit einer DN5-Modifizierung sowie dem bewährten Pilotengespann Pryce/Jarier wuselte man sich 1976 mehr schlecht als recht durch die Großen Preise, auch wenn es mit Startplatz 3 von Jarier in Brasilien sowie dem 3. Platz von Pryce im Rennen immer wieder vereinzelte Highlights gab. 1977 ging man mit dem Gespann Pryce und dem Italiener Renzo Zorzi in die Saison. → Designer Southgate war zu → Lotus gegangen, kehrte aber noch mal kurzzeitig zurück, um den neuentwickelten DN8 zu modifizieren. Doch bald darauf kehrte er Shadow endgültig den Rücken zu und gründete 1978 den → Arrows-Rennstall. Zunächst gab es viele Ausfälle und den Schock durch Pryces tödlichen Unfall in Kyalami für den Rennstall zu verkraften. Doch Pryce-Nachfolger Alan Jones brachte mit seinem glücklichen Sieg in Österreich das Team kurzzeitig auf die Sonnenseite.

Die Saison 78 war der Anfang vom Ende für das Shadows-Team, denn neben Southgate hatten auch Rennleiter Oliver, Designer Dave Wass sowie das 23jährige Fahrertalent Ricardo → Patrese den Rennstall verlassen und die Konstruktionspläne gleich mitgenommen.

Weil zudem der Hauptsponsor von Shadow im Gefängnis gelandet war, stand das Team kurz vor dem Bankrott. Dieser konnte zwar vorerst abgewendet werden, doch die Fahrer Clay → Regazzoni und Hans-Joachim → Stuck mussten ihre Fahrzeuge auf absoluter Sparflamme und mit ungenügendem Reifenmaterial von → Goodyear bewegen. Stuck und Regazzoni schafften neben vielen Ausfällen und einigen Nichtqualifikationen je einen 5. Platz, was dem Team vorläufig das Überleben sicherte. Für 1979 erarbeiteten die Konstrukteure Richard Owen und John Gentry eine B-Version des Vorjahresmodells, mit dem Elio de

George Follmer pilotierte 1973 den Shadow DN 1

→ Angelis erst beim Saisonfinale in den USA auf Platz 4 landete. Bis 1980 krebste Shadow noch am Existenzminimum herum, doch nachdem sich der Rennstall in diesem Jahr bei sieben Versuchen sechsmal nicht qualifizieren konnte, verkaufte man das Inventar an Teddy Yip, der noch bis 1981 Shadow-Rennwagen für sein → Theodore-Team einsetzte.

Shannon (Rennwagenfirma)
Grand-Prix-Rennen in der Fahrer-WM: 1 (1966)
Pole Positions: 0
Siege: 0
WM-Punkte: 0
Beste Platzierung in der Konstrukteurswertung: 0
Bekanntester Fahrer: Trevor Taylor
Erfolgreichste Fahrer: –
Eine Runde in einem Rennen: Das ist die Bilanz des Shannon-Boliden, der schon von seiner Bauweise her für die Formel 1 kaum geeignet war. Der Shannon war ein Einzelstück, welches 1966 in der Formel 1 auftauchte und Jahre später in der Formel 3. Beim Großen Preis in Großbritannien erschien dieses Fahrzeug mit einem → Coventry- Climax-FPE-V8-Motor, der zu diesem Zeitpunkt schon über zehn Jahre alt war und vorher noch nie bei einem Rennen eingesetzt wurde. Mit diesen ungünstigen Voraussetzungen schaffte der Engländer Trevor Taylor, der nach seinem langsamen Formel 1-Abstieg zwei Jahre pausiert hatte, einen 18. Startplatz. Im Rennen musste er schon nach einer Runde den Wagen mit Motorschaden abstellen. Taylors letzter Strohhalm für eine eventuell längere Formel 1-Rückkehr war dahin und für den Shannon-Wagen gab es nie wieder einen → Grand Prix-Einsatz.

Sherman (Rennwagenfirma)
GP-Rennen in der Fahrer-WM: 2 (1950–1952)
Pole Positions: 0
Siege: 0
WM-Punkte: 3
Beste Platzierung in der Konstrukteurswertung: 0
Bekannteste Fahrer: –
Erfolgreichste Fahrer: –

1951 startete ein Sherman-Wagen mit Andy Linden am Steuer bei den 500 Meilen von → Indianapolis aus der letzten Reihe und konnte sich im Rennen bis auf Platz 4 vorfahren – allerdings waren auch nur acht Wagen im Ziel angekommen.

Ein Jahr später schaffte George Fonder mit Startplatz 13 ein wesentlich besseres Trainingsergebnis. Doch im Rennen kam er zwei Positionen schlechter und mit 3 Runden Rückstand ins Ziel. Fonder versuchte es die beiden nächsten Jahre lieber mit Wagen von → Schroeder sowie → Kurtis-Kraft und für Sherman war damit das Indy-Abenteuer beendet.

Siegeschampagner
Wurde von den Gewinnern der 24 Stunden von → Le Mans eingeführt und ist mittlerweile ein unverzichtbarer Bestandteil jeder Formel 1-Siegeszeremonie. Die drei Erstplatzierten erhalten auf dem Podium jeweils eine Magnumflasche eines bekannten französischen Herstellers, mit der sie sich gegenseitig vollspritzen oder die Fontänen ins Publikum jagen. Nur die → Williams-Piloten mussten in den achtziger Jahre eine Zeitlang darauf verzichten, weil der arabische Sponsor dies verboten hatte.

Siffert, Joseph (Pilot)
Geboren: 07.07.1936 in Fribourg/ Schweiz
Gestorben: 24.10.1971 in
Brands Hatch/ Großbritannien
GP-Rennen in der Fahrer-WM: 96 (1962–1971)
Pole Positions: 2
Siege: 2
WM-Punkte insgesamt: 68
Beste WM-Platzierung in der Gesamtwertung: Fünfter 1971
Rennwagen: Lotus, Brabham, Cooper, March, BRM
Als sich der brillante Allroundfahrer endlich auch im Formel 1-Spitzenfeld zu etablieren schien, hielt der Rennfahrertod die schwarze Fahne für den Schweizer hin. Schon als Junge verkaufte »Seppi«, so sein Spitzname, Blumen und gebrauchte Kartuschen der eidgenössischen Armee, um sich von dem Geld Mo-

Nicht nur in der Formel 1 erfolgreich: Joseph »Seppi« Siffert

torräder anzuschaffen. Nach einer Lehre als Karosseriespengler fuhr Siffert von 1957 bis 1959 Motorradrennen und verdingte sich unter anderem auch als Schmiermaxe.

Danach baute er sich eine kleine Gebrauchtwagenfirma auf und beteiligte sich an der Formel-Junior-Meisterschaft sowie an verschiedenen Eisslalom-Rennen. 1961 wurde er in dieser Klasse Meister und mit finanzieller Unterstützung eines Genfer Industriellen gelang ihm 1962 der Sprung in die Formel 1. Mit einem gebrauchten → Lotus kämpfte er jedoch zwei Jahre lang vergeblich um Spitzenresultate. Der »ruhige und bescheidene Sportsmann« bemühte sich 1964 mit einem eigens erstandenen → Brabham weiter unermüdlich um Formel 1-Lorbeeren und in dieser Saison gelangen ihm mit einem 3. sowie 4. Platz die ersten herausragenden Platzierungen.

Aber auch die nächsten Jahre machten es dem Privatfahrer schwer, sich gegen die finanziell besser gestellten Werksmannschaften zu behaupten. Siffert verharrte bis einschließlich 1967 in der Formel 1 im unerquicklichen Mittelmaß, worüber ihn auch Siege bei Sport- und Bergrennen nur mühsam hinwegtrösten konnten. 1968 platzte endlich der Knoten und in → Brands Hatch landete Siffert mit dem Erfolg für das private Lotus-Team des Rennunternehmers Rob → Walker seinen ersten Sieg.

Auch im nächsten Jahr gelangen dem »liebenswerten Menschen« gute Resultate und insgesamt fünfzehn WM-Punkte. Nebenbei war Siffert jetzt zu einem Sportwagenfahrer der Spitzenklasse gereift und er gewann zahlreiche 1000-km-Rennen u.a. in → Monza, → Spa und am → Nürburgring.

Der Schweizer war nun fast an jedem Wochenende als Rennfahrer aktiv und wirkte unter anderem auch als Stuntfahrer in Steve McQueens Rennfahrerfilm »Le Mans« mit. 1971 holte er sich → Pole Position und Sieg beim Großen Preis von Österreich und hoffte erwartungsfreudig auf die 72er Rennsaison.

Doch das Schicksal hatte anderes mit ihm vor: Beim 1. World Championship Victory Race in Brands Hatch, das nicht zur Weltmeisterschaft zählte, platzte Siffert in der 16. Runde ein defekter → Reifen. Der Wagen schleuderte gegen eine Böschung und ging nach mehreren Überschlägen in Flammen auf, in denen Siffert mit mehrfachen Beinbrüchen erstickte.

Später wurde aufgedeckt, dass eine gebrochene Hinterradaufhängung für den Unfall verantwortlich war. Über 50 000 Menschen bildeten den Trauerzug für den Schweizer in seiner Heimatstadt Fribourg. Ein paar Jahre danach wurde noch der Prix Rouge et Blanc Jo Siffert für den Rennfahrer mit der beeindruckendsten kämpferischen Leistung vergeben.

Silverstone (Rennstrecke)
Bezeichnung: Großer Preis von Großbritannien
Streckenlänge: 5,140 km
Renndistanz: 60 Runden = 308,400 km (2000)
Erstes Formel 1-Rennen: 1950
Gesamtzahl GP: 34

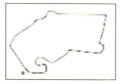

Silverstone

Nigel Mansell war der absolute Liebling bei den britischen Formel 1-Fans

Erster Sieger: Dr. Guiseppe Farina (1950)
Häufigster Sieger: Alain Prost
(1983, 1985, 1989, 1990, 1993)
Internet: www.silverstone-circuit.co.uk

In Silverstone fand am 13. Mai 1950 der erste Weltmeisterschaftslauf der Formel 1 statt. Seit der Premiere wurde der auf einem früheren Flughafen gelegene Kurs fünfmal umgebaut und ist heute 400 Meter länger als in den 50er Jahren. Die Strecke hat viele schnelle, aber auch langgezogene Kurven. Gute Überholmöglichkeiten bieten sich auf der Geraden vor der Luffield- und an der Stowe-Kurve, an der die Fahrer von mehr als 280 km/h auf etwa 180 km/h herunterbremsen müssen. Auch die Zuschauer in Silverstone feiern ihre Lokalhelden genauso enthusiastisch wie die italienischen Tifosi. Größter Liebling war bisher Nigel → Mansell, der viermal gewinnen konnte und den Silverstone-Kurs als seinen »Garten« bezeichnete. Nach dem Silverstone-Grand-Prix in der Saison 2000 gab es heftige Kritik an den Veranstaltern, weil im englischen Regen die gesamte Organisation bei dem ungewohnten April-Termin in Matsch und Chaos unterging.

Doch nachdem kurzzeitig ein Umzug nach → Brands Hatch drohte, wurde noch am Ende des Jahres 2000 bekanntgegeben, dass hier auch für die nächsten 15 Jahre der Große Preis von Großbritannien stattfinden und wieder traditionell im Juli veranstaltet wird.

Simtek (Rennwagenfirma)

GP-Rennen in der Fahrer-WM: 21 (1994–1995)
Pole Positions: 0
Siege: 0
WM-Punkte: 0
Beste Platzierung in der Konstrukteurswertung: 0
Bekanntester Fahrer: Jos Verstappen
Erfolgreichste Fahrer: –

Obwohl Simtek anfangs einen guten Eindruck hinterließ, machte der Rennstall in der Hauptsache dadurch Schlagzeilen, dass sein Fahrer Roland → Ratzenberger als erster Formel 1-Toter seit über 10 Jahren in die Annalen der Geschichte einging. 1989 wurde der Rennstall vom damals erst 22jährigen Nick Writh und dem späteren → FIA-Präsidenten Max → Mosley gegründet. Man kümmerte sich in erster Linie um die Umsetzung verschiedener Kundenwagen aus dem Rennbereich. Eine Kooperation mit einem geplanten spanischen Formel 1-Team scheiterte aus Geldgründen, doch hielt man weiter an dem geplanten Einstieg in die

Jean-Marc Gounon 1994 im Simtek S941

Königsklasse fest. Dank der Hilfe des dreimaligen Formel 1-Weltmeisters Jack → Brabham sowie der Rennsportfirma SMS konnte das Projekt auf stabiler Basis angegangen werden.

Mit → Ford-V8-Motoren, dem Musiksender MTV als Hauptsponsor sowie den Piloten David Brabham und Roland Ratzenberger startete Simtek zuversichtlich in die Saison 1994. Doch in → Imola starb Ratzenberger bei einem Trainingsunfall und nachdem das Wochenende mit Weltmeister Ayrton Senna ein weiteres Opfer gefordert hatte, wurden von der → FIA → Reglementsänderungen beschlossen, die das Team vor eine finanzielle Zerreißprobe stellten. Während der gesamten Saison war man Stammgast in der letzten Startreihe und das Loch in der Kasse musste durch finanzstarke Gastfahrer aufgefüllt werden, ohne dass gute Platzierungen gelangen.

Mit einer gelungenen Neukonstruktion und neben dem gänzlich unbekannten Domenico Schiattarella anerkannt schnellen Nachwuchspiloten Jos → Verstappen wollte man 1995 den Aufwärtstrend einleiten, doch nach fünf Rennen war das Budget so knapp geworden, dass Writh notgedrungen aufgeben musste. Er wurde noch in der laufenden Saison Track-Engineer bei → Benetton.

Slicks

Der Slick-→ Reifen ermöglicht durch seine profillose Oberfläche eine perfekte Bodenhaftung und somit ein ausgezeichnetes → Handling. Seit Ende 1997 ist dieser Reifentyp von der → FIA verboten.

Slow Puncture

Englischer Begriff für den langsamen Luftverlust eines Reifens, der beispielsweise dann auftritt, wenn ein Fahrzeug auf der Strecke über umherliegende Teile gefahren ist.

Spa-Francorchamps (Rennstrecke)

GP-Bezeichnung: Großer Preis von Belgien
Streckenlänge: 6,968 km
Renndistanz: 44 Runden = 306,592 km
Erstes Formel 1-Rennen: 1950
Gesamtzahl GP: 35
Häufigster Sieger: 5 x Ayrton Senna (1985, 1988, 1989, 1990, 1991)
GP-Unfälle mit tödlichem Ausgang: Chris Bristow (1960/Rennen), Alan Stacey (1960/Rennen)
Internet: www.spa-francorchamps.be

Der in den hügeligen Ardennen von Belgien angelegte Kurs gehört neben → Monza und → Monte Carlo zu den bekanntesten Rennstrecken im Grand-Prix-Geschehen und gilt als fahrerisch sehr anspruchsvoll. Laut dem früheren Champion Denis → Hulme werden hier »die Männer von den Knaben getrennt«.

Bei einer Streckenlänge von 6,9 km legen Fahrer und Fahrzeug die größte Rundendistanz von allen Kursen zurück. Highlights sind die Eau de Rouge, eine Links-Rechts-Kombination, die anschließend bergauf geht und die Piloten förmlich zwingt, im Blindflug zu agieren. Des weiteren Blanchimot, wo eine Spitzengeschwindigkeit von bis zu knapp 300 km/h erreicht wird.

In der La Source, einer → Haarnadelkurve, gibt es oft Zusammenstöße, obwohl man bis auf 50 Stundenkilometer abbremsen muss. Spa-Francorchamps ist zudem die einzige Formel 1-Strecke, wo der Start nicht von den Zuschauertribünen einsehbar ist. Den Kurs erdachten 1920 Julies Jukes Thier, Leiter der Zeitschrift »La Meuse«, und Henri Langois van Ophem, Vorsitzender der Sportkommmission des königlich-belgischen Automobilklubs, indem sie die Straßen von Malmedy, Stavelot und Francorchamps zu einer Rennstrecke verbanden. Im August 1921 wurden hier zuerst Motorradrennen ausgetragen, bevor im Jahre 1925 zum ersten Mal ein Grand Prix stattfand. Auch seit dem Beginn des Formel 1-Weltmeisterschaft im Jahre 1950 war Spa regelmäßiger Ausrichter des belgischen Grand Prix.

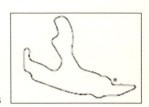

Spa-Francorchamps

In der Geschichte von Spa gab es sowohl dramatische Rennverläufe als auch tragische Unglücke, denn mit Chris Bristow und Alan Spacey mussten 1960 auf dieser Strecke gleich zwei Fahrer bei einem Formel 1-Rennen ihr Leben lassen. Der dreimalige Weltmeister Jackie → Stewart erlebte hier 1966 bei einer Startkarambolage den schwersten Unfall seiner Karriere, als er, in seinem mit Benzin vollgelaufenen Cockpit eingeklemmt, erst von seinem Kollegen Graham → Hill befreit werden konnte und ein gebrochenes Schlüsselbein sowie eine schwere Gehirnerschütterung erlitt.

Aufgrund der vielen haarsträubenden Unfälle fand wegen der Intervention der → GPDA im Jahre 1971 der vorläufig letzte belgische → Grand Prix in Spa statt. Die Rennen wurden danach 13 Jahre abwechselnd an die belgischen Kurse in → Nivelles und → Zolder vergeben. Nachdem man die Strecke von 14 Kilometer auf die Hälfte gekürzt hatte, fand hiernach am 22. Mai 1983 der Große Preis von Belgien wieder in Spa statt. Seitdem zählt dieses Rennen bis heute bei Fahrern und Fans alljährlich zu den Höhepunkten einer jeden Grand-Prix- Saison.

Speed-Limiter
Per Knopfdruck kann der Pilot an seinem → Lenkrad die Geschwindigkeit für die Boxengasse automatisch regeln: im Rennen auf genau 80 km/h, im Training auf 60 km/h.

Spirit (Rennwagenfirma)
GP-Rennen in der Fahrer-WM: 23 (1983–1985)
Pole Positions: 0
Siege: 0
WM-Punkte: 0
Beste WM-Platzierung im Gesamtklassement: 0
Bekanntester Fahrer: Stefan Johansson
Erfolgreichste Fahrer: –

Letztendlich wurde der Rennstall von → Honda nur dazu benutzt, um die neuen → Motoren für eine erfolgreiche Rückkehr in die Formel 1 zu testen. Als der Mohr seine Schuldigkeit getan hatte, wurde er abgestoßen und Spirit konnte sich anschließend nicht mehr lange in der Formel 1 behaupten. John Wickham und der ehemalige → McLaren- und → Ferrari-Konstrukteur Gordon Coppuck gründeten 1981 mit Unterstützung von Honda und dem Reifenhersteller → Bridgestone das »Spirit-Racing-Team«. Das erste Rennwagenmodell war ein Jahr später beim Testlauf in der Formel 2 wettbewerbsfähig und kurz darauf ging es schon in die Formel 1, was für Honda nach 15 Jahren Pause die → Grand-Prix-Rückkehr bedeutete. Mit einer umgebauten Formel 2-Konstruktion und einem noch unausgereiften Turbo-Aggregat von Honda erfolgte der erste Einsatz 1983 in der zweiten Saisonhälfte mit dem talentierten Schweden Stefan → Johansson am Steuer. Beim Großen Preis von Großbritannien streikte die Benzinpumpe, doch

Der Italiener Mauro Baldi 1984 im Spirit 101

drei Rennen später verfehlte Johansson mit Platz 7 nur knapp WM-Punkte. Am Ende der Saison zog Honda seine Unterstützung zurück und das chronisch unterfinanzierte Team musste seine Neukonstruktion an die neuen → Hart-Motoren anpassen. Der Versuch, Ex-Weltmeister Emerson → Fittipaldi zu engagieren, scheiterte an dessen Gehaltsvorstellungen. Die ersten sechs Rennen saß deshalb Mauro Baldi im Cockpit, der zweimal Achter wurde. Danach stieg der spätere Jos- → Verstappen-Manager Huub Rothengatter ein, der ebenfalls einmal auf Platz 8 kam. Für die beiden letzten Rennen griff wieder Baldi ins Lenkrad. In der Saison 1985 erschien man mit modifizierten Fahrzeugen, welche man aber nach drei erfolglosen Rennen mit Fahrer Baldi endgültig zurückzog und sich damit aus der Formel 1 verabschiedete. Nach überstandener Finanzkrise kehrte der Rennstall Jahre später in die Formel 3000 wesentlich erfolgreicher zurück.

Sponsoren

Bis 1968 gingen die Formel 1-Rennwagen zumeist in ihren Nationalfarben an den Start: die Briten in Dunkelgrün, die Franzosen in Blau und die Italiener in Rot. → Lotus-Chef Colin Chapman war im selben Jahr der Erste, auf dessen Boliden das Gold-Rot der Zigarettenfirma Gold Leaf prangte. Kurz zuvor hatten sich mit den Benzinkonzernen ESSO und BP wichtige Geldgeber aus der Formel 1 zurückgezogen und auch der Reifenlieferant → Firestone gab seine Reifen nicht mehr umsonst ab. Neue Geldhähne mussten geöffnet werden und durch Reglementsänderungen wurde es den Rennställen gestattet, ihre Rennwagen für Reklame freizugeben. Ski-, Alkohol- Tabak- und Kosmetikunternehmen drängelten jetzt in die Formel 1 und bald war auch aus dem Formel 1-Piloten ein Businessman geworden, der seinen Overall und → Fahrerhelm für Sponsoring jeglicher Art freigab. Seitdem hat der Einfluss der Sponsoren auf die Formel 1 stark

Der Sponsor fährt immer mit – wie hier 1977 eine Spirituosenfirma bei John Watsons Brabham

zugenommen, denn ohne die Millionensummen der Wirtschaft wäre dieser Wettbewerb kaum noch finanzierbar. Den in der Formel 1 vetretenen Industrieunternehmen dienen die Fernsehübertragungen dem verstärkten Absatz ihrer Produkte und der Werbeeinsatz ist zudem noch vergleichsweise günstig.

Jeder Sponsor beschäftigt hierfür Spezialisten, die mit der Stoppuhr vor den Fernsehschirmen sitzen und genauestens verfolgen, wie oft der Rennwagen mit dem firmeneigenen Logo auftaucht.

Ohne Sponsor hätte mancher Fahrer keinen Weg ins → Cockpit gefunden und manche Karriere endete vorzeitig, weil dem Betreffenden ein Geldgeber fehlte. In der Saison 2000 beschloss die → FIA ab 2007 ein Verbot der Tabakwerbung im internationalen Motorsport, was auch das Sponsoring mit einbezieht. Damit kommt der Verband einer Empfehlung der Weltgesundheitsorganisation nach und es bleibt abzuwarten welche neuen Geldquellen sich der Motorsport dann erschließen wird.

Startampel

Bis zur Saison 1995 wurde der Start durch ein grünes Licht der Startampel freigegeben, was damals noch per Hand durch den langjährigen Rennleiter Roland Bruynsereade geschah.

Nach einigen Startmissverständnissen in den Jahren zuvor wird seit 1996 auf das grüne Licht verzichtet und die Startampel per Computer gesteuert.

Startnummern

Schaut man sich die Startaufstellung des → Monza-Rennens aus dem Jahre 1961 an, so finden sich bei 32 Fahrzeugen Startnummern von der Nummer 2 für Phil → Hill bis zur Nummer 74 für Carel de Beaufort. Der Wagen von Jack Brabham, dem Weltmeister aus dem Vorjahr, trug die Nummer 10. Das hat die → FIA längst geändert und für jeweils eine Saison werden die zu vergebenden Zahlen fest an die Teams verteilt und müssen in vorgeschriebener Größe an den Wagen angebracht werden.

Die Startampel an Hockenheimring in der Saison 1992

Seit Jahren erhält der amtierende Weltmeister die Nummer 1 und sein Stallkollege die Nummer 2. Als Alain → Prost nach seinem Weltmeistertitel 1993 zurücktrat, konnte die Nummer 1 nicht vergeben werden und statt seiner fuhr im nächsten Jahr Teamkollege Damon → Hill mit der Nummer 0. Dagegen wird die Startnummer 13 seit Jahren aus Aberglauben nicht mehr vergeben.

Startprozedur
30 Minuten vor dem Start wird die → Boxengasse geöffnet und die Fahrer müssen innerhalb von 15 Minuten ihre Startpositionen eingenommen haben. Ein Fahrer, der dieses Zeitlimit überschreitet, muss aus der Boxengasse starten.

Die Fahrzeuge werden entsprechend ihrer Trainingsergebnisse in der Startaufstellung diagonal mit einem Abstand von jeweils acht Metern platziert. Bis fünf Minuten vor dem Start darf noch aufgetankt und an den → Reifen gearbeitet werden. Eine Minute vor dem Start werfen die Piloten ihre → Motoren an und es geht in die → Formationsrunde, wonach die Fahrer wieder ihre Startplätze einnehmen. Das Startzeichen gibt die → Startampel, wobei im Abstand von einer Sekunde alle fünf roten Lichter nacheinander erlöschen. Das Erlöschen der letzten Ampel ist für die Fahrer das Signal für den Start. Wenn ein Fahrer Probleme mit seinem Wagen hat, wird die Prozedur abgebrochen und die Formationsrunde sowie der Start wiederholt.

Stebro (Rennwagenfirma)
Grand-Prix-Rennen in der Fahrer-WM: 1 (1963)
Pole Positions: 0
Siege: 0
WM-Punkte: 0
Beste Platzierung in der Konstrukteurswertung: 0
Bekannteste Fahrer: –
Erfolgreichste Fahrer: –
Ein einziges Rennen und dabei einen WM-Punkt geholt: Diese interessante Formel 1-Fußnote verpasste der Stebro-Rennwagen nur

Reges Treiben herrscht vor dem Start – hier 1992 bei Ayrton Senna im McLaren

knapp. In erster Linie beschäftigte sich das kanadische Stebro-Werk mit der Produktion von Formel-Junior-Wagen. 1963 gab ein Stebro Formel 1-Wagen mit einem PS-schwachen → Ford-Motor seine Feuerertaufe beim amerikanischen Weltmeisterschaftslauf in → Watkins Glen, wo von den ursprünglich zwei gemeldeten Fahrzeugen nur eines an den Start ging.

Der Kanadier Peter Broeker, der vorher und danach nie wieder bei einem Formel 1-Rennen gesichtet wurde, stellte den Stebro mit 15 Sekunden Bestzeit-Rückstand auf den letzten Startplatz. Vorher hatte der Rennwagen allerdings mit einer Ölpanne dafür gesorgt, dass das Training für 30 Minuten unterbrochen werden musste.

Überraschenderweise fuhr Broeker das Rennen durch und landete – allerdings mit einem Rückstand von 22 Sekunden – auf dem 7. Platz. Broeker fuhr mit dem Boliden 1964 noch mehrere europäische Formel 2-Rennen, war aber zu keiner Zeit konkurrenzfähig.

Stewart (Rennwagenfirma)
GP-Rennen in der Fahrer-WM: 49 (1997–1999)
Pole Positions: 1
Siege: 1
WM-Punkte: 47
Beste Platzierung in der Konstrukteurswertung: Vierter 1999
Bekannteste Fahrer: Rubens Barrichello, Johnny Herbert, Jos Verstappen, Mika Salo
Erfolgreichste Fahrer: Rubens Barrichello, Johnny Herbert
Internet: www.geocities.com/~no-quarter/stewart/(inoffiziell)

Scheinbar noch nicht ausgelastet von seinen zahlreichen Geschäftsaktivitäten, kehrte der dreifache Weltmeister Jackie → Stewart 1997 an der Seite seines Sohnes Paul als → Teamchef in die Formel 1 zurück. Nachdem das Team nach drei mühevollen Jahren endlich den ersten Sieg erreicht hatte, wurde es von → Jaguar übernommen.

Jackie Stewarts Sohn Paul ließ sich von den Hänseleien seiner Mitschüler, die von ihm wissen wollten, wann denn auch sein Vater den Formel 1-Tod sterben würde, nicht abschrecken und beschloss, ebenfalls Rennfahrer zu werden. Um nicht mit dem berühmten Vater verglichen zu werden, meldete sich Paul Stewart unter dem Pseudonym Robins Congdon bei der → Brands Hatch Racing School an. Nachdem er dort einen guten Eindruck hinterlassen hatte, bestritt er 1987 seine erste Rennsaison in der Formel → Ford 1600, ohne sonderlich aufzufallen. Weil er für den geplanten Aufstieg in die Formel-Ford-2000-Meisterschaft keine → Sponsoren fand, gründete er, mit Unterstützung seines prominenten Vaters, kurzerhand sein eigenes Team.

Jetzt kamen die Geldgeber und mit ihnen die Erfolge für das Paul Stewart Racing Team. Zwar war es Paul Stewart selbst, der für seinen Rennstall in der britischen Formel 3-Meisterschaft den ersten Sieg einfuhr, doch es zeichnete sich schon ab, dass der Filius nicht an das Talent seines Erzeugers heranreichen konnte. Nachdem man sich auch in weiteren Formel-Serien – u.a mit David → Coulthard als Pilot – erfolgreich behaupten konnte, reifte 1995 der Plan, auch in die Formel 1 einzusteigen. Paul Stewart hatte zu diesem Zeitpunkt seinen Helm schon längst an den Nagel gehängt, um sich ganz auf die Aufgaben als Teamchef zu konzentrieren. Vater Jackie ließ seine guten Beziehungen zu → Ford spielen, absolvierte ein paar Runden Golf mit den Topmanagern dieser Automobilmarke und im Januar 1996 wurde in Detroit das schottische Formel 1-Projekt offiziell bekanntgegeben.

Jetzt blieben noch 14 Monate bis zum Renneinsatz und zu der anfänglichen Acht-Mann-Besetzung stieß zunächst der frühere → Arrows-Konstrukteur Alan Jenkins, um mit 15 Ingenieuren am Computer den SF1 zu entwickeln.

In der Zwischenzeit hatte Weltmeister Stewart eifrig Klinken geputzt und so konnte man dank mächtiger → Sponsoren mit einem üppigen Budget in die Saison 1997 gehen.

Als Fahrer engagierte man den damals schon etwas abgehalfterten Rubens → Barrichello sowie das dänische Jungtalent Jan Magnussen.

Die Stewarts waren sich darüber im klaren, dass der Rennstall in der ersten Saison mit ein paar Punkten sehr glücklich sein musste.

Dass die erste Saison sich dann aber zu einer ziemlichen Katastrophe entwickelte, lag in erster Linie an den unzuverlässigen → Ford-V-10 Motoren, die ständig hochgingen und nur acht Zielankünfte ermöglichten. Darunter war aber ein 2. Platz des wiedererstarkten Barrichello in Monaco, der damit für Stewart das Plansoll für die gesamte Saison bereits erfüllt hatte. Magnussen dagegen hatte, außer vollmundigen Versprechungen, dem gesundheitsabträglichen Genuss von Junk Food und Zigaretten sowie schwachen Trainingsleistungen nicht viel entgegenzustellen. Die Saison 1998 gestaltete sich kaum besser, denn wiederum beendete man kaum ein Rennen und schloss die Saison mit mageren fünf Punkten ab, was eindeutig zu wenig für die hohen Ansprüche von Stewart und Partner Ford war.

Auch die mitten in der Saison erfolgte Ablösung des schwachen Magnussen durch Jos → Verstappen konnte das Punktekonto nicht aufbessern.

Mit dem Neuzugang Johnny → Herbert erhoffte man sich eine Verbesserung der Situation, obwohl sich Jackie Stewart ein paar Jahre vorher nicht sehr positiv über die Fähigkeiten des Briten geäußert hatte.

Da sich der Ford-Motor jetzt endlich als standfest erwies und das Team aus zwei Formel 1-Jahren lehrreiche Erfahrungen gewonnen hatte, platzte 1999 dank einer guten Fahrwerksabstimmung sowie ausgezeichneter Boxenarbeit endlich der Knoten. Während sich Herbert etwas schwer tat, erreichte Barrichello beständig Top-Platzierungen im Training, darunter die → Pole Position in Frankreich. Auch im Rennen mischte der Brasilianer das Establishment zum Teil gewaltig auf und holte insgesamt 21 WM-Punkte. Aber es war aus-

Im Tyrrell eroberte sich Jackie Stewart zwei WM-Titel

gerechnet der schon zur Disposition stehende Herbert, welcher am → Nürburgring den ersten Sieg für Stewart erringen konnte. Mit insgesamt 36 Punkten und dem 4. Platz in der Konstrukteurswertung konnte das Stewart-Team eine satte Bilanz verzeichnen.

Doch am Ende des Jahres verkaufte die Schotten-Dynastie den Rennstall an Ford, die dann unter dem Namen der legendären Sportwagenmarke Jaguar wieder von vorne anfangen konnten. Paul Stewart musste sich wegen einer Krebserkrankung im April 2000 vorläufig von allen motorsportlichen Aktivitäten zurückziehen.

Stewart, John Young »Jackie« (Pilot)
Geboren: 11.06.1939 in
Dumbarton/ Großbritannien
GP-Rennen in der Fahrer-WM: 99 (1965–1973)
Pole Positions: 17
Siege: 25
WM-Punkte insgesamt: 360
Beste WM-Platzierung im Gesamtklassement:
Weltmeister 1969, 1971, 1973
Rennwagen: BRM, Matra, March, Tyrrell

Der Schotte war der erste Formel 1-Fahrer, der sich mit längeren Haaren einen progressiven Touch gab und einen neuen Professionalismus in die Szene einbrachte. Er engagierte sich stark für Sicherheitsfragen und war mit drei Weltmeistertiteln ein glänzender Botschafter seines Sports. John Young Stewart, Sohn eines Autowerkstattbesitzers, war ein schwächliches Kind und in der Schule litt er unter seiner Lese-Rechtschreib-Schwäche sowie erheblichen Konzentrationsschwierigkeiten.

Erst seine Begabung für das Sportschießen beendete seine unglückliche Kindheit und innerhalb kürzester Zeit avancierte er zu einem der besten Tontaubenschützen seines Landes, so dass man ihn sogar für die Olympiade 1960 in Tokio nominierte.

Aber aus Altersgründen war er dann nur Ersatzmann und aus dieser Enttäuschung heraus begann er sein Interesse für den Motorsport zu intensivieren. Denn schon Jahre zuvor hatte Jackie seinem Bruder Jimmy, in den fünfziger Jahren ein erfolgreicher Rennfahrer, als Handlanger ausgeholfen. Nach dem Erreichen seines Ingenieur-Examens nahm er 1961 das Angebot eines wohlhabenden Schotten an, mit einem seiner Fahrzeuge Clubrennen zu fahren. Zwei Jahre später war er bei diesen Veranstaltungen mit über einem Dutzend von Siegen der erfolgreichste Fahrer. 1964 erhielt er das Angebot von Ken → Tyrrell, einen → Cooper-Rennwagen in der Formel 3 zu fahren. Tyrrell wollte Stewart längerfristig binden und bot ihm zehntausend Pfund an, allerdings unter der Bedingung, an allen künftigen Einnahmen Stewarts mit zehn Prozent beteiligt zu sein. Der clevere Schotte lehnte ab und verpflichtete sich nur für ein Jahr bei → Tyrrell, wo er für den Rennstall in der Formel 3-Meisterschaft am Ende Sechster wurde und außerdem mit einem → Lotus den Formel 2-Lauf in Snetterton gewann. Lotus und → BRM buhlten jetzt um den erfolgreichen Schotten. Am Ende gab Stewart BRM den Zuschlag und wurde für die Formel 1-Saison 1965 Teamkollege von Graham → Hill. Der enge Freund von Jim → Clark, mit dem er zeitweise ein Appartement in London teilte, entwickelte sich 1965 zum Senkrechtstarter in der Formel 1. Bei seinem Debüt in Südafrika wurde er Sechster, es folgten mehrere Podestplatzierungen sowie in → Monza schließlich der erste Sieg vor Teamgefährten Hill. Am Ende war der »fliegende Schotte« mit 33 WM-Punkten Dritter im Gesamtklassement. 1966 gewann Stewart die Tasman-Meisterschaft sowie den Großen Preis von Monaco, doch beim anschließenden Rennen in → Spa-Francorchamps erlebte er einen schweren Unfall und änderte danach seinen Fahrstil: »Vorher bin ich mit dem Hosenboden gefahren, danach mit dem Verstand.«

Der »professionellste Fahrer seiner Zeit« engagierte sich mit Jochen → Rindt, Joakim → Bonnier und später Emerson Fittipaldi stark für Sicherheitsfragen in der Formel 1 und machte sich deswegen bei Funktionären und einigen Fahrerkollegen sehr unbeliebt. Sportlich musste Stewart 1967 seine ersten Enttäuschungen einstecken, denn BRM verlor seine

Konkurrenzfähigkeit und außer einem 2. und 3. Platz gab es nur Ausfälle. Stewart kam wieder mit Ken Tyrrell zusammen, der gerade eine vielversprechende Kooperation zwischen → Matra und → Ford zum Abschluss gebracht hatte. 1968 musste er sich noch Graham Hill geschlagen geben und wurde mit drei Siegen und 36 Punkten Vizeweltmeister. Aber 1969 schlug die Stunde des Schotten: Mit sechs Siegen und 27 Punkten Vorsprung vor Jacky → Ickx sicherte er sich mit einer unspektakulären Fahrweise in überlegener Manier den Weltmeistertitel. »Jack the Hair«, wie Stewart wegen seiner schulterlangen Haare genannt wurde, war jetzt die Führerfigur und ein Pop-Star, der stets mit riesigen Sonnenbrillen und einer schwarzen Kappe vor Ort auftauchte. 1970 zählte er weiterhin zu den Spitzenfahrern, schaffte aber nur einen Sieg beim Großen Preis von Spanien und konnte damit seinen WM-Titel nicht verteidigen. Aber schon ein Jahr später wurde er mit sechs Siegen und einem Vorsprung von 29 Punkten erneut Champion.

1972 begann Stewart sich aufzureiben, fuhr ständig Rennen, ob in der Formel 1 oder in der CanAm-Serie, war mit Tests und Sicherheitsmeetings beschäftigt und wurde bald von einem Magengeschwür geplagt. Emerson Fittipaldi wurde diesmal Weltmeister und Stewart, der ein Rennen aussetzen musste und nur knapp einer Operation entgehen konnte, war am Ende wieder Vizeweltmeister. Für die Saison 73 war Weltmeister Fittipaldi der große Favorit und konnte dies durch Siege in den ersten beiden Läufen bestätigen. Stewart schien ohne Chance zu sein, doch mit Siegen in → Kyalami, → Zolder und Monaco sowie am → Nürburgring eroberte er die Führung in der Weltmeisterschaft, die er nach einer fantastischen Aufholjagd beim Großen Preis in Monza endgültig für sich entscheiden konnte. Stewart trat anschließend vom Rennsport zurück, um als Geschäftsmann, Werbeträger und TV-Kommentator seinen Reichtum zu mehren. 1997 kehrte er zusammen mit Sohn Paul als Besitzer eines eigenen Rennstalls in die Formel 1 zurück.

Stommelen, Rolf-Johann (Pilot)
Geboren: 11.07.1943 in Siegen/Deutschland
Gestorben: 24.04.1983 in Riverside/USA
GP-Rennen in der Fahrer-WM: 54 (1969–1978)
Pole Positions: 0
Siege: 0
WM-Punkte insgesamt: 14
Beste WM-Platzierung im Gesamtklassement: Elfter (1970)
Rennwagen: Brabham, Surtees, Eifelland, Lola, Hill, Hesketh, Arrows

Als einer der wenigen Brillenträger in der Formel 1 war der »eiserne Rolf« zunächst der erfolgreichste deutsche → Grand-Prix-Fahrer nach Wolfgang Graf Berghe → von Trips. Aber schwache Rennwagen und ein schwerer Formel 1-Unfall ließen die gerade gewachsenen Hoffnungen schnell verglühen.

Stommelen, in einem Siegener Kriegsbunker geboren, wuchs als Kind eines wohlhabenden Kölner Tankstellenbesitzers auf. Während einer Mechanikerlehre begann er sich ernsthaft mit dem Motorsport zu befassen. Nach Erfolgen bei Sportwagen- und Bergrennen holte man ihn in das → Porsche-Werksteam, wo er 1967 zusammen mit Paul Hawkins als Neuling die Targa Florio gewann.

Da Stommelen, der mit Brille und Lockenkopf eher einem Psychologiestudenten als einem Rennfahrer ähnelte, weiterhin bei Bergrennen erfolgreich war, bekam er 1970 mit Hilfe von → Sponsoren einen Formel 1-Wagen bei → Brabham. Neben drei Rennen, die er auf Platz 5 beendete, schaffte er beim Großen Preis von Österreich mit einem 3. Rang den Sprung auf das Podest.

Doch nach seinem Wechsel zu → Surtees verlor Stommelen allmählich seinen Ruf als Deutschlands große Motorsporthoffnung. 1971 reichte es nur zu drei WM-Punkten und das 72er Engagement beim → Eifelland-Team des Caravan-Produzenten Günther Hennerici mit einem von Luigi Colani modifizierten → March-Wagen entpuppte sich als Riesenreinfall. Sporadische Auftritte 1973 und 1974 bei Brabham und → Lola endeten mit Ausfällen oder zweistelligen Platzierungen. Hans-Joa-

Nach vielversprechenden Anfängen war Rolf Stommelen in der Formel 1 bald vom Glück verlassen

chim → Stuck sowie Jochen → Mass waren als deutsche Piloten in der Königsklasse inzwischen erfolgreicher und für Stommelen gab es den spöttischen Ratschlag, doch besser Radfahrer zu werden. Doch der wegen seines intensiven Kraftsporttrainings auch der »Eiserne« genannte »Kölsche Jong« erhielt noch einmal beim neuen Rennstall von Ex-Weltmeister Graham → Hill eine unerwartete Chance.

Bei seinem zweiten Auftritt für das Team in der Saison 1975 beim Großen Preis von Spanien stellte Stommelen seinen Rennwagen auf den 9. Startplatz. Nachdem zahlreiche Konkurrenten auf dem gefährlichen → Montjuich-Kurs ausgefallen waren, lag Stommelen ab der 15. Runde als erster Deutscher nach 14 Jahren bei einem Formel 1-Rennen in Führung. 10 Runden lang gelang es ihm, Stars wie Ronnie → Peterson und Carlos → Reutemann in Schach zu halten, als der → Heckflügel brach und sein Auto in die Zuschauermenge raste.

Fünf Menschen wurden von Stommelens Wagen erschlagen und der Deutsche selbst zog sich schwerste Beinbrüche zu. Sieger des vorzeitig abgebrochenen Rennens wurde dann mit Jochen Mass ein anderer Deutscher.

Nach seiner Genesung kam Stommelen 1976 beim Großen Preis von Deutschland mit einem Brabham noch einmal auf Platz 6. Doch nach einem erfolglosen Jahr bei → Arrows setzte Stommelen am Ende der Saison 1978 endgültig einen Schlussstrich unter seine Formel 1-Laufbahn, um sich auf Sportwagenrennen zu konzentrieren.

Hier sahnte er mit vier Siegen bei den 24 Stunden von Daytona Beach kräftig ab und 1979 wurde er zusammen mit Filmstar Paul Newman Zweiter bei den 24 Stunden von → Le Mans.

Als sich Stommelen nach weiteren Meisterschaftserfolgen bereits mit Rücktrittsgedanken beschäftigte, brach 1983 beim 6-Stunden-Rennen von Daytona Beach der Heckflügel seines

Rolf Stommelen auf einem Formel 2-Lotus 1969 beim Großen Preis von Deutschland

Porsche und der Aufprall auf eine Mauer kostete Stommelen das Leben. Marlene, die Witwe des Rennfahrers, heiratete einige Jahre später den Kölner Schlagersänger Erik Silvester, der in den sechziger Jahren mit »Zucker im Kaffee« einen Hit landen konnte.

Stop-and-Go-Strafe
Die englische Bezeichnung für eine Zeitstrafe wird an Formel 1-Piloten für folgende Vergehen verhängt:
- Frühstart
- Schuldhaftes Verursachen einer Kollision
- Abdrängen eines Konkurrenten
- Dreimaliges Ignorieren einer blauen Flagge
- Behinderung eines Konkurrenten beim Überholen
- Überholen während der → Formationsrunde

Die Entscheidung über eine Zeitstrafe wird von den Rennkommissaren getroffen und den betroffenen Teams schriftlich mitgeteilt. Danach hat der Fahrer drei Runden Zeit, um die Strafe abzusitzen.

Dafür muss er die → Boxengasse ansteuern und seinen Wagen für zehn Sekunden abstellen. Währenddessen dürfen keinerlei Reparaturen oder Reifenwechsel am Fahrzeug vorgenommen werden.

Wenn eine Zeitstrafe fünf Runden vor Schluss erteilt wird, bekommt der betroffene Pilot 25 Sekunden auf seine Rennzeit addiert.

In der Saison 2000 musste zuletzt der → McLaren-Pilot David → Coulthard in → Indianapolis wegen eines Frühstarts diesen für Piloten unangenehmen und ärgerlichen Zwischenstopp einlegen.

Streckensicherheit
Gab es bis in die achtziger Jahren noch schwere Unfälle an den Rennstrecken, bei denen auch zahlreiche Zuschauer ihr Leben lassen mussten, so bemüht sich heute die → FIA um größtmögliche Sicherheitsstandards.

Schon mehrere Wochen vor dem Rennen werden auf jeder Strecke Sicherheitschecks durchgeführt, um bei eventuellen, nicht sofort behebbaren Mängeln rechtzeitig auf einen anderen Kurs ausweichen zu können.

Erst wenn die Delegierten mit dem Ergebnis zufrieden sind sowie nach der Anhörung eines aktiven Piloten ist die Strecke für einen Großen Preis freigegeben. Diese Vorsichtsmaßnahmen konnten trotzdem nicht verhindern, dass beim Rennen in Brasilien in der Saison 2000 dreimal ein Werbeschild auf die Piste fiel, wodurch beim Training insbesondere → Prost-Pilot Jean → Alesi gefährdet wurde.

Streichresultate
Mit Unterbrechungen von 1950–1967 sowie von 1979–1990 wurden nur eine gewisse Zahl der Rennen eines jeden Piloten gewertet, um zu verhindern, dass statt dem häufigsten Sieger der jeweils fleißigste Punktesammler einer Saison Weltmeister wurde.

So bewertete man beispielsweise in der Saison 1990 nur die elf besten Platzierungen von 16 Rennen in den Punkterängen. Ohne die Regelung der Streichresultate wäre 1988 Alain → Prost statt Ayrton → Senna Weltmeister geworden und 1964 hätte Graham → Hill einen Punkt mehr auf dem Konto gehabt als der zum Weltmeister gekürte John → Surtees. Seit 1991 ist diese Regelung abgeschafft.

Stuck, Hans (Pilot)
Geboren: 30.12.1900 in Warschau/Polen
Gestorben: 09.02.1978 in Grainau/Deutschland
GP-Rennen in der Fahrer-WM: 3 (1952–1953)
Pole Positions: 0
Siege: 0
WM-Punkte insgesamt: 0
Beste WM-Platzierung im Gesamtklassement: 0
Rennwagen: AFM, Ferrari

Der Vater des bekannten Rennfahrers Hans-Joachim → Stuck war in den dreißiger Jahren selbst ein erfolgreicher Fahrer, der später die Karriere seines Sohnes entscheidend unterstützte. Seine eigenen späten Formel 1-Versuche blieben fruchtlos.

Hans Stuck wuchs zunächst in Freiburg auf und verwaltete später ein Gut in Wolfrathshausen in Oberbayern. Hier begann er auch mit dem Start seiner Rennfahrerlaufbahn und 1925 sowie 1926 nahm er mit einem Dürkopp-Sportwagen an den damals populären Bergrennen teil. Danach wechselte er zu Austro-Daimler und gewann zwischen 1927 und 1930 seine erste Berg-Europameisterschaft.

1934 verpflichtete ihn → Auto-Union als Nummer-1-Fahrer, um den neuen, von Ferry → Porsche entwickelten, → Grand-Prix-Wagen zu steuern.

1934 wurde mit Siegen bei den Großen Preisen auf dem → Nürburgring, in der Schweiz und in der Tschechoslowakei sowie dem Stundenweltrekord auf der Berliner → Avus das erfolgreichste Jahr für Stuck. Hätte es in diesen Jahren schon eine Fahrerweltmeisterschaft gegeben, dann hätte sie – nach Meinung der damaligen Experten – in diesem Jahr Hans Stuck gewonnen. Im späteren Verlauf seiner Laufbahn stand er im Schatten von schnelleren Fahrern wie Bernd → Rosemeyer und Rudolf → Carraciola und triumphierte in erster Linie wieder bei Bergrennen.

Nach dem Krieg schaffte er 1947 und 1949 beachtliche Erfolge in einem → Cisitalia-Rennwagen. Mit einem → AFM fuhr er zwischen 1951 und 1953 in der Weltmeisterschaft bei drei Großen Preisen mit. In der Schweiz und in Deutschland fiel er aus und sein letztes → Grand-Prix-Rennen beendete er in → Monza als Vierzehnter. Ein Jahr zuvor war sein Versuch, als Gastfahrer bei → Ferrari am Großen Preis von Italien teilzunehmen, mit einer Nichtqualifikation gescheitert.

Danach war er bei → BMW für die Öffentlichkeitsarbeit zuständig und konnte noch mit 60 Jahren die deutsche Bergmeisterschaft feiern. Drei Jahre später zog er sich endgültig vom aktiven Rennsport zurück und widmete sich ausschließlich den Rennambitionen seines Sohnes.

Stuck, Hans-Joachim (Pilot)
Geboren: 01.01.1951 in Garmisch-Patenkirchen/ Deutschland
GP-Rennen in der Fahrer-WM: 74 (1974–1979)
Pole Positions: 0
Siege: 0
WM-Punkte insgesamt: 29
Beste WM-Platzierung im Gesamtklassement: Elfter 1977
Rennwagen: March, Braham, Shadow, ATS

Der immer zu lustigen Streichen aufgelegte »Strietzel« gehörte in den siebziger Jahren zu den beliebtesten deutschen Formel 1-Piloten, der aber aufgrund schwachen Materials und falscher Teamwahl den endgültigen Durchbruch nicht schaffte. Der junge Stuck wurde von seinem Vater Hans → Stuck von frühester Kindheit an für eine Rennfahrerkarriere protegiert und durfte auf allem herumfahren, was zwei oder vier Räder hatte. Hans Stuck gelang es sogar, eine Ausnahmegenehmigung zu erhalten, die es seinem Filius ermöglichte, mit 16 Jahren den Führerschein zu machen.

1969 wurde Hans-Joachim bei einem Fahrlehrgang vom → BMW-Tuner Hans-Peter Koepchen entdeckt und fuhr anschließend mit einem BMW 2002 zwei Jahre lang bei Berg- und Flugplatzrennen zu zahlreichen Klassensiegen. Zudem konnte er mit 19 Jahren den Sieg bei den 24 Stunden am → Nürburgring feiern.

1971 erhielt Stuck einen Werksfahrer-Vertrag bei Alpina-BMW für die Tourenwagen-Europameisterschaft und gab gleichzeitig mit einem → Brabham sein Debüt bei der Formel 2. Sein mittlerweile siebzigjähriger Vater vermittelte ihn für 1972 in das Management des erfahrenen Talentförderes Jochen Neerpasch, der zu diesem Zeitpunkt für die Rennsportabteilung von → Ford verantwortlich war.

Stuck wurde dadurch direkter Nachfolger von Jochen → Mass im → Ford-Capri-Sportwagen und gewann damit die deutsche Rennsportmeisterschaft. Die erfolgreiche Saison wurde zudem, im Team mit Mass, durch einen Sieg bei den 24 Stunden von → Spa-Francorchamps gekrönt.

1973 verließ Neerpasch die Ford-Werke, um die Motorsportabteilung von BMW zu übernehmen und Stuck wurde gleich dazugeholt, um bald darauf mit einem → March sein Talent bei der Formel 2 unter Beweis zu stellen.

1974 schaffte er dann die Vizeeuropameisterschaft in dieser Klasse und war parallel auch bei Tourenwagenrennen erfolgreich.

Mit zwei spektakulären Rennen beim Jim- → Clark-Gedächtnislauf am → Hockenheimring wurde der manchmal jodelnd ins Auto steigende Bayern-Bube endgültig einer breiteren Öffentlichkeit bekannt. Weil der ursprüngliche vorgesehene Jean-Pierre → Jarier zuviel Gehalt forderte, erhielt er für 1974 die unerwartete Chance, für March eine komplette Formel 1-Saison zu fahren.

Nach drei Rennen hatte Stuck bereits fünf Punkte auf dem Konto und galt als neuer Shooting-Star. Doch im Verlauf der Saison häuften sich die Ausfälle und für den mit 1, 90 m für ein Formel 1-→ Cockpit eigentlich viel zu

großgewachsenen Piloten gab es keinen Punktgewinn mehr. Weil sich bei March der Hauptsponsor verabschiedet hatte, geriet das Team in finanzielle Schwierigkeiten und war auf Fahrer angewiesen, die Geld mitbrachten. Stuck besaß diese Finanziers nicht und damit war für ihn am Anfang der Saison 1975 die Tür bei March verschlossen. Doch seine Nachfolgerin Lella → Lombardi enttäuschte und weil ihm der neue Hauptsponsor – ein italienischer Kaffeefabrikant – einen dritten Wagen zur Verfügung stellte, konnte Stuck ab dem 10. Lauf in → Silverstone seine → Grand-Prix-Karriere fortsetzen. Zwar schaffte er in dieser Saison keine WM-Punkte mehr, aber zwei Trainingsplatzierungen in den Top-Ten sicherten ihm auch für 1976 ein Engagement bei March. Stuck steigerte in diesem Jahr seine Bilanz mit acht Punkten sowie einigen guten Trainingsleistungen. In der Formel 1-Szene fühlte sich der staksige Grainauer mit »Macho-Touch« und »kernigem Humor« mittlerweile pudelwohl. Bald war er berüchtigt für seine Streiche, die unter anderem darin bestanden, Rennfahrerkollegen während eines Schäferstündchens mit dem Gartenschlauch abzuspritzen oder Windschutzscheiben mit Honig einzuschmieren. Für 1977 sollte Stuck eigentlich beim neugegründeten → ATS-Rennstall des deutschen Leichtmetallfabrikanten Günter Schmid fahren, doch der tödliche Flugzeugabsturz des Brabham-Piloten Carlos → Pace eröffnete plötzlich die Möglichkeit, in einem Spitzenteam unterzukommen. Zwar schaffte er mit dem Brabham BT45 zweimal – unter anderem beim Heimat-Grand Prix am → Hockenheimring – einen 3. Platz, verlor aber fast alle Trainingsduelle gegen Teamkollege John → Watson.

Beim Großen Preis der USA verpasste Stuck seine größte Chance auf einen Sieg, als er nach einem 2. Platz im Training 15 Runden lang das Rennen anführte, bis ein Kupplungsdefekt ihn von der Piste kreiseln ließ.

Hans-Joachim Stuck erlebte eine Formel 1-Laufbahn der verpassten Möglichkeiten

Mit 12 WM-Punkten konnte Stuck einerseits auf seine beste Formel 1-Saison zurückblicken, doch als sein Nachfolger war schon Niki → Lauda verpflichtet. Stuck versprach seinen Anhängern bei einem Radiointerview für 1978 »auf jeden Fall bei einem Top-Team unterzukommen«, doch der finanziell gebeutelte → Shadow-Rennstall erwies sich hierfür als falsche Wahl.

Mit einem unausgereiften Fahrzeug sowie minderwertigem Reifenmaterial erreichte er 1978 bei nur drei Rennen das Ziel und hatte am Ende durch einen 5. Platz beim Großen Preis von Großbritannien lediglich zwei WM-Punkte auf dem Guthaben.

Obwohl er hätte gewarnt sein müssen, wechselte Stuck anschließend ausgerechnet zu ATS, das im Vorjahr bereits die Karriere von Jochen Mass zerstört hatte.

Stuck lag außerdem ein Angebot von → Williams vor, aber weil er dort über kein Ersatzfahrzeug verfügt hätte, lehnte er ab. Aufgrund der späteren Erfolge von Williams bezeichnete er diese Entscheidung später als den »größten Fehler meines Lebens«.

Stattdessen erlebte er bei ATS den Tiefpunkt seiner Rennlaufbahn, denn in der Saison 1979 gurkte er auf den hintersten Plätzen herum und war vom Liebling längst zum Gespött der deutschen Formel 1-Fans mutiert. Seine schwärzeste Stunde erlebte er ausgerechnet am Hockenheimring, wo er vom 23. Startplatz gleich in der ersten Runde mit Aufhängungsdefekt ausfiel und von den Zuschauern ausgepfiffen wurde. Stucks anschließender sarkastischer Kommentar: »Früher war ich der König von Hockenheim, jetzt bin ich nur noch der Hausmeister.«

Für Stuck hatte sich nach dieser desolaten Saison das Thema Formel 1 erledigt und seine Wunden leckte er anschließend mit zahlreichen Siegen bei Sportwagen- und Tourenwagenrennen. Mit dem zweifachen Sieg bei den 24 Stunden von → Le Mans, der Gewinn der Sportwagen- und Langstreckenweltmeisterschaft sowie mit seiner triumphalen Rückkehr bei der Deutschen Tourenwagenmeisterschaft 1990 fuhr sich Stuck wieder in die Herzen der deutschen Motorsportfans.

Auch heute zählt Stuck immer noch zu den populärsten Rennsportlern und ist bei den Firmen sogar noch als Werbefigur von Interesse.

Subaru (Motorenhersteller)
GP-Rennen in der Fahrer-WM: 0 (1990)
Pole Positions: 0
Siege: 0
WM-Punkte: 0
Rennwagen: Coloni

Die in der Formel 1 erfolglose italienische Motorenfirma → Motori Moderni entwickelte im Auftrag des japanischen Automobilkonzerns Subaru wieder unter der Leitung von Carlo Chiti einen Zwölfzylindermotor, der dann 1990 ausgerechnet beim absoluten Formel 1-Underdog → Coloni eingesetzt wurde. Die Ergebnisse waren mit acht Nichtqualifikationen bei acht Versuchen so schlecht, dass sich Subaru vorzeitig zurückzog und Coloni einen neuen Motorenpartner suchen musste

Supertec (Motorenhersteller)
GP-Rennen in der Fahrer-WM: 33 (seit 1999)
Pole Positions: 0
Siege: 0
WM-Punkte: 78
Rennwagen: Williams, Benetton, BAR, Arrows

Ab 1999 liefen die ehemaligen Werksmotoren von → Renault nach einem Zwischenspiel mit → Mecachrome jetzt unter der Bezeichnung Supertec, was sie aber keineswegs besser machte. Die guten Ergebnisse des → Williams-Rennstalls waren eher dem aerodynamisch gut gestalteten Wagen zu verdanken als der Leistungskraft der Supertec-Aggregate. Neueinsteiger → BAR erlebte 1999 mit Supertec ein Katastrophendebüt und war froh darüber, ab 2000 mit den → Honda-Werksmotoren fahren zu können. Im selben Jahr wurde auch der ehemalige Benetton-Chef Flavio → Briatore für die Betreuung der Supertec-Kunden zuständig und musste sich manche Klage über die mangelnde Leistung des Aggregats anhören. Benetton dümpelte im Mittelfeld vor sich hin und lediglich → Arrows konnte mit den PS-schwachen Supertec-Motoren einen Aufwärtstrend verzeichnen, weil Renault zu diesem Zeitpunkt wieder stärker in die Entwicklung involviert war.

BAR und Williams wechselten für die Saison 2000 ihre Motorenpartner und so blieben nur noch Benetton und → Arrows als Kunden, mit denen man eine durchwachsene Saison erlebte. Nach der angekündigten Rückkehr von Renault ist für 2001 bei Supertec eine Kooperation mit dem → Minardi-Rennstall geplant.

Surtees (Rennwagenfirma)
GP-Rennen in der Fahrer-WM: 118 (1970–1978)
Pole Positions: 0
Siege: 0
WM-Punkte: 54
Beste Platzierung in der Konstrukteurswertung:
Fünfter (1972)
Bekannteste Fahrer: John Surtess,
Rolf Stommelen, Jochen Mass, Carlos Pace
Erfolgreichste Fahrer:
Mike Hailwood, Carlos Pace

In den sechziger Jahren einer der herausragenden Piloten der Formel 1, erwies sich John → Surtees in den siebziger Jahren als unfähig, ein eigenes Team auf Dauer zum Erfolg zu führen. Nur durch Zufall wurde Formel 1-Weltmeister John Surtees zum Konstrukteur, obwohl er bereits in seiner Zeit als Pilot bei → Honda großes Interesse an Technik und Entwicklung demonstrierte.

Als er für Len Terrys »Leda«-Projekt in der Formel 5000 tätig war, entdeckte er an den Rennwagen einige Fehler, die ihn dazu veranlassten, sich näher mit der Konstruktionstechnik zu befassen. Er veränderte die Boliden, benannte sie in TS (Terry-Surtees) um und gründete die Surtees Racing Organisation, der nebenbei die TS Research & Development Ltd. für Entwicklung und Forschung angeschlossen war. Mit dem TS 7 entschloss sich Surtees 1970 in die Formel 1 zu gehen. John Surtees entwarf das Basis-Design des Wagens, um es dann im Detail von Peter → Connew und Shabab Ahmed weiterentwickeln zu lassen.

Beim Großen Preis von Großbritannien ging Surtees mit seiner Eigenkonstruktion von Startplatz 19 erstmals in ein → Grand-Prix-Rennen. Musste er hier noch mit Öldruckproblemen aufgeben, so schaffte er vier Rennen später in Kanada einen 5. Platz. In den USA überließ er Derek Bell das Cockpit, der Sechster wurde.

Nun wurde Surtees mutiger und fabrizierte aus dem neuentwickelten TS 9 gleich drei Fahrzeuge, die außer ihm 1971 noch von Rolf → Stommelen, Brian Redman, Derek Bell, Mike Hailwood, Sam Posey und Gijs van Lennep gesteuert wurden. Bis auf Platz 6 in → Kyalami und Platz 7 in → Zandvoort war man im Training meist hinten angesiedelt, doch am Ende reichte es für das Team zu acht WM-Punkten. Surtees setzte jetzt auch eigene Fahrzeuge in der Formel 2 und Formel 5000 ein, wo es einige Meisterschaftserfolge gab. Mit dem TS 14 kam für Surtees der Anfang vom Ende. Für seinen fortschrittlichen Entwurf, der exakt den Sicherungsvorkehrungen entsprach, die aber bald darauf wieder aufgeweicht wurden, fehlte es an Geld, um den Wagen an diese Veränderungen anzupassen. Zudem gab es Probleme mit dem Reifenlieferanten → Firestone, der die Entwicklung seiner Pneus eingestellt hatte. Als Folge dieses Mankos war der → Bolide im Vergleich zu den Konkurrenten übergewichtig.

Dank zahlreich eingesetzter Fahrzeuge und Piloten wie Tim Schenken, Andrea de Adamich, John Love und Mike Hailwood kam man Ende der Saison 1972 trotzdem auf 18 WM-Punkte, wobei Hailwood mit seinem 2. Platz in → Monza den Löwenanteil dazu beitrug. Allerdings gab es auch einige Unfälle mit beträchtlichem Materialschaden und zudem tat sich Surtees schwer mit manchen Entwicklungen in der Formel 1. Mit seiner Äußerung: »Es will mir einfach nicht in den Kopf, dass sich Fahrer, die nicht viel taugen, mit viel Geld ein → Cockpit kaufen können«, verscherzte er sich bei Piloten und → Sponsoren manche Sympathien. 1973 setzte Surtees weiter das Auto aus dem Vorjahr ein, mit dem zumeist Mike Hailwood und Carlos → Pace fuhren. In → Silverstone und am → Nürburgring kam auch Jochen → Mass zu zwei Einsätzen, aber nur Pace holte für das Team insgesamt sieben WM-Punkte.

1974 häuften sich bereits die Nichtqualifikationen und wiederum war es ausschließlich Pace, der mit einem 4. Platz in Brasilien Punkte erobern konnte. Zu allem Überfluss starb zudem der Surtees-Pilot Helmut Koinigg bei einem Trainingsunfall in → Watkins Glen. Weil dem Rennstall des Ex-Weltmeisters immer mehr das Geld ausging, war man in der Saison 1974 gezwungen, nur noch ein Fahrzeug einzusetzen, in dem sich John → Watson die Ehre geben musste. Zum ersten Mal gab es für das Team während einer Formel 1-Saison keine WM-Punkte und der Frust und Ärger von John Surtees schwoll unaufhörlich an. Obwohl es 1976 und 1977 mit einer gelungenen Fahrzeugkonstruktion noch einmal einen Aufwärtstrend sowie 13 WM-Punkte gab, zog sich Surtees Ende 1978 krank, müde und enttäuscht aus der Formel 1 zurück.

Rolf Stommelen 1971 im Surtees TS 9

Mike Hailwood schaffte mit dem Surtees T 14 Platz 1972 Platz 2 in Monza

Zu diesem Zeitpunkt war aus »Big John« Surtees schon der »graue Wolf« geworden

Surtees, John (Pilot)

*Geboren: 11.12.1934 in
Tatsfiueld/ Großbritannien
GP-Rennen in der Fahrer-WM: 111 (1960–1972)
Pole Positions: 8
Siege: 6
WM-Punkte insgesamt: 186,64
Beste WM-Platzierung im Gesamtklassement:
Weltmeister 1964
Rennwagen: Lotus, Cooper, Lola,
Ferrari, Honda, BRM, McLaren, Surtees*

»Big John« Surtees gelang mit dem Gewinn sowohl des Motorradweltmeistertitels als auch des Championats in der Formel 1 eine Leistung, die im modernen Motorsportgeschehen nicht mehr wiederholbar wäre.

Surtees wurde als Sohn eines Motorradhändlers geboren und mit 15 Jahren verließ er die Schule, um den Vater bei seinen Geschäften zu unterstützen.

Zwei Jahre später bestritt er die ersten Motorradrennen und holte sich bis 1960 auf einer MV Augusta insgesamt sieben Weltmeistertitel in der 360-ccm und 500-ccm-Klasse.

Zwei Jahre zuvor war er von dem damaligen Formel 1-Weltmeister Mike → Hawthorn aufgefordert worden, es auch einmal auf vier Rädern zu versuchen. Ab 1960 fuhr Surtees in Formel-Junior-Rennen und bei Formel 2-Rennen mit, wo er einen so guten Eindruck hinterließ, dass er ein Angebot von → Lotus-Besitzer Colin Chapman erhielt.

Der »sture Einzelkämpfer« hatte es sich zum Ziel gesetzt, der Welt zu beweisen, »dass ich im Auto genauso gut bin wie auf dem Motorrad und das alles in der halben Zeit«.

Nach seinem Formel 1-Debüt 1960 in Monaco, wo er mit Materialschaden ausfiel, wurde er im darauffolgenden Rennen Zweiter und sicherte sich anschließend in Portugal seine erste → Pole Position. Doch Siege ließen, trotz etlicher Punkteplatzierungen mit Rennwagen von → Cooper und → Lola, noch länger auf sich warten.

Erst drei Jahre später, nach seinem Wechsel zu → Ferrari, gelang ihm beim Rennen am → Nürburgring der langersehnte Erfolg. Mit insgesamt 19 WM-Punkten wurde er in der 63er-Saison Gesamtvierter, zählte aber mittlerweile wegen seines Eigensinns bei den Teamchefs zu den »schwierigen« Piloten. 1964 schaffte er mit zwei Siegen und der gütigen Mithilfe von Teamkollegen Lorenzo → Bandini den WM-Titel, doch der unter recht glücklichen Umständen zustandegekommene Triumph konnte Surtees nicht so recht erfreuen.

Ein Jahr später hatte er sich nach längerer Zeit der Genesung, infolge eines schweren Unfalls bei der CanAm-Meisterschaft, endgültig mit Ferrari überworfen. Nach seinem Sieg beim Großen Preis von Belgien in der Saison 1966 verließ Surtees die Italiener und wechselte zu → Cooper, wo ihm im selben Jahr in Mexiko ein weiterer Triumph glückte. 1967 reizte ihn die Herausforderung, die Rennwagen des neugegründeten → Honda-Rennstalls zu Siegerfahrzeugen zu entwickeln, und tatsächlich gelang ihm ausgerechnet im Ferrari-Land Italien der erste Sieg mit dem japanischen Gefährt. Dies war die Art von Triumph, welche Surtees äußerst schätzte, den er aber nicht mehr wiederholen konnte.

Nach einem weiteren Jahr bei Honda, dem anschließend der Wechsel zu → BRM folgte, begann Surtees seinen eigenen Rennstall aufzubauen. Doch aus »Big John« war da schon längst ein »grauer Wolf« geworden, welcher Schwierigkeiten hatte, sich an die veränderte Formel 1-Szene anzupassen. Nachdem er den Surtees-Boliden zwei Jahre selber pilotiert hatte, trat er 1972 nach dem Großen Preis von → Watkins Glen zurück, um sich ausschließlich als → Teamchef zu betätigen. Aber sechs Jahre später löste Surtees den Rennstall nach vielen Rückschlägen auf und zog sich ins Privatleben zurück.

**Suzuka
International
Racing Course**

Suzuka International Racing Course (Rennstrecke)
GP-Bezeichnung: Großer Preis von Japan
Streckenlänge: 5,864 km
Renndistanz: 53 Runden = 310,792 km
Erstes Formel 1-Rennen: 1987
Gesamtzahl GP: 14
Erster Sieger: Gerhard Berger
Häufigster Sieger: 3 x Michael Schumacher (1995, 1997, 2000)
Internet: www.tokyoweb.or.jp/suzuka/

Nachdem → Honda 1983 als Motorenlieferant sehr erfolgreich in die Formel 1 zurückgekehrt war, gab es wieder Argumente für die Austragung eines Großen Preises von Japan, der zuletzt 1977 in → Mount Fuji stattgefunden hatte. In den sechziger Jahren wurde der Suzuka-Kurs von dem bekannten Rennstrecken-Architekten John Hugenholtz, der auch für die Entwürfe von → Zandvoort, → Zolder und → Jarama verantwortlich zeichnete, in Form einer Acht entworfen.

Die Strecke, geprägt durch Unterführung, Brücke und die Vollgas-Linkskurve 130R, ist bei den Fahrern sehr beliebt, obwohl sich die Überholmöglichkeiten in Grenzen halten.

Bodenwellen und viele enge Kurven stellen hohe Anforderungen an → Getriebe, → Bremsen und → Reifen.

Suzuki, Aguri (Pilot)
Geboren: 08.09.1960 in Tokio/Japan
GP-Rennen in der Fahrer-WM: 64 (1988–1995)
Pole Positions: 0
Siege: 0
WM-Punkte insgesamt: 8
Beste WM-Platzierung im Gesamtklassement: Zwölfter 1980
Rennwagen: Zakspeed, Lola, Footwork, Jordan, Ligier

Aguri Suzuki ist bis heute einer der erfolgreicheren Piloten aus dem Land der aufgehenden Sonne und der einzige, der bisher auf einem → Podiumsplatz stand. Trotzdem konnte er sich eher durch seine guten Geschäftsbeziehungen als durch Leistung mehrere Jahre in der Formel 1 behaupten. Nach Suzukis Ausflügen in Kart-Autos, Tourenwagen und Gruppe-C-Fahrzeugen wurde die Formel 1-Welt nach seinem Gewinn der japanischen Formel 3000-Meisterschaft auf ihn aufmerksam. Für 1989 wurde er im Paket mit dem Motorenlieferanten → Yamaha zum deutschen → Zakspeed-Rennstall transferiert, nachdem er ein Jahr zuvor beim Großen Preis von Japan mit einem → Lola debütiert hatte.

Doch mit einem schwachen Fahrzeug und untauglichen Motor konnte er sich für kein Rennen qualifizieren und handelte sich wegen seiner zahlreichen Dreher den wenig schmeichelhaften Spitznamen »Walzerkönig« ein.

Ein Jahr darauf wechselte der immer freundliche »Businessman« mit den abstehenden Ohren zu Lola und nach seinem dritten Platz beim Großen Preis in → Suzuka avancierte er in seiner Heimat zu einem Motorsportidol, das die nächsten Jahre nur noch mit Hilfe von Bodyguards zu seinem japanischen Heimatrennen anreisen konnte.

Doch danach scheuten die WM-Punkte den Freund von Michael → Schumacher bis auf einen sechsten Platz 1991 in → Detroit wie der Teufel das Weihwasser.

1992 bekam er einen Platz bei → Footwork, weil er durch seine guten Verbindungen dem Rennstall die Motoren der Honda-Tochterfirma → Mugen verschafft hatte.

Zwei Jahre wurde der Japaner trotz chronischer Erfolglosigkeit in dem Team geduldet, doch 1994 war der begeisterte Ultra-Leicht-Flieger bis auf einen Einsatz bei → Jordan für den gesperrten Eddie → Irvine ohne Stammplatz in der Formel 1.

Mit dem Wechsel der Mugen-Triebwerke zu → Ligier fand sich auch für Suzuki ein Platz bei dem französischen Rennstall. Doch als »aufgenötigte Mitgift« musste er sich im → Cockpit mit Martin → Brundle abwechseln. Noch einmal gelang ihm ein 6. Platz beim Großen Preis von Deutschland, doch nach einem schweren Trainingsunfall in Suzuka musste er, früher als geplant, seinen Rücktritt bekanntgeben.

Sweikert, Bob (Pilot)
Geboren: 20.05.1926 in Los Angeles/ USA
Gestorben: 17.06.1956 in den USA
GP-Rennen in der Fahrer-WM: 5 (1952–1956)
Pole Positions: 0
Siege: 1
WM-Punkte insgesamt: 8
Beste WM-Platzierung im Gesamtklassement: Siebter 1955
Teams: Kuzma, Kurtis-Kraft

Zunächst gestaltete sich die Bemühungen von Bob Sweikert bei den 500 Meilen von → Indianapolis recht glücklos.

1952 und 1953 startete er aus den hintersten Reihen und musste die Rennen mit Materialschäden vorzeitig beenden. Doch zwei Jahre später konnte er siegen und gehörte zu den jüngsten Siegern bei den Indy 500. Keine drei Wochen später kam er tragischerweise ums Leben.

TAG Heuer
TAG Heuer kam in die Formel 1, als man für → McLaren die Entwicklung des → Porsche-Turbo-Motors finanzierte. Heute ist es ein auf Zeitmessung spezialisiertes Unternehmen und offizieller Zeitnehmer der Formel 1.

Talbot-Lago
(Rennwagenfirma, Motorenhersteller)
GP-Rennen in der Fahrer-WM: 13 (1950–1951)
Pole Positions: 0
Siege: 0
WM-Punkte: 25
Beste Platzierung in der Konstrukteurswertung:
Bekannteste Fahrer: Louis
Chiron, Raymond Sommer
Erfolgreichster Fahrer: Louis Rossier
Internet: www.talbot-lago.ch/

Das französische Traditionsteam ging teilweise mit einer Armada von sechs Fahrzeugen bei den Formel 1-Weltmeisterschaftsläufen an den Start, war aber in seinen zwei Formel 1-Jahren gegen die übermächtigen → Alfa-Romeo-Fahrzeuge größtenteils chancenlos.

Talbot gehörte nach dem Zweiten Weltkrieg zu den erfolgreichsten Wettbewerbern in → Monoposto-Rennen. Der Rennstall hatte mehrere italienische Spitzenkonstrukteure wie Ettore → Bugatti und Amédeé → Gordini unter Vertrag, aber für die charakteristischen blauen Fahrzeuge war in erster Linie Tony Lago verantwortlich. In den ersten Formel 1-Läufen ab 1947 gelangen Louis → Chiron mit dem Fahrzeugtyp 26C zwei → Grand-Prix-Siege in Belgien und Frankreich.

Doch des öfteren hielten die Talbots die Rennen nicht durch, so auch im ersten Weltmeisterschaftsjahr, als Raymond Sommer beim Grand Prix in → Spa-Francorchamps die Alfa-Romeos mit einer klugen Renntaktik düpiert hatte und in Führung lag, dann aber mit einem Motorplatzer aufgeben musste.

Die besten Rennplatzierungen in der Saison 1950 schaffte Louis Rossier mit zwei dritten Plätzen in der Schweiz und in Belgien. Im September selben Jahres verunglückte Raymond »Löwenherz« Sommer bei einem unbedeutenden Landstraßenrennen, was für Talbot einen erheblichen fahrerischen Verlust darstellte.

1951 fiel die Gesamtbilanz bei den Formel 1-Läufen schon wesentlich bescheidener aus. Nur Rossier und Yves Ciraud-Cabantous fuhren mit einem 4. bzw. 5. Platz in die Punkteränge, ansonsten hatten die Franzosen der → Alfa-Romeo- und → Ferrari-Übermacht nichts entgegenzusetzen.

Danach zog sich Talbot aus dem Grand-Prix-Sport zurück und kündigte 1980 überraschend ein Comeback an, doch die geplante Zusammenarbeit mit → BMW kam nicht zustande. 1981 tauchte der Name Talbot dann bei → Ligier auf, die ihre Rennwagen mit → Matra-Motoren unter der Bezeichnung Talbot-Ligier meldeten.

Tambay, Patrick (Pilot)
Geboren: 25.06.1949 in Paris/Frankreich
GP-Rennen in der Fahrer-WM: 113 (1977–1986)
Pole Positions: 5
Siege: 2
WM-Punkte insgesamt: 103
Beste WM-Platzierung im Gesamtklassement:
Vierter 1983
Rennwagen: Surtees, Ensign, McLaren Theodore, Ligier, Ferrari, Renault, Lola

Der »ewig strahlende Junge aus Paris« gehörte in der Formel 1 zu den guten, aber nicht herausragenden Fahrern, besaß aber in seiner Zeit bei → Ferrari durchaus kurzzeitig realistische WM-Chancen.

Binational aufgewachsen, war Tambay in seiner Jugend ein hervorragender Skifahrer, in-

Patrick Tambay zeigt Renault, wo es langgeht

teressierte sich aber auch stark für den Motorrennsport.

1971 meldete er sich bei der → Paul-Ricard-Rennfahrerschule an und erhielt als Anerkennung für seine guten Leistungen ein Stipendium für die »Pilote-Elf-Scholarship«.

Nach zwei Jahren wurde er in der Formel → Renault Vizemeister und stieg unversehens in die Formel 2 auf. Doch das erste Jahr geriet zur Geduldsprobe für den »makellosen Charakter«, denn im ersten Jahr gab es mit einem → BMW nur magere elf Meisterschaftspunkte. Anfangs unbeständig in seinen Leistungen, gelang ihm dann 1975 und 1976 zweimal ein dritter Platz in der Gesamtwertung dieser Rennklasse.

Tambay wagte 1977 den Sprung in die USA, um sich mit sechs Siegen die CanAm-Meisterschaft zu sichern. Durch diese Leistungen wurde → Ensign-Besitzer Teddy Yip auf ihn aufmerksam und wollte ihn noch für die laufende → Grand-Prix-Saison verpflichten, doch Tambay stand bereits bei → Surtees im Wort. Aber nachdem er sich für den Rennstall beim Großen Preis von Frankreich nicht qualifizieren konnte, kam Tambay gerne auf das Angebot von Ensign zurück. Im weiteren Verlauf der Saison erreichte Tambay in acht Rennen fünf Punkte und der Franzose galt jetzt als hoffnungsvoller Newcomer, der erwartungsvoll das Angebot von → McLaren annahm.

Aber McLaren hatte sich mit einem neukonstruierten Fahrzeug völlig verkalkuliert und dümpelte im unteren Mittelfeld vor sich hin, was Tambay in den Jahren 78 und 79 nur auf insgesamt acht WM-Punkte kommen ließ.

Frustriert nahm der Franzose eine Auszeit in der Formel 1 und fuhr nochmals in der CanAm-Meisterschaft mit, wo er 1980 wiederum die Meisterschaft für sich entscheiden konnte. Teddy Yip, der jetzt den → Theodore-Rennstall gegründet hatte, erinnerte sich an Tambay und engagierte den Franzosen für die Grand-Prix-Saison 1981. Im ersten Rennen konnte er direkt punkten, doch nach sechs Rennen entschied sich Tambay als Nachfolger von Jean-Pierre → Jabouille bei → Ligier einzusteigen, was in ein, nur von Ausfällen geprägtes, Desaster mündete und für Tambay am Ende zur Entlassung führte.

Damit schien die Grand-Prix-Karriere des Sunnyboys, dem man zu wenig Egoismus für den harten Formel 1-Sport unterstellte, endgültig beendet zu sein.

Doch 1982 verunglückte → Ferrari-Superstar »Gilles« → Villeneuve in → Imola tödlich und Tambay erhielt die unerwartete Chance, ab dem Rennen in → Zandvoort das verwaiste → Cockpit des Kanadiers zu übernehmen. In Holland wurde er Achter, aber schon drei Rennen später konnte Tambay nach 53 Rennen und im Alter von 33 Jahren beim Großen Preis von Deutschland seinen ersten Formel 1-Sieg feiern.

Für Ferrari war es nach den tragischen Unfällen seiner WM-Kandidaten Villeneuve und Didier → Pironi eine schwierige Zeit, aber Tambay hielt sich wacker und war am Ende mit 25 Punkten aus nur acht Rennen WM-Siebter der Gesamtwertung.

1983 lag der stets freundliche Franzose mit einem Sieg beim Großen Preis von San Marino im Kampf um den WM-Titel lange Zeit an aussichtsreicher Position. Doch im weiteren Verlauf wurde er noch von Teamkollegen Rene → Arnoux überflügelt und musste sich am Ende mit 40 WM-Punkten und dem vierten Platz im Schlussklassement begnügen.

Sein Vertrag bei Ferrari wurde nicht verlängert und die anschließenden zwei Jahre versank Tambay bei → Renault trotz einiger guter Platzierungen allmählich wieder im Mittelmaß. Den Rest gab ihm ein völlig verunglücktes Engagement 1986 beim → Lola-Team des Amerikaners Carl Haas. Der Grand Prix in Australien 1986 war sein letzter und anschließend wurde Tambay, unterbrochen von einigen Sportwagenrennen, Fernsehkommentator und Berater bei verschiedenen Formel 1-Teams.

Tank
Die heutigen Kraftstofftanks in der Formel 1 sind bruchsicher sowie feuerfest und entspre-

chen den Vorschriften im Flugzeugbau. Die Kraftstoffzufuhrleitungen können sich automatisch selbst schließen und deshalb ist die Gefahr eines Brandes nach dem Stand der modernen Technik relativ ausgeschlossen.

Taruffi, Piero (Pilot)
Geboren: 12.10.1926 in Albano Laziale/USA
Gestorben: 12.01.1988 in Italien
GP-Rennen in der Fahrer-WM: 18 (1950–1956)
Pole Positions: 0
Siege: 1
WM-Punkte insgesamt: 41
Beste WM-Platzierung im Gesamtklassement: Dritter 1952
Rennwagen:
Alfa Romeo, Ferrari, Mercedes, Maserati, Vanwall
Taruffi galt im Rennsport als einer der vernünftigsten Piloten, der einen Wagen im Grenzbereich lieber technisch verbesserte, anstatt die Mängel durch fahrerische Risiken zu kompensieren. Der Sohn eines Arztes studierte zunächst Ingenieurwesen und fing an Motorradrennen zu fahren. Nach einigen Erfolgen auf zwei Rädern wechselte er auf vier und gewann 1930 mit einem → Alfa Romeo das Tunis-Tripolis-Rennen. Ein Jahr später steuerte er einen Itala-Wagen zum Sieg beim Cimini-Cup und auch mit Alfa-Romeo-Wagen von Enzo → Ferrari war er erfolgreich unterwegs. Zahlreiche weitere gute Platzierungen mit Rennwagen von → Bugatti und → Maserati schlossen sich in den nächsten Jahren an. Sein Ingenieurstudium hatte Taruffi in der Zwischenzeit erfolgreich abgeschlossen und nach dem Krieg fing er wieder an, mit einem → Cisitalia Rennen zu fahren. Auf einem Alfa Romeo debütierte er 1950 beim Großen Preis von Italien, bei dem er sich am Steuer mit Juan-Manuel → Fangio ablöste, aber das Ziel nicht erreichte. 1951 wechselte Taruffi in das Werksteam von → Ferrari und wurde beim Großen Preis der Schweiz in → Bremgarten auf Anhieb Zweiter. Auf der gleichen Rennstrecke gelang ihm ein Jahr später der erste und einzige Sieg seiner Formel 1-Weltmeisterschaftslaufbahn. Weitere ausgezeichnete Platzierungen in dieser Saison verhalfen ihm mit 22 Punkten zur »Trizeweltmeisterschaft« hinter Alberto → Ascari und Guiseppe → Farina.

1953 wechselte der extrem anpassungsfähige Fahrer zum Werksteam von → Lancia und nahm in diesem Jahr nicht an Formel 1-Läufen teil. Hatte er schon zwei Jahre zuvor mit Ferrari die strapaziöse Carrera Panamericana gewonnen, so gelangen ihm mit den schnellen, aber nicht immer zuverlässigen Lancias Siege sowohl bei der Targa Florio als auch bei der Sizilien-Rundfahrt. 1954 nahm der durch seine grauen Haare und sein renntaktisches Gespür »Silberfuchs« genannte Taruffi wegen des Lancia-Engagements nur an einem einzigen Formel 1-Lauf teil. Mit einem Ferrari wurde er auf dem → Nürburgring Sechster. Bei vier Läufen in der Saison 1955 auf Ferrari und → Mercedes gelang ihm mit dem Silberpfeil ein zweiter Platz beim Großen Preis von Italien. 1956 fuhr Taruffi fast ausschließlich den Maserati 250 F, nahm mit diesem Fahrzeug ebenfalls nur an einem WM-Lauf teil, ehe er sich auf → Vanwall in Monza endgültig aus dem Grand-Prix-Sport verabschiedete.

1957 konnte er mit einem Zwölfzylinder-Ferrari die Mille Miglia für sich entscheiden und erklärte danach definitiv seinen Rücktritt vom aktiven Motorrennsport. 1988 erschien von Taruffi das Buch »The Technique of Motor Racing«, welches er bereits vor 40 Jahren geschrieben hatte und den interessierten Leser auf profunde und detaillierte Weise an die Geheimnisse professioneller Fahrtechnik heranführt.

T-Car
Internationale Bezeichnung für den → Ersatzwagen.

Teamchef
Allgemeine Bezeichnung für den Besitzer eines Rennstalls.

Teammanager
Der Teammanager ist der Logistiker eines Rennstalls und kümmert sich um Transport,

Organisation und Personal. Ihm obliegt die Aufgabe, bei jedem Rennwochenende für einen reibungslosen Ablauf zu sorgen. Auch für die Organisation des Test- und Trainingsbetriebes zeichnet er verantwortlich.

Technischer Direktor
Der technische Direktor trägt als oberster Chefingenieur die Verantwortung für die komplette technische Entwicklung der Rennwagen.

Tec-Mec (Rennwagenfirma)
GP-Rennen in der Fahrer-WM: 1 (1959)
Pole Positions: 0
Siege: 0
WM-Punkte: 0
Beste Platzierung in der Konstrukteurswertung: 0
Bekannteste Fahrer: –
Erfolgreichste Fahrer: –
Was ein ehemaliger → Maserati-Designer ersann, erwies sich beim einzigen → Grand Prix 1959 bereits als hoffnungslos veraltet.

Als das Maserati-Werk aufgelöst wurde, gründete ihr Designer Valerio Colotti das Studio »Technica Meccanica«. Colotti wurde weiterhin von Maserati-Mitarbeitern in der Weiterentwicklung des Tec-Mec 415 unterstützt, doch als der Wagen endlich fertiggestellt war, hinkte er mit seinem Frontmotorkonzept schon der Zeit hinterher.

Trotzdem wurde der Wagen von einem amerikanischen Unternehmen erworben und unter dem Namen Tec-Mec 1959 beim Großen Preis der USA in → Sebring eingesetzt.

Der Brasilianer Fritz d'Orey (= Frederico J.C. Themudo d'Orey), der zuvor in dieser Saison zwei Grand-Prix-Einsätze gefahren war, stocherte den Boliden mit Mühe und Not auf die 17. Startposition und schied im Rennen nach sieben Runden mit einem Ölleck aus. Für d'Orey und Tec-Mec war es der letzte Formel 1-Einsatz und am Ende des Jahres verkaufte Colotti sein Studio. Den Tec-Mec sah man Jahre später noch bei diversen historischen Rennen.

Tecno (Rennwagenfirma, Motorenhersteller)
GP-Rennen in der Fahrer-WM: 10 (1972–1973)
Pole Positions: 0
Siege: 0
WM-Punkte: 1
Beste Platzierung in der Konstrukteurswertung: Elfter (1973)
Bekannteste Fahrer: Chris Amon, Derek Bell
Erfolgreichste Fahrer: –
Der Tecno-Rennstall bleibt in der Geschichte der Formel 1 in erster Linie dadurch in Erinnerung, weil er die Fahrerkarriere des ewigen Pechvogels Chris → Amon endgültig ins Abseits führte. Luciano und Gianfranco Pederzani gründeten 1962 in Bologna die Firma Tecnokart, welche als Zweigstelle eines Herstellers hydraulischer Pumpen gedacht war.

Das Fahrzeugprodukt von Tecnokart, der Kaimano 100/200, gewann in den sechziger Jahren viele nationale und europäische Meisterschaften. Die Erfolgssträhne setzte sich in der Formel 3 mit Meisterschaftsgewinnen in Italien, Frankreich und Schweden fort.

Mit dem späteren Formel 1-Piloten François → Cevert siegte Tecno 1969 auch in der Formel 2 und ein Jahr später bestätigte Clay → Regazzoni mit dem Titelgewinn in dieser Klasse das Siegpotential der Tecno-Boliden.

1971 reifte bei Teambesitzer Luciano Pederanzi der Entschluss, sich auch in der Formel 1 behaupten zu wollen. Dazu entwarf man auch einen eigenen Motor, der dann als Zwölfzylinder-Boxeraggregat mit 460 PS von einem Gitterrohrrahmen getragen wurde. Entgegen der ursprünglichen Planung wurde das Auto erst ab Mitte der Saison 1972 einsatzbereit, aber dadurch hatte man in der Zwischenzeit mit der Spirituosenmarke Martini einen potenten und gutmütigen Sponsor gefunden. Beim → Grand Prix in → Spa-Francorchamps gab der Tecno mit Nanni Galli am Steuer ein ernüchterndes Debüt: Platz 24 im Training und das Aus durch Unfall im Rennen. Und dieses Ergebnis zog sich chronologisch durch die gesamte Saison, denn mit Galli oder abwechselnd Derek Bell im → Cockpit gab es bei den restlichen Rennen keine einzige Zielankunft.

Ex-Ferrari-Pilot Chris → Amon hätte, ob dieser Ergebnisse, eigentlich gewarnt sein müssen, trotzdem stieg er für die Saison 1973 bei Tecno ein. Zunächst überredete er den Sponsor, ein neues Fahrzeug bauen zu lassen, derweil der Neuseeländer mit dem von Alan McCall entworfenen PA123 in Belgien an den Start ging. Mit einem 6. Platz in diesem Rennen schien sich ein Aufwärtstrend anzubahnen, doch anschließend klappte nichts mehr. Der Neuentwurf erwies sich als unfahrbare Konstruktion, Amon verließ das Team vor Ende der Saison und Sponsor Martini wechselte von Tecno zu → Brabham. Damit war das Formel 1-Aus für Tecno nicht mehr abzuwenden.

Telemetrie
In den früheren Zeiten der Formel 1 hatten die → Teamchefs außer der Stoppuhr kaum Möglichkeiten einen Rennwagen im Test- und Renneinsatz zu kontrollieren.

Heutzutage befinden sich am gesamten Rennwagen zahlreiche Sensoren, mit denen Benzinverbrauch, Öldruck, Motortemperatur und vieles mehr per Funk an die → Box weitergeleitet wird. Des weiteren besteht die Möglichkeit, bei einem Boxenstopp per Download durch den Laptop aus dem Wagen alle Informationen der vergangenen Runde auszuwerten. Dies geschieht durch ein Kabel aus dem Computer, das direkt mit der Speichereinheit, der sogenannten → Black Box, innerhalb des Rennwagens verbunden wird. Man kann allerdings nur Daten abrufen und nicht eingeben, weil sonst die → FIA befürchtet, dass der Manipulation Tür und Tor geöffnet wären.

Testfahrer
Dem Formel-Testfahrer obliegt die Aufgabe, sowohl die verschiedenen Spezifikationen an einem Fahrzeug im Testeinsatz zur Rennreife zu entwickeln, als auch die bestmögliche Abstimmung zu finden. Dafür absolviert ein Testfahrer pro Saison ca. 16 000 km an Testeinsätzen. Eine wichtige Rolle bei Testfahrten spielt zudem die Datenerfassung. Weil in der modernen Formel 1 höhere Anforderungen an die Testpiloten bestehen als in vergangenen Zeiten, wo es ausreichte, neue → Bremsen oder Kühler auszuprobieren, werden für diese Aufgabe heutzutage Rennfahrer eingesetzt, die zum Teil auch über reichliche Erfahrung in → Grand-Prix-Rennen verfügen. Beste Beispiele sind hierfür Olivier → Panis, der Monaco-Sieger von 1996, sowie der frühere Formel 3000-Europameister und spätere → Minardi-, → Forti- und → Dallara-Pilot Luca Badoer. Der Testfahrer-Vertrag kann für den Piloten die Möglichkeit darstellen, sich in Ruhe mit einem Formel 1-Boliden vertraut zu machen, oder sich über diesen Umweg, bei guten Leistungen, ein Comeback zu ermöglichen.

Panis, 1999 moralisch am Boden zerstört und vom → Prost-Team entlassen, nahm für die Saison 2000 notgedrungen den Job als Testpilot bei → McLaren an und ermöglichte sich durch seine hervorragenden Entwicklungsarbeiten ein Comeback. Ab der Saison 2000 ist er wieder Rennpilot bei → BAR. Testfahrer sind zumeist auch die Ersatzmänner bei einem Rennstall, wenn sich etatmäßige Piloten bei einem Rennen verletzen und längere Zeit pausieren müssen. Badoer, mit der Erfahrung von 50 GP-Einsätzen, ist schon seit mehreren Jahren für die Scuderia → Ferrari als Testpilot im Einsatz. Als Michael → Schumacher 1999 durch seinen Unfall in → Silverstone mehrere Rennen pausieren musste, kam allerdings nicht der Italiener zum Einsatz, sondern es wurde Mika → Salo verpflichtet, worüber Badoer sich sehr enttäuscht zeigte.

Ansonsten bietet in der Regel der Job des Testfahrers die eventuelle Möglichkeit, sich für Renneinsätze zu empfehlen. So konnte in der Saison 1997 → Benetton-Testpilot Alexander → Wurz die plötzliche Chance aufgrund der Erkrankung von Gerhard → Berger zum GP-Piloten aufzusteigen, zu guten Ergebnissen nutzen und bekam für die folgende Saison beim gleichen Rennstall einen Vertrag für Renneinsätze.

Allerdings ist die gute Arbeit eines Testpiloten keine Garantie für die gleiche Leistung im Rennen, was drei Jahre zuvor → Williams-Testfahrer Jean-Christophe Bouillon erfahren musste. Bei Williams bestach er im Testeinsatz durch sensationelle Rundenzeiten und galt als Mann der Zukunft. Doch in der Saison 1994 als Ersatz für den verunglückten Karl → Wendlinger bei → Sauber engagiert, konnte er diese Leistung nicht bestätigen und damit war seine Formel 1-Laufbahn praktisch beendet.

Auch für die Saison 2001 hoffen vorläufig gescheiterte GP-Piloten wie Marc → Gené, Alexander → Wurz oder Ricardo → Zonta durch Testfahrerjobs, sich wieder eine Möglichkeit für die Rückkehr zu Renneinsätzen zu verschaffen.

Theodore (Rennwagenfirma)
GP-Rennen in der Fahrer-WM: 34
(1978, 1981–1983)
Pole Positions: 0
Siege: 0
WM-Punkte: 2
Beste Platzierung in der Konstrukteurswertung:
Zwölfter (1981, 1983)
Bekannteste Fahrer: Patrick Tambay, Keke Rosberg, Eddie Cheever, Johnny Cecotto
Erfolgreichste Fahrer:
Patrick Tambay, Johnny Cecotto

Das Team des Multi-Millionärs Theodore »Teddy« Yip wurstelte sich durch vier unergiebige Formel 1-Jahre, bis der Asiate 1983 den Laden endgültig dichtmachte.

Der Unternehmer Teddy Yip engagierte sich in Fernost-Rennen und sponsorte 1974 den Rennfahrer und Gewinner der 24 Stunden von → Le Mans Brian Redman in der Formel 5000. 1977 begann er, den Formel 1-Rennstall → Ensign zu unterstützen und wagte sich ein Jahr später mit einem eigenen Team in den → Grand-Prix-Zirkus. Mit einem »wenig bemerkenswerten Baukastenwagen« konnte sich Eddie → Cheever 1978 bei zwei Versuchen nicht qualifizieren, aber Keke → Rosberg schaffte mit dem selben Fahrzeug einen sensationellen Sieg bei der regenüberströmten »International Trophy« in → Silverstone, was in erster Linie den Fahrkünsten des späteren Weltmeisters zugesprochen wurde.

Rosberg überwand in dieser Saison auch als einziger die Qualifikationshürde, doch in Südafrika streikte nach wenigen Runden die Kupplung. In den Jahren 1979 und 1980 war Yip Besitzer des → Shadow -Teams, mit dessen organisatorischer Basis er 1981 den Theodore-Rennstall wieder in die Formel 1 zurückbrachte.

Zwar gelang gleich beim Auftakt in → Long Beach durch Patrick → Tambay der erste WM-Punkt, doch bei den anschließenden Rennen gab es für die Crew nichts mehr zu holen. 1982 mühten sich mit Derek Daly, Jan Lammers, Geoff Lees und Tommy Byrne gleich vier Fahrer abwechselnd erfolglos mit dem durchschnittlichen Fahrzeug ab.

Ein Jahr später schaffte der ehemalige Motorradweltmeister Johnny Cecotto für den Rennstall, der inzwischen mit → Ensign fusioniert hatte und erstmals ein Zwei-Fahrer-Team aufbot, den zweiten WM-Punkt beim Großen Preis der USA. Aber am Ende der Saison hatte Yip die Lust an der Formel 1 verloren und wandte sich der IndyCar-Szene zu.

TI Aida (Rennstrecke)
GP-Bezeichnung: Großer Preis des Pazifiks
Streckenlänge: 3,703 km
Renndistanz: 83 Runden = 307,349
Erstes Formel 1-Rennen: 1994
Letztes Formel 1-Rennen: 1995
Gesamtzahl GP: 2
Erster Sieger: Michael Schumacher (1994)
Häufigster Sieger: Michael Schumacher
(1994, 1995)
Internet: www.ti-circuit.co.jp

Besitzer dieser Rennstrecke ist der japanische Geschäftsmann Hajime Tanaka, der seinen Kurs gegen hohe Beiträge an Hobbyfahrer vermietet und damit genügend Geld scheffelte um sich die Veranstaltung eines Großen Preises leisten zu können.

Außer Bernie → Ecclestone zeigte sich keiner aus dem → Grand-Prix-Tross darüber begeistert, eine sechstägige Anfahrtszeit auf sich zu nehmen, um in der tiefsten japanischen Provinz an einem Rennen teilzunehmen.

Organisatorisch war der erste Lauf im Jahre 1994 ein Erfolg, aber bei den Piloten war die sehr enge Strecke mit ihren 14 Kurven sehr unbeliebt und keiner war traurig darüber, dass ein Jahr später der vorläufig letzte Lauf auf diesem Kurs stattfand.

Todt, Jean (Teamchef)
Geboren: 25.02.1946 in Pierrefort/ Frankreich
Der kleine Franzose hatte entscheidenden Anteil daran, dass → Ferrari nach über zwanzigjähriger Flaute wieder zu einem Spitzenteam heranreifte und dann in der Saison 2000 mit dem Fahrer- und Konstrukteurstitel belohnt wurde. Schon in jungen Jahren träumte Todt von einer Formel 1-Karriere, doch weil seine finanziellen Mittel dafür nicht ausreichten, entschied er sich für den Rallyesport. Todt kam dabei aber über die Rolle eines Co-Piloten nicht hinaus, weil ihm nach eigener Aussage u.a. »der Mut zum Risiko fehlte«.

Trotzdem blieben Erfolge nicht aus, denn an der Seite bekannter Piloten wie Hannu Mikkola siegte er zwischen den Jahren 1966 und 1981 bei bedeutenden Veranstaltungen und eroberte für → Talbot im letzten Jahr seiner Rallyelaufbahn zusammen mit Guy Fréquelin die Markenweltmeisterschaft.

Nach seinem Rücktritt übernahm Todt die Leitung der Sportabteilung von → Peugeot-Talbot und führte in den Jahren 85 und 86 die finnischen Piloten Tino Salonen und Juha Kankunnen zu Titelehren in der Rallye-Weltmeisterschaft.

Innerhalb der nächsten drei Jahre war das Peugeot-Team unter Todts Leitung auch bei der berühmt-berüchtigten Rallye Paris-Dakar nicht zu schlagen und der »harte, kompromisslose und konsequente Arbeiter« führte 1992 auch die Sportwagen von Peugeot zum Triumph in der Markenweltmeisterschaft. Trotz dieser Erfolge lehnte Peugeot aus finanziellen Gründen den Einstieg in die Formel 1 mit eigenen Rennwagen ab. Todt war ernüchtert, denn ein langgehegter Traum schien endgültig geplatzt zu sein. In dieser Situation erhielt er 1993 von Ferrari das Angebot, die Sportabteilung zu übernehmen. Obwohl viele ihn vor den Querelen und Intrigen in dem Traditionsrennstall warnten, konnte Todt dem Reiz dieser Aufgabe nicht widerstehen. Bei Ferrari war er jetzt für die Koordination der Testfahrten sowie die Entwicklung von → Motoren und Rennwagen zuständig. Dank seines Organisationstalentes und seiner eisernen Disziplin gelang es Todt, die chaotischen Verhältnisse bei der einst ruhmreichen Marke neu zu ordnen. Er holte mit Ross → Brawn, Rory Byrne und Tad Capzinski hervorragende Ingenieure in das Team und nach einer langen Durststrecke von vier Jahren 1994 mit Gerhard → Berger wieder den Sieg bei einem Formel 1-Lauf.

Doch einzelne Siege waren für Ferrari zu wenig, der WM-Titel musste her und so holte man als vermeintlichen Titelgaranten ab 1996 den zweifachen Weltmeister Michael → Schumacher. Doch auch mit dem deutschen Superstar wollte es mit dem Titelgewinn einfach nicht klappen und Todt geriet insbesondere bei der italienischen Presse immer stärker unter Druck. 1999 konnte der Ferrari-Napoleon mit dem Gewinn der Konstrukteursweltmeisterschaft endlich die ersten Früchte seiner harten Arbeit ernten. Todt, der in der Zwischenzeit eine besonders enge persönliche Beziehung zu Schumacher aufgebaut hatte, mobilisierte für die Saison 2000 wieder alle Kräfte. Nicht zuletzt wegen des perfekten Teamworks aller Beteiligten unter Aufsicht des Franzosen feierte Ferrari endlich durch Michael Schumacher den langersehnten Fahrertitel. Der Franzose blieb dabei immer bescheiden im Hintergrund, freute sich aber jedesmal wie ein Schneekönig, wenn einer seiner roten Renner als Erster die Ziellinie überquerte.

Token (Rennwagenfirma)
GP-Rennen in der Fahrer-WM: 3 (1974)
Pole Positions: 0
Siege: 0
WM-Punkte: 2
Beste Platzierung in der Konstrukteurswertung: 0
Bekannteste Fahrer: Tom Pryce, David Purley
Erfolgreichste Fahrer: –

Dem ersten Fahrzeug-Entwurf des späteren → McLaren-Bosses Ron → Dennis war nur ein kurzes → Grand-Prix-Leben beschieden.

Ron Dennis war zusammen mit Neil Trundle Partner für das Rondel-Team und deren Konstruktion zeugte, wie die Fachwelt bescheinigte, mit seinem schlanken → Chassis von handwerklichen Qualitäten.

Nach dem Ausstieg des Rondel-Teams aus der Formel 1 übernahmen Tony Vlassopoulo und Ken Grob den Rennwagen. Durch sie kam der Wagen zu seiner Bezeichnung, denn der Name Token war aus dem Vornamen der beiden abgeleitet. Bei einigen Testrennen hinterließ der Wagen einen guten Eindruck, was aber durch den ersten Formel 1-Einsatz widerlegt wurde.

Tom → Pryce stellte den Boliden in Belgien auf Startplatz 20 und schied durch Kollision aus. David Purley verpasste dann in → Brands Hatch gar die Qualifikation. Danach war als Pilot Ian Ashley an der Reihe, was am Nürburgring mit Platz 14 die erste Zielankunft einbrachte. Nach dem Großen Preis von Österreich, wo Ashley das Rennen nicht beenden konnte, war die Formel 1-Karriere des Token-Rennwagens beendet.

Das Fahrzeug tauchte ein Jahr später unter der Bezeichnung Saphir mit Tony Trimmer am Steuer bei zwei britischen Nicht-Weltmeisterschaftsläufen wieder auf.

Toleman (Rennwagenfirma)
GP-Rennen in der Fahrer-WM: 57 (1980–1985)
Pole Positions: 1
Siege: 0
WM-Punkte: 26
Beste Platzierung in der Konstrukteurswertung: Siebter (1984)
Bekannteste Fahrer:
Ayrton Senna, Stefan Johansson
Erfolgreichster Fahrer: Ayrton Senna

Im Toleman-Rennstall machte der spätere Weltmeister Ayrton → Senna erstmals auf sein Talent aufmerksam. Das Team wurde 1986 von → Benetton übernommen. Von Ted Toleman und Alex Hawkridge gegründet, begann man Mitte der siebziger Jahre sich in England an Formel-Ford-2000 und Formel 2-Rennen zu beteiligen. Nachdem Toleman 1980 in der Formel 2-Meisterschaft mit den Fahrern Brian Henton und Derek → Warwick jeweils Meister und Vizemeister geworden war, entschloss sich der Rennstall für 1981, in der Formel 1 zu starten. Ausgerüstet mit einem → Turbolader des britischen Motorenherstellers Brian → Hart sowie → Pirelli-Reifen erlebten Team und Fahrer eine ernüchternde Saison.

Jeweils einmal konnten sich Henton und Warwick bei zehn Versuchen für ein Rennen qualifizieren und Henton wurde in → Monza als Zehnter abgewunken.

Mit einem modifizierten Fahrzeug schaffte man es 1982, sich zumindest mit einem Fahrzeug fast für alle Rennen zu qualifizieren, aber die Ausfallquote von Derek Warwick und Theo Fabi war enorm hoch.

Für die Saison 1983 gelangen dem Toleman-Team jedoch einige technische Fortschritte. Die Baureihe TG 183 verfügte über ein strapazierfähiges Fahrgestell sowie eine verbesserte → Aerodynamik. Mit diesem Boliden holten Warwick und Bruno Giacomelli insgesamt 10 WM-Punkte. Durch die Verpflichtung des brasilianischen Supertalents Ayrton → Senna sowie die Erfahrung von drei → Grand-Prix-Jahren entwickelte sich der Rennstall in der Saison 1984 zu einem ernsthaften Konkurrenten.

Senna hievte den TG 184 auf drei Podiumsplätze und in Monaco stand der Brasilianer kurz vor dem möglichen Sieg, der nur durch den vorzeitigen Rennabbruch wegen Regens verhindert wurde. Der zweite Fahrer, Ex-Motorradweltmeister Johnny Cecotto, erlitt in → Brands Hatch einen schweren Unfall, der seine Formel 1-Karriere beendete, und wurde durch Stefan → Johansson ersetzt. Johansson schaffte in seinem ersten Einsatz für Toleman in Italien mit dem vierten Platz ebenfalls seine ersten WM-Punkte.

Doch Ayrton Senna wurde am Ende der Saison von → Lotus abgeworben, obwohl er vertraglich noch zwei Jahre an Toleman gebunden war. Bei dem Team setzte von diesem Mo-

Der spätere Superstar Ayrton Senna startete bei Toleman seine ersten Formel 1-Gehversuche

ment an der Abwärtstrend ein und wegen Reifenproblemen musste man 1985 die ersten drei Rennen aussetzen. Beim Großen Preis von Deutschland schaffte Theo Fabi eine überraschende → Pole Position, aber weder ihm noch Stallgefährten Piercarlo Ghinzani gelangen während der gesamten Saison WM-Punkte. Hauptsponsor Luciano Benetton kaufte das Team kurz vor der Saison 1986 auf, um den Rennstall fortan unter seinem eigenen Namen fortzuführen.

Traktionskontrolle

Durch dieses computergesteuerte Hilfsmittel war es früher möglich, ein Durchdrehen der Antriebsräder zu verhindern sowie eine optimale Kurvenlage zu ermöglichen.

Weil den kleineren Teams durch die Entwicklung einer kostspieligen Traktionskontrolle finanzielle Nachteile entstanden und daraus eine Wettbewerbsverzerrung resultierte, wurde die Traktionskontrolle ab der Saison 1994 wieder verboten.

Doch in der Saison 2000 tauchten Gerüchte auf, → Ferrari und → McLaren würden heimlich wieder eine Traktionskontrolle verwenden, angeblich sogar mit inoffizieller Genehmigung der Rennkommissare.

Treibstoff

Anfang der neunziger Jahre war die Produktion von Formel 1-Benzin seit der Entwicklung des → Turboladers eine wahre »Giftküche« geworden, in der Benzinfirmen wie Elf, Shell oder Agip mit Spezial-Mixturen experimentierten, die teilweise aus gesundheitsgefährdenden Zusatzstoffen bestanden. Daraus resultierte, dass das Rennbenzin wegen des stechenden Geruchs nur noch mit Gasmasken abgefüllt werden konnte. Seit Mitte 1992 darf nur noch Benzin verwendet werden, das den Gesundheits- und Sicherheitsrichtlinien der EU entspricht und auf der Grundlage von Kohlenwasserstoffen beruht.

Trotzdem werden immer noch verschiedene Mixturen benutzt, um für die unterschiedlichen Charakteristiken jeder Rennstrecke hinsichtlich Leistung und Verbrennung den optimalen Treibstoff zu liefern.

Auch hier kommen Computersoftware und Labortests zum Einsatz, ehe auf dem Motorprüfstand die letzte Evolutionsstufe erfolgt. Erst nach der offiziellen Abnahme durch die → FIA darf dieser Treibstoff dann für den Renneinsatz verwendet werden.

Trinkflasche

Die im → Cockpit des Piloten installierte Trinkflasche führt einen Schlauch durch einen in den Helm gebohrtes Loch direkt zum Mund. Durch eine Pumpe kann der Fahrer sich dann Flüssigkeit zuführen.

Immer schön Treibstoff nachfüllen, sonst fährt ein Formel 1-Wagen keinen Meter

Trintigant, Maurice (Pilot)
*Geboren: 30.10.1917 in
Saint Cécile-les-Vignes/Frankreich
GP-Rennen in der Fahrer-WM: 82 (1950-1964)
Pole Positions: 5
Siege: 2
WM-Punkte insgesamt: 72,33
Beste WM-Platzierung im Gesamtklassement:
Vierter 1954, 1955
Rennwagen: Simca, Ferrari, Gordini, Vanwall, Bugatti, Cooper, Maserati, BRM, Aston Martin, Lotus*
Der kleine Franzose mit dem markanten Menjou-Bärtchen, der zeitweise auch Bürgermeister in seinem Heimatort war, betrachtete das Rennfahren als Lebensaufgabe und konnte sich dadurch 14 Jahre im → Grand-Prix-Zirkus behaupten.

Schon kurz vor dem Zweiten Weltkrieg saß Trintigant in einem Grand-Prix-Fahrzeug und kämpfte mit seinem → Bugatti gegen die italienische Armada von Spitzenfahrern wie Achille → Varzi und Guiseppe → Farina.

Nach Beendigung des Krieges stand er beim Coupe des Prisonniers in Paris wieder im Starterfeld und fuhr anschließend Formel 2 und Formel 1 für → Gordini. Dem Werk blieb er auch beim Start der ersten Formel 1-Weltmeisterschaft treu, doch mit dem zerbrechlichen Fahrzeug waren ihm nur Ausfälle beschieden. 1952 und 1953 besserte sich seine Bilanz und Trintigant war jetzt regelmäßig in den Punkten zu finden. 1954 engagierte ihn → Ferrari und der Franzose wurde mit 17 WM-Punkten Vierter in der Endabrechnung. Ein Jahr später gelang ihm gegen die technische Überlegenheit von → Mercedes beim Großen Preis von Monaco der einzige Sieg, welcher nicht von dem Stuttgarter Werk erobert wurde. Doch weil Ferrari Juan-Manuel → Fangio engagiert hatte, war 1956 für Trintigant kein Platz mehr bei der Scuderia und er musste sich eine Saison erfolglos mit einem → Vanwall abplagen. Der »liebenswerte Charmeur« kehrte 1957 für drei Rennen zu Ferrari zurück und konnte sich zweimal in den Punkten platzieren. Ein Jahr später fuhr er mit einem → Cooper abermals beim Großen Preis von Monaco als Erster über die Ziellinie. 1959 punktete er in sechs von neun Grand-Prix-Rennen und wurde Fünfter in der Gesamtwertung.

Danach begann ein Vagabundenleben bei → Lotus, → Lola und → BRM, wo er bis zu seinem letzten Rennen beim Großen Preis von Italien nicht mehr an seine vergangenen Erfolge anknüpfen konnte.

Trojan (Rennwagenfirma)
*GP-Rennen in der Fahrer-WM: 6 (1974)
Pole Positions: 0
Siege: 0
WM-Punkte: 0
Beste Platzierung in der Konstrukteurswertung: 0
Bekannteste Fahrer: –
Erfolgreichste Fahrer: –*
Dabei sein ist alles – die olympische Regel galt auch für den Formel 1-Versuch des Trojan-Teams. Trojan baute in den siebziger Jahren Kundenwagen für → McLaren und nach der Beendigung dieser Zusammenarbeit wagte man sich 1974 mit bescheidenen Mitteln in die Formel 1. Das Modell T 103 war ein konventionelles Fahrzeug mit → Cosworth-Motor im Heck.

Bei acht Versuchen verpasste man zweimal die Qualifikation und dreimal erreichte Fahrer Tim Schenken mit Platz 14 und zweimal Platz 10 eine Zielankunft. Nach dem Großen Preis von Italien war das Budget erschöpft und Trojan musste sein Formel 1-Projekt beenden.

Trulli, Jarno (Pilot)
*Geboren: 13.07.1974 in Pescara/Italien
GP-Rennen in der Fahrer-WM: 63 (seit 1997)
Pole Positions: 0
Siege: 0
WM-Punkte insgesamt: 17
Beste WM-Platzierung im Gesamtklassement:
Zehnter (2000)
Rennwagen: Minardi, Prost, Jordan
Internet: www.jarnotrulli.com*
Trulli ist neben Giancarlo → Fisichella der neue Hoffnungsträger italienischer Formel 1-Fans und sein bisheriger Karriereverlauf lässt noch einiges von dem, wegen seiner äußeren

30 Jahre Rennsport und anschließend Bürgermeister: Maurice Trintigant

Ähnlichkeit zu dem verstorbenen Senna, auch »Ayrton« genannten Italiener erwarten.

Der Sohn rennsportbegeisterter Eltern kam durch den Tod des finnischen Rennfahres Jarno Saarinen zu seinem Vornamen. Mit 9 Jahren fuhr er sein erstes Kart-Rennen und hatte bis 1995 zahlreiche nationale Meisterschaften und WM-Titel gewonnen.

Der »italienische Rohdiamant« war in diesem Metier bereits eine Legende, als er 1996 die Chance bekam, auch in der deutschen Formel 3 sein Können unter Beweis zu stellen. Da er mit 6 Siegen auf Anhieb Meister wurde, begannen sich bereits Formel 1-→ Teamchefs wie Flavio → Briatore und Peter → Sauber für den Senkrechtstarter zu interessieren.

Da der Sauber-Sponsor Red Bull auch gleichzeitig der Geldgeber von Trullis KMS-Rennstall war, hoffte Peter Sauber den Italiener unter Vertrag zu bekommen. Doch Briatore war schneller, indem er gleich das ganze KMS-Team aufkaufte und Trulli ein Engagement bei → Minardi verschaffte, wo der → Benetton-Boss mittlerweile Anteile besaß.

Zunächst fuhr Trulli 1997 sieben Rennen für das italienische Hungerleider-Team, um danach von Alain → Prost als Ersatz für den verunglückten Oliver → Panis angeheuert zu werden.

Ein 4. Platz in Hockenheim, der 3. Startplatz in Österreich sowie die zeitweilige Führung in diesem Rennen ließen Trullis Aktien gewaltig steigen, so dass er auch 1998 einem Platz beim → Prost-Team sicher hatte. In dieser Saison düpierte er den zurückgekehrten Panis mit besseren Trainingsplatzierungen und konnte sich 1999 am Nürburgring einen 2. Platz im Rennen erobern. Weitere gute Platzierungen wurden zumeist durch den unzuverlässigen Prost-Boliden verhindert.

Der selbstbewusste Italiener (»Ich habe nicht mehr Talent als die anderen – ich nutze es nur besser.«) bekam daraufhin ein Angebot von → Jordan und nach einigen Anlaufschwierigkeiten bewies Trulli in der Saison 2000, dass er mit dem hoch eingeschätzten Heinz-Harald → Frentzen problemlos mithalten kann.

Turbinenwagen
Auf der ständigen Suche, sich durch technische Innovationen einen Leistungsvorsprung zu verschaffen, baute → Lotus-Konstrukteur Colin Chapman, basierend auf den Erfahrungen seiner Turbinen-Konstruktion, die er 1968 für den STP-Rennstall entwickelt hatte, für Formel 1-Einsätze einen Wagen mit gleicher Technik. Der keilförmige Turbinen-Lotus Typ 56B, welcher zudem über → Allradantrieb verfügte, erwies sich aber in seinen drei Saisoneinsätzen trotz einer verheißungsvollen Premiere in → Zandvoort im Jahre 1971 als Flop. Weil sich die Gasturbine als beschleunigungsschwach, aber sehr treibstoffdurstig erwies und sich zudem Bremsprobleme einstellten, wurde das Projekt schon bald wieder ad acta gelegt.

Turbolader
Die Entwicklung des Turboladers für Formel 1-Motoren leitete 1977 eine Revolution in der Königsklasse ein und verhalf den Rennwagen zu mehr als 1000 Pferdestärken. Bei den Rennställen sorgte diese Entwicklung für eine noch ausgeprägtere Form der ohnehin schon vorhandenen Zwei-Klassen-Gesellschaft.

Hinter der Idee des Turboladers steckt eine Turbine, die durch ausströmende Auspuffgase angetrieben wird und den Motor durch ein kleines Flügelblatt mit Frischluft versorgt. Dadurch erzeugt der Motor eine bessere Verbrennung, was noch mehr Leistung zur Folge hat.

Als in der Saison 1977 → Renault mit den Turbo-Motoren auftauchte, gab es anfangs massive Probleme, weil die Autos ständig mit Motorschäden ausfielen und das sogenannte »Turboloch« für erhebliche Startprobleme sorgte. Um die Turbolader-→ Motoren siegreif zu machen, waren in der darauffolgenden Zeit weitere Spezifikationen wie neue Zünd- und Einspritzsysteme erforderlich. Erst zwei Jahre später gelang einem Renault-Turbowagen in → Dijon der erste Sieg, aber danach war die Entwicklung nicht mehr aufzuhalten. Spätestens 1983 waren die Leistungsdefizite zwischen

Teams mit Turboladern und denjenigen, die auf den alten → Cosworth Saugmotor zurückgreifen mussten, immens. Der letzte Saugmotor-Sieg resultierte in dieser Saison aus dem Sieg von Michele → Alboreto im → Tyrrell beim Großen Preis der USA. Danach siegten nur noch die Turboautos mit Trainingsleistungen von bis zu 15000 PS bei 18000 Umdrehungen pro Minute, bis diese Ära am Ende der Saison 1988 durch das Verbot der → FIA beendet war und die Formel 1 zu den Saugmotoren zurückkehrte.

TV-Kamera
Diese sind an den Fahrzeugen angebracht und bei Fernsehübertragungen kann auf diese Kameras umgeschaltet werden. Hat ein Formel 1-Wagen keine Kamera an Bord, muss er mit entsprechendem Zusatzballast fahren.

Tyrrell (Rennwagenfirma)
GP-Rennen in der Fahrer-WM: 430 (1970–1988)
Pole Positions: 14
Siege: 23
WM-Punkte: 711
Beste WM-Platzierung in der Konstrukteurswertung: Konstrukteursweltmeister 1971
Bekannteste Fahrer: Jackie Stewart, Peter Revson, François Cevert, Patrick Depailler, Chris Amon, Jody Scheckter, Ronnie Peterson, Didier Pironi, Michele Alboreto, Stefan Bellof, Martin Brundle, Stefan Johansson, Ivan Capelli, Jean Alesi, Andrea de Cesaris, Jos Verstappen, Mika Salo
Erfolgreichste Fahrer: Jackie Stewart, François Cevert, Jody Scheckter, Patrick Depailler, Michele Alboreto, Jean Alesi

Die Erfolge von Tyrrell sind eng mit dem Namen Jackie → Stewart verknüpft. Als der dreifache Weltmeister 1973 zurücktrat, konnte das Team um Ken Tyrrell nie mehr an alte Erfolge anknüpfen. Ken Tyrrell, Sohn eines Holzhändlers und später selber in diesem Gewerbe tätig, war bis Ende der fünfziger Jahre ein passabler Formel 3-Fahrer. Er gründete nach dem Ende seiner aktiven Zeit 1963 die Tyrrell Racing Organisation und begann Anfang der sechziger Jahre Formel 3- und Formel 2-Wagen von → Cooper einzusetzen. Mit Jackie → Stewart als Fahrer gab es 1964 in der Formel 3 viele Siege, die Ken Tyrrells Ehrgeiz verstärkten, seinen Rennstall auch in die Formel 1 zu führen. Die Chance kam, als der → Cosworth-DFV-Motor ab 1968 für jedermann erhältlich war. Nun fehlte nur noch das entsprechende Fahrzeug, da Tyrrell selber noch keine Eigenkonstruktion entwickelt hatte. Seine guten Verbindungen zu → Matra, mit denen er 1966 sehr erfolgreich in die Formel 2 gewesen war, brachten ihm einen kostenlosen Wagen ein.

Auch Stewart stand bereit und mit ihm zusammen gelangen Tyrrell mit den Matra-Wagen in zwei Jahren neun Siege und 1969 der Gewinn des Fahrer- und Konstrukteurstitels. Der Mohr hatte seine Schuldigkeit getan, jetzt konnte er gehen, weil Matra nicht weiter mit → Ford-Motoren kooperieren wollte. Übergangsweise besorgte sich Tyrrell für 1970 einen → March 701, mit dem Stewart aber nur in Spanien siegen konnte. Erst bei den letzten drei Rennen kam der Tyrrell 001 zum Einsatz, mit dem Stewart in Kanada auf Anhieb die Trainingsbestzeit erreichte. Doch der Wagen erwies sich zunächst als wenig standfest und fiel in allen drei Rennen aus. Für die Saison 1971 verbesserte Konstrukteur Derek Gardner den Erstentwurf und entwickelte aus ihm heraus die Modelle 002-004. Der Wagen verfügte neben seinem auffälligen → Frontflügel über Neuerungen wie einem im → Heckflügel eingebauten Kühler. Mit sechs Pole Positions, sieben Siegen und doppelt sovielen Punkten wie der Zweitplatzierte in der Konstrukteurswertung wurde die Saison zu einem totalen Triumphzug für das Tyrrell-Team. Jackie Stewart war zum zweiten Mal Champion geworden und auch der junge Nachwuchsfahrer François → Cevert konnte sich in → Watkins Glen erstmals in die Siegerlisten eintragen.

Die Erfolgsserie setzte Stewart 1972 direkt beim ersten Saisonlauf in Argentinien mit einem überlegenen Start-Ziel fort, doch im weiteren Verlauf der Saison begannen sich die Lotus-Fahrzeuge mit Emerson → Fittipaldi am

Steuer durchzusetzen, welche am Ende auch den WM-Titel holten. Ken Tyrrell reagierte und setzte in Österreich erstmals den neukonstruierten 005 ein, mit dem Stewart noch zu zwei Siegen in Kanada und den USA kam. Weil Cevert in USA hinter Stewart Zweiter wurde und Gastfahrer Patrick → Depailler auf dem 7. Platz landete, gab es für den Rennstall das damalige Rekord-Preisgeld von 100.000 Dollar.

1973 mussten Tyrrell und Stewart lange kämpfen, dann hatte man nach dem Großen Preis von Italien wieder den Fahrertitel errungen. Die Zukunft schien rosig: Tyrrell war finanziell auf Rosen gebettet und mit Cevert, der sich zumeist hinter Stewart loyal einreihte, stand ein vielversprechender Nachfolger für den Schotten bereit. Doch der Franzose verunglückte auf grausamste Weise tödlich beim Training zum Saisonfinale in Amerika, weswegen das Tyrrell-Team auf den Start verzichtete.

Der Rennstall stand vor einem Neuanfang, denn vor dem Tod von Cevert hatte Stewart bereits seinen Rücktritt bekanntgegeben und so ging man 1974 mit der neuen Fahrerpaarung Jody → Scheckter und Patrick Depailler in die neue Saison. Mit Gardners neuem 007, der besser zu handhaben war als seine Vorgängermodelle, gelang Scheckter und Depailler in Schweden einen Doppelsieg. Scheckter gewann einige Rennen später auch in Großbritannien und kämpfte bis zum Ende der Saison um den Fahrertitel mit, wurde aber letztendlich nur Dritter hinter Emerson → Fittipaldi und Clay → Regazzoni. An diese Leistungen konnte das Team schon 1975 nicht mehr anknüpfen. Scheckter gewann zwar in Südafrika, doch im WM-Kampf war er nahezu chancenlos und Tyrrell sank mit 25 Punkten auf Platz 5 in der Konstrukteurswertung ab. Die Sensation kam dann in der darauffolgenden Saison, als Tyrrell den von Derek Gardner gewagt entwickelten, sechsrädrigen P34 vorstellte. Die vier kleinen Vorderräder sorgten für eine bessere Haftung und benötigten auch geringere Bremswege. Für die Piloten war im → Cockpit ein kleiner Sehschlitz vorgesehen, damit sie jederzeit den Radstand kontrollieren konnten. Der P34 sorgte in dieser Saison nach seinem Ersteinsatz im spanischen → Jarama für eine Menge Punkte und Scheckter gewann mit diesem kuriosen Gefährt den Großen Preis von Schweden. Sofort begannen alle anderen Teams mit Sechsrädern zu experimentieren, doch die Euphorie ließ bald nach, denn mit dem gleichen Auto gab es für Tyrrell 1977 keinen einzigen Sieg.

Die Probleme mit den kleinen Rädern häuften sich, denn → Goodyear konnte hierfür kein adäquates Material mehr liefern und die Konstruktion erforderte für seine Weiterentwicklung ein zu aufwendiges Lenk- und Aufhängungssystem. Der neuverpflichtete Wunschfahrer Ronnie → Peterson hasste den Sechsräder und fuhr ihn dementsprechend lustlos, während der enthusiastischere Depailler mit seinem Kampfgeist das Desaster von nur 27 WM-Punkten und den damit verbundenen 6. Platz in der Konstrukteurswertung nicht wettmachen konnte. Gardner musste gehen und an seiner Stelle trat der ehemalige → Lotus-Konstrukteur Maurice Phillips den Posten an. Von Tyrrell wurde er beauftragt, für 1978 wieder einen konventionellen Fahrzeugtyp zu fabrizieren. Mit dem kompakten 008 gewann Depailler 1978 in Monaco, doch mit dem Aufkommen des → Groundeffects war der Tyrrell schon bald wieder veraltet. Dank vieler Zieldurchläufe durch die Piloten Depailler und Didier → Pironi schaffte man noch einen vierten Platz in der Konstrukteurswertung, doch in den nächsten drei Jahren begann für Tyrrell ein zunächst unaufhaltsamer Abwärtstrend einzusetzen. 1981 hatte man mit kümmerlichen 10 Punkten, die alle von Eddie → Cheever errungen wurden, den Tiefpunkt erreicht und dem Team ging es finanziell zunehmend schlechter. Während 1982 viele Wagen bereits mit Turbo-Motoren ausgerüstet waren, blieb Tyrrell beim → Cosworth-DFV-Motor und mit dem Sieg von Michele → Alboreto 1982 beim letzten Saisonrennen in → Las Vegas beendete Tyrrell eine vierjährige sieglose Durststrecke.

Der legendäre sechsrädrige Tyrrell P34 beim GP von Deutschland 1976

1983 gewann das Team nochmals mit Alboreto in → Detroit und es war der letzte Sieg mit einem Saugmotorfahrzeug für die nächsten sechs Jahre. Hätte Ken Tyrrell damals schon gewusst, dass dies gleichzeitig auch der letzte → Grand-Prix-Sieg für sein Team sein würde, hätte er sich wahrscheinlich die anschließenden, oftmals mühevollen Jahre erspart.

Der Absturz kam dann 1984, als dem Rennstall sämtliche von den Fahrern Martin → Brundle und Stefan → Bellof erreichten Punkte gestrichen wurden, weil man bei einer Untersuchung Kohlenwasserstoffe in der Motor-Einspritzung entdeckte. Nach dem Großen Preis in → Detroit war man zudem von allen weiteren Rennen dieser Saison ausgeschlossen.

1985 folgte auch bei Tyrrell der Umstieg auf Turbo-Motoren von → Renault, doch bekam man nur Aggregate zweiter Wahl. Während Bellof in dieser Saison vier Punkte mit dem alten Cosworth-Motor gewann, landete Ivan → Capelli mit dem Tyrrell-Renault beim letzten Lauf in Australien auf Platz 4.

Für 1986 hatte man mit der Computerfirma Data General wieder einen potenten Sponsor gefunden, doch das verhalf Tyrrell nicht aus dem Mittelmaß, in dem das Team mit den Fahrern Martin Brundle und Philippe Streiff steckte.

Weil die Turbo-Ära sich allmählich dem Ende zuneigte, glaubte Ken Tyrrell mit der frühzeitigen Rückkehr zu Saugmotoren der Konkurrenz 1989 beim geplanten Verbot dieser Aggregate einen Schritt voraus zu sein. 87 und 88 quälte sich Tyrrell mit den Saugmotoren im hinteren Mittelfeld ab. Als die Saison 89 be-

Missmutige Miene von Teamchef Ken Tyrrell (Mitte) in der Saison 1976 (rechts daneben Frank Williams) – ahnte er bereits, was seinem Rennstall noch bevorstand?

gann, mussten aus Kostengründen schon → Mechaniker eingespart werden und die Wagen fuhren zunächst ohne jegliche Sponsorenaufkleber.

Doch der 018, eine Konstruktion des neuen Konstrukteurs Harvey → Postlethwaite, erntete großes Lob und mit ihm konnten die Fahrer Michele Alboreto sowie Shooting-Star Jean → Alesi immerhin 16 WM-Punkte einfahren.

Dann gab es noch während der Saison mit dem Tabakkonzern Camel einen neuen Sponsor sowie eine Kooperation mit → McLaren-Boss Ron → Dennis, die Tyrrells Zukunft wieder rosiger erscheinen ließ.

Ken Tyrrell – von vielen als »Patriarch mit Herz« bezeichnet, hatte inzwischen sein Unternehmen reorganisiert und für moderne Konstruktionsräumlichkeiten gesorgt. Tyrrells Sohn Bob war jetzt leitender Direktor, Harvey Postlethwaite der → Technische Direktor und Ken Tyrrell bezeichnete sich als Chairman.

Die Saison 1990 begann ausgezeichnet, Harvey Postlethwaite und sein Aerodynamiker Jean-Claude Migeot hatten mit dem 019 ein gelungenes Fahrzeug auf die Beine gestellt, das durch einen neuartigen Bug sowie aerodynamische Qualitäten bestach. Trotz des altersschwachen Cosworth-Motors spielte Jean Alesi in dieser Saison des öfteren den Hecht im Karpfenteich. Beim ersten Saisonlauf in → Phoenix wurde er Zweiter hinter Ayrton → Senna, was er in Monaco wiederholen konnte und in der Startaufstellung war er zumeist auf den vorderen Plätzen zu finden.

Der zweite Pilot Saturo Nakajima konnte mit diesen Leistungen nicht im entferntesten mit-

Bitter für Brundle: Sein Podestplatz in Detroit wurde wieder gestrichen

halten und holte in dieser Saison nur einen Punkt. Für 1991 ging Alesi zu → Ferrari, doch Tyrrell glaubte in dem vielversprechenden Stefano Modeno ädaquaten Ersatz gefunden zu haben. Mit dem Elektrokonzern Braun hatte das Team erneut einen finanzkräftigen Sponsor gefunden und bekam zudem von → Honda die Weltmeistermotoren von 1990.

Ken Tyrrell war fest überzeugt, jetzt wieder Siege anvisieren zu können und mit dem zweiten Startplatz von Modena in Monaco, wo er im Rennen rundenlang bis zu seinem Ausfall Ayrton → Senna wie ein Schatten folgte, sowie einem zweiten Platz beim nachfolgenden Grand Prix in Kanada schienen sich die Erwartungen zu bestätigen.

Doch damit hatte man bereits den Saisonhöhepunkt erreicht und danach fiel Tyrrell für den Rest der Saison mit einem unzuverlässigen Wagen, einem fahrerisch minderbegabten Nakajima sowie dem unbeständigen Modena in die Bedeutungslosigkeit zurück. Als Quittung zog sich Hauptsponsor Braun zurück und auch Motorenlieferant Honda wanderte wieder ab.

Tyrrell musste erneut von vorne anfangen, doch für einen neuen Wagen fehlte das Geld und so musste der Vorjahreswagen von Postlethwaite-Nachfolger Mike Coughlan notdürftig modifiziert werden, um ihn an den neuen → Illmor-V10-Motor anzupassen. Dank des aufopferungsvoll kämpfenden Andrea → de Cesaris kam man 1992 auf acht Punkte, zu denen der indiskutabel fahrende Oliver Grouillard keinen einzigen beisteuerte.

Ken Tyrrell beschäftigte sich immer mehr mit dem Gedanken, seinen Rennstall zu verkaufen, weil man bereits, laut Tyrrell, »jeden Penny zweimal undrehen musste«.

1993 durfte man sich zudem mit dem bisher in der Formel 1 enttäuschenden → Yamaha-Zehnzylinder-Motor herumplagen und der dank seiner Sponsorengelder enagierte japani-

1992 kämpfte Tyrrell schon beständig um das Überleben – hier mit Andrea de Cesaris im 020B

sche Pilot Ukyo Katayama war auch keine große Hilfe, um das Team wieder aus dem Tal zu holen.

Weil sich zu diesen Faktoren noch ein schlechtes → Chassis hinzugesellte, gab es nach neun Jahren wieder keinen einzigen WM-Punkt. Ein Jahr später erfolgte ein letztes Aufbäumen mit der Rückkehr von Harvey Postlethwaite und dem Aerodynamiker Jean-Claude Migeot. Der Tyrrell 022 verfügte wieder über ein ausgezeichnetes Chassis und auch der Yamaha-Motor erlebte erstmals eine Leistungsexplosion. Davon profitierten die Piloten, denn der vorher vielbelächelte Katayama zeigte plötzlich, dass er doch mit einem Formel 1-Wagen umgehen konnte. Er zeigte während der gesamten Saison hervorragende Leistungen, während der neu hinzugekommene Mark Blundell für Yamaha in Spanien mit Platz 3 die erste Podestplatzierung eroberte. Schon träumte man wieder leichtfertig von Siegen, doch gute Ansätze bei Saisonbeginn 95, 96 und 97 konnten nicht eingehalten werden, weil immer wieder das Geld für Weiterentwicklungen fehlte. Diesen Nachteil konnten auf Dauer auch ausgezeichnete Piloten wie Mika → Salo und Jos → Verstappen nicht mehr kompensieren. Ken Tyrrell war längst zu einem »knorrigen verwitterten Formel 1-Urgestein« geworden, das immer noch von der Rückkehr zu alten Erfolgen träumte, aber ohne die finanzielle Unterstützung des → FOCA-Präsidenten Bernie → Ecclestone keine Überlebenschance mehr besaß. Nach einer desaströsen Nullnummer mit den Piloten Ricardo Rosset und Toranosuke Takagi verkündete Ken Tyrrell am Ende der Saison 1998 mit tränenerstickter Stimme den Verkauf seines Rennstalls an das → BAR-Team. Nach → Brabham und → Lotus war ein weiterer, einstmals ruhmreicher Traditionsstall wohl für immer von der Formel 1-Bühne abgetreten.

U/V

Überrollbügel
Die Überrollbügel wurden aus Gründen der Sicherheit erstmals 1961 in Formel 1-Wagen eingeführt, waren aber aufgrund ihrer geringen Größe nichts weiter als Attrappen. In späteren Zeiten erwiesen sich die allmählich größer dimensionierten Bügel als guter Schutz bei Überschlägen.

Übersteuern
Piloten sprechen vom Übersteuern, wenn das Heck des Wagens zur Kurvenaußenseite und dadurch zum Ausbrechen neigt.

Understeering
Englische Bezeichnung für → Untersteuern.

Unterboden
Laut → FIA-Reglement muss der Unterboden eines Formel 1-Wagens völlig flach sein und zudem durch eine 10 mm starke Holzplanke verstärkt werden, die sich über die gesamte Fahrzeuglänge erstreckt. Sie soll verhindern, dass der Unterboden mit dem Asphalt der Rennstrecke in Berührung kommt und dient gleichzeitig als → aerodynamisches Hilfsmittel.

Untersteuern
Piloten sprechen vom Untersteuern, wenn ein Fahrzeug beim Durchqueren einer Kurve dazu tendiert, sich über die Vorderräder zur Außenseite der Kurve zu schieben. Das führt in den Kurven zu einem schlechten → Handling und zu langsameren Kurvengeschwindigkeiten.

van de Poele, Eric (Pilot)
Geboren: 30.09.1961 in Brüssel/Belgien
GP-Rennen in der Fahrer-WM: 5 (1990–1992)
Pole Positions: 0
Siege: 0
WM-Punkte insgesamt: 0
Beste WM-Platzierung im Gesamtklassement: 0
Rennwagen: Modena, Brabham, Fondmetal

Dass van de Poele »wegen seines unkomplizierten Auftretens zu den sympathischsten Piloten« gehörte, bewahrte den Belgier nicht vor einer ebenso kurzen wie zermürbenden Formel 1-Laufbahn. Van de Poele kam 1991 mit der Empfehlung des Formel 3000-Vizemeisters zum neugegründeten → Modena-Team und ahnte nicht, was ihn erwarten würde.

In der gesamten Saison konnte er sich bei 15 Versuchen nur einmal qualifizieren und erst beim dritten Rennen in → Imola hievte er den komplett fehlkonstruierten Modena-Karren auf den 21. Startplatz. Im Rennen selbst stand van de Poele lange Zeit kurz vor einer Sensation, denn bis vier Runden vor Schluss lag er auf dem 5. Platz, bis er wegen Benzinmangels aufgeben musste. Dem Belgier war Mitleid gewiss, doch nachdem der Modena-Rennstall am Ende der Saison den Formel 1-Betrieb einstellte, blieb van de Poele nur der Wechsel zum waidwunden → Brabham-Rennstall.

Die Fachpresse prognostizierte ihm bereits, dass er vom »Regen in die Traufe geraten« würde. Zudem hatte er bei Brabham mit Giovanna → Amati eine Frau als Teamkollegin, die sämtliche Aufmerksamkeit der Medien auf sich zog. Van de Poeles sarkastischer Kommentar: »Zum nächsten → Grand Prix werde ich Perücke und Lippenstift mitnehmen, dann darf ich vielleicht auch wieder einmal ein Interview geben.«

Immerhin schaffte die unermüdliche Frohnatur mit dem veralteten Brabham das Kunststück, sich für das Auftaktrennen in Brasilien zu qualifizieren und es sogar, wenn auch als letzter, zu beenden.

Doch anschließend gab es wieder neun Nichtqualifikationen und nach der vorzeitigen Auflösung von Brabham konnte van de Poele mit Hilfe seiner → Sponsoren noch in der laufenden Saison einen Platz bei → Fondmetal ergattern. Aber nach drei Rennen wurde auch hier der Betrieb eingestellt und für den »flämischen Dickschädel« war bereits alles zu Ende, bevor es eigentlich richtig angefangen hatte. Mit der katastrophalen Bilanz von fünf Starts bei 24 Nichtqualifikationen war van de Poele trotz Sponsorengeldern für kein Team mehr interessant und der Belgier verdingte sich fortan bei Sportwagenrennen.

Vaillant, Michel (Pilot)
Geboren: 1957 in Paris/Frankreich
GP-Rennen in der Fahrer-WM: Fast alle seit 1957
Pole Positions: unzählige
Siege: massenhaft
WM-Punkte insgesamt: 456789, 5
Beste WM-Platzierung im Gesamtklassement:
mit wenigen Ausnahmen Gewinner
aller Weltmeistertitel
Rennwagen: Vaillant
Michel Vaillant ist das Phänomen unter allen Formel 1-Piloten. Seit 1957 mischt er im → Grand-Prix-Zirkus mit und ist seitdem die absolut dominierende Fahrerpersönlichkeit. 43 Jahre im kräftezehrenden Formel 1-Business haben ihn kaum altern lassen und zwischendurch sind in seinem edlen Antlitz höchstens die Koteletten etwas länger geworden. Alle Siege und Titel hat er nur mit den Rennwagen seiner elterlichen Automobilschmiede errungen. Angebote von → Ferrari, → Lotus und → Renault konnten ihn nie locken und bei allen Erfolgen ist er immer der bescheidene und zurückhaltende Sportsmann geblieben, dem in seiner Heimat Frankreich große Zuneigung zuteil wird. Wenn der Leser sich wundern mag, warum Michel Vaillant trotzdem in keiner Statistik zu finden ist, möge für eine nähere Erläuterung unter dem Stichwort → Formel 1-Comics nachschauen.

Vanwall
(Rennwagenfirma, Motorenhersteller)
GP-Rennen in der Fahrer-WM: 28 (1954–1960)
Pole Positions: 7
Siege: 12
WM-Punkte: 108
Beste Platzierung in der Konstrukteurswertung:
Konstrukteursweltmeister 1958
Bekannteste Fahrer: Peter Collins, Mike Hawthorn,
Tony Brooks, Stirling Moss, José Froilán Gonzalez,
Piero Taruffi, Maurice Trintigant
Erfolgreichste Fahrer: Stirling Moss, Tony Brooks
Vanwall wurde zum ersten Gewinner der 1958 in die Formel 1 eingeführten → Konstrukteursweltmeisterschaft und hätte in diesem Jahr mit Stirling → Moss auch fast den Fahrertitel errungen. Als → BRM Anfang der fünfziger Jahre plante, britische Konstrukteurskunst in der Formel 1 zu Ruhm und Ehren zu führen, wurden sie dabei auch von dem Industriellen Guy Anthony Vanderwell unterstützt. Doch Vanderwell ging alles viel zu langsam und so beschloss er mit eigenen Fahrzeugen an der Weltmeisterschaft teilzunehmen.

Ungewöhnlicherweise wurde dabei auf Typenbezeichnungen und Modellnummern verzichtet. Mit einem → Cooper-Fahrgestell nach → Ferrari-Vorbild und einer Form, die von der Fachwelt als elegant bezeichnet wurde, aber eher wie eine überdimensionale Zigarre anmutete, trat Vanwall 1954 mit dem Nachwuchstalent Peter → Collins am Steuer zu seinem ersten → Grand-Prix-Einsatz in → Silverstone an.

Nach Startplatz 11 und Ausfall wegen durchgebrannter Zylinderkopfdichtung im Rennen gelang Collins beim Großen Preis von Italien immerhin ein siebter Platz, doch beim nächsten Rennen in Spanien konnte er wegen eines Trainingsunfalls nicht starten.

In der nächsten Saison lief es nicht besser, denn mit ähnlichen Modellen wie im Vorjahr schafften es weder Mike → Hawthorn, Ken Wharton noch Harry Schell in die Punkte zu fahren. 1956 gelang dann endlich durch Stirling Moss bei der nicht zur Weltmeisterschaft gehörenden »International Trophy« der erste bedeutsame Sieg. Der von Frank Costin und dem späteren → Lotus-Chef Colin Chapman konstruierte Wagen wies jetzt einen hohen technischen Standard auf, war aber insgesamt so unzuverlässig, dass nur Harry Schell in dieser Saison mit einem 4. Platz in die Punkte fahren konnte. Ansonsten waren den eingesetzten Fahrern Hawthorn, Maurice → Trintigant, Piero → Taruffi und José Froilán → Gonzalez bessere Platzierungen durch gebrochene Aufhängungen, defekte Ölleitungen oder überhitzte → Motoren verwehrt.

Vanwall zog daraus Lehren und setzte für 1957 bei der → Aufhängung Schraubenfedern ein. Mit dem vermutlich zu diesem Zeitpunkt PS-stärksten Motor erlebte das Vanwall-Team in dieser Saison einen atemberaubenden Aufwärtstrend. In den Startplätzen war man jetzt an vorderster Front und insgesamt kam man durch Tony → Brooks und Moss zu drei Saisonsiegen. Zwei Pole-Positions durch Moss und Stuart → Lewis-Evans in Großbritannien und Italien komplettierten einen gelungenen Saisonverlauf.

Mit einem im Detail nochmals verbesserten Fahrzeug erreichte Vanwall 1958 seinen sportlichen Höhepunkt, indem der überragende Moss sowie Brooks zu sechs Saisonsiegen kamen. Moss verpasste durch unglückliche Umstände den Weltmeistertitel gegen den Ferrari-Konkurrenten Hawthorne nur knapp, doch der Rennstall konnte sich mit insgesamt 68 WM-Punkten den erstmals ausgeschriebenen Konstrukteurstitel sichern.

Aber nach dem tödlichen Unfall von Lewis-Evans beim letzten Rennen in Marokko lag ein dunkler Schatten auf diesem Triumph.

Tony Vanderwall zeigte sich schwer geschockt und da seine Gesundheit mittlerweile stark angeschlagen war, zog er das Team am Ende der Saison auf dem Höhepunkt des Erfolges aus dem Rennsport zurück.

1959 und 1960 startete Tony Brooks mit einem Vanwall noch jeweils in Großbritannien und Frankreich, doch anschließend war diese Marke endgültig Geschichte.

Varzi, Achille (Pilot)
Geboren: 08.09.1904 in Galliate/Italien
Gestorben: 1948 in Bremgarten/ Schweiz
GP-Rennen in der Fahrer-WM: 0
Pole Positions: 0
Siege: 0
WM-Punkte insgesamt: 0
Beste WM-Platzierung: 0
Rennwagen: Alfa-Romeo, Maserati, Auto-Union

Als zweiter großer italienischer Meisterfahrer neben Tavo → Nuvolari war der Frauenheld und Grandsignore ein weiteres Trumpf-As für → Alfa Romeo, aber eine schwere Morphium-Sucht stoppte seine Karriere.

Wie Nuvolari begann auch Achille Varzi mit dem Motorradsport und sattelte 1928 auf vier → Räder um. Schon in diesem Jahr wurde er mit einem privat gekauften Rennwagen von Alfa Romeo in Monza Zweiter beim Großen Preis von Italien. Ein Jahr später war er bereits italienischer Rennwagenmeister und gewann auch 1930 diesen Titel. Aber 1931 zog sich der für italienische Verhältnisse ungewöhnlich introvertierte Varzi den Zorn seiner Landsleute zu, weil er zum französischen Konkurrenten → Bugatti wechselte, wo er im selben Jahr den Großen Preis von Frankreich und 1932 den Großen Preis von Tunis gewann.

Drei Jahre später kehrte er auf Drängen von Enzo → Ferrari wieder zu Alfa Romeo zurück und gewann wiederum die nationale Meisterschaft. Doch »der Mann, der nicht lachen konnte« ahnte bereits die anstehende Dominanz der deutschen Fahrzeuge und akzeptierte 1935 ein Angebot von → Auto-Union, wo er mit Siegen in Tunis und → Pescara den Höhepunkt seiner Laufbahn erreichte.

Durch ein Verhältnis mit der Frau eines Rennfahrerkollegen lernte er das Rauschgift Morphium kennen, von dem er rasch abhängig wurde. Bald darauf war Varzi physisch und fahrerisch nur noch ein Schatten seiner selbst.

Nach immer schwächeren Rennen verschwand Varzi 1937 von den Starterlisten und sein Vertrag bei Auto-Union wurde nicht verlängert. Die Bemühungen, wieder dauerhaft als Fahrer aufgenommen zu werden, endeten stets mit Rückfällen in die Drogensucht.

Erst nach dem Krieg war Varzi endgültig kuriert und wurde wieder in die Rennmannschaft von Alfa Romeo aufgenommen. Zusammen mit Jean-Pierre → Wimille war er bei dem italienischen Team wieder so schnell wie einst, doch im Frühjahr 1948 kam er bei einem Rennen auf dem Schweizer → Bremgarten ums Leben.

Veritas
(Rennwagenfirma, Motorenhersteller)
GP-Rennen in der Fahrer-WM: 6 (1951–1953)
Pole Positions: 0
Siege: 0
WM-Punkte: 0
Beste Platzierung in der Konstrukteurswertung: 0
Bekanntester Fahrer: Paul Pietsch
Erfolgreichste Fahrer: –
Zwei ehemalige → BMW-Ingenieure entwarfen Sportwagen, die man in den fünfziger Jahren sporadisch auch in der Formel 1 einsetzte.

Veritas, von den früheren → BMW-Ingenieuren Ernst Loof und Lorenz Dietrich gegründet, baute ab 1948 Sportwagen, die mit den gleichnamigen Motoren aus Bayern versehen waren.

Mit den Sportwagen und Formel 2-Fahrzeugen dieser Firma konnte Paul → Pietsch sich 1950 die Deutsche Meisterschaft in beiden Klassen sichern.

Durch diese Erfolge entwickelten sich die Veritas-Fahrzeuge trotz des damals über Deutschland verhängten Verbotes zu einem heimlichen Exportschlager und Ersatzteile dieses Fahrzeuges wurden unter anderem auch nach Frankreich transferiert. Loof war für das Tuning des BMW-Aggregats zuständig und entwarf zudem einen eigenen Motor, der von Heinkel gebaut wurde. Nach dem Ausstieg von Dietrich bastelte Loof in einer kleinen Garage am → Nürburgring weiter und entwarf 1948 ein vollverkleidetes Auto, das als Veritas-Meteor bekannt wurde und vom Design vermutlich das Vorbild für den später von → Mercedes produzierten 300 SLR war.

Mit dem Meteor begab sich 1951 der Schweizer Pilot Peter Hirt zum Formel 1-Lauf in → Bremgarten, wo er vom 16. Startplatz das Rennen wegen einer defekten Benzinzuführung beenden musste. Es blieb der einzige Formel 1-Einsatz eines Veritas-Meteor in dieser Saison.

Ein Jahr später bemühte man sich in Schweiz und Belgien sowie beim Großen Preis von Deutschland mit einem Großaufgebot von bis zu sechs Fahrzeugen vergeblich um Lorbeeren, wobei Paul Pietsch als bester Veritas-Pilot auf dem Nürburgring einen 7. Startplatz erreichen konnte und im Rennen mit Getriebeschaden ausschied. 1953 ging Arthur Legat in Belgien an den Start und am Nürburgring gingen alle sieben angemeldeten Fahrzeuge wieder leer aus. Danach kam für Loof die Erkenntnis, dass er mit den großen Rennwagenfirmen nicht mithalten konnte und kehrte zu BMW zurück. Drei Jahre später starb er an einem Gehirntumor.

Verstappen, Jos (Pilot)
Geboren: 04.03.1972 in Monfort/Niederlande
GP-Rennen in der Fahrer-WM: 74 (seit 1994)
Pole Positions: 0
Siege: 0
WM-Punkte insgesamt: 16
Beste WM-Platzierung im Gesamtklassement: Zehnter 1984
Rennwagen: Benetton, Simtek, Footwork, Tyrrell, Stewart, Arrows
Internet: www.verstappen.com
»Jos the Boss« – wie er von seinen Fans genannt wird – kam 1994 als Teamkollege von Michael → Schumacher bei → Benetton wie ein Komet in die Formel 1, fährt aber seitdem nach hoffnungsvollem Beginn den großen Erfolgen hinterher.

Verstappen begann im Alter von 10 Jahren Kart-Rennen zu fahren und sein Vater verkaufte die Gaststätte in Montfort, um sich ausschließlich der Karriere seines Sohnes zu widmen. Die weitere Entwicklung von Verstappen im Kartsport verlief atemberaubend: Von 1983 bis 1991 wurde er zweimal holländischer Kartmeister, gewann 1986 die Benelux-Meisterschaft und 1989 sowie 1991 die Europameisterschaft und die belgische Meisterschaft im Kart. Verstappens Vater nahm Kontakt zu dem ehemaligen Formel 1-Fahrer Huub Rothengatter auf, der gute Verbindungen zur niederländischen Schwerindustrie besaß.

Verstappen erhielt mit diesen Sponsorengeldern 1992 ein → Cockpit in der Opel-→ Lotus-Euroserie, wo er mit zwei Siegen auf Anhieb Benelux-Meister wurde. Anschließend übernahm ihn Schumacher-Manager Willi Weber in sein Formel 3-Team und hier konnte der Holländer mit der überlegen eingefahrenen Meisterschaft sowie acht Siegen seine Erfolge problemlos fortsetzen.

Willi Weber zeigte sich begeistert: »Der Junge ist so unglaublich schnell, dass selbst ich es nicht glauben kann.«

Daraufhin wurde Verstappen von → Arrows zu Testfahrten eingeladen und legte beeindruckende Zeiten vor, die auch bei Formel 1-Teamchefs wie Ron → Dennis das Interesse weckten. Schließlich köderte ihn → Benetton-Boss Flavio → Briatore mit einem Sechs- Jahres-Vertrag und versprach »das größte Talent, das die Formel 1 in den letzten Jahren erlebt hat« behutsam aufzubauen.

Doch diese Pläne wurden zunichte gemacht, als sich Schumachers Teamkollege JJ → Lehto bei Testfahrten in → Silverstone schwer verletzte und zum Saisonstart 94 pausieren musste. So saß Verstappen nach nur 50 Rennen beim Auftakt in Brasilien plötzlich in einem Formel 1-Wagen. Startplatz 9 und eine schwere Kollision im Rennen mit Martin → Brundle, Eddie → Irvine und Eric Bernard waren die Bilanz seines Formel 1-Debüts.

Im Verlauf der Saison war Verstapppen zumeist langsamer als sein Stallkollege, aber immerhin schaffte er zwei Podestplätze und insgesamt 10 WM-Punkte. Zudem rückte er kurzfristig in den Mittelpunkt des Interesses, als beim → Boxenstopp am → Hockenheimring sein Benetton spektakulär in Flammen aufging und Verstappen mit dem Schrecken davonkam.

Schumacher äußerte sich dennoch kritisch über die Leistungen seines Stallkollegens und aufgrund seiner zahlreichen Abflüge im Rennen begann man über Verstappen sogar zu spotten. Für die beiden letzten Rennen 1994 wurde der Holländer schließlich durch Johnny → Herbert ersetzt, weil man sich von dem Engländer bessere Resultate versprach.

Verstappens Karriere hatte den ersten Knick erhalten und nach Ansicht der Experten kamen die Formel 1-Einsätze für den damals 23jährigen viel zu früh.

Für die nächste Saison wurde Verstappen zum Hinterbänkler-Team → Simtek abgeschoben, wo er sich bis zum vorzeitigen Aus des Rennstalls tapfer behaupten konnte.

Der Pilot mit der in brenzligen Situationen »Gelassenheit eines tibetanischen Bettelmönches« sicherte sich nach ausgezeichneten Testfahrten für 1996 dann ein → Cockpit bei Arrows. Doch mittlerweile war er mit dem Makel des »verheizten Talents« behaftet und auch bei Arrows gab es für Verstappen außer einem WM-Punkt und zahlreichen Ausfällen keine Lorbeeren zu ernten.

Weil Huub Rothengatter, der inzwischen als sein Manager agierte, zuviel Geld für seinen Schützling verlangte, hatte Verstappen Schwierigkeiten, für 1997 bei einem Rennstall unterzukommen.

Buchstäblich in letzter Minute gelang es ihm, bei → Tyrrell zu landen, doch mit dem langsamen Fahrzeug war Verstappen chancenlos und fuhr wieder unter ferner liefen.

Am Anfang der Saison 1998 konnte Verstappen mangels → Sponsoren nur als Testfahrer bei Benetton agieren. Doch ab dem Großen Preis von Frankreich nahm er bei → Stewart den Platz für den enttäuschenden Jan Magnussen ein, wo ihm aber ebenfalls keine erwähnenswerten Resultate gelangen.

1999 war Verstappen nur noch Pilot auf Abruf, der aber während der laufenden Saison von keinem Team engagiert wurde und erst für die Saison 2000 zu Arrows zurückkehrte. Dort bilanzierte er mit fünf Punkten, einer couragierten Fahrt im regendurchfluteten Kanada, aber auch einem verlorenen Stallduell gegen Teamkollege Pedro → de la Rosa.

Scheinbar hat Verstappen seinen Formel 1-Frust nicht immer unter Kontrolle, denn im Oktober des Jahres 2000 wurde er von einem

Gericht zu einer fünfjährigen Bewährungsstrafe verurteilt, weil er im Mai 1998 einem Mann auf einer Kartbahn im Streit einen Schädelbruch zugefügt hatte.

Villeneuve, Jacques (Pilot)
Geboren: 09.04.1971 in
Saint-Jean-sur-Richelieu/Kanada
GP-Rennen in der Fahrer-WM: 82 (seit 1996)
Pole Positions: 13
Siege: 11
WM-Punkte insgesamt: 197
Beste WM-Platzierung im Gesamtklassement:
Weltmeister 1997
Rennwagen: Williams, BAR
Internet: www.jacques.villeneuve.com

Was seinem Vater Gilles versagt blieb, das holte sein Sohn 1997 mit dem Gewinn des WM-Titels nach. Wie ein Komet stieg der »sanfte Rebell« in die Formel 1 auf, um allerdings nach seinem Wechsel zu → BAR im Mittelmaß zu versinken.

Als sein Vater Gilles 1982 beim Training in → Zolder ums Leben kam, entschloss sich der elfjährige Jacques, ebenfalls Rennfahrer zu werden. Nach einigen Versuchen im Kart meldete er sich vier Jahre später in einer kanadischen Rennfahrerschule an und bestritt bald darauf erste Rennen in der Formel → Ford-1600. Von da an begann ein jahrelanges Tingeln in unteren Rennklassen wie dem Alfa-Cup oder der italienischen als auch japanischen Formel 3, wo Villeneuve Talent zeigte, aber keine Meisterschaft gewann. 1994 machte er den richtigen Schritt und wechselte zum Forsythe-Green-Team in die IndyCar Szene. Schon ein Jahr später war er Sieger sowohl bei den Indy 500 als auch im Gesamtchampionat und damit auch für die Formel 1 interessant geworden, wo der Name Villeneuve immer noch einen guten Klang besaß.

Mit seinem Engagement bei → Williams war er auf Anhieb bei einem Top-Team gelandet, das ihm bestes Rennmaterial bot.

Beim Debüt in Australien sicherte er sich als dritter Pilot in der Formel 1-Geschichte nach Mario → Andretti und Carlos → Reutemann im ersten Anlauf die → Pole Position. Im Rennen musste er dann Teamgefährten Damon → Hill den Vortritt lassen, doch Villeneuves erster Auftritt in der Formel 1 hatte großen Eindruck hinterlassen. In dieser Saison gewann er die Großen Preise von Europa, Großbritannien, Ungarn und Portugal und zwei Rennen vor Schluss war er der einzige ernsthafte Konkurrent seines Stallgefährten Damon Hill um den WM-Titel. Mit einem Dreher beim Großen Preis von Japan brachte er sich um alle Chancen, doch der Vizetitel war ein sensationeller Einstand für das »Formel 1-Greenhorn«, das sich des öfteren durch Computerspiele mit den ihm noch unbekannten Kursen vertraut machte. Mit sieben Saisonsiegen im Jahr 1997 gewann er bereits in seinem zweiten Jahr den WM-Titel, was aber auch durch die unüberlegte Attacke seines schärfsten Konkurrenten Michael → Schumacher in → Jerez begünstigt wurde. 1999 verlor Williams seine starken → Renault-Motoren und Villeneuve musste sich mit insgesamt 21 WM-Punkten von den Spitzenplätzen verabschieden. Doch der Computer- und Musik-Fan, der zunehmend mehr durch seine wechselnden Haarfarben und seinen Schlabberlook als durch sportliche Leistungen von sich reden machte, plante bereits mit seinem Manager Craig Pollock den Umstieg zum neugegründeten → BAR-Rennstall.

Obwohl das Projekt auf den ersten Blick vielversprechend aussah und auch über den nötigen finanziellen Background verfügte, erlebte Villeneuve 1999 ein Katastrophen-Jahr. In den ersten zwölf Rennen erreichte er kein einziges Mal das Ziel und danach war das beste Resultat ein achter Platz in Belgien.

Aber in der Saison 2000 gab es wieder einen Aufwärtstrend zu verzeichnen, wo Villeneuve mit dem verbesserten Wagen durch fahrerisches Können und hohen Einsatz wieder etwas regelmäßiger in die Punkte fuhr, auch wenn es wieder nicht für einen Podestplatz reichte.

Villeneuve, Joseph »Gilles« (Pilot)
Geboren: 18.01.1950 in
Saint-Jean-sur-Richelieu/Kanada

Gestorben 08.05.1982 in Leuven/Belgien
GP-Rennen in der Fahrer-WM: 68 (1977–1982)
Pole Positions: 2
Siege: 6
WM-Punkte insgesamt: 107
Beste WM-Platzierung im Gesamtklassement:
Vizeweltmeister 1979
Rennwagen: McLaren, Ferrari
Internet: www.villeneuve.com

Obwohl der Kanadier nie einen WM-Titel gewann und in fünf Jahren nur in sechs Rennen siegen konnte, ist sein Name heute eine Rennsportlegende und für nicht wenige, die ihn aktiv erlebten, der beste Fahrer aller Zeiten.

»Gilles« Villeneuve erlernte sein fahrerisches Können auf Snowmobilen und beteiligte sich im Alter von 18 Jahren an Schneerennen, bei denen er wegen der oft schlechten Sicht sein Reaktionsvermögen hervorragend schulen konnte. Nachdem er sieben Schneescooter-Veranstaltungen gewinnen konnte und 1974 die Skimobil-Weltmeisterschaft für sich entschied, beschloss er den Umstieg von Kufen auf → Räder.

1973 war er schon erste Rennen in der kanadischen Formel-→ Ford-Meisterschaft gefahren und 1977 gewann er die Formel-Atlantik in Kanada.

Mit einem → March nahm er noch im selben Jahr bereits an der Formel 2-Europameisterschaft teil. Mittlerweile war ihm sein hervorragender Ruf so weit vorausgeeilt, dass ihm der → McLaren-Rennstall 1977 auf Anraten seines Piloten James → Hunt für den Großen Preis in Silverstone zum ersten Mal einen Formel 1-Wagen zur Verfügung stellte. Nach Platz 9 im Training lag er im Rennen lange auf Platz 7, bis er einen → Boxenstopp einlegen musste und zurückfiel.

Wenig später war → Ferrari auf der Suche nach einem Nachfolger für Niki → Lauda und der Kanadier wurde zu Probefahrten eingeladen, wo er seine Konkurrenten Elio → de Angelis und Eddie → Cheever klar ausstechen konnte.

Aber in seinen beiden ersten Renneinsätzen für Ferrari, die noch am Ende der 77er-Saison stattfanden, zeigte er zunächst enttäuschende Leistungen und beim Saisonfinale in Japan löste er, durch eine Kollision mit Ronnie → Peterson, einen schweren Unfall aus, bei dem zwei Zuschauer getötet und sieben schwer verletzt wurden.

Doch Villeneuve war Enzo → Ferrari schon längst ans Herz gewachsen und somit war seine erste Vollzeit-Saison für das nächste Jahr gesichert.

In der Saison 78 hatte er mit einigen Problemen seines Ferraris zu kämpfen, doch beim letzten Lauf in Kanada konnte der »Gigant« sein erstes Rennen gewinnen.

Für 1979 bekam er Jody → Scheckter als Teamkollegen, die beiden verstanden sich gut und kämpften sportlich fair um den WM-Titel. Villeneuve gewann die Großen Preise in → Long Beach und → Watkins Glen, aber Weltmeister wurde Stallkollege Scheckter, weil er sich als fleißiger im Punktesammeln erwies.

Villeneuve war über den Vizetitel nicht traurig: »Ein möglicher Sieg ist mir lieber als ein sicherer dritter Platz. Ich bin Rennfahrer und das bedeutet für mich, Rennen zu gewinnen und nicht Punkte zu sammeln.« Eine Einstellung, die Nelson → Piquet nicht nachvollziehen konnte, der davon überzeugt war, dass Villeneuve die Weltmeisterschaft »weggeschmissen« hatte.

Obwohl Ferrari nach Scheckters Weggang zusehends den technischen Anschluss verlor und Villeneuve in der Saison 1980 nur sechs Punkte holte, war er in der Formel 1 längst ein Ausnahmepilot, der mit Superlativen bedacht wurde.

1981 holte er aus dem unterlegenen Ferrari das Maximum heraus und feierte zwei spektakuläre Siege, die Kollege Jacques → Laffite zu der Äußerung veranlassten: »Es gibt keine Wunder, aber bei Gilles bin ich mir da nicht so sicher.«

Doch Villeneuve überschritt auch nicht selten die Grenzen seines Könnens, um mit dem Ferrari den Anschluss an die Konkurrenz zu halten. Viel Schrott war die Folge und in seinem Übereifer versuchte der laut Scheckter

»schnellste Fahrer, den die Welt je gesehen hat« schon mal mit blanker Felge das Rennen fortzusetzen.

Aber dafür wurde er vom Publikum geliebt und Enzo Ferrari verzieh ihm die Schäden, weil er »seinen Kampfgeist mehr als alle anderen Qualitäten, die ein Rennfahrer haben kann« schätzte und den Kanadier als so etwas wie seinen Sohn betrachtete.

Doch mit seiner verwegenen Fahrweise im Grenzbereich setzte er sich großen Risiken aus und im Training zum Großen Preis von Belgien kollidierte er aufgrund eines Missverständnisses mit dem plötzlich vor ihm auftauchenden langsam fahrenden Jochen → Mass. Bei dem heftigen Überschlag wurde Villeneuve aus seinem Fahrzeug geschleudert und Stunden später hörte sein Herz in der Leuvener Universitätsklinik für immer auf zu schlagen.

Von diesem Tag an wurde der Name Villeneuve immer mehr zu einem Mythos und welche Wertschätzung der Kanadier auch nach fast 20 Jahren noch in der Rennwelt besitzt, zeigten die Schlagzeilen der italienische Sportzeitung »Tuttosport«. Nach Michael → Schumachers Titelgewinn im Jahr 2000 stand dort zu lesen, dass »irgendwo da oben im Himmel auch Enzo Ferrari und Gilles Villeneuve geschmunzelt haben«.

von Brauchitsch, Manfred (Pilot)
Geboren: 19.05.1905 in Hamburg/Deutschland
GP-Rennen in der Fahrer-WM: 0
Pole Positions: 0
Siege: 0
WM-Punkte insgesamt:
Beste WM-Platzierung im Gesamtklassement: 0
Rennwagen: Mercedes

In den großen Zeiten von → Mercedes und → Auto-Union gehörte auch Manfred von Brauchitsch zu den populären Starfahrern, doch nach dem 2. Weltkrieg entwickelte sich seine Person zu einem Politikum. Der Sohn eines königlich-preußischen Oberst wollte selbst auch die Offizierslaufbahn einschlagen und war bereits Fahnenjunker bei der damaligen Reichswehr, als er mit dem Motorrad verunglückte und sich einen Schädelbasisbruch zuzog. Weil er dadurch seine Militärkarriere gefährdet sah, quittierte von Brauchitsch den Dienst, mit der Absicht Rennfahrer zu werden.

Mit einem privat erstandenen Mercedes SSK nahm er an Bergrennen teil und 1932 holte er mit dem Fahrzeug, für das er sich eine Spezialkarosserie hatte entwerfen lassen, auf der Berliner → Avus einen überraschenden Sieg gegen Spitzenfahrer wie Rudolf → Carraciola. Ab 1934 gehörte er zur offiziellen Rennmannschaft von Daimler-Benz und gewann 1937 und 1938 die Großen Preise in → Monte Carlo und → Reims. Der schneidige von Brauchitsch hatte zu diesem Zeitpunkt bereits in Rennfahrer-Filmen wie »Kampf mit 500 PS« mitgewirkt und einige Bücher über den Rennsport geschrieben. Doch nach dem Krieg endete seine Glückssträhne und er schaffte im Rennsport trotz mehrerer Versuche kein Comeback mehr. Nach vergeblichen Bemühungen mit deutschen Eigenbau-Wagen sowie mit einem → AFM hoffte er 1950 beim Großen Preis von Argentinien von → Maserati ein konkurrenzfähiges Fahrzeug zu bekommen. Doch als er in → Buenos Aires ankam, hatten ihm die Italiener stattdessen ein veraltetes Modell hingestellt. Von Brauchitsch fühlte sich düpiert und sagte daraufhin seine Teilnahme ab. Danach war er noch für kurze Zeit Sportpräsident des AvD, verwickelte sich dabei aber in sportpolitische Konflikte und verließ anschließend diesen Verband.

Weil von Brauchitsch anschließend Präsident des »Westdeutschen Komitees für Einheit und Freiheit im deutschen Sport« wurde, das laut bundesrepublikanischer Gerichte als eine von der Sowjetunion unterstützte staatsfeindliche Terrororganisation anzusehen war, drohte von Brauchitsch eine Anklage wegen Hochverrats. Er bat die DDR um politisches Asyl und war dort nach der Übersiedlung in den sechziger Jahren Sportpräsident der Motorsportorganisation und später gehörte er auch dem DDR-Olympiakomitee an. Noch heute lebt von Brauchitsch in Thüringen und in den Westen ist er nie zurückgekehrt.

von Hanstein, Fritz Huschke (Teamchef)
Geboren: 03.01.1911 in Halle, Saale/ Deutschland
Gestorben: 05.03.1996 in Stuttgart/ Deutschland
Der »Rennbaron« war beinahe über ein Jahrhundert eine durch alle Medien bekannte, lebende Automobilkoryphäe, die auch für die Rennleitung der → Porsche-Werkswagen in der Formel 1 verantwortlich war.

Als Sohn des Husaren-Rittmeisters Carlo von Hanstein war der junge Huschke für eine Diplomatenkarriere vorgesehen und nach dem Abitur machte er zunächst eine Ausbildung im Landwirtschaftsbereich. Danach absolvierte er eine kaufmännische Lehre, studierte anschließend Jura und bestand zudem das Dolmetscher-Examen. Gegen den Willen des Vaters begann von Hanstein in den dreißiger Jahren mit dem Automobilsport und beteiligte sich an kleineren Rennen. Die Siege häuften sich und 1938 konnte er mit einem → BMW die nationale Bergmeisterschaft für sich entscheiden. Zwei Jahre später folgte, ebenfalls auf BMW, der Sieg bei der Mille Miglia.

Auch nach dem Krieg setzte von Hanstein seine Rennkarriere fort, die weiterhin von Siegen bei Sportwagen- und Bergrennen, sowie Klassenrekorden und dem Geschwindigkeitsweltrekord gekennzeichnet war. Inzwischen war er 1950 in die Dienste von Porsche eingetreten und fungierte hier in Funktion als Fahrer, Rennleiter und PR-Chef. In den Jahren 1961 und 1962 war der »Herrenfahrer« als Rennleiter auch für das Formel 1-Projekt von Porsche verantwortlich. Dank seines Standesbewusstseins kamen auch adlige Fahrer wie Graf de Beaufort mit Monoposti von Porsche zum Einsatz. Aber für das Porsche-Werksteam war die erste Saison nicht zuletzt durch den Einsatz veralteter Technik wie Trommelbremsen wenig ergiebig. Von Hanstein, laut dem Schweizer Fachmagazin Powerslide »äußerst klug und wendig«, schaffte dann ein Jahr später die Wende zu einem Sieg in → Zandvoort, aber anschließend beendete Porsche aus Geldmangel sein Formel 1-Engagement. Bis 1968 blieb er der Marke in seiner Doppelfunktion als PR-Chef und Rennleiter verbunden und widmete sich bis zum Schluss zahlreichen ehrenamtlichen Aktivitäten im Bereich des Automobilsports, wozu auch die Vizepräsidentschaft bei der → FISA gehörte.

von Trips, Wolfgang Graf Berghe (Pilot)
Geboren: 04.05.1928 in Horrem/ Deutschland
Gestorben: 10.09.1961 in Monza/Italien
GP-Rennen in der Fahrer-WM: 27 (1956–1961)
Pole Positions: 1
Siege: 2
WM-Punkte insgesamt: 56
Beste WM-Platzierung im Gesamtklassement: Vizeweltmeister 1961
Rennwagen: Ferrari, Porsche, Cooper
Internet: www.kart-club-kerpen.de

Wolfgang Graf Berghe von Trips ist in Deutschland bis heute eine Rennfahrerlegende, obwohl er bei → Ferrari nur eine starke Saison hatte, in der er kurz vor dem Gewinn des Weltmeistertitels stand, im entscheidenden Rennen aber tödlich verunglückte.

»Wölfchen«, so sein Rufname bei den Eltern, war in seiner Kindheit von schweren Krankheiten geplagt. Nach dem Kriegswinter litt er an einer Mittelohr-Entzündung sowie einer Gehirnhaut-Reizung und die Ärzte konnten nur mit Mühe und Not das Hörvermögen des linken Ohres erhalten. In späteren Jahren trat eine Gesichtslähmung ein, die ihn zu einem viermonatigen Klinikaufenthalt zwang, wo er wieder mühsam das Sprechen erlernte.

Von Trips, nach eigener Charakterisierung ein »mittelmäßiger Schüler«, musste 1948 wegen mangelnden Lerneifers das Internat verlassen und wechselte zu einer Waldorfschule, die er im März 1951 mit dem Reifezeugnis verließ. Anschließend studierte er Landwirtschaft, weil die elterliche Burg Hemmersbach bei Kerpen-Horrem über eine große Edelobstplantage verfügte, welche der Filius einmal übernehmen sollte.

Doch schon Jahre zuvor hatte er mit einem selbsterstandenen Motorrad an Gelände- und Zuverlässigkeitsrennen teilgenommen und stieg 1954 auf einen → Porsche um, wo er im selben Jahr den Gesamtsieg bei der Pfälzischen

Zuverlässigkeitsfahrt feiern konnte. Weil der Ingenieur Walter Hampel über Huschke → von Hanstein einen Beifahrer suchte, konnte der Graf mit einem Porsche auch an der berühmten Mille Miglia teilnehmen, wo man sich in der 1300er GT-Klasse durchsetzen konnte.

Immer öfter nahm von Trips jetzt erfolgreich an Sportwagenrennen teil, obwohl die Eltern seine Motorsportambitionen nicht guthießen und ihn lieber öfter auf dem heimatlichen Gut gesehen hätten. 1955 wurde er von Mercedes-Rennleiter Alfred → Neubauer für Sportwageneinsätze ins Werksteam geholt und kam unter anderem an der Seite von Karl → Kling bei der Tourist-Trophy in Dundrod als Dritter ins Ziel. Nach dem Rückzug von Mercedes aus dem Rennsport wechselte er 1956 in das Porsche-Werksteam und feierte Klassensiege in → Sebring, am → Nürburgring und in → Le Mans. Obwohl von Trips im September 1956 bei seinem ersten Formel 1-Training für Ferrari in → Monza verunglückte und nur mit viel Glück ohne Blessuren davonkam, wurde er acht Tage später als erster deutscher Rennfahrer offiziell in das italienische Werksteam aufgenommen. Ein Jahr später feierte er in Argentinien sein → Grand-Prix-Debüt, nachdem ihm Teamkollege Peter → Collins nach 32 Runden seinen Wagen überlassen hatte. Von Trips wurde Sechster und verpasste damit in seinem ersten Einsatz nur knapp WM-Punkte. Beim nächsten Rennen in Monaco lag er lange auf dem 3. Platz, bis er mit Motorschaden aufgeben musste.

Weil er im Mai 1957 beim 1000-km-Rennen am Nürburgring mit einem 250-GT-Ferrari verunglückte, musste er wochenlang ein Gipskorsett tragen und konnte erst beim letzten Grand Prix dieser Saison in Monza wieder dabeisein. »Blass und bärtig«, wie ihn damals eine Motorsportzeitung beschrieb, gelang dem Grafen ein 3. Platz hinter Stirling → Moss und Juan-Manuel → Fangio, was die ersten vier WM-Punkte bedeutete. Aber in der nächsten Saison waren seine Leistungen durchwachsen und nach einem erneuten Unfall in Monza, der wieder eine monatelange Rekonvaleszenz nach sich zog, erhielt er für 1959 bei Ferrari keinen Vertrag mehr.

So kam von Trips wieder zu Porsche, wo er beim Großen Preis von Monaco in einem Formel 2-Wagen saß und diesen im Rennen kurz nach dem Start an die Mauer knallte, was harte Kritik in den deutschen Fachzeitungen nach sich zog.

Doch zum Glück wurde er bald darauf von Ferrari wieder in Gnaden aufgenommen und durfte beim letzten Formel 1-Lauf der Saison in → Sebring erneut für das italienische Team starten. In der ersten Runde rammte er gleich Tony → Brooks, doch immerhin kam »Count Crash« – wie er mittlerweile von vielen wegen seiner zahlreichen Unfälle genannt wurde – am Ende als Sechster ins Ziel.

Das reichte, um auch für die nächste Saison bei Ferrari bleiben zu können und in dieser Saison erlebten seine Leistungen endlich einen kontinuierlichen Aufwärtstrend.

In neun Rennen der Saison 1960 gelangte er fünfmal in die Punkte und die spöttischen Bemerkungen über seine übernervösen Starts und seine angeblichen mangelnden Technik-Kenntnisse, die Teamkollege Phil → Hill so formulierte: »Er weiß, was Zündkerzen sind, das ist aber auch alles«, verstummten allmählich. Und die Erfolge der nächsten Saison erhoben den jetzt schon etwas ehrfürchtiger »Taffy Trips« Genannten in seinem Heimatland endgültig zum Idol. Bezeichnungen wie »der letzte Herrenfahrer« und »Botschafter seines Sports und der Deutschen« machten in Deutschland, aber auch in anderen Ländern die Runde.

Die Ferraris waren in der Saison 1961 die überlegenen Fahrzeuge und schon bald zeichnete sich ab, dass der Titel dieses Jahr nur an einen Fahrer der Scuderia vergeben würde. Ärgster Rivale des Grafen um das → Championat war sein Stallgefährte Hill, der in diesem Jahr ebenfalls die beste Saison seiner Karriere erlebte.

Während von Trips die Großen Preise in → Zandvoort und → Aintree gewann, war Kollege Hill in Belgien siegreich. Weil der Graf am Nürburgring als Zweiter vor Hill am Ziel ankam, ging er mit einem Vorsprung von vier Punkten in den entscheidenden Lauf nach Monza.

Da Ferrari-Chef Enzo → Ferrari jegliche Stallregie ablehnte und der Rennstall zudem beschlossen hatte, beim letzten Grand Prix in → Watkins Glen nicht anzutreten, musste die Entscheidung auf der italienischen Rennstrecke fallen.

Von Trips war jetzt seit Beginn der Formel 1-Weltmeisterschaft der erste Deutsche, welcher kurz vor dem Gewinn des Fahrertitels stand, und das Medieninteresse war natürlich groß, wobei es in seiner Heimat keinen Zweifel daran gab, dass dem Grafen dieser Triumph gelingen würde. Zunächst sah es aus, als könnte von Trips mit dem Erringen der → Pole Position dem öffentlichen Druck mühelos standhalten. Doch kurz nach dem Start war er durch eigenes Verschulden auf den sechsten Platz zurückgefallen, während Hill das Feld anführte. Noch in der ersten Runde konnte er sich bis auf den vierten Platz vorkämpfen, wurde aber dabei von dem hinter ihm platzierten → Lotus-Piloten Jim → Clark heftig bedrängt.

Vor der Einfahrt zur Curvetta-Kurve verlangsamte von Trips seinen Wagen und bei dem Überholversuch von Clark kollidierten beide Fahrzeuge.

Der Ferrari stellte sich quer, rammte den Lotus und raste die Böschung hinauf und auf den anliegenden Zuschauerzaun zu. Der sich mehrfach überschlagende Rennwagen traf zahlreiche Zuschauer tödlich und auch von Trips besaß keine Chance, den Aufprall zu überleben.

Während der leblose Körper des Grafen von den Sanitätern weggetragen wurde, ging das Rennen weiter, in dem Phil Hill Sieger und damit gleichzeitig Weltmeister wurde.

Über diesen Titel hat sich Hill angeblich nie gefreut und für den toten Grafen blieb statt des Titels nur der posthume Sieg bei der Wahl der deutschen Sportpresse zum »Sportler des Jahres 1961«.

Vorqualifikation

Als Ende der achtziger Jahre die Anzahl der Rennställe drastisch anwuchs und sich bis zu 20 Teams und 39 Rennfahrer um 26 Startplätze balgten, wurde ab 1989 mit der Vorqualifikation eine zweite Hürde für die Rennteilnahme geschaffen. Aufgrund der Vorjahresergebnisse verteilte die → FISA unter den besten Teams zu Saisonbeginn und zur Saison-Halbzeit 26 garantierte Trainingsplätze. Die anderen Teams sowie Neueinsteiger mussten sich am ersten Trainingstag erst einmal für das offizielle Zeittraining qualifizieren. Nur die vier zeitbesten Fahrer der Vorqualifikation erhielten dann auch am Samstagstraining die Chance, sich für das Rennen zu qualifizieren. Nachdem am Ende der Saison 1991 zahlreiche der kleineren Rennställe pleite waren und sich das Teilnehmerfeld wieder drastisch reduzierte, hatte damit auch die Vorqualifikation ihre Berechtigung verloren.

Vukovic, Bill (Pilot)

Geboren: 13.12 1918 in Fresno/USA
Gestorben: 30.05.1955 in Indianapolis/ USA
GP-Rennen in der Fahrer-WM: 5 (1950–1955)
Pole Positions: 1
Siege: 2
WM-Punkte insgesamt: 19
Beste WM-Platzierung im Gesamtklassement: Siebter 1953
Rennwagen: Trevis, Kurtis-Kraft

Der Amerikaner Bill Vukovich ist eine Indy 500-Legende, weil er dieses Rennen zweimal hintereinander gewinnen konnte und dann ein Jahr später auf selbiger Strecke tödlich verunglückte.

1951 beteiligte sich Vukovich mit einem Trevis-Rennwagen zum ersten Mal an den 500 Meilen von → Indianapolis, die damals noch zur Fahrerweltmeisterschaft zählten.

Vom 20. Startplatz gestartet, schied er im Verlaufe des Rennens aufgrund eines Öllecks aus.

Ein Jahr darauf wurde er 17. und 1953 holte er mit dem → Kurtis-Kraft → Pole Position und Sieg, was er ein Jahr später wiederholen konnte, obwohl er diesmal nur vom 19. Startplatz aus ins Rennen ging.

Trotz dieses Erfolges stand er 1955 ohne Sponsor da, weil sein bisheriger Arbeitgeber, der Ölmagnat Howard Keck, seinen Rennstall aufgelöst hatte. Vukovich ging zum Team von Bankier und Amateurzauberer Lindsey Hopkins, der ebenfalls Kurtis-Kraft-Wagen einsetzte. Er eroberte sich den 5. Startplatz, doch in der 54. Runde brach an Roger → Wards Rennwagen die Vorderachse, so dass vier Autos auf der Gegengeraden zusammenstießen. Vukovich versuchte noch der Kollision auszuweichen, raste jedoch mit seinem Fahrzeug über den Begrenzungswall und war anschließend sofort tot.

den Walker erworben hatte, von Moss in Monaco wiederholt werden. In den nächsten Jahren musste Walker zumeist veraltetes Material einsetzten, doch 1968 konnte er dank eines neu gewonnenen Geldgebers einen aktuellen Lotus 49 erstehen, mit dem Joseph → Siffert in → Brands Hatch als Erster die Ziellinie überfuhr. Zwei Jahre später gab Walker sein eigenes Team auf, um John → Surtees beim Aufbau eines eigenen Rennstalls zu unterstützen.

Walker, Robert »Rob« Campbell (Teamchef)
Einige berühmte Fahrer fuhren für den privaten Rennstall von Whiskyfabrikant Rob Walker, der 1968 mit Joseph → Siffert am Steuer den letzten Grand-Prix-Sieg für sein Team feiern konnte.

Der 1917 geborene Walker wurde im Alter von sieben Jahren von seiner Mutter zum Boulogne-→ Grand-Prix nach Frankreich mitgenommen und weil dort eine Marke gewann, die sich Chenard-Walker nannte, war der Junge ab sofort Feuer und Flamme für den Motorsport. Mit 19 Jahren kaufte er sich einen Sportwagen und zwei Jahre später nahm er an seinem ersten Rennen teil, das mit einem Abflug für ihn gleich in der ersten Runde beendet war. Freunde rieten ihm ab, weiter in Rennwagen zu steigen und so beendete Walker 1939 in → Le Mans seine aktive Karriere.

Nach Beendigung des 2. Weltkrieges gründete der mittlerweile mit Whisky reich gewordene Walker einen kleinen Rennstall, der Delayahe- und Delage-Rennwagen einsetzte. Zudem unterstützte er das → Cooper-Team in seinen Motorsportbemühungen und dank des Geldes von Walker konnte der englische Rennstall 1957 mit dem neuartigen Mittelmotorwagen die Formel 1 revolutionieren.

1958 meldete Walker einen Cooper-Wagen an, mit dem Stirling → Moss gleich im ersten Rennen beim Großen Preis von Argentinien siegen konnte. Ein Rennen später in Monaco war es Maurice → Trintigant, der für den Walker-Rennstall siegreich war. Dieses Ergebnis konnte 1960 und 1961 mit einem Lotus 18,

Wallard, Lee (Pilot)
Geboren: 08.09.1911 in Schenectady/ USA
Gestorben: 28.11.1963 in den USA
GP-Rennen in der Fahrer-WM: 2 (1950–1951)
Pole Positions: 0
Siege: 1
WM-Punkte insgesamt: 9
Beste WM-Platzierung im Gesamtklassement:
Siebter 1951
Rennwagen: Moore, Kurtis-Kraft

Nur zwei Anläufe benötigte Wallard, um im Rahmen der Formel 1-Weltmeisterschaft bei den 500 Meilen von → Indianapolis zu siegen. 1950 konnte er sich vom 23. Startplatz bis Rang 6 vorkämpfen und kam dabei mit zwei Runden Rückstand ins Ziel.

Ein Jahr später sah alles schon wesentlich besser aus. Mit dem starken Rennwagen von → Kurtis-Kraft konnte er sich für die zweite Startreihe qualifizieren, führte das Rennen 159 Runden an und gab es bis zum Schluss nicht mehr aus der Hand. Danach trat er bei diesem Wettbewerb nicht mehr an.

Ward, Rodger (Pilot)
Geboren: 10.01.1921 in Beloit/USA
GP-Rennen in der Fahrer-WM: 12 (1951–1963)
Pole Positions: 0
Siege: 1
WM-Punkte insgesamt: 10
Beste WM-Platzierung im Gesamtklassement:
Zehnter 1959
Rennwagen: Bromme, Kurtis-Kraft,
Pawl, Kuzma, Lesovsky, Watson, Lotus

Im Januar 1946 tauchte Ward erstmals bei einem Midget-Autorennen in Texas auf und war anschließend als Profirennfahrer bei fast allen Rennveranstaltungen zu finden. Neben seiner Teilnahme bei Stockcar-Rennen, Midget-Autorennen und Speedway-Roadsterrennen war er auch als Versuchsfahrer für → Firestone-Reifen und anderes Autozubehör wie Zündkerzen tätig. Anfänglich noch ein fahrerischer Draufgängertyp, der zahlreiche Fahrzeuge verschrottete, entwickelte sich Ward im Lauf der Jahre zu einem abgeklärten Fahrer, der unnötige Risiken vermied. Nach unzähligen Siegen und Meisterschaften bei amerikanischen Rennen gelang ihm 1959 bei den 500 Meilen von → Indianapolis mit einem → Watson-Wagen der Sieg.

Das veranlasste ihn leider dazu, noch in der gleichen Saison mit einem → Kurtis-Kraft-Speedster auch am zweiten Großen Preis der USA in → Sebring teilzunehmen. Ward glaubte, mit dem sieggewohnten Kurtis-Boliden eine gute Wahl getroffen zu haben, doch schon im Training tuckerte er mit dem nur für Midget-Rennen tauglichen Rennwagen der Konkurrenz mit einem Rückstand von 43 Sekunden hinterher. Das Rennen beendete dann ein Kupplungsschaden. Drei Jahre später konnte er sich mit dem erneuten Gewinn der Indy 500 trösten, da zählte dieses Rennen aber mittlerweile nicht mehr zur Formel 1-Weltmeisterschaft.

Noch einmal – 1963 – startete Ward mit einem → Lotus zu einem Formel 1-Lauf. Doch in → Watkins Glen sorgte ein Getriebeschaden für das Ende der ohnehin nicht allzu großen Hoffnungen.

Warm-up
Dieses halbstündige Informationstraining finder immer am Morgen zwischen 9.30 und 10.00 Uhr vor dem Rennen statt. Pilot und Team haben eine halbe Stunde Zeit, ein letztes Mal die Abstimmung vorzunehmen und anschließend eventuelle Reparaturen durchzuführen.

Warwick, Derek (Pilot)
Geboren: 27.08.1954 in Alresford/Großbritannien
GP-Rennen in der Fahrer-WM: 146 (1981–1993)
Pole Positions: 0
Siege: 1
WM-Punkte insgesamt: 71
Beste WM-Platzierung im Gesamtklassement: Siebter 1984
Rennwagen: Toleman, Renault, Brabham, Arrows, Lotus, Footwork

Trotz unbestreitbaren Talents und beinahe 150 Großen Preisen war Warwick in der Formel 1 immer ein Mitläufer mit wenigen Sieg – und ohne Titelchancen.

Warwick war zuvor Siege gewohnt – egal ob in der Formel 2 oder bei Stock-Car-Rennen, als er 1981 mit dem → Toleman-Rennstall in die Formel 1 einstieg. Das erste Jahr erwies sich als verheerend, denn erst im letzten Rennen in → Las Vegas konnte er sich für den 22. Startplatz qualifizieren und fiel dann mit Getriebeschaden aus.

1982 war die Bilanz etwas erfreulicher, denn zumeist konnte sich der Engländer für alle Rennen qualifizieren, aber zählbare Ergebnisse wurden durch zahlreiche Materialdefekte verhindert. Ein Jahr später war unverkennbar, dass Toleman technische Fortschritte gemacht hatte, denn Warwick kam in den letzten vier Rennen der Saison jedesmal in die Punkte. Platz 4 in → Zandvoort und → Kyalami waren hierbei die Highlights und mit insgesamt neun Punkten belegte Warwick am Ende Rang 14 der Gesamtwertung.

Für 1984 erhielt der zurückhaltende Charakter einen Vertrag bei → Renault, was ihn augenblicklich eine Liga höher steigen ließ. In diesem Jahr war er beim Trainingsabschluss fast immer in den Top-Ten zu finden und in Belgien sowie Großbritannien wurde er Zweiter im Rennen. Weitere gute Platzierungen summierten sich am Ende auf üppige 23 Punkte, was Rang 7 im Schlussklassement bedeutete. Aber ein Jahr später ging es wieder abwärts, denn Renault war schon in Auflösung begriffen und sackte leistungsmäßig ins Mittelmaß ab. Fünf kümmerliche Pünktchen waren die Ausbeute eines verschenkten Jahres und zudem verhinderte → Lotus-Pilot Ayrton → Senna, dass Warwick für die Saison 1986 als Teamkollege dazustoßen konnte.

Nachdem → Brabham-Pilot Elio → de Angelis bei Testfahrten in → Le Castellet tödlich verunglückte, wurde der arbeitslose Warwick noch in der 86er-Saison als sein Nachfolger verpflichtet. Der Brite mühte sich mit dem ultraflachen, fehlkonstruierten BT 55 jedoch vergeblich ab und ging bei der Punktevergabe leer aus. Trotzdem wurde er für 1987 von → Arrows verpflichtet und verharrte, trotz einiger Punktgewinne, weiterhin im Mittelfeld der Formel 1. Warwick war als Rennfahrer zum Mann ohne Eigenschaften geworden und in der Formel 1 ein sympathischer, aber unscheinbarer Bestandteil. Für den großen Erfolg schien er nicht hungrig genug und anstatt sich aufzureiben, genoss er lieber das Familienleben und widmete sich mit seiner Frau dem Golfspiel. Auch 1988 und 1989 gelangen ihm einige Punkteplatzierungen und er war zumindest meist schneller als Teamkollege Eddie → Cheever, aber der ganz große Wurf wollte weiterhin nicht gelingen. Mittlerweile resultierte der letzte Podiumsrang aus dem Jahre 1984, wo Warwick am → Hockenheimring Platz 3 erreicht hatte.

Für 1990 suchte er noch einmal bei → Lotus eine neue Herausforderung, doch der Rennstall war schon längst im Abstieg begriffen und außer drei WM-Punkten sowie einem spektakulären Überschlag beim Warm-up in → Monza regierte wieder das Mittelmaß.

Danach musste Warwick feststellen, dass ihn kein Formel 1-Rennstall mehr verpflichten wollte und der »stets bescheiden gebliebene Sportsmann bester britischer Tradition« musste sich anschließend bei → Peugeot als Gruppe-C-Fahrer verdingen. Weil er 1992 hier die Weltmeisterschaft errang, gab ihm 1993 der → Footwork-Rennstall noch einmal eine Chance für die Formel 1.

Warwicks – schon vor Jahren geäußerte – Hoffnung »Irgendwann muss ich auch mal ei-

Derek Warwick: zwölf Formel 1-Jahre ohne Sieg

nen → Grand Prix gewinnen« konnte bei diesem Mittelklasseteam natürlich nicht erfüllt werden. Bei seinem Comeback in → Kyalami lag er bis kurz vor Schluss in den Punkten, als er bei strömendem Regen noch von JJ → Lehto niedergerungen wurde und anschließend von der Piste kreiselte.

Auch danach gab es wenig Erfreuliches, denn außer vier WM-Punkten sorgte Warwick nur noch durch einen erneut spektakulären Unfall beim Warm-up am Hockenheimring für Aufsehen. Als ihm Teamchef Jackie Oliver auch noch die Hauptschuld am schlechten Abschneiden der Footwork-Wagen gab, hatte Warwick endgültig genug und trat zurück. Um seine Zukunft musste er nicht bangen, denn eine Autohandlung, Immobilien sowie eine Teilhaberschaft an Hotels und Mietwagenfirmen sorgten für ein ausreichendes Einkommen. Warwick war zudem bei Formel 1-Rennen als TV-Kommentator für einen britischen Sender tätig.

Watkins Glen (Rennstrecke)

Grand-Prix-Bezeichnung: Großer Preis der USA
Streckenlänge: 3,702 km (1961–1970),
5,435 km (1971–1980)
Renndistanz: 59 Runden = 320,665 km (ab 1971)
Erstes Formel 1-Rennen: 1961
Letztes Formel 1-Rennen: 1980
Gesamtzahl GP: 20
Erster Sieger: Innes Ireland (1961)
Häufigste Sieger: 3 x Jim Clark (1962, 1966, 1967),
3 x Graham Hill (1963, 1964, 1965)
GP-Unfälle mit tödlichem Ausgang:
François Cevert (1973/Training),
Helmut Koinigg (1974/Rennen)
Internet: www.theglen.com

Cameron Argetsinger zog in einem kleinen Kurort am Seneca-See eine Art Stadt-Rennen auf, aus dem 1956 der geschlossene Watkins-Glen-Kurs wurde. Ab 1961 wurde hier bis 1980 regelmäßig der Große Preis der USA veranstaltet. Beim → Grand-Prix-Tross war die Strecke sehr beliebt, weil es hier die höchsten Preisgelder zu gewinnen gab. Fahrerisch war die Strecke keine große Herausforderung, denn die meisten Kurven besitzen einen großen Radius, die durch zwei lange Geraden unterbrochen werden.

Für den amerikanischen Grand Prix wurde die Strecke 1971 von 3,7 km auf 5,44 km erweitert und zwei Jahre später hatte man mit dem französischen Piloten François → Cevert das erste Todesopfer zu beklagen. Als in den achtziger Jahren die Autos durch die Turbo-Technik immer schneller wurden, war Watkins Glen kein zeitgemäßer Austragungsort mehr und ab 1981 fand der Große Preis der USA in → Long Beach und → Las Vegas statt.

Watson (Rennwagenfirma)

GP-Rennen in der Fahrer-WM: 9 (1950–1960)
Pole Positions: 2
Siege: 3
WM-Punkte insgesamt: 36
Beste Platzierung in der Konstrukteurswertung: 0
Bekannteste Fahrer: Pat Flaherty, Troy Ruttmann, Rodger Ward, Tony Bettenhausen, Jim Rathman
Erfolgreichste Fahrer: Pat Flaherty, Rodger Ward, Jim Rathman

Watson war in der Zeit, als die 500 Meilen von → Indianapolis noch zur Formel 1-Weltmeisterschaft zählten, mit drei Siegen einer der erfolgreichsten Rennwagen. Die Anfänge gestalteten sich allerdings schwierig, denn es dauerte bis 1953, ehe Jim Rigsby erstmals mit Platz 12 einen Watson-Wagen ins Ziel brachte. 1956 war dann → Pat Flaherty mit dem von einem → Offenhauser-Aggregat angetriebenen Rennwagen siegreich, was dann 1959 und 1960 noch einmal von Rodger → Ward und Jim → Rathman wiederholt werden konnte.

Watson, John Marshall (Pilot)

Geboren: 04.05.1946 in Belfast/Nordirland
GP-Rennen in der Fahrer-WM: 152 (1973–1985)
Pole Positions: 2
Siege: 5
WM-Punkte insgesamt: 169
Beste WM-Platzierung im Gesamtklassement: Dritter 1982
Rennwagen:
Brabham, Surtees, Lotus, Penske, McLaren

Obwohl mehrfacher Grand-Prix-Sieger, stand der Nordire immer im Schatten seiner Teamkollegen Niki → Lauda, James → Hunt und Alain → Prost. John Watson wurde schon von frühester Jugend an von seinem Vater, einem rennsportbegeisterten Autohändler, in seinen Motorsportbemühungen unterstützt.

Mit siebzehn Jahren nahm »Wattie« an Tourenwagenrennen teil und sieben Jahre später erfolgte, nach einem Ausflug in die irische Formel-Libre-Meisterschaft, der Wechsel zur Formel 2. Bei einem Unfall brach sich Watson jedoch Arme und Beine und musste längere Zeit pausieren. Nach seiner Rückkehr konnte er aber mit guten Leistungen überzeugen und bekam bald darauf ein Angebot für die Formel 1 zu starten. 1973 gab er auf → Brabham sein Debüt beim Großen Preis von Großbritannien, konnte sich aber nur auf einem der hintersten Startfelder platzieren und fiel im Rennen aus. Im nächsten Jahr fuhr er seine erste Vollzeit-Saison bei dem Rennstall und erreichte insgesamt sechs WM-Punkte. 1975 folgte der Wechsel zu → Surtees und beinahe zwingend gab es bei diesem Rennstall im Dauertief während der gesamten Saison keinen einzigen WM-Punkt. Ein Jahr später wurde der Ire bei → Penske Nachfolger des tödlich verunglückten Mark Donohue und neben mehreren ausgezeichneten Platzierungen gab es beim Großen Preis von Österreich den ersten Sieg zu feiern. Da der Penske-Rennstall am Ende des Jahres aufgelöst wurde, kehrte Watson 1977 zu Brabham zurück und war in dieser Saison vom Pech verfolgt.

Bei drei Großen Preisen lag er in Führung, doch insgesamt sprang als bestes Resultat nur ein zweiter Platz in Frankreich heraus. Auch 1978 gab es für den »Fahrer mit bewundernswerter Geschicklichkeit« zwar eine → Pole Position sowie einige gute Ergebnisse, aber ein zweiter Sieg wurde auch in diesem Jahr nicht erreicht. Watson erhoffte sich eine Verbesserung durch den Wechsel zu → McLaren, wo er den Platz des ursprünglich engagierten, aber in Monza tödlich verunglückten Ronnie → Peterson einnahm.

Aber der neue McLaren M 28 des erfolgverwöhnten Teams entpuppte sich als Desaster und war nicht ansatzweise konkurrenzfähig. Watson konnte nur fünfzehn WM-Punkte erringen, was gemessen an den Ansprüchen viel zu wenig war. 1980 wurde Alain → Prost sein neuer Teampartner und bessere Ergebnisse waren weiterhin nicht in Sicht. Doch 1981 wendete sich die Situation für Watson, da bei McLaren Ron → Dennis und John → Barnard das Kommando übernahmen und McLaren wieder in Siegnähe manövrierten.

Prompt gewann Watson in dieser Saison den Großen Preis von Großbritannien und wurde mit 27 Punkten Gesamtsechster.

1982 bekam »der Perfektionist« mit dem Superstar Niki → Lauda noch ärgere Stallkonkurrenz, doch Watson konnte sich gegen den zweimaligen Weltmeister behaupten und mit dem Gewinn von zwei WM-Läufen war er am Ende der Saison punktgleich Vizeweltmeister mit dem in Hockenheim verunglückten Didier → Pironi. Da Watson auch den ersten Lauf in der 83er Saison gewann, fühlte er sich jetzt unterbezahlt und pokerte mit dem McLaren-Team um eine höhere Gage. Obwohl er als Spezialist im langen Verhandeln galt und überzeugt davon war, dass seine Forderungen erfüllt würden, holte Ron Dennis lieber den bei → Renault in Ungnade gefallenen Prost zurück. Da alle anderen Teams bereits Fahrer verpflichtet hatten, stand der Ire am Ende der Saison ohne Arbeitsplatz da. Erst zwei Jahre später gab er eine Rückkehr als einmalige Vertretung für den verletzten Lauda. In seinem letzten Rennen schrammte Watson mit einem siebten Platz haarscharf an WM-Punkten vorbei. Watson fuhr anschließend bis 1990 noch Sportwagenrennen für → Porsche und Jaguar und wurde anschließend ein beliebter und fachkundiger Kommentator bei einem europäischen Sportsender.

Weidler, Volker (Pilot)
Geboren: 18.03.1962 in Weinheim/Deutschland
GP-Rennen in der Fahrer-WM: 0 (1989)
Pole Positions: 0

Siege: 0
WM-Punkte insgesamt: 0
Beste WM-Platzierung im Gesamtklassement: 0
Rennwagen: Rial

1989 neben Joachim → Winkelhock, Bernd → Schneider und Christian → Danner als vierter Deutscher hoffnungsvoll in der Formel 1 angelangt, war dem unglücklichen Volker Weidler kein einziges Rennen vergönnt. Als Sohn einer Unternehmerfamilie hatte Weidler von Anfang an den Wunsch, Rennfahrer zu werden und seine Karriere entwickelte sich zunächst rasant. 1980 und 1981 wurde er jeweils Zweiter der deutschen Formel → Ford 1600-Meisterschaft. 1982 gelang ihm dann die Meisterschaft in dieser Kategorie, der sich Gesamtsiege in der europäischen Formel Ford 1600- sowie der deutschen Formel-Ford-2000-Meisterschaft anschlossen. Nach der deutschen Meisterschaft 1985 in der Formel 3 sowie dem Sieg im → Porsche-Cup verbrachte Weidler ein Jahr in der Formel 3000.

→ Rial-Besitzer Günther Schmid gab dem Schwaben dann anschließend als Teamgefährte von Christian → Danner eine Formel 1-Chance für die Saison 1989.

Doch Weidler musste aufgrund der zahlreichen Teams in die → Vorqualifikation und scheiterte bereits im ersten Anlauf beim Großen Preis von Brasilien. Nach neun weiteren erfolglosen Versuchen wurde Weidler von Schmid mit den Worten »Ich kann Volker leider nicht das Lehrjahr ermöglichen, das er braucht und verdient hätte« entlassen.

Weidler fügte sich klaglos in sein Schicksal und entschädigte sich 1991 mit dem Gewinn der 24 Stunden von → Le Mans. Anschließend zeigte er in der japanischen Formel 3000 ausgezeichnete Leistungen, die ihm vielleicht noch einmal eine Formel 1-Chance ermöglicht hätten. Doch dann diagnostizierte man bei ihm die Tinnitus-Krankheit, was Weidler zu einer Pause zwang, aus der es keine Rückkehr mehr gab.

Sein Nachfolger bei dem japanischen Team wurde Heinz-Harald → Frentzen und Weidler ist heute wieder im elterlichen Betrieb tätig.

Wendlinger, Karl (Pilot)

Geboren: 20.12.1968 in Kufstein/Österreich
GP-Rennen in der Fahrer-WM: 41 (1990–1995)
Pole Positions: 0
Siege: 0
WM-Punkte insgesamt: 14
Beste WM-Platzierung im Gesamtklassement: Zwölfter 1992, 1993
Rennwagen: March, Sauber
Internet: www.wendlinger.com

Der introvertierte Tiroler schien vor einer großen Formel 1-Karriere zu stehen, doch ein schwerer Unfall 1994 in Monaco war der Auftakt für den Abstieg in Raten.

Wendlingers Karriere begann mit 14 Jahren im Kart und 1984 wurde er in dieser Klasse Deutscher Juniorenmeister.

Nach dem Führerscheinerwerb fuhr er kurz darauf in der Formel → Ford 1600 und sicherte sich 1989 die Deutsche Meisterschaft in der Formel 3. Im selben Jahr wurde er von → Mercedes zusammen mit Michael → Schumacher und Heinz-Harald → Frentzen für die Sportwagenweltmeisterschaft im → Sauber-Team verpflichtet. Wendlinger stand Schumacher und Frentzen in nichts nach und brillierte mit schnellen Rundenzeiten und guten Platzierungen. Nebenher fuhr er noch Formel 3000-Rennen für das Team des Ex-Formel 1-Piloten Helmuth Marko, der ihm eine steile Karriere prophezeite: »Der Wendlinger wird auch – wie Jochen → Rindt, Niki → Lauda und Gerhard → Berger – wieder besser als alle jungen Deutschen.«

1991 kam dann die große Bewährungsprobe für den gelernten Kfz-Mechaniker, als er für die zwei letzten Rennen vom Formel 1-Rennstall → March verpflichtet wurde. Wendlinger war in erster Linie Testperson für → Illmor, den Motorenlieferanten für March, weil dessen Triebwerke ab der übernächsten Saison die Formel 1-Wagen von Sauber antreiben sollten.

Sonderlich glänzen konnte er noch nicht, aber in der nächsten Saison vollbrachte er mit den völlig veralteten und unterfinanzierten March-Boliden großartige Leistungen und war im Training mehrere Male in den Top-Ten zu finden. Mit dieser Empfehlung sowie einem sensationellen 4. Platz in Kanada kam Wendlinger anschließend ins Formel 1-Team von Peter Sauber, der Wendlingers Platz bei March mit den Fahrergagen des Österreichers vorfinanziert hatte. In dieser Saison zeigte Wendlinger wieder konstant gute Leistungen und eroberte insgesamt sieben Punkte, die am Ende Platz 12 der Gesamtwertung bedeuteten.

Mit der Verpflichtung von Heinz-Harald Frentzen blies dem zielstrebigen Tiroler dann allerdings ein härterer Wind ins Gesicht. In den ersten drei Rennen holte er zwar vier Punkte, verlor aber sämtliche Trainingsduelle gegen den Teamkollegen, was Peter Sauber schon zu einem etwas abwertenden Urteil über Wendlinger veranlasste: »Karl ist schnell – aber nicht auf Anhieb.«

In Monaco passierte dann die Katastrophe: Wendlinger verlor in den Schlussminuten des freien Trainings in der Hafenschikane die Kontrolle über sein Fahrzeug und prallte seitlich gegen die Plastikbegrenzungen. Ein zwölftägiges Koma war die Folge und am Tag nach dem Unglück titelte ein deutsches Boulevardblatt bezüglich Wendlinger in riesigen Lettern: »Tot oder Rollstuhl!«

Beides traf nicht ein und nach einer längeren Genesungsphase hatte der »Karli« zu Saisonbeginn 1995 wieder einen Platz bei Sauber. Doch Wendlinger war jetzt völlig von der Rolle und im Training teilweise sechs Sekunden langsamer als Stallkollege Frentzen. Als auch im vierten Rennen kein Aufwärtstrend erkennbar wurde, begann die Demontage und Wendlinger drohte die Ablösung.

Schon im nächsten Rennen saß er nicht mehr im → Cockpit und wurde von Sauber zum Testpiloten degradiert.

Weil Nachfolger Jean-Christophe Boullion kaum besser fuhr, erhielt Wendlinger für die letzten beiden Rennen der Saison vom gutmütigen Peter Sauber eine allerletzte Chance. Doch vergeblich: Wendlinger schaffte nicht mehr den Anschluss und musste fortan bei Tourenwagenrennen deutlich kleinere Brötchen backen.

Weslake (Motorenhersteller)
GP-Rennen in der Fahrer-WM: 14 (1966–1968)
Pole Positions: 0
Siege: 1
WM-Punkte: 13
Rennwagen: Eagle

Mit den → Eagle-Rennwagen des amerikanischen GP-Piloten Dan → Gurney kamen 1966 in der Königsklasse auch die Weslake-→ Motoren zum Einsatz.

Doch der Start gestaltete sich schwierig, denn dem Verantwortlichen Harry Weslake gelang es nicht, die Zwölfzylinder-Motoren in dieser Saison zur Rennreife zu entwickeln. Das Aggregat sah zwar elegant aus, konnte aber erst in den letzten drei Rennen der Saison 66 eingesetzt werden und debütierte in Italien mit einem Motorschaden.

1967 konnte endlich die komplette Saison mit Weslake-Motoren bestritten werden und in Belgien gab es durch Gurney den ersten und einzigen Sieg. Ein Jahr später wurde der Eagle nur noch sporadisch eingesetzt und in den fünf Rennen gab es durch den Weslake vier Motorschäden sowie einen 9. Platz in Deutschland. Mit dem Rückzug der Eagle aus der Formel 1 verschwand auch Weslake auf Nimmerwiedersehen.

Wetteroth (Rennwagenfirma)
GP-Rennen in der Fahrer-WM: 1 (1950)
Pole Positions: 0
Siege: 0
WM-Punkte insgesamt: 0
Beste Platzierung in der Konstrukteurswertung: 0
Bekanntester Fahrer: Jim Rathman
Erfolgreichste Fahrer: –

Ein unauffälliges Rennen fuhr → Jim Rathman 1950 mit einem Wetteroth bei den 500 Meilen von → Indianapolis. Von Platz 28 gestartet, konnte er sich im Rennen nur um vier Positionen verbessern und kam als Letzter mit 16 Runden Rückstand ins Ziel.

Wheelspin
Dieser englische Begriff ist ein Synonym für durchdrehende Antriebsräder bei einem For-

mel 1-Wagen, was für gehörigen Qualm sorgt. Durch die entstehende Hitze nutzt sich der Reifenbelag stark ab, allerdings wird es von den Formel 1-Fahrern auch vorsätzlich verwendet, um beispielsweise den Startplatz sauber zu fahren oder um beim Anfahren möglichst viel → Grip zu erhalten.

Williams (Rennwagenfirma)
GP-Rennen in der Fahrer-WM: 378 (seit 1975)
Pole Positions: 108
Siege: 103
WM-Punkte insgesamt: 2037,5
Beste WM-Platzierung in der Konstrukteurswertung: Konstrukteursweltmeister (1980, 1981, 1986, 1987, 1992, 1993, 1994, 1996, 1997)
Bekannteste Fahrer: Jacques Laffite, Alan Jones, Clay Regazzoni, Mario Andretti, Carlos Reutemann, Keke Rosberg, Nigel Mansell, Ricardo Patrese, Nelson Piquet, Thierry Boutsen, Damon Hill, Alain Prost, Jacques Villeneuve, Heinz-Harald Frentzen, Ralf Schumacher, Jenson Button
Erfolgreichste Fahrer: Alan Jones, Keke Rosberg, Nelson Piquet, Nigel Mansell, Alain Prost, Damon Hill, Jacques Villeneuve
Internet: www.williamsf1.co.uk

Lange Zeit war Frank Williams in der Formel 1 ein armer Schlucker, doch dank seiner Beharrlichkeit und der Unterstützung arabischer Sponsoren gelang dem heutigen »Rollstuhl-General« doch noch der Sprung an die Spitze.

Nachdem sich Frank Williams mehr oder weniger erfolgreich seit Ende der sechziger Jahre mit → Brabham-, → de Tomaso- und → Politoys-Wagen durch die Formel 1 gemogelt hatte, setzte die offizielle Geschichte des Williams-Rennstalls ab der Saison 1975 an.

Neben den vom Team eingesetzten alten → ISO-Marlboro-Boliden tauchten in diesem Jahr beim Großen Preis von Spanien erstmals Wagen mit der Bezeichnung Williams FW 04 auf, die von Jacques → Laffite und Arturo → Merzario gesteuert wurden. Das Budget war immer noch so mager, dass teilweise ausrangierte → Reifen von anderen Teams aufgekauft werden mussten. Zwar konnte Laffite am Hockenheimring einen zweiten Platz einfahren, aber auch das verhinderte nicht, dass die Williams Racing Ltd. am Ende des Jahres Konkurs anmelden musste. Durch die Kooperation mit Walter → Wolf konnte Frank Williams zwar auch 1976 weiter in der Formel 1 mitmischen, wurde aber zu einem leitenden Angestellten degradiert. Diese Saison brachte mit insgesamt sieben eingesetzen Piloten, darunter Ex-Stars wie Jacky → Ickx und Chris → Amon, keinerlei Punkte, so dass Williams die Kündigung einreichte. In einem alten Teppichladen in Didcot startete Frank Williams 1977 mit der Gründung der Williams Grand Prix Engineering Ltd. einen erneuten Anlauf, sich in der Formel 1 zu etablieren. Ihm zur Seite stand sein zweiter Designer Patrick Head, aber das Geld war wieder knapp und Williams besaß nicht mehr als ein paar alte → March-Fahrzeuge sowie gebrauchte → Cosworth-Motoren. Doch in dieser trostlosen Situation trat plötzlich die unerwartete Wende ein, welche für Williams das endgültige Ende einer langen Durststrecke bedeuten sollte.

Tony Harris, ein Freund von Frank Williams und Leiter einer Werbeagentur, hatte Kontakt zu einer saudi-arabischen Fluggesellschaft aufgenommen und ihr das Sponsorentum in der Formel 1 schmackhaft gemacht.

Den Schriftzug auf den Williams-Autos ließ sich die Airline 100.000 Pfund kosten und jetzt stand dem Rennstall endgültig ein ausreichendes Budget zur Verfügung, um ein vernünftiges Auto zu bauen. Nur unter Schwierigkeiten fand sich für die Saison 1978 mit Alan → Jones ein Fahrer, da Williams in der → Grand-Prix-Szene immer noch einen schlechten Ruf hatte. Mit dem von Patrick Head entwickelten FW 06 fuhr Jones einige Male in die Punkte und kam in → Watkins Glen sogar auf Platz 2.

Da nun genügend Geld für Forschung und Entwicklung vorhanden war, entwickelte sich Head zu einem Spitzenkonstrukteur, der mit dem FW 07 einen mustergültigen → Groundeffect-Wagen präparierte. Neben Jones wurde für die Saison 1979 noch der erfahrene Clay → Regazzoni engagiert, welcher das Fahrzeug in → Silverstone zum ersten Sieg für den Rennstall steuern konnte. Jetzt war der Knoten geplatzt und mit den darauf folgenden Siegen von Jones in Deutschland, Österreich, Holland und Kanada schnupperte man schon recht kräftig am Weltmeistertitel. Doch das in dieser Saison geltende Streichsystem, bei dem in jeder Saisonhälfte nur die vier besten Resultate gewertet wurden, hatte dieses Vorhaben unmöglich gemacht. Somit konnte Jody → Scheckter für → Ferrari den letzten WM-Titel für die kommenden einundzwanzig Jahre sichern. In der nächsten Saison war Williams aber nicht mehr zu stoppen, denn mit fünf Siegen wurde Jones Fahrerweltmeister und das Team gewann mit der Gesamtzahl von 120 Punkten erstmals den Konstrukteurstitel.

Eine eigenwillige Personalführung verhinderte 1981 eine Wiederholung dieses Erfolges. Carlos → Reutemann, der 1980 für Regazzoni gekommen war, ließ Jones in Brasilien nicht vorbei und aus den Teamkollegen waren erbitterte Feinde geworden. Reutemann führte zwar bis zum Saisonfinale in → Las Vegas die WM-Wertung an, erhielt aber nicht die notwendige Unterstützung vom Team.

Jones fuhr nur noch Rennen, um Reutemann möglichst zu schaden und der Argentinier verlor mit einer lethargischen Leistung den schon sicher geglaubten WM-Titel an Nelson → Piquet. Williams musste sich mit dem erneuten Gewinn des Konstrukteurstitels trösten.

Am Ende der Saison erklärte Jones verbittert seinen Rücktritt und auch Reutemann kehrte 1982 nach dem zweiten Rennen der Formel 1 für immer den Rücken zu. Nun mussten Keke → Rosberg und Derek Daly die Kastanien aus dem Feuer holen. Während der Irländer magere acht Pünktchen einsammelte, wurde Rosberg in einer von tödlichen und schweren Unfällen geprägten Saison mit nur einem Sieg Weltmeister. Der für diese Saison eingesetzte FW 08 war so konzipiert, dass er auch mit sechs Rädern fahren konnte, doch nach dem Verbot dieser Wagenform ließ man das Vorhaben nach einigen Tests wieder fallen.

Anschließend folgten zwei magere Jahre, in denen das Team nur jeweils einen Saisonsieg durch Keke Rosberg erringen konnte. Der für diese Zeit entwickelte F 09 trug erstmals nicht mehr die Sponsorenaufschrift der saudi-arabischen Fluggesellschaft, denn dieses Geld hatte man nun nicht mehr nötig.

1985 kam Nigel → Mansell in das Team, doch der FW 10 wurde erst nach Überarbeitungen wettbewerbsfähig, so dass Rosberg erst beim sechsten Rennen in → Detroit gewinnen konnte, was ihm Mansell in den letzten beiden Saisonrennen gleichtat.

Bestens gerüstet ging man mit dem FW 11, einer Weiterentwicklung des FW 10, sowie den neuen Turbomotoren von → Honda in die nächste Saison. Für den zu → McLaren abgewanderten Rosberg kam der zweifache Weltmeister Nelson Piquet und die letzten Frühjahrstests waren erfolgreich abgeschlossen.

Doch kurz darauf verunglückte Frank Williams mit einem Leihwagen und war von diesem Zeitpunkt an querschnittsgelähmt, was ihn mehrere Monate lang von der Firma fernhielt. Dem Rennstall schien das Fehlen seines Chefs nicht viel auszumachen, denn Williams beherrschte mit Piquet und Mansell klar die Konkurrenz, aber eine fehlende Stallregie verhinderte, dass man sich in der WM-Wertung entscheidend vom Rest des Feldes absetzen konnte. Die Quittung für dieses Versäumnis kam beim Saisonfinale in → Adelaide, wo ein Reifenplatzer von Mansell alle Titelchancen zunichte machte. Motorenlieferant Honda verzieh dem Rennstall diese Schmach nicht und plante bereits den Abgang.

Mit einer nochmals verbesserten Version des FW 11 konnte sich Piquet 1987 anschließend den WM-Titel sichern, allerdings war das Klima wegen der ständigen Querelen zwischen dem Brasilianer und dem ebenbürtigen Mansell ziemlich vergiftet. Honda macht sein Vorhaben wahr, sagte Sayonara zu Williams und ging mit seinen Motoren zum Erzrivalen → McLaren. Piquet flüchtete ebenfalls und in seiner Not musste das Team jetzt leistungsmäßig unterlegene Saugmotoren von → Judd einsetzen, mit denen 1988 ein eklatanter Absturz erfolgte.

Auch Ricardo Patrese wurde bei Williams zu einem Siegfahrer

Zudem zog auch der Einsatz elektronischer Fahrhilfen Probleme nach sich, so dass Mansell und Neuzugang Ricardo → Patrese in dieser Saison nur 18 Punkte einfahren konnten.

Aber Frank Williams hatte inzwischen → Renault zur Rückkehr in die Formel 1 überredet und wurde ab der Saison 89 mit deren ausgezeichneten Triebwerken versorgt. In den ersten zwei Jahren holten die Fahrer Patrese und Thierry → Boutsen zwar insgesamt 4 Siege, doch Entwicklungsfehler beim → Chassis-Bau verhinderten, dass Williams um den Titel mitkämpfen konnte.

Erst 1991, mit der Rückkehr von Nigel Mansell, war man wieder in der Lage, McLaren das → Championat streitig zu machen. Trotz sechs Saisonsiegen von Mansell scheiterte man in diesem Jahr noch, aber schon ein Jahr später sicherten sich der Brite und Williams dank überlegener Spitzentechnik, wie aktiver Radaufhängung und halbautomatischem → Getriebe, mit zehn Gesamtsiegen überlegen den Fahrer- und Konstrukteurstitel. Doch weil sich Mansell von den Williams-Chefs nicht genügend gewürdigt fühlte, verließen er und auch Teamkollege Patrese am Ende der Saison das Team. Beide wurden durch den dreifachen Weltmeister Alain → Prost und den mit zwei Grand-Prix-Einsätzen relativ unerfahrenen → Testfahrer Damon → Hill ersetzt. Mit fünf Doppelsiegen konnte die Vorjahresleistung bestätigt werden, auch wenn den Siegen von Prost und Hill, durch die Überlegenheit der Fahrzeuge, ein wenig der Glanz fehlte.

Prost wurde trotz seines gewonnenen Championats am Ende der Saison geschasst und durch Ayrton → Senna ersetzt. Auch in dieser Saison ging Williams als absoluter Top-Favorit in die Saison, weil der Rennstall weiterhin das beste Auto baute und mit dem dreifachen Weltmeister Senna den besten Piloten besaß.

Doch schon im dritten Lauf in → Imola verunglückte der Brasilianer tödlich und Damon Hill stand unerwartet vor der schwierigen Aufgabe, ihn zu ersetzen. Als Nachfolger kam Testfahrer David → Coulthard zum Einsatz, der dann im Verlauf der Saison zeitweise durch Gastfahrer Nigel Mansell ersetzt wurde.

Mit dem Williams FW15 C sicherte sich Alain Prost seinen vierten WM-Titel

Nach anfänglichen Problemen konnte Hill sich steigern und dem WM-Führenden Michael → Schumacher ernsthaft Paroli bieten. Zugute kam ihm allerdings, dass der → Benetton-Fahrer für zwei Rennen gesperrt wurde, bei denen der Brite gewinnen konnte. Doch beim Saisonfinale kollidierten Schumacher und Hill, so dass der Deutsche Weltmeister wurde, während dem Williams-Team als Trostpflaster zum dritten Mal hintereinander der Gewinn der Konstrukteursweltmeisterschaft gelang.

Auch 1995 hatte Williams den besten Wagen und mit Renault den stärksten Motor, doch wiederum machte Michael Schumacher im → Benetton dem Team einen Strich durch die Rechnung.

Weder Damon Hill noch David Coulthard konnten mit Schumachers Leistungen mithalten, so dass sich Hill mit dem Vizetitel begnügen und Williams den Konstrukteurstitel an Benetton abgeben musste.

Mittlerweile hatte der Rennstall über 240 Angestellte, mit denen man 1996 in eine ehemalige Arzneimittelfabrik in Grove umzog.

Diese neue Produktionsstätte wurde dann am 29. Oktober des selben Jahres durch Prinzessin Diana feierlich eröffnet.

Der ärgste Hill-Widersacher Schumacher war in diesem Jahr zu → Ferrari gewechselt und nun schien der Weg für Hill frei, um sich endlich im dritten Versuch den Titel zu sichern. Mit dem FW 18 und dem weiterhin stärksten Motor im Feld gelang dies dem Briten auch, obwohl ihm sein neuer Teamkollege Jacques → Villeneuve lange Zeit arg zusetzte.

Weil das Williams-Team lieber Geld in Weiterentwicklungen investierte, als Fahrer-Gagen zu erhöhen, wurde der Vertrag mit Hill trotz des Titelgewinnes nicht verlängert und stattdessen Heinz-Harald → Frentzen geholt. Zudem wechselte der Aerodynamiker Adrian → Newey zu → McLaren. Williams hatte das Optimum der technischen Machbarkeit erreicht, eine Steigerung war kaum noch möglich und so ging man auch 1997 als Top-Favorit in die Saison. Während Frentzen schon bald teamintern in die Kritik geriet und nur einen Saisonsieg schaffte, wurde Villeneuve

Williams-Frontflügel aus der Saison 1993

nach einem harten Saisonfight mit Schumacher am Ende Weltmeister. In → Silverstone konnte Wiliams durch Villeneuve auch den 100. → Grand-Prix-Sieg seiner Geschichte feiern. 1998 kam ein neuer Sponsor, mit → Mecachrome ein neuer Motorenpartner und der Abschied von den großen Erfolgen. Villeneuve und Frentzen gelang kein einziger Sieg und mit nur 38 WM-Punkten war man auf Platz 3 der Konstrukteurswertung zurückgefallen.

Auf die Dienste des schon während der laufenden Saison demontierten Frentzen wurde kein Wert mehr gelegt und Villeneuve ging mit seinem Manager Craig Pollock zu → BAR.

1999 hielt der Abwärtstrend an, denn der → Supertec-Motor wurde kaum weiterentwickelt und neben Ralf → Schumacher engagierte der Rennstall den zweimaligen IndyCar-Champion und Formel 1-Rückkehrer Alex Zanardi, der auf der ganzen Linie enttäuschte. Insgesamt 35 WM-Punkte, die alle von »Klein-Schumi« geholt wurden, brachten Williams mit Platz 5 die schlechteste Platzierung in der Konstrukteurswertung seit 1984 ein.

Trotzdem konnte Frank Williams wieder frohlocken, denn längst hatte er sich die vielversprechenden → BMW-Motoren gesichert, welche ab der Saison 2000 eingesetzt wurden.

Für den zurückgetretenen Zanardi gab man dem Jungtalent Jenson → Button eine Chance, sich mit 21 Jahren als Pilot in der Formel 1 zu bewähren. Die Zielvorgabe, in der Konstrukteurswertung einen fünften Platz zu erreichen, wurde mit dem konventionellen FW 22, einer guten Boxenarbeit sowie den ausgezeichneten Fahrleistungen von Schumacher und Button locker übertroffen. 36 WM-Punkte und Platz 3 in der Konstrukteurswertung ließen für die Saison 2001 die Hoffnung auf eine Rückkehr zu einstigen Erfolgen als gerechtfertigt erscheinen.

Williams, Frank (Teamchef)
Geboren: 16.April 1942 in
South Shields/Großbritannien
Frank Williams wurde als Sohn einer Lehrerin und eines Piloten der Royal Airforce geboren. Während seiner Schulzeit im schottischen Dumfries begann er sich für den Motorsport zu interessieren und schwärmte insbesondere für die englischen Formel 1-Piloten Peter → Collins, Stirling → Moss und Mike → Hawthorn. 1958 besuchte er in → Silverstone sein erstes Rennen und war danach endgültig vom Motorsportvirus infiziert. Nach Beendigung der Schule wurde er Handelsvertreter, besuchte aber, so oft es ging, weiterhin Autorennen und befasste sich mit dem Gedanken, sich selbst ans Steuer zu setzen.

1961 erwarb er eine → Fahrerlizenz und ging im Oulton Park mit einem Austin erstmals an den Start. Mit diesem ehemaligen Fahrzeug von Graham → Hill gelangen ihm in der Formel 3 zwar einige gute Ergebnisse, doch hatte er dabei ständig mit Geldproblemen zu kämpfen. Der »Verstandesmensch« erkannte bald, dass er als Teamleiter besser aufgehoben war, als weiter hinter dem → Lenkrad zu sitzen.

Mit mäßig präparierten Autos, die er für die Rennwochenenden der Formel 3 anderen Piloten zur Verfügung stellte, versuchte Williams sich im Motorsport zu etablieren. Doch erst die Freundschaft zu dem Brauererben Piers → Courage weckte in ihm höhere Ambitionen. Courage, ein Pilot aus Leidenschaft, finanzierte und fuhr die von Williams eingesetzten → Brabham- und → de Tomaso-Wagen, bis 1970 sein tödlicher Unfall beim Großen Preis in Holland die gemeinsam geschmiedeten Pläne zunichte machte.

Williams hatte Mühe, den Tod seines besten Freundes zu überwinden und schleppte sich die nächsten Jahre mit Rennwagen wie → Politoys und → ISO-Marlboro mehr schlecht als recht durch die Formel 1-Runden. Ständig vor dem Bankrott stehend, kam für den Nikotin und Alkohol verabscheuenden Asketen erst 1978 die Wende, als eine saudiarabische Fluglinie seine Wagen sponsorte. Binnen kürzester Zeit war das Williams-Team konkurrenzfähig und machte Alan → Jones und Keke → Rosberg zu Weltmeistern. Mit Patrick Head hatte er zudem einen fähigen Konstrukteur und treuen Gefährten für die Herausforderungen der

Formel 1 gewonnen. Der steile Aufstieg von Frank Williams wurde 1986 durch einen furchtbaren Schicksalsschlag getrübt, als der Brite nach einem Testprogramm in → Le Castellat mit einem Leihwagen auf der Fahrt zum Flughafen verunglückte. Williams war vom Hals abwärts gelähmt und rang wochenlang mit dem Tod. Mit einem Rollstuhl, den er mit dem Kopf steuern kann, kehrte Williams vier Monate nach dem Unglück zu seinem Team zurück und leitet seitdem weiter eisenhart und unbeirrbar die Geschicke seines Lebenswerkes.

Williamson, Roger (Pilot)
Geboren: 02.02.1948 in Leicester/Großbritannien
Gestorben: 29.07.1973 in
Zandvoort/ Niederlande
GP-Rennen in der Fahrer-WM: 2 (1973)
Pole Positions: 0
Siege: 0
WM-Punkte insgesamt: 0
Beste WM-Platzierung im Gesamtklassement: 0
Rennwagen: March
Der talentierte Engländer starb 1973 einen langen und qualvollen Verbrennungstod beim Formel 1-Lauf in → Zandvoort, den Millionen Zuschauer am Fernseher miterlebten, während der Rest des Feldes bis auf eine Ausnahme weiterfuhr.

Williamson, der seit 1968 seine ersten größeren Rennen fuhr, galt in seiner Heimat als großer Hoffnungsträger, denn 1972 hatte er die britische Formel 3-Meisterschaft in bestechender Manier für sich entscheiden können.

Auch erste Testfahrten in einem Formel 1-Wagen von → BRM verliefen verheißungsvoll und mit einem → March gewann er anschließend das Formel 2-Rennen in → Monza.

Somit gab ihm 1973 das March-Werksteam beim Großen Preis von Großbritannien die erste Formel 1-Chance, wo er durch einen Startunfall ausschied. Mit seinem → Teamchef und persönlichen Förderer Tom Wheatcroft begab sich Williamson am letzten Juli-Wochenende nach → Zandvoort, um dort an seinem zweiten Formel 1-Rennen teilzunehmen.

Beim Training landete er zwar nur auf dem 18. Startplatz, freute sich aber unbändig auf seinen zweiten → Grand-Prix-Einsatz, der aber zugleich sein letzter werden sollte.

In der 8. Runde brach der March des Engländers in einer schnellen Links-Rechts-Kombination aus, wo er sich nach einem Aufprall in die → Leitplanken überschlug und Feuer fing. Und nun wurden den Fernsehzuschauern der »ZDF-Sport-Reportage« in Deutschland minutenlang die Bilder des grausamen Todeskampfes von Roger Williamson in aller Ausführlichkeit übertragen.

Während das Fahrerfeld weiter um den Kurs raste, hatte March-Pilot David Purley angehalten, weil er den Ernst der Situation erkannt hatte. Purley versuchte verzweifelt, den umgekippten Wagen aufzurichten, um seinem Freund den Ausstieg zu ermöglichen. Obwohl Williamson noch mit seinem Leben kämpfte und seine Hilfeschreie deutlich nach außen drangen, standen die Streckenposten, welche über keine Schutzkleidung verfügten, hilflos und ohnmächtig daneben. Purley entriss in letzter Verzweiflung einem Streckenposten den Feuerlöscher. Doch da war es bereits zu spät und Williamson lebendig verbrannt.

Wahrscheinlich war es das Pech des Briten, dass sein Wagen nicht auf der Strecke stand und somit das Rennen nicht abgebrochen werden musste. Purley war anschließend ein nervliches Wrack, und auch eine spätere Auszeichnung für sein uneigennütziges Handeln konnte ihn nicht über den Tod seines Kollegen hinwegtrösten. Das Rennen gewann Jackie → Stewart vor seinem Tyrrell-Kollegen François → Cevert, doch anstatt den Sieg genießen zu können, waren die Fahrer anschließend harter Kritik ausgesetzt.

Niki → Lauda soll angeblich sogar auf die Frage, warum er nicht angehalten habe um zu helfen, geantwortet haben, dass er für das Fahren und nicht für das Parken bezahlt werde. Lauda revidierte diese Aussage später mit der Begründung, dass ihm in den hektischen Geschehnissen nach dem Rennen manch unbedachter Satz entwichen sei.

Purley, der »Held von Zandvoort«, musste 1977 seine u.a. mit dem Eigenbau-Rennwagen → LEC fortgeführte, wenig erfolgreiche Formel 1-Karriere nach einem schweren Unfall beenden und kam acht Jahre später bei einem Flugzeugabsturz ums Leben.

Wilson, Desiré (Pilotin)
Geboren: 26.11.1953 in Johannesburg/ Südafrika
GP-Rennen in der Fahrer-WM: 0 (1980)
Pole Positions: 0
Siege: 0
WM-Punkte insgesamt: 0
Beste WM-Platzierung im Gesamtklassement:
Rennwagen: Williams

Obwohl sich die Südafrikanerin bei ihrem einzigen Versuch 1980 in der Weltmeisterschaft nicht qualifizieren konnte, ist sie bis heute die einzige Gewinnerin eines Formel 1-Rennens.

Desiré Wilson wuchs als Tochter eines früheren Motorradmeisters in der Nähe der → Kyalami-Rennstrecke auf und begann im Alter von sechs Jahren mit dem Rennfahren. Auf Seifenkisten wurde sie im Alter von zwölf Jahren südafrikanische Meisterin und sechs Jahre später landete sie in der Formel V.

1976 schaffte sie in ihrer Heimat einen weiteren Meistertitel und wurde anschließend zur »Fahrerin des Jahres« gewählt.

Ein Jahr später siedelte sie nach Europa über, um an Formel-→ Ford-Benelux-Rennen teilzunehmen, von denen sie einige gewinnen konnte. Erste Tests mit Formel 1-Fahrzeugen verliefen recht vielversprechend und weckten bereits das Interesse diverser Teamchefs.

Als Wilson mit einem → Wolf-Rennwagen zu Ostern 1980 den Sieg bei einem nicht zur Weltmeisterschaft zählenden Formel 1-Rennen in → Brands Hatch errang, erhielt sie drei Monate später die Chance an gleicher Stelle an einem Weltmeisterschaftslauf teilzunehmen. Doch mit knapp einer Sekunde hinter dem letzten Qualifikanten musste die Südafrikanerin dem Rennen zuschauen. Dass sich auch der spätere Weltmeister Keke → Rosberg nicht qualifizieren konnte, war für die ehrgeizige Desiré Wilson nur ein schwacher Trost.

Anschließend fuhr die gelernte Buchhalterin bis Ende der achtziger Jahre Rennen in den USA und Europa.

Wimille, Jean-Pierre (Pilot)
Geboren: 11.02 1908 in Paris/Frankreich
Gestorben: 28.05.1949 in Buenos-Aires/Argentinien
GP-Rennen in der Fahrer-WM: 0
Pole Positions: 0
Siege: 0
WM-Punkte insgesamt: 0
Beste WM-Platzierung im Gesamtklassement: 0
Rennwagen: Bugatti, Alfa-Romeo

Für viele Rennhistoriker ist der Franzose der erste »inoffizielle Fahrerweltmeister« der Formel 1, doch der Rennfahrertod hinderte ihn daran, es ab 1950 auch offiziell zu bestätigen.

Der Journalistensohn bestritt mit privat gekauften Bugattis Anfang der dreißiger Jahre seine ersten Rennen und verschaffte sich schnell einen Ruf als gewiefter Taktiker und materialschonender Fahrer.

Mit → Bugatti gewann er 1932 auch den → Grand Prix in Nordafrika und mit der Werksmannschaft gelangen ihm auch in den nächsten Jahren Siege bei Großen Preisen und 1937 im Gesamtklassement von → Le Mans.

Mit dem Ausbruch des 2. Weltkrieges wurde er Kurier in Nordafrika und gegen Ende Mitglied bei der französischen Résistance. Nach Beendigung des Krieges kam er als Werksfahrer bei → Alfa Romeo unter, mit denen er 1947 in der Schweiz den ersten »echten« Grand Prix gewann. Nachdem er 1948 auch in → Reims und → Monza triumphiert hatte, starb er ein Jahr später beim Training zum Großen Preis von Argentinien, weil durch nicht restlos geklärte Umstände Sand auf die Bahn geraten war. Seine Visionen von einem eigenen Heckmotorwagen, der als einer der Vorläufer moderner Sportwagen gilt, konnte er nicht mehr zu Ende führen.

Windschatten
Durch den geringen Luftwiderstand im Heck eines Rennwagens konnte bis Anfang der sieb-

ziger Jahre ein Verfolger mit dem daraus gewonnenen, überschüssigen Tempo einen Überholvorgang starten. Durch die heutzutage aerodynamischen Rennwagen sind Windschattenduelle sehr selten geworden, was den Formel 1-Rennen einiges an Reiz genommen hat.

Winglets
Diese kleinen Zusatzflügel an den Außenseiten des Heckflügels sind ein weiteres aerodynamisches Hilfsmittel, um für zusätzliche Haftung zu sorgen.

Winkelhock, Joachim (Pilot)
Geboren: 24.10.1960 in Waiblingen/ Deutschland
GP-Rennen in der Fahrer-WM: 0 (1989)
Pole Positions: 0
Siege: 0
WM-Punkte insgesamt: 0
Beste WM-Platzierung im Gesamtklassement: 0
Rennwagen: AGS
Internet: www.winkelhock.de
Der jüngere Bruder des Formel 1-Piloten Manfred → Winkelhock musste ohnmächtig zusehen, wie frustrierend ein erfüllter Traum von der Königsklasse verlaufen kann.

Durch die Erfolge seines Bruders wurde auch in Joachim Winkelhock der Wunsch geweckt, Rennfahrer zu werden. Von 1979 bis 1981 startete er beim → Renault-5-Pokal und anschließend erfolgte der Umstieg in die Deutsche Formel → Ford 1600-Meisterschaft, in der er in der Gesamtwertung Dritter wurde. Zwar schwor Joachim am Grab seines bei einem Sportwagenrennen tödlich verunglückten Bruders, mit dem Motorsport aufzuhören, doch nach seinem Gewinn der Deutschen Formel 3-Meisterschaft war er bereits bei → Brabham-Chef Joachim Lüthi als möglicher Formel 1-Pilot im Gespräch. Aber letztendlich landete »Jockel« beim finanziell angeschlagenen → AGS-Rennstall.

Winkelhock gab sich optimistisch und hoffte, sich mit AGS in der Formel 1 durchzusetzen, doch allmählich musste er erkennen, dass der Rennstall ihn nur als Staffage benutzte, um Sponsorengelder zu kassieren. Nachdem er in sieben Versuchen nicht einmal über die → Vorqualifikation hinauskam, zog Winkelhock die Konsequenzen, stieg aus und bei Tourenwagen wieder ein, wo er anschließend wieder zahlreiche Erfolge feiern konnte.

Winkelhock, Manfred (Pilot)
Geboren: 06.10.1952 in Waiblingen/Deutschland
Gestorben: 12.08.1985 in Mosport/Kanada
GP-Rennen in der Fahrer-WM: 47 (1988–1995)
Pole Positions: 0
Siege: 0
WM-Punkte insgesamt: 2
Beste WM-Platzierung im Gesamtklassement: Zweiundzwanzigster 1982
Rennwagen: Arrows, ATS, Brabham, RAM
Internet: www.manfred.winkelhock.de
Manfred Winkelhock war ein weiteres Beispiel glückloser deutscher Formel 1-Fahrer vor der Schumacher-Ära und machte durch einen spektakulären Überschlag mehr Schlagzeilen als durch → Grand-Prix-Erfolge.

Nach Beendigung der Schule begann Winkelhock eine Ausbildung zum Kfz-Elektriker und nahm 1973 an der Gau-Meisterschaft des ADAC-Württemberg teil, wo er Gesamtfünfter wurde. Mit einem 1976 erstandenen getunten VW-Scirocco wurde der Schwabe beim VW-Junior-Cup zum Überraschungssieger der Saison.

Zur Belohnung gab es für ihn einen Platz beim → BMW-Junior-Team, in dem er 1977 in der Deutschen Rennsportmeisterschaft einen 3. Platz in der Gesamtwertung belegte. BMW-Rennleiter Jochen Neerpasch war vom Talent Winkelhocks jetzt endgültig überzeugt und verschaffte ihm für 1978 ein Cockpit beim Formel 2-Team von → March. Doch da Winkelhock keine Erfahrung mit Formel-Fahrzeugen hatte, tat er sich anfangs schwer, jedoch waren die Ergebnisse gut genug, um zwei Jahre darauf wieder für March eine Vollzeit-Saison in der Formel 2 zu fahren. Beim Rennen auf dem → Nürburgring war Winkelhock nach einem aufsehenerregenden Unfall mit acht Überschlägen, den er unverletzt überstand, unversehens weltweit in die Schlagzeilen aller Tageszeitungen geraten. Für den verletzten Jochen → Mass durfte er in → Monza bei → Arrows erstmals in einem Formel 1-Fahrzeug sitzen, konnte sich aber für das Rennen nicht qualifizieren. Nach einem weiteren Jahr in der Deutschen Rennsportmeisterschaft bekam der »freundliche, aber schwierige Mensch« von → ATS-Chef Günter Schmid für die Saison 1982 eine weitere Chance in der Formel 1. Gleich in seinem zweiten Rennen beim Großen Preis von Brasilien schaffte er in einem stark dezimierten Feld den 5. Platz, nicht ahnend, dass dies seine einzigen beiden WM-Punkte bleiben würden. Außer einem 5. Startplatz in → Detroit, der im Rennen mit einem Dreher endete, gab es während der ganzen Saison keinen einzigen Lichtblick mehr.

In den nächsten Jahren handelte sich Winkelhock trotz hohem Kampfgeist und einigen guten Trainingsergebnissen in der Formel 1 das Kainsmal des glücklosen Verlierers ein, der in den Jahren 1983 und 1984 fast nur Ausfälle zu verzeichnen hatte. Ein letzter Versuch, seine Situation beim englischen → RAM-Team zu verbessern, war nach sechs Ausfällen in neun Rennen nur von Ernüchterung geprägt. Eine Woche nach seiner Teilnahme beim Großen Preis von Deutschland kam Winkelhock bei einem Sportwagenrennen im kanadischen → Mosport ums Leben.

Weltmeisterschaftspunkte

Die Verteilung der WM-Punkte für Fahrer und Konstrukteure wurde seit Beginn der Formel 1-Weltmeisterschaft im Laufe der Jahre mehrmals geringfügig modifiziert. Hier eine Übersicht:

Saison 1950–1959
- Acht Punkte für den 1. Platz
- Sechs für den 2. Platz

Manfred Winkelhock gehörte zu den zahlreichen Deutschen, die in der Formel 1 einfach kein Glück hatten.

- Vier für den 3. Platz
- Drei für den 4. Platz
- Zwei für den 5. Platz
- Einen für den Fahrer mit der schnellsten Runde des Rennens.
- Die Punktzahl der Fahrer, die sich am Steuer abwechselten, wurde halbiert.

Ab 1958
- Die Konstrukteurswertung wird eingeführt und der Wagen darf nicht auf mehrere Fahrer aufgeteilt werden.

Ab 1960
- Der Sechste eines Rennens erhält einen WM-Punkt.

Ab 1962
- Der Punkt für die schnellste Runde des Rennens wird gestrichen.

Von 1961–1990
- Neun Punkte für den 1. Platz.

Ab 1991
- Zehn Punkte für den 1. Platz.

Wolf (Rennwagenfirma)
GP-Rennen in der Fahrer-WM: 47 (1977–1979)
Pole Positions: 1
Siege: 3
WM-Punkte: 79
Beste Platzierung in der Konstrukteurswertung:
Vierter 1977 (1972)
Bekannteste Fahrer: Jody Scheckter,
Keke Rosberg, James Hunt, Bobby Rahal
Erfolgreichster Fahrer: Jody Scheckter
Internet: www.dsuper.net/~jeep/Wolf.html

Nur drei Jahre war der Wolf-Rennstall in der Formel 1 vertreten, aber in dieser kurzen Zeit hätte der Rennstall mit Pilot Jody → Scheckter fast den Weltmeisterschaftsgewinn geschafft.

Der Kanadier Walter Wolf mit Geburtsland Österreich war ein millionenschwerer Ölunternehmer und stiess 1975 zur Formel 1, als er das kränkelnde → Williams-Team finanziell unterstützte. Deswegen wurden die Fahrzeuge unter Insidern auch »Wolf-Williams« genannt, was sie aber auch nicht erfolgreicher machte.

Schliesslich erwarb der lebenslustige Wolf 60% Prozent der Firmenanteile und ohne Frank → Williams, aber mit dem begabten Harvey → Postlethwaite als Konstrukteur sowie dem erfahrenen Peter Warr als Rennleiter griff Wolf 1977 mit einem eigenen Rennstall ins GP-Geschehen ein.

Für das damalige Rekordsalär von 1,5 Millionen Dollar engagierte er zudem den Top-Piloten Jody → Scheckter.

Mit dem gelungenen Entwurf von Postlethwaite hatte das Team beim Grossen Preis von Argentinien einen sensationellen Einstand, denn Scheckter konnte im ersten Rennen sogleich siegen. Förmlich aus dem Nichts emporgekommen, gehörte der Wolf-Wagen die gesamte Saison über kontinuierlich zur Spitzengruppe. Scheckter gewann anschliessend noch die Rennen von Monaco und Kanada und war lange Zeit ein ernsthafter WM-Kandidat. Am Ende konnte das Team einen 2. Platz in der Fahrerweltmeisterschaft für Scheckter sowie einen 4. in der → Konstrukteursweltmeisterschaft bilanzieren.

Diese Leistungen waren für den Rennstall 1978 nicht wiederholbar, denn Postlethwaite gelang es nicht, ein überzeugendes → Groundeffect-Auto zu entwickeln, so dass sich Wolf von der absoluten Spitze verabschieden musste. Scheckter wurde zweimal Zweiter, während die ebenfalls eingesetzten Piloten Keke → Rosberg und Bobby Rahal leer ausgingen. Scheckter ging anschliessend zu → Ferrari und als Ersatz wurde Ex-Weltmeister James → Hunt geholt, der aber nach seinem Titelgewinn im Jahre 1976 die Motivation verloren hatte und mitten in der Saison aufhörte. Insgesamt gab es zwölf Ausfälle und auch der für Hunt zurückgekommene Rosberg konnte keine Punkte mehr holen.

Im folgenden Winter fusionierte der Rennstall mit dem Team des früheren Weltmeisters Emerson → Fittipaldi und Walter Wolf zog sich allmählich aus der Formel 1 zurück.

Wurz, Alexander (Pilot)
Geboren: 15.02.1974 in Waithofen/Österreich
GP-Rennen in der Fahrer-WM: 52 (seit 1997)
Pole Positions: 0
Siege: 0
WM-Punkte insgesamt: 26
Beste WM-Platzierung im Gesamtklassement: Achter 1998
Rennwagen: Benetton
Internet: www.wurz.com

Der junge Österreicher schien zunächst in die Fußstapfen erfolgreicher Landsleute wie Jochen → Rindt und Gerhard → Berger steigen zu können, doch nach drei Jahren erweckt es den Eindruck, dass der ehemalige BMX-Weltmeister bereits verheizt worden ist.

In dem väterlichen Fahrtechnik- und Verkehrsübungszentrum konnte sich Klein-Alexander mit allem austoben, was Räder hatte. Zunächst zog es ihn zu Fahrradrennen und im Alter von 12 Jahren gewann er die BMX-Weltmeisterschaft.

Zwei Jahre später wechselte er zum Kart-Sport und erlangte in seiner ersten Saison gleich den Vizetitel.

1991 wurde er Junior-Champion in der österreichischen Formel → Ford 1600 und zwei Jahre später konnte er auf Titelgewinne in der deutschen und österreichischen Formel Ford 1600 sowie der österreichischen Formel 3 zurückblicken. Spätestens 1996, nach seinem Sieg zusammen mit Davy Jones und Manuel Reuter bei den 24 Stunden von → Le Mans, handelte man Wurz bereits als größte Nachwuchshoffnung Österreichs. 1997 wurde er neben seinem Engagement als → FIA-GT-Werksfahrer für → Mercedes auch Testpilot bei → Benetton und erhielt noch im selben Jahr wegen des krankheitsbedingten Ausfalls von Stammpilot Gerhard → Berger überraschend beim Großen Preis von Kanada seine erste Formel 1-Chance. Kaum langsamer als der erfahrenere Teamkollege Jean → Alesi, stand er bereits bei seinem dritten Rennen in → Silverstone auf dem Podest. Benetton bot dem jungen Nachwuchsstar daraufhin für 1998 einen Vollzeit-Vertrag an, den Wurz dann mit 17 WM-Punkten eindrucksvoll rechtfertigen konnte.

Aber schon 1999 fiel Wurz deutlich hinter seinen Teamkollegen Giancarlo → Fisichella zurück und kam nur zweimal in die Punkte. Nun stand der Österreicher bereits am Scheideweg zwischen einem Durchbruch zum Spitzenfahrer und der Gefahr, schon im dritten Jahr auf die Abschussliste zu geraten.

Dass in der Saison 2000 ersteres nicht eintrat und Wurz außer einem 5. Platz in Monza ein desaströses Jahr erlebte, daran war neben seinen eigenen Leistungen auch der unzuverlässige Wagen beteiligt. Wurz fühlte sich zudem vom Team benachteiligt und da es zu keinerlei ernsthaften Anfragen anderer Rennställe kam, konnte Wurz froh sein, für die Saison 2001 als → Testfahrer bei → McLaren unterzukommen.

X / Y / Z

X-Wings
1997 hatte der bekannte Designer Harvey → Postlethwaite wieder einen genialen Einfall, als er auf den Seitenkästen der → Tyrrell-Wagen Zusatzflügel montierte, die den → Abtrieb verbessern sollten und sich in gewissen Rennsituationen als nützlich erwiesen. Doch schon ein Jahr später wurde diese Spezifikation von der → FIA verboten.

Yamaha (Motorenhersteller)
GP-Rennen seit in der Fahrer-WM: 116
(seit 1989–1997)
Pole Positions: 0
Siege: 0
WM-Punkte: 36
Rennwagen: Zakspeed, Brabham,
Jordan, Tyrrell, Arrows
Internet: www.yamaha-sport.de

Wenn man den Weltruf der Firma Yamaha mit den in der Formel 1 gezeigten Leistungen vergleicht, kann man das Auftreten nur als beschämend bezeichnen.

Als Hersteller von Musikinstrumenten wurde das japanische Unternehmen 1887 gegründet und erst 1955 begann man auch Bootsmotoren sowie Motorräder zu produzieren.

In Motorradrennen hat Yamaha bis heute zahlreiche Erfolge aufzuweisen und der Konzern entwickelte in den achtziger Jahren nach dem Bau einiger → Motoren für die nationale Meisterschaft auch den Ehrgeiz, die Erfolge des japanischen Konkurrenten → Honda in der Formel 1 zu übertrumpfen.

Wie einst Honda mit dem → Spirit-Rennstall, wählte sich Yamaha für den Einstieg ein weniger betuchtes Versuchskaninchen aus, das man 1989 in dem erwartungsfreudigen → Zakspeed-Team fand. Doch der schwachbrüstige 3,5-Liter-V8-Motor, welcher als einziger Zahnriemen statt Zahnräder für die Aktivierung der Nockenwellen verwendete, erwies sich als leistungsschwacher Totalflop, mit dem sich Zakspeed während der gesamten Saison nur zweimal für ein Rennen qualifizieren konnte. Zakspeed verschwand anschließend für immer aus dem Formel 1-Sport und Yamaha legte erst mal eine Denkpause ein, um 1991 als Lieferant für → Brabham mit einem V12-Motor zurückzukehren. Mit der mittlerweile sportlich nicht mehr so bedeutenden Traditionsmarke gab es aber nur drei magere WM-Pünktchen durch Martin → Brundle und Mark Blundell.

Yamaha flüchtete anschließend zu → Jordan, um dort vom Regen in die Traufe zu geraten. Ein fehlkonstruiertes Auto, Getriebeprobleme, schwache Piloten und ein mageres WM-Pünktchen während der gesamten Saison ließen die berühmte Yamaha-Marke wiederum ziemlich alt aussehen. Dem V12-Motor attestierten die Experten zudem mangelnde Zuverlässigkeit und eine viel zu geringe Leistung.

Trotzdem fand sich mit dem notleidenen → Tyrrell-Rennstall für die Saison 1993 ein dankbarer Abnehmer. Der auf der Basis eines Formel 1-Aggregats von → Judd basierende Zehnzylinder entpuppte sich wiederum als Reinfall und sorgte für zahlreiche Motorschäden und null WM-Punkte.

Vor der Saison 94 wurde Yamaha bei den Motoren schon als Verlierer abgestempelt, doch mit Unterstützung von Motorenspezialist John Judd gab es endlich einen Aufwärtstrend zu verzeichnen. Weiterhin im Heck eines Tyrrell gelagert, gelang Mark Blundell beim Großen Preis von Spanien der erste Podestplatz für die Japaner. Auch in den weiteren Rennen mischten Blundell und Ukyo Katayama des öfteren in der Spitzengruppe mit und plötzlich galt der Yamaha-Motor als eine der besten PS-Quellen in der Formel 1.

Doch die ab 1995 vorgeschriebene Reduzierung des Hubvolumens auf 3, 0 Liter sorgte wieder für einen jähen Absturz, obwohl das Yamaha-Triebwerk das leichteste in der Formel 1 war. Mit dem Tyrrell gab es wieder nur kümmerliche fünf WM-Punkte und auch 1996 waren Motorleistung und Ergebnisse so dürftig, dass Yamaha mittlerweile schon zum Gespött geriet. Trotzdem ließ es sich Tom Walkinshaw 1997 nicht nehmen, die Japaner als Exklusivlieferanten für sein → Arrows-Team anzuheuern. Nach dieser Saison waren die Japaner wiederum als Schwachpunkt gebrandmarkt, was für Yamaha der Anlass war, sich endgültig aus der Königsklasse zu verabschieden.

Zakspeed
(Rennwagenfirma, Motorenhersteller)
GP-Rennen in der Fahrer-WM 54 (1985–1989)
Pole Positions: 0
Siege: 0
WM-Punkte: 2
Beste Platzierung in der Konstrukteurswertung: Zehnter (1987)
Bekannteste Fahrer: Christian Danner, Martin Brundle; Bernd Schneider
Erfolgreichster Fahrer: Martin Brundle
Internet: www.zakspeed.com

Man hätte es dem sympathischen Erich Zakowski gegönnt, sich mit Zakspeed in der Formel 1 durchzusetzen, doch trotz aller Anstrengungen musste der Rennstall nach fünf frustrierenden Jahren kapitulieren.

Erich Zakowski hatte vor seinem Einstieg in die Formel 1 mit seinem Zakspeed-Team viele Erfolge bei Tourenwagenrennen zu verzeichnen und dabei fünf nationale Titel gewonnen. 1983 kam Zakowski auf die Idee, sich auch in der Königsklasse zu versuchen. Für September 1984 wurde der erste Wagen angekündigt, dessen Entwicklung sich aber verzögerte.

Dabei beging Zakowski den Fehler, auch noch einen eigenen Turbo-Motor einzusetzen, was seine Crew doch beträchtlich überforderte. Zudem verschleuderte er eine fünfstellige Gage, um den relativ unerfahrenen Jonathan Palmer als Piloten zu engagieren. Der von dem ehemaligen → March-Konstrukteur Paul Brown entworfene 841 machte äußerlich keinen schlechten Eindruck, doch Palmer konnte in der Saison 85 neun von zehn Rennen nicht beenden. Mit einem verbesserten Fahrzeug und dem späteren Jos- → Verstappen-Manager Huub Rothengatter als weiterem Piloten neben Palmer ging Zakspeed 1986 in seine zweite Saison, wobei es für die Piloten je zweimal zu Platz 8 reichte.

Weitere Modifikationen an der → Aerodynamik führten Martin → Brundle 1987 beim zweiten Rennen in Imola zum 5. Platz. Die einheimische Presse jubelte schon, dass Zakspeed nun den Anschluss an die Weltspitze gefunden habe. Doch diese Prognose erwies sich als voreilig, denn weder Brundle noch Christian → Danner konnten in den restlichen Läufen nochmals punkten.

Obwohl das Budget immer knapper wurde, ging Zakspeed auch 1988 mit eigenem Motor, der sich als äußerst unzuverlässig entpuppte, in die neue Saison. Nach einer jammervollen Bilanz mit 17 Nichtqualifikationen durch Piercarlo Ghinzani und dem bedauernswerten Newcomer Bernd → Schneider dachte Zakowski um.

In der Überzeugung, einen großen Coup gelandet zu haben, sicherte er sich für 1989 exklusiv die → Yamaha-V8-Motoren.

Es war der Anfang vom Ende, denn Zakspeed wurde von den Japanern nur als Versuchskaninchen missbraucht. Nachdem sich Schneider nur zweimal für ein Rennen qualifizieren konnte, war für Zakowski die Schmerzgrenze erreicht und er wandte sich anschließend wieder den Tourenwagenrennen zu.

Zandvoort (Rennstrecke)
Grand-Prix-Bezeichnung:
Großer Preis von Holland
Streckenlänge: 4,193 km (1952–1971), 4,226 km (1973– 1979), 4,252 km (1980–1985)
Renndistanz: 70 Runden = 297,640 km
Erstes Formel 1-Rennen: 1961
Letztes Formel 1-Rennen: 1980
Gesamtzahl GP: 30
Erster Sieger: Alberto Ascari (1952)
Häufigster Sieger: 4 x Jim Clark (1963, 1964, 1965, 1967)
GP-Unfälle mit tödlichem Ausgang: Piers Courage (1970/Rennen), Roger Williamson (1973/Rennen)
Internet: www.circuit-zandvoort.nl/index.html
Der holländische Kurs wurde 1948 eröffnet und durch die abwechslungsreiche Gestaltung boten sich hier oftmals spannende Rennen. Eine schnelle und schwierige Kurve vor der Boxengeraden wurde durch die langsame Tarzan-Kurve abgelöst. Hier gab es gute Überholmöglichkeiten, aber auch spektakuläre Unfälle. Weil Zandvoort ein beliebter Nordsee-Badeort ist, wehte von den nahegelegenen Dünen oftmals Sand auf die Piste, was auch verbesserte Sicherheitsvorkehrungen nicht völlig verhindern konnten. Zandvoort gehörte bei den Piloten zu den beliebtesten Strecken, doch nach dem Feuertod von Piers → Courage in der Saison 1970 gab es erstmals negative Schlagzeilen

Drei Jahre später verlor auch Roger → Williamson – nicht zuletzt durch die mangelhaft ausgerüsteten Sicherheitskräfte – auf tragische Weise sein Leben. Nach 1985 sollte die Rennstrecke einem Neubaugebiet weichen und in diesem Jahr fand der letzte Große Preis von Holland statt. Die Strecke blieb zwar doch erhalten, aber wegen des mangelnden Erfolges einheimischer Fahrer ist es bis heute schwierig, einen Formel 1-Lauf auf den Dünenkurs zurückzuholen.

Zeltweg (Grand-Prix-Kurs)
GP-Bezeichnung: Großer Preis von Österreich
Streckenlänge: 3,2 km
Renndistanz: 105 Runden = 336 km
Erstes Formel 1-Rennen: 1964
Letztes Rennen: 1964
Gesamtzahl GP: 1
Sieger: Lorenzo Bandini (1964)
Die alte Flugzeugpiste in Zeltweg war 1964 Veranstaltungsort für den ersten in Österreich ausgetragenen → Grand Prix und der in einer L-Form angelegte Kurs wies viele Bodenunebenheiten auf, was im Rennen zu vielen Ausfällen führte.

Die Sportabteilung der → FIA strich die Piste dann sofort als unwürdig für die Formel 1 aus dem Kalender und der Große Preis von Österreich gelangte erst 1970 an gleicher Stelle auf dem → neuerrichteten Österreichring zur Wiederaufführung.

Zolder (Rennstrecke)
GP-Bezeichnung: Großer Preis von Belgien
Streckenlänge: 4,220 km (1973), 4,262 km (1975–1984)
Renndistanz: 70 Runden = 298, 340 km
Erstes Formel 1-Rennen: 1973
Letztes Rennen: 1982
Gesamtzahl GP: 10
Erster Sieger: Jackie Stewart (1973)
Häufigster Sieger: 2 x Niki Lauda (1975, 1976)
GP-Unfälle mit tödlichem Ausgang:
Gilles Villeneuve (1982/Training)
Der 1963 entstandene Zolder-Kurs war für nicht wenige Experten eine der ziellos entworfenen Rennstrecken, die in den sechziger Jahren aus dem Boden gestampft wurden. Enge Kurven und schwierige → Schikanen und die nach einer Start-Ziel-Geraden folgende Linkskurve sorgten dennoch für eine anspruchsvolle Linienführung.

Wegen der verschiedenen Asphaltbeläge kam es aber bereits 1973 beim ersten ausgetragenen Großen Preis zu Fahrerprotesten, was beinahe in einen Streik gemündet hätte. Als der Grand Prix 1982 hier zum zehnten Mal Station machte, galt der Kurs schon als sehr gefährlich, weil die Sturzräume nicht mehr den Geschwindigkeiten entsprachen. Wie zur grausamen Bestätigung starb in diesem Jahr beim Training der Ferrari-Star Gilles → Villeneuve. Ihm zu Ehren wurde später eine Schikane benannt, was aber auch nicht verhindern konnte, dass hier anschließend nie mehr ein Formel 1-Rennen ausgetragen wurde. Trotzdem finden heute immer noch zahlreiche Motorsportveranstaltungen statt, wie beispielsweise GT-Rennen und Truck-Wettbewerbe.

Zonta, Ricardo (Pilot)
Geboren: 23.03.1976 in Curitiba/Brasilien
GP-Rennen in der Fahrer-WM: 29 (seit 1999)
Pole Positions: 0
Siege: 0
WM-Punkte insgesamt: 3
Beste WM-Platzierung im Gesamtklassement: Vierzehnter 2000
Rennwagen: BAR
Internet: www.ricardozonta.com.br

Der Brasilianer kam als sogenannter »Rohdiamant« in die Formel 1, stand aber in den zwei Jahren beim → BAR-Rennstall klar im Schatten seines Teamkollegen Jacques →Villeneuve.

Seine Motorsportlaufbahn begann der Liebhaber von Pasta und Pop 1987 in Go-Karts, in denen er gleich im ersten Rennen siegen konnte. Vier Jahre später gewann er seine ersten Titel in dieser Klasse und wechselte dann mit 17 Jahren in die Formel Chevrolet, welche er 1993 als Gesamtsechster abschloss. Ein Jahr nach seiner ersten brasilianischen Formel 3-Saison war er bereits brasilianischer und südamerikanischer Champion. 1996 wurde er in seiner ersten Formel 3000-Saison Gesamtvierter und nachdem er im darauffolgenden Jahr den Titel holte, engagierte ihn Formel 1-Teamchef Eddie Jordan für erste Testfahrten.

1998 holte sich Zonta mit → Mercedes, wo er gleichzeitig als Formel 1-→ Testfahrer unter Vertrag stand, in der → FIA-GT-Meisterschaft den Weltmeistertitel und wurde für 1999 vom → BAR- Rennstall als Formel 1-Pilot engagiert.

Sein erstes Jahr mit dem fehlkonstruierten BAR-Boliden war eine Saison zum Abhaken, in der Zonta nur durch zwei schlimme Unfälle auf sich aufmerksam machte. Bei einem Crash im Rennen von São Paulo musste sich Zonta wegen eines Knochenbruchs drei Rennen von Mika → Salo vertreten lassen. Der Brasilianer fuhr nach seiner Genesung weiterhin dem größten Teil des Feldes hinterher und hatte in seinem ersten Formel 1-Jahr keinerlei WM-Punkte verbuchen können. Auch im zweiten Jahr gab es kaum bessere Ergebnisse und nur drei magere Punkte.

Da sich Zonta zudem im Verlauf der Saison 2000 zahlreiche Dreher erlaubte, wurde er von BAR nicht mehr weiterbeschäftigt und musste sich ab der Saison 2001 als → Testfahrer bei Jordan verdingen.

BIBLIOGRAPHIE

Autorennen, von damals bis heute
Raymond Flower. Verlag C. J. Bucher, Luzern und Frankfurt/M. 1975

Das Formel 1-Lexikon
Peter Grunert. Econ Verlag, Düsseldorf 1997

Das große Rennfahrer-Buch
Erwin Tragatsch. Hallwag-Verlag, Bern 1970

Das Jahrhundert des Rennsports
Adriano Cimarosti. Motorbuch Verlag, Stuttgart 1997

Der Formel 1-Rennwagen
Buchbinder. Serga-Verlag, Pfäffikon 1992

Die deutschen Rennfahrzeuge
Edler/Roediger. Fachbuchverlag, Leipzig 1956

Die großen Fahrer von einst
Richard Frankenberg. Motorbuch Verlag, Stuttgart 1963, 1964, 1966, 1972

Die großen Formel 1-Stars
Claus-Peter Andorka. Copress-Verlag, München 1992

Die berühmtesten Rennstrecken der Welt, Richard Frankenberg. Motorbuch-Verlag, Stuttgart 1969

Die Story der deutschen Formel 1
Heinz Prüller. Orac-Verlag, Wien 1996

Die Deutschen in der Formel 1
Erich Kahnt. Varus Verlag, Bonn 1995

Die jungen Wilden der Formel 1
Christoph Schulte. Zeitgeist-Verlag 1997

Formel 1
Eberhard Reuss. Motorbuch-Verlag, Stuttgart 1995

Formel 1 Enzyklopädie
Bruce Jonas (Hrsg.) Sportverlag Berlin, Berlin 1999

Formel 1-Motoren – Leistung am Limit Gert Hack/Fritz Indra. Motorbuch-Verlag, Stuttgart 1997

Formel 1 Stories
Andreas Frankl. Hunya-Verlag, Budapest 1994

Formel 1-WM
Jörg-Thomas Födisch. Paul Zsolnay Verlag, Wien 1993

50 Jahre Formel 1 – Die Sieger
Kahnt, Födisch. Heel-Verlag, Königswinter 1999

Graf Berghe von Trips – Eine deutsche Rennfahrerkarriere
Jörg Thomas Födisch, Reinold Louis. Heel-Verlag, Königswinter 1996

Grand Prix
Achim Schlang. Motorbuch-Verlag, Stuttgart 1978–1999

Grand Prix – Fascination Formel 1
Rainer W. Schlegelmilch, Harmut Lehbrink. Könemann Verlagsgesellschaft, Köln 1993

Grand Prix – Formel 1 – 1991
Ulf von Malberg, Didier Braillon. Karl Müller Verlag, Erlangen 1991

Grand Prix Guide 74
SIL Sports Books, Zürich 1973

Grand Prix – live miterlebt
Zeitgeist-Verlag, Düsseldorf 1991–2000

Grand Prix Showdown
Christopher Hilton. Serag-Verlag, Pfäffikon 1992

Motorsport in Deutschland 1945–1955
Reinold Schumann. Motorbuch-Verlag, Stuttgart 1992

Niki Lauda – Die neue Formel 1
Niki Lauda. Orac-Verlag, Wien 1982

Niki Lauda – Meine Story
Niki Lauda. Orac-Verlag, Wien 1985

Playboy-Interview
Moewig Verlag, München 1980

Portraits of the 60's – Formula 1
Rainer W. Schlegelmilch, Hartmut Lehbrink. Könemann Verlagsgesellschaft, Köln 1994

Profis auf vier Rädern
Richard Garrett. Motorbuch-Verlag, Stuttgart 1971

Racing Helme
Rainer W. Schlegelmilch, Joseph Emonts-Pohl. Lechner Verlag, Geneva 1991

Rennfahrer
Benno Müller, Richard Frankenberg. Motorbuch, Stuttgart 1971

Rennwagen
David Hodges. Motorbuch Verlag, Stuttgart 1994

Rennwagen
Eddie Cube, Davy Nye. Motorbuch-Verlag, Stuttgart 1969

Rennwagen
Ferrucio Bernabó. Südwest Verlag, München 1969

Ruhm und Ehre
Ivan Rendall. vgs Verlagsgesellschaft, Köln 1992

Spannender Grand Prix
Helmut Zwickl. Penny-Verlag, Neu-Isenburg 1973

Stars der Formel 1
Nigel Roebuck. Serag-Verlag, Pfäffikon 1986

Villa Trips-Katalog
Jörg-Thomas Födisch, Christian Dewitz. Edition Födisch, Bonn 2000

Vollgas
Hellmut Sohre. Frank'sche Verlagshandlung, Stuttgart 1971

Vollgas ist ihr täglich Brot
Helmut Zwickl. Motorbuch-Verlag, Stuttgart 1968

Warten bis es dunkel wird
Hans-Christoph Blumenberg, Bodo Fründt (Hrsg.) Edition Achteinhalb, Ebersberg 1983

Wir haben es erlebt
Ludwig Knoll. Bertelsmann-Verlag 1970

ZEITSCHRIFTEN:

ADAC-Special – Grand Prix 89, 90, 91

Auto Bild – Formel 1, Spezial Edition 1/2000

L E X I K O N

LEXIKON IMPRINT VERLAG

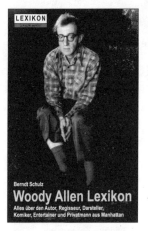

Umfang je Band 200 – 800 Seiten, DM 19,80 bis 49,80

LEXIKON
LEXIKON IMPRINT VERLAG

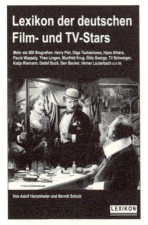

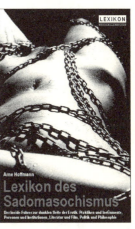

Umfang je Band 200 – 800 Seiten, DM 19,80 bis 49,80

LEXIKON
LEXIKON IMPRINT VERLAG

MÚSICA LATINOAMERICANA
EGON LUDWIG

Das Lexikon der lateinamerikanischen Volks- und Populärmusik

LEXIKON
LEXIKON IMPRINT VERLAG

Umfang je Band 200 – 800 Seiten, DM 19,80 bis 49,80

LEXIKON

LEXIKON IMPRINT VERLAG

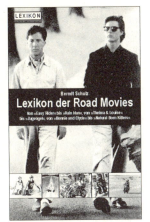

Umfang je Band 200 – 800 Seiten, DM 19,80 bis 49,80

LEXIKON
LEXIKON IMPRINT VERLAG

ROLF GIESEN

LEXIKON DER SPECIAL EFFECTS

VON DEN ERSTEN FILMTRICKS BIS ZU DEN COMPUTERANIMATIONEN DER GEGENWART

LEXIKON
LEXIKON IMPRINT VERLAG

Umfang je Band 200 – 800 Seiten, DM 19,80 bis 49,80

LEXIKON
LEXIKON IMPRINT VERLAG

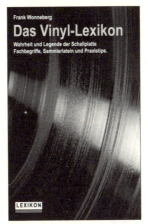

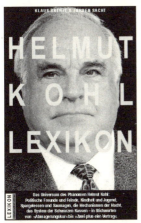

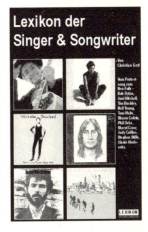

Umfang je Band 200 – 800 Seiten, DM 19,80 bis 49,80

DIE FILMBÜCHER
SCHWARZKOPF & SCHWARZKOPF VERLAG

Umfang je Band 200 – 300 Seiten, DM 39,80 bis 49,80

DIE FILMBÜCHER
SCHWARZKOPF & SCHWARZKOPF VERLAG

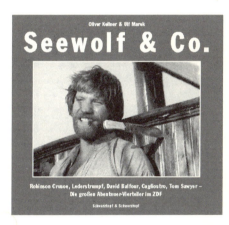
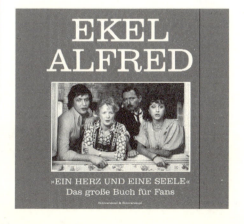
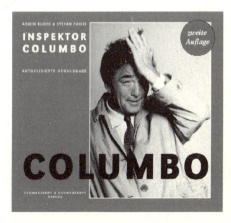

Umfang je Band 200 – 300 Seiten, DM 39,80 bis 49,80

Bildnachweis

Archiv B.F. Hoffmann
Seiten: 10, 86, 91, 95, 150, 149, 167, 207, 210, 216, 217, 218, 250, 269, 298, 299, 299, 300, 310, 313, 382, 391 oben, 393, 413

Sammlung Porsche Werkfotos
Seiten: 136, 335, 353

Archiv Udo Klinkel
Seiten: 9, 11, 19, 23, 46, 48, 58, 59, 60, 65, 67, 68, 69, 70, 73, 79, 80, 82, 92, 97, 101, 103, 104, 105, 108, 112, 117, 125, 129, 137, 138, 139, 147, 182, 183, 188, 189 unten, 205, 208, 209, 211 unten, 214, 215, 222, 223, 226, 229, 235, 239, 244, 248, 257, 260, 262, 273, 277, 279, 280, 284, 287, 292, 297, 302, 306, 308, 310, 319, 322, 325, 326, 327, 344, 348, 358, 362, 365, 388, 390, 399, 402, 403, 406, 409, 410, 412, 427, 431, 432, 464

Archiv Alexander Frank
Seiten: 13, 15, 16, 25, 28, 32, 39, 47, 51, 52, 53, 55, 62, 64, 66, 77, 83, 93, 202, 132, 133, 140, 151, 152, 153, 154, 157, 159, 175, 177, 178, 189 oben, 197, 211 oben, 219, 224, 231, 232, 236, 245, 253, 254, 255, 258 , 264, 266, 271, 274, 286, 288, 289, 294, 295, 303, 316, 318, 321, 338, 341, 354, 356, 367, 378, 379, 384, 385, 391 unten, 392, 394, 395, 396, 397, 416, 424, 425, 433, 434, 450, 457, 458, 459

Seven Island Edition
Seiten: 163, 164, 165

Impressum

B. F. Hoffmann
DAS GROSSE ABC DER FORMEL 1
Die Fahrer, Rennställe und Strecken der Formel 1 von den Anfängen bis heute.
Von Graf Berghe von Trips und Juan-Manuel Fangio über Emerson Fittipaldi und Ayrton Senna bis Alain Prost und Michael Schumacher.
ISBN 3-89602-291-1

© bei Lexikon Imprint Verlag – Ein Imprint der Schwarzkopf & Schwarzkopf Verlag GmbH, Berlin 2001. Dieses Werk ist urheberrechtlich geschützt. Jede Verwendung, die über den Rahmen des Zitatrechtes bei vollständiger Quellenangabe hinausgeht, ist honorarpflichtig und bedarf der schriftlichen Genehmigung des Verlages. Die Aufnahme in Datenbanken wie jegliche weitere elektronische oder mechanische Verwertung ist untersagt.

Katalog

Wir senden Ihnen gern unseren kostenlosen Katalog.
Lexikon Imprint Verlag, Abt. Service
Kastanienallee 32, 10435 Berlin.
Service-Telefon: 030 – 44 11 778
Service-Fax: 030 – 44 11 783

Internet / Email

www.schwarzkopf-schwarzkopf.de
www.lexxxikon.de
info@schwarzkopf-schwarzkopf.de